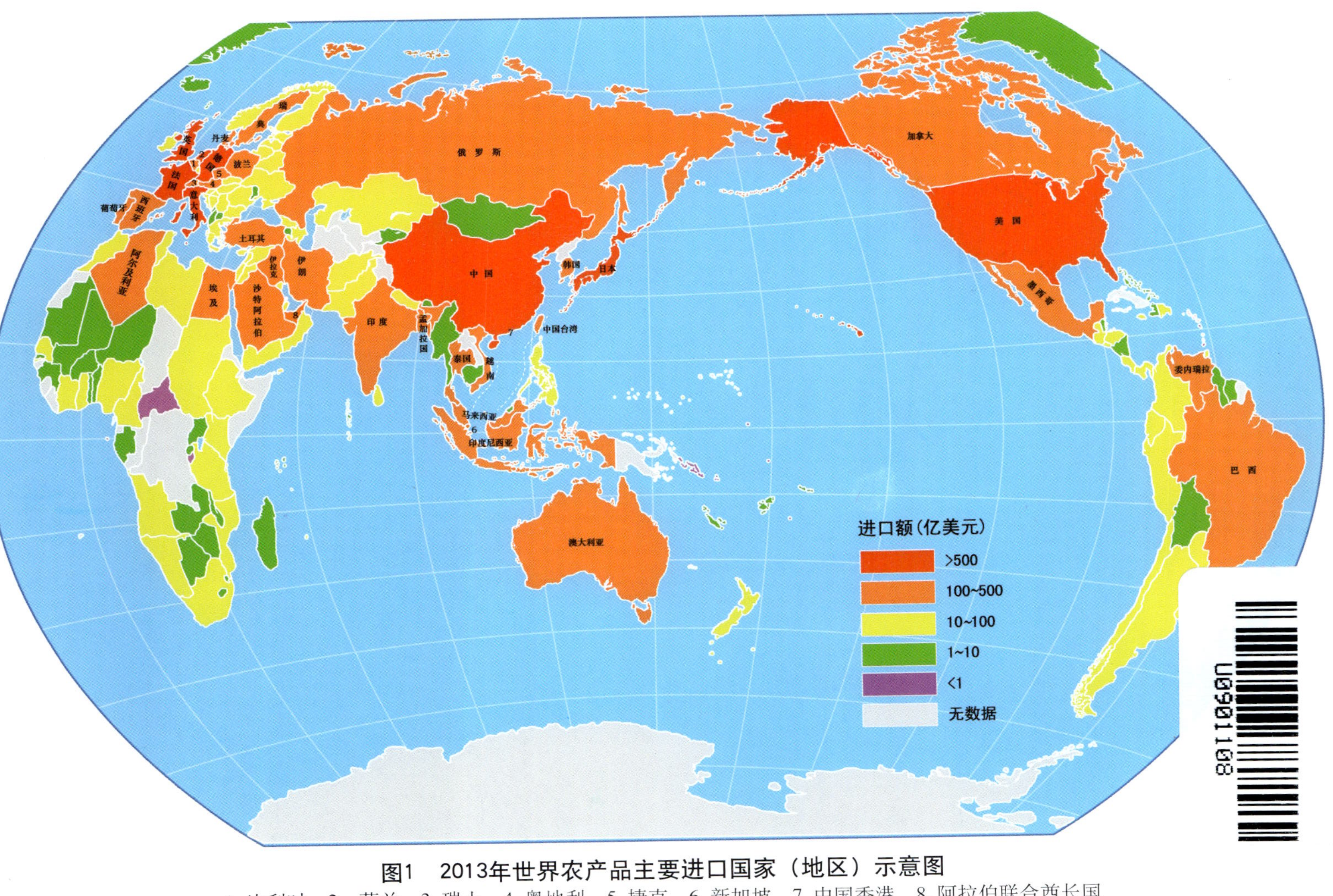

图1 2013年世界农产品主要进口国家（地区）示意图

1.比利时 2. 荷兰 3.瑞士 4.奥地利 5.捷克 6.新加坡 7.中国香港 8.阿拉伯联合酋长国

（数据来源：世界贸易组织数据库）

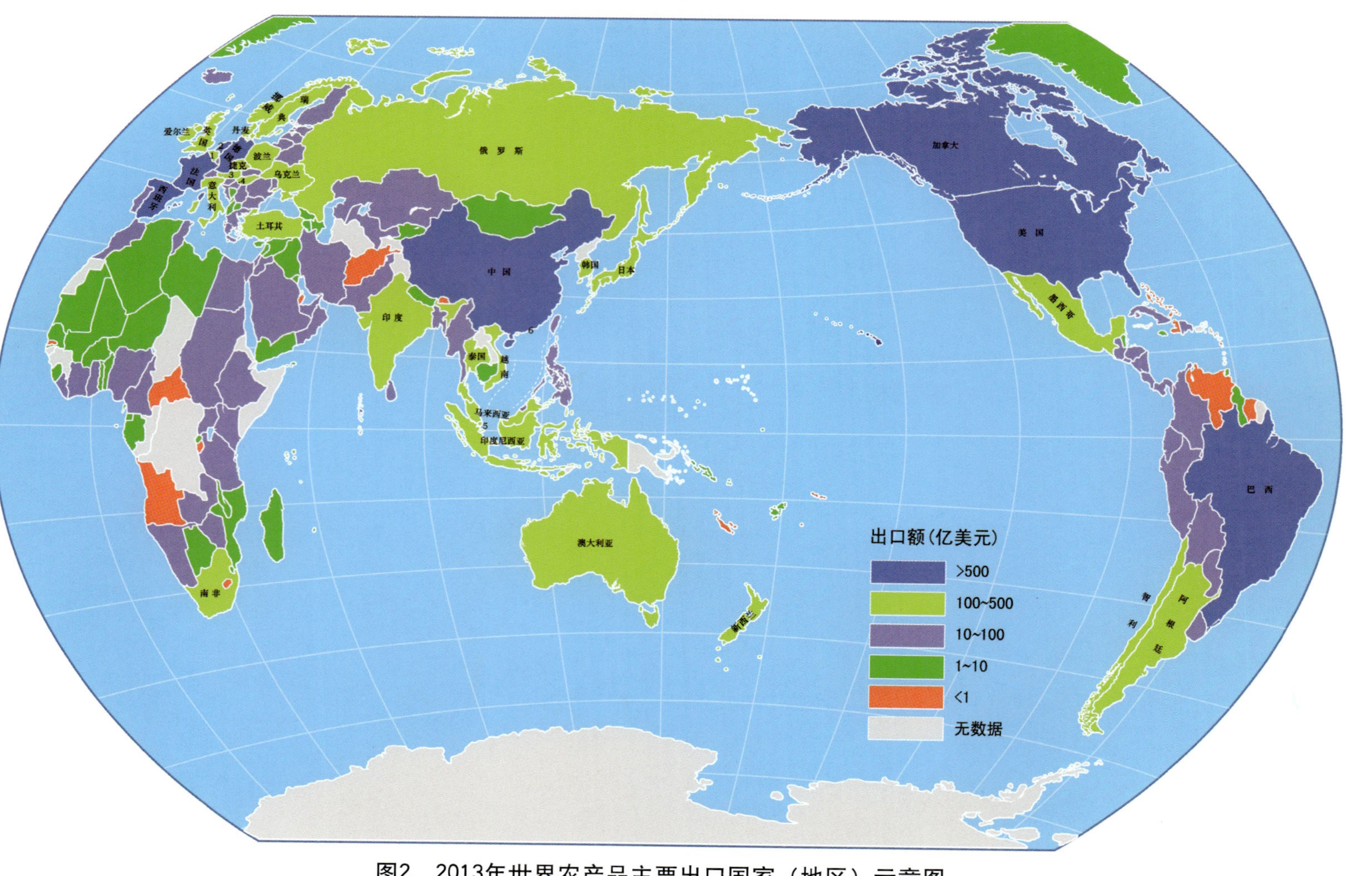

图2　2013年世界农产品主要出口国家（地区）示意图

1.比利时　2. 荷兰　3.奥地利　4.匈牙利　5.新加坡　6.中国香港

（数据来源：世界贸易组织数据库）

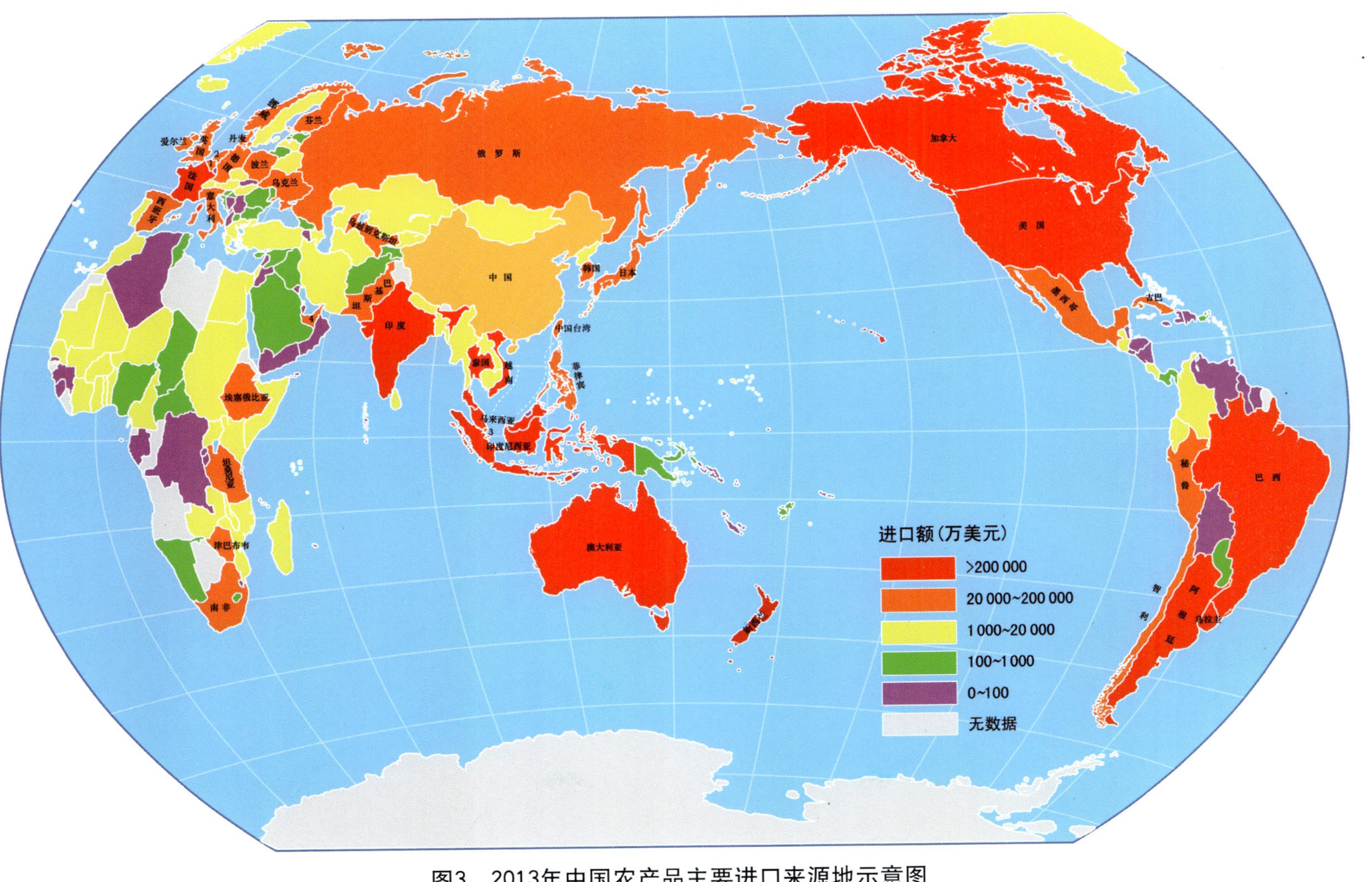

图3 2013年中国农产品主要进口来源地示意图

1. 比利时 2. 荷兰 3. 新加坡 4. 阿拉伯联合酋长国

（数据来源：中国海关统计数据库）

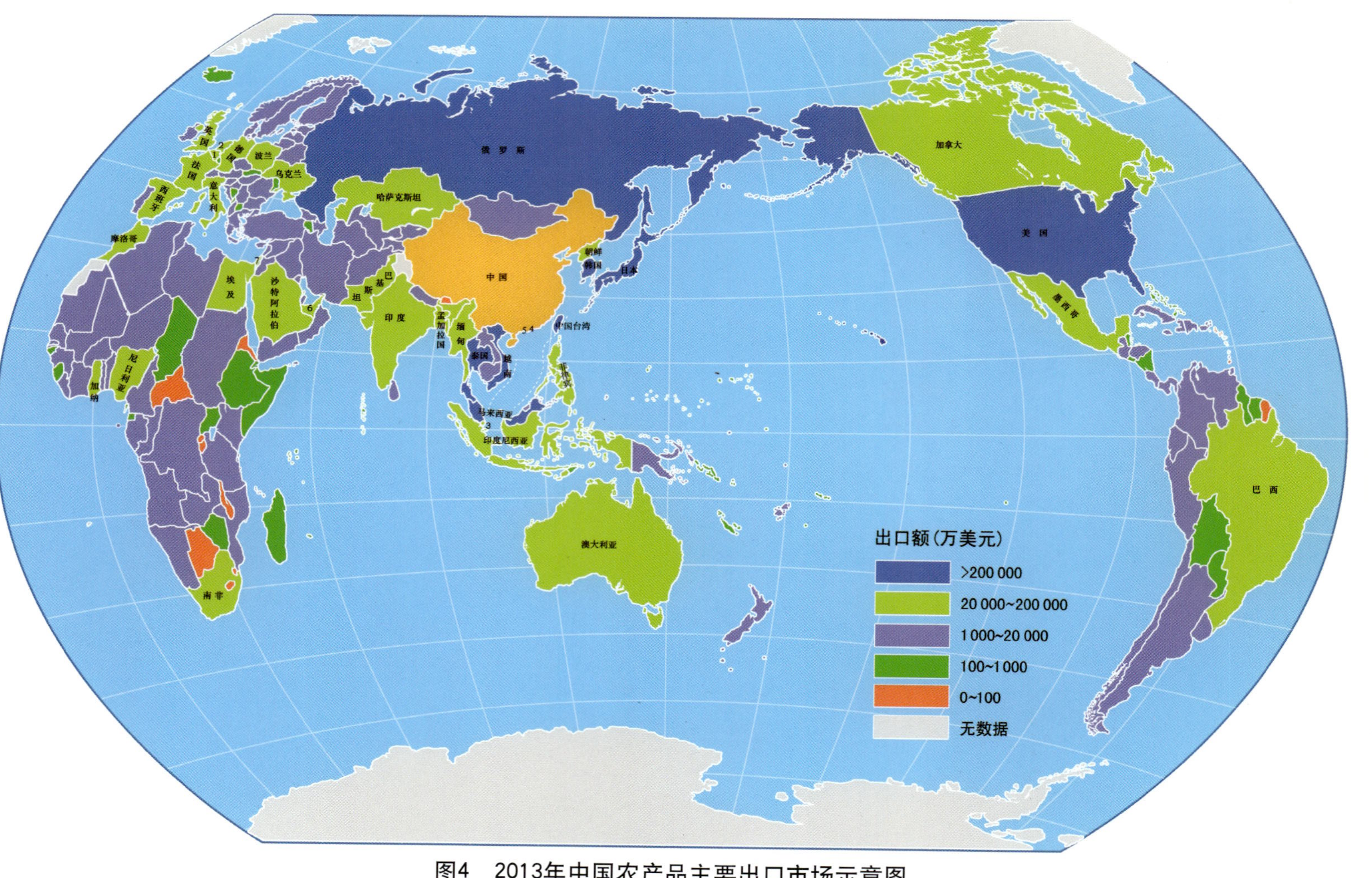

图4　2013年中国农产品主要出口市场示意图

1.比利时　2. 荷兰　3.新加坡　4.中国香港　5.中国澳门　6.阿拉伯联合酋长国　7.以色列

(数据来源：中国海关统计数据库)

2014

国际农产品贸易统计年鉴

INTERNATIONAL AGRICULTURAL TRADE STATISTICAL YEARBOOK

农业部农产品贸易办公室
农业部农业贸易促进中心　编

中国农业出版社

图书在版编目（CIP）数据

国际农产品贸易统计年鉴．2014／农业部农产品贸易办公室，农业部农业贸易促进中心编．—北京：中国农业出版社，2014.12

ISBN 978-7-109-20051-7

Ⅰ.①国…　Ⅱ.①农…②农…　Ⅲ.①农产品贸易－国际贸易－统计资料－2014－年鉴　Ⅳ.①F746.2-66

中国版本图书馆 CIP 数据核字（2014）第 306729 号

中国农业出版社出版
（北京市朝阳区麦子店街 18 号楼）
（邮政编码：100125）
责任编辑　汪子涵

中国农业出版社印刷厂印刷　　新华书店北京发行所发行
2014 年 12 月第 1 版　　2014 年 12 月北京第 1 次印刷

开本：720mm×960mm　1/16　　印张：31.5　　插页：2
字数：565 千字
定价：80.00 元

《国际农产品贸易统计年鉴 2014》
编 辑 委 员 会

编 者 说 明

一、《国际农产品贸易统计年鉴》是一本反映中国及世界重点国家（地区）农产品贸易的统计资料工具书。

二、本书共分四篇。第一篇主要反映世界农产品进出口总体情况，第二篇反映谷物、棉花等主要农产品进出口前15位国家（地区）情况，第三篇分别从产品、贸易伙伴、地区角度反映中国农产品进出口情况，第四篇主要反映与中国贸易关系较为密切的重点国家（地区）农产品贸易情况。

三、世界贸易数据采自世界贸易组织（WTO）统计数据库，中国农产品贸易数据来自中国海关统计数据库，各国农产品贸易数据采自联合国商品贸易统计数据库（UNCOMTRADE）。

四、本书采集、收录了2003—2013年间贸易历史数据。重点对33类产品、38个国家（地区）的数据进行了加工整理。

五、世界贸易统计口径直接采用世界贸易组织统计标准，中国农产品贸易统计口径依照农业部与海关总署共同确定的统计范围和分类标准，各国（地区）农产品贸易统计口径参照中国统计范围和分类标准整理。各数据库统计方式存在差异，数据来源将在注释中标明，以供参考。中国农产品贸易统计基于1939个HS八位编码的原始数据。

六、所有数据随世界贸易组织统计数据库、联合国商品贸易统计数据库、中国海关统计数据库及其产品分类的调整而更新。

七、符号使用说明：表中空白处表示该项统计指标数据不足本表最小单位数、数据不详或无该项数据。

目　　录

一、综合篇

二、产品篇

主要进口产品

三、中国篇

主要进出口产品

主要贸易伙伴

大洋洲

一、综合篇

简 要 说 明

一、本篇资料的主要内容

本篇资料综合反映世界农产品在世界商品贸易中的地位，以及世界农产品进出口大国（地区）的进出口排序。

二、本篇资料的数据来源

世界农产品在世界商品贸易中地位的数据采自世界贸易组织统计数据库。世界农产品贸易额前15位国家（地区）根据世界贸易组织统计数据库原始数据加工所得，世界农产品出口额前15位国家（地区）和世界农产品进口额前15位国家（地区）数据均摘自世界贸易组织编写的《2014年国际贸易统计年鉴》。中国商品贸易数据来源于中国海关总署发布的数据，中国农产品贸易数据来源于中国海关统计数据库。全球农产品贸易结构及大类农产品贸易数据来源于联合国商品贸易统计数据库。

三、本篇资料的数据采集时间

采集时间为2014年10月。

世界农产品贸易综述

一、10 年来全球农产品贸易总体情况①

过去 10 年，全球农产品贸易快速增长，出口额由 2003 年的 6 841.2 亿美元增至 2013 年的 17 448.3 亿美元，年均增长 9.8%（图 1）。世界农产品出口额占世界商品出口总额的比重保持在 7.8%～9.4%之间，2013 年为 9.3%。

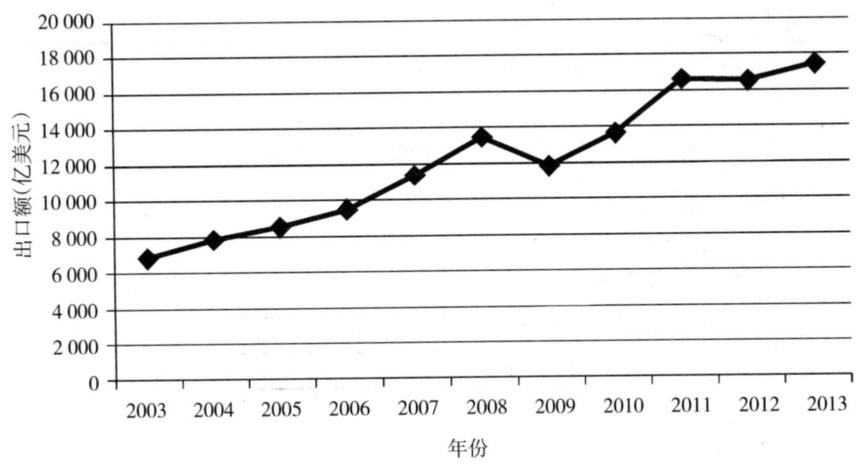

图 1　2003—2013 年全球农产品出口额

2004—2013 年，除 2009 年出现下降外，其余年份全球农产品出口额总体呈增长态势，其中 2007 年和 2011 年出口额同比增速均超过 20%（图 2）。

① 本部分数据来自世界贸易组织统计数据库。

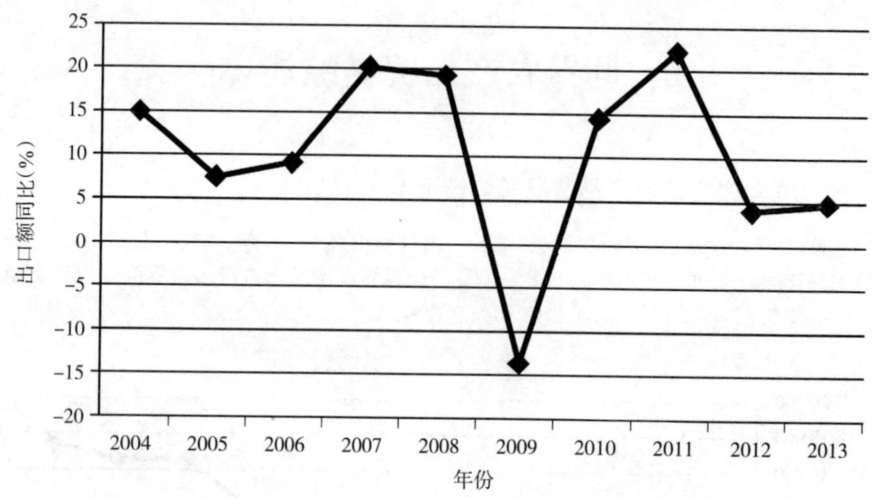

图 2 2004—2013 年全球农产品出口额同比

二、2013 年全球农产品贸易情况

(一)全球农产品贸易结构①

2013 年，全球大类农产品中贸易额靠前的是畜产品和饮品，出口额分别为 2 599.5 亿美元和 1 656.8 亿美元，占同期全球农产品出口总额的比重分别为 18.8%和 12.0%（图 3）。

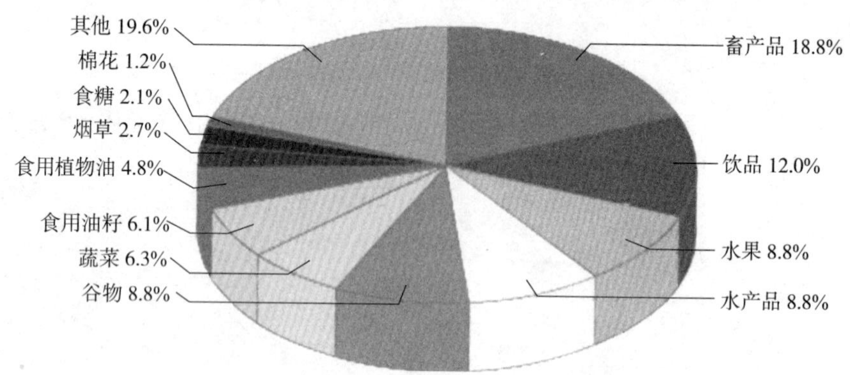

图 3 2013 年全球农产品出口结构

2013 年，除棉花、食糖和食用植物油出口额同比下降外，其他均有不同幅度的增长，其中蔬菜同比增长超过一成（表 1）。

① 本部分内容根据联合国商品贸易统计数据库数据整理。

表 1　2004—2013 年全球主要农产品出口额同比变化情况

单位：%

产　品	2004 年	2005 年	2006 年	2007 年	2008 年	2009 年	2010 年	2011 年	2012 年	2013 年
农产品	14.5	8.1	11.0	19.8	20.8	−10.2	13.1	21.3	−7.6	3.9
谷物	15.4	0.7	11.3	45.7	43.2	−25.9	7.1	39.1	−2.8	1.1
棉花	27.1	−10.0	8.4	7.9	4.4	−22.0	74.0	43.2	−11.1	−11.1
食用油籽	7.2	3.2	5.5	39.5	52.9	−10.0	17.2	20.9	13.7	3.7
食用植物油	17.0	3.0	20.5	38.7	46.3	−26.1	21.4	34.9	−6.8	−8.0
食糖	8.0	30.7	31.2	−6.6	6.9	12.0	37.6	24.9	−10.9	−7.6
蔬菜	11.7	7.1	14.2	18.4	10.2	−3.6	12.6	11.3	−13.2	10.5
水果	11.6	12.3	11.0	19.6	13.6	−7.9	9.6	16.7	−5.7	5.0
畜产品	16.4	10.8	7.3	18.4	19.1	−13.3	14.2	20.3	−8.3	5.8
水产品	12.0	10.1	11.0	8.8	8.3	−4.8	14.1	17.6	−12.3	7.6
饮品	12.3	11.3	14.0	18.9	14.7	−8.1	11.5	21.4	−14.0	0.4

（二）主要进出口国家（地区）①

2013 年，全球前五大农产品出口国（地区）分别为美国、欧盟②、巴西、中国和加拿大，出口额分别为 1 755.7 亿美元、1 753.4 亿美元、906.6 亿美元、701.6 亿美元和 656.9 亿美元，占全球农产品出口额的比重分别为 10.1%、10.0%、5.2%、4.0%和 3.8%。其中欧盟出口份额提高，美国下降，巴西、中国和加拿大保持不变（图 4）。

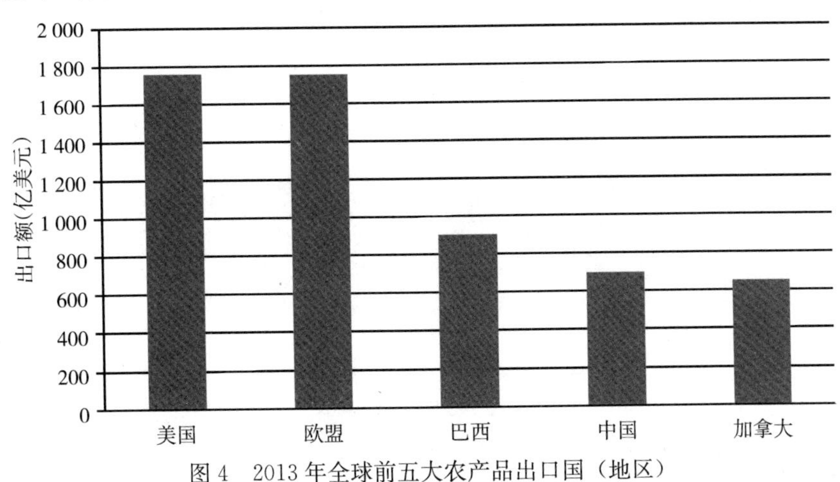

图 4　2013 年全球前五大农产品出口国（地区）

① 本部分内容根据世界贸易组织统计数据库整理，与中国海关统计数据库、联合国商品贸易统计数据库的统计存在差异。

② 欧盟数据为欧盟 28 国对外贸易额。

2013 年，全球前五大农产品进口国（地区）依次为欧盟、中国、美国、日本和俄罗斯，进口额分别为 1 782.5 亿美元、1 654.6 亿美元、1 464.8 亿美元、859.9 亿美元和 447.3 亿美元，占全球农产品进口额的比重分别为 9.6%、8.9%、7.9%、4.6%和 2.4%。其中欧盟、中国、美国和日本的份额均有所下降，只有俄罗斯份额保持不变，进口集中度下降（图 5）。

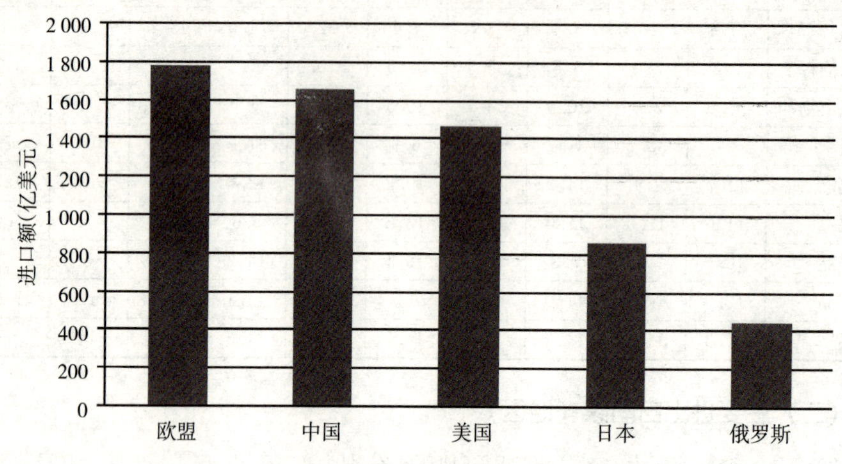

图 5　2013 年全球前五大农产品进口国（地区）

1-1 世界农产品在世界商品贸易中的地位

单位：亿美元，%

年份	世界商品出口额	世界商品进口额	世界农产品出口额	世界农产品进口额	世界农产品出口额占世界商品出口总额的比重	世界农产品进口额占世界商品进口总额的比重
2003	75 890.0	78 690.0	6 841.2	7 276.6	9.0	9.2
2004	92 230.0	95 740.0	7 840.9	8 366.0	8.5	8.7
2005	105 080.0	108 700.0	8 530.7	8 993.6	8.1	8.3
2006	121 300.0	124 610.0	9 462.3	9 816.5	7.8	7.9
2007	140 220.0	143 300.0	11 352.9	11 804.5	8.1	8.2
2008	161 590.0	165 720.0	13 460.5	14 088.9	8.3	8.5
2009	125 540.0	127 810.0	11 823.0	12 161.9	9.4	9.5
2010	153 000.0	155 100.0	13 650.9	13 917.8	8.9	9.0
2011	183 280.0	185 040.0	16 618.0	17 003.7	9.1	9.2
2012	184 040.0	186 110.0	16 527.8	17 671.0	9.0	9.5
2013	188 160.0	188 900.0	17 448.3	18 512.3	9.3	9.8

注：原始数据来源于世界贸易组织统计数据库。

1-2 中国农产品在中国商品贸易中的地位

单位：亿美元，%

年份	中国商品出口额	中国商品进口额	中国农产品出口额	中国农产品进口额	中国农产品出口额占中国商品出口总额的比重	中国农产品进口额占中国商品进口总额的比重
2003	4 383.7	4 128.4	214.1	189.7	4.9	4.6
2004	5 933.7	5 614.2	233.6	280.9	3.9	5.0
2005	7 620.0	6 601.2	275.5	287.9	3.6	4.4
2006	9 690.8	7 916.1	313.8	321.7	3.2	4.1
2007	12 180.0	9 558.0	369.9	412.0	3.0	4.3
2008	14 285.0	11 331.0	404.7	587.7	2.8	5.2
2009	12 017.0	10 056.0	395.4	527.0	3.3	5.2
2010	15 779.3	13 948.3	493.7	725.5	3.1	5.2
2011	18 986.0	17 434.7	607.2	948.7	3.2	5.4
2012	20 489.3	18 178.2	632.5	1 124.8	3.1	6.2
2013	22 100.2	19 502.9	678.3	1 188.7	3.1	6.1

注：商品进出口额来源于中国海关总署发布的数据，农产品进出口额来源于中国海关统计数据库。

1-3 世界农产品贸易额前 15 位国家（地区）

（2013 年）

单位：亿美元,%

国家（地区）	农产品进出口额	在世界农产品进出口总额中所占比重
欧盟 28 国	13 249.1	36.8
欧盟 28 国对外贸易	3 535.9	9.8
美国	3 220.5	9.0
中国	2 356.2	6.6
巴西	1 048.4	2.9
加拿大	1 044.7	2.9
日本	967.6	2.7
俄罗斯	743.0	2.1
印度	713.7	2.0
印度尼西亚	641.4	1.8
泰国	570.0	1.6
墨西哥	542.4	1.5
澳大利亚	522.1	1.5
马来西亚	500.9	1.4
韩国	451.9	1.3
越南	443.2	1.2
小计	**27 015.0**	**75.1**

注：根据世界贸易组织统计数据库原始数据整理所得。

1-4 世界农产品出口额前15位国家（地区）

（2013年）

单位：亿美元，%

国家（地区）	2013年出口额	在世界农产品出口总额中所占比重			
		1980年	1990年	2000年	2013年
欧盟28国	6 610.0			41.9	37.9
欧盟28国对外出口	1 753.4			10.0	10.0
美国	1 755.7	17.0	14.3	13.0	10.1
巴西	906.6	3.4	2.4	2.8	5.2
中国	701.6	1.5	2.4	3.0	4.0
加拿大	656.9	5.0	5.4	6.3	3.8
印度	469.5	1.0	0.8	1.1	2.7
印度尼西亚	426.3	1.6	1.0	1.4	2.4
阿根廷	414.7	1.9	1.8	2.2	2.4
泰国	403.6	1.2	1.9	2.2	2.3
澳大利亚	376.0	3.3	2.9	3.0	2.2
马来西亚	301.0	2.0	1.8	1.5	1.7
俄罗斯	295.7			1.4	1.7
越南	285.0			0.7	1.6
新西兰	267.5	1.3	1.4	1.4	1.5
墨西哥	250.4	0.8	0.8	1.7	1.4
小计	**14 120.4**			**83.4**	**80.9**

注：根据世界贸易组织统计数据库原始数据整理所得。

1-5 世界农产品进口额前 15 位国家（地区）

（2013 年）

单位：亿美元，%

国家（地区）	2013 年进口额	在世界农产品进口总额中所占比重			
		1980 年	1990 年	2000 年	2013 年
欧盟 28 国	6 639.0			42.7	35.9
欧盟 28 国自外进口	1 782.5			13.2	9.6
中国	1 654.6	2.1	1.8	3.3	8.9
美国	1 464.8	8.7	9.0	11.6	7.9
日本	859.9	9.6	11.5	10.4	4.6
俄罗斯	447.3			1.3	2.4
加拿大	387.8	1.8	2.0	2.6	2.1
韩国	333.9	1.5	2.2	2.2	1.8
墨西哥	292.0	1.2	1.2	1.8	1.6
中国香港	278.3				
沙特阿拉伯	254.6	1.5	0.8	0.9	1.4
印度	244.2	0.5	0.4	0.7	1.3
印度尼西亚	215.1	0.6	0.5	1.0	1.2
马来西亚	199.9	0.5	0.5	0.8	1.1
阿拉伯联合酋长国	178.6	0.3	0.4	0.5	1.0
土耳其	169.1	0.1	0.6	0.7	0.9
小计	**13 619.2**			**80.4**	**72.1**

注：根据世界贸易组织统计数据库原始数据整理所得。

二、产品篇

简 要 说 明

一、本篇资料的主要内容

本篇资料主要从产品角度，全面反映了世界农产品贸易的主要情况。

二、本篇资料的统计口径

本篇资料依照中国农业部与海关总署商定的统计范围和分类标准进行统计。

三、本篇资料的统计范围

本篇资料选择九大类主要农产品，统计涵盖世界农产品进、出口主要国家（地区）。

四、本篇资料的数据来源

本篇资料是采集联合国商品贸易统计数据库的原始数据加工整理而得。

五、本篇资料的数据采集时间

采集时间为 2014 年 10 月。

主要出口产品

2-1 世界谷物出口量前15位国家（地区）

（2013年）

单位：吨，%

序号	国家（地区）	出口量	同比增长
1	美国	64 272 951.7	0.4
2	法国	33 669 811.5	17.3
3	巴西	28 897 080.7	23.5
4	阿根廷	28 873 403.2	−22.9
5	乌克兰	27 416 561.7	0.6
6	加拿大	25 323 914.7	11.6
7	澳大利亚	24 743 034.2	−17.0
8	印度	21 479 039.2	6.9
9	俄罗斯	19 267 810.6	−15.0
10	德国	13 728 294.8	28.1
11	罗马尼亚	9 226 369.7	70.9
12	泰国	7 360 784.2	4.7
13	哈萨克斯坦	7 198 279.7	−28.8
14	匈牙利	5 323 766.6	−15.4
15	巴基斯坦	4 815 378.4	−1.1
	小计	**321 596 480.9**	

2-2 世界棉花出口量前15位国家（地区）

（2013年）

单位：吨，%

序号	国家（地区）	出口量	同比增长
1	美国	2 891 519.3	2.0
2	印度	2 553 410.9	23.7
3	澳大利亚	1 174 846.1	−3.8
4	巴西	583 572.6	−45.8
5	希腊	262 718.2	−17.8
6	巴基斯坦	209 538.2	−28.5
7	土耳其	149 259.1	−11.5
8	马来西亚	94 536.5	−61.1
9	坦桑尼亚	86 445.6	
10	哈萨克斯坦	82 199.4	45.3
11	墨西哥	77 229.6	−21.0
12	莫桑比克	65 814.8	195.2
13	津巴布韦	63 921.6	
14	赞比亚	62 770.4	
15	西班牙	53 358.4	−14.9
	小计	**8 411 140.7**	

2-3 世界食用油籽出口量前15位国家（地区）

（2013年）

单位：吨，%

序号	国家（地区）	出口量	同比增长
1	美　国	42 968 583.3	−9.3
2	巴　西	42 879 148.6	31.8
3	加　纳	11 285 956.5	10 569.1
4	加拿大	11 118 119.0	−12.0
5	阿根廷	8 498 739.5	23.9
6	巴拉圭	5 138 647.7	59.1
7	澳大利亚	4 344 234.5	25.2
8	乌克兰	3 950 202.7	25.5
9	乌拉圭	3 525 675.1	35.6
10	荷　兰	2 644 256.8	−6.7
11	罗马尼亚	1 939 199.8	137.0
12	法　国	1 807 534.2	−10.6
13	比利时	1 143 639.9	28.0
14	印　度	1 110 404.4	−0.6
15	中　国	1 013 033.1	−11.8
	小　计	**143 367 375.1**	

2-4 世界食用植物油出口量前 15 位国家（地区）

（2013 年）

单位：吨，%

序号	国家（地区）	出口量	同比增长
1	印度尼西亚	20 578 055.8	9.2
2	马来西亚	10 223 286.5	−35.6
3	阿根廷	4 808 029.8	2.7
4	乌克兰	3 351 317.3	−9.4
5	荷兰	3 041 061.8	22.5
6	加纳	3 036 229.4	−0.2
7	加拿大	2 423 133.6	−13.1
8	德国	1 989 633.4	20.5
9	俄罗斯	1 852 555.4	2.7
10	美国	1 686 523.7	−18.4
11	西班牙	1 616 972.3	−8.5
12	巴西	1 525 105.0	−19.6
13	比利时	772 960.3	18.2
14	法国	717 823.9	−15.7
15	匈牙利	607 365.1	70.9
	小计	**58 230 053.3**	

2-5 世界食糖出口量前15位国家（地区）

（2013年）

单位：吨，%

序号	国家（地区）	出口量	同比增长
1	巴西	27 154 304.1	13.1
2	泰国	5 994 378.0	−12.5
3	墨西哥	2 617 236.6	194.2
4	危地马拉	1 930 287.1	27.3
5	印度	1 921 494.1	−45.0
6	法国	1 837 212.3	−15.8
7	巴基斯坦	1 039 043.2	130.2
8	德国	871 479.5	−10.9
9	南非	851 242.3	177.4
10	哥伦比亚	620 072.1	
11	比利时	571 878.3	−22.5
12	波兰	507 709.2	−11.1
13	白俄罗斯	503 564.8	11.6
14	菲律宾	487 941.3	139.7
15	阿尔及利亚	474 610.1	51.4
	小计	**47 382 453.0**	

2-6 世界畜产品出口额前 15 位国家（地区）

（2013 年）

单位：万美元，%

序号	国家（地区）	出口额	同比增长
1	美　国	2 963 062.4	7.5
2	德　国	2 827 795.8	9.9
3	荷　兰	2 596 855.8	11.1
4	巴　西	1 804 349.6	7.2
5	法　国	1 743 060.8	4.5
6	新西兰	1 712 428.2	12.2
7	澳大利亚	1 488 997.0	−0.2
8	比利时	1 120 812.4	15.8
9	西班牙	885 772.7	6.9
10	加拿大	873 382.7	6.4
11	波　兰	836 904.3	15.9
12	爱尔兰	741 308.5	12.3
13	中　国	652 412.1	1.3
14	英　国	615 186.0	10.3
15	印　度	564 388.0	59.9
	小　计	**21 426 716.3**	

2-7 世界蔬菜出口额前15位国家（地区）

（2013年）

单位：万美元，%

序号	国家（地区）	出口额	同比增长
1	中　国	1 291 573.3	15.9
2	荷　兰	1 287 991.7	10.2
3	西班牙	855 545.6	11.8
4	美　国	727 350.3	7.1
5	墨西哥	596 540.9	18.7
6	比利时	554 381.1	20.6
7	法　国	444 661.0	14.4
8	德　国	316 220.8	19.5
9	加拿大	278 749.0	13.2
10	印　度	194 957.2	14.3
11	波　兰	194 315.2	17.9
12	土耳其	163 363.2	8.7
13	秘　鲁	123 418.6	3.8
14	埃　及	120 904.3	24.1
15	泰　国	109 160.1	9.6
	小　计	**7 259 132.3**	

2-8 世界水果出口额前 15 位国家（地区）

（2013 年）

单位：万美元，%

序号	国家（地区）	出口额	同比增长
1	美　　国	1 408 679.4	5.1
2	西 班 牙	1 065 491.5	14.0
3	荷　　兰	983 784.3	13.7
4	中　　国	780 586.9	5.5
5	智　　利	616 633.4	10.5
6	德　　国	602 639.7	10.4
7	比 利 时	573 214.0	10.5
8	法　　国	439 260.5	5.9
9	墨 西 哥	425 045.5	17.3
10	巴　　西	359 608.2	3.7
11	泰　　国	359 060.5	1.5
12	土 耳 其	356 203.4	3.9
13	波　　兰	320 794.5	13.3
14	南　　非	313 367.4	15.8
15	厄瓜多尔	254 964.7	11.6
	小　　计	**8 859 333.9**	

2-9 世界水产品出口额前15位国家（地区）

（2013年）

单位：万美元,%

序号	国家（地区）	出口额	同比增长
1	中　　国	2 069 664.2	7.0
2	挪　　威	1 042 793.6	21.7
3	泰　　国	731 700.7	—12.2
4	美　　国	639 779.0	3.6
5	智　　利	599 180.9	11.4
6	印　　度	570 611.6	65.1
7	加 拿 大	451 134.2	3.0
8	印度尼西亚	406 807.4	7.2
9	西 班 牙	395 626.5	1.4
10	荷　　兰	381 012.5	1.8
11	厄瓜多尔	365 729.8	14 615.4
12	瑞　　典	359 458.2	25.0
13	德　　国	315 258.4	11.6
14	俄 罗 斯	299 542.8	12.6
15	秘　　鲁	279 319.7	—17.1
	小　　计	**8 907 619.5**	

2-10 世界饮品出口额前 15 位国家（地区）

（2013 年）

单位：万美元，%

序号	国家（地区）	出口额	同比增长
1	法国	2 164 543.6	3.8
2	德国	1 545 064.9	4.7
3	英国	1 285 916.8	1.7
4	荷兰	1 122 015.7	5.6
5	美国	1 031 763.8	1.0
6	比利时	800 544.4	6.4
7	巴西	770 654.7	−16.6
8	西班牙	626 812.2	5.8
9	瑞士	534 091.9	12.6
10	墨西哥	500 161.8	−0.1
11	加纳	469 677.7	113.8
12	新加坡	373 553.6	3.6
13	中国	333 699.4	6.8
14	印度尼西亚	292 588.1	0.5
15	波兰	284 385.2	16.1
	小计	**12 135 473.8**	

2-11 世界烟草出口额前15位国家（地区）

（2013年）

单位：万美元，%

序号	国家（地区）	出口额	同比增长
1	德　　国	493 394.7	−7.3
2	荷　　兰	475 478.3	1.3
3	巴　　西	327 213.8	0.5
4	波　　兰	203 649.2	9.4
5	美　　国	187 062.7	13.1
6	比 利 时	137 616.0	6.7
7	中　　国	132 173.5	4.7
8	印　　度	108 133.7	17.1
9	印度尼西亚	93 138.6	17.3
10	土 耳 其	90 485.9	7.4
11	津巴布韦	90 409.9	
12	新 加 坡	89 216.0	7.4
13	法　　国	81 199.5	0.6
14	俄 罗 斯	73 515.9	9.7
15	罗马尼亚	68 318.7	14.3
	小　　计	**2 651 006.4**	

主要进口产品

2-12 世界谷物进口量前15位国家（地区）

（2013年）

单位：吨，%

序号	国家（地区）	进口量	同比增长
1	日　本	24 611 873.2	0.1
2	埃　及	23 755 140.8	62.6
3	沙特阿拉伯	16 288 038.9	
4	中　国	14 584 336.1	4.3
5	韩　国	14 172 151.6	−0.9
6	墨西哥	14 004 558.7	−2.4
7	荷　兰	12 433 793.4	7.6
8	印度尼西亚	10 643 148.3	3.5
9	美　国	10 514 814.5	31.5
10	阿尔及利亚	10 178 811.1	2.6
11	西班牙	10 126 076.8	−20.0
12	巴　西	9 557 644.1	7.0
13	德　国	8 839 748.9	5.5
14	比利时	8 640 204.5	−0.1
15	莫桑比克	6 959 037.4	1 224.2
	小　计	**195 309 378.3**	

2-13 世界棉花进口量前15位国家（地区）

（2013年）

单位：吨，%

序号	国家（地区）	进口量	同比增长
1	埃　　及	4 833 833.4	33 731.9
2	中　　国	4 499 860.9	−16.9
3	土 耳 其	876 652.0	41.8
4	印度尼西亚	673 795.4	10.1
5	巴基斯坦	377 473.0	54.9
6	泰　　国	357 612.2	9.7
7	韩　　国	295 491.9	9.2
8	墨 西 哥	245 547.2	6.7
9	印　　度	179 183.4	−23.3
10	日　　本	113 546.9	8.6
11	马来西亚	106 785.4	−62.7
12	德　　国	104 598.2	20.4
13	俄 罗 斯	79 687.5	−18.4
14	秘　　鲁	57 730.3	17.9
15	南　　非	45 723.7	16.3
	小　　计	**12 847 521.4**	

2-14 世界食用油籽进口量前 15 位国家（地区）

（2013 年）

单位：吨，%

序号	国家（地区）	进口量	同比增长
1	中　　国	67 854 692.4	8.9
2	德　　国	9 188 968.0	11.2
3	荷　　兰	6 391 198.7	21.9
4	日　　本	5 605 154.7	1.1
5	墨 西 哥	5 298 394.9	59.5
6	西 班 牙	3 933 713.2	−1.3
7	比 利 时	3 124 942.6	−12.5
8	美　　国	2 510 974.7	56.4
9	法　　国	2 264 913.9	55.3
10	土 耳 其	2 170 548.8	−6.9
11	印度尼西亚	2 094 411.3	−2.1
12	泰　　国	1 770 934.8	−19.8
13	韩　　国	1 519 819.4	2.6
14	俄 罗 斯	1 311 632.7	55.2
15	葡 萄 牙	1 298 802.9	14.4
	小　　计	**116 339 103.0**	

2-15 世界食用植物油进口量前 15 位国家（地区）

（2013 年）

单位：吨，%

序号	国家（地区）	进口量	同比增长
1	印度	10 640 614.0	7.1
2	中国	9 220 692.6	−3.9
3	荷兰	4 541 869.6	16.7
4	美国	3 151 301.1	6.4
5	巴基斯坦	2 307 295.3	10.6
6	德国	2 128 683.7	15.1
7	比利时	1 542 353.9	25.5
8	西班牙	1 510 958.6	34.7
9	埃及	1 315 723.2	21.6
10	土耳其	1 268 118.7	4.6
11	法国	1 157 764.7	−6.7
12	英国	1 075 553.3	0.7
13	阿尔及利亚	806 115.5	13.4
14	俄罗斯	805 759.7	11.9
15	墨西哥	792 729.4	5.8
	小计	**42 265 533.3**	

2-16 世界食糖进口量前 15 位国家（地区）

（2013 年）

单位：吨，%

序号	国家（地区）	进口量	同比增长
1	中　　国	4 545 482.8	21.3
2	印度尼西亚	3 344 303.8	18.8
3	美　　国	2 918 881.2	−3.8
4	韩　　国	1 879 444.7	6.2
5	阿尔及利亚	1 790 472.2	7.1
6	沙特阿拉伯	1 680 400.8	
7	日　　本	1 402 881.5	−2.3
8	西 班 牙	1 316 208.5	21.3
9	英　　国	1 187 023.9	6.2
10	加 拿 大	1 123 400.1	−1.9
11	马来西亚	1 026 526.7	−42.4
12	印　　度	836 226.0	11.6
13	埃　　及	825 964.1	−7.4
14	南　　非	660 751.2	219.1
15	比 利 时	659 553.2	−10.2
	小　　计	**25 197 520.7**	

2-17 世界畜产品进口额前15位国家（地区）

（2013年）

单位：万美元，%

序号	国家（地区）	进口额	同比增长
1	德国	2 181 546.7	7.1
2	中国	1 951 145.8	30.9
3	日本	1 479 042.7	−9.3
4	英国	1 468 896.5	6.1
5	美国	1 315 437.5	4.7
6	荷兰	1 298 019.0	6.3
7	法国	1 239 315.7	8.9
8	俄罗斯	1 215 177.0	2.2
9	比利时	863 527.5	16.4
10	墨西哥	714 471.6	15.5
11	沙特阿拉伯	583 705.5	
12	西班牙	535 805.7	7.5
13	韩国	467 948.5	−1.2
14	加拿大	460 117.6	6.5
15	波兰	410 472.9	21.7
	小计	**16 184 630.2**	

2-18 世界蔬菜进口额前15位国家（地区）

（2013年）

单位：万美元，%

序号	国家（地区）	进口额	同比增长
1	美　　国	1 352 711.2	8.4
2	德　　国	951 575.2	13.0
3	英　　国	681 302.7	15.5
4	法　　国	609 685.3	9.6
5	日　　本	518 138.4	−4.9
6	荷　　兰	477 351.5	10.5
7	加 拿 大	401 681.3	9.4
8	俄 罗 斯	390 101.5	13.1
9	比 利 时	319 845.9	21.1
10	西 班 牙	218 934.6	10.3
11	韩　　国	123 715.1	1.5
12	瑞　　典	121 843.3	8.8
13	沙特阿拉伯	114 911.9	
14	巴　　西	113 310.7	32.9
15	波　　兰	112 556.8	18.2
	小　　计	**6 507 665.4**	

2-19 世界水果进口额前15位国家（地区）

（2013年）

单位：万美元，%

序号	国家（地区）	进口额	同比增长
1	美国	1 732 039.6	7.3
2	德国	1 176 501.1	11.5
3	英国	856 218.1	6.3
4	荷兰	854 472.1	13.1
5	俄罗斯	780 910.3	4.2
6	法国	769 607.7	9.5
7	加拿大	642 814.0	3.9
8	比利时	588 048.8	19.1
9	中国	510 377.2	13.5
10	日本	506 552.8	−8.0
11	西班牙	285 262.8	4.4
12	沙特阿拉伯	246 571.6	
13	韩国	219 243.9	6.1
14	波兰	218 514.4	13.5
15	澳大利亚	211 310.8	2.4
	小计	**9 598 445.2**	

2－20 世界水产品进口额前 15 位国家（地区）

（2013 年）

单位：万美元，%

序号	国家（地区）	进口额	同比增长
1	美　国	2 064 797.0	7.7
2	日　本	1 629 687.6	－14.5
3	中　国	866 466.3	8.0
4	法　国	691 664.5	7.9
5	西班牙	655 724.6	1.7
6	德　国	618 529.0	6.7
7	英　国	470 749.5	6.0
8	瑞　典	451 214.2	24.4
9	韩　国	380 187.8	－2.4
10	俄罗斯	333 632.5	18.9
11	泰　国	327 961.3	2.1
12	荷　兰	325 640.2	1.5
13	加拿大	307 280.5	5.4
14	比利时	265 125.1	9.6
15	波　兰	200 275.3	27.7
	小　计	**9 588 935.4**	

2-21 世界饮品进口额前 15 位国家（地区）

（2013 年）

单位：万美元，%

序号	国家（地区）	进口额	同比增长
1	美　国	3 213 789.4	−2.1
2	德　国	1 671 544.8	−2.7
3	英　国	1 286 548.4	3.8
4	法　国	1 012 416.8	4.6
5	荷　兰	885 574.2	4.2
6	加拿大	807 900.6	0.3
7	比利时	678 528.2	5.9
8	日　本	645 193.6	−5.0
9	俄罗斯	643 986.1	5.2
10	西班牙	455 165.9	−0.7
11	中　国	407 937.0	1.1
12	新加坡	359 081.6	8.7
13	瑞　士	334 571.2	1.1
14	澳大利亚	319 707.3	2.8
15	瑞　典	267 124.3	4.0
	小　计	**12 989 069.4**	

2-22 世界烟草进口额前 15 位国家（地区）

（2013 年）

单位：万美元,%

序号	国家（地区）	进口额	同比增长
1	日　　本	451 850.2	−22.0
2	法　　国	256 395.7	0.7
3	德　　国	238 553.8	1.5
4	美　　国	221 943.7	18.6
5	西 班 牙	183 359.6	9.0
6	荷　　兰	158 211.9	−15.4
7	中　　国	145 965.9	10.9
8	比 利 时	145 315.0	14.5
9	俄 罗 斯	133 014.2	2.7
10	沙特阿拉伯	101 175.0	
11	新 加 坡	80 894.0	7.5
12	英　　国	73 377.8	−43.1
13	印度尼西亚	72 357.2	−5.5
14	波　　兰	62 924.4	5.4
15	马来西亚	53 185.8	−4.6
	小　　计	**2 378 524.2**	

三、中国篇

简 要 说 明

一、本篇资料的主要内容

本篇资料分别从产品、市场、地区 3 个角度，全面反映了中国农产品贸易的主要情况。

二、本篇资料的统计口径

本篇资料依照中国农业部与海关总署共同商定的统计范围和分类标准进行统计。

三、本篇资料的数据来源

本篇资料是采集中国海关统计数据库的原始数据加工整理而得。

四、本篇资料的数据采集时间

采集时间为 2014 年 8 月。

中国农产品贸易综述[①]

一、10 年来中国农产品贸易总体情况

过去 10 年，中国农产品贸易快速增长。贸易额由 2003 年的 403.8 亿美元增至 2013 年的 1 866.9 亿美元，年均增长 16.5%。其中，进口额由 189.7 亿美元增至 1 188.7 亿美元，年均增长 20.1%；出口额由 214.1 亿美元增至 678.3 亿美元，年均增长 12.2%（图 1）。

随着加入 WTO 后中国参与全球市场资源配置程度的不断加深和国内农产品需求的快速增加，2004 年后中国农产品贸易由顺差转为逆差，2008 年逆差增加到 183 亿美元，2010 年以来逐年扩大，先后突破 200 亿美元、300 亿美元、400 亿美元、500 亿美元大关，2013 年为 510.4 亿美元。

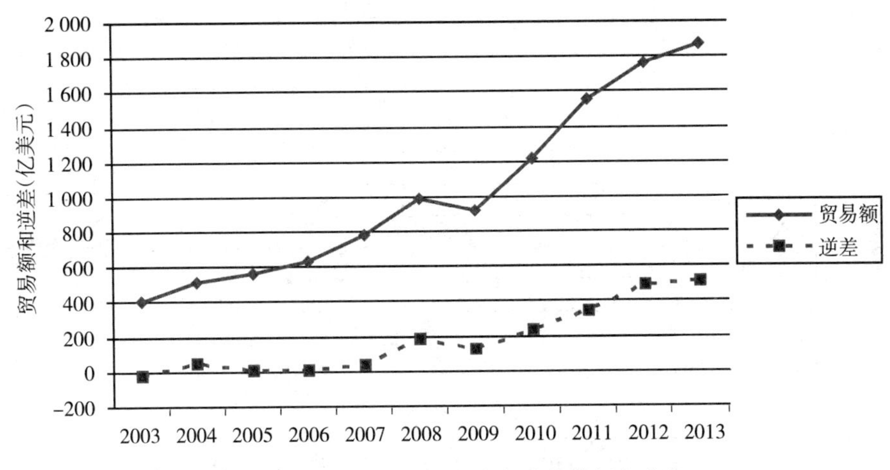

图 1　2003—2013 年中国农产品贸易额和逆差

二、2013 年中国农产品贸易情况

2013 年，中国农产品贸易额创历史新高，达 1 866.9 亿美元，同比增长 6.2%。其中，出口 678.3 亿美元，同比增长 7.2%；进口 1 188.7 亿美元，同比增长 5.7%；逆差 510.4 亿美元，同比扩大 3.7%（图 2、图 3）。据联合国商品贸易统计数据库不完全统计，2013 年中国农产品贸易额居世界第 3 位，仅次于美国（2 936.2 亿美元）和德国（2 008.6 亿美元），占 2013 年世界农产品贸易额的 6.6%，其中进口额居世界第 2 位，出口额居世界第 6 位（表 1）。

---

① 本综述中引用的中国农产品贸易年度数据均来自中国海关统计数据库中的当年 1～12 月累计数据。

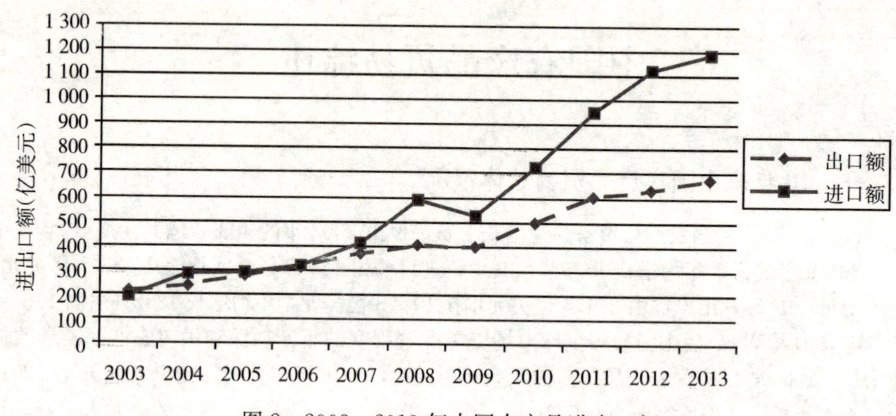

图 2 2003—2013 年中国农产品进出口额

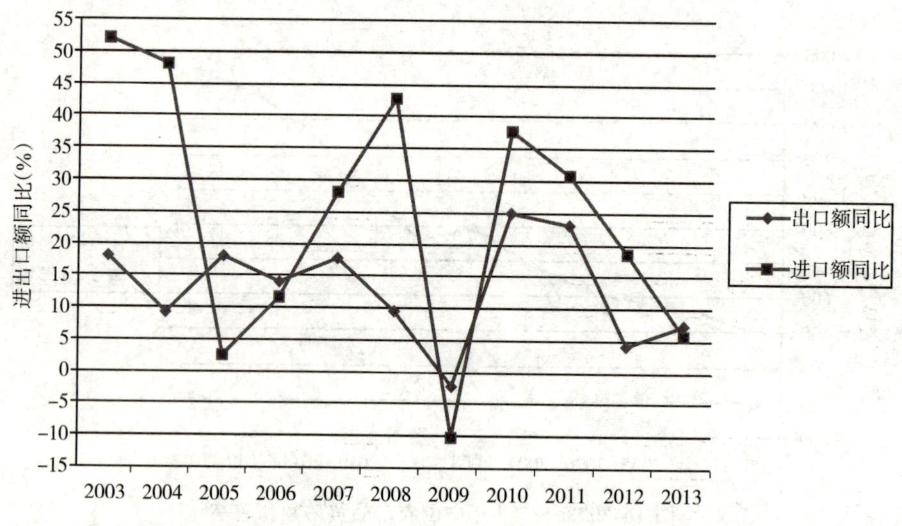

图 3 2003—2013 年中国农产品进出口额同比

表 1 2013 年全球前十大农产品贸易国及进出口国

单位：亿美元、%

全球前十大农产品贸易国				前十大农产品出口国			前十大农产品进口国		
排名	国家	贸易额	占比	国家	出口额	占比	国家	进口额	占比
1	美国	2 936.2	10.4	美国	1 582.8	10.8	美国	1 353.3	9.9
2	德国	2 008.6	7.1	荷兰	1 045.6	7.1	中国	1 188.9	8.7
3	中国	1 867.1	6.6	德国	934.0	6.3	德国	1 074.6	7.9
4	荷兰	1 728.1	6.1	巴西	867.0	5.9	日本	771.9	5.7

（续）

全球前十大农产品贸易国				前十大农产品出口国			前十大农产品进口国		
排名	国家	贸易额	占比	国家	出口额	占比	国家	进口额	占比
5	法国	1 463.4	5.2	法国	815.0	5.5	英国	688.2	5.0
6	英国	1 012.7	3.6	中国	678.2	4.6	荷兰	682.4	5.0
7	意大利	1 000.9	3.5	比利时	497.6	3.4	法国	648.4	4.7
8	巴西	994.3	3.5	加拿大	496.7	3.4	意大利	550.7	4.0
9	比利时	950.2	3.4	西班牙	496.0	3.4	比利时	452.6	3.3
10	西班牙	882.4	3.1	印度	491.3	3.3	俄罗斯	438.4	3.2

（一）2013 年中国农产品贸易特点

1. 大宗农产品继续保持全面净进口态势，资源型产品进口继续增加。随着 2011 年大米由净出口转为净进口，中国粮棉油糖等主要大宗农产品呈现全面净进口，这一态势在 2013 年得到进一步强化。2013 年，食用油籽进口量高位增长，净进口 6 696.5 万吨，同比增长一成；食用植物油继续大量进口，净进口 910.5 万吨。食糖净进口 449.8 万吨，同比增长二成，再创历史新高。棉花净进口量保持高位，进口 450 万吨，同比下降近二成，但仍超过 2011 年的 353.8 万吨；同期棉纱进口 209.9 万吨，同比增长四成。谷物净进口量在 2012 年大幅增长之后继续保持增长，净进口 1 358 万吨，同比增长 4.8%，小麦、大米、玉米三大谷物净进口量分别为 526 万吨、179 万吨、319 万吨。此外，作为玉米生产生物乙醇的副产品，用作饲料的玉米酒糟（DDGs）进口迅猛增长，进口 400 万吨，同比增长七成。2013 年，奶粉、牛羊猪禽

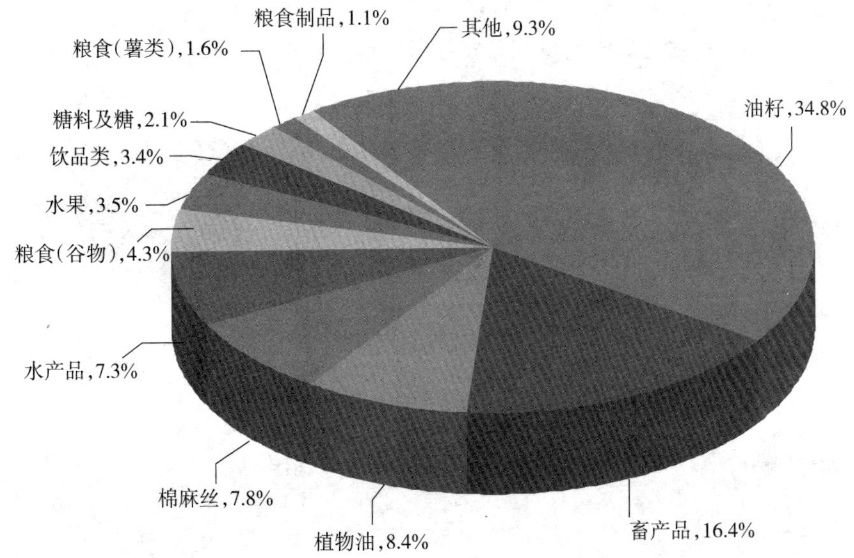

图 4　2013 年中国农产品进口结构

肉等畜产品进口也大幅增加，净进口额 129.9 亿美元，同比增长五成。

大宗农产品是资源集约型农产品。根据净进口量和当年单产水平测算，2013 年粮棉油糖四大农产品净进口量相当于 8.62 亿亩* 耕地的产出量。

2. 农产品进口增速明显回落，价差驱动型进口特征显著。2013 年农产品进口额在上两年大幅增加的基础上同比增速迅速回落 13 个百分点，总体增长速度放缓至 6%以内。中国农产品进口动力主要来自国内外价差。

由于 2012 年进口量大、库存充足，加之农业丰收，2013 年中国食糖、棉花、籼米等产品供需几无缺口或缺口很小。鉴于全球市场供给充足、主要出口国生产成本低，2013 年国际棉花、食糖、大米价格持续低迷，与中国国内同类产品存在较大价差。但中国关税水平低，棉花、食糖、大米的到岸税后价仍大幅低于中国国内价格。价差驱动下的棉花、食糖大量进口，一方面导致中国国内库存积压，另一方面导致价格下行压力加大，进口价格"天花板"效应显著（图 4）。

3. 优势农产品出口保持增长，蔬菜、水产品、水果出口喜忧参半。2013 年中国蔬菜、水产品、水果出口额同比分别增长 16.2%、6.7%、2.3%。其中，蔬菜传统出口市场保持增长，对东盟出口 30.6 亿美元，同比增长 47.3%，对欧盟出口 11.5 亿美元，同比增长 6.0%；水产品出口形势平稳向好，对东盟出口 23.8 亿美元，同比增长 11.8%，对中国香港出口 23.8 亿美元，同比增长 15.7%；水果传统出口市场除东盟（出口 22.9 亿美元，同比增长 12.9%）外增速均有所放缓，其中对美国、日本和欧盟的出口额同比分别下降 7.3%、3.8%和 4.6%（图 5）。

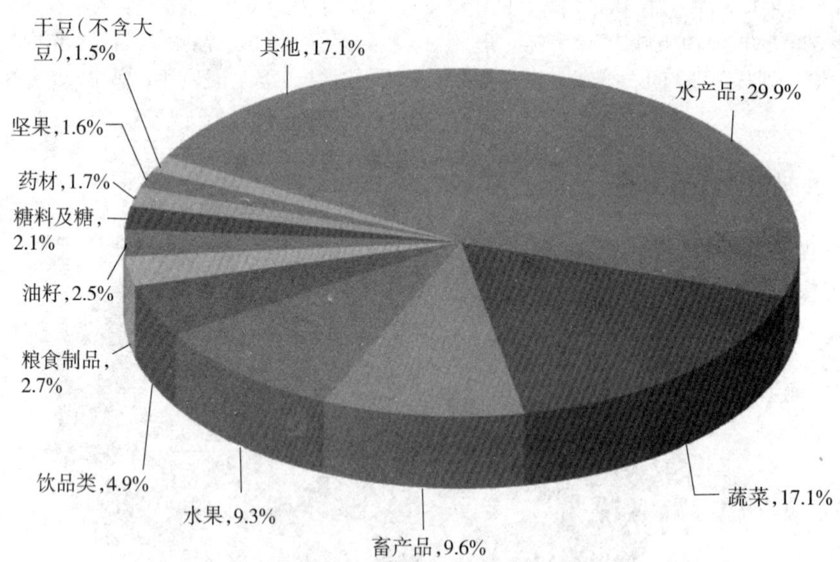

图 5　2013 年中国农产品出口结构

* 1 亩＝1/15hm²。——编者注。

（二）2013 年中国农产品贸易伙伴

2013 年，中国前五大农产品进口来源地分别是美国（266.8 亿美元，同比下降 7.3%）、巴西（225.2 亿美元、同比增长 20.4%）、东盟（151.8 亿美元、同比下降 8.1%）、欧盟（102.8 亿美元，同比增长 22.0%）、澳大利亚（86.0 亿美元，同比增长 16.1%），进口来源地集中。2013 年，中国自美国、巴西、东盟和欧盟前四大进口来源地进口的农产品合计 746.6 亿美元，占同期农产品进口总额的 62.8%。就具体产品而言，92.9%的谷物、96.3%的猪肉、100%的羊肉、96.8%的牛肉和 93%的奶粉进口来自美国、欧盟、澳大利亚、新西兰和加拿大等国家和地区。

2013 年，中国前五大农产品出口市场分别是东盟（119.3 亿美元，同比增长 17.9%）、日本（112.5 亿美元，同比下降 6.2%）、欧盟（81.4 亿美元，同比增长 6.9%）、中国香港（78.5 亿美元，同比增长 17.4%）、美国（74.0 亿美元，同比增长 2.0%）。由于中国恢复农产品出口退税后对东盟蔬菜出口以及对中国香港出口快速增长，分别增长 17.9%和 17.4%，2013 年优势农产品出口总体向好。

（三）2013 年分产品贸易情况

1. 谷物。2013 年，谷物共进口 1 458.5 万吨，同比增长 4.3%；出口 100.1 万吨，同比下降 1.5%。谷物净进口 1 358.4 万吨，同比增长 4.8%（图 6）。谷物进口结构发生较大变化。小麦进口大幅增长，玉米进口大幅下降，大米进口在 2012 年增加 3.1 倍后略有回落。小麦进口增长主要是因为国内主产区受灾，3 月以来优质专用小麦国内外价差不断拉大，进口动力增强。2013 年，小麦产品进口 553.5 万吨，同比增长 49.6%；玉米产品进口 326.6 万吨，同比下降 37.3%；稻谷产品进口 227.1 万吨，同比下降 4.1%，出口 47.8 万吨，同比增长 71.4%；大麦进口 233.5 万吨，同比下降 7.6%。

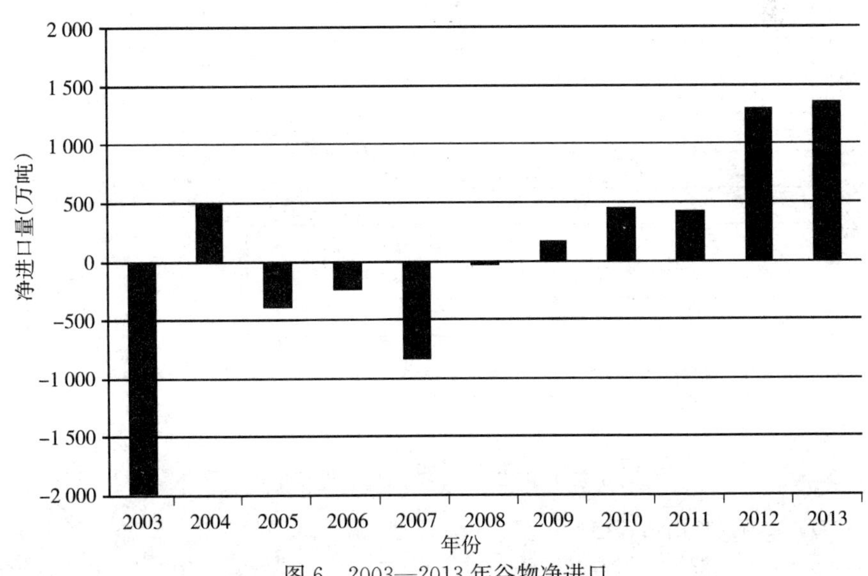

图 6　2003—2013 年谷物净进口

2. 棉花。2013 年，棉花进口 450.0 万吨，同比下降 16.9%，进口额 87.2 亿美元，同比下降 27.3%（图 7）。2013 年因国内实行滑准税配额发放同国储棉抛售按比例搭配的政策，加之 2012/2013 年度超过 1 100 万吨的期末库存需要消化，进口有所回落，但在巨大价差推动下进口量仍保持高位。

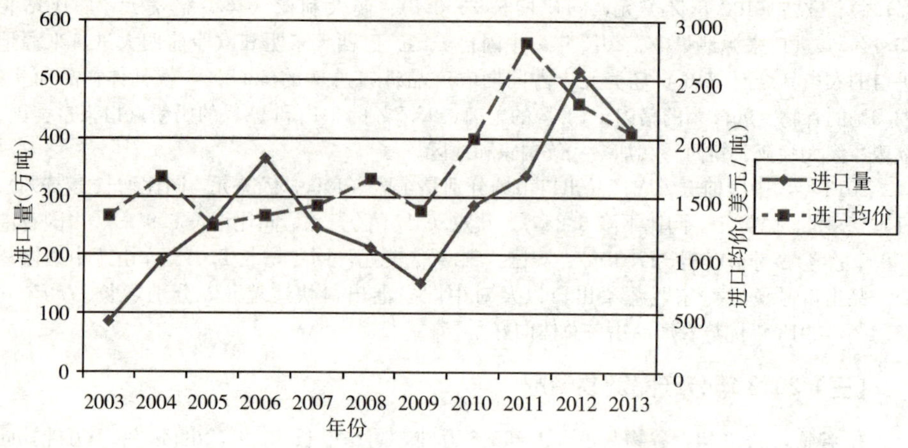

图 7 2003—2013 中国棉花进口量价

3. 食糖。2013 年，食糖进口 454.6 万吨，超出关税配额总量 260.1 万吨，同比增长 21.3%；进口额 20.7 亿美元，同比下降 7.8%（图 8）。进口均价 455.1 美元/吨，同比下降 24.0%。因巴西、泰国等主产国丰收，2013 年全球食糖供给过剩加剧，国际糖价持续下跌，国内外价差进一步拉大，中国食糖进口在 2012 年创历史纪录的基础上继续增加。

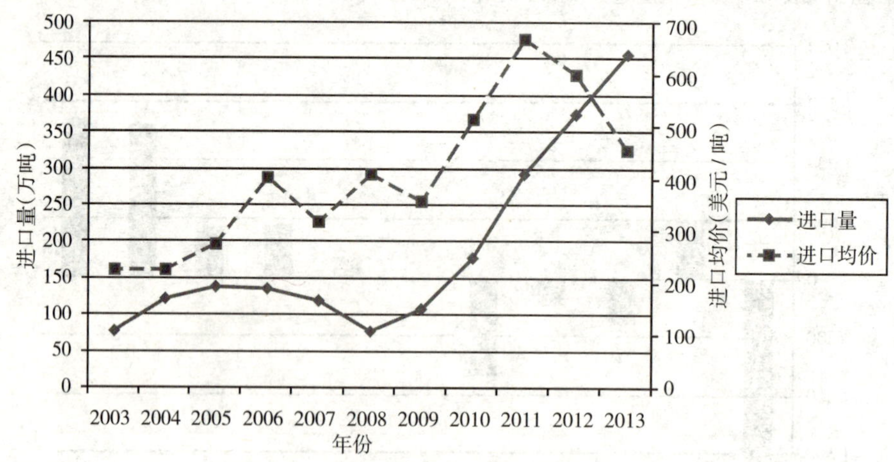

图 8 2003—2013 年中国食糖进口量价

4. 食用油籽。食用油籽进口继续增长，但进口增速放缓。2013 年，食用油籽进口 6 783.5万吨，同比增长 8.9%；进口额 414.0 亿美元，同比增长 9.7%。其中，大豆进口

6 337.5万吨，同比增长 8.5%，进口额 379.9 亿美元，同比增长 8.6%（图 9）；油菜籽进口 366.2 万吨，同比增长 25.0%。由于加拿大油菜籽大幅增产，加之中国国内菜籽油现货价格高于豆油和棕榈油，丰厚的压榨利润促使国内油厂增加进口菜籽油和油菜籽。

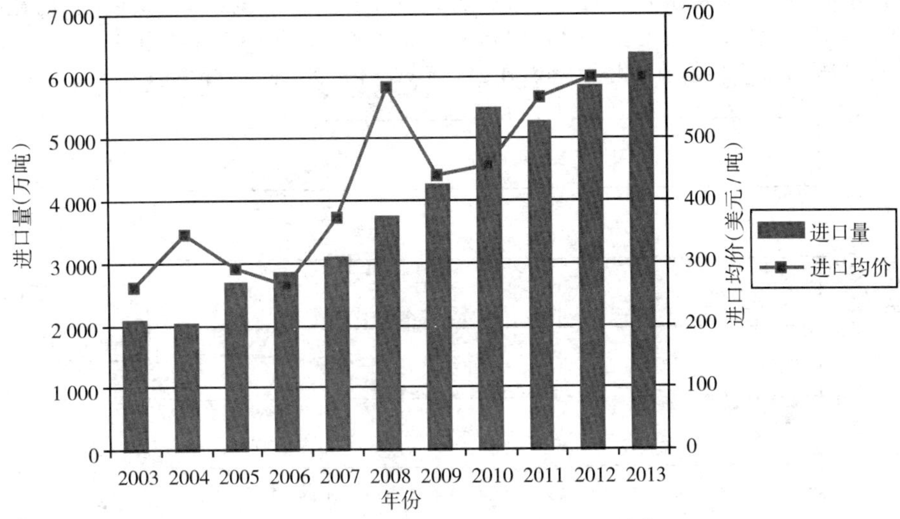

图 9　2003—2013 年中国大豆进口量价

5. 食用植物油、饼粕与玉米酒糟。2013 年，食用植物油进口 922.1 万吨，同比下降 3.9%；进口额 89.4 亿美元，同比下降 17.2%（图 10）。其中，棕榈油进口 597.9 万吨，同比下降 5.7%；豆油进口 115.8 万吨，同比下降 36.6%；菜籽油进口 152.7 万吨，同比增长 29.9%。

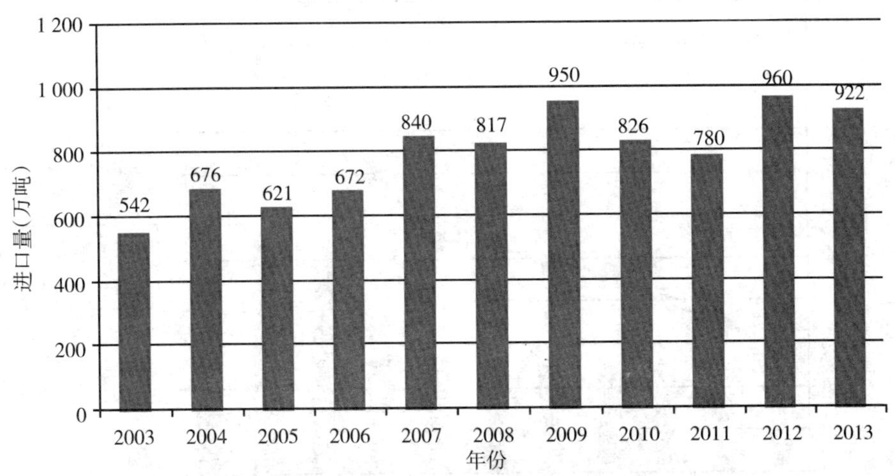

图 10　2003—2013 年中国食用植物油进口量

2013 年，饼粕进口 89.8 万吨，同比下降 14.2%；出口 137.0 万吨，同比下降 10.7%。玉米酒糟进口 400.2 万吨，同比增长 68.0%。

6. 畜产品。2013 年，畜产品进口额 195.1 亿美元，同比增长 30.9%；出口额 65.2 亿美元，增长 1.3%；贸易逆差 129.9 亿美元，同比扩大 53.4%（图 11）。受国内动物疫病、成本持续上涨影响，养殖存栏规模大幅下降，加之国内市场对畜产品的需求持续增长，牛羊肉进口激增，牛肉、羊肉和猪肉进口均超过以往年份历史高位。其中牛肉进口 29.4 万吨，同比增长 379.3%；羊肉进口 25.9 万吨，同比增长 108.8%；猪肉进口 58.4 万吨，同比增长 11.7%。此外，进口奶粉 86.4 万吨，同比增长 49.3%；进口额 36.1 亿美元，同比增长 85.9%。

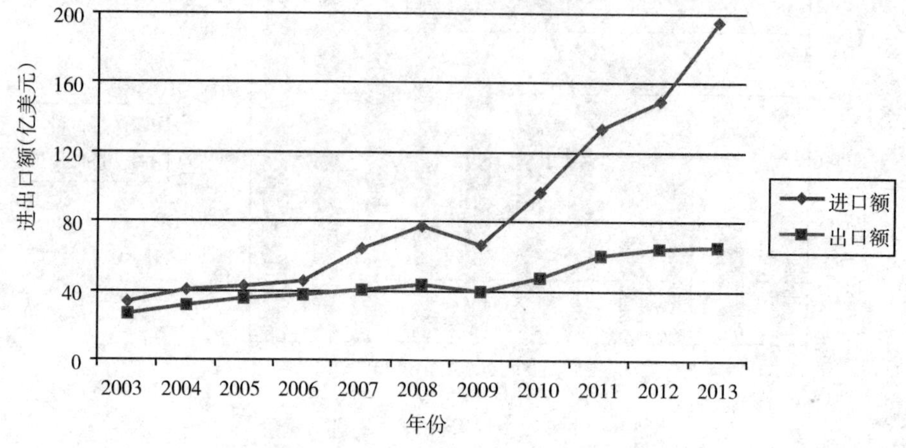

图 11 2003—2013 年中国畜产品进出口额

7. 蔬菜。蔬菜出口保持较好增长势头。2013 年，蔬菜出口额 115.8 亿美元，同比增长 16.2%。贸易顺差 111.6 亿美元，同比增长 16.8%（图 12）。

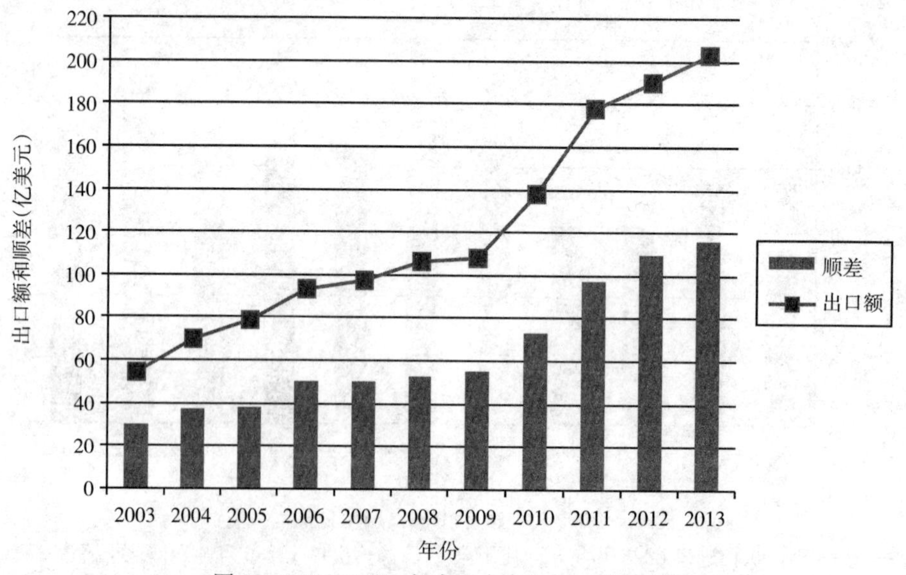

图 12 2003—2013 年中国水产品出口额及顺差

8. 水果。水果出口保持小幅增长。2013 年，水果出口额 63.2 亿美元，同比增长 2.3%；进口额 41.6 亿美元，同比增长 10.5%。贸易顺差 21.7 亿美元，同比下降 10.5%。

9. 水产品。水产品出口形势向好。2013 年，水产品出口额 202.6 亿美元，同比增长 6.7%；进口额 86.4 亿美元，同比增长 8.0%；贸易顺差 116.3 亿美元，同比扩大 5.8%。

主要进出口产品

3-1 中国主要农产品出口额（一）

单位：万美元

项 目	2003年	2004年	2005年	2006年	2007年	2008年
农产品	2 141 213.9	2 336 455.5	2 754 897.6	3 138 405.5	3 698 718.9	4 047 097.5
谷物	267 146.1	84 257.8	153 211.5	117 289.5	220 890.6	78 390.0
小麦产品	32 485.2	18 960.2	12 297.3	25 830.5	69 140.5	10 789.6
玉米产品	176 717.5	32 571.0	110 753.4	42 170.7	87 532.5	7 942.3
稻谷产品	50 178.1	23 946.1	23 233.7	41 727.4	48 787.3	48 326.4
棉花	13 466.7	1 756.5	942.5	2 622.8	3 800.8	4 427.8
食用油籽	78 245.4	83 378.6	96 087.0	87 793.3	108 743.6	141 864.1
大豆	9 902.9	15 262.4	17 812.8	15 390.9	20 679.2	36 615.3
花生	54 446.2	56 712.5	60 569.4	57 639.5	70 152.6	77 493.7
油菜籽	92.5	8.4	5.6	7.0	27.3	21.1
食用植物油	6 041.7	6 511.7	17 646.7	27 230.1	17 214.8	40 750.1
豆油	648.5	1 330.3	4 009.5	7 215.0	5 735.0	18 497.0
菜籽油	390.6	408.3	2 097.6	9 048.3	1 650.7	1 128.1
棕榈油	1.0	22.4	65.1	45.7	60.2	172.0
食糖	2 956.4	2 582.2	11 076.9	6 080.3	4 835.1	2 845.9
蔬菜	307 987.4	380 914.0	450 149.8	545 479.0	625 293.0	648 389.6
水果	137 313.2	164 822.0	203 529.3	247 711.3	375 018.3	423 176.0
畜产品	271 524.0	318 934.0	360 231.7	372 481.0	404 591.1	439 110.2
猪产品	66 363.9	97 042.1	95 212.9	99 099.3	91 219.7	96 239.4
牛产品	8 739.9	13 286.2	18 157.0	18 250.2	19 292.4	20 291.6
羊产品	2 084.1	4 686.3	5 978.3	7 052.0	5 463.8	5 105.5
禽产品	85 838.5	65 521.4	92 169.6	93 980.8	106 759.5	99 490.2
蛋产品	5 094.8	6 724.4	7 510.3	7 574.4	9 154.9	13 033.5
乳品	4 620.2	5 627.9	8 177.1	9 416.3	24 225.9	30 170.3
动物生皮	456.7	120.3	229.2	346.8	172.6	196.0
动物生毛皮	462.9	774.8	902.1	1 524.0	2 238.3	273.2
羊毛	2 768.5	4 691.7	6 589.7	6 746.8	7 532.8	5 320.6
水产品	547 174.0	695 154.2	790 328.5	935 996.5	975 346.7	1 067 432.1
饮品	109 323.3	130 685.0	137 754.1	186 013.1	169 151.2	188 082.7
酒	29 362.2	26 090.3	29 435.7	71 373.1	39 754.0	44 824.2
茶	37 601.5	45 186.4	50 104.7	57 445.7	63 822.4	71 591.8
咖啡	3 762.0	4 237.5	4 850.1	7 193.9	7 772.1	10 353.8
烟草	49 293.2	51 359.9	53 724.6	56 560.3	63 822.6	74 205.8

中国主要农产品出口额（二）

单位：万美元

项　目	2009年	2010年	2011年	2012年	2013年
农产品	3 954 354.2	4 937 340.4	6 072 106.5	6 325 298.9	6 782 500.7
谷物	73 944.4	69 331.8	81 168.6	62 991.4	69 652.0
小麦产品	9 826.6	11 771.9	16 092.2	15 016.0	15 041.3
玉米产品	3 170.8	3 334.8	4 658.1	10 117.1	3 318.6
稻谷产品	52 506.2	41 867.9	42 698.1	27 226.7	41 674.1
棉花	1 988.6	1 057.3	8 168.0	4 222.6	1 670.6
食用油籽	113 100.1	117 771.5	144 040.5	170 355.4	157 035.6
大豆	24 497.8	12 550.8	16 660.0	28 035.7	20 233.1
花生	66 267.3	77 487.3	94 766.0	105 139.2	92 410.0
油菜籽	56.4	7.3	36.9	40.2	12.4
食用植物油	15 644.9	12 928.9	21 423.0	18 866.6	19 781.9
豆油	7 587.2	6 508.1	7 433.3	10 375.7	12 805.4
菜籽油	1 328.1	520.6	556.0	1 108.3	1 039.5
棕榈油	56.0	166.9	160.8	131.7	206.2
食糖	3 365.2	6 385.7	5 127.8	4 348.6	4 180.0
蔬菜	682 978.7	994 718.2	1 171 510.5	997 273.3	1 158 492.4
水果	383 597.3	435 727.7	552 108.3	618 340.2	632 370.6
畜产品	391 190.8	474 805.6	599 122.7	643 704.0	652 140.0
猪产品	89 975.0	101 355.3	118 212.0	123 209.4	125 522.3
牛产品	16 614.9	21 969.4	25 998.3	23 745.1	19 248.2
羊产品	4 314.1	7 026.1	5 415.3	4 355.7	3 270.4
禽产品	103 249.7	135 087.1	176 230.0	188 973.0	185 776.4
蛋产品	12 071.3	14 214.7	17 343.9	17 713.0	17 645.9
乳品	5 689.0	4 394.2	7 966.2	8 235.8	5 701.7
动物生皮	338.5	368.8	776.1	889.8	1 160.2
动物生毛皮	49.5	158.4	202.6	272.0	215.5
羊毛	3 825.3	6 905.7	11 280.3	8 663.6	8 514.9
水产品	1 079 543.2	1 382 765.7	1 779 230.5	1 898 311.3	2 026 325.7
饮品	181 592.2	216 714.3	273 636.6	312 477.2	333 793.2
酒	38 547.8	52 668.7	57 262.7	72 854.7	62 085.1
茶	73 981.4	82 523.4	101 756.8	112 100.3	134 117.9
咖啡	11 448.0	13 422.8	22 076.3	28 424.6	26 926.9
烟草	87 810.7	102 030.2	114 050.9	126 190.2	132 109.5

3-2 中国主要农产品进口额（一）

单位：万美元

项　目	2003年	2004年	2005年	2006年	2007年	2008年
农产品	1 896 789.1	2 808 766.8	2 878 710.4	3 216 744.5	4 119 736.2	5 876 976.7
谷物	45 790.9	223 184.8	140 932.6	84 056.8	53 609.9	73 236.8
小麦产品	8 553.7	164 964.7	77 287.0	11 931.3	2 871.1	1 480.0
玉米产品	71.0	101.5	147.7	1 206.4	691.2	1 307.6
稻谷产品	9 717.6	25 464.1	19 944.6	29 368.1	22 804.3	20 840.7
棉花	121 832.0	324 212.7	324 650.5	497 505.6	358 104.5	356 469.0
食用油籽	551 673.2	719 896.2	799 485.7	793 697.4	1 203 370.9	2 286 714.4
大豆	541 687.6	697 945.9	777 912.5	748 896.8	1 147 223.2	2 181 408.9
花生	52.1	117.2	54.5	427.3	211.8	1 252.5
油菜籽	4 669.3	13 441.7	8 409.5	20 797.3	35 172.8	75 419.6
食用植物油	258 523.2	367 091.4	281 721.7	315 836.2	624 644.1	898 869.5
豆油	101 505.5	154 898.3	90 776.9	79 979.3	214 639.1	333 382.4
菜籽油	8 526.2	21 784.2	10 420.6	2 828.8	30 509.7	35 526.9
棕榈油	144 343.0	186 814.7	178 216.0	227 571.1	368 295.3	521 389.7
食糖	17 410.5	27 557.7	38 327.2	54 867.2	37 959.9	31 850.1
蔬菜	10 988.1	13 603.0	12 850.3	14 742.9	16 682.9	18 851.1
水果	50 304.6	59 037.8	66 511.7	77 034.6	96 916.4	120 690.5
畜产品	334 432.8	403 821.0	423 314.9	455 696.3	647 092.9	772 713.9
猪产品	19 761.5	24 077.6	17 901.9	16 020.0	46 959.0	110 140.0
牛产品	13 616.8	23 232.1	9 628.3	4 382.8	5 782.0	6 186.3
羊产品	5 059.4	4 570.7	5 666.3	5 040.6	7 857.6	10 591.1
禽产品	48 616.0	16 988.7	36 108.8	48 906.9	97 842.7	113 474.5
蛋产品	38.6	7.1	4.0	119.1	13.9	117.0
乳品	34 650.2	44 436.3	45 877.1	55 820.4	74 401.3	86 165.0
动物生皮	90 320.6	124 756.6	132 391.9	143 845.0	162 062.4	184 704.6
动物生毛皮	8 970.9	14 445.4	15 940.3	16 654.2	20 125.5	21 972.8
羊毛	75 466.3	107 980.0	121 375.1	126 229.4	179 313.8	169 831.4
水产品	249 459.3	324 076.1	412 103.3	430 078.7	472 075.2	540 588.5
饮品	32 466.7	42 370.9	62 358.3	82 349.2	115 397.5	155 966.1
酒	17 947.2	24 984.7	38 921.4	55 331.9	81 537.4	108 223.7
茶	477.5	687.0	920.6	1 124.8	1 878.2	2 653.3
咖啡	1 720.1	2 011.2	2 733.1	4 329.6	5 794.2	8 244.0
烟草	30 862.2	29 200.9	38 380.9	46 330.0	54 094.7	78 773.1

中国主要农产品进口额（二）

单位：万美元

项　目	2009年	2010年	2011年	2012年	2013年
农产品	5 269 855.2	7 255 380.8	9 487 192.0	11 247 929.9	11 886 737.4
谷物	89 848.9	152 805.8	204 439.2	478 781.8	510 346.4
小麦产品	21 116.9	31 583.7	42 368.9	110 862.8	188 055.3
玉米产品	2 134.1	36 794.7	57 841.6	168 926.7	93 749.6
稻谷产品	21 557.8	27 135.9	40 763.8	115 316.3	108 302.4
棉花	221 136.8	584 657.5	967 859.6	1 199 954.4	871 882.5
食用油籽	2 067 581.0	2 652 824.4	3 147 755.8	3 774 974.3	4 139 880.6
大豆	1 878 743.7	2 508 095.4	2 983 434.6	3 498 872.2	3 798 510.4
花生	535.4	2 177.5	7 517.9	3 628.9	2 678.5
油菜籽	139 123.7	77 781.5	80 189.8	195 873.2	242 419.2
食用植物油	666 648.7	715 863.4	900 751.1	1 080 384.3	894 340.8
豆油	184 245.9	120 326.9	132 446.2	227 674.7	127 538.7
菜籽油	37 725.2	92 112.9	66 465.9	151 666.6	190 872.1
棕榈油	421 941.0	471 059.7	663 399.2	650 238.3	490 364.6
食糖	37 839.9	90 578.3	194 340.0	224 382.2	206 883.5
蔬菜	18 058.0	27 917.2	32 566.1	41 487.8	42 231.2
水果	165 107.0	203 007.0	310 815.3	376 178.7	415 736.4
畜产品	659 858.5	965 554.7	1 339 842.0	1 490 165.2	1 950 962.6
猪产品	52 718.0	99 883.1	213 929.2	247 595.1	266 227.9
牛产品	12 847.2	29 682.4	37 442.9	64 589.0	159 671.4
羊产品	13 932.3	15 821.5	27 423.5	42 178.9	95 949.4
禽产品	103 557.2	101 335.4	93 768.0	100 777.8	106 988.1
蛋产品	59.3	132.9	120.4	66.8	57.4
乳品	102 799.2	196 952.4	262 019.5	321 306.3	518 835.6
动物生皮	144 060.5	203 270.6	278 359.2	301 380.2	356 783.7
动物生毛皮	26 065.9	38 256.9	47 832.2	63 761.3	81 779.2
羊毛	146 590.1	196 292.3	285 944.5	263 734.6	276 131.0
水产品	526 447.9	653 624.6	801 671.7	799 827.9	863 795.0
饮品	146 993.2	224 075.3	340 131.2	403 394.0	408 188.1
酒	105 235.0	156 984.6	246 731.6	297 437.3	286 942.8
茶	2 442.8	5 722.6	6 648.1	7 733.9	8 267.8
咖啡	6 898.0	9 996.4	17 320.5	23 005.6	22 565.4
烟草	84 365.3	79 070.6	113 796.4	131 601.6	145 965.9

3-3 中国主要农产品出口量（一）

单位：吨

项　目	2003年	2004年	2005年	2006年	2007年	2008年
农产品						
谷物	22 003 788.1	4 795 073.3	10 174 864.6	6 098 837.6	9 911 677.8	1 861 067.1
小麦产品	2 514 255.7	1 089 321.4	604 659.9	1 509 733.6	3 072 683.4	309 836.3
玉米产品	16 391 013.8	2 323 568.0	8 642 047.5	3 099 197.2	4 918 492.2	273 418.7
稻谷产品	2 617 412.2	909 015.0	685 839.7	1 253 040.9	1 343 485.2	971 625.8
棉花	117 460.5	11 941.4	8 400.1	16 261.0	24 588.5	23 839.7
食用油籽	1 262 995.2	1 172 792.1	1 366 545.2	1 224 340.4	1 289 687.9	1 191 999.2
大豆	294 790.3	348 647.6	413 434.0	394 749.7	474 623.2	484 383.2
花生	761 638.3	689 407.4	774 272.7	661 188.2	637 523.0	513 609.5
油菜籽	2 913.4	269.0	147.1	144.0	849.4	55.1
食用植物油	59 961.4	66 049.7	228 139.2	400 318.0	167 625.8	249 328.3
豆油	10 649.6	19 442.1	63 034.4	117 708.5	65 717.3	133 988.4
菜籽油	5 419.3	5 455.2	30 636.6	144 763.4	21 692.5	7 103.9
棕榈油	15.8	20.1	1 203.3	757.8	601.2	1 129.7
食糖	103 164.9	85 191.4	358 290.3	154 389.5	110 529.0	62 402.5
蔬菜	5 491 295.5	5 978 270.8	6 755 828.8	7 292 916.3	8 143 035.5	8 162 455.3
水果						
畜产品						
猪产品						
牛产品						
羊产品						
禽产品						
蛋产品						
乳品	48 862.9	60 131.3	69 823.5	74 860.1	134 565.8	120 632.9
动物生皮	3 627.5	158.0	327.3	505.2	716.7	1 389.3
动物生毛皮	173.5	291.2	255.7	373.8	479.7	92.0
羊毛	20 756.1	31 955.6	33 368.4	31 293.3	28 128.1	15 086.5
水产品						
饮品						
酒						
茶	261 938.5	284 293.2	291 117.9	304 329.3	295 420.4	303 879.3
咖啡	28 261.1	29 448.4	25 658.5	34 604.6	37 024.4	41 551.9
烟草	210 865.5	207 793.7	187 837.7	174 258.0	191 352.4	225 734.1

中国主要农产品出口量（二）

单位：吨

项　目	2009 年	2010 年	2011 年	2012 年	2013 年
农产品					
谷物	1 370 961.6	1 243 305.7	1 214 847.6	1 016 140.9	1 000 561.6
小麦产品	245 027.2	277 224.9	328 207.8	285 899.2	278 388.7
玉米产品	129 583.9	127 319.8	136 083.0	257 300.3	77 640.3
稻谷产品	786 198.9	622 337.6	515 667.5	279 213.8	478 472.5
棉花	9 949.2	7 368.6	27 914.4	23 202.9	8 076.2
食用油籽	1 094 932.1	877 255.0	911 655.9	1 006 178.0	869 655.7
大豆	356 295.0	172 962.0	214 146.1	321 135.9	209 254.3
花生	565 655.8	516 243.6	487 585.4	450 944.6	424 878.9
油菜籽	221.0	109.6	185.8	335.5	162.3
食用植物油	115 594.9	95 687.0	124 277.3	100 984.8	116 781.4
豆油	69 245.5	59 296.6	51 113.6	65 384.8	89 612.2
菜籽油	9 134.9	3 804.0	3 275.0	6 630.8	6 209.0
棕榈油	473.0	1 548.0	1 284.2	871.1	2 005.7
食糖	63 886.2	94 348.4	59 388.7	47 144.2	47 771.2
蔬菜	7 989 671.5	8 399 235.4	9 695 009.6	9 310 339.8	9 612 077.9
水果					
畜产品					
猪产品					
牛产品					
羊产品					
禽产品					
蛋产品					
乳品	36 779.7	33 760.8	43 324.9	44 896.1	36 051.6
动物生皮	3 899.5	4 346.7	6 663.3	7 723.2	9 028.5
动物生毛皮	27.3	115.8	142.0	194.0	136.2
羊毛	10 808.6	18 394.9	21 487.7	16 025.7	15 612.1
水产品					
饮品					
酒					
茶	308 920.8	308 848.5	329 518.5	323 262.9	335 387.1
咖啡	50 649.3	51 494.5	58 048.8	84 071.1	101 186.9
烟草	238 865.5	289 078.1	266 968.5	262 107.4	253 836.5

3-4 中国主要农产品进口量（一）

单位：吨

项　目	2003年	2004年	2005年	2006年	2007年	2008年
农产品						
谷物	2 086 839.5	9 753 474.7	6 271 987.1	3 594 975.2	1 557 475.2	1 540 510.3
小麦产品	447 321.9	7 258 480.0	3 538 501.7	612 774.0	100 517.4	43 060.0
玉米产品	728.5	2 485.6	4 017.3	65 358.4	35 429.4	50 024.2
稻谷产品	258 674.2	766 255.8	521 731.9	729 915.3	487 487.0	329 697.6
棉花	1 075 192.3	2 114 132.7	2 745 491.9	3 980 047.7	2 741 164.6	2 263 716.3
食用油籽	20 984 164.1	20 768 289.0	27 042 335.8	29 316 979.1	31 914 727.0	39 004 912.5
大豆	20 741 110.7	20 229 939.6	26 590 648.5	28 269 968.3	30 821 448.6	37 435 601.9
花生	871.7	1 775.1	700.8	5 457.4	3 664.1	10 370.6
油菜籽	166 714.0	424 014.4	296 235.9	737 996.8	833 104.7	1 302 572.8
食用植物油	5 417 534.6	6 764 315.4	6 213 230.4	6 715 351.6	8 396 627.8	8 171 139.7
豆油	1 884 355.7	2 516 508.0	1 694 326.7	1 542 635.2	2 822 908.5	2 585 669.7
菜籽油	151 577.7	352 933.1	177 558.1	43 995.0	374 776.1	269 792.2
棕榈油	3 324 806.2	3 856 570.4	4 330 140.0	5 081 920.7	5 095 127.6	5 282 319.9
食糖	775 147.3	1 214 344.3	1 389 671.3	1 365 406.5	1 193 358.3	779 887.0
蔬菜	95 787.7	115 322.9	106 848.7	124 071.4	107 148.9	114 094.5
水果						
畜产品						
猪产品						
牛产品						
羊产品						
禽产品						
蛋产品						
乳品	315 043.7	347 183.5	320 034.8	347 826.2	298 580.7	350 691.1
动物生皮	690 422.6	828 207.6	899 127.5	957 050.9	996 399.0	1 092 806.0
动物生毛皮	13 277.7	21 643.3	29 146.5	32 553.3	31 386.2	32 980.5
羊毛	166 731.4	222 882.9	248 891.7	278 007.3	311 324.7	285 402.5
水产品						
饮品						
酒						
茶	2 965.7	2 508.2	3 090.2	3 784.6	5 984.3	6 230.5
咖啡	14 508.4	15 357.2	17 418.5	20 161.7	21 721.3	24 792.6
烟草	60 045.3	52 483.6	75 945.2	87 172.1	91 664.4	116 161.2

中国主要农产品进口量（二）

单位：吨

项目	2009年	2010年	2011年	2012年	2013年
农产品					
谷物	3 150 987.5	5 708 381.8	5 446 757.9	13 983 013.1	14 584 794.3
小麦产品	904 125.2	1 230 665.9	1 258 053.3	3 700 977.1	5 535 461.8
玉米产品	84 479.7	1 573 201.6	1 753 601.3	5 208 007.0	3 265 944.8
稻谷产品	356 810.4	388 160.9	597 770.0	2 368 557.7	2 271 040.0
棉花	1 758 926.2	3 127 751.3	3 566 366.1	5 413 046.6	4 500 485.3
食用油籽	46 331 475.7	57 046 007.7	54 818 275.3	62 279 986.8	67 835 019.9
大豆	42 551 686.7	54 797 293.7	52 639 678.3	58 384 754.8	63 375 383.3
花生	3 483.4	16 159.3	57 674.0	25 342.9	21 498.2
油菜籽	3 285 852.1	1 599 847.8	1 262 265.1	2 929 591.9	3 662 410.2
食用植物油	9 502 489.8	8 261 662.2	7 797 763.7	9 599 368.9	9 221 301.1
豆油	2 391 222.3	1 340 908.7	1 143 191.9	1 826 113.9	1 157 586.3
菜籽油	467 526.2	985 324.3	550 903.7	1 175 817.9	1 526 833.0
棕榈油	6 441 283.9	5 696 105.2	5 912 232.1	6 341 162.5	5 979 071.0
食糖	1 064 481.8	1 766 147.2	2 919 436.5	3 747 166.0	4 545 940.6
蔬菜	97 176.7	150 045.9	167 318.6	222 121.9	208 368.6
水果					
畜产品					
猪产品					
牛产品					
羊产品					
禽产品					
蛋产品					
乳品	596 999.2	745 293.5	906 063.5	1 145 578.2	1 592 196.3
动物生皮	1 279 627.4	1 230 537.6	1 218 168.2	1 274 507.2	1 399 640.0
动物生毛皮	32 757.0	34 769.4	31 635.8	35 320.0	35 595.5
羊毛	307 886.0	317 956.7	322 146.5	309 474.7	349 538.2
水产品					
饮品					
酒					
茶	4 713.8	13 531.5	14 872.0	19 500.8	20 729.9
咖啡	24 877.3	35 157.5	49 416.2	68 138.3	62 888.0
烟草	117 031.9	96 038.1	143 884.9	164 476.8	159 540.8

主要贸易伙伴

3-5 中国对主要国家（地区）农产品出口额（一）

单位：万美元

国家（地区）	2003年	2004年	2005年	2006年	2007年	2008年
合计	2 141 213.9	2 336 455.5	2 754 897.6	3 138 405.5	3 698 718.9	4 047 097.5
亚洲	1 485 212.9	1 595 961.3	1 815 453.9	1 931 859.3	2 231 942.0	2 275 770.2
日本	605 365.5	740 500.6	794 237.1	823 271.9	837 217.1	769 728.9
马来西亚	67 029.2	53 087.1	69 385.3	84 628.6	105 438.1	118 846.8
印度尼西亚	54 065.8	45 078.0	42 202.5	61 705.2	90 728.2	84 076.6
中国香港	226 495.7	271 806.4	276 780.6	278 930.3	322 913.6	362 744.9
韩国	256 793.7	213 004.7	285 627.0	290 165.5	361 177.7	317 319.2
泰国	22 324.7	24 847.3	30 699.9	36 734.6	52 147.3	73 536.5
印度	20 128.8	21 895.1	23 285.7	24 396.9	37 892.9	43 593.4
越南	31 727.5	24 042.5	30 691.8	35 245.6	47 295.8	71 370.1
土耳其	6 325.9	3 825.4	5 721.8	5 339.9	9 452.8	14 532.0
欧洲	305 873.4	341 525.0	453 743.7	558 365.3	705 967.7	832 001.3
欧盟	238 387.8	267 839.2	356 181.6	446 445.4	551 147.1	644 563.2
法国	14 791.5	16 644.3	21 083.2	28 652.7	35 977.2	46 221.0
德国	61 412.2	68 351.6	93 957.7	111 296.6	137 974.7	164 269.1
荷兰	36 372.2	41 494.8	54 207.8	77 316.4	99 293.2	99 719.4
西班牙	13 793.9	22 488.6	37 866.2	45 337.4	56 278.4	58 502.7
英国	27 228.3	31 289.0	39 283.3	51 337.6	58 313.8	71 165.8
意大利	25 198.6	23 921.7	28 915.6	35 338.1	42 141.3	50 165.3
俄罗斯	56 869.7	59 718.2	73 459.3	88 977.2	123 051.1	144 423.0
北美洲	232 055.3	268 255.2	331 841.3	428 184.3	496 375.9	576 481.4
美国	208 863.5	237 406.1	293 364.8	382 744.8	440 513.4	510 628.3
加拿大	23 146.9	30 796.4	38 416.3	45 395.5	55 849.4	65 836.2
墨西哥	8 249.5	19 653.9	21 579.4	28 251.3	30 828.9	39 481.3
南美洲	27 071.8	40 612.0	52 816.1	82 354.9	90 303.9	131 708.6
巴西	2 822.2	3 820.6	7 222.0	8 878.5	11 952.1	26 783.3
阿根廷	760.3	632.1	934.3	1 357.0	2 379.7	2 620.7
智利	743.4	906.1	1 376.5	2 030.3	4 151.5	6 726.7
秘鲁	333.2	416.7	566.0	1 004.0	2 006.6	2 954.4
大洋洲	25 720.3	30 088.8	34 434.0	48 139.9	60 304.8	75 774.5
澳大利亚	19 275.3	24 362.4	28 077.8	36 629.5	45 252.4	58 177.8
新西兰	2 673.8	3 548.4	4 718.7	6 329.6	8 291.6	9 725.8
非洲	65 280.1	60 013.2	66 608.7	89 501.8	113 824.6	155 361.4
南非	12 690.1	8 036.0	10 352.4	14 189.5	20 080.4	22 178.2
埃及	5 445.2	11 061.3	5 828.6	6 282.7	7 686.1	14 861.9
津巴布韦	59.8	35.6	65.6	3.0	10.3	350.3
尼日利亚	1 830.9	2 078.1	3 387.1	5 383.6	6 711.9	17 209.7
阿尔及利亚	5 235.9	6 690.8	7 960.5	8 395.1	11 369.2	13 624.3
肯尼亚	999.8	381.5	516.0	588.0	737.1	863.5

中国对主要国家（地区）农产品出口额（二）

单位：万美元

国家（地区）	2009年	2010年	2011年	2012年	2013年
合计	3 954 354.2	4 937 340.4	6 072 106.5	6 325 298.9	6 782 500.7
亚洲	2 349 783.3	2 955 886.7	3 670 030.7	3 914 384.9	4 211 107.1
日本	769 150.5	915 499.8	1 101 314.2	1 200 075.8	1 125 327.5
马来西亚	122 811.4	167 834.7	212 243.6	216 682.9	264 951.5
印度尼西亚	105 077.6	177 943.9	215 330.7	188 281.6	174 578.0
中国香港	372 190.0	450 633.6	591 628.0	668 414.1	784 609.7
韩国	283 217.4	353 208.6	418 036.0	415 939.6	439 479.3
泰国	85 818.7	118 847.9	174 303.5	204 953.5	258 957.5
印度	51 087.3	54 085.5	56 832.4	61 132.0	62 884.8
越南	94 606.1	135 111.5	208 008.8	194 740.0	234 422.8
土耳其	10 175.9	16 628.9	16 955.2	18 138.1	17 736.1
欧洲	728 782.9	886 378.6	1 062 161.0	1 008 123.3	1 079 939.0
欧盟	578 438.3	690 479.6	815 778.7	761 609.1	813 960.3
法国	40 010.9	43 897.4	56 548.2	52 812.7	55 570.0
德国	149 706.6	175 239.8	199 482.2	192 672.1	196 785.8
荷兰	92 392.2	109 772.9	126 257.6	119 504.2	127 724.6
西班牙	55 881.5	74 592.7	91 892.4	73 223.8	83 181.6
英国	65 629.1	81 526.4	95 743.6	96 035.1	107 226.6
意大利	41 607.3	48 285.6	62 769.9	51 228.6	59 870.8
俄罗斯	120 066.8	155 111.9	196 433.4	196 121.3	213 254.2
北美洲	536 782.4	662 404.1	768 000.9	826 697.4	837 354.2
美国	470 413.7	581 682.7	675 717.0	725 137.4	739 963.3
加拿大	66 364.1	80 673.6	92 241.1	101 505.4	97 281.9
墨西哥	34 606.1	45 297.5	62 746.2	51 286.4	62 698.7
南美洲	109 530.6	165 631.1	214 312.3	211 156.0	245 931.4
巴西	22 047.3	52 113.0	64 760.0	70 042.0	87 887.5
阿根廷	2 454.3	3 993.3	5 044.2	4 581.5	4 379.5
智利	5 679.0	8 793.0	16 357.4	15 004.8	19 339.6
秘鲁	3 274.9	4 138.7	5 679.9	6 041.3	6 041.2
大洋洲	70 773.8	86 808.9	113 029.1	115 492.6	126 087.2
澳大利亚	57 034.7	68 762.9	90 546.6	90 510.8	100 873.1
新西兰	8 189.7	10 626.8	13 382.4	14 485.8	14 391.3
非洲	158 701.2	180 231.0	244 572.5	249 444.7	282 081.8
南非	26 523.7	27 690.5	34 303.5	37 734.9	34 875.9
埃及	14 522.9	16 974.0	24 577.3	25 724.1	28 113.4
津巴布韦	19.4	85.4	902.8	181.8	198.5
尼日利亚	20 816.5	19 367.3	34 672.1	36 705.7	38 566.8
阿尔及利亚	13 436.4	14 405.9	17 276.0	16 401.8	19 251.6
肯尼亚	1 399.3	1 728.6	3 372.4	2 188.0	2 929.0

3-6 中国自主要国家（地区）农产品进口额（一）

单位：万美元

国家（地区）	2003 年	2004 年	2005 年	2006 年	2007 年	2008 年
合计	1 896 789.1	2 808 766.8	2 878 710.4	3 216 744.5	4 119 736.2	5 876 976.7
亚洲	397 800.9	556 588.4	572 053.2	801 445.1	1 021 132.7	1 269 763.4
日本	29 736.9	30 156.2	36 432.2	41 708.6	39 993.8	40 126.8
马来西亚	114 516.2	143 800.9	134 054.3	171 653.6	301 795.5	413 659.0
印度尼西亚	54 193.5	87 764.3	92 190.9	125 206.2	181 223.5	267 461.6
中国香港	3 191.3	3 346.0	4 726.6	6 144.4	8 463.3	8 293.4
韩国	15 463.2	20 076.1	25 275.1	23 282.4	30 269.6	33 486.8
泰国	53 297.0	98 181.3	98 603.4	129 606.8	136 560.1	120 480.7
印度	13 216.5	27 230.1	39 849.4	116 199.0	129 821.6	161 297.6
越南	19 370.0	19 859.2	21 497.3	37 292.4	47 222.2	49 453.5
土耳其	2 272.7	3 017.7	2 279.6	2 532.9	3 943.5	4 853.5
欧洲	211 495.5	258 182.7	339 061.1	368 321.0	451 243.1	534 469.8
欧盟	126 595.8	154 060.0	201 272.1	214 989.3	281 046.8	372 757.4
法国	39 563.1	39 391.2	67 682.0	68 089.5	112 342.2	143 877.5
德国	10 447.1	10 957.0	13 686.9	15 370.7	20 790.6	25 502.9
荷兰	13 687.0	21 370.4	26 170.5	29 439.6	32 370.4	52 102.7
西班牙	5 284.4	6 546.2	8 105.5	11 062.2	11 073.4	14 005.8
英国	8 678.6	15 990.1	22 119.1	21 532.7	22 729.7	22 312.6
意大利	2 704.4	4 155.6	5 475.0	8 177.7	11 549.7	15 204.4
俄罗斯	71 498.0	85 192.6	115 137.7	128 972.6	144 298.5	132 504.3
北美洲	555 826.1	915 516.6	789 954.3	843 130.1	1 041 555.2	1 622 082.5
美国	501 478.3	769 375.8	672 378.3	759 636.8	913 286.0	1 442 136.8
加拿大	52 135.7	144 083.7	114 642.2	80 489.3	124 473.8	176 314.9
墨西哥	2 932.1	3 779.9	6 967.3	7 269.0	7 722.8	10 193.0
南美洲	503 133.5	662 636.9	757 556.7	774 086.5	1 161 604.8	1 954 595.4
巴西	212 364.7	285 709.1	302 702.5	382 437.5	484 525.3	880 502.1
阿根廷	225 948.8	270 279.8	299 304.6	240 914.2	518 137.1	840 520.4
智利	19 424.7	23 405.9	35 307.4	35 420.6	45 386.6	61 302.9
秘鲁	28 841.8	53 570.4	74 709.7	63 036.9	61 343.9	100 377.2
大洋洲	176 843.5	323 039.9	312 129.0	308 600.4	349 741.3	397 422.2
澳大利亚	122 683.8	243 706.1	240 642.7	232 520.7	261 330.5	293 432.1
新西兰	53 547.8	78 621.8	70 604.6	73 363.3	83 223.9	102 114.6
非洲	51 689.7	92 724.4	107 907.4	121 155.9	94 382.3	98 634.5
南非	1 969.5	2 196.2	5 611.8	7 456.5	14 724.3	20 061.0
埃及	3 230.0	2 716.3	3 735.9	3 839.2	3 876.5	3 308.8
津巴布韦	16 069.3	13 528.5	14 411.7	10 939.6	10 566.7	13 008.4
尼日利亚	51.8	703.2	445.9	999.8	746.5	484.8
阿尔及利亚	0.0	1.7	3.7	0.1	0.0	5.3
肯尼亚	730.4	1 354.2	1 111.2	1 109.1	1 199.7	1 474.3

中国自主要国家（地区）农产品进口额（二）

单位：万美元

国家（地区）	2009年	2010年	2011年	2012年	2013年
合计	5 269 855.2	7 255 380.8	9 487 192.0	11 247 929.9	11 886 737.4
亚洲	1 151 636.2	1 662 476.2	2 181 839.4	2 462 862.0	2 271 790.7
日本	46 369.8	60 760.2	37 122.9	43 271.6	47 251.1
马来西亚	306 899.8	352 205.9	526 220.5	448 840.4	396 373.5
印度尼西亚	228 095.1	294 801.3	416 193.3	470 060.6	354 569.7
中国香港	8 920.9	11 202.8	13 560.5	15 099.9	15 120.4
韩国	31 305.5	42 123.0	63 698.1	61 713.9	72 720.9
泰国	179 888.2	248 762.0	298 254.4	395 746.7	436 419.3
印度	95 251.2	257 287.4	376 089.5	417 206.8	337 091.0
越南	74 980.6	76 571.5	131 976.6	222 361.3	204 716.2
土耳其	3 963.3	5 550.9	9 748.5	10 004.9	11 309.1
欧洲	508 387.8	689 401.3	949 137.6	1 075 283.0	1 311 096.8
欧盟	341 651.4	494 057.1	706 443.0	842 616.0	1 028 187.0
法国	123 087.0	164 566.0	252 695.6	282 598.0	297 757.0
德国	21 985.5	37 770.9	58 762.2	94 760.6	140 612.5
荷兰	50 375.4	66 833.2	84 116.4	107 086.3	144 366.2
西班牙	19 378.8	34 036.8	62 561.5	68 475.7	77 475.9
英国	23 727.9	31 441.3	47 917.7	48 680.8	58 460.4
意大利	18 000.5	28 897.4	40 567.9	42 954.2	51 982.1
俄罗斯	128 753.0	138 727.3	169 298.8	155 411.6	156 981.0
北美洲	1 672 922.5	2 169 691.6	2 651 532.3	3 420 307.6	3 252 110.2
美国	1 403 287.0	1 863 945.2	2 332 273.8	2 878 900.2	2 667 657.3
加拿大	265 214.0	300 345.9	314 473.5	535 652.4	577 240.1
墨西哥	7 249.4	10 488.6	25 750.2	25 297.7	23 856.1
南美洲	1 429 088.5	1 957 596.6	2 524 637.3	2 875 294.0	3 310 899.6
巴西	845 156.1	1 073 457.1	1 561 257.5	1 870 037.4	2 251 975.3
阿根廷	348 536.2	570 399.8	544 188.4	509 652.1	499 080.1
智利	80 280.5	82 469.1	112 196.1	139 577.3	155 227.4
秘鲁	80 738.0	112 057.8	133 410.8	125 740.6	113 794.1
大洋洲	386 930.2	615 776.1	947 145.4	1 127 763.6	1 430 334.9
澳大利亚	249 228.6	393 025.5	644 535.9	740 746.7	859 657.6
新西兰	135 024.5	220 747.3	298 377.0	381 519.6	560 570.4
非洲	120 888.6	160 313.6	232 890.3	286 413.2	310 459.1
南非	25 141.7	35 286.8	41 778.0	46 733.1	54 453.2
埃及	2 812.2	6 576.5	10 202.4	5 920.4	4 046.7
津巴布韦	9 876.7	13 026.8	35 182.9	43 620.4	55 493.4
尼日利亚	990.8	1 091.6	2 412.2	1 738.2	908.8
阿尔及利亚	0.0	9.9	19.3	69.0	37.5
肯尼亚	1 740.2	1 547.7	1 819.9	1 706.2	1 729.8

3-7 中国谷物进口量前 15 位国家（地区）

（2013 年）

单位：吨，万美元，%

序号	国家（地区）	进口量	同比增长	进口额	同比增长
1	美　　国	7 106 313.7	23.4	220 372.0	16.4
2	澳大利亚	3 229 264.3	−31.0	110 853.5	−17.3
3	东　　盟	1 970 607.3	5.1	94 809.4	4.9
4	加 拿 大	1 243 918.4	73.8	47 216.1	77.3
5	巴基斯坦	417 019.6	−28.0	17 238.2	−35.9
6	欧　　盟	252 194.5	590.4	8 708.7	383.5
7	阿 根 廷	129 574.4	15.1	4 237.8	4.5
8	乌 克 兰	123 072.5	55 842.0	3 236.8	38 822.1
9	哈萨克斯坦	90 912.4	−55.6	2 586.7	−41.4
10	俄 罗 斯	11 648.6	63.0	440.8	87.4
11	印　　度	4 158.8	2 787.2	141.0	181.6
12	蒙　　古	2 580.0		103.2	
13	韩　　国	1 523.4	−14.0	129.4	−16.8
14	巴　　西	527.8	349 425.2	15.2	3 773.3
15	南　　非	473.0	207 356.1	9.9	3 014.8
	小　　计	**14 583 788.5**		**510 098.6**	

3-8 中国棉花进口量前15位国家（地区）

（2013年）

单位：吨，万美元，%

序号	国家（地区）	进口量	同比增长	进口额	同比增长
1	印　　度	1 320 667.1	-14.1	232 504.1	-24.9
2	美　　国	1 177 438.5	-20.5	244 875.2	-33.8
3	澳大利亚	796 618.4	-2.7	175 965.6	-8.0
4	乌兹别克斯坦	278 279.6	-12.3	54 764.2	-21.5
5	巴　　西	160 633.7	-56.8	32 665.6	-60.1
6	布基纳法索	94 435.3	-2.4	18 683.0	-19.2
7	喀麦隆	65 786.9	-7.3	13 188.3	-23.7
8	东　　盟	57 154.5	110.9	6 316.3	133.3
9	马　　里	52 763.1	-50.9	10 622.3	-59.2
10	墨西哥	48 479.9	-27.6	9 070.5	-35.4
11	贝　　宁	44 530.4	-24.2	8 454.9	-40.5
12	土耳其	40 815.7	-18.6	2 844.1	-22.5
13	欧　　盟	40 381.9	-37.1	8 067.8	-39.5
14	巴基斯坦	37 489.6	-36.1	5 001.2	-50.6
15	科特迪瓦	32 942.5	-3.7	6 327.5	-22.0
	小　　计	**4 248 417.0**		**829 350.8**	

3-9 中国食用油籽进口量前15位国家（地区）

（2013年）

单位：吨，万美元，%

序号	国家（地区）	进口量	同比增长	进口额	同比增长
1	巴　　西	31 808 580.0	33.1	1 912 181.9	34.1
2	美　　国	22 243 034.1	−14.4	1 331 832.4	−13.7
3	阿 根 廷	6 127 768.9	3.9	366 039.4	−0.7
4	加 拿 大	3 800 239.1	2.8	245 455.9	0.3
5	乌 拉 圭	2 300 016.1	20.8	139 173.3	14.8
6	澳大利亚	993 780.2	152.5	62 134.8	431.9
7	埃塞俄比亚	139 984.9	−26.1	25 545.3	0.7
8	坦桑尼亚	81 298.3	27.9	15 479.1	82.1
9	俄 罗 斯	68 084.1	−25.7	2 526.9	−25.3
10	苏　　丹	67 845.8	214.9	11 445.5	259.4
11	多　　哥	42 914.6	128.1	6 936.8	204.7
12	莫桑比克	24 870.3	5.7	4 725.7	41.8
13	蒙　　古	19 294.3	146.4	675.3	146.4
14	乌 干 达	16 659.0	99.7	2 996.8	178.9
15	马　　里	16 494.8	−58.0	2 861.9	−40.5
	小　　计	**67 750 864.3**		**4 130 011.1**	

3-10 中国食用植物油进口量前15位国家（地区）

（2013年）

单位：吨，万美元，%

序号	国家（地区）	进口量	同比增长	进口额	同比增长
1	东盟	5 926 850.9	−6.0	486 494.4	−24.8
2	加拿大	926 795.2	−6.3	116 555.8	−8.6
3	阿根廷	686 523.1	−7.0	78 364.1	−17.3
4	巴西	454 774.2	−50.7	50 645.1	−56.1
5	欧盟	418 898.5	328.4	65 448.6	189.0
6	乌克兰	402 438.4	332.2	47 998.6	324.1
7	阿拉伯联合酋长国	205 159.1	118.6	24 750.5	105.4
8	美国	108 267.1	−58.3	13 232.2	−60.3
9	印度	51 863.0	−3.4	4 140.0	−47.8
10	澳大利亚	18 576.6	−15.2	2 875.7	−12.1
11	中国台湾	6 371.4	−12.5	950.7	−15.2
12	俄罗斯	6 312.6	235.0	750.4	248.4
13	土耳其	2 844.1	18.0	655.2	22.1
14	突尼斯	1 048.3	−27.2	414.8	−3.5
15	塞内加尔	1 010.2	−86.7	197.4	−89.8
	小计	**9 217 732.6**		**893 473.5**	

3-11　中国食糖进口量前 15 位国家（地区）

（2013 年）

单位：吨，万美元，%

序号	国家（地区）	进口量	同比增长	进口额	同比增长
1	巴　　西	3 294 118.9	65.6	143 305.2	26.6
2	古　　巴	435 500.0	2.2	22 482.1	−19.4
3	危地马拉	341 218.0	392.0	15 396.1	231.5
4	韩　　国	225 854.2	5.0	13 644.5	−10.4
5	东　　盟	137 101.6	−86.4	6 884.3	−88.7
6	澳大利亚	100 191.4	210.1	4 419.3	132.3
7	印　　度	7 059.3	−0.5	314.5	−25.1
8	巴基斯坦	1 900.0		88.3	
9	美　　国	1 129.4	2 349.2	77.6	200.9
10	欧　　盟	821.2	868.3	118.3	251.9
11	毛里求斯	520.4	8.8	47.7	5.2
12	日　　本	110.9	0.5	15.3	−27.1
13	新西兰	105.0	74.8	8.1	66.6
14	中国台湾	95.7	424.4	12.4	323.8
15	哥伦比亚	53.0		3.1	
	小　　计	**4 545 778.9**		**206 816.9**	

3-12　中国畜产品进口额前15位国家（地区）

（2013年）

单位：万美元，%

序号	国家（地区）	进口额	同比增长
1	新西兰	464 688.2	54.2
2	澳大利亚	435 402.5	30.7
3	欧盟	397 674.0	27.4
4	美国	356 881.4	11.6
5	加拿大	72 781.0	35.7
6	乌拉圭	64 136.1	119.0
7	巴西	49 911.8	−16.8
8	南非	32 743.4	26.5
9	阿根廷	25 065.8	39.0
10	智利	12 957.6	32.6
11	蒙古	10 571.3	29.5
12	东盟	4 461.3	45.8
13	中国台湾	3 990.6	−4.4
14	韩国	3 471.0	112.0
15	土耳其	2 810.2	85.2
	小计	**1 937 546.1**	

3-13 中国蔬菜进口额前 15 位国家（地区）

（2013 年）

单位：万美元，%

序号	国家（地区）	进口额	同比增长
1	美国	19 282.3	9.1
2	东盟	5 626.4	1.2
3	欧盟	4 666.9	−6.7
4	日本	3 919.0	21.0
5	加拿大	1 432.2	47.7
6	印度	1 054.9	−67.4
7	韩国	945.2	0.3
8	智利	883.4	23.6
9	新西兰	830.0	8.4
10	以色列	644.5	47.3
11	中国台湾	423.2	−15.3
12	澳大利亚	360.3	−13.9
13	秘鲁	344.8	126.4
14	南非	227.8	61.7
15	朝鲜	193.9	−34.8
	小计	**40 834.5**	

3-14 中国水果进口额前15位国家（地区）

（2013年）

单位：万美元，%

序号	国家（地区）	进口额	同比增长
1	东盟	233 262.5	15.4
2	智利	63 475.4	5.5
3	美国	33 790.9	−16.0
4	欧盟	13 714.7	25.1
5	新西兰	11 209.3	−5.9
6	南非	10 216.0	31.8
7	秘鲁	10 029.3	45.1
8	巴西	9 824.7	−19.5
9	澳大利亚	5 176.1	107.7
10	中国台湾	5 158.0	68.6
11	以色列	4 982.8	41.3
12	加拿大	2 332.7	36.7
13	墨西哥	2 292.1	241.3
14	厄瓜多尔	2 223.1	−29.9
15	哥斯达黎加	1 412.4	−25.2
	小计	**409 100.2**	

3-15 中国水产品进口额前 15 位国家（地区）

（2013 年）

单位：万美元，%

序号	国家（地区）	进口额	同比增长
1	俄罗斯	148 692.4	3.8
2	美国	129 176.7	−6.5
3	秘鲁	101 774.9	−13.3
4	东盟	95 754.3	28.9
5	智利	58 152.0	12.1
6	加拿大	40 556.4	17.3
7	新西兰	34 521.3	25.1
8	欧盟	24 956.0	8.5
9	日本	23 475.3	24.4
10	韩国	20 730.9	17.7
11	印度	15 834.9	16.4
12	中国台湾	13 877.7	34.2
13	厄瓜多尔	13 219.8	80.9
14	朝鲜	11 890.2	16.9
15	墨西哥	9 412.2	13.9
	小计	**742 025.1**	

3-16 中国畜产品出口额前15位国家（地区）

（2013年）

单位：万美元，%

序号	国家（地区）	出口额	同比增长
1	中国香港	178 054.1	7.6
2	日本	171 141.1	−10.3
3	欧盟	105 421.9	0.5
4	东盟	47 305.4	15.8
5	中国台湾	37 192.7	25.3
6	美国	33 477.3	4.5
7	韩国	18 867.7	14.2
8	中国澳门	12 574.8	6.0
9	吉尔吉斯斯坦	7 980.6	−7.5
10	巴西	6 862.8	20.5
11	南非	4 717.1	−1.9
12	朝鲜	3 243.1	47.1
13	巴林	2 000.4	44.2
14	孟加拉国	1 791.4	43.2
15	澳大利亚	1 471.9	19.2
	小计	**632 102.5**	

3-17 中国蔬菜出口额前 15 位国家（地区）

（2013 年）

单位：万美元，%

序号	国家（地区）	出口额	同比增长
1	东盟	305 550.1	47.3
2	日本	235 200.4	−0.9
3	欧盟	114 938.5	6.0
4	韩国	83 615.7	2.7
5	中国香港	76 062.2	73.6
6	美国	75 739.8	0.3
7	俄罗斯	45 435.1	11.5
8	巴西	21 260.8	20.2
9	尼日利亚	15 827.3	19.6
10	阿拉伯联合酋长国	14 729.7	15.3
11	加拿大	13 379.6	2.5
12	中国台湾	10 896.5	1.5
13	沙特阿拉伯	10 217.0	14.0
14	澳大利亚	9 720.3	−6.0
15	加纳	9 135.8	6.6
	小计	**1 041 708.7**	

3-18 中国水果出口额前15位国家（地区）

（2013年）

单位：万美元，%

序号	国家（地区）	出口额	同比增长
1	东盟	228 966.2	12.9
2	美国	103 447.9	−7.3
3	日本	68 860.7	−3.8
4	欧盟	50 420.5	−4.6
5	俄罗斯	46 875.4	−1.3
6	中国香港	15 900.8	21.2
7	哈萨克斯坦	15 076.5	33.1
8	加拿大	14 882.7	−27.3
9	印度	12 384.9	18.7
10	澳大利亚	9 522.8	−6.7
11	孟加拉国	8 888.2	3.4
12	韩国	8 493.4	−11.9
13	阿拉伯联合酋长国	6 139.9	11.4
14	南非	5 693.8	33.1
15	沙特阿拉伯	5 107.5	−8.2
	小计	**600 661.3**	

3-19 中国水产品出口额前15位国家（地区）

（2013年）

单位：万美元，%

序号	国家（地区）	出口额	同比增长
1	日　　本	390 943.9	−7.3
2	美　　国	319 518.6	8.4
3	中国香港	238 223.7	15.7
4	东　　盟	237 786.5	11.8
5	欧　　盟	227 938.5	3.1
6	韩　　国	140 817.2	−5.1
7	中国台湾	125 366.5	16.8
8	俄罗斯	67 108.7	12.7
9	墨西哥	41 330.6	49.8
10	加拿大	38 667.4	4.3
11	澳大利亚	30 300.8	21.6
12	巴　　西	24 940.4	13.4
13	乌克兰	11 720.1	6.1
14	以色列	11 098.9	36.2
15	尼日利亚	7 771.3	−14.9
	小　　计	**1 913 533.1**	

主要进出口地区

3-20 中国农产品出口额前15位地区

(2013年)

单位：万美元，%

序号	地区	出口额	同比增长
1	山　东	1 607 136.7	1.0
2	广　东	869 676.7	15.3
3	福　建	785 888.9	8.6
4	浙　江	521 203.3	7.5
5	辽　宁	475 987.1	4.5
6	江　苏	295 823.7	−0.4
7	云　南	251 577.5	15.3
8	湖　北	185 695.6	57.5
9	河　北	177 894.9	4.0
10	黑龙江	160 557.2	15.7
11	河　南	152 124.3	36.3
12	吉　林	145 816.0	−0.9
13	上　海	137 237.6	4.0
14	广　西	128 720.8	14.3
15	安　徽	120 250.5	20.3
	小　计	**6 015 590.8**	

3-21 中国农产品进口额前15位地区

（2013年）

单位：万美元，%

序号	地区	进口额	同比增长
1	广　东	2 042 509.4	6.1
2	山　东	1 974 240.0	2.0
3	江　苏	1 845 464.7	−3.8
4	上　海	1 000 476.6	15.8
5	天　津	906 426.1	9.0
6	辽　宁	721 109.2	18.0
7	福　建	562 180.0	9.5
8	广　西	553 314.8	6.0
9	浙　江	548 391.9	4.0
10	北　京	418 357.0	4.0
11	河　北	379 110.4	14.9
12	河　南	175 494.2	12.7
13	云　南	113 897.2	−5.6
14	吉　林	112 596.1	14.5
15	安　徽	85 682.6	11.8
	小　计	**11 439 250.1**	

3-22 中国各地区农产品出口额（一）

单位：万美元

	2003年	2004年	2005年	2006年	2007年	2008年
全国合计	2 141 213.9	2 336 455.5	2 754 897.6	3 138 405.5	3 698 718.9	4 047 097.5
北　京	40 393.2	38 670.6	42 067.5	43 248.7	49 376.8	45 802.2
天　津	48 376.0	45 224.3	48 581.0	55 893.4	59 823.6	74 034.9
河　北	59 752.1	75 531.1	86 972.5	94 799.8	109 275.5	112 329.7
山　西	6 335.9	5 662.5	7 507.8	11 781.5	24 651.1	21 683.0
内蒙古	31 566.5	19 849.5	32 529.8	29 859.2	42 913.8	33 460.7
辽　宁	171 579.3	184 183.5	223 922.2	238 666.5	301 758.6	313 578.2
吉　林	148 592.9	62 230.0	109 760.7	99 193.8	121 316.5	126 651.5
黑龙江	78 922.1	62 526.6	82 175.0	99 650.9	137 186.7	153 965.7
上　海	61 153.3	70 704.7	78 529.2	93 807.5	105 156.8	107 517.9
江　苏	86 940.6	91 075.9	108 678.1	139 882.0	172 924.1	199 362.4
浙　江	182 330.9	228 130.0	249 469.8	268 902.8	300 928.9	343 768.5
安　徽	26 064.5	24 017.2	33 634.6	41 161.4	50 292.2	50 253.5
福　建	136 543.7	186 167.1	200 585.9	233 559.8	264 832.8	294 800.1
江　西	10 064.2	14 312.6	15 480.3	24 839.7	24 856.1	33 464.9
山　东	508 201.8	591 943.7	723 593.6	855 171.5	990 451.0	1 034 982.6
河　南	46 012.2	35 631.8	40 711.0	48 809.4	52 909.4	53 912.5
湖　北	24 229.5	28 450.2	32 880.8	41 988.4	49 912.9	65 552.1
湖　南	19 028.6	23 435.5	27 310.7	30 975.9	35 279.6	42 455.7
广　东	280 591.9	340 481.2	358 184.9	391 137.0	410 042.0	456 008.5
广　西	20 646.5	22 271.7	25 817.0	32 037.8	38 281.3	62 960.1
海　南	10 538.9	12 788.5	15 802.9	26 939.4	35 433.5	46 360.7
重　庆	9 683.1	11 642.1	13 402.8	13 565.0	14 689.9	17 965.7
四　川	32 624.5	43 610.5	45 552.8	51 585.4	58 558.0	65 614.6
贵　州	5 806.1	7 212.9	7 193.3	6 816.5	8 130.6	11 185.2
云　南	36 662.8	45 410.1	51 436.3	57 631.3	70 134.0	85 121.9
西　藏	1 117.1	2 951.8	3 312.7	4 435.7	5 723.3	3 201.4
陕　西	15 811.1	20 245.1	28 734.8	37 591.9	69 378.2	68 735.9
甘　肃	7 986.8	12 659.8	17 807.3	18 271.8	26 399.0	35 833.8
青　海	675.8	507.1	768.9	915.5	969.1	954.8
宁　夏	999.9	1 171.2	1 827.1	2 722.2	4 265.0	4 388.7
新　疆	31 981.7	27 756.6	40 666.7	42 563.6	62 868.9	81 190.1

中国各地区农产品出口额（二）

单位：万美元

	2009年	2010年	2011年	2012年	2013年
全国合计	3 954 354.2	4 937 340.4	6 072 106.5	6 325 298.9	6 782 500.7
北　京	44 102.0	47 990.9	55 687.1	58 536.1	51 868.9
天　津	71 438.0	81 959.4	94 797.4	88 867.6	91 166.1
河　北	115 866.6	137 641.2	170 857.0	171 020.0	177 894.9
山　西	14 194.0	16 133.1	18 468.2	20 189.7	20 925.5
内蒙古	32 979.8	48 344.2	58 090.2	64 099.0	63 168.7
辽　宁	290 698.3	339 881.9	424 376.4	455 452.7	475 987.1
吉　林	113 955.3	124 314.7	136 618.7	147 109.8	145 816.0
黑龙江	116 264.9	123 217.1	138 078.4	138 776.5	160 557.2
上　海	95 991.3	114 452.8	125 758.9	131 954.0	137 237.6
江　苏	195 817.9	250 057.5	280 589.9	296 993.2	295 823.7
浙　江	313 172.4	376 250.8	469 358.8	484 991.1	521 203.3
安　徽	53 170.2	68 860.9	88 577.9	99 989.4	120 250.5
福　建	327 115.8	468 273.4	655 170.4	723 816.8	785 888.9
江　西	35 040.3	42 095.4	56 026.2	63 837.9	71 944.2
山　东	1 018 012.6	1 339 180.3	1 618 753.3	1 591 784.7	1 607 136.7
河　南	56 156.4	81 031.8	112 508.7	111 620.5	152 124.3
湖　北	71 514.3	106 508.2	144 262.4	117 877.1	185 695.6
湖　南	42 308.5	57 156.0	63 675.1	70 002.5	86 984.2
广　东	482 176.9	570 296.8	698 330.5	754 386.5	869 676.7
广　西	63 258.8	76 902.4	88 075.7	112 662.1	128 720.8
海　南	40 222.6	45 430.6	54 034.7	56 129.1	55 967.5
重　庆	16 931.6	18 269.6	21 988.9	24 413.5	25 105.1
四　川	54 980.2	67 044.5	81 265.4	79 890.5	62 129.8
贵　州	15 021.0	17 519.4	21 909.3	27 747.8	25 179.1
云　南	102 359.1	135 280.7	186 513.4	218 172.2	251 577.5
西　藏	3 770.3	5 867.6	4 301.7	4 172.3	4 366.3
陕　西	54 097.7	58 224.3	67 688.9	75 900.5	76 678.7
甘　肃	32 432.3	35 902.2	39 727.2	44 755.6	37 499.5
青　海	1 297.6	1 607.3	2 336.8	1 985.2	2 990.1
宁　夏	4 021.6	7 446.7	9 785.9	9 686.7	9 612.4
新　疆	75 985.9	74 198.7	84 492.7	78 478.4	81 323.8

3-23 中国各地区农产品进口额（一）

单位：万美元

	2003 年	2004 年	2005 年	2006 年	2007 年	2008 年
全国合计	1 896 789.1	2 808 766.8	2 878 710.4	3 216 744.5	4 119 736.2	5 876 976.7
北　京	113 378.3	270 209.2	218 596.1	182 982.6	183 676.8	182 604.9
天　津	73 489.2	107 730.0	135 198.5	156 276.0	226 188.3	398 749.8
河　北	74 288.1	90 341.6	99 933.7	119 682.1	145 937.1	252 631.1
山　西	3 449.8	3 135.0	4 001.0	1 199.4	782.3	648.7
内蒙古	4 859.2	10 758.5	6 505.5	4 829.2	4 489.1	5 475.5
辽　宁	122 250.9	165 413.1	174 536.3	163 258.2	184 507.6	295 682.0
吉　林	9 049.6	14 084.4	8 188.5	17 235.1	20 863.4	20 938.4
黑龙江	13 130.3	15 983.5	13 713.2	12 004.9	13 899.4	17 233.7
上　海	139 040.9	169 052.4	197 935.5	245 235.7	321 832.2	379 093.8
江　苏	247 166.2	434 740.3	449 978.2	526 115.5	786 622.3	1 084 372.8
浙　江	105 194.0	171 756.6	174 613.4	199 916.5	251 142.9	322 047.9
安　徽	7 480.1	12 618.5	17 157.5	16 051.2	21 413.2	21 556.6
福　建	73 137.5	116 194.4	142 576.7	145 215.9	178 152.6	269 089.2
江　西	1 913.8	1 650.3	2 601.3	3 415.2	3 613.2	3 254.0
山　东	348 151.6	507 123.1	565 632.6	641 422.8	713 964.5	1 048 491.1
河　南	42 852.3	53 891.5	46 354.5	46 472.7	59 548.0	100 943.2
湖　北	8 423.3	15 134.3	12 455.6	15 512.9	15 611.4	18 242.8
湖　南	7 655.7	8 347.6	11 272.0	12 197.2	11 536.9	21 186.0
广　东	409 718.3	509 553.2	457 340.9	542 821.8	763 227.0	1 099 768.0
广　西	43 862.9	71 331.9	77 297.9	95 068.4	128 417.5	207 233.3
海　南	5 959.4	7 447.6	5 213.7	5 805.7	5 807.9	7 312.5
重　庆	1 303.9	4 678.5	12 651.4	9 167.5	18 567.3	35 358.5
四　川	14 222.5	17 502.0	12 542.0	11 853.2	17 925.7	22 439.4
贵　州	1 045.2	850.6	1 315.3	1 294.1	1 656.5	2 201.0
云　南	8 605.3	7 077.2	11 763.5	15 935.8	18 927.4	36 610.8
西　藏	670.0	323.1	702.2	229.3	99.0	52.6
陕　西	5 862.8	7 543.4	6 925.8	8 165.2	9 965.6	11 712.9
甘　肃	1 388.2	329.4	927.7	677.2	693.4	1 005.8
青　海	799.1	515.6	54.2	85.6	97.8	22.7
宁　夏	961.5	1 377.7	1 069.0	447.6	182.7	1 092.4
新　疆	7 479.3	12 072.3	9 656.8	16 170.1	10 387.2	9 925.2

中国各地区农产品进口额（二）

单位：万美元

	2009 年	2010 年	2011 年	2012 年	2013 年
全国合计	5 269 855.2	7 255 380.8	9 487 192.0	11 247 929.9	11 886 737.4
北　京	157 857.2	224 737.0	336 788.4	402 209.7	418 357.0
天　津	334 883.7	453 818.4	608 869.7	831 553.2	906 426.1
河　北	193 623.7	250 120.9	311 087.7	330 074.1	379 110.4
山　西	5 965.0	10 674.7	16 550.1	6 596.3	13 229.0
内蒙古	9 087.4	18 856.2	25 417.8	25 356.6	51 385.4
辽　宁	292 583.2	445 624.4	527 468.4	611 289.3	721 109.2
吉　林	36 812.5	52 057.2	62 323.5	98 343.7	112 596.1
黑龙江	15 830.0	22 146.0	31 251.2	41 618.6	54 611.0
上　海	373 087.6	518 127.2	765 885.0	863 675.1	1 000 476.6
江　苏	967 781.6	1 240 918.6	1 533 497.2	1 918 254.4	1 845 464.7
浙　江	237 752.5	369 074.2	483 126.3	527 383.5	548 391.9
安　徽	26 817.3	34 844.4	55 913.5	76 608.9	85 682.6
福　建	246 858.4	329 861.1	428 250.5	513 406.9	562 180.0
江　西	2 361.4	7 099.4	18 222.4	15 890.7	18 658.6
山　东	875 487.3	1 277 317.8	1 816 450.1	1 935 331.0	1 974 240.0
河　南	75 641.6	113 273.3	157 751.5	155 693.8	175 494.2
湖　北	13 904.1	31 251.1	64 483.2	75 617.6	65 671.8
湖　南	29 282.2	28 909.6	40 636.2	53 606.6	60 040.4
广　东	1 021 482.9	1 344 974.4	1 587 411.8	1 924 800.4	2 042 509.4
广　西	218 195.0	252 742.2	336 176.7	522 198.7	553 314.8
海　南	8 189.2	10 261.9	20 040.1	23 532.3	20 982.0
重　庆	27 820.6	27 906.6	43 546.0	57 821.3	41 841.4
四　川	22 261.3	33 016.3	43 994.6	41 789.3	38 744.5
贵　州	1 633.7	2 038.9	3 620.5	4 148.7	2 608.1
云　南	49 944.2	97 591.5	104 248.9	120 616.5	113 897.2
西　藏	57.9	46.4	25.3	1 591.1	628.2
陕　西	12 535.6	17 496.4	17 169.2	18 353.2	27 024.8
甘　肃	1 200.7	2 151.6	1 323.1	6 409.8	5 097.4
青　海	34.9	203.1	360.9	1 735.4	2 461.2
宁　夏	234.0	280.1	208.5	3 849.2	7 903.6
新　疆	10 648.4	37 959.9	45 093.7	38 573.7	36 599.7

四、国际市场篇

简 要 说 明

一、本篇资料的主要内容

本篇资料主要反映与中国贸易关系较为密切的重点国家（地区）的农产品贸易情况。

二、本篇资料的统计口径

各国（地区）农产品贸易统计口径参照中国的统计范围和分类标准进行整理。

三、本篇资料的统计范围

本篇资料反映了37个国家（地区）主要大类农产品的进、出口额和进、出口量变化情况。

四、本篇资料的数据来源

本篇资料是采集联合国商品贸易统计数据库的原始数据加工整理而得。

五、本篇资料的数据采集时间

采集时间为2014年8月。

六、特别说明

欧盟进出口数据是指欧盟对外贸易数据，不含其成员间贸易。

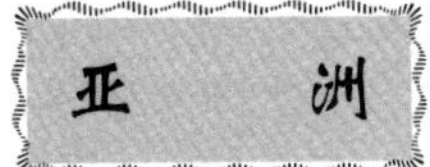

4-1 日本主要农产品贸易情况

4-1-1 日本农产品贸易综述

一、10 年来日本农产品贸易总体情况

过去 10 年，日本农产品贸易额由 2003 年的 535.7 亿美元增至 2013 年的 828.0 亿美元，年均增长 4.5%，其中出口额由 30.1 亿美元增至 56.1 亿美元，年均增长 6.4%；进口额由 505.6 亿美元增至 771.9 亿美元，年均增长 4.3%；贸易逆差由 475.5 亿美元增至 715.8 亿美元，年均增长 4.2%（图 1）。

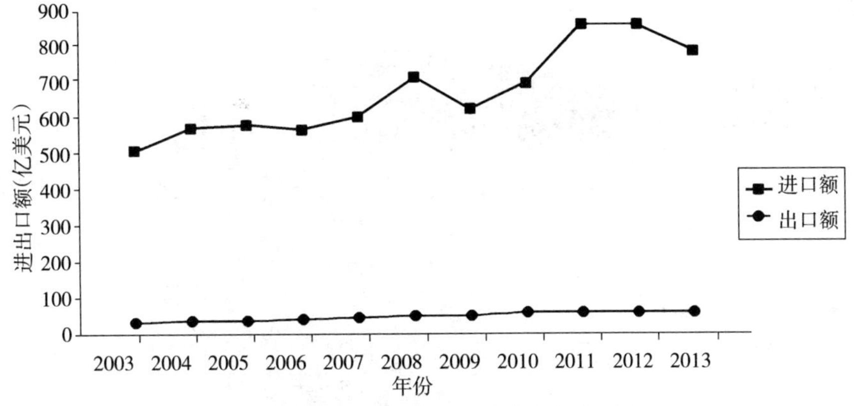

图 1 2003—2013 年日本农产品进出口额

2004—2013 年，日本农产品进口额年度同比变化波动较大。2006 年、2009 年和 2013 年同比下降，其中 2009 年同比减幅最大，为 12.6%；其余年份同比增加，其中 2011 年同比增幅最大，为 23.6%。总体看，出口额年度同比变化波动幅度小于进口额（图 2）。

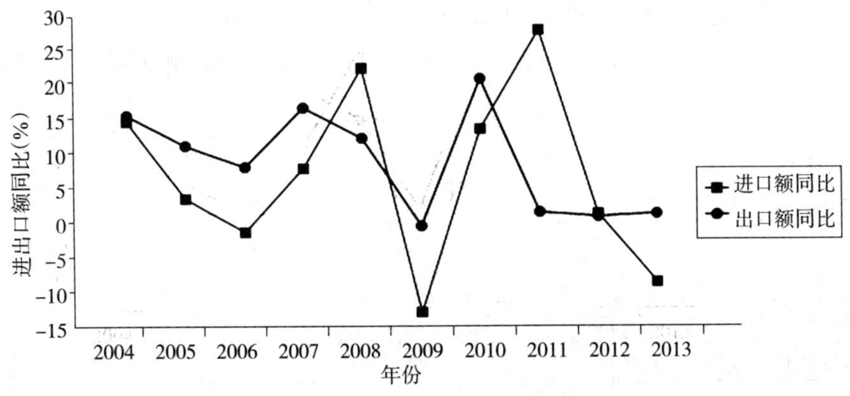

图 2 2004—2013 年日本农产品进出口额同比

二、2013 年日本农产品贸易情况

2013 年，日本农产品贸易出现萎缩，出口相对平稳，进口大幅下降。日本农产品贸易额为 828.0 亿美元，同比下降 8.3%，在全球各大农产品贸易国中排名第 12 位。其中出口额为 56.1 亿美元，同比持平，全球排名第 48 位；进口额为 771.9 亿美元，同比萎缩近一成，全球排名第 4 位。

(一) 进出口产品结构

2013 年，日本出口的农产品以水产品和饮品为主，出口额分别为 24.2 亿美元和 5.9 亿美元，占其农产品出口额的比重分别为 43.2%和 10.5%；与 2012 年同期相比，水产品出口扩大，饮品出口略有下降。此外，日本还出口少量的水果、畜产品、烟草、蔬菜等，出口额分别为 4.5 亿美元、3.0 亿美元、2.3 亿美元、1.7 亿美元，分别占其农产品出口额的 8.1%、5.4%、4.2%、3.0%（图 3)。

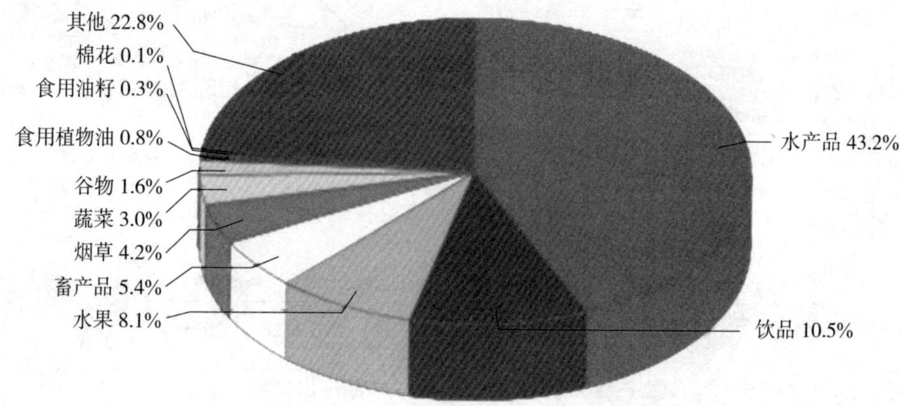

图 3　2013 年日本农产品出口结构

2013 年，日本大部分农产品出口下降，其中烟草和棉花出口额降幅较大，同比小幅增长的农产品主要是水产品、畜产品和水果（表 1)。

表 1　2004—2013 年日本主要农产品出口额同比变化情况

单位：%

	2004 年	2005 年	2006 年	2007 年	2008 年	2009 年	2010 年	2011 年	2012 年	2013 年
农产品	12.8	8.8	6.1	13.5	9.6	−1.5	17.3	0.1	−0.3	0.0
谷物	4.3	−11.0	−2.0	−3.4	32.4	−27.3	30.5	−1.3	15.1	−16.8
棉花	34.0	−30.7	−2.7	−0.7	−12.4	29.3	37.4	63.6	7.1	−58.7
食用油籽	20.5	5.9	15.4	55.3	−15.6	−5.0	9.7	−2.8	17.1	−9.2
食用植物油	4.2	8.6	26.8	−10.3	28.8	23.8	5.6	−2.5	7.1	0.5
食糖	13.9	10.0	−0.3	114.8	−50.9	5.4	12.4	10.1	3.0	−22.8

（续）

	2004年	2005年	2006年	2007年	2008年	2009年	2010年	2011年	2012年	2013年
蔬菜	11.2	0.2	8.3	5.0	11.4	−3.4	9.9	4.0	−8.8	0.4
水果	20.9	14.0	−0.5	16.5	13.5	3.9	11.7	3.8	−9.8	2.1
畜产品	0.8	23.4	1.5	27.5	43.4	−9.4	16.5	4.7	7.8	4.3
水产品	16.2	15.1	9.9	15.1	−0.3	−6.6	19.3	−2.2	−0.9	6.9
饮品	9.7	13.5	9.3	14.5	31.3	0.8	22.1	6.9	6.5	−3.9
烟草	12.5	−0.6	−7.3	9.0	5.0	6.4	7.4	6.0	−4.2	−24.9

2013年，日本进口农产品以水产品、畜产品和谷物为主，进口额分别为163.0亿美元、147.9亿美元和86.0亿美元，占其农产品进口额的比重分别为21.1%、19.2%和11.1%。此外，日本还进口饮品、蔬菜、水果、烟草、食用油籽等，进口额分别为64.5亿美元、51.8亿美元、50.7亿美元、45.2亿美元和42.6亿美元，分别占其农产品进口额的8.4%、6.7%、6.6%、5.9%和5.5%（图4）。

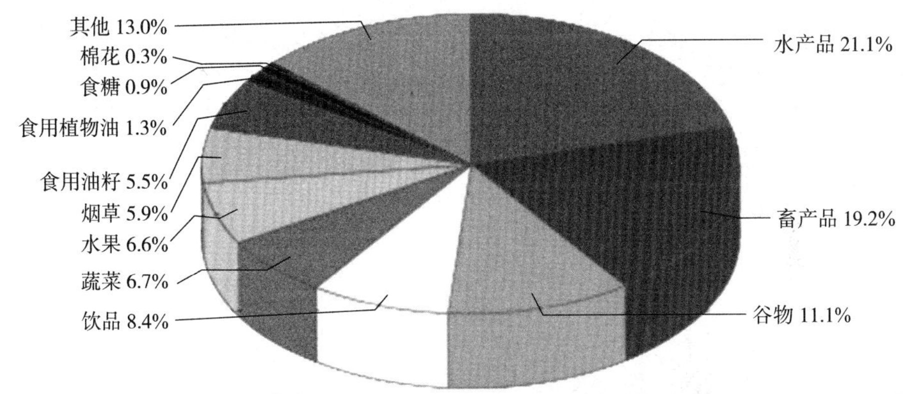

图4　2013年日本农产品进口结构

2013年，日本农产品进口除食用油籽略有增长，大部分产品进口下降；同比下降较快的农产品主要是食糖和烟草，降幅超过两成，水产品进口降幅也较大，同比减少14.5%（表2）。

表2　2004—2013年日本主要农产品进口额同比变化情况

单位：%

	2004年	2005年	2006年	2007年	2008年	2009年	2010年	2011年	2012年	2013年
农产品	11.9	1.9	−2.4	5.9	18.7	−12.6	11.0	23.6	0.0	−8.8
谷物	20.1	−8.7	0.4	40.5	55.1	−36.1	5.8	38.8	−9.7	−1.8
棉花	6.3	−18.4	−10.7	0.5	16.7	−50.4	42.0	99.1	−41.4	−6.8

（续）

	2004 年	2005 年	2006 年	2007 年	2008 年	2009 年	2010 年	2011 年	2012 年	2013 年
食用油籽	18.2	−15.7	−5.5	26.1	51.1	−31.2	12.9	12.3	3.2	2.1
食用植物油	22.9	6.2	−0.2	22.6	48.3	−27.0	12.4	30.2	−4.1	−4.7
食糖	1.2	25.4	33.7	−10.5	7.9	7.0	38.0	66.2	−26.3	−21.9
蔬菜	13.4	3.5	1.6	−1.3	−1.7	−0.6	17.4	17.8	8.1	−4.9
水果	13.5	5.6	−3.0	6.6	7.7	−3.3	3.7	19.9	4.7	−8.0
畜产品	7.1	6.0	−11.4	5.5	16.8	−10.6	15.4	21.6	0.0	−9.3
水产品	11.7	−0.2	−2.7	−5.0	8.6	−8.4	12.2	17.1	3.2	−14.5
饮品	10.8	6.5	8.9	5.7	6.3	−8.2	12.6	25.5	−1.7	−5.0
烟草	9.6	14.6	4.3	−3.5	8.1	10.0	0.9	54.6	−5.6	−22.0

（二）主要贸易伙伴

2013 年日本前五大农产品出口市场分别为中国香港、美国、中国、韩国和泰国，出口额分别为 12.7 亿美元、8.5 亿美元、4.9 亿美元、3.7 亿美元和 3.5 亿美元，占其农产品出口额比重分别为 22.6%、15.2%、8.7%、6.6%和 6.2%，其中出口中国香港比重提高近一个百分点（图 5）。

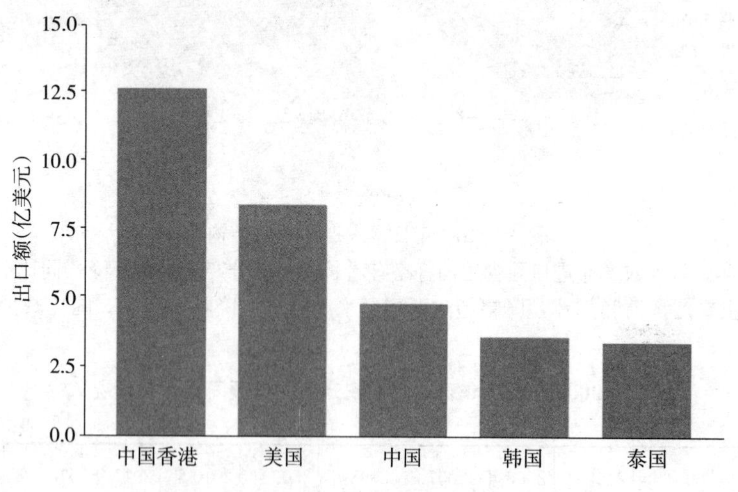

图 5　2013 年日本前五大农产品出口市场

2013 年日本前五大农产品进口来源地分别为美国、中国、澳大利亚、加拿大和泰国，进口额分别为 158.5 亿美元、102.0 亿美元、46.9 亿美元、46.5 亿美元和 44.8 亿美元，占其农产品进口额比重分别为 20.5%、13.2%、6.1%、6.0%和 5.8%，其中自美国进口同比减少 26.8 亿美元，比重下降 1.4 个百分点（图 6）。

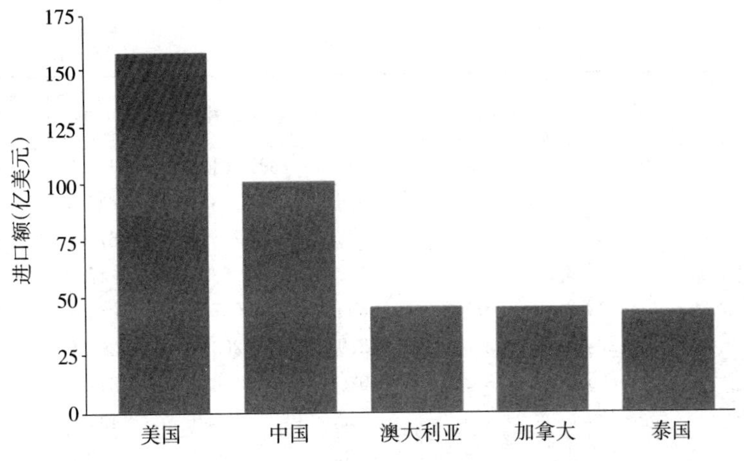

图 6　2013 年日本前五大农产品进口来源地

4-1-2 日本主要农产品出口额（一）

单位：万美元

项 目	2003年	2004年	2005年	2006年	2007年	2008年
农产品	300 506.0	339 054.5	368 841.9	391 201.3	444 146.3	486 585.8
谷物	8 723.0	9 095.3	8 096.4	7 933.1	7 665.5	10 146.3
小麦产品	8 024.0	7 726.8	7 292.7	6 785.8	6 575.6	8 036.9
玉米产品	12.8	24.9	142.9	68.5	17.5	26.6
稻谷产品	672.3	1 332.2	650.6	1 067.1	1 065.1	2 069.6
棉花	291.5	390.7	270.7	263.4	261.6	229.3
食用油籽	806.5	972.0	1 029.7	1 188.8	1 846.4	1 557.7
大豆	100.5	123.2	52.7	26.0	493.6	39.4
花生	42.9	49.7	38.5	85.3	101.7	106.5
油菜籽	36.1			0.6		29.1
食用植物油	2 080.5	2 167.9	2 353.8	2 985.5	2 677.4	3 448.0
豆油	32.4	47.9	39.6	31.5	37.2	53.7
菜籽油	34.3	39.0	54.5	78.2	67.8	109.2
棕榈油	58.3	33.7	83.6	27.1	52.5	105.0
食糖	145.2	165.4	181.9	181.3	389.4	191.3
蔬菜	11 628.5	12 929.7	12 950.8	14 031.3	14 738.8	16 421.1
水果	22 537.6	27 240.6	31 048.0	30 886.6	35 992.4	40 864.7
畜产品	10 652.2	10 740.1	13 254.7	13 448.5	17 147.0	24 594.2
猪产品	248.9	146.7	114.4	170.3	247.9	453.1
牛产品	277.2	524.7	437.9	564.8	1 740.8	3 930.0
羊产品						
禽产品	528.8	331.6	319.7	296.6	829.6	1 084.5
蛋产品	116.2	147.9	157.1	124.8	136.9	200.7
乳品	504.0	596.9	802.0	1 107.6	1 856.2	1 986.4
动物生皮	6 949.8	7 029.0	8 668.3	8 144.0	8 119.5	11 928.7
动物生毛皮	19.7	12.0	13.1	4.5	2.5	1.5
羊毛	24.7	22.8	18.2	21.4	7.1	20.5
水产品	124 422.1	144 569.3	166 431.7	182 972.5	210 564.2	209 974.4
饮品	21 364.6	23 441.8	26 616.6	29 085.4	33 302.7	43 725.6
酒	9 567.1	9 822.0	11 363.6	12 216.2	13 552.5	16 348.9
茶	1 852.8	2 273.6	3 036.0	3 479.2	3 658.5	4 502.4
咖啡	2 076.1	1 869.1	1 637.8	1 619.9	2 526.4	5 160.2
烟草	22 599.6	25 432.3	25 283.8	23 445.7	25 561.2	26 839.2

日本主要农产品出口额（二）

单位：万美元

项　目	2009年	2010年	2011年	2012年	2013年
农产品	479 106.6	561 864.1	562 560.2	560 640.4	560 656.7
谷物	7 377.6	9 630.3	9 507.6	10 943.9	9 102.6
小麦产品	5 838.0	6 692.8	7 273.0	7 359.4	7 198.0
玉米产品	8.6	11.1	9.4	6.1	10.1
稻谷产品	1 514.6	2 906.4	2 211.6	3 569.5	1 885.9
棉花	296.5	407.3	666.4	713.7	294.8
食用油籽	1 480.4	1 623.4	1 577.9	1 847.4	1 677.2
大豆	71.8	44.9	18.0	70.4	59.8
花生	85.6	95.3	90.7	79.4	78.0
油菜籽			74.0	101.7	6.7
食用植物油	4 269.2	4 508.7	4 396.6	4 709.9	4 732.7
豆油	53.3	271.3	66.3	77.5	79.0
菜籽油	395.5	306.6	250.6	292.1	296.8
棕榈油	73.6	88.3	98.4	66.5	78.2
食糖	201.5	226.5	249.4	256.9	198.3
蔬菜	15 858.4	17 424.4	18 123.8	16 523.5	16 586.8
水果	42 447.6	47 398.1	49 193.8	44 353.9	45 264.2
畜产品	22 271.8	25 955.4	27 171.3	29 301.6	30 551.1
猪产品	547.9	508.5	491.4	626.2	935.7
牛产品	4 061.2	3 895.0	4 355.1	6 349.2	5 935.8
羊产品					
禽产品	1 292.4	1 711.9	852.8	1 361.1	1 431.3
蛋产品	276.7	336.9	143.4	249.7	334.4
乳品	4 248.0	4 324.2	1 855.8	1 229.1	1 321.0
动物生皮	8 547.0	9 301.4	14 086.6	15 080.0	15 781.6
动物生毛皮	1.2		0.9	1.0	
羊毛	32.6	29.4	72.7	57.1	42.1
水产品	196 030.0	233 769.2	228 613.0	226 481.3	242 185.5
饮品	44 095.9	53 847.6	57 571.8	61 314.0	58 930.3
酒	17 203.7	21 038.1	24 492.4	26 086.8	25 883.8
茶	5 259.7	6 487.0	7 391.4	7 202.6	7 762.9
咖啡	3 998.7	4 735.8	4 574.2	3 842.5	4 401.2
烟草	28 563.4	30 682.5	32 527.7	31 173.1	23 396.8

4-1-3 日本主要农产品进口额（一）

单位：万美元

项 目	2003年	2004年	2005年	2006年	2007年	2008年
农产品	5 056 077.6	5 656 772.1	5 761 749.1	5 621 425.2	5 953 647.3	7 065 541.0
谷物	431 477.0	517 991.9	472 790.0	474 663.7	666 914.1	1 034 560.1
小麦产品	109 168.8	127 926.8	122 942.2	128 195.1	163 674.0	327 962.0
玉米产品	240 527.5	294 012.0	258 584.3	258 975.8	384 712.2	558 143.0
稻谷产品	25 099.6	34 478.3	32 199.2	30 361.8	37 040.5	41 675.9
棉花	27 880.4	29 629.6	24 176.2	21 594.3	21 701.7	25 331.0
食用油籽	257 898.6	304 836.1	257 081.0	242 844.5	306 307.6	462 936.5
大豆	151 859.8	177 975.5	142 307.8	128 234.4	166 359.0	236 401.5
花生	11 854.8	12 335.8	11 526.0	12 232.1	12 099.3	16 191.6
油菜籽	68 878.5	84 393.3	72 283.4	71 699.4	95 731.0	156 983.9
食用植物油	42 511.0	52 255.0	55 495.3	55 365.0	67 897.1	100 664.1
豆油	2 265.6	2 945.6	4 976.0	5 250.0	4 431.3	8 261.5
菜籽油	1 365.4	3 852.5	4 606.3	1 377.2	1 789.8	3 915.1
棕榈油	20 458.9	24 779.9	22 175.9	24 568.8	38 911.3	61 286.9
食糖	29 074.7	29 422.2	36 891.9	49 329.4	44 153.7	47 654.0
蔬菜	316 834.8	359 363.9	372 102.1	377 916.8	373 080.7	366 706.4
水果	327 538.5	371 781.9	392 735.0	381 092.5	406 084.6	437 295.7
畜产品	1 048 264.2	1 122 383.5	1 190 265.1	1 054 977.6	1 112 994.7	1 300 218.4
猪产品	427 215.6	532 948.2	505 943.6	402 379.8	419 376.6	499 979.6
牛产品	275 812.9	217 920.5	254 603.6	233 291.0	248 221.8	259 490.2
羊产品	8 905.6	13 227.1	15 649.8	14 967.2	10 910.5	11 775.7
禽产品	172 991.7	177 502.0	226 080.7	210 983.0	213 459.6	296 181.8
蛋产品	5 625.2	5 833.8	8 861.7	5 564.3	4 947.2	7 213.9
乳品	73 459.0	86 438.3	91 533.0	90 106.1	114 235.8	133 927.7
动物生皮	18 555.6	18 538.1	14 564.0	15 528.1	16 535.0	12 959.5
动物生毛皮	933.5	898.4	819.9	1 188.3	848.1	564.3
羊毛	7 745.1	7 874.9	6 850.4	6 468.6	7 639.0	6 450.4
水产品	1 370 349.2	1 530 467.6	1 527 167.4	1 485 524.3	1 411 673.4	1 533 307.9
饮品	368 966.2	408 690.2	435 395.4	474 196.0	501 009.0	532 534.4
酒	184 726.8	200 577.3	197 564.8	215 841.4	222 499.9	232 134.9
茶	18 951.9	23 552.2	21 040.5	20 161.9	20 643.7	21 067.4
咖啡	67 875.5	76 846.4	106 905.6	113 500.4	119 283.1	140 027.1
烟草	261 599.0	286 776.2	328 764.1	342 941.9	330 917.1	357 624.3

日本主要农产品进口额（二）

单位：万美元

项　目	2009 年	2010 年	2011 年	2012 年	2013 年
农产品	6 173 458.7	6 852 366.4	8 467 463.5	8 467 171.7	7 718 859.2
谷物	660 626.7	699 081.2	970 379.6	876 441.1	860 476.9
小麦产品	145 006.1	166 971.0	271 245.7	215 871.2	228 147.6
玉米产品	377 319.4	396 305.4	535 820.1	512 976.3	475 344.4
稻谷产品	63 024.3	51 881.6	58 608.5	46 995.9	49 390.7
棉花	12 570.5	17 851.1	35 539.0	20 821.6	19 397.8
食用油籽	318 705.4	359 870.9	404 238.7	417 291.7	426 044.5
大豆	175 054.9	183 422.0	181 264.7	181 092.3	188 427.3
花生	14 041.1	17 118.2	20 684.5	22 474.0	19 695.8
油菜籽	94 600.9	116 400.0	154 120.9	165 836.1	168 238.6
食用植物油	73 457.2	82 555.7	107 496.3	103 127.8	98 246.8
豆油	4 785.6	2 604.5	3 345.6	3 899.3	5 620.3
菜籽油	1 899.8	1 345.6	5 113.8	3 997.8	3 113.5
棕榈油	42 131.1	51 409.3	72 823.0	65 165.8	53 777.8
食糖	50 992.5	70 382.7	116 959.2	86 175.9	67 312.6
蔬菜	364 386.4	427 675.4	503 844.5	544 818.7	518 138.4
水果	422 952.0	438 438.1	525 674.3	550 440.6	506 552.8
畜产品	1 162 150.0	1 341 247.4	1 631 273.4	1 630 605.1	1 479 042.7
猪产品	479 149.1	540 937.2	631 522.6	638 640.5	512 672.7
牛产品	239 241.4	272 832.6	315 959.0	329 944.7	333 105.4
羊产品	12 062.2	12 943.4	16 217.6	12 797.6	12 451.6
禽产品	253 907.9	300 275.9	412 201.7	389 330.0	364 812.9
蛋产品	6 003.8	6 333.4	8 857.2	7 521.4	7 788.7
乳品	100 469.5	116 506.2	144 644.7	146 381.5	141 687.8
动物生皮	9 690.1	12 248.4	12 884.2	15 643.2	13 808.2
动物生毛皮	466.4	493.8	986.4	656.4	821.8
羊毛	3 376.1	4 957.9	7 932.5	7 564.0	5 081.0
水产品	1 404 903.6	1 576 984.2	1 846 370.1	1 905 087.7	1 629 687.6
饮品	489 004.0	550 442.9	691 072.5	679 488.3	645 193.6
酒	207 725.0	233 967.2	281 553.8	312 075.3	297 667.0
茶	19 694.3	22 824.0	24 624.2	24 402.3	23 940.0
咖啡	127 981.4	152 827.3	220 121.2	186 382.3	176 491.6
烟草	393 318.7	396 827.4	613 688.8	579 393.5	451 850.2

4-1-4 日本主要农产品出口量（一）

单位：吨

项 目	2003年	2004年	2005年	2006年	2007年	2008年
农产品						
谷物	342 176.8	354 787.6	308 572.0	317 588.1	275 312.5	228 484.3
小麦产品	318 717.6	305 580.1	289 921.4	290 033.0	255 437.3	187 117.4
玉米产品	17.4	63.8	5 627.7	3 518.6	408.7	71.8
稻谷产品	23 281.9	49 095.1	12 897.0	23 618.0	19 375.3	41 161.1
棉花	6 124.2	5 753.3	4 404.8	3 484.7	3 698.8	2 709.3
食用油籽	1 425.6	1 754.3	2 242.3	2 743.8	16 246.5	3 044.8
大豆	88.2	200.3	116.5	330.1	11 656.6	100.2
花生	199.5	160.5	158.1	271.7	227.8	157.4
油菜籽				21.3		4.1
食用植物油	7 308.5	6 002.1	7 649.7	13 812.8	8 312.6	7 067.2
豆油	151.5	154.5	199.8	164.7	197.1	202.1
菜籽油	176.9	154.4	336.0	487.9	396.7	343.2
棕榈油	388.7	146.9	1 119.2	140.2	437.3	569.9
食糖	2 131.9	1 959.7	1 912.9	1 490.0	9 427.1	1 200.3
蔬菜			19 455.4	22 428.2	24 464.6	22 039.9
水果						
畜产品						
猪产品						
牛产品						
羊产品						
禽产品						
蛋产品						
乳品			2 425.3	3 110.0	4 363.5	2 829.2
动物生皮	69 943.2	71 691.8	73 683.2	73 681.7	72 886.4	74 984.8
动物生毛皮	8.6	0.4	1.1	1.6	2.4	
羊毛	72.7	52.7	85.3	61.5	24.4	58.0
水产品						
饮品						
酒						
茶	2 340.3	2 426.0	3 253.9	2 704.6	2 898.4	2 877.0
咖啡	3 713.5	2 325.4	1 982.9	1 548.2	2 477.5	4 612.9
烟草						

日本主要农产品出口量（二）

单位：吨

项　目	2009年	2010年	2011年	2012年	2013年
农产品					
谷物	203 265.4	235 270.9	217 283.0	242 666.6	188 103.9
小麦产品	185 410.0	196 183.0	191 480.0	192 598.0	168 205.0
玉米产品	138.9	65.4	69.9	31.0	51.6
稻谷产品	17 663.1	38 898.0	25 691.0	50 019.1	19 809.8
棉花	1 993.7	2 359.2	2 575.7	2 443.2	1 175.4
食用油籽	2 314.2	2 753.0	2 189.0	1 999.6	2 287.9
大豆	89.2	159.9	18.7	99.5	105.6
花生	145.3	166.7	146.0	60.9	100.2
油菜籽			8.2	65.1	107.9
食用植物油	13 740.4	11 142.3	7 713.4	10 547.6	9 283.7
豆油	116.0	2 967.0	143.3	150.1	202.5
菜籽油	2 791.5	1 034.4	589.5	1 327.2	1 553.7
棕榈油	435.6	357.4	544.4	473.2	734.7
食糖	1 337.1	1 226.5	1 854.4	1 221.2	1 251.5
蔬菜	17 062.1	14 758.0	13 705.7		
水果					
畜产品					
猪产品					
牛产品					
羊产品					
禽产品					
蛋产品					
乳品	5 020.6	4 959.2	2 642.3	2 685.7	3 218.0
动物生皮	88 693.6	83 169.1	81 036.0	82 642.1	84 738.2
动物生毛皮	0.2			0.2	
羊毛	92.0	50.5	139.2	129.4	112.3
水产品					
饮品					
酒					
茶	3 191.9	3 499.0	3 523.3	3 277.7	3 878.8
咖啡	3 560.6	4 354.6	2 785.9	2 437.1	3 220.4
烟草					

4-1-5 日本主要农产品进口量（一）

单位：吨

项 目	2003年	2004年	2005年	2006年	2007年	2008年
农产品						
谷物	26 573 637.1	25 984 435.3	26 234 701.1	26 029 738.8	25 588 613.6	25 497 513.4
小麦产品	5 247 279.4	5 491 697.7	5 474 303.5	5 339 027.8	5 277 204.9	5 782 599.7
玉米产品	17 074 961.1	16 488 501.9	16 665 263.7	16 893 088.3	16 635 960.0	16 465 616.0
稻谷产品	708 377.6	663 999.8	789 149.5	608 156.7	644 705.7	598 425.7
棉花	216 660.6	193 271.8	194 260.1	164 042.4	160 411.0	162 522.9
食用油籽	7 740 500.4	7 193 812.1	6 977 598.4	6 822 827.5	6 774 890.3	6 470 689.9
大豆	5 172 760.2	4 407 422.0	4 182 572.1	4 042 396.8	4 160 950.7	3 711 131.5
花生	109 959.4	103 207.3	101 316.9	105 916.3	91 539.0	81 760.7
油菜籽	2 083 879.3	2 312 627.0	2 304 208.4	2 292 622.6	2 154 086.1	2 312 543.6
食用植物油	557 464.2	633 465.7	691 734.8	661 685.4	676 494.9	702 549.1
豆油	17 405.5	28 269.3	51 643.1	59 673.6	42 250.4	50 781.1
菜籽油	17 076.1	48 477.1	63 226.8	17 074.7	17 852.5	22 084.6
棕榈油	427 769.1	465 982.7	478 979.4	498 924.8	532 209.0	546 444.1
食糖	1 478 933.5	1 406 156.0	1 352 931.1	1 314 737.0	1 527 807.7	1 401 572.0
蔬菜			3 103 538.1	2 969 232.5	2 692 942.0	2 407 609.3
水果						
畜产品						
猪产品						
牛产品						
羊产品						
禽产品						
蛋产品						
乳品			308 666.0	300 750.4	336 667.0	292 095.1
动物生皮	68 682.2	64 666.3	49 211.1	49 057.9	47 685.9	34 880.0
动物生毛皮	76.9	63.0	62.4	114.1	79.4	44.5
羊毛	19 498.0	19 032.4	17 652.4	16 650.9	16 473.1	12 786.9
水产品						
饮品						
酒						
茶	49 702.7	59 574.8	54 060.7	50 527.8	49 822.9	45 592.5
咖啡	402 599.7	424 919.0	439 242.2	447 017.4	414 880.6	410 667.7
烟草						

日本主要农产品进口量（二）

单位：吨

项　目	2009 年	2010 年	2011 年	2012 年	2013 年
农产品					
谷物	25 039 998.5	25 644 742.4	25 209 378.7	24 597 575.4	24 611 873.2
小麦产品	4 704 561.5	5 477 519.2	6 216 481.1	5 973 092.6	6 202 606.6
玉米产品	16 299 280.1	16 197 779.5	15 288 821.1	14 899 123.9	14 404 872.9
稻谷产品	672 063.9	665 896.0	743 075.8	632 007.7	696 395.4
棉花	88 198.7	106 587.7	116 209.8	104 529.3	113 546.9
食用油籽	5 830 887.9	6 220 157.9	5 570 969.3	5 545 672.4	5 605 154.7
大豆	3 390 148.0	3 455 674.6	2 830 907.4	2 727 474.0	2 762 167.3
花生	84 000.4	93 487.6	94 014.4	84 326.4	81 696.5
油菜籽	2 072 408.6	2 344 304.0	2 318 994.0	2 408 423.0	2 461 047.6
食用植物油	676 268.4	682 904.1	719 474.0	717 934.8	743 708.3
豆油	35 596.8	18 314.4	19 819.6	23 568.2	39 494.6
菜籽油	14 310.2	9 047.7	32 190.5	25 207.3	20 369.6
棕榈油	551 416.0	569 443.7	587 699.5	577 047.3	591 165.1
食糖	1 299 692.5	1 220 093.7	1 535 772.6	1 435 884.1	1 402 881.5
蔬菜	2 308 680.8	2 626 554.1	2 858 906.3		
水果					
畜产品					
猪产品					
牛产品					
羊产品					
禽产品					
蛋产品					
乳品	276 550.4	293 261.8	317 950.9	337 111.4	330 408.4
动物生皮	28 001.3	27 373.8	24 166.5	29 577.6	25 162.0
动物生毛皮	41.7	33.1	45.1	24.4	24.8
羊毛	8 554.6	9 758.1	10 102.2	9 837.1	8 277.9
水产品					
饮品					
酒					
茶	42 731.4	45 762.8	44 826.8	41 590.6	39 874.1
咖啡	413 309.3	432 141.7	439 003.7	404 429.9	484 702.0
烟草					

4-1-6 日本农产品出口额前 15 位国家（地区）（2013 年）

单位：万美元，%

序号	国家（地区）	出口额	同比增长
1	中国香港	127 212.2	4.2
2	美国	84 642.3	−2.9
3	中国	48 587.3	0.6
4	韩国	36 810.9	−14.7
5	泰国	34 976.2	6.0
6	越南	29 581.2	12.0
7	新加坡	16 277.4	−7.8
8	澳大利亚	8 195.7	1.7
9	德国	7 246.5	15.6
10	加拿大	6 672.2	7.2
11	英国	6 164.4	−2.7
12	马来西亚	6 160.5	−1.6
13	法国	5 787.6	4.4
14	荷兰	5 384.7	−4.2
15	印度尼西亚	5 023.5	0.6
	小计	**428 722.6**	

4-1-7 日本农产品进口额前 15 位国家（地区）
（2013 年）

单位：万美元，%

序号	国家（地区）	进口额	同比增长
1	美国	1 584 818.4	−14.5
2	中国	1 020 230.7	−9.6
3	澳大利亚	469 169.8	−10.4
4	加拿大	464 843.7	−9.4
5	泰国	447 659.2	−12.0
6	巴西	424 986.5	14.8
7	荷兰	262 069.4	−7.0
8	韩国	211 673.0	−11.4
9	法国	195 218.7	−4.2
10	智利	178 115.1	−20.8
11	新西兰	153 662.6	−9.1
12	印度尼西亚	142 445.8	−2.7
13	越南	136 478.4	1.8
14	阿根廷	134 834.2	79.8
15	菲律宾	134 749.6	−8.8
	小计	**5 960 955.1**	

4-2 印度主要农产品贸易情况

4-2-1 印度农产品贸易综述

一、10 年来印度农产品贸易总体情况

过去 10 年，印度农产品贸易额由 2003 年的 119.6 亿美元增至 2013 年的 685.5 亿美元，年均增长 19.1%，其中出口额由 71.9 亿美元增至 491.3 亿美元，年均增长 21.2%；进口额由 47.7 亿美元增至 194.2 亿美元，年均增长 15.1%；贸易顺差由 24.2 亿美元增至 297.1 亿美元，年均增长 28.5%（图 1）。

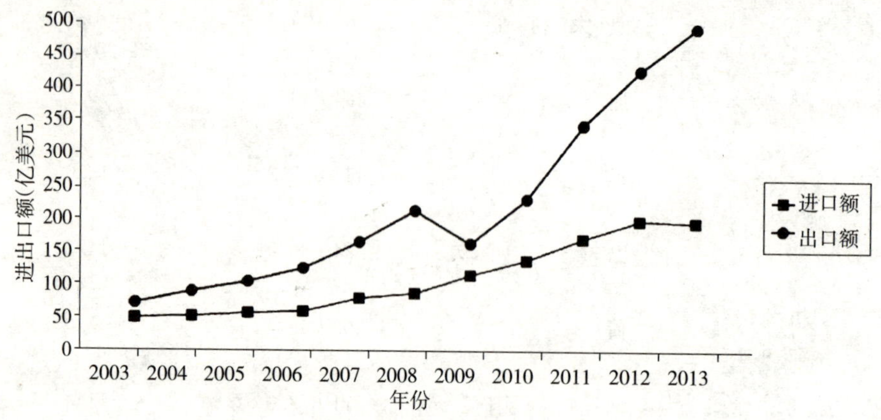

图 1 2003—2013 年印度农产品进出口额

2004—2013 年，印度农产品出口额除 2009 年大幅下降外，其余年份均保持 15%以上的高速增长，其中 2011 年同比增幅最大，为 49.2%。印度农产品进口除 2013 年略有下降外，其余年份均保持增长，其中 2007 年增幅最大，为 34.3%（图 2）。

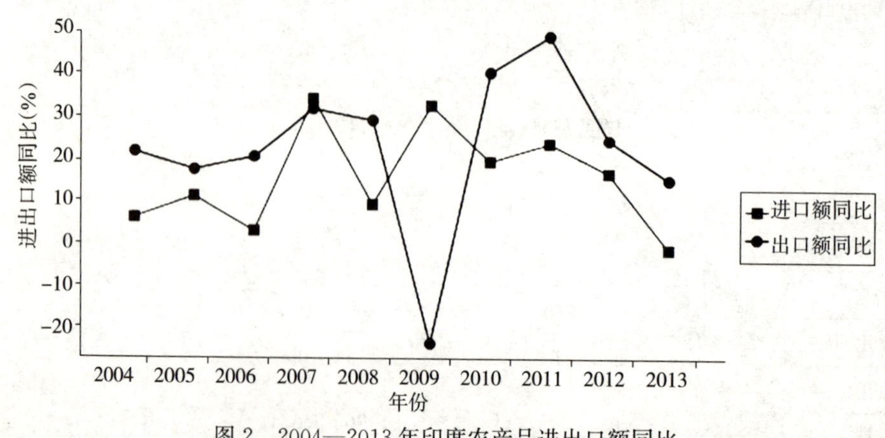

图 2 2004—2013 年印度农产品进出口额同比

二、2013 年印度农产品贸易情况

2013 年印度农产品贸易额为 685.5 亿美元，同比增长 10.0%，在全球各大农产品贸易国中排名第 13 位。其中出口额为 491.3 亿美元，同比增长 15.2%，全球排名第 10 位；进口额为 194.2 亿美元，同比下降 1.2%，全球排名第 16 位。

（一）进出口产品结构

2013 年，印度出口的农产品以谷物、水产品、畜产品和棉花为主，出口额分别为 110.5 亿美元、57.1 亿美元、56.4 亿美元和 46.7 亿美元，占其农产品出口额的比重分别为 22.5%、11.6%、11.5%和 9.5%。此外，印度还出口少量的饮品和蔬菜等，出口额分别为 22.3 亿美元和 19.5 亿美元，分别占其农产品出口额的 4.5%和 4.0%（图 3）。

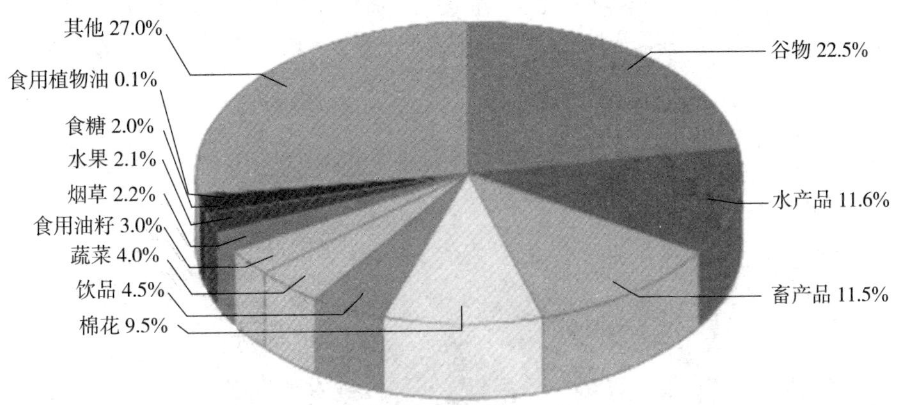

图 3 2013 年印度农产品出口结构

2013 年，除食用植物油、食糖出口额下降五成，食用油籽出口额小幅下降外，其余大类农产品出口额均大速增长，其中水产品和畜产品出口额增幅超过 50%，谷物、棉花和水果的出口额增幅均超过 20%（表 1）。

表 1 2004—2013 年印度主要农产品出口额同比变化情况

单位：%

	2004 年	2005 年	2006 年	2007 年	2008 年	2009 年	2010 年	2011 年	2012 年	2013 年
农产品	21.9	17.6	20.6	32.1	29.4	−23.3	40.8	49.2	24.6	15.2
谷物	27.6	2.4	−17.0	74.4	40.7	−23.5	−1.9	83.6	62.7	25.0
棉花	248.2	59.4	194.2	66.8	0.2	−37.8	195.7	13.9	7.8	24.0
食用油籽	58.2	−19.3	22.6	58.5	33.7	−33.1	65.6	79.4	−5.3	−6.3
食用植物油	142.0	−55.8	39.7	34.1	4.1	−67.2	−13.4	245.2	36.3	−53.3
食糖	−86.5	−25.7	1 495.7	56.3	50.5	−97.8	2 520.1	123.1	4.6	−51.7

（续）

	2004 年	2005 年	2006 年	2007 年	2008 年	2009 年	2010 年	2011 年	2012 年	2013 年
蔬菜	25.2	13.1	41.4	38.5	8.0	10.0	13.2	24.5	−5.6	14.3
水果	7.3	30.6	22.0	18.5	33.9	2.5	12.5	16.4	12.3	21.1
畜产品	37.7	48.9	7.6	22.8	45.1	−16.4	44.9	44.0	18.2	59.9
水产品	−5.6	27.5	4.2	5.2	−9.4	1.8	50.8	38.1	0.5	65.1
饮品	12.5	20.8	18.1	1.6	32.4	−11.1	29.9	44.4	−4.4	10.6
烟草	17.7	12.7	22.2	23.1	50.4	33.0	−2.1	−9.2	15.7	17.1

2013 年，印度进口农产品主要是食用植物油，进口额为 95.0 亿美元，占其农产品进口额的 48.9%。此外，印度还进口水产品、饮品和水果等，进口额分别为 8.2 亿美元、7.2 亿美元和 6.9 亿美元，分别占其农产品进口额的 4.2%、3.7%和 3.5%（图 4）。

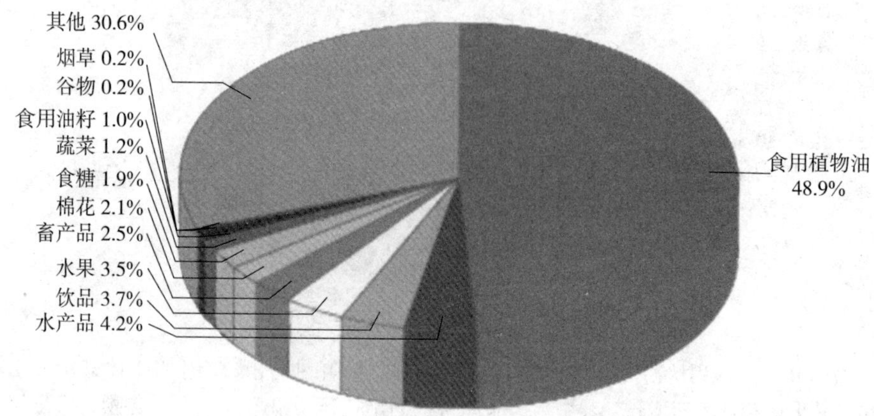

图 4　2013 年印度农产品进口结构

2013 年，印度大类农产品进口额增减不一。水产品和食用油籽进口额增加迅猛，同比增加 2 倍，其余增幅较快的农产品有水果，增幅近三成；烟草、畜产品、棉花和食用植物油进口额则较快下降，同比降幅均在一成以上（表 2）。

表 2　2004—2013 年印度主要农产品进口额同比变化情况

单位：%

	2004 年	2005 年	2006 年	2007 年	2008 年	2009 年	2010 年	2011 年	2012 年	2013 年
农产品	6.2	11.5	3.3	34.3	9.5	32.7	19.5	23.9	16.7	−1.2
谷物	129.1	75.9	5 970.1	312.3	−78.4	−92.6	520.5	−75.0	28.2	3.7
棉花	−39.3	−25.3	−2.3	20.5	120.3	−56.1	−9.6	9.0	156.2	−14.9

（续）

	2004年	2005年	2006年	2007年	2008年	2009年	2010年	2011年	2012年	2013年
食用油籽	40.6	27.6	45.2	78.8	50.7	11.0	−22.0	4.9	7.0	203.6
食用植物油	−0.9	−9.0	−1.9	9.6	26.1	64.2	31.4	44.0	20.2	−11.7
食糖	3 366.6	45.7	−99.5	−47.5	5 017.1	2 900.4	12.3	−95.3	778.9	−7.2
蔬菜	−1.9	32.5	2.5	26.6	20.7	3.1	17.4	17.8	17.0	−0.5
水果	39.2	24.7	32.7	34.0	19.8	15.5	33.3	28.8	−4.7	28.8
畜产品	−0.3	10.9	8.4	18.8	4.8	−13.1	73.6	12.3	−16.7	−15.5
水产品	13.9	24.5	−1.1	0.4	27.2	10.1	18.5	58.6	2.6	194.4
饮品	205.2	53.7	−43.1	30.9	57.8	24.2	−0.3	30.3	19.5	0.5
烟草	156.2	−28.1	47.3	−47.5	27.6	80.6	−16.4	30.4	46.2	−21.6

（二）主要贸易伙伴

2013年印度前五大农产品出口市场分别为美国、越南、中国、伊朗和阿拉伯联合酋长国，出口额分别为52.0亿美元、42.3亿美元、41.4亿美元、36.4亿美元和25.4亿美元，占其农产品出口额比重分别为10.6%、8.6%、8.4%、7.4%和5.2%（图5）。

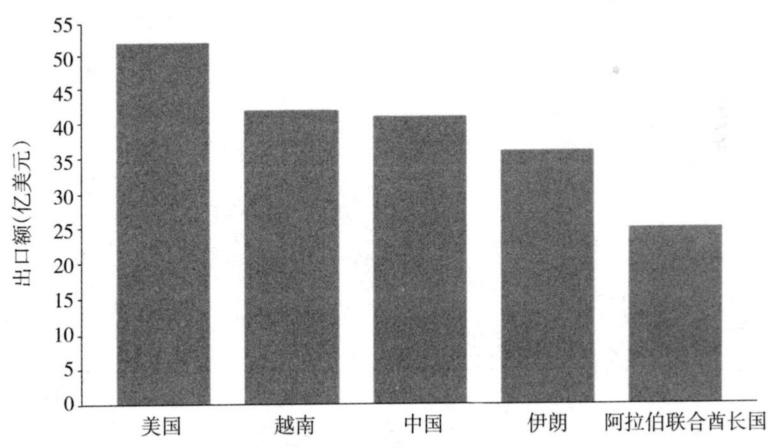

图5　2013年印度前五大农产品出口市场

2013年印度前五大农产品进口来源地分别为印度尼西亚、马来西亚、乌克兰、美国和阿根廷，进口额分别为53.4亿美元、19.7亿美元、12.3亿美元、10.6亿美元和9.5亿美元，占其农产品进口额比重分别为27.5%、10.1%、6.3%、5.5%和4.9%（图6）。

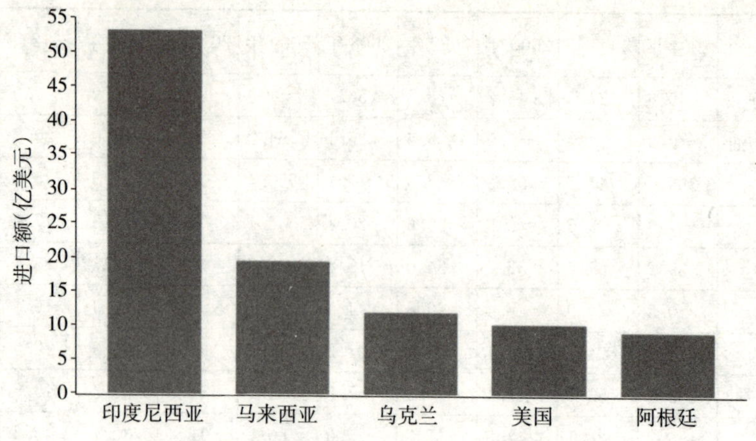

图 6　2013 年印度前五大农产品进口来源地

4-2-2 印度主要农产品出口额（一）

单位：万美元

项　目	2003 年	2004 年	2005 年	2006 年	2007 年	2008 年
农产品	719 483.2	876 830.4	1 030 726.9	1 243 202.3	1 642 115.4	2 125 352.5
谷物	148 276.1	189 135.2	193 682.1	160 674.9	280 219.9	394 232.0
小麦产品	52 535.8	49 514.8	18 968.9	2 025.5	1 400.8	534.6
玉米产品	3 002.2	19 187.8	7 503.0	10 545.5	32 148.6	93 300.2
稻谷产品	92 120.4	118 391.7	164 092.1	146 129.1	236 160.3	285 835.4
棉花	6 107.0	21 265.1	33 887.9	99 706.7	166 330.2	166 690.2
食用油籽	24 801.7	39 245.1	31 680.0	38 828.4	61 523.7	82 241.6
大豆	829.5	6 119.4	759.1	528.2	1 014.7	2 107.1
花生	8 253.5	13 599.3	11 683.8	18 088.2	24 313.7	28 528.4
油菜籽	294.8	356.5	74.1	0.6	4.3	79.0
食用植物油	2 337.2	5 655.3	2 498.7	3 490.7	4 680.1	4 870.1
豆油	185.3	601.8	789.7	1 345.6	850.5	1 032.5
菜籽油	125.8	222.7	136.1	198.5	250.6	146.8
棕榈油	1.9	113.2	34.8	192.0	85.4	30.1
食糖	38 847.7	5 244.6	3 898.2	62 204.8	97 196.5	146 253.5
蔬菜	38 899.2	48 686.2	55 074.8	77 855.7	107 823.1	116 413.1
水果	20 732.6	22 255.7	29 063.0	35 442.9	42 016.4	56 239.4
畜产品	43 550.5	59 978.0	89 278.5	96 082.7	118 028.2	171 214.3
猪产品	302.1	388.8	412.7	374.7	245.9	896.5
牛产品	28 138.2	39 728.6	56 270.2	67 604.2	80 918.0	111 124.1
羊产品	2 289.0	2 274.7	2 125.9	2 320.3	3 623.9	7 594.1
禽产品	1 015.7	756.4	665.8	552.0	591.6	563.0
蛋产品	4 664.3	6 024.8	7 577.0	5 638.9	10 132.3	10 992.5
乳品	2 578.3	5 053.4	14 716.2	10 915.4	15 587.8	26 999.5
动物生皮	232.3	318.4	949.6	1 590.7	2 807.4	5 565.1
动物生毛皮	10.4	0.7	5.5	2.3	4.4	15.3
羊毛	133.1	127.0	165.6	88.1	70.8	89.8
水产品	135 600.4	127 991.3	163 227.0	170 092.0	178 972.7	162 081.8
饮品	58 644.0	65 959.0	79 704.2	94 149.9	95 661.9	126 628.5
酒	2 343.5	2 608.1	4 518.5	5 871.8	7 208.3	10 793.0
茶	33 189.6	40 083.1	40 581.2	44 245.5	45 630.2	58 972.5
咖啡	22 429.3	22 311.9	33 576.3	42 680.3	41 495.5	54 426.6
烟草	22 487.4	26 470.1	29 829.1	36 455.1	44 859.5	67 481.1

印度主要农产品出口额（二）

单位：万美元

项 目	2009 年	2010 年	2011 年	2012 年	2013 年
农产品	1 629 962.1	2 294 276.3	3 423 275.5	4 263 910.0	4 912 808.7
谷物	301 572.4	295 990.3	543 364.8	883 965.4	1 104 951.3
小麦产品	1 241.7	1 711.3	17 835.4	142 970.8	140 822.1
玉米产品	53 718.9	53 972.5	109 835.6	114 642.3	128 427.9
稻谷产品	240 968.6	230 812.2	408 695.5	614 225.1	817 788.0
棉花	103 676.6	306 581.6	349 272.5	376 679.0	467 202.3
食用油籽	55 011.2	91 089.6	163 446.4	154 829.4	145 003.1
大豆	3 132.3	1 109.1	2 497.6	4 338.0	19 759.2
花生	21 054.2	40 273.2	95 288.9	90 464.0	49 337.0
油菜籽	28.5	6.2	41.0	17.8	15.7
食用植物油	1 597.7	1 384.3	4 778.7	6 514.1	3 043.8
豆油	146.4	92.4	1 402.7	122.4	94.8
菜籽油	362.0	178.3	355.2	323.6	547.9
棕榈油	0.6	24.9	167.1	26.9	9.9
食糖	3 273.9	85 778.8	191 367.7	200 193.1	96 602.9
蔬菜	128 106.8	145 032.4	180 582.7	170 539.5	194 957.2
水果	57 669.9	64 882.9	75 538.4	84 838.1	102 737.2
畜产品	143 125.0	207 413.4	298 624.7	352 883.5	564 388.0
猪产品	728.7	1 046.7	674.0	421.9	548.0
牛产品	99 207.2	170 755.2	261 560.5	307 714.9	463 824.5
羊产品	19 931.6	7 174.1	6 610.6	6 503.5	13 136.7
禽产品	777.2	1 301.0	2 247.2	1 151.4	1 492.7
蛋产品	6 979.6	6 664.9	7 054.9	8 948.5	7 925.0
乳品	8 895.1	11 533.3	7 544.6	15 732.1	57 536.0
动物生皮	1 812.0	471.1	416.9	172.9	433.2
动物生毛皮	0.4	0.1	11.7	10.5	1.4
羊毛	196.0	348.9	1 019.9	757.7	755.0
水产品	165 058.8	248 989.3	343 931.8	345 622.6	570 611.6
饮品	112 556.7	146 219.9	211 190.5	201 801.9	223 100.5
酒	11 492.6	16 046.3	26 682.8	34 352.9	42 554.5
茶	58 159.2	72 003.6	90 020.1	72 210.2	85 883.2
咖啡	40 447.1	54 740.9	90 764.4	88 845.1	85 108.0
烟草	89 763.3	87 868.7	79 792.7	92 321.5	108 133.7

4-2-3 印度主要农产品进口额（一）

单位：万美元

项　目	2003年	2004年	2005年	2006年	2007年	2008年
农产品	476 930.0	506 506.7	564 856.3	583 315.1	783 128.4	857 342.9
谷物	129.3	296.3	521.2	31 634.9	130 434.8	28 164.2
小麦产品	72.4	161.7	133.0	30 763.5	129 619.8	26 679.9
玉米产品	15.9	54.2	94.7	125.8	283.7	522.4
稻谷产品	12.0	13.3	6.0	30.5	33.4	35.9
棉花	36 234.0	22 000.6	16 438.9	16 061.6	19 356.7	42 643.4
食用油籽	955.6	1 343.9	1 714.8	2 490.4	4 452.6	6 709.7
大豆	5.8	5.1	2.3	6.6	4.8	5.7
花生		0.4	0.8	1.6	3.5	3.3
油菜籽	0.6					
食用植物油	235 941.9	233 859.5	212 862.2	208 768.1	228 750.2	288 406.8
豆油	61 918.9	56 955.7	82 218.9	82 106.9	70 508.2	34 077.2
菜籽油		1.3	4.4	4.3	4.9	5.3
棕榈油	168 070.6	171 292.5	128 781.8	118 600.3	148 428.6	243 753.1
食糖	439.3	15 228.8	22 187.0	108.4	56.9	2 911.2
蔬菜	6 770.3	6 639.3	8 794.8	9 013.3	11 413.5	13 776.1
水果	7 623.1	10 609.0	13 232.4	17 557.9	23 520.1	28 184.8
畜产品	27 143.3	27 060.4	30 000.2	32 523.3	38 642.1	40 501.9
猪产品	23.3	21.4	43.4	31.3	73.2	152.2
牛产品	21.6	31.2	34.6	3.7	2.0	
羊产品	21.1	17.3	9.3	16.9	9.1	5.9
禽产品	9.8	15.2	80.7	272.1	243.7	393.0
蛋产品	70.2	42.6	127.6	69.7	65.4	39.0
乳品	2 710.6	1 306.9	764.8	2 167.1	1 363.5	1 517.6
动物生皮	4 756.4	4 519.3	6 346.5	6 074.1	8 137.9	9 778.6
动物生毛皮	9.8	9.9	21.1	31.1	96.0	159.6
羊毛	18 037.1	19 585.8	21 064.2	22 303.2	27 005.6	26 576.7
水产品	7 364.0	8 384.5	10 439.2	10 320.8	10 361.9	13 177.2
饮品	6 759.9	20 632.6	31 718.4	18 060.4	23 646.2	37 323.3
酒	1 910.7	12 750.5	19 931.2	7 297.0	9 166.5	17 157.4
茶	1 425.2	3 170.7	2 440.4	2 917.9	3 014.0	4 201.8
咖啡	579.5	993.5	4 150.2	2 240.4	3 495.2	6 081.3
烟草	952.0	2 439.5	1 754.6	2 584.3	1 355.7	1 729.6

印度主要农产品进口额（二）

单位：万美元

项　目	2009 年	2010 年	2011 年	2012 年	2013 年
农产品	1 137 599.1	1 359 113.7	1 683 859.6	1 965 560.0	1 942 051.2
谷物	2 071.9	12 855.4	3 210.4	4 114.1	4 267.7
小麦产品	362.3	10 200.9	88.6	223.2	625.6
玉米产品	802.8	1 240.6	752.5	387.4	1 354.8
稻谷产品	30.7	33.9	144.4	94.9	147.0
棉花	18 713.9	16 910.6	18 437.8	47 229.1	40 210.3
食用油籽	7 450.3	5 807.7	6 093.1	6 520.5	19 798.7
大豆	5.2	0.8	10.5	67.4	63.3
花生	3.4	33.5	60.0	14.3	121.5
油菜籽		6.9		1.6	13.1
食用植物油	473 461.7	622 006.7	895 421.8	1 075 986.3	950 379.7
豆油	69 199.4	111 479.0	120 626.1	137 964.5	119 307.2
菜籽油	3 737.9	980.0	1 627.0	13 285.2	4 359.4
棕榈油	350 333.5	449 403.9	673 986.4	789 637.4	696 677.6
食糖	87 346.4	98 129.0	4 571.4	40 176.0	37 269.1
蔬菜	14 198.3	16 673.8	19 648.3	22 986.5	22 866.5
水果	32 555.6	43 402.9	55 909.4	53 262.3	68 611.3
畜产品	35 192.2	61 077.1	68 583.8	57 103.3	48 259.6
猪产品	138.7	146.4	235.3	265.2	250.0
牛产品	2.2				0.2
羊产品	25.1	27.6	6.7	21.5	82.8
禽产品	515.3	306.0	228.5	204.5	386.8
蛋产品	47.5	72.9	124.5	93.9	80.0
乳品	6 339.7	18 377.8	17 739.3	10 123.9	3 460.9
动物生皮	7 597.9	9 036.2	9 110.1	7 969.7	7 895.2
动物生毛皮	99.6	166.0	229.2	179.9	171.6
羊毛	18 431.3	30 236.9	37 898.4	34 520.1	32 434.4
水产品	14 513.3	17 194.8	27 263.8	27 960.0	82 302.6
饮品	46 343.8	46 202.2	60 201.3	71 941.9	72 298.5
酒	24 656.9	19 049.4	22 434.9	26 856.4	29 973.8
茶	5 338.0	4 954.2	4 662.3	4 723.1	4 485.6
咖啡	5 525.2	6 213.3	9 787.2	12 884.9	12 914.6
烟草	3 123.9	2 611.5	3 404.5	4 978.2	3 901.4

4-2-4 印度主要农产品出口量（一）

单位：吨

项目	2003年	2004年	2005年	2006年	2007年	2008年
农产品						
谷物	8 326 396.6	8 261 506.7	6 737 984.1	5 277 777.4	8 209 963.3	8 353 009.2
小麦产品	4 285 145.6	3 242 257.5	1 087 057.5	88 645.5	36 637.1	13 966.6
玉米产品	209 748.4	1 314 758.3	437 500.7	637 964.9	1 525 690.8	4 225 747.0
稻谷产品	3 793 750.9	3 582 807.9	5 066 897.9	4 463 644.9	6 261 714.5	3 569 921.1
棉花	54 653.3	195 383.3	339 313.3	896 436.0	1 266 998.6	1 224 799.3
食用油籽	394 342.0	666 562.6	454 956.3	552 351.1	644 441.9	699 477.0
大豆	28 026.3	228 845.2	23 097.4	12 644.4	22 935.0	42 330.9
花生	134 620.8	182 783.6	192 435.7	279 170.2	263 929.0	298 574.6
油菜籽	17 304.5	27 040.6	5 524.4	25.4	7.0	2 749.9
食用植物油	22 094.5	51 868.9	27 114.2	40 484.5	36 027.8	33 593.1
豆油	1 705.3	4 499.8	11 180.8	17 396.1	9 163.9	9 250.1
菜籽油	1 166.5	2 060.0	1 123.9	1 756.1	1 655.0	1 152.8
棕榈油	28.2	1 784.0	683.2	4 396.3	994.9	211.6
食糖	1 702 567.5	201 225.2	107 892.0	1 368 078.5	3 326 511.0	5 022 139.8
蔬菜	1 180 357.0	1 441 724.9	1 578 900.9	2 202 265.9	1 849 289.7	2 675 008.8
水果						
畜产品						
猪产品						
牛产品						
羊产品						
禽产品						
蛋产品						
乳品	13 925.3	23 966.0	76 009.2	54 451.6	55 156.0	83 352.9
动物生皮	463.2	1 017.9	3 622.7	5 738.2	7 002.5	9 246.0
动物生毛皮	5.3			3.0		
羊毛	321.5	309.8	386.0	220.7	128.3	206.0
水产品						
饮品						
酒						
茶	168 709.2	177 691.5	177 385.8	184 070.3	184 806.6	205 294.7
咖啡	184 986.3	170 519.0	178 412.2	213 390.1	170 912.9	183 734.7
烟草						

印度主要农产品出口量（二）

单位：吨

项　目	2009 年	2010 年	2011 年	2012 年	2013 年
农产品					
谷物	5 094 941.6	4 587 892.2	9 827 444.9	20 090 740.9	21 479 039.2
小麦产品	29 394.1	47 939.5	568 985.4	4 796 083.5	4 671 003.0
玉米产品	2 706 688.0	1 855 621.2	3 990 617.9	4 306 359.7	4 812 790.7
稻谷产品	2 174 843.3	2 520 871.1	5 043 463.9	10 602 212.9	11 399 616.8
棉花	781 569.8	2 307 383.7	1 954 340.8	2 063 868.5	2 553 410.9
食用油籽	572 998.7	801 347.7	1 322 609.1	1 117 525.8	1 110 404.4
大豆	68 030.7	22 837.5	40 714.6	61 724.0	271 369.6
花生	244 598.0	470 755.6	769 590.7	661 054.5	445 046.3
油菜籽	541.8	162.1	1 394.0	213.1	199.0
食用植物油	11 022.0	7 102.3	31 091.2	30 321.6	14 896.0
豆油	2 001.1	810.1	10 434.0	545.4	486.2
菜籽油	3 344.0	1 658.7	2 222.2	2 092.7	2 680.7
棕榈油	5.4	275.9	2 302.9	267.4	47.3
食糖	78 115.6	1 764 482.4	2 719 020.4	3 492 526.7	1 921 494.1
蔬菜	2 908 125.9		2 621 914.6	2 940 018.0	2 816 361.0
水果					
畜产品					
猪产品					
牛产品					
羊产品					
禽产品					
蛋产品					
乳品	36 466.8	46 117.0	26 388.7	55 232.1	170 626.7
动物生皮	3 304.2		2 197.1	452.8	1 791.0
动物生毛皮					
羊毛	937.9	1 384.3	2 499.3	2 116.3	1 994.4
水产品					
饮品					
酒					
茶	202 820.7	222 426.5	326 919.9	230 181.2	261 723.1
咖啡	153 566.1		268 532.6	257 686.4	266 579.8
烟草					

4-2-5 印度主要农产品进口量（一）

单位：吨

项目	2003年	2004年	2005年	2006年	2007年	2008年
农产品						
谷物	3 762.0	11 339.1	17 923.3	1 426 464.7	5 095 953.9	747 898.7
小麦产品	2 976.0	6 926.9	3 681.8	1 396 414.4	5 081 440.3	722 525.0
玉米产品	349.4	1 223.9	2 100.8	2 741.2	6 019.3	7 042.2
稻谷产品	162.2	99.8	63.9	539.2	309.4	239.5
棉花	274 394.7	158 635.0	123 233.6	87 339.8	118 766.6	226 582.7
食用油籽	13 144.6	22 874.3	37 544.1	48 444.0	67 409.4	64 416.1
大豆	51.8	28.9	8.6	40.4	39.3	56.9
花生		2.2	3.2	20.6	29.3	27.2
油菜籽	0.5					
食用植物油	5 049 349.4	4 297 494.8	4 568 928.9	4 305 214.7	4 468 284.9	5 794 964.3
豆油	1 091 523.3	914 486.6	1 509 932.0	1 498 937.9	1 196 209.0	580 022.5
菜籽油		24.0	124.0	41.2	44.6	40.6
棕榈油	3 858 120.3	3 297 645.7	3 037 157.1	2 681 993.2	3 144 532.5	5 138 625.3
食糖	24 441.0	685 702.3	855 114.3	1 866.4	509.2	71 210.9
蔬菜	96 529.3	79 011.7	85 084.8	70 219.5	91 407.2	93 976.6
水果						
畜产品						
猪产品						
牛产品						
羊产品						
禽产品						
蛋产品						
乳品	16 309.7	7 834.3	3 343.8	11 676.2	4 291.9	4 316.3
动物生皮	16 086.3	13 188.3	17 675.1	19 334.1		29 668.4
动物生毛皮	3.6	1.0	3.0	3.2		
羊毛	86 612.3	93 020.4	95 270.2	100 960.2	96 534.2	78 898.5
水产品						
饮品						
酒						
茶	10 926.4	29 876.2	18 677.6	25 994.3	18 873.3	23 436.6
咖啡	10 457.0	15 456.2	43 338.7	18 151.5	22 073.5	30 329.8
烟草						

印度主要农产品进口量（二）

单位：吨

项　目	2009 年	2010 年	2011 年	2012 年	2013 年
农产品					
谷物	45 205.3	382 451.1	50 659.4	73 429.1	58 800.3
小麦产品	10 505.9	333 226.7	1 456.7	3 674.5	12 362.1
玉米产品	12 412.9	20 484.6	13 586.1	4 602.9	13 397.5
稻谷产品	164.4	221.5	1 198.1	680.9	1 411.8
棉花	143 082.0	82 072.4	53 510.1	233 596.8	179 183.4
食用油籽	79 864.6	62 621.1	66 218.4	71 385.2	143 173.9
大豆	63.8	4.6	121.1	855.1	646.4
花生	240.6	1 067.6	1 454.9	63.1	499.7
油菜籽		102.2		75.1	19.8
食用植物油	7 600 964.1	7 304 209.5	7 645 706.4	9 936 101.3	10 640 614.0
豆油	979 884.4	1 251 210.6	939 375.5	1 093 539.1	1 107 891.1
菜籽油	44 092.3	9 987.0	11 995.3	102 398.0	39 063.1
棕榈油	5 979 042.1	5 436 190.2	5 973 262.2	7 653 356.3	8 389 672.3
食糖	2 085 710.4	1 787 970.6	75 399.4	749 019.0	836 226.0
蔬菜	95 118.7	92 203.3	89 647.1	105 506.6	98 833.3
水果					
畜产品					
猪产品					
牛产品					
羊产品					
禽产品					
蛋产品					
乳品	31 210.4	57 003.0	50 798.3	28 292.6	8 784.1
动物生皮	30 925.2			20 005.7	21 980.1
动物生毛皮					
羊毛	61 058.2	96 197.0	79 928.8	75 652.1	90 129.3
水产品					
饮品					
酒					
茶	31 751.2	25 188.3	22 303.0	21 392.0	19 855.4
咖啡	34 709.7	41 558.1	51 281.1	61 537.7	63 698.6
烟草					

4-2-6 印度农产品出口额前 15 位国家（地区）
（2013 年）

单位：万美元，%

序号	国家（地区）	出口额	同比增长
1	美国	519 938.7	−30.9
2	越南	423 027.1	63.4
3	中国	413 538.3	6.2
4	伊朗	364 082.6	153.8
5	阿拉伯联合酋长国	254 486.9	27.4
6	孟加拉国	224 183.4	27.8
7	沙特阿拉伯	209 616.2	45.5
8	马来西亚	136 188.3	9.6
9	印度尼西亚	129 189.2	10.3
10	泰国	116 523.8	23.4
11	日本	111 345.8	12.1
12	巴基斯坦	93 299.3	32.5
13	韩国	91 443.7	35.6
14	英国	81 477.8	10.4
15	荷兰	79 516.5	20.7
	小计	**3 247 857.6**	

4-2-7 印度农产品进口额前15位国家（地区）
（2013年）

单位：万美元，%

序号	国家（地区）	进口额	同比增长
1	印度尼西亚	533 720.2	−5.2
2	马来西亚	197 496.6	−26.3
3	乌克兰	122 909.5	1.6
4	美国	106 347.6	27.5
5	阿根廷	94 879.5	−14.1
6	巴西	77 125.5	1.3
7	加拿大	74 162.9	31.7
8	澳大利亚	70 425.6	11.5
9	缅甸	62 606.3	3.0
10	中国	58 800.4	−27.9
11	阿拉伯联合酋长国	55 443.8	282.2
12	坦桑尼亚	33 812.2	1.5
13	泰国	32 779.2	93.2
14	科特迪瓦	24 617.4	−9.9
15	英国	22 302.1	−5.0
	小计	**1 567 428.8**	

4-3 泰国主要农产品贸易情况

4-3-1 泰国农产品贸易综述

一、10年来泰国农产品贸易总体情况

过去10年，泰国农产品贸易额由2003年167.2亿美元增至2013年的462.4亿美元，年均增长10.7%。其中，出口额由119.7亿美元增至317.7亿美元，年均增长10.3%；进口额由47.5亿美元增至144.7亿美元，年均增长11.8%；贸易顺差由72.2亿美元增至173.0亿美元，年均增长9.1%（图1）。

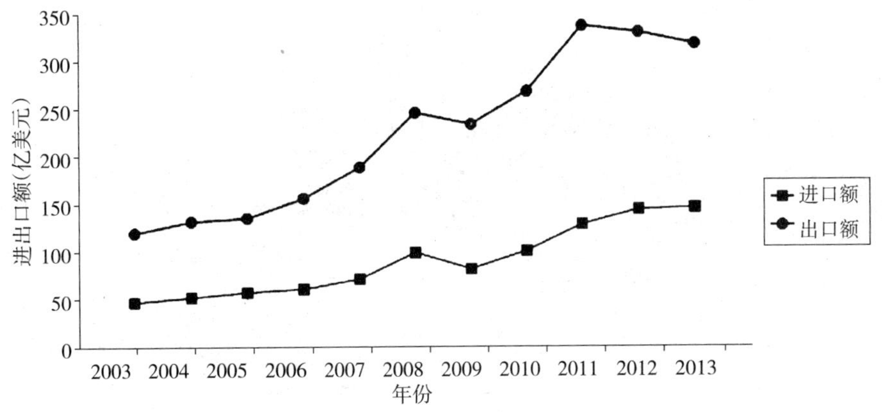

图1 2003—2013年泰国农产品进出口额

2004—2013年，泰国农产品进出口年度变化较大。从进口情况看，除2009年下降近二成外，其余年份保持增长，其中2008年增长四成。与进口类似，出口2009年同比下降，但下降幅度小于进口；2012、2013年也是连续两年下降，且出现负增长（图2）。

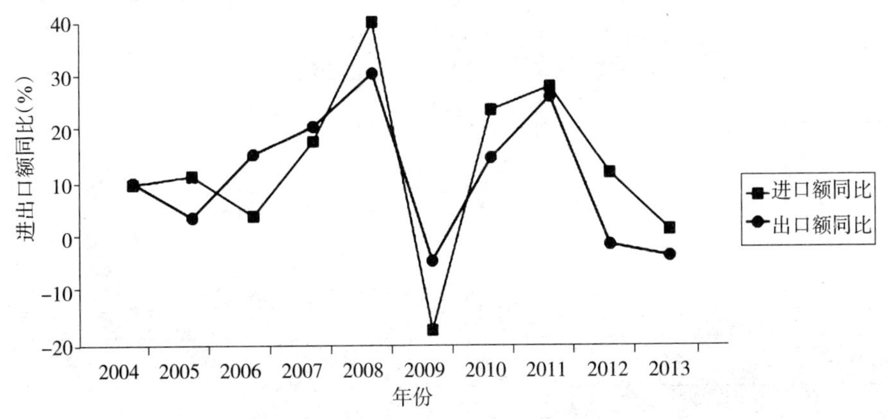

图2 2004—2013年泰国农产品进出口额同比

二、2013年泰国农产品贸易情况

2013年泰国农产品贸易额为462.4亿美元，同比下降2.3%，在全球各大农产品贸易国中排名第18位。其中出口额为317.7亿美元，同比下降3.8%，全球排名第15位；进口额为144.7亿美元，同比增长1.0%，全球排名第23位。

（一）进出口产品结构

2013年，泰国出口的农产品有水产品、谷物、水果、畜产品、食糖等，其中水产品出口额为73.2亿美元，占其农产品出口额的比重为23.0%；谷物、水果、畜产品和食糖的出口额分别为47.8亿美元、35.9亿美元、31.3亿美元和28.6亿美元，占其农产品出口额的比重分别为15.0%、11.3%、9.9和9.0%（图3）。

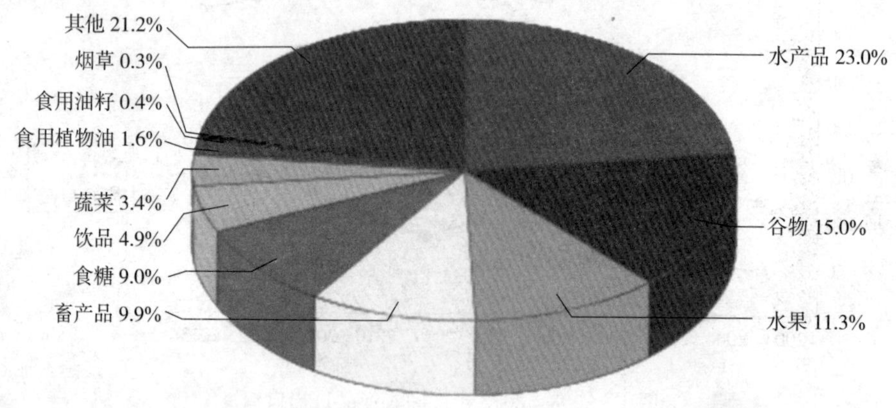

图3 2013年泰国农产品出口结构

2013年，泰国大类农产品出口额增减不一。食糖、水产品、烟草出口明显萎缩，其中食糖出口下降近三成。棉花、食用植物油和食用油籽出口大幅扩大，其中棉花增幅超五成（表1）。

表1 2004—2013年泰国主要农产品出口额同比变化情况

单位：%

	2004年	2005年	2006年	2007年	2008年	2009年	2010年	2011年	2012年	2013年
农产品	9.9	3.2	15.0	20.5	30.4	−4.8	14.4	26.0	−1.8	−3.8
谷物	50.6	−16.6	12.6	34.8	75.5	−16.1	3.9	21.7	−28.5	−2.2
棉花	−30.5	−11.8	−9.5	4.1	−32.2	83.4	17.5	66.4	−52.1	66.7
食用油籽	242.8	−44.7	46.5	−24.3	7.2	16.8	9.6	28.7	7.6	19.8
食用植物油	12.7	−40.3	71.7	128.1	75.0	−73.6	46.1	226.7	−15.8	30.7

（续）

	2004年	2005年	2006年	2007年	2008年	2009年	2010年	2011年	2012年	2013年
食糖	−13.1	−12.8	4.5	71.4	13.7	26.0	19.4	68.9	8.7	−27.6
蔬菜	16.8	7.8	15.9	7.1	9.4	−2.5	12.2	16.4	−9.4	9.6
水果	10.8	18.6	12.2	9.3	18.7	0.8	12.3	36.3	−0.2	1.5
畜产品	−34.8	26.2	10.0	22.4	47.4	−4.8	10.6	20.8	11.2	3.5
水产品	3.2	10.4	17.2	8.3	14.7	−4.4	14.9	14.7	−1.3	−12.2
饮品	4.3	18.4	14.8	22.8	35.7	11.5	31.4	34.7	30.6	2.8
烟草	1.3	−3.7	12.7	30.2	2.1	−13.4	6.3	8.0	5.8	−12.6

2013年，泰国进口农产品有水产品、水果、畜产品、食用油籽等，其中水产品进口额为32.8亿美元，占其农产品进口额的比重分别为22.7%；水果、畜产品和食用油籽的进口额分别为15.1亿美元、13.7亿美元和11.3亿美元，分别占其农产品进口额的10.4%、9.5%和7.8%（图4）。

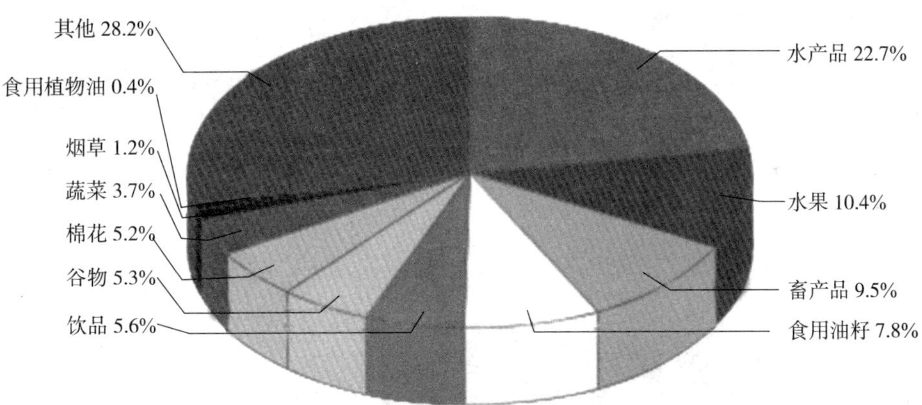

图4　2013年泰国农产品进口结构

2013年，泰国大类农产品进口有增有减。水果、蔬菜和烟草进口较快增加，其中水果增长近三成。食糖、食用植物油、谷物、食用油籽和棉花进口下降，其中食用植物油进口额下降近四成（表2）。

表2　2004—2013年泰国主要农产品进口额同比变化情况

单位：%

	2004年	2005年	2006年	2007年	2008年	2009年	2010年	2011年	2012年	2013年
农产品	9.7	11.2	3.6	17.5	40.1	−17.8	23.5	27.8	11.6	1.0
谷物	33.9	20.0	−3.0	26.0	38.2	−7.7	32.4	14.6	48.7	−23.2

（续）

	2004 年	2005 年	2006 年	2007 年	2008 年	2009 年	2010 年	2011 年	2012 年	2013 年
棉花	5.1	10.6	−7.4	−5.3	34.1	−32.7	51.1	52.8	−27.1	−9.3
食用油籽	7.4	−1.1	−18.9	47.2	71.5	−27.2	21.1	34.6	14.7	−17.4
食用植物油	141.5	−31.0	−26.1	−16.4	222.2	−65.3	21.2	305.2	−29.1	−38.9
食糖	−83.1	5 840.1	225.9	−98.4	1 979.6	−58.5	1 268.1	8.2	−85.2	−72.8
蔬菜	31.7	10.3	23.9	24.6	20.5	10.7	20.8	24.8	13.2	15.3
水果	25.5	18.6	23.5	27.6	25.6	−2.0	17.9	34.6	23.2	27.6
畜产品	12.1	5.3	0.0	29.3	15.1	−34.1	54.2	27.2	0.5	7.9
水产品	10.1	15.9	7.4	10.5	40.8	−18.6	9.1	27.9	14.1	2.1
饮品	4.9	9.3	12.1	7.1	36.0	−14.3	30.8	35.5	12.1	1.8
烟草	35.4	6.7	−3.7	−12.1	14.0	−12.5	21.8	9.9	8.4	11.5

（二）主要贸易伙伴

2013 年泰国前五大农产品出口市场分别为日本、美国、中国、印度尼西亚和英国，出口额分别为 45.9 亿美元、34.9 亿美元、34.0 亿美元、11.6 亿美元和 10.9 亿美元，占其农产品出口额的比重分别为 14.4%、11.0%、10.7%、3.7%和 3.4%（图 5）。

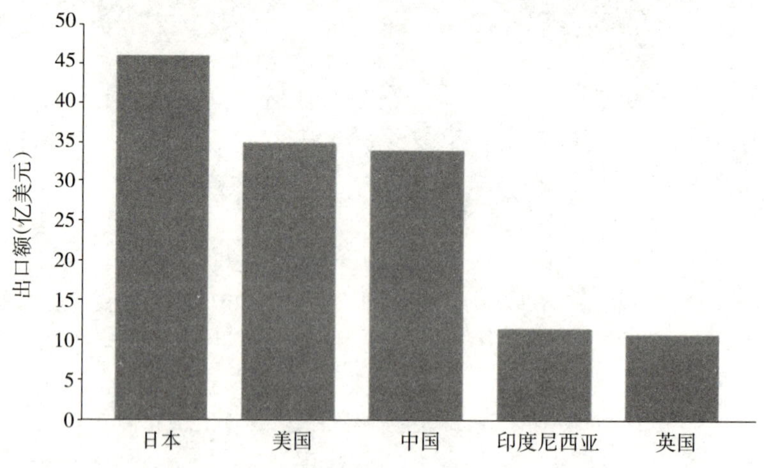

图 5　2013 年泰国前五大农产品出口市场

2013 年泰国前五大农产品进口来源地分别为美国、中国、巴西、阿根廷和澳大利亚，进口额分别为 20.5 亿美元、14.7 亿美元、13.5 亿美元、9.3 亿美元和 9.1 亿美元，占其农产品进口额比重分别为 14.2%、10.2%、9.3%、6.4%和 6.3%（图 6）。

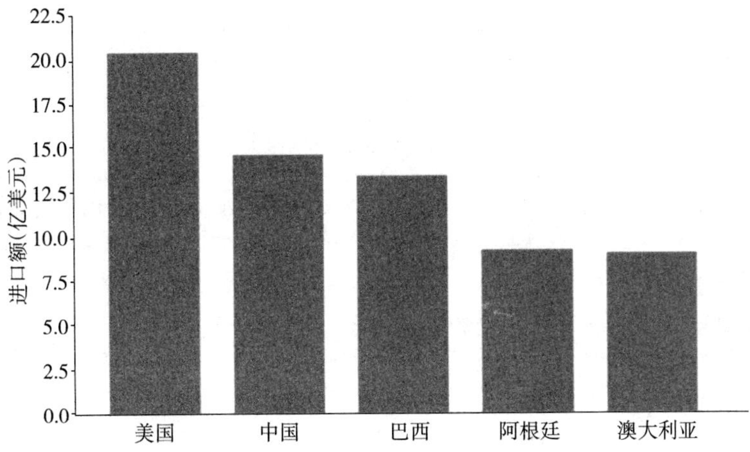

图 6　2013 年泰国前五大农产品进口来源地

4-3-2 泰国主要农产品出口额（一）

单位：万美元

项 目	2003年	2004年	2005年	2006年	2007年	2008年
农产品	1 197 008.9	1 315 483.2	1 357 209.8	1 560 388.6	1 879 591.0	2 450 624.1
谷物	192 626.0	290 144.8	241 865.5	272 307.9	366 965.2	644 073.8
小麦产品	297.9	376.0	404.8	450.6	746.0	877.2
玉米产品	3 667.4	14 604.3	2 792.9	6 929.1	10 413.6	21 728.3
稻谷产品	187 493.4	274 324.2	237 728.6	263 974.6	353 964.0	619 636.5
棉花	951.5	661.0	583.0	527.4	549.3	372.5
食用油籽	2 435.2	8 347.9	4 617.7	6 764.7	5 118.9	5 489.8
大豆	46.9	69.2	96.1	109.8	167.7	115.7
花生	285.6	402.3	452.2	566.1	1 083.0	1 624.6
油菜籽				0.1		2.3
食用植物油	7 844.6	8 842.1	5 279.9	9 065.2	20 682.1	36 198.9
豆油	1 645.2	1 246.7	681.3	307.3	417.9	684.3
菜籽油	3.8	9.0	15.0	12.0	10.5	15.0
棕榈油	6 090.8	7 511.9	4 503.0	8 667.5	19 860.6	35 083.0
食糖	92 817.6	80 617.4	70 299.7	73 446.9	125 890.8	143 170.5
蔬菜	50 507.7	59 012.8	63 593.1	73 687.1	78 904.6	86 336.1
水果	120 138.7	133 091.1	157 885.6	177 143.0	193 697.5	229 916.1
畜产品	131 011.4	85 461.5	107 885.6	118 666.3	145 277.5	214 139.0
猪产品	2 077.3	1 948.6	2 613.0	3 005.9	3 212.8	9 507.5
牛产品	301.3	205.8	139.6	185.3	193.1	2 578.6
羊产品	0.1	1.7	8.5	0.9	1.9	3.7
禽产品	114 824.6	67 690.9	87 303.2	98 773.8	119 964.1	179 138.1
蛋产品	1 423.2	594.4	953.3	1 303.0	2 841.2	3 526.8
乳品	9 020.8	11 801.7	12 622.0	10 917.8	13 062.2	13 527.8
动物生皮	261.3	290.3	402.2	474.3	721.1	763.5
动物生毛皮	0.1		0.1		1.9	0.6
羊毛	142.0	190.3	173.2	131.0	107.4	86.2
水产品	403 780.0	416 873.4	460 100.4	539 207.8	583 929.0	669 691.3
饮品	24 793.6	25 868.0	30 621.5	35 160.0	43 170.0	58 592.7
酒	10 516.7	7 908.6	8 982.1	9 658.4	13 285.5	20 667.5
茶	266.5	360.1	521.6	536.5	870.3	1 215.5
咖啡	2 064.1	3 369.8	5 108.2	7 674.3	7 229.2	8 406.0
烟草	7 343.3	7 436.6	7 161.7	8 069.1	10 503.2	10 725.5

泰国主要农产品出口额（二）

单位：万美元

项　目	2009年	2010年	2011年	2012年	2013年
农产品	2 332 061.5	2 668 528.1	3 361 744.5	3 301 547.2	3 177 008.6
谷物	540 315.7	561 557.0	683 360.0	488 670.9	477 995.2
小麦产品	804.3	884.1	1 002.0	1 155.8	1 236.4
玉米产品	24 374.6	14 197.0	16 921.2	9 394.9	19 833.8
稻谷产品	513 717.7	545 029.7	664 030.9	476 879.2	455 278.7
棉花	683.2	803.0	1 335.8	640.2	1 067.4
食用油籽	6 412.8	7 028.3	9 043.5	9 730.3	11 660.7
大豆	132.0	155.0	186.4	172.3	249.7
花生	1 297.6	1 547.3	1 702.0	1 943.6	2 171.5
油菜籽	3.8	1.8	1.4		0.2
食用植物油	9 546.3	13 947.1	45 568.1	38 383.1	50 172.6
豆油	331.3	2 097.8	5 088.7	7 353.4	6 389.8
菜籽油	10.6	16.3	12.4	15.7	9.7
棕榈油	8 884.0	11 400.0	39 853.1	30 623.1	43 374.4
食糖	180 340.3	215 239.4	363 514.9	395 264.3	285 992.8
蔬菜	84 136.4	94 393.8	109 889.1	99 613.3	109 160.1
水果	231 647.6	260 219.4	354 551.3	353 926.5	359 060.5
畜产品	203 852.4	225 440.6	272 275.3	302 665.7	313 217.4
猪产品	10 375.7	9 787.7	14 106.4	15 800.2	12 387.7
牛产品	5 305.3	5 481.9	7 085.2	11 957.1	12 850.9
羊产品	0.6	0.3	0.4	5.3	13.8
禽产品	165 023.9	184 597.5	218 283.4	233 708.5	238 115.1
蛋产品	3 465.8	2 111.9	1 695.4	2 935.8	3 881.5
乳品	12 763.7	13 980.8	17 690.5	15 430.4	18 338.6
动物生皮	391.7	513.3	757.0	855.5	1 277.0
动物生毛皮	0.2	0.2	0.1	0.2	0.2
羊毛	58.8	139.4	299.7	247.2	68.2
水产品	640 001.0	735 631.5	843 564.4	832 927.4	731 700.7
饮品	65 314.8	85 849.8	115 620.5	151 027.0	155 283.2
酒	18 260.4	22 196.2	34 197.3	54 959.4	45 636.7
茶	1 432.4	1 628.9	2 837.0	3 321.1	3 991.5
咖啡	11 434.8	14 696.8	16 074.5	18 774.0	19 150.2
烟草	9 290.9	9 876.9	10 662.7	11 276.9	9 853.5

4-3-3 泰国主要农产品进口额（一）

单位：万美元

项　目	2003 年	2004 年	2005 年	2006 年	2007 年	2008 年
农产品	475 155.7	521 322.9	579 755.5	600 452.3	705 549.4	988 655.7
谷物	17 686.8	23 681.0	28 419.5	27 561.6	34 726.8	47 982.7
小麦产品	16 408.5	21 790.7	26 434.6	25 048.0	31 717.2	40 601.9
玉米产品	382.7	1 067.8	981.7	1 816.7	2 131.5	5 364.0
稻谷产品	237.8	65.9	103.1	106.5	224.1	1 084.6
棉花	53 453.8	56 193.8	62 131.0	57 504.6	54 459.6	73 034.1
食用油籽	46 233.6	49 676.0	49 121.6	39 816.1	58 628.8	100 554.1
大豆	44 331.8	47 232.9	46 447.4	37 651.2	56 030.3	96 979.4
花生	1 294.7	1 144.9	1 317.4	1 175.3	1 388.1	2 147.9
油菜籽	0.1				0.7	0.5
食用植物油	2 283.6	5 514.0	3 807.3	2 813.1	2 351.2	7 575.2
豆油	0.2	1.1	1.3	76.2	59.7	140.7
菜籽油	39.0	87.2	97.6	30.0	49.8	87.0
棕榈油	505.7	3 931.6	886.4	95.9	119.0	3 254.0
食糖	13.2	2.2	132.0	430.1	7.0	146.0
蔬菜	9 177.1	12 083.3	13 326.6	16 516.3	20 582.2	24 804.5
水果	20 938.8	26 282.3	31 163.9	38 474.8	49 080.8	61 652.4
畜产品	55 661.6	62 383.6	65 719.7	65 739.3	85 007.6	97 831.1
猪产品	256.1	325.7	418.4	478.3	719.9	877.2
牛产品	1 409.5	1 946.1	2 086.7	1 687.7	1 550.9	1 935.0
羊产品	68.9	223.4	143.5	171.6	288.4	431.5
禽产品	3 047.3	4 018.2	4 297.8	4 224.9	5 114.9	6 052.0
蛋产品	101.5	190.9	351.9	346.3	515.9	399.2
乳品	25 591.9	30 324.3	33 933.0	34 360.1	46 703.1	53 781.7
动物生皮	16 458.2	16 312.4	15 516.4	14 483.4	20 058.8	20 827.5
动物生毛皮		1.4		0.3	0.5	
羊毛	6 076.2	6 424.0	5 451.0	3 795.7	3 356.8	2 684.3
水产品	116 283.0	127 972.5	148 351.3	159 291.9	175 980.7	247 829.8
饮品	24 847.6	26 058.3	28 478.0	31 931.5	34 187.4	46 495.0
酒	14 800.1	15 443.9	17 687.1	19 848.3	19 856.4	25 242.9
茶	604.0	926.6	686.5	737.1	922.8	1 231.9
咖啡	1 329.9	1 791.1	2 380.9	3 084.5	3 923.9	7 184.2
烟草	8 739.9	11 834.5	12 622.5	12 149.5	10 684.8	12 185.0

泰国主要农产品进口额（二）

单位：万美元

项　目	2009 年	2010 年	2011 年	2012 年	2013 年
农产品	812 562.6	1 003 874.3	1 283 097.6	1 431 824.4	1 446 800.5
谷物	44 302.2	58 676.9	67 263.4	99 994.0	76 749.5
小麦产品	36 078.7	51 453.9	61 273.2	93 852.2	69 646.4
玉米产品	4 423.0	5 750.6	3 569.6	4 031.5	4 444.5
稻谷产品	2 828.1	615.6	977.3	1 277.5	1 483.5
棉花	49 140.3	74 273.6	113 471.4	82 711.6	75 043.1
食用油籽	73 165.9	88 625.9	119 312.6	136 899.7	113 099.5
大豆	69 354.5	81 205.8	112 771.8	128 309.0	101 916.4
花生	1 784.1	4 995.4	3 941.6	5 786.4	7 968.9
油菜籽					
食用植物油	2 625.1	3 181.8	12 892.7	9 142.2	5 585.8
豆油	2.5	6.0	113.6	9.9	244.5
菜籽油	40.2	57.1	149.8	93.3	128.0
棕榈油	85.2	128.7	8 433.8	4 406.5	14.7
食糖	60.6	829.1	896.7	132.7	36.1
蔬菜	27 453.9	33 171.9	41 385.1	46 828.7	54 005.5
水果	60 396.5	71 228.7	95 871.0	118 097.4	150 731.3
畜产品	64 495.8	99 458.2	126 508.3	127 180.7	137 205.5
猪产品	743.7	629.7	1 491.5	1 438.2	1 445.0
牛产品	1 794.2	2 926.3	7 177.3	12 035.5	12 656.6
羊产品	407.6	697.5	1 196.9	1 108.1	1 194.3
禽产品	7 303.1	9 054.1	14 764.9	11 225.8	10 788.4
蛋产品	275.5	246.4	426.6	523.9	831.9
乳品	28 119.3	48 414.3	60 210.4	60 279.1	64 400.1
动物生皮	11 886.5	18 227.2	20 787.9	22 325.6	23 755.4
动物生毛皮		0.3	0.9	17.2	0.9
羊毛	1 671.0	3 614.8	3 668.6	298.4	2 199.2
水产品	201 819.9	220 126.3	281 550.2	321 338.2	327 961.3
饮品	39 837.9	52 120.0	70 634.6	79 205.6	80 636.5
酒	20 741.9	24 706.4	29 921.0	32 730.4	36 750.4
茶	1 496.6	1 824.0	2 453.3	3 106.5	2 636.0
咖啡	4 504.3	7 286.0	16 181.6	16 764.0	17 758.4
烟草	10 661.6	12 987.6	14 279.0	15 481.4	17 261.5

4-3-4 泰国主要农产品出口量（一）

单位：吨

项 目	2003年	2004年	2005年	2006年	2007年	2008年
农产品						
谷物	7 705 005.2	11 126 246.1	7 766 537.2	7 880 703.4	9 735 023.0	11 051 223.9
小麦产品	7 512.9	9 399.2	8 650.0	8 837.0	13 106.2	9 998.5
玉米产品	199 465.7	995 642.3	71 611.3	307 690.1	377 615.5	674 929.8
稻谷产品	7 443 176.5	10 088 672.9	7 656 775.7	7 543 951.8	9 307 197.0	10 329 070.4
棉花	11 576.1	7 931.3	7 412.0	8 049.0	7 712.1	4 384.2
食用油籽	37 518.8	382 557.6	47 796.3	233 654.6	71 774.5	24 214.4
大豆	724.4	1 302.0	1 225.3	1 312.7	2 715.3	1 295.9
花生	1 761.4	2 859.6	2 364.5	2 266.6	5 021.6	4 735.1
油菜籽			0.1	0.4		3.4
食用植物油	168 333.6	140 990.2	93 048.6	210 611.5	291 536.4	367 594.1
豆油	29 897.5	19 620.8	11 455.8	5 049.1	4 156.7	4 934.4
菜籽油	59.2	119.5	180.0	148.3	118.8	98.4
棕榈油	137 837.6	120 892.2	81 056.8	205 080.4	283 064.9	360 341.5
食糖	5 126 017.9	4 587 199.9	3 041 414.3	2 238 700.2	4 408 343.2	5 011 802.6
蔬菜	605 916.3	716 824.1	689 040.1	759 884.2	783 780.3	811 526.9
水果						
畜产品						
猪产品						
牛产品						
羊产品						
禽产品						
蛋产品						
乳品	118 098.3	147 122.9	145 297.0	114 270.5	110 210.2	99 530.0
动物生皮	2 008.2	1 138.0	1 146.3	451.5		793.9
动物生毛皮	0.2		0.1		0.5	0.7
羊毛	1 149.9	1 186.8	873.0	642.5	565.2	376.4
水产品						
饮品						
酒						
茶	1 191.2	1 747.2	4 354.6	3 467.3	5 396.9	6 582.0
咖啡	13 840.8	36 909.1	37 405.6	53 345.7	37 098.9	29 201.8
烟草						

泰国主要农产品出口量（二）

单位：吨

项 目	2009年	2010年	2011年	2012年	2013年
农产品					
谷物	9 876 639.5	9 589 293.0	11 262 819.7	7 029 228.9	7 360 784.2
小麦产品	9 941.2	14 018.3	11 926.1	13 121.2	15 328.4
玉米产品	1 082 796.0	481 937.5	397 017.3	144 830.7	588 387.2
稻谷产品	8 746 166.0	9 063 760.0	10 828 517.5	6 859 177.2	6 736 244.7
棉花	7 760.4	9 017.1	8 690.4	6 499.4	8 990.0
食用油籽	27 682.9	28 454.6	32 238.8	35 271.4	40 401.8
大豆	1 330.7	953.9	2 629.7	1 951.9	2 045.3
花生	4 181.3	3 792.1	4 104.8	3 824.4	4 255.4
油菜籽	1.9	62.3	0.4	0.1	0.4
食用植物油	118 992.0	143 579.1	423 854.1	354 641.8	606 271.8
豆油	3 105.8	19 899.2	38 364.5	60 396.3	55 525.1
菜籽油	89.6	125.1	349.6	341.1	170.7
棕榈油	113 842.5	121 328.5	381 846.6	292 830.3	549 213.3
食糖	5 052 570.4	4 500 719.2	6 520 670.5	6 853 123.5	5 994 378.0
蔬菜	808 218.6	810 526.8	866 046.4	773 269.0	833 516.5
水果					
畜产品					
猪产品					
牛产品					
羊产品					
禽产品					
蛋产品					
乳品	100 275.7	95 067.3	104 533.1	97 581.7	117 598.8
动物生皮	680.6	1 265.9	1 427.4		1 261.5
动物生毛皮					0.2
羊毛	237.3	408.5	393.1	162.0	194.1
水产品					
饮品					
酒					
茶	10 492.5	10 794.2	15 110.7	27 496.4	29 934.6
咖啡	36 670.8	45 392.0	42 868.7	49 540.1	53 710.3
烟草					

4-3-5 泰国主要农产品进口量（一）

单位：吨

项 目	2003年	2004年	2005年	2006年	2007年	2008年
农产品						
谷物	879 916.9	1 131 667.7	1 371 898.1	1 314 538.0	1 230 577.4	1 316 759.2
小麦产品	830 290.5	1 008 104.0	1 249 535.1	1 126 703.6	1 035 799.2	839 472.0
玉米产品	14 268.7	87 044.1	74 241.9	162 684.0	171 077.9	437 762.4
稻谷产品	8 043.8	1 360.3	2 509.2	1 718.7	3 644.0	13 979.7
棉花	419 920.7	370 641.3	514 935.1	428 071.2	402 422.2	452 586.1
食用油籽	1 731 564.6	1 489 338.3	1 666 142.0	1 439 987.0	1 594 120.0	1 793 898.5
大豆	1 690 798.2	1 438 442.4	1 610 207.8	1 396 819.4	1 542 905.8	1 724 983.5
花生	31 558.5	29 806.6	35 135.7	31 291.3	33 528.2	49 372.6
油菜籽	8.0		0.3		22.7	50.1
食用植物油	28 105.7	87 487.3	44 541.7	19 271.0	16 693.2	46 346.5
豆油	1.4	3.1	4.4	1 106.5	702.8	822.0
菜籽油	365.4	835.5	1 075.0	233.4	309.8	410.4
棕榈油	9 715.8	74 763.9	18 929.6	1 313.9	1 407.3	29 684.9
食糖	300.8	27.7	4 428.9	14 811.5	81.5	3 285.4
蔬菜	209 116.4	260 056.2	273 576.9	288 131.8	291 141.2	360 803.5
水果						
畜产品						
猪产品						
牛产品						
羊产品						
禽产品						
蛋产品						
乳品	185 066.8	184 121.6	179 724.7	182 281.5	162 638.2	161 949.5
动物生皮	102 607.5	97 482.4	93 941.9	83 163.9	103 321.6	111 540.0
动物生毛皮					0.1	
羊毛	9 249.3	10 645.4	9 267.5	6 403.2	4 304.2	3 537.5
水产品						
饮品						
酒						
茶	5 463.7	8 111.5	2 371.4	2 463.8	2 483.9	2 844.2
咖啡	9 553.0	13 071.9	16 583.7	10 543.4	11 350.5	21 920.4
烟草						

泰国主要农产品进口量（二）

单位：吨

项 目	2009年	2010年	2011年	2012年	2013年
农产品					
谷物	1 645 343.4	2 328 435.2	1 903 784.7	3 093 942.3	2 208 845.3
小麦产品	1 221 787.4	1 877 074.0	1 641 754.9	2 826 718.5	1 950 044.5
玉米产品	306 862.7	421 545.4	208 888.1	214 824.6	199 087.6
稻谷产品	77 337.1	5 565.9	10 913.5	27 249.7	25 474.4
棉花	356 679.1	395 507.7	330 346.7	325 871.5	357 612.2
食用油籽	1 604 648.4	1 902 195.5	2 075 343.9	2 208 208.7	1 770 934.8
大豆	1 536 024.4	1 820 130.6	1 995 924.8	2 120 811.1	1 679 476.4
花生	45 883.6	56 653.4	56 286.5	66 680.3	70 596.0
油菜籽	0.1	0.1	0.1	0.3	0.4
食用植物油	15 502.3	17 230.0	87 147.3	68 509.7	28 137.4
豆油	13.2	19.1	666.4	29.6	1 976.5
菜籽油	163.8	256.1	643.5	340.3	553.1
棕榈油	1 291.7	1 098.2	66 305.6	44 194.3	111.1
食糖	543.8	12 165.6	13 001.1	606.1	315.1
蔬菜	389 976.9	455 235.2	532 593.6	570 297.2	647 477.4
水果					
畜产品					
猪产品					
牛产品					
羊产品					
禽产品					
蛋产品					
乳品	149 520.9	178 732.0	197 603.2	226 512.1	188 434.8
动物生皮	108 305.1	107 212.5	102 587.1	110 008.7	107 519.3
动物生毛皮			0.1		0.1
羊毛	2 739.5	4 284.2	2 923.2		2 267.0
水产品					
饮品					
酒					
茶	2 497.1	3 218.1	4 315.8	18 177.0	5 856.0
咖啡	12 846.1	22 480.2	45 578.6	43 246.0	48 041.5
烟草					

4-3-6 泰国农产品出口额前15位国家（地区）
（2013年）

单位：万美元，%

序号	国家（地区）	出口额	同比增长
1	日本	459 187.1	−10.3
2	美国	348 641.5	−5.8
3	中国	340 476.5	13.1
4	印度尼西亚	116 151.9	−29.6
5	英国	109 418.3	−1.0
6	马来西亚	103 740.0	−11.1
7	柬埔寨	103 461.5	3.9
8	越南	99 316.1	−5.2
9	缅甸	89 036.2	4.9
10	澳大利亚	86 914.6	−0.2
11	中国香港	74 955.8	10.9
12	韩国	72 507.5	−11.1
13	荷兰	63 435.3	10.1
14	加拿大	60 603.4	−9.5
15	老挝	60 296.7	3.5
	小计	**2 188 142.4**	

4-3-7 泰国农产品进口额前15位国家（地区）
（2013年）

单位：万美元，%

序号	国家（地区）	进口额	同比增长
1	美　　国	204 993.0	14.1
2	中　　国	146 721.2	6.3
3	巴　　西	135 179.0	−18.7
4	阿根廷	93 322.7	77.3
5	澳大利亚	91 275.6	−13.1
6	印度尼西亚	65 454.5	−9.4
7	印　　度	65 382.6	−5.1
8	马来西亚	47 352.5	−20.9
9	新西兰	42 978.0	2.0
10	日　　本	39 965.0	3.4
11	越　　南	36 341.1	−17.7
12	新加坡	29 411.8	7.1
13	韩　　国	27 683.2	−1.2
14	法　　国	27 122.2	24.7
15	英　　国	24 322.2	3.0
	小　　计	**1 077 504.6**	

4-4　印度尼西亚主要农产品贸易情况

4-4-1　印度尼西亚农产品贸易综述

一、10 年来印度尼西亚农产品贸易总体情况

过去 10 年，印度尼西亚农产品贸易额由 2003 年的 116.7 亿美元增至 2013 年的 503.1 亿美元，年均增长 15.7%。其中，出口额由 71.3 亿美元增至 317.3 亿美元，年均增长 16.1%；进口额由 45.4 亿美元增至 185.8 亿美元，年均增长 15.1%；贸易顺差由 25.9 亿美元增至 131.5 亿美元，年均增长 17.6%（图 1）。

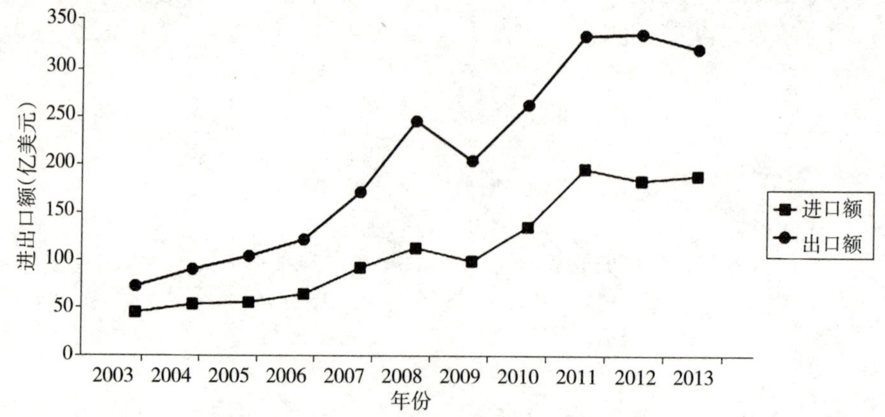

图 1　2003—2013 年印度尼西亚农产品进出口额

2004—2013 年，印度尼西亚农产品进出口年度变化较大。从出口情况看，除 2009 年下降一成以上、2013 年略有下降外，其余年份保持增长，其中 2007、2008 年同比增长四成。从进口情况看，除 2009 年下降一成、2012 年小幅下降外，其余年份保持增长，其中 2007、2011 年增幅在四成以上（图 2）。

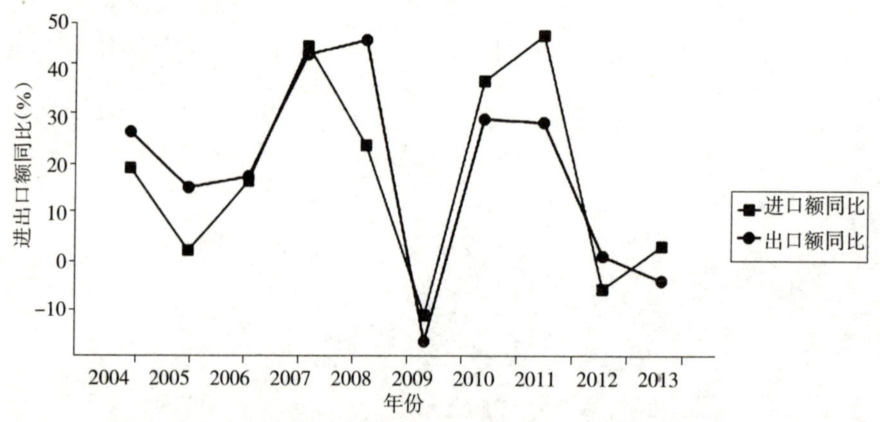

图 2　2004—2013 年印度尼西亚农产品进出口额同比

二、2013 年印度尼西亚农产品贸易情况

2013 年印度尼西亚农产品贸易额为 503.1 亿美元，同比下降 1.9%，在全球各大农产品贸易国中排名第 17 位。其中出口额为 317.3 亿美元，同比下降 4.3%，全球排名第 16 位；进口额为 185.8 亿美元，同比增长 2.4%，全球排名第 18 位。

(一) 进出口产品结构

2013 年，印度尼西亚农产品出口集中度较高，其中食用植物油出口占据半壁江山，出口额为 158.4 亿美元，占其农产品出口额的 49.9%；水产品和饮品的出口额分别为 40.7 亿美元和 29.3 亿美元，占其农产品出口额的比重分别为 12.8%和 9.2%（图 3）。

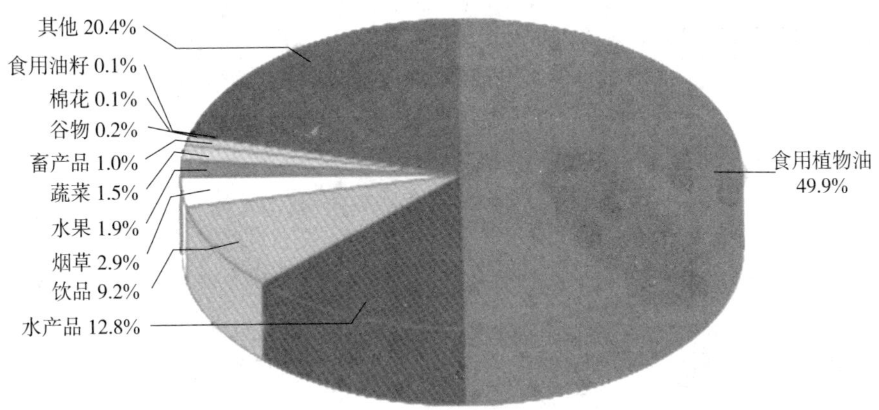

图 3　2013 年印度尼西亚农产品出口结构

2013 年，印度尼西亚大类农产品增减不一。其中，蔬菜和食用植物油出口下降明显，降幅在一成以上；烟草和棉花出口增加，增幅分别为 17.3%和 9.7%（表 1）。

表 1　2004—2013 年印度尼西亚主要农产品出口额同比变化情况

单位:%

	2004 年	2005 年	2006 年	2007 年	2008 年	2009 年	2010 年	2011 年	2012 年	2013 年
农产品	25.4	14.3	16.7	41.1	44.0	−16.8	28.2	27.6	0.5	−4.3
谷物	93.7	33.3	−43.8	83.3	45.3	−43.6	21.3	−26.0	78.8	1.1
棉花	18.7	9.5	−6.7	−0.3	11.0	−19.7	42.8	34.8	−32.9	9.7
食用油籽	58.4	56.4	16.1	−30.5	−41.7	−17.0	105.0	36.7	−10.4	−0.7
食用植物油	40.0	9.0	28.4	63.1	57.2	−16.2	29.9	28.2	2.0	−10.0
食糖	242.8	−68.7	63.1	−40.9	56.1	−2.0	11.7	11.4	25.6	−7.1
蔬菜	−24.2	2.2	19.3	36.7	31.8	−19.5	49.5	−6.3	71.3	−13.2

（续）

	2004 年	2005 年	2006 年	2007 年	2008 年	2009 年	2010 年	2011 年	2012 年	2013 年
水果	2.2	44.0	2.0	−7.9	66.8	−20.9	24.3	49.0	−0.7	−1.3
畜产品	−0.7	14.9	−11.3	23.9	89.4	−25.4	22.1	11.5	−12.3	4.5
水产品	9.0	6.6	9.7	7.3	19.6	−9.1	15.2	23.3	11.5	7.2
饮品	−1.1	33.5	22.1	8.0	44.6	−0.6	12.6	3.3	−2.1	0.5
烟草	22.6	25.9	5.0	25.0	19.8	17.1	12.9	5.6	11.8	17.3

与出口不同，2013 年印度尼西亚进口农产品种类较多，其中谷物进口额为 37.1 亿美元，占其农产品进口额的比重为 20.0%；畜产品、食糖、食用油籽和棉花的进口额分别为 21.1 亿美元、17.3 亿美元、14.7 亿美元和 13.5 亿美元，分别占其农产品进口额的 11.3%、9.3%、7.9%和 7.3%（图 4）。

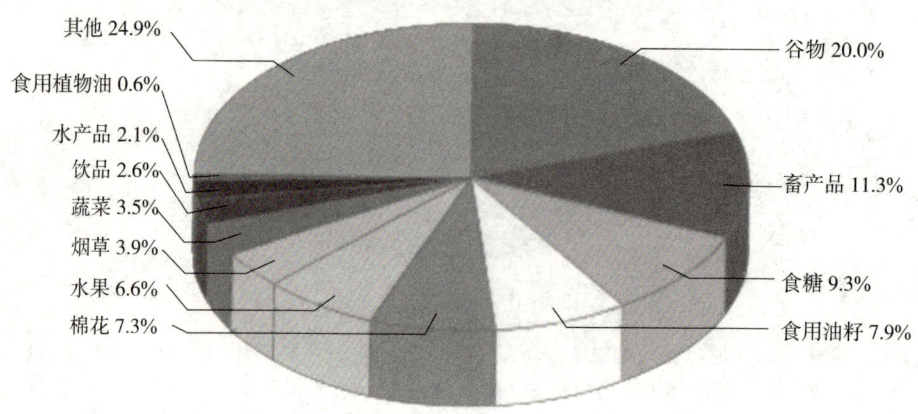

图 4　2013 年印度尼西亚农产品进口结构

2013 年，印度尼西亚大类农产品进口增减不一。其中，食用植物油进口额增幅超八成，畜产品、蔬菜进口增幅达二成左右；水果、谷物和烟草进口额均有所下降，其中水果降幅为一成（表 2）。

表 2　2004—2013 年印度尼西亚主要农产品进口额同比变化情况

单位：%

	2004 年	2005 年	2006 年	2007 年	2008 年	2009 年	2010 年	2011 年	2012 年	2013 年
农产品	18.3	1.5	15.6	42.8	22.9	−11.4	35.7	45.2	−6.0	2.4
谷物	3.7	−12.7	35.2	44.7	24.6	−30.0	39.8	107.9	−22.6	−5.2
棉花	6.3	−15.9	7.4	28.8	51.6	−35.6	46.9	55.3	−25.2	0.8

（续）

	2004年	2005年	2006年	2007年	2008年	2009年	2010年	2011年	2012年	2013年
食用油籽	20.1	−20.8	1.3	50.9	47.6	−0.8	33.6	41.1	−4.3	0.4
食用植物油	24.3	9.7	−1.8	7.0	115.2	−13.4	78.3	2.2	−19.6	87.0
食糖	−19.7	121.9	−2.1	80.3	−64.7	56.5	93.5	56.5	−4.4	4.1
蔬菜	18.5	16.2	45.8	23.1	25.2	−3.1	39.5	39.2	−12.5	16.3
水果	27.0	6.6	33.6	26.6	36.6	7.0	16.4	27.7	3.1	−10.6
畜产品	46.3	22.5	11.7	58.0	18.0	−10.5	35.2	1.7	−11.7	24.1
水产品	82.9	−24.5	32.3	−15.2	70.0	13.9	37.3	25.9	−11.5	5.3
饮品	31.8	4.1	12.0	73.6	7.9	−19.5	28.1	26.2	21.6	−0.5
烟草	10.5	5.4	6.0	40.0	49.9	−8.9	28.6	25.8	29.4	−5.5

（二）主要贸易伙伴

2013年印度尼西亚前五大农产品出口市场分别为印度、中国、美国、荷兰和马来西亚，出口额分别为49.3亿美元、33.3亿美元、26.3亿美元、20.0亿美元和18.5亿美元，占其农产品出口额的比重分别为15.5%、10.5%、8.3%、6.3%和5.8%（图5）。

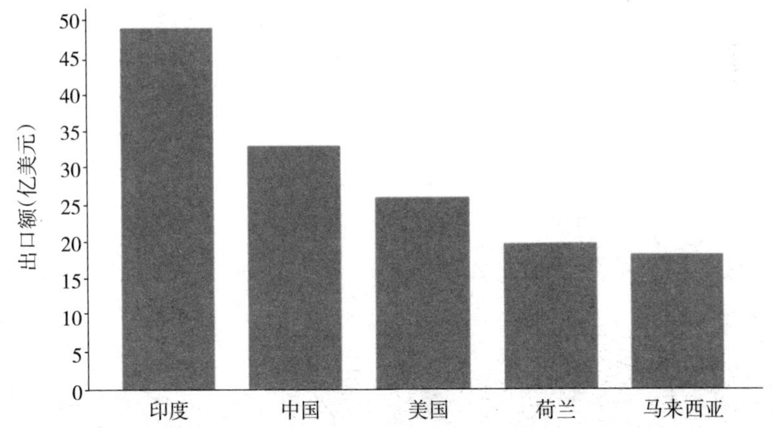

图5　2013年印度尼西亚前五大农产品出口市场

2013年印度尼西亚前五大农产品进口来源地分别为澳大利亚、美国、中国、阿根廷和巴西，进口额分别为29.4亿美元、28.6亿美元、16.7亿美元、16.4亿美元和16.2亿美元，占其农产品进口额的比重分别为15.8%、15.4%、9.0%、8.8%和8.7%（图6）。

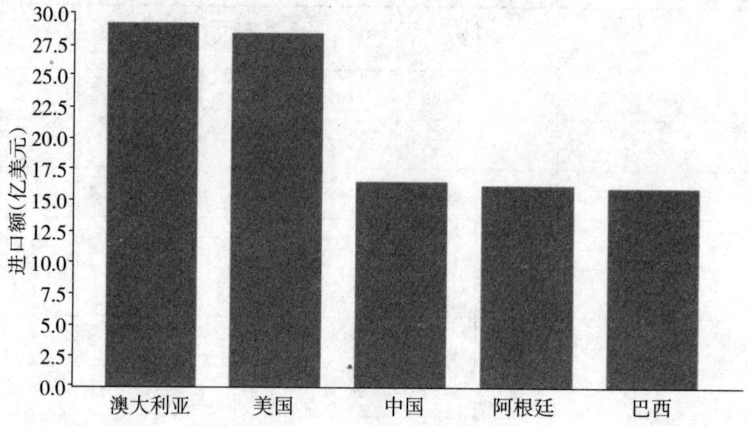

图 6 2013 年印度尼西亚前五大农产品进口来源地

4-4-2 印度尼西亚主要农产品出口额（一）

单位：万美元

项 目	2003年	2004年	2005年	2006年	2007年	2008年
农产品	713 008.5	894 115.7	1 021 598.9	1 192 325.9	1 682 905.1	2 424 155.9
谷物	1 511.7	2 928.0	3 901.9	2 194.4	4 021.6	5 844.3
小麦产品	545.9	1 489.8	1 887.2	1 587.2	2 010.0	2 698.6
玉米产品	555.9	940.7	904.9	433.8	1 860.1	2 914.6
稻谷产品	329.1	393.4	1 009.1	107.5	83.8	149.4
棉花	2 952.5	3 505.2	3 839.5	3 583.7	3 574.4	3 968.3
食用油籽	1 443.6	2 286.1	3 574.5	4 148.4	2 883.4	1 679.9
大豆	30.0	53.8	49.4	292.7	233.4	142.3
花生	713.9	661.7	663.2	711.1	878.6	1 316.3
油菜籽	5.4	0.4	39.1	2.5	1.5	2.1
食用植物油	246 387.9	344 822.7	375 825.6	482 468.5	787 107.4	1 237 587.5
豆油	0.2			0.9	1.6	0.1
菜籽油	0.9	3.3		4.9	86.5	0.9
棕榈油	245 462.6	344 177.6	375 628.4	481 764.2	786 863.9	1 237 557.0
食糖	56.1	192.2	60.2	98.2	58.0	90.5
蔬菜	16 688.5	12 654.5	12 938.4	15 436.3	21 096.1	27 800.2
水果	17 790.9	18 184.8	26 189.8	26 724.9	24 600.7	41 040.9
畜产品	15 046.7	14 935.2	17 165.9	15 227.4	18 862.8	35 728.8
猪产品	2 518.7	2 260.3	2 946.7	1 459.4	3 438.9	4 209.7
牛产品	54.8	16.4	11.4	4.9	21.3	22.4
羊产品	5.5	12.1	42.5	146.9	192.0	135.0
禽产品	5 501.1	5 044.9	3 918.9	5 117.9	7 200.4	9 844.5
蛋产品	127.4	32.4	9.3	9.9	2.7	21.8
乳品	6 201.3	6 874.9	9 615.7	7 894.8	7 586.6	20 905.1
动物生皮	135.8	87.8	55.7	43.0	51.5	11.7
动物生毛皮	6.2	2.1	0.1	0.2	0.1	
羊毛	12.3	5.0	13.4	37.1	33.0	20.9
水产品	161 131.1	175 588.0	187 169.2	205 330.7	220 398.7	263 598.0
饮品	102 200.3	101 087.4	134 958.5	164 808.7	177 911.8	257 329.3
酒	1 486.0	1 787.0	1 477.8	2 231.3	2 037.7	3 369.9
茶	9 938.9	12 045.6	12 328.8	13 475.0	12 754.8	16 288.3
咖啡	27 442.6	30 911.1	52 931.6	61 960.9	68 690.9	107 766.3
烟草	20 987.1	25 724.0	32 374.2	33 977.6	42 472.1	50 880.5

印度尼西亚主要农产品出口额（二）

单位：万美元

项　目	2009 年	2010 年	2011 年	2012 年	2013 年
农产品	2 017 775.1	2 586 488.5	3 300 057.0	3 317 252.4	3 173 052.5
谷物	3 294.3	3 996.9	2 956.0	5 285.7	5 343.6
小麦产品	1 538.8	2 690.6	1 836.2	2 659.2	3 783.8
玉米产品	1 496.2	1 185.3	947.4	1 916.4	1 070.4
稻谷产品	205.8	85.5	156.0	280.9	225.8
棉花	3 186.8	4 550.4	6 133.8	4 113.9	4 511.9
食用油籽	1 395.0	2 859.6	3 907.9	3 503.4	3 479.3
大豆	40.3	39.5	50.4	171.3	54.6
花生	982.8	1 287.6	1 476.8	1 457.0	1 445.1
油菜籽	1.1	7.5	1.2	15.3	11.7
食用植物油	1 037 166.7	1 347 087.2	1 726 444.1	1 760 505.2	1 583 940.6
豆油	0.1	0.1	1.4	0.1	0.1
菜籽油		0.2	0.1	1.0	10.1
棕榈油	1 036 762.1	1 346 896.6	1 726 124.7	1 760 216.8	1 583 885.0
食糖	88.7	99.1	110.4	138.5	128.7
蔬菜	22 388.5	33 465.5	31 369.7	53 747.2	46 670.2
水果	32 469.9	40 351.4	60 127.0	59 697.9	58 911.0
畜产品	26 641.8	32 531.6	36 285.8	31 836.4	33 274.1
猪产品	3 963.2	5 037.6	6 151.1	6 213.6	7 361.4
牛产品	3.6	0.2	10.2	1.4	0.7
羊产品	59.4	21.3	43.4	8.5	0.6
禽产品	12 069.1	17 782.7	20 675.5	17 155.0	17 493.0
蛋产品	5.0	16.2	0.6	1.0	0.3
乳品	8 892.6	8 895.2	8 360.0	7 598.6	7 535.9
动物生皮	23.0	41.8	79.4	27.5	9.4
动物生毛皮				0.1	0.4
羊毛	39.8	238.4	178.6	127.3	120.5
水产品	239 614.3	276 153.3	340 430.2	379 474.8	406 807.4
饮品	255 708.7	288 010.6	297 437.5	291 134.8	292 588.1
酒	2 395.0	3 741.6	7 113.8	7 556.3	8 127.9
茶	17 448.0	18 232.5	17 033.6	16 023.3	16 078.2
咖啡	91 613.9	98 156.8	130 349.7	156 681.3	146 835.6
烟草	59 560.9	67 259.7	71 007.0	79 417.6	93 138.6

4-4-3 印度尼西亚主要农产品进口额（一）

单位：万美元

项　目	2003 年	2004 年	2005 年	2006 年	2007 年	2008 年
农产品	453 942.6	537 032.6	544 897.3	629 947.1	899 872.5	1 105 755.7
谷物	112 501.0	116 714.6	101 872.0	137 739.8	199 248.7	248 340.4
小麦产品	65 530.2	91 809.7	92 703.3	95 923.9	136 177.8	224 681.9
玉米产品	16 928.9	17 812.3	3 120.4	27 864.7	15 361.2	9 446.5
稻谷产品	29 497.3	6 685.2	5 599.8	13 478.3	47 054.4	12 790.6
棉花	64 943.4	69 007.4	58 060.2	62 353.6	80 296.2	121 711.2
食用油籽	38 040.7	45 680.9	36 168.1	36 650.0	55 289.6	81 629.7
大豆	33 222.1	42 235.2	31 386.1	30 246.7	48 194.3	70 423.2
花生	4 112.9	2 964.8	4 128.5	5 597.9	6 352.8	10 143.5
油菜籽	0.3	1.6	23.5	12.1	1.5	4.5
食用植物油	1 590.6	1 977.5	2 168.6	2 128.5	2 277.8	4 902.0
豆油	892.6	1 138.9	1 073.7	969.4	1 561.3	3 018.6
菜籽油	18.7	10.4	16.9	18.3	23.3	29.8
棕榈油	220.2	193.8	530.1	655.4	102.4	501.4
食糖	33 039.3	26 544.8	58 912.5	57 685.9	104 019.4	36 688.8
蔬菜	10 931.3	12 953.7	15 055.0	21 953.5	27 030.1	33 835.8
水果	26 662.8	33 859.7	36 088.0	48 216.3	61 050.3	83 376.9
畜产品	41 846.2	61 225.4	75 023.9	83 783.9	132 387.5	156 168.0
猪产品	186.9	145.8	191.9	310.5	164.4	212.4
牛产品	11 165.0	14 375.6	18 438.9	19 597.9	36 776.4	59 460.7
羊产品	205.0	201.5	270.1	206.7	268.6	288.6
禽产品	1 255.3	1 046.4	1 309.1	1 156.2	1 858.6	1 021.0
蛋产品	192.4	230.6	221.2	315.3	498.3	601.7
乳品	27 096.8	43 090.7	51 692.1	56 085.9	87 204.1	86 505.0
动物生皮	364.5	249.6	162.4	146.8	280.3	1 123.6
动物生毛皮	13.2	6.2	0.2			2.9
羊毛	83.2	150.4	159.5	170.6	207.0	276.1
水产品	8 130.8	14 873.6	11 223.0	14 846.6	12 583.3	21 390.5
饮品	10 655.2	14 043.8	14 626.4	16 376.6	28 431.1	30 690.5
酒	143.5	73.5	70.5	114.9	149.6	349.3
茶	399.0	568.9	767.3	983.9	1 370.5	1 670.4
咖啡	760.9	2 429.0	2 528.6	3 588.7	12 271.0	9 287.9
烟草	15 484.5	17 110.6	18 035.3	19 126.4	26 779.4	40 144.1

印度尼西亚主要农产品进口额（二）

单位：万美元

项 目	2009 年	2010 年	2011 年	2012 年	2013 年
农产品	979 237.0	1 328 648.0	1 929 549.6	1 813 573.9	1 857 538.0
谷物	173 859.8	243 038.7	505 249.9	391 272.5	370 894.1
小麦产品	153 933.8	168 598.8	247 867.6	244 667.0	252 265.3
玉米产品	7 805.0	36 958.5	102 894.1	50 224.7	91 922.8
稻谷产品	11 075.8	36 321.9	151 626.7	94 653.0	24 610.8
棉花	78 397.0	115 134.7	178 822.3	133 776.0	134 870.9
食用油籽	80 962.8	108 158.9	152 646.9	146 125.2	146 773.4
大豆	62 487.9	84 227.4	124 858.5	121 565.7	110 797.1
花生	17 811.1	22 429.0	25 957.5	22 172.5	33 610.1
油菜籽	2.2	4.9	5.5	36.7	42.1
食用植物油	4 246.2	7 572.2	7 742.5	6 225.4	11 638.5
豆油	1 720.4	2 183.3	3 043.8	3 306.4	3 493.3
菜籽油	27.8	243.4	431.8	712.9	756.3
棕榈油	1 312.7	3 780.1	2 499.3	83.1	4 697.9
食糖	57 415.6	111 123.7	173 947.9	166 227.1	173 065.7
蔬菜	32 779.5	45 731.5	63 668.0	55 698.3	64 795.6
水果	89 247.7	103 842.5	132 643.1	136 761.4	122 290.9
畜产品	139 769.3	188 905.1	192 115.3	169 704.1	210 579.2
猪产品	97.6	54.0	142.7	174.4	166.4
牛产品	70 743.0	84 864.3	65 495.4	44 893.7	59 102.5
羊产品	379.6	556.6	655.5	826.7	898.9
禽产品	535.7	169.9	263.1	230.4	497.2
蛋产品	723.2	701.7	619.0	699.8	966.8
乳品	58 982.7	92 298.2	114 895.7	110 481.7	131 837.4
动物生皮	687.5	1 103.9	760.2	921.4	1 980.5
动物生毛皮	26.7	17.5	47.3	9.5	60.2
羊毛	135.1	64.1	40.0	435.7	201.5
水产品	24 358.3	33 440.3	42 089.0	37 237.3	39 198.8
饮品	24 697.8	31 644.9	39 932.5	48 563.5	48 299.9
酒	84.5	869.5	1 247.0	1 196.2	1 201.6
茶	1 820.9	2 795.5	3 376.3	4 258.0	4 181.7
咖啡	4 861.9	5 772.0	12 208.0	18 415.8	13 679.5
烟草	36 577.0	47 053.8	59 171.7	76 556.2	72 357.2

4-4-4 印度尼西亚主要农产品出口量（一）

单位：吨

项 目	2003年	2004年	2005年	2006年	2007年	2008年
农产品						
谷物	58 389.3	113 901.9	175 099.3	94 638.0	195 683.8	162 604.9
小麦产品	22 804.8	75 609.6	76 262.2	63 280.6	88 512.4	52 885.4
玉米产品	33 795.3	34 026.4	54 009.7	28 157.8	101 999.4	107 747.2
稻谷产品	1 293.4	3 132.7	43 905.7	2 570.8	4 735.9	1 183.0
棉花	37 715.7	28 841.1	35 836.0	40 780.8	38 002.5	32 141.0
食用油籽	25 264.9	76 186.4	118 769.1	177 305.0	63 653.4	13 015.9
大豆	169.0	1 322.2	893.6	1 756.7	1 950.3	1 038.5
花生	11 287.2	9 609.3	9 184.0	8 483.7	9 260.0	10 165.6
油菜籽	274.2	17.0	1 200.0	44.2	0.2	3.2
食用植物油	6 408 820.2	8 675 254.2	10 380 027.4	12 117 272.5	11 880 352.8	14 290 812.4
豆油	1.7		0.2	6.2	7.2	0.7
菜籽油	21.6	42.8		154.0	1 000.0	5.0
棕榈油	6 386 409.5	8 661 646.6	10 376 190.0	12 100 921.0	11 875 418.2	14 290 685.4
食糖	694.9	9 933.2	1 173.5	1 480.0	479.4	1 692.7
蔬菜	171 859.8	157 462.3	154 472.0	234 315.9	170 771.7	184 599.7
水果						
畜产品						
猪产品						
牛产品						
羊产品						
禽产品						
蛋产品						
乳品	54 906.8	47 150.1	50 420.0	42 427.0	36 917.2	62 713.3
动物生皮	377.3	285.8	140.4	42.1	32.6	24.5
动物生毛皮	135.8	100.5	0.1	0.2		
羊毛	153.4	39.1	14.6	29.1	43.7	15.8
水产品						
饮品						
酒						
茶	93 404.7	105 094.0	105 096.2	95 431.0	83 943.4	97 124.7
咖啡	328 439.8	348 540.7	455 038.5	422 122.4	334 590.3	491 329.7
烟草						

印度尼西亚主要农产品出口量（二）

单位：吨

项　目	2009年	2010年	2011年	2012年	2013年
农产品					
谷物	100 215.0	113 344.8	45 984.1	91 020.7	86 932.7
小麦产品	33 318.8	68 710.9	31 833.8	46 129.1	68 957.0
玉米产品	63 548.5	43 582.9	12 739.4	35 279.2	8 023.1
稻谷产品	2 626.9	516.9	1 165.4	1 504.1	3 098.4
棉花	25 947.6	29 197.0	21 917.3	22 273.8	28 778.8
食用油籽	15 109.9	157 630.4	376 244.1	180 399.6	189 650.3
大豆	510.4	436.9	605.9	2 412.9	1 126.7
花生	6 919.6	7 408.1	7 423.9	6 838.5	6 414.4
油菜籽	9.5	50.4	7.7	42.4	34.0
食用植物油	16 835 753.1	16 293 642.3	16 438 489.5	18 848 161.5	20 578 055.8
豆油	0.4	0.3	10.7	0.3	0.2
菜籽油		0.4			2.4
棕榈油	16 829 205.7	16 291 856.2	16 436 202.2	18 845 020.2	20 577 975.9
食糖	927.2	669.7	836.9	790.0	770.0
蔬菜	177 227.4	169 015.3	138 969.2	230 671.3	215 726.9
水果					
畜产品					
猪产品					
牛产品					
羊产品					
禽产品					
蛋产品					
乳品	51 191.9	48 229.9	43 491.5	44 944.8	46 698.0
动物生皮	0.8	12.7	18.8	44.9	4.0
动物生毛皮					0.1
羊毛	548.7	2 097.0	1 003.9	1 082.6	1 070.4
水产品					
饮品					
酒					
茶	93 143.7	88 114.2	76 331.2	70 666.4	72 439.1
咖啡	537 776.5	484 848.7	423 410.5	535 216.7	616 393.3
烟草					

4-4-5 印度尼西亚主要农产品进口量（一）

单位：吨

项 目	2003年	2004年	2005年	2006年	2007年	2008年
农产品						
谷物	6 665 007.2	6 215 869.1	5 314 537.8	7 262 897.9	7 341 800.9	5 647 049.6
小麦产品	3 845 636.8	4 851 820.8	4 906 500.0	5 019 820.6	5 197 087.1	5 029 698.9
玉米产品	1 347 726.5	1 090 249.0	186 532.6	1 779 040.7	708 312.0	287 108.3
稻谷产品	1 446 073.8	257 358.1	204 964.0	446 907.4	1 416 978.0	297 934.6
棉花	531 823.4	458 923.7	464 983.6	474 396.0	595 336.6	732 015.1
食用油籽	1 338 210.3	1 232 378.2	1 240 433.3	1 333 735.3	1 605 852.3	1 402 764.9
大豆	1 197 447.8	1 132 991.2	1 110 292.4	1 143 785.4	1 419 444.0	1 184 415.7
花生	120 961.2	90 786.6	123 604.5	171 242.1	174 330.5	206 242.1
油菜籽	10.8	53.7	1 561.4	714.9	45.4	81.3
食用植物油	22 298.6	25 090.4	31 278.7	30 099.7	23 234.7	36 554.4
豆油	13 806.7	15 636.8	16 562.4	14 966.7	17 530.7	20 871.4
菜籽油	250.5	181.6	254.0	230.0	263.3	283.7
棕榈油	4 013.7	4 319.9	10 644.1	11 415.6	1 068.2	8 822.0
食糖	1 490 068.4	1 130 920.7	1 996 367.7	1 511 001.4	2 972 786.8	1 019 944.4
蔬菜	333 130.3	387 409.6	440 016.8	487 098.6	586 747.9	710 082.3
水果						
畜产品						
猪产品						
牛产品						
羊产品						
禽产品						
蛋产品						
乳品	169 069.4	235 986.5	243 312.1	272 874.0	297 567.6	250 788.6
动物生皮	5 044.2	2 782.1	2 392.1	3 487.0	5 925.5	11 956.3
动物生毛皮	429.7	39.7	0.7	0.1		1.7
羊毛	494.6	594.5	546.1	798.3	695.1	787.2
水产品						
饮品						
酒						
茶	4 021.4	4 007.5	5 569.5	5 494.2	9 498.0	8 014.0
咖啡	5 196.3	7 058.8	5 378.3	9 194.9	53 736.2	14 421.5
烟草						

印度尼西亚主要农产品进口量（二）

单位：吨

项　目	2009年	2010年	2011年	2012年	2013年
农产品					
谷物	5 926 050.6	7 839 528.8	12 322 652.5	10 279 457.5	10 643 148.3
小麦产品	5 302 040.5	5 587 092.3	6 290 927.4	6 737 921.2	6 943 986.8
玉米产品	339 170.0	1 528 318.3	3 208 195.6	1 693 416.6	3 191 435.8
稻谷产品	257 651.6	694 398.1	2 757 979.8	1 812 480.8	472 763.5
棉花	575 576.5	614 258.5	547 420.6	612 147.5	673 795.4
食用油籽	1 524 654.0	1 992 984.1	2 369 825.0	2 139 927.5	2 094 411.3
大豆	1 320 741.9	1 744 837.9	2 093 430.9	1 923 285.4	1 787 632.4
花生	194 681.5	230 106.8	252 088.7	187 029.8	283 838.7
油菜籽	51.9	70.4	47.6	937.8	686.5
食用植物油	43 590.3	74 735.2	53 292.1	36 924.8	108 119.8
豆油	15 366.0	18 972.1	19 720.6	21 978.2	25 443.8
菜籽油	303.1	1 616.3	2 339.1	4 283.0	4 529.1
棕榈油	21 138.4	46 720.1	23 344.3	616.3	65 560.6
食糖	1 393 226.6	1 785 568.6	2 502 568.7	2 815 940.2	3 344 303.8
蔬菜	627 185.1	647 179.4	935 002.8	827 619.0	771 764.6
水果					
畜产品					
猪产品					
牛产品					
羊产品					
禽产品					
蛋产品					
乳品	269 554.0	302 157.7	335 181.9	352 539.5	373 946.2
动物生皮	10 604.7	18 345.1	12 475.4	12 640.3	16 968.3
动物生毛皮	52.1	21.2	2.4	3.3	14.7
羊毛	453.2	217.1	123.3	212.5	330.0
水产品					
饮品					
酒					
茶	8 177.3	12 394.2	20 871.4	25 900.3	22 434.8
咖啡	17 489.9	23 550.2	29 239.4	62 533.2	31 684.9
烟草					

4-4-6 印度尼西亚农产品出口额前15位国家（地区）
（2013年）

单位：万美元，%

序号	国家（地区）	出口额	同比增长
1	印　　度	492 727.8	−7.5
2	中　　国	332 940.3	−21.6
3	美　　国	262 525.8	15.8
4	荷　　兰	199 930.3	−11.8
5	马来西亚	185 091.2	−35.8
6	新加坡	145 717.8	−17.2
7	日　　本	119 197.7	−3.6
8	意大利	98 726.1	28.4
9	巴基斯坦	95 757.7	12.1
10	孟加拉国	68 493.2	−13.5
11	埃　　及	66 424.9	17.6
12	越　　南	63 260.3	−4.8
13	西班牙	60 900.2	58.8
14	德　　国	59 180.8	11.3
15	菲律宾	56 460.5	−4.4
	小　　计	**2 307 334.6**	

4-4-7　印度尼西亚农产品进口额前15位国家（地区）（2013年）

单位：万美元，%

序号	国家（地区）	进口额	同比增长
1	澳大利亚	294 137.5	9.6
2	美国	286 442.3	7.7
3	中国	166 777.3	3.6
4	阿根廷	163 973.9	−0.5
5	巴西	161 998.2	35.6
6	印度	129 760.3	21.3
7	泰国	117 813.7	−35.4
8	加拿大	67 412.4	39.9
9	马来西亚	64 610.5	−2.1
10	新西兰	58 668.2	17.7
11	新加坡	30 600.0	−14.4
12	越南	20 854.3	−73.6
13	荷兰	20 206.3	11.3
14	法国	17 717.1	2.1
15	韩国	13 967.0	19.8
	小计	**1 614 939.0**	

4-5 韩国主要农产品贸易情况

4-5-1 韩国农产品贸易综述

一、10 年来韩国农产品贸易总体情况

过去 10 年，韩国农产品贸易额由 2003 年的 145.2 亿美元增至 2013 年的 351.4 亿美元，年均增长 9.2%，其中出口额由 29.8 亿美元增至 71.0 亿美元，年均增长 9.1%；进口额由 115.4 亿美元增至 280.4 亿美元，年均增长 9.3%；贸易逆差由 85.6 亿美元增至 209.4 亿美元，年均增长 9.4%（图 1）。

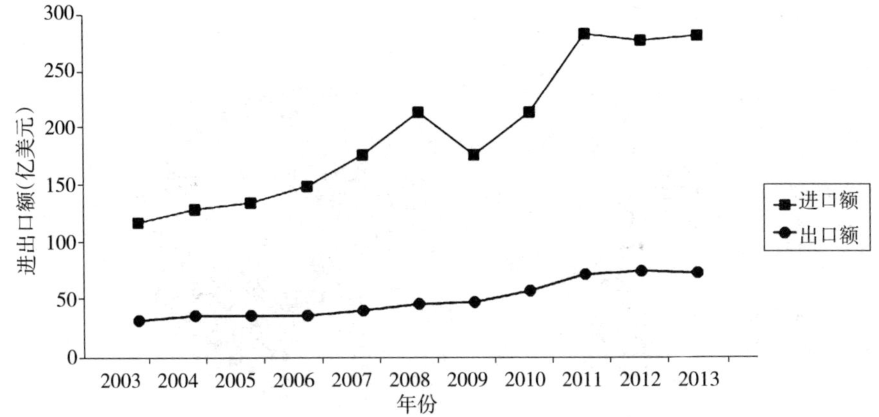

图 1 2003—2013 年韩国农产品进出口额

2004—2013 年，韩国农产品进出口额年度变化较大。从进口情况看，除 2009 年下降近二成、2012 年略有下降外，其余年份同比增加，其中 2011 年增幅最大，达三成以上。从出口情况看，年度变化幅度小于进口，大多年份保持正增长，但 2013 年出现小幅下降（图 2）。

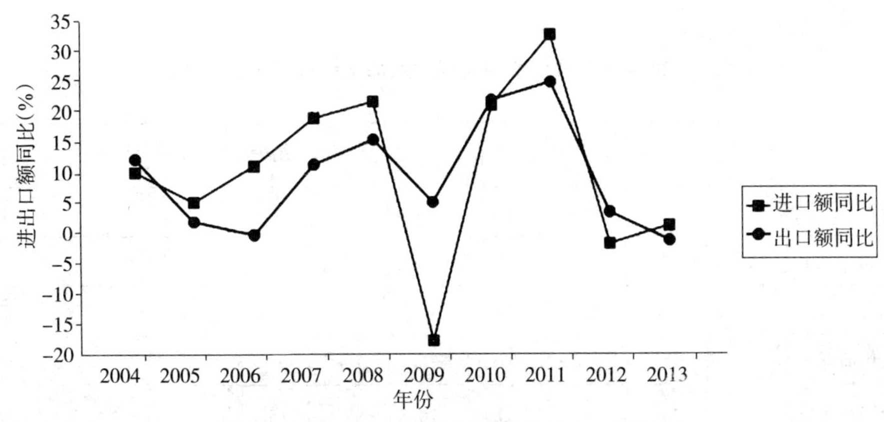

图 2 2004—2013 年韩国农产品进出口额同比

二、2013 年韩国农产品贸易情况

2013 年韩国农产品贸易额为 351.4 亿美元，同比增长 0.7%，在全球各大农产品贸易国中排名第 23 位。其中出口额为 71.0 亿美元，同比略有下降，全球排名第 39 位；进口额为 280.4 亿美元，同比增长 1.2%，全球排名第 13 位。

(一) 进出口产品结构

2013 年，韩国农产品出口以水产品、饮品、水果、烟草等为主，其中水产品出口额 19.6 亿美元，占其农产品出口额的比重为 27.6%，饮品、水果和烟草的出口额分别为 9.9 亿美元、7.5 亿美元和 5.5 亿美元，占其农产品出口额的比重分别为 13.9%、10.5%和 7.8%（图 3）。

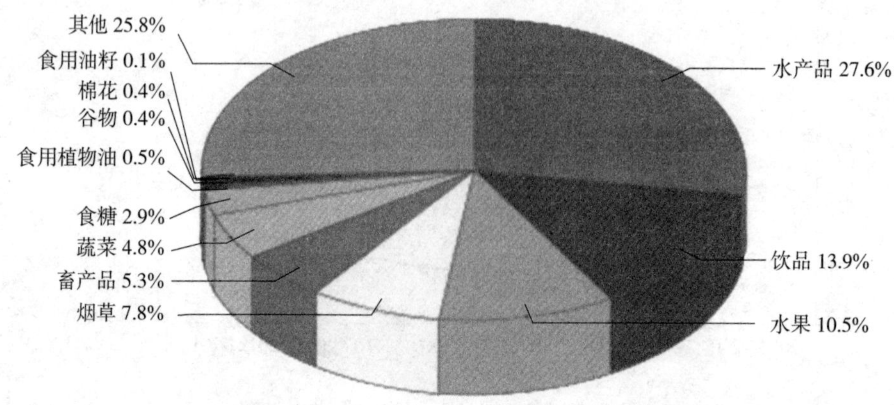

图 3 2013 年韩国农产品出口结构

2013 年，韩国大类农产品出口增减不一。其中食用植物油和食糖出口明显下降，分别下降五成和二成；畜产品出口同比则增长近六成，食用油籽和棉花出口同比分别增长四成和二成（表 1）。

表 1 2004—2013 年韩国主要农产品出口额同比变化情况

单位：%

	2004 年	2005 年	2006 年	2007 年	2008 年	2009 年	2010 年	2011 年	2012 年	2013 年
农产品	12.2	1.8	−0.3	11.2	15.3	4.9	22.1	24.6	3.6	−1.3
谷物	41.0	0.4	31.0	11.6	44.7	51.1	7.6	13.3	−4.7	−7.8
棉花	27.3	−23.8	−26.0	19.8	15.7	−8.3	15.5	76.0	−17.2	21.2
食用油籽	−3.3	28.7	16.2	−37.6	33.9	5.4	40.8	−15.8	34.3	37.4
食用植物油	−8.1	−25.1	−11.0	95.4	210.8	−52.8	160.2	96.7	12.8	−49.2

（续）

	2004年	2005年	2006年	2007年	2008年	2009年	2010年	2011年	2012年	2013年
食糖	3.3	26.4	33.3	12.5	−9.4	16.7	62.4	20.2	−9.7	−22.7
蔬菜	8.0	−3.7	−14.9	12.8	15.1	6.7	11.3	5.4	14.2	−6.3
水果	46.3	18.7	−1.3	16.4	13.7	7.7	32.6	21.7	−0.8	10.1
畜产品	−2.7	29.6	−8.8	1.7	−7.0	22.4	36.9	69.0	18.9	57.9
水产品	13.0	−7.9	−9.2	13.6	17.8	3.4	19.0	27.3	0.8	−11.0
饮品	18.6	5.4	3.4	9.2	20.4	10.1	26.8	39.4	6.9	−0.9
烟草	−1.1	15.4	29.5	18.1	12.1	3.1	13.4	5.5	10.6	−12.6

2013年，韩国进口农产品主要是谷物、畜产品、水产品和水果，进口额分别为48.6亿美元、46.7亿美元、38.0亿美元和21.9亿美元，分别占其农产品进口额的17.3%、16.7%、13.6%和7.8%（图4）。

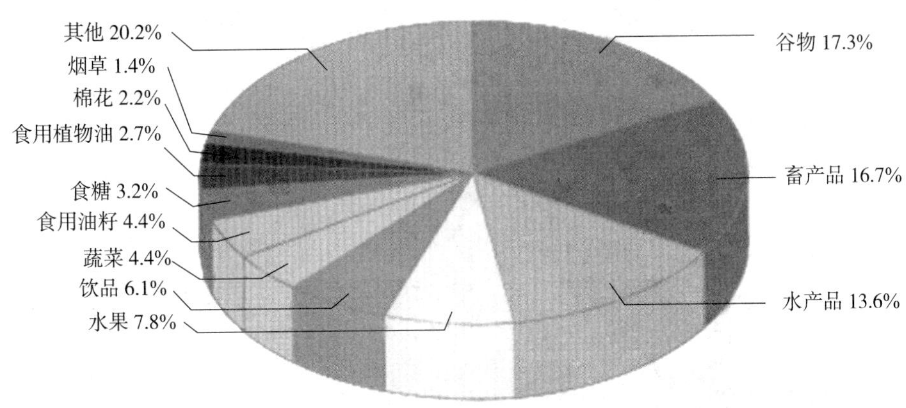

图4　2013年韩国农产品进口结构

2013年，韩国大类农产品进口增减不一，总体看大多延续2012年乏力态势。其中食用植物油、棉花和食糖进口明显下降，同比降幅均在一成以上；食用油籽进口则保持增长，同比增幅超过一成。（表2）。

表2　2004—2013年韩国主要农产品进口额同比变化情况

单位：%

	2004年	2005年	2006年	2007年	2008年	2009年	2010年	2011年	2012年	2013年
农产品	10.0	5.0	10.9	18.8	21.6	−17.8	21.0	32.8	−1.7	1.2
谷物	26.5	−10.9	5.4	37.6	53.0	−33.4	16.0	37.7	−0.5	4.9

（续）

	2004 年	2005 年	2006 年	2007 年	2008 年	2009 年	2010 年	2011 年	2012 年	2013 年
棉花	8.2	−16.7	−16.2	2.2	11.7	−15.1	39.5	110.8	−19.9	−11.4
食用油籽	17.6	−16.7	−2.1	19.2	70.8	−20.8	1.2	18.0	7.4	11.3
食用植物油	48.6	13.5	−6.3	31.3	50.9	−25.1	22.4	44.3	1.2	−22.2
食糖	5.9	27.1	38.4	−17.6	20.6	13.8	39.4	30.1	−8.8	−12.2
蔬菜	28.2	0.1	23.9	15.9	1.0	−11.1	44.8	19.3	1.4	1.5
水果	11.9	8.8	11.8	17.7	3.1	−8.4	29.3	32.4	6.6	6.1
畜产品	−19.4	27.4	13.1	14.5	1.3	−18.5	28.9	57.8	−13.7	−1.2
水产品	14.9	5.4	16.0	10.3	−3.3	−8.0	19.1	22.4	−4.4	−2.4
饮品	−1.9	17.7	10.3	25.2	11.7	−14.9	26.1	35.6	−3.0	−3.1
烟草	−16.8	−25.2	19.1	20.2	41.1	10.6	9.9	−10.5	8.4	6.9

（二）主要贸易伙伴

2013 年韩国前五大农产品出口市场分别为日本、中国、美国、越南和中国香港，出口额分别为 20.2 亿美元、11.6 亿美元、6.9 亿美元、3.8 亿美元和 3.6 亿美元，占其农产品出口额的比重分别为 28.5%、16.3%、9.7%、5.4%和 5.1%（图 5）。

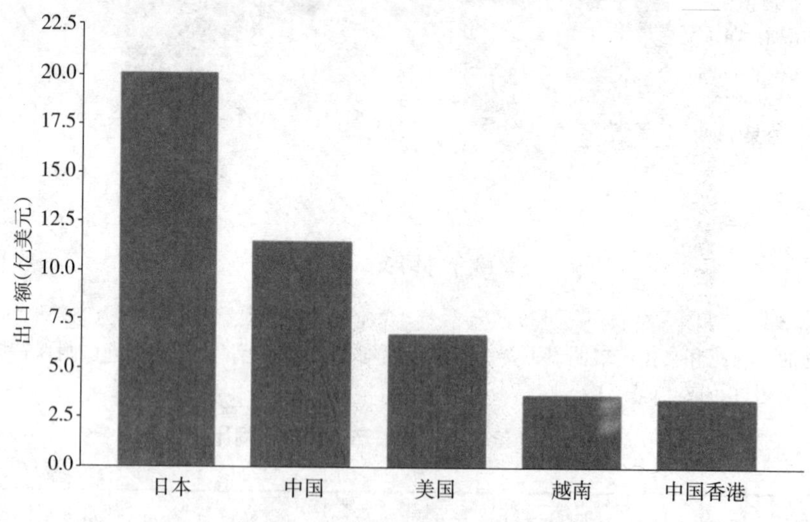

图 5 2013 年韩国前五大农产品出口市场

2013 年韩国前五大农产品进口来源地分别为美国、中国、巴西、澳大利亚和阿根廷，进口额分别为 59.8 亿美元、39.3 亿美元、27.0 亿美元、23.7 亿美元和 11.1 亿美元，占其农产品进口额的比重分别为 21.3%、14.0%、9.6%、8.5%和 4.0%（图 6）。

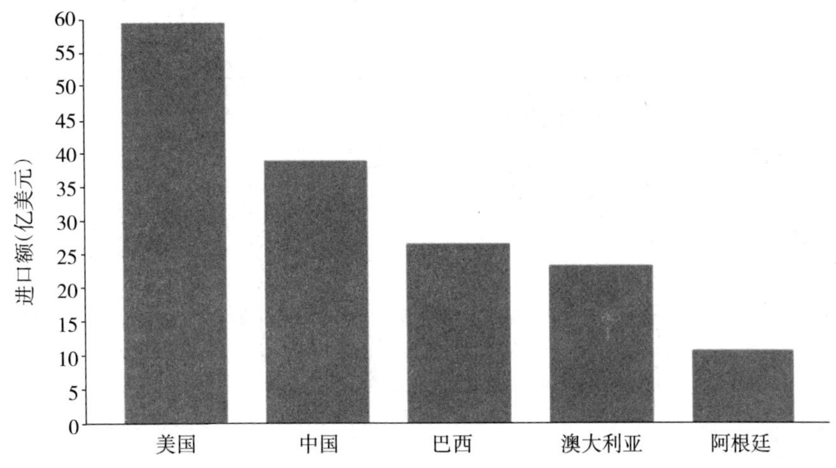

图 6　2013 年韩国前五大农产品进口来源地

4-5-2 韩国主要农产品出口额（一）

单位：万美元

项 目	2003年	2004年	2005年	2006年	2007年	2008年
农产品	298 088.8	334 486.4	340 389.5	339 461.6	377 372.8	435 133.7
谷物	599.2	845.1	848.6	1 111.9	1 240.5	1 794.8
小麦产品	457.7	517.2	621.6	668.8	594.0	1 052.2
玉米产品	3.1	15.5	14.3	34.1	36.7	44.8
稻谷产品	109.2	281.9	156.4	351.3	539.4	600.4
棉花	1 361.0	1 732.1	1 319.5	976.9	1 170.0	1 353.3
食用油籽	366.8	354.8	456.8	530.8	331.2	443.7
大豆	12.2	13.8	10.1	8.0	4.8	6.6
花生	4.4	1.1	4.2	0.9	8.0	0.2
油菜籽					0.8	
食用植物油	632.7	581.4	435.5	387.6	757.4	2 353.7
豆油	555.2	533.4	379.5	334.0	531.8	1 843.8
菜籽油	1.1	0.8	2.1	0.3	0.2	0.2
棕榈油	16.1	19.1	13.2	10.6	14.7	7.5
食糖	7 199.9	7 434.9	9 400.7	12 529.3	14 094.1	12 776.2
蔬菜	22 372.3	24 158.5	23 266.5	19 801.8	22 329.0	25 711.1
水果	17 331.2	25 356.8	30 090.4	29 689.8	34 573.7	39 309.2
畜产品	6 505.2	6 329.9	8 205.0	7 479.0	7 608.2	7 077.6
猪产品	3 172.7	2 813.7	3 520.5	2 364.3	2 557.7	1 752.3
牛产品	15.6	23.0	97.9	101.2	20.7	74.9
羊产品					0.1	
禽产品	650.7	470.7	999.6	909.6	936.8	1 327.5
蛋产品	16.9	0.3	9.2	2.4	9.0	19.6
乳品	728.0	704.4	895.8	1 109.0	1 130.4	1 210.8
动物生皮	155.9	178.0	208.4	82.2	167.6	190.4
动物生毛皮	7.2	4.7	2.1		5.5	0.3
羊毛	39.7	28.8	53.8	11.9	25.1	40.0
水产品	110 124.6	124 425.3	114 594.6	104 025.5	118 165.2	139 256.9
饮品	28 246.5	33 488.4	35 284.0	36 469.2	39 840.9	47 977.9
酒	16 611.1	19 868.8	18 308.9	18 653.0	18 677.6	22 929.0
茶	588.0	794.4	731.9	737.7	386.5	383.4
咖啡	3 245.0	3 724.0	5 751.6	6 824.1	9 201.8	11 491.1
烟草	23 721.1	23 450.7	27 056.7	35 031.4	41 367.9	46 389.0

韩国主要农产品出口额（二）

单位：万美元

项　目	2009年	2010年	2011年	2012年	2013年
农产品	456 579.4	557 312.1	694 676.0	719 499.2	710 034.7
谷物	2 711.1	2 917.9	3 307.4	3 150.9	2 904.9
小麦产品	1 179.9	1 238.6	1 338.1	1 316.7	1 304.7
玉米产品	21.0	23.7	27.8	23.8	14.5
稻谷产品	1 359.1	1 445.2	1 683.6	1 518.6	1 242.2
棉花	1 241.1	1 433.0	2 522.3	2 088.3	2 530.2
食用油籽	467.5	658.1	553.9	743.8	1 022.3
大豆	12.4	33.6	55.9	33.7	201.8
花生	12.5	9.1	7.5	7.9	12.3
油菜籽					0.9
食用植物油	1 111.4	2 892.0	5 689.6	6 417.1	3 260.2
豆油	970.6	2 327.7	4 746.6	4 420.8	1 900.7
菜籽油	2.5	4.0	11.1	297.4	8.0
棕榈油	1.1	6.1	2.6	1.6	4.1
食糖	14 915.6	24 222.9	29 123.5	26 290.5	20 315.8
蔬菜	27 424.3	30 514.7	32 169.6	36 746.0	34 435.2
水果	42 353.0	56 160.8	68 343.4	67 808.5	74 648.7
畜产品	8 665.4	11 860.5	20 040.3	23 821.1	37 605.6
猪产品	1 174.4	107.9	283.6	319.2	725.1
牛产品	796.9	764.9	1 363.6	493.3	1 020.9
羊产品					
禽产品	1 866.0	3 227.6	4 243.8	4 180.1	4 402.4
蛋产品	57.1	66.8	30.5	66.6	135.5
乳品	2 339.5	2 299.8	1 847.3	3 203.0	4 166.0
动物生皮	208.0	130.2	221.9	202.9	398.1
动物生毛皮	1.1	3.2	2.0	0.7	0.1
羊毛	39.4	25.4	36.9	6.8	1.3
水产品	144 052.0	171 369.4	218 146.7	219 891.6	195 748.6
饮品	52 845.6	67 026.6	93 454.1	99 871.5	98 955.0
酒	23 971.2	30 879.2	39 594.5	41 376.5	38 466.6
茶	561.6	956.4	958.4	1 726.2	1 925.8
咖啡	13 285.9	14 557.2	22 595.3	20 518.3	21 198.1
烟草	47 809.8	54 209.0	57 205.1	63 280.7	55 321.1

4-5-3 韩国主要农产品进口额（一）

单位：万美元

项　目	2003 年	2004 年	2005 年	2006 年	2007 年	2008 年
农产品	1 153 746.8	1 269 114.1	1 332 172.6	1 476 853.5	1 754 833.6	2 134 311.5
谷物	175 076.5	221 513.2	197 418.9	208 007.7	286 309.3	438 062.6
小麦产品	61 206.5	66 518.5	67 533.6	66 884.5	85 629.0	131 404.9
玉米产品	105 457.1	143 753.0	121 950.1	127 058.3	183 370.7	282 987.4
稻谷产品	4 857.9	8 239.4	5 139.6	11 848.4	13 655.9	19 493.7
棉花	40 025.2	43 300.3	36 057.1	30 214.3	30 866.6	34 479.6
食用油籽	55 669.3	65 446.0	54 518.0	53 389.1	63 660.9	108 763.8
大豆	41 068.1	48 742.1	40 004.0	33 175.1	42 959.9	81 302.8
花生	2 385.6	2 428.1	2 521.4	3 264.7	3 746.7	4 682.7
油菜籽	13.2	1.5	25.7	4.2	3.7	3.5
食用植物油	23 412.2	34 802.2	39 490.2	37 002.1	48 572.5	73 307.7
豆油	8 977.6	14 642.9	13 936.2	14 268.9	22 414.4	34 495.2
菜籽油	1 119.5	1 267.3	1 402.4	1 420.1	3 337.9	6 891.9
棕榈油	9 453.2	10 974.0	10 177.4	10 266.3	13 480.0	22 458.1
食糖	29 351.2	31 078.2	39 495.8	54 658.3	45 060.9	54 351.1
蔬菜	42 013.5	53 867.9	53 934.2	66 836.5	77 490.8	78 247.6
水果	74 778.0	83 658.7	91 022.5	101 756.4	119 812.8	123 559.7
畜产品	245 780.5	198 025.9	252 211.5	285 274.4	326 664.3	330 919.4
猪产品	23 889.7	37 162.2	65 853.0	83 344.8	96 062.7	94 710.2
牛产品	118 191.7	60 252.2	73 576.0	88 387.4	103 862.5	105 176.9
羊产品	705.2	844.1	955.9	1 134.1	1 251.6	1 484.7
禽产品	14 820.8	8 038.4	16 301.6	18 449.7	19 428.1	24 388.3
蛋产品	500.0	537.2	640.6	589.8	670.4	559.0
乳品	14 775.3	22 217.3	26 871.8	27 766.3	36 069.9	40 036.5
动物生皮	51 605.1	45 902.2	43 389.0	38 629.0	40 327.9	40 196.0
动物生毛皮	5 470.6	5 343.9	8 305.5	10 083.6	8 605.7	5 794.7
羊毛	7 086.8	4 722.4	4 415.1	3 673.8	3 243.8	3 535.2
水产品	202 528.2	232 795.9	245 280.0	284 620.0	314 031.2	303 607.4
饮品	69 915.4	68 560.8	80 706.4	89 014.7	111 480.2	124 561.6
酒	41 075.4	37 947.2	43 102.8	47 594.7	61 161.0	66 504.8
茶	1 097.1	1 432.1	1 827.0	2 045.6	1 597.0	1 367.6
咖啡	10 101.3	11 343.3	16 493.3	18 778.2	23 091.8	33 135.3
烟草	24 923.4	20 744.8	15 518.2	18 485.8	22 223.0	31 353.5

韩国主要农产品进口额（二）

单位：万美元

项　目	2009年	2010年	2011年	2012年	2013年
农产品	1 753 338.0	2 121 331.6	2 817 605.6	2 770 224.6	2 804 048.9
谷物	291 636.5	338 403.4	465 974.8	463 449.3	486 072.0
小麦产品	98 572.0	110 190.3	166 684.7	178 950.5	163 169.5
玉米产品	164 686.2	200 047.0	251 127.8	261 680.5	268 797.8
稻谷产品	25 349.5	24 949.0	43 649.2	16 930.5	48 658.8
棉花	29 262.9	40 809.7	86 016.6	68 885.8	61 066.1
食用油籽	86 127.5	87 201.6	102 881.2	110 538.8	123 013.6
大豆	60 440.7	58 827.9	69 590.3	74 125.3	75 237.1
花生	4 111.9	5 008.4	6 370.2	7 552.5	6 360.1
油菜籽	9.6	5.3	13.2	784.2	3 642.1
食用植物油	54 921.5	67 239.1	97 002.8	98 144.3	76 390.7
豆油	24 733.9	29 036.0	38 329.5	42 398.0	31 465.7
菜籽油	5 530.9	6 876.4	14 462.4	12 341.7	8 268.4
棕榈油	17 805.1	23 654.3	34 758.8	33 547.5	27 227.4
食糖	61 842.9	86 196.7	112 169.3	102 306.6	89 797.7
蔬菜	69 564.1	100 762.5	120 239.0	121 929.1	123 715.1
水果	113 196.9	146 352.7	193 832.0	206 588.2	219 243.9
畜产品	269 780.7	347 716.8	548 685.6	473 423.8	467 948.5
猪产品	74 924.5	76 509.9	165 026.1	130 458.8	99 701.9
牛产品	86 294.1	118 648.2	167 883.0	141 096.2	154 328.7
羊产品	1 350.8	1 864.3	2 726.7	2 797.7	2 746.9
禽产品	19 088.9	27 819..2	38 207.8	41 917.6	40 716.9
蛋产品	405.5	604.4	808.9	857.1	851.3
乳品	32 597.4	44 868.5	74 844.7	62 607.5	70 326.7
动物生皮	28 786.0	40 724.1	47 465.8	49 290.2	48 007.4
动物生毛皮	7 051.6	12 261.3	16 486.5	14 833.4	11 254.1
羊毛	4 206.4	5 617.5	7 385.7	6 209.3	7 627.7
水产品	279 445.2	332 881.0	407 347.0	389 354.9	380 187.8
饮品	106 030.1	133 704.8	181 335.1	175 854.7	170 365.3
酒	50 538.0	59 541.9	67 932.8	71 955.3	71 476.5
茶	1 381.3	1 871.3	2 399.0	3 081.8	3 842.1
咖啡	31 087.4	41 598.7	71 740.3	59 739.2	50 239.0
烟草	34 661.3	38 103.8	34 109.7	36 962.8	39 496.2

4-5-4 韩国主要农产品出口量（一）

单位：吨

项 目	2003年	2004年	2005年	2006年	2007年	2008年
农产品						
谷物	13 835.4	14 409.9	13 719.0	17 815.3	18 514.4	18 070.2
小麦产品	11 985.4	11 773.1	11 214.4	10 970.5	9 814.7	9 376.1
玉米产品	40.2	135.3	132.5	225.2	493.4	420.7
稻谷产品	1 662.2	2 385.1	2 133.0	6 341.6	7 847.4	7 691.8
棉花	15 807.3	14 755.6	12 632.2	10 363.5	11 895.6	11 578.8
食用油籽	1 441.8	1 410.9	1 254.7	1 582.1	930.0	1 219.8
大豆	601.9	685.2	110.4	200.4	22.5	234.3
花生	59.5	18.5	66.1	9.9	79.7	0.2
油菜籽					1.5	
食用植物油	6 202.6	4 974.0	4 375.9	4 053.6	5 670.6	13 412.1
豆油	5 707.6	4 790.7	4 231.4	3 942.2	4 250.1	10 799.8
菜籽油	2.0	0.6	13.7	1.0	0.4	0.3
棕榈油	59.3	60.2	18.9	12.3	38.9	23.5
食糖	298 708.6	303 618.1	309 223.4	291 015.7	375 654.1	285 174.6
蔬菜	68 290.8	88 192.4	84 773.2	68 163.3	75 333.8	103 442.1
水果						
畜产品						
猪产品						
牛产品						
羊产品						
禽产品						
蛋产品						
乳品	7 296.4	7 378.8	7 749.9	8 586.0	7 584.5	6 817.9
动物生皮	937.2	1 168.7	1 494.1	827.5	1 812.3	3 416.4
动物生毛皮	0.8	0.2	0.2		0.5	
羊毛	102.4	60.1	140.1	15.9	50.3	30.3
水产品						
饮品						
酒						
茶	2 122.8	2 782.3	2 209.1	2 288.9	1 189.4	1 016.0
咖啡	6 898.3	6 330.8	8 878.0	9 605.6	11 818.4	14 119.0
烟草						

韩国主要农产品出口量（二）

单位：吨

项　目	2009年	2010年	2011年	2012年	2013年
农产品					
谷物	24 097.7	27 066.9	30 099.2	30 342.0	30 605.4
小麦产品	10 697.0	12 678.2	13 768.6	15 504.6	17 553.8
玉米产品	91.5	96.3	149.4	127.8	76.7
稻谷产品	12 275.9	13 171.3	14 623.7	13 394.6	11 761.4
棉花	11 505.7	11 771.9	11 762.4	14 828.3	20 685.7
食用油籽	1 334.8	2 369.1	1 464.3	1 911.5	3 667.5
大豆	166.0	294.2	310.6	181.8	1 786.0
花生	50.1	64.0	41.9	36.2	56.1
油菜籽					1.0
食用植物油	8 109.7	22 661.1	34 005.5	37 685.5	19 070.0
豆油	7 747.1	18 083.3	28 589.8	25 537.5	10 974.3
菜籽油	8.4	14.7	56.4	2 013.9	29.8
棕榈油	2.3	11.0	7.6	6.0	15.1
食糖	290 796.6	371 542.4	360 134.3	359 645.6	339 642.7
蔬菜	121 298.2	117 053.2	102 209.0	105 932.8	102 261.5
水果					
畜产品					
猪产品					
牛产品					
羊产品					
禽产品					
蛋产品					
乳品	12 166.0	9 429.2	9 126.5	14 432.0	19 402.5
动物生皮	3 315.6	1 190.2	1 084.0	738.9	1 862.4
动物生毛皮		0.3		0.2	
羊毛	33.1	24.9	30.6	6.4	0.5
水产品					
饮品					
酒					
茶	1 667.8	1 550.0	1 496.1	2 570.3	2 309.9
咖啡	18 108.2	22 478.0	31 931.4	29 684.6	30 403.4
烟草					

4-5-5 韩国主要农产品进口量（一）

单位：吨

项　目	2003 年	2004 年	2005 年	2006 年	2007 年	2008 年
农产品						
谷物	12 941 451.8	12 113 879.6	12 467 054.6	12 571 644.2	12 216 329.3	12 173 246.9
小麦产品	3 769 039.7	3 381 874.6	3 671 707.6	3 558 902.0	3 251 013.3	2 742 797.9
玉米产品	8 799 927.0	8 386 568.1	8 552 097.2	8 686 330.7	8 597 840.2	9 039 014.1
稻谷产品	143 335.8	209 325.4	133 492.5	255 043.7	264 752.7	308 694.7
棉花	317 336.2	276 601.1	287 780.2	220 691.0	230 679.1	211 537.1
食用油籽	1 802 289.8	1 575 171.5	1 610 998.8	1 456 680.1	1 492 153.8	1 592 918.0
大豆	1 535 253.7	1 297 182.7	1 348 403.1	1 147 659.7	1 210 559.2	1 346 879.2
花生	35 328.7	34 321.1	33 809.1	33 990.0	32 793.3	31 104.0
油菜籽	322.1	5.5	754.4	12.2	13.2	7.6
食用植物油	422 642.1	504 016.0	569 731.9	558 003.2	579 928.8	571 711.6
豆油	162 584.7	223 326.6	256 118.6	271 115.5	304 599.3	287 167.1
菜籽油	17 170.7	17 855.5	21 645.6	21 606.8	37 710.7	48 300.2
棕榈油	213 118.8	215 637.2	235 239.8	223 646.4	187 563.7	199 992.1
食糖	1 560 939.0	1 600 812.6	1 623 437.2	1 483 341.2	1 515 291.3	1 645 219.1
蔬菜	609 845.1	722 768.3	731 374.5	892 268.0	1 008 820.9	988 493.8
水果						
畜产品						
猪产品						
牛产品						
羊产品						
禽产品						
蛋产品						
乳品	91 385.5	115 493.8	123 736.1	130 213.7	133 190.8	110 233.9
动物生皮	213 897.4	189 577.6	186 545.8	164 798.8	155 270.6	157 589.9
动物生毛皮	271.0	191.5	245.2	229.7	233.3	122.6
羊毛	13 522.2	8 497.1	8 268.3	7 351.6	5 596.1	5 593.5
水产品						
饮品						
酒						
茶	2 343.1	3 494.6	3 676.1	3 346.6	2 256.1	1 395.8
咖啡	80 061.0	87 870.2	91 618.5	91 661.5	90 889.0	108 413.8
烟草						

韩国主要农产品进口量（二）

单位：吨

项　目	2009 年	2010 年	2011 年	2012 年	2013 年
农产品					
谷物	11 563 724.6	13 436 115.8	13 146 747.8	14 296 510.2	14 172 151.6
小麦产品	3 877 892.6	4 457 660.2	4 703 654.8	5 685 361.6	4 706 156.4
玉米产品	7 352 413.9	8 560 286.1	7 778 245.5	8 240 625.5	8 740 805.5
稻谷产品	267 282.4	345 007.1	572 946.3	245 621.1	621 616.0
棉花	218 166.1	221 130.2	236 323.0	270 542.6	295 491.9
食用油籽	1 365 943.5	1 518 599.3	1 471 558.8	1 482 026.0	1 519 819.4
大豆	1 105 026.1	1 242 894.9	1 167 100.6	1 149 292.1	1 132 983.9
花生	33 191.1	31 728.1	32 045.7	32 808.5	30 954.6
油菜籽	45.0	20.5	61.6	10 849.0	51 141.4
食用植物油	629 087.9	713 533.4	742 780.3	813 369.3	726 877.1
豆油	284 461.1	325 157.1	301 252.5	339 864.2	286 708.6
菜籽油	55 155.7	68 326.1	109 557.1	94 883.6	66 291.7
棕榈油	252 996.8	280 793.7	291 524.9	324 956.4	333 560.4
食糖	1 651 046.5	1 639 928.0	1 647 071.1	1 770 077.8	1 879 444.7
蔬菜	836 069.9	1 057 130.2	1 233 317.9		1 257 923.3
水果					
畜产品					
猪产品					
牛产品					
羊产品					
禽产品					
蛋产品					
乳品	126 812.1	149 629.6	202 276.0	181 044.5	185 447.8
动物生皮	181 155.0	166 522.7	165 527.0	170 076.8	146 863.9
动物生毛皮	210.4	247.6	270.4	197.5	162.5
羊毛	7 807.7	7 929.0	8 236.8	7 077.3	8 533.3
水产品					
饮品					
酒					
茶	1 164.9	1 654.9	2 147.7	2 321.1	2 648.9
咖啡	105 579.2	117 160.0	130 345.1	115 056.0	121 341.4
烟草					

4-5-6 韩国农产品出口额前15位国家（地区）
（2013年）

单位：万美元，%

序号	国家（地区）	出口额	同比增长
1	日本	202 162.1	−12.5
2	中国	115 872.5	5.2
3	美国	68 547.5	11.2
4	越南	37 630.4	23.7
5	中国香港	36 036.9	30.6
6	泰国	25 758.7	−14.4
7	俄罗斯	22 773.7	−3.4
8	阿拉伯联合酋长国	18 749.1	−14.7
9	印度尼西亚	14 630.5	15.7
10	菲律宾	13 619.2	15.6
11	新加坡	11 155.1	16.7
12	澳大利亚	10 908.7	4.8
13	新西兰	8 286.7	−19.0
14	加拿大	7 577.3	−2.6
15	马来西亚	7 478.1	0.7
	小计	**601 186.5**	

4-5-7 韩国农产品进口额前15位国家（地区）
（2013年）

单位：万美元，%

序号	国家（地区）	进口额	同比增长
1	美国	597 669.6	−9.4
2	中国	393 311.1	11.1
3	巴西	270 231.5	31.7
4	澳大利亚	236 833.9	−15.3
5	阿根廷	110 638.7	17.5
6	印度	102 504.5	53.9
7	泰国	83 045.0	−6.6
8	越南	80 608.1	−5.9
9	俄罗斯	66 345.5	−3.4
10	菲律宾	58 852.5	5.5
11	马来西亚	58 169.8	−6.1
12	加拿大	54 690.4	−16.8
13	智利	52 082.6	6.6
14	法国	51 697.1	29.5
15	新西兰	49 901.1	−7.0
	小计	**2 266 581.4**	

4-6　马来西亚主要农产品贸易情况

4-6-1　马来西亚农产品贸易综述

一、10 年来马来西亚农产品贸易总体情况

过去 10 年，马来西亚农产品贸易额由 2003 年的 132.1 亿美元增至 2013 年的 413.3 亿美元，年均增长 12.1%，其中出口额由 87.9 亿美元增至 247.6 亿美元，年均增长 10.9%；进口额由 44.2 亿美元增至 165.7 亿美元，年均增长 14.1%；贸易顺差由 43.7 亿美元增至 81.9 亿美元，年均增长 6.5%（图 1）。

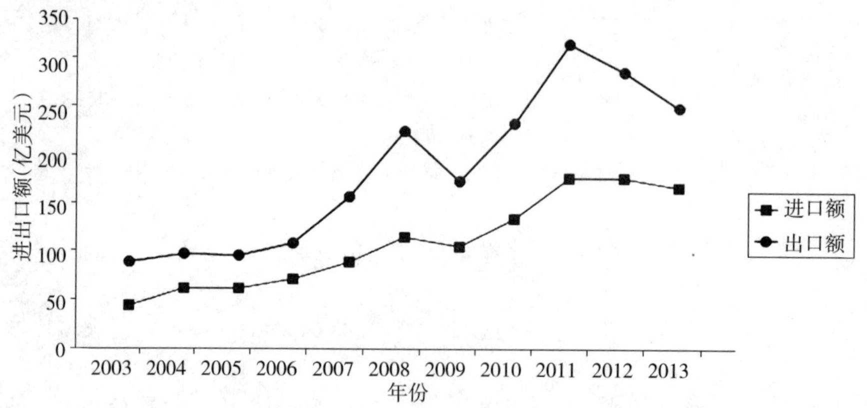

图 1　2003—2013 年马来西亚农产品进出口额

2004—2013 年，马来西亚农产品进出口变化幅度较大。从出口情况看，2005、2009、2012 和 2013 年出口同比下降，尤其是 2009 年下降幅度达二成以上；其余年份出口保持一成以上增幅，2007、2008 年均达到四成以上。从进口情况看，年度变化幅度小于出口，其中 2009、2013 同比下降，其余年份进口增长，2004 年增幅近四成（图 2）。

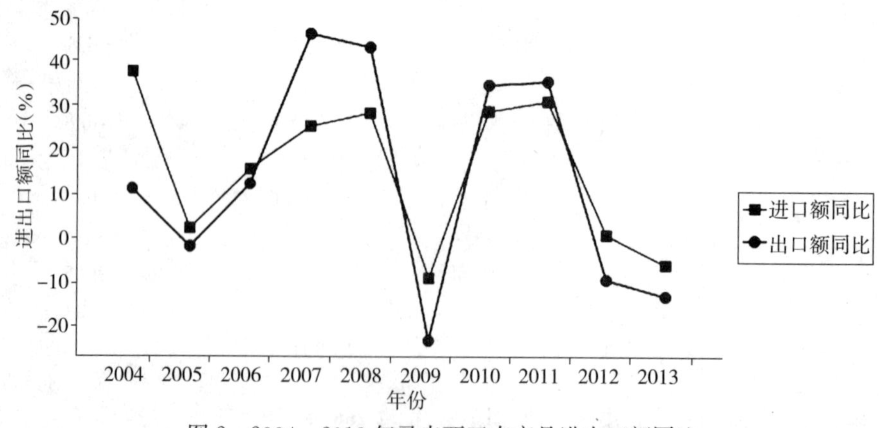

图 2　2004—2013 年马来西亚农产品进出口额同比

二、2013 年马来西亚农产品贸易情况

2013 年马来西亚农产品贸易额为 413.3 亿美元，同比下降 10.3%，在全球各大农产品贸易国中排名第 21 位。其中出口额为 247.6 亿美元，同比下降 13.0%，全球排名第 18 位；进口额为 165.7 亿美元，同比下降 6.0%，全球排名第 20 位。

（一）进出口产品结构

2013 年，马来西亚农产品出口中食用植物油占据半壁江山，出口额 126.3 亿美元，占其农产品出口额的比重为 51.0%；饮品出口额位居第二位，出口额为 24.4 亿美元，占其农产品出口额的比重为 9.9%（图 3）。

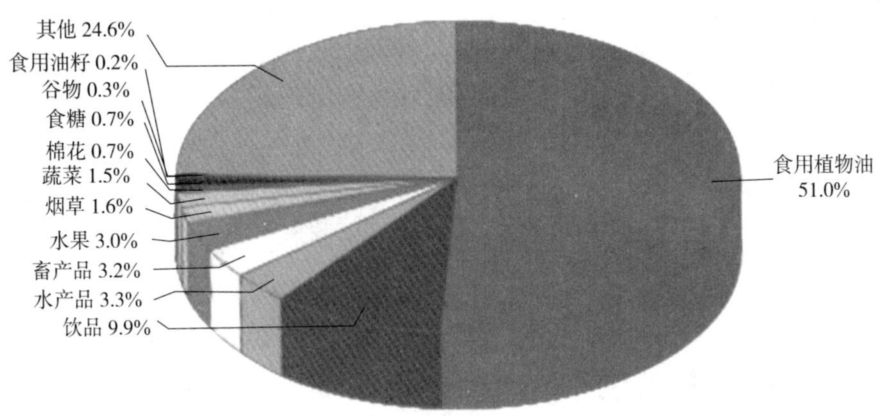

图 3　2013 年马来西亚农产品出口结构

2013 年，马来西亚出口额连续第二年下滑，降幅扩大。烟草、食用植物油和棉花出口急剧下降，同比下降两成以上，其中棉花降幅超六成；同期，谷物、水果出口增长较快，增幅在一成以上（表 1）。

表 1　2004—2013 年马来西亚主要农产品出口额同比变化情况

单位:%

	2004 年	2005 年	2006 年	2007 年	2008 年	2009 年	2010 年	2011 年	2012 年	2013 年
农产品	10.8	−1.8	12.2	45.8	42.5	−22.8	34.4	35.2	−9.2	−13.0
谷物	−5.6	−17.2	24.9	19.0	20.5	−22.9	18.8	32.9	6.0	13.9
棉花	23.3	−9.3	16.1	−5.8	237.7	172.9	38.6	283.8	42.8	−60.7
食用油籽	−2.7	24.3	−10.7	51.1	63.9	−17.7	23.7	11.6	−2.2	6.8
食用植物油	3.9	−9.7	21.2	57.5	53.8	−27.2	33.6	40.7	−11.3	−20.0
食糖	−7.2	1.5	13.1	47.0	−45.7	−0.4	110.0	21.1	−18.6	−0.1

（续）

	2004 年	2005 年	2006 年	2007 年	2008 年	2009 年	2010 年	2011 年	2012 年	2013 年
蔬菜	14.0	8.0	7.4	15.3	17.1	−7.7	24.0	20.1	−2.6	5.7
水果	−0.5	6.1	6.3	17.7	23.6	−0.7	28.4	31.3	8.8	11.9
畜产品	−1.2	12.2	8.1	47.1	33.3	−25.6	15.7	26.0	5.7	6.1
水产品	34.0	8.4	0.8	17.7	2.8	−16.5	28.0	10.7	−7.8	−5.7
饮品	30.7	13.8	11.9	34.9	24.5	−3.6	39.5	12.9	−3.6	6.0
烟草	−0.8	−3.0	10.2	9.3	20.9	−5.8	7.6	7.5	47.3	−24.6

2013 年，马来西亚进口农产品主要是饮品、谷物、畜产品，进口额分别为 22.3 亿美元、21.1 亿美元、20.7 亿美元，分别占其农产品进口额的 13.5%、12.7%、12.5%（图 4）。

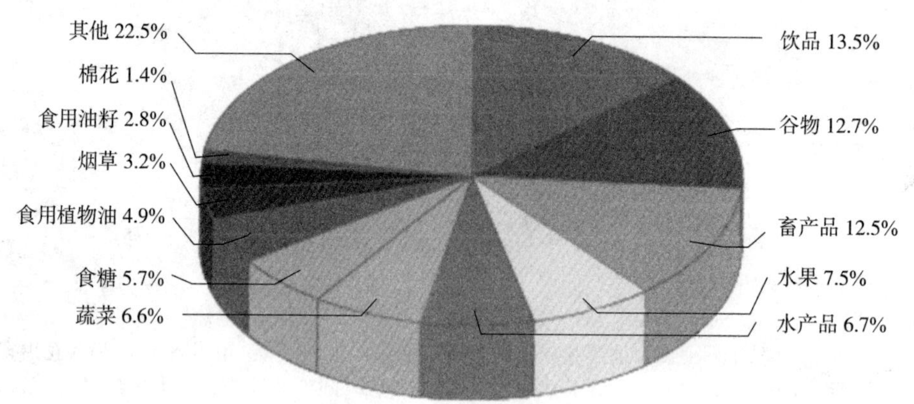

图 4 2013 年马来西亚农产品进口结构

2013 年，马来西亚农产品进口延续上年萎靡态势，下降 6.0%。棉花和食用植物油进口大幅下降，减幅在六成左右。畜产品、蔬菜和水果进口增长较快，同比增幅超一成（表 2）。

表 2 2004—2013 年马来西亚主要农产品进口额同比变化情况

单位：%

	2004 年	2005 年	2006 年	2007 年	2008 年	2009 年	2010 年	2011 年	2012 年	2013 年
农产品	37.2	2.1	15.5	25.0	27.9	−9.0	28.5	30.7	0.8	−6.0
谷物	39.7	7.4	12.2	35.8	51.6	−24.4	10.2	27.4	−3.6	−1.1
棉花	68.8	−14.4	−41.8	17.7	66.4	65.9	−18.6	295.4	24.4	−63.1

（续）

	2004年	2005年	2006年	2007年	2008年	2009年	2010年	2011年	2012年	2013年
食用油籽	37.9	−18.5	−1.9	32.2	25.8	−20.9	31.1	23.6	−2.0	−5.3
食用植物油	120.4	−44.7	60.2	1.9	90.3	7.3	43.7	76.1	−12.7	−57.7
食糖	8.2	14.6	32.2	13.6	−6.8	43.7	33.1	21.7	6.9	−9.6
蔬菜	32.8	7.2	17.9	17.1	−4.8	16.9	33.9	5.4	−3.7	11.5
水果	22.0	11.7	7.2	24.9	23.4	7.0	32.2	21.0	14.1	12.2
畜产品	21.2	9.3	3.0	38.5	10.9	−24.7	34.2	25.5	6.2	18.3
水产品	42.0	−0.7	9.3	12.2	−7.7	15.4	16.7	25.8	8.0	−0.4
饮品	27.0	8.7	53.8	23.8	38.9	−25.1	30.5	26.6	0.2	2.4
烟草	9.6	12.5	4.6	8.3	31.3	−8.6	18.8	18.7	26.5	−4.6

（二）主要贸易伙伴

2013年马来西亚前五大农产品出口市场分别为中国、新加坡、印度、美国和荷兰，出口额分别为36.8亿美元、22.9亿美元、18.2亿美元、13.3亿美元和13.2亿美元，占其农产品出口额的比重分别为14.9%、9.2%、7.4%、5.4%和5.3%（图5）。

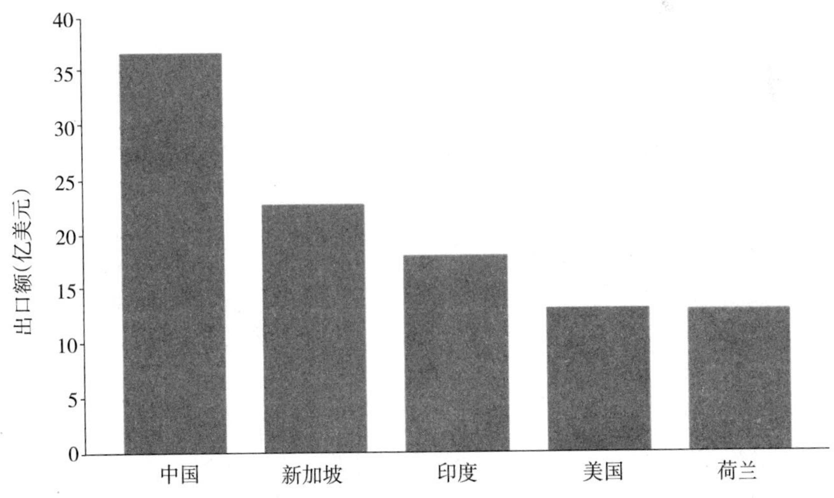

图5　2013年马来西亚前五大农产品出口市场

2013年马来西亚前五大农产品进口来源地分别为印度尼西亚、中国、阿根廷、泰国和印度，进口额分别为22.1亿美元、15.1亿美元、13.1亿美元、12.8亿美元和12.5亿美元，占其农产品进口额的比重分别为13.3%、9.1%、7.9%、7.7%和7.5%（图6）。

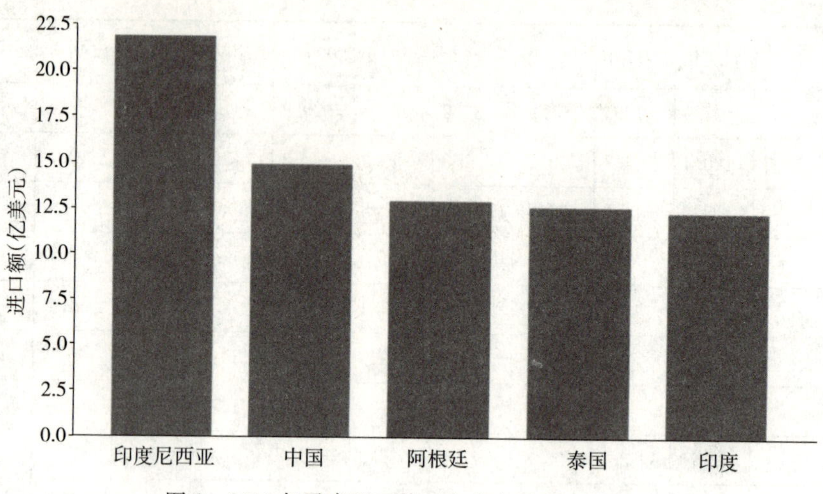

图 6　2013 年马来西亚前五大农产品进口来源地

4-6-2 马来西亚主要农产品出口额（一）

单位：万美元

项 目	2003年	2004年	2005年	2006年	2007年	2008年
农产品	879 489.1	974 725.7	957 485.0	1 074 340.8	1 566 139.4	2 232 530.3
谷物	3 607.4	3 405.0	2 819.8	3 522.6	4 190.9	5 051.3
小麦产品	2 128.4	1 882.0	1 789.0	1 622.8	2 176.3	3 002.3
玉米产品	333.7	221.7	157.0	282.0	164.8	175.2
稻谷产品	294.9	297.3	236.2	263.9	165.5	305.1
棉花	528.8	651.7	591.1	686.5	647.0	2 184.7
食用油籽	1 712.0	1 666.4	2 071.1	1 850.3	2 796.5	4 582.6
大豆	770.8	675.8	804.4	877.8	1 599.3	2 028.7
花生	421.8	460.1	475.1	409.8	448.5	1 222.7
油菜籽						
食用植物油	471 847.4	490 447.7	442 870.7	536 817.8	845 529.3	1 300 458.2
豆油	6 171.6	8 723.5	7 185.0	8 377.3	12 521.2	16 609.3
菜籽油	754.6	2 159.8	2 058.7	2 255.4	3 201.3	4 141.8
棕榈油	462 235.3	476 000.9	429 450.1	520 326.0	824 812.5	1 274 344.4
食糖	9 643.7	8 945.3	9 079.7	10 273.3	15 098.5	8 202.3
蔬菜	14 853.0	16 932.7	18 282.8	19 642.5	22 657.5	26 528.4
水果	22 036.4	21 929.3	23 276.2	24 732.6	29 116.9	35 983.4
畜产品	27 864.8	27 528.0	30 890.7	33 392.4	49 121.4	65 479.4
猪产品	126.4	185.1	240.7	412.2	591.1	406.2
牛产品	382.0	382.8	753.6	491.9	464.3	960.7
羊产品		1.8	8.0	4.6	5.8	10.8
禽产品	13 578.7	10 848.7	12 158.5	12 408.6	15 962.4	20 969.0
蛋产品	4 318.2	4 446.8	5 389.9	5 261.2	6 973.3	9 155.5
乳品	7 780.0	9 998.1	10 490.0	12 568.5	23 096.1	31 423.0
动物生皮	490.2	708.2	701.7	701.4	723.8	768.7
动物生毛皮		14.3		0.3		
羊毛	90.4	75.3	343.8	97.4	142.2	109.5
水产品	44 341.2	59 438.0	64 420.8	64 919.0	76 419.6	78 586.6
饮品	56 370.4	73 654.1	83 834.5	93 787.9	126 518.6	157 545.0
酒	9 076.3	13 271.7	16 126.0	20 120.8	28 161.1	27 737.3
茶	592.1	1 103.4	884.1	679.0	873.5	1 419.9
咖啡	6 016.5	7 175.8	7 421.4	7 584.0	10 857.4	14 288.7
烟草	22 651.2	22 476.6	21 803.2	24 025.6	26 261.4	31 745.8

马来西亚主要农产品出口额（二）

单位：万美元

项　目	2009 年	2010 年	2011 年	2012 年	2013 年
农产品	1 723 871.3	2 317 329.3	3 133 364.2	2 845 189.5	2 476 249.9
谷物	3 894.2	4 625.5	6 145.9	6 516.3	7 423.9
小麦产品	2 185.3	2 299.6	3 566.4	3 527.0	3 733.1
玉米产品	135.4	304.3	467.3	823.5	756.2
稻谷产品	238.5	258.9	285.2	347.7	989.1
棉花	5 961.6	8 261.7	31 708.0	45 284.1	17 796.9
食用油籽	3 771.9	4 667.3	5 206.9	5 091.3	5 435.6
大豆	1 811.8	1 674.8	2 232.8	2 034.2	2 044.1
花生	738.1	1 463.6	1 121.6	1 114.1	1 109.1
油菜籽					
食用植物油	946 785.9	1 264 526.7	1 779 629.2	1 578 195.8	1 262 944.4
豆油	12 068.3	15 100.0	19 905.5	19 815.4	16 796.1
菜籽油	3 185.0	3 700.4	6 553.5	5 861.1	5 508.2
棕榈油	926 283.8	1 240 540.2	1 744 690.8	1 543 976.6	1 230 781.7
食糖	8 171.7	17 158.8	20 781.0	16 906.5	16 887.0
蔬菜	24 495.0	30 366.0	36 459.3	35 502.3	37 535.6
水果	35 718.6	45 856.4	60 211.4	65 493.9	73 319.4
畜产品	48 730.5	56 384.5	71 062.2	75 103.9	79 697.8
猪产品	913.8	976.3	783.3	1 824.0	2 589.3
牛产品	1 096.4	1 700.6	1 867.9	1 674.5	1 693.6
羊产品	3.5	45.3	20.1	53.7	16.9
禽产品	19 314.1	23 343.5	27 698.6	25 162.3	29 072.0
蛋产品	8 891.9	10 378.6	12 692.6	13 459.0	13 718.8
乳品	15 528.3	15 709.8	24 382.1	29 211.2	28 804.2
动物生皮	547.5	738.7	1 029.9	1 530.1	1 531.5
动物生毛皮	0.4	1.5	0.7		
羊毛	47.0	492.2	139.1	176.1	191.6
水产品	65 584.5	83 923.9	92 893.6	85 630.7	80 708.5
饮品	151 940.8	211 911.8	239 291.5	230 563.4	244 312.6
酒	27 961.8	37 456.4	41 181.0	38 724.3	48 100.4
茶	1 403.4	1 503.2	1 837.3	2 410.8	3 084.7
咖啡	16 859.3	24 449.8	31 407.4	38 706.9	41 122.2
烟草	29 906.6	32 177.0	34 606.3	50 966.5	38 442.5

4-6-3 马来西亚主要农产品进口额（一）

单位：万美元

项 目	2003年	2004年	2005年	2006年	2007年	2008年
农产品	442 208.3	606 919.1	619 462.0	715 475.3	894 658.9	1 144 242.5
谷物	60 254.2	84 161.8	90 376.7	101 369.4	137 623.1	208 599.2
小麦产品	17 624.6	29 559.3	31 165.4	28 891.7	38 725.3	51 944.2
玉米产品	29 001.4	37 102.1	38 235.9	41 523.3	63 166.3	71 012.9
稻谷产品	11 322.5	15 474.0	19 192.1	29 600.2	32 556.0	82 506.7
棉花	5 727.2	9 666.2	8 278.3	4 814.4	5 666.1	9 427.7
食用油籽	21 258.4	29 312.2	23 875.4	23 415.2	30 962.0	38 956.1
大豆	17 107.2	24 191.0	17 962.4	16 468.6	23 929.9	32 460.5
花生	2 545.2	2 530.7	2 486.8	2 554.5	2 945.2	3 806.9
油菜籽	0.6	76.2		3.2	0.6	1.3
食用植物油	21 426.6	47 235.0	26 134.3	41 856.3	42 643.5	81 145.9
豆油	3 045.1	5 150.5	3 898.2	4 769.6	5 156.5	7 584.9
菜籽油	417.4	2 453.8	2 019.0	1 843.6	3 438.4	4 823.0
棕榈油	14 801.6	35 640.4	15 787.2	28 604.4	29 384.6	63 424.8
食糖	24 008.6	25 986.2	29 785.2	39 379.0	44 752.8	41 697.7
蔬菜	33 218.8	44 099.8	47 274.5	55 740.2	65 245.5	62 137.6
水果	25 273.7	30 838.4	34 446.0	36 939.0	46 150.9	56 939.1
畜产品	61 895.5	75 039.1	82 030.9	84 496.0	117 005.1	129 732.1
猪产品	700.3	993.6	1 028.9	926.9	1 367.0	1 988.6
牛产品	16 646.0	20 974.2	22 206.2	22 419.4	24 255.1	29 316.0
羊产品	3 065.2	4 191.3	4 744.0	5 435.8	6 730.8	7 325.8
禽产品	7 036.7	4 483.3	4 484.7	4 809.6	7 995.1	9 286.8
蛋产品	220.2	234.8	266.6	90.6	129.6	154.3
乳品	30 217.4	39 361.8	43 677.0	44 376.1	69 714.7	74 530.3
动物生皮	310.6	758.7	1 025.3	947.1	984.3	927.3
动物生毛皮			0.3	2.6	2.7	1.0
羊毛	1 050.8	1 760.9	2 330.9	3 402.7	3 901.6	3 583.4
水产品	38 252.8	54 319.2	53 947.6	58 962.6	66 168.5	61 049.5
饮品	48 233.2	61 250.8	66 570.2	102 415.6	126 812.7	176 136.4
酒	10 299.3	15 592.0	15 290.2	17 485.4	23 829.9	27 506.9
茶	1 486.9	1 922.9	2 189.1	2 339.5	2 751.0	2 974.2
咖啡	3 607.2	4 687.7	5 298.0	8 416.5	11 486.4	13 921.5
烟草	18 637.9	20 435.3	22 991.8	24 040.2	26 031.9	34 188.5

马来西亚主要农产品进口额（二）

单位：万美元

项　目	2009 年	2010 年	2011 年	2012 年	2013 年
农产品	1 041 673.4	1 338 141.9	1 748 983.8	1 762 499.0	1 656 655.6
谷物	157 758.5	173 804.7	221 346.3	213 342.4	210 964.9
小麦产品	38 986.6	39 891.5	55 125.8	47 116.7	44 711.1
玉米产品	59 295.2	79 498.2	100 095.5	100 485.9	109 918.2
稻谷产品	56 714.8	51 690.8	62 782.9	62 678.3	52 882.9
棉花	15 641.4	12 736.7	50 358.7	62 646.5	23 116.5
食用油籽	30 833.7	40 432.4	49 988.3	48 977.3	46 360.8
大豆	24 799.0	32 251.9	38 615.7	38 726.5	35 468.2
花生	3 249.0	4 426.1	6 039.6	4 664.8	4 807.6
油菜籽	1.8	2.9	22.0	66.9	854.0
食用植物油	87 065.7	125 136.7	220 391.0	192 317.1	81 429.5
豆油	6 447.1	7 024.4	13 450.0	9 289.4	10 270.9
菜籽油	3 378.6	3 735.2	5 218.9	3 995.2	6 433.4
棕榈油	70 734.2	108 444.8	193 754.9	170 496.3	55 455.0
食糖	59 925.9	79 759.0	97 035.2	103 719.8	93 773.2
蔬菜	72 619.0	97 205.9	102 409.4	98 631.8	109 995.9
水果	60 908.9	80 527.7	97 447.5	111 235.9	124 805.7
畜产品	97 626.2	131 039.6	164 401.9	174 611.4	206 508.8
猪产品	2 211.7	3 835.3	4 284.0	4 317.3	4 497.6
牛产品	32 130.4	36 714.0	45 391.3	51 377.5	58 238.3
羊产品	7 228.5	11 549.0	11 026.5	11 283.0	13 121.3
禽产品	7 591.9	10 064.4	12 855.7	13 516.8	13 378.3
蛋产品	93.3	113.8	57.9	81.3	100.0
乳品	42 224.1	60 144.1	80 138.8	82 553.2	100 288.1
动物生皮	817.1	742.0	678.7	601.8	954.8
动物生毛皮	176.5	682.2	1 817.9	2 188.9	2 131.0
羊毛	1 218.9	2 081.8	4 334.6	4 889.7	7 016.8
水产品	70 466.4	82 220.4	103 416.0	111 683.7	111 269.3
饮品	131 985.7	172 268.9	218 081.5	218 428.6	223 641.9
酒	26 007.0	32 951.8	51 930.8	59 681.7	66 994.0
茶	3 508.0	4 566.6	4 775.8	5 478.9	6 057.1
咖啡	11 394.0	15 782.3	25 051.6	28 158.6	30 837.9
烟草	31 263.3	37 156.4	44 093.2	55 760.9	53 185.8

4-6-4 马来西亚主要农产品出口量（一）

单位：吨

项 目	2003年	2004年	2005年	2006年	2007年	2008年
农产品						
谷物	107 622.3	92 373.5	73 097.7	517 713.2	73 473.0	64 886.6
小麦产品	76 288.3	64 424.4	57 598.8	49 366.4	55 296.6	44 122.2
玉米产品	12 727.5	7 291.8	4 435.6	394 580.1	3 899.8	4 014.5
稻谷产品	10 276.7	10 443.6	4 704.7	18 435.0	2 038.4	3 229.4
棉花	8 844.5	8 563.2	9 204.0	9 297.6	8 554.1	15 834.0
食用油籽	37 942.9	26 965.5	36 408.3	41 078.2	45 966.5	43 913.5
大豆	26 979.2	17 326.7	25 226.8	29 106.4	38 527.2	31 809.2
花生	7 216.5	6 807.1	8 671.1	5 777.5	3 894.5	9 034.6
油菜籽						
食用植物油	10 661 760.6	10 237 980.2	10 840 384.5	13 608 972.3	11 858 948.5	13 501 869.5
豆油	97 470.5	120 758.8	110 014.1	720 837.4	146 568.8	116 711.3
菜籽油	9 563.3	26 410.2	25 470.4	29 226.7	32 622.2	26 237.5
棕榈油	10 518 017.1	10 047 892.5	10 653 421.0	12 785 984.8	11 628 977.1	13 329 194.2
食糖	382 574.9	356 588.5	286 610.8	482 158.6	381 390.1	199 448.2
蔬菜		426 553.4	430 551.8	399 365.7	363 661.5	373 556.7
水果						
畜产品						
猪产品						
牛产品						
羊产品						
禽产品						
蛋产品						
乳品		44 793.8	41 489.2	53 813.3	75 940.4	92 496.3
动物生皮	4 245.9	4 303.3	4 587.2	4 635.3	4 801.0	4 121.9
动物生毛皮		4.4				
羊毛	221.2	357.7	717.9	560.7	700.8	548.6
水产品						
饮品						
酒						
茶	2 355.1	4 044.8	3 827.8	2 955.0	3 050.0	4 310.7
咖啡	31 598.2	38 452.4	36 604.5	27 040.9	28 225.7	36 119.0
烟草						

马来西亚主要农产品出口量（二）

单位：吨

项 目	2009年	2010年	2011年	2012年	2013年
农产品					
谷物	54 107.3	70 283.1	89 822.3	99 143.4	138 231.0
小麦产品	36 832.0	46 167.7	62 840.8	60 394.8	81 589.7
玉米产品	2 747.5	7 465.1	10 256.3	21 562.3	24 229.7
稻谷产品	2 608.7	2 426.8	2 815.5	3 341.1	12 988.1
棉花	65 565.5	53 645.8	119 513.4	243 014.2	94 536.5
食用油籽	49 295.2	49 091.8	48 242.5	41 415.3	35 555.8
大豆	41 148.3	32 984.9	38 002.5	31 843.5	27 808.2
花生	4 325.9	10 125.1	5 972.3	5 341.4	4 505.4
油菜籽					
食用植物油	14 109 193.6	14 956 627.1	16 018 646.8	15 881 306.2	10 223 286.5
豆油	113 388.6	150 394.0	137 192.9	139 294.2	114 928.3
菜籽油	26 391.7	28 623.5	42 856.8	36 417.5	34 041.1
棕榈油	13 924 402.6	14 732 713.0	15 783 756.1	15 647 335.9	10 016 988.4
食糖	179 636.3	266 102.3	279 000.5	256 262.9	247 506.0
蔬菜	384 238.5	392 670.9	319 872.4	301 762.9	
水果					
畜产品					
猪产品					
牛产品					
羊产品					
禽产品					
蛋产品					
乳品	66 767.2	62 541.5	103 498.0	130 207.7	
动物生皮	4 689.2	5 454.7	5 747.7	5 688.4	
动物生毛皮		1.3	0.5		
羊毛	282.6	924.7	308.2	390.1	456.8
水产品					
饮品					
酒					
茶	5 539.4	4 681.4	5 378.1	5 870.2	4 993.4
咖啡	49 273.6	69 720.2	61 649.2	73 933.0	
烟草					

4-6-5 马来西亚主要农产品进口量（一）

单位：吨

项 目	2003年	2004年	2005年	2006年	2007年	2008年
农产品						
谷物	3 822 329.3	4 308 611.5	4 944 632.6	8 113 603.8	5 057 802.2	4 871 515.9
小麦产品	1 002 022.4	1 432 518.2	1 606 001.6	2 970 299.6	1 431 607.8	1 232 013.7
玉米产品	2 286 797.6	2 249 258.2	2 655 403.7	4 096 730.9	2 715 826.9	2 453 391.0
稻谷产品	387 758.5	536 224.4	603 882.9	860 340.0	817 144.6	1 112 638.3
棉花	48 212.8	58 337.0	57 625.9	34 744.6	41 198.9	59 312.8
食用油籽	731 238.9	815 043.8	710 149.9	591 380.9	757 222.8	630 676.7
大豆	646 800.7	701 030.7	558 432.3	392 299.1	612 456.6	539 819.0
花生	43 124.3	43 960.3	46 564.7	52 115.6	50 028.8	52 785.4
油菜籽	3.3	2 196.0		83.4	10.9	28.0
食用植物油	443 621.4	942 943.8	576 334.7	921 492.4	556 378.0	9 375 175.6
豆油	51 205.7	77 673.1	72 242.1	87 711.0	69 460.5	64 836.3
菜籽油	6 625.5	36 355.5	31 640.0	28 466.8	41 191.6	37 348.3
棕榈油	341 141.0	781 116.6	418 280.4	706 740.6	396 634.1	9 235 982.3
食糖	1 369 470.7	1 417 023.8	1 356 840.0	1 491 938.3	1 659 440.0	1 461 727.0
蔬菜		1 088 326.6	1 146 118.5	4 001 491.7	1 179 045.9	1 147 807.1
水果						
畜产品						
猪产品						
牛产品						
羊产品						
禽产品						
蛋产品						
乳品		254 266.2	252 665.1	251 508.5	241 474.9	219 209.8
动物生皮	278.0	682.3	911.4	819.6	709.3	631.3
动物生毛皮				0.2	0.1	0.1
羊毛	1 524.6	2 520.4	3 803.7	6 117.0	4 854.4	4 221.7
水产品						
饮品						
酒						
茶	13 059.1	14 750.1	15 649.5	15 524.8	16 416.7	14 373.8
咖啡	25 327.8	34 026.4	32 430.3	43 571.4	53 209.3	56 047.7
烟草						

马来西亚主要农产品进口量（二）

单位：吨

项　目	2009 年	2010 年	2011 年	2012 年	2013 年
农产品					
谷物	5 045 111.8	5 454 016.3	5 514 444.3	5 599 314.7	3 573 777.4
小麦产品	1 159 569.5	1 316 141.6	1 375 736.3	1 291 720.6	1 162 832.5
玉米产品	2 705 855.1	3 140 984.9	3 041 054.7	3 245 007.7	1 788 476.0
稻谷产品	1 108 161.2	949 244.4	1 051 584.9	1 023 633.1	572 616.8
棉花	129 359.5	74 000.8	150 580.5	286 469.7	106 785.4
食用油籽	586 546.0	796 549.7	758 200.6	746 999.7	432 906.5
大豆	493 109.6	639 345.5	638 725.3	640 576.8	383 316.6
花生	51 451.0	56 696.1	57 861.2	33 353.3	21 479.0
油菜籽	23.0	511.2	381.9	948.4	
食用植物油	1 274 236.4	1 507 740.3	1 934 252.8	1 872 950.4	648 675.4
豆油	76 813.6	125 812.5	105 700.0	72 719.0	82 074.0
菜籽油	37 132.6	37 540.8	40 043.4	30 644.5	48 917.6
棕榈油	1 090 284.1	1 289 260.3	1 729 828.9	1 706 063.1	467 379.6
食糖	1 567 175.8	1 714 627.1	1 797 420.9	1 780 878.2	1 026 526.7
蔬菜	1 297 211.3	1 323 157.3	1 346 614.5	1 373 125.8	
水果					
畜产品					
猪产品					
牛产品					
羊产品					
禽产品					
蛋产品					
乳品	212 017.4	218 798.4	210 839.1	252 986.6	421 143.1
动物生皮	881.6	650.8	548.1	449.3	
动物生毛皮	8.8	41.5	105.5	49.1	
羊毛	2 150.6	2 828.7	3 901.8	4 141.5	
水产品					
饮品					
酒					
茶	17 433.1	19 891.0	21 094.7	20 512.3	15 188.2
咖啡	51 618.7	73 637.3	89 061.8	95 333.7	
烟草					

4-6-6 马来西亚农产品出口额前15位国家（地区）（2013年）

单位：万美元，%

序号	国家（地区）	出口额	同比增长
1	中国	367 757.7	−12.0
2	新加坡	229 364.9	−5.9
3	印度	181 500.9	−28.9
4	美国	132 828.1	−25.0
5	荷兰	132 392.7	−17.7
6	巴基斯坦	115 187.5	−17.4
7	日本	95 607.5	−22.9
8	印度尼西亚	90 181.6	−7.4
9	越南	84 681.4	−5.2
10	泰国	70 944.2	−12.1
11	伊朗	61 412.1	−12.9
12	澳大利亚	57 997.5	17.4
13	菲律宾	54 385.7	−22.7
14	韩国	51 611.8	−12.0
15	贝宁	49 226.8	49.7
	小计	**1 775 080.4**	

4-6-7 马来西亚农产品进口额前 15 位国家（地区）（2013 年）

单位：万美元，%

序号	国家（地区）	进口额	同比增长
1	印度尼西亚	221 307.1	−36.8
2	中国	150 553.5	4.3
3	阿根廷	131 312.4	12.5
4	泰国	127 595.8	−5.2
5	印度	124 659.4	3.2
6	巴西	121 001.5	17.0
7	澳大利亚	114 879.3	4.1
8	美国	104 169.7	7.6
9	新西兰	72 270.0	13.7
10	新加坡	61 800.7	4.9
11	越南	60 007.7	−15.2
12	荷兰	35 518.5	18.5
13	法国	27 307.8	1.8
14	英国	21 699.6	4.4
15	德国	19 179.1	10.5
	小计	**1 393 262.1**	

4-7 中国香港主要农产品贸易情况

4-7-1 中国香港主要农产品出口额（一）

单位：万美元

项　目	2003年	2004年	2005年	2006年	2007年	2008年
农产品	416 956.1	417 218.4	397 790.7	439 271.0	519 580.1	646 508.4
谷物	1 506.0	1 801.1	1 821.8	1 951.9	2 327.1	3 784.1
小麦产品	721.9	745.9	871.2	989.2	1 226.4	1 012.2
玉米产品	44.5	48.2	73.8	76.9	22.9	4.0
稻谷产品	440.2	780.3	668.8	780.0	961.7	2 424.7
棉花	3 128.0	3 941.8	3 722.7	6 261.7	5 396.3	3 297.0
食用油籽	1 406.7	1 500.0	1 364.7	1 501.1	1 688.5	2 842.2
大豆	481.2	529.9	489.0	499.0	442.9	382.0
花生	142.8	170.1	173.1	154.8	230.7	283.5
油菜籽						
食用植物油	6 145.6	5 620.3	4 192.2	3 185.2	4 450.5	5 547.1
豆油	1 537.5	1 373.0	1 263.2	673.8	1 006.0	1 399.9
菜籽油	876.4	1 062.2	1 341.3	911.3	1 117.9	1 863.6
棕榈油	2 773.0	2 282.2	738.9	796.4	1 088.5	769.9
食糖	1 053.9	1 191.1	1 137.0	1 272.2	1 275.8	1 288.1
蔬菜	6 304.5	6 298.6	6 422.3	10 272.0	7 296.4	7 647.3
水果	26 178.6	25 837.6	31 119.2	28 930.1	37 891.4	47 483.7
畜产品	157 976.7	137 484.9	115 953.0	138 018.7	175 726.1	270 897.0
猪产品	19 870.8	19 418.5	8 301.7	14 294.6	35 598.2	92 646.8
牛产品	13 154.0	7 715.1	4 858.3	9 600.2	16 378.9	25 550.9
羊产品	66.7	80.6	65.3	133.9	276.1	392.2
禽产品	41 598.0	12 412.2	17 251.8	28 015.3	45 208.2	54 369.8
蛋产品	74.2	38.2	43.5	36.8	78.1	94.8
乳品	6 018.9	7 104.5	7 616.6	8 344.8	5 951.2	7 438.3
动物生皮	26 160.3	27 354.4	23 127.3	17 982.2	17 406.1	22 842.7
动物生毛皮	44 402.6	56 855.8	47 286.8	51 565.3	47 086.1	58 264.5
羊毛	619.7	641.2	765.5	555.2	377.7	217.3
水产品	66 368.9	76 406.5	75 307.4	76 654.3	90 488.8	90 738.5
饮品	28 875.7	32 938.9	38 214.7	47 554.2	57 028.6	61 797.9
酒	20 461.7	23 272.3	27 354.7	35 892.4	44 133.2	48 078.9
茶	1 125.6	1 133.7	906.4	977.0	1 118.0	1 467.4
咖啡	415.4	498.3	744.4	647.9	775.3	877.5
烟草	54 736.2	62 331.1	58 492.8	60 069.1	65 384.5	74 599.7

中国香港主要农产品出口额（二）

单位：万美元

项　目	2009 年	2010 年	2011 年	2012 年	2013 年
农产品	663 956.5	778 918.5	886 831.0	906 332.3	
谷物	3 356.6	3 244.4	3 159.6	3 587.5	
小麦产品	916.4	566.6	611.1	794.8	
玉米产品	7.1	6.3	9.9	12.3	
稻谷产品	1 517.2	1 817.5	1 783.3	2 196.3	
棉花	5 310.2	9 909.2	7 181.5	9 117.2	
食用油籽	1 986.6	3 117.4	10 573.3	4 492.1	
大豆	380.9	406.8	379.5	487.4	
花生	451.9	560.3	983.5	977.1	
油菜籽					
食用植物油	4 014.4	4 028.7	3 833.4	4 566.6	
豆油	792.7	428.9	388.9	1 020.7	
菜籽油	1 370.8	1 688.0	1 620.7	1 748.7	
棕榈油	681.2	81.5	305.3	20.6	
食糖	1 017.1	1 379.5	1 782.7	1 967.5	
蔬菜	8 072.3	9 542.6	10 832.1	9 879.4	
水果	69 068.4	71 245.7	94 749.3	104 954.3	
畜产品	263 303.9	312 844.3	305 517.5	276 853.0	
猪产品	76 794.0	86 836.1	69 812.6	57 164.6	
牛产品	39 771.2	26 408.9	19 032.4	22 811.6	
羊产品	1 049.1	1 342.3	384.5	432.3	
禽产品	63 530.2	90 457.1	97 984.7	69 407.0	
蛋产品	113.3	127.4	205.5	290.5	
乳品	7 516.1	9 721.1	12 632.0	14 633.8	
动物生皮	13 425.0	20 521.9	19 833.9	13 501.1	
动物生毛皮	50 847.5	67 735.8	73 257.5	88 139.9	
羊毛	159.3	330.7	2 681.7	275.5	
水产品	80 745.8	89 773.5	101 541.9	121 803.9	
饮品	64 388.3	79 988.7	102 923.2	104 936.1	
酒	50 313.6	64 605.9	81 508.5	78 529.9	
茶	1 194.3	2 047.4	2 180.8	2 210.1	
咖啡	895.0	1 103.7	1 776.4	2 143.6	
烟草	73 820.2	81 445.0	89 367.1	97 747.6	

4-7-2 中国香港主要农产品进口额（一）

单位：万美元

项 目	2003 年	2004 年	2005 年	2006 年	2007 年	2008 年
农产品	1 002 432.5	1 055 104.9	1 061 461.8	1 138 092.6	1 301 159.2	1 613 663.0
谷物	23 552.8	25 352.8	25 719.5	26 531.4	30 616.7	40 088.4
小麦产品	5 802.8	6 159.0	6 516.5	6 647.5	7 560.0	9 864.3
玉米产品	1 121.9	1 512.1	1 714.8	1 724.0	1 278.9	962.1
稻谷产品	15 492.5	16 523.8	16 154.2	16 856.6	20 389.7	27 377.1
棉花	11 663.5	10 566.1	10 867.3	16 836.9	17 651.2	11 950.2
食用油籽	4 705.8	5 062.8	4 995.9	5 006.5	5 706.3	8 241.4
大豆	1 267.7	1 611.6	1 494.9	1 402.1	1 611.7	2 304.9
花生	1 208.6	1 444.7	1 382.0	1 368.7	1 317.5	1 946.4
油菜籽						
食用植物油	25 612.4	25 354.4	18 283.3	16 383.1	28 825.9	40 415.0
豆油	5 608.4	6 486.2	5 051.0	3 884.3	5 314.3	7 111.0
菜籽油	1 795.9	2 187.9	2 521.4	1 903.6	2 674.3	4 089.0
棕榈油	13 750.2	11 764.8	6 015.7	5 779.1	15 183.5	22 138.2
食糖	4 790.1	4 756.2	6 154.1	8 379.8	7 886.5	8 245.4
蔬菜	34 853.9	36 117.5	35 887.7	38 989.2	42 429.7	46 222.0
水果	101 231.0	99 396.5	97 806.1	108 037.8	116 639.6	136 710.9
畜产品	324 953.1	338 242.2	348 660.1	383 938.5	449 029.6	645 642.3
猪产品	69 991.0	78 523.0	74 982.6	79 891.8	110 413.8	211 080.7
牛产品	33 503.8	29 293.2	33 396.5	41 302.7	55 599.2	84 296.9
羊产品	2 129.4	2 478.4	2 797.9	3 050.9	3 483.0	4 108.5
禽产品	88 169.6	75 668.7	86 353.0	94 605.9	123 961.0	151 791.8
蛋产品	6 854.4	7 688.3	7 665.5	7 852.0	10 415.7	12 117.1
乳品	25 381.8	28 810.0	31 929.7	35 569.9	39 962.5	50 256.4
动物生皮	30 988.9	31 218.4	24 277.0	20 735.7	22 519.9	30 086.6
动物生毛皮	48 725.7	64 031.7	68 503.8	79 621.4	59 202.5	73 931.2
羊毛	688.2	497.7	742.9	628.8	333.1	261.0
水产品	207 613.9	227 569.3	228 350.7	241 612.8	264 909.6	287 419.8
饮品	88 046.1	98 908.8	106 279.0	103 795.1	125 060.7	146 104.1
酒	31 734.9	37 175.3	40 442.1	45 422.1	58 782.1	78 577.5
茶	3 334.9	3 492.0	3 589.7	4 273.0	4 432.2	4 886.5
咖啡	2 013.9	2 343.3	2 690.4	3 347.7	3 674.3	4 413.5
烟草	45 542.5	53 924.1	45 559.9	49 380.7	54 933.7	60 390.5

中国香港主要农产品进口额（二）

单位：万美元

项 目	2009年	2010年	2011年	2012年	2013年
农产品	1 693 985.1	2 030 841.3	2 388 041.5	2 468 947.9	
谷物	42 426.6	45 064.8	49 798.4	48 772.7	
小麦产品	9 449.8	9 110.2	11 292.5	12 773.3	
玉米产品	753.9	1 045.5	1 251.2	853.0	
稻谷产品	29 544.3	31 939.5	34 302.0	32 438.2	
棉花	12 736.5	18 033.7	12 602.2	15 737.3	
食用油籽	7 014.3	8 761.2	11 406.1	11 615.3	
大豆	2 493.0	2 227.5	2 411.0	2 427.9	
花生	1 699.0	2 147.0	3 143.7	3 179.5	
油菜籽					
食用植物油	15 594.9	18 965.2	19 665.1	21 616.6	
豆油	5 261.5	5 651.1	6 365.8	6 819.3	
菜籽油	3 371.1	5 537.3	5 237.0	7 175.9	
棕榈油	1 424.9	1 308.6	1 785.8	1 353.4	
食糖	8 587.8	11 445.2	14 941.5	14 189.3	
蔬菜	49 056.5	51 629.3	57 725.7	69 465.3	
水果	162 687.0	172 554.1	213 727.3	236 357.0	
畜产品	670 919.6	798 802.8	954 829.4	927 770.7	
猪产品	205 030.5	206 448.6	252 905.2	234 612.7	
牛产品	115 234.1	112 433.0	140 827.1	160 063.7	
羊产品	5 590.5	8 068.0	8 845.4	7 700.8	
禽产品	165 849.5	227 386.3	253 253.2	181 793.1	
蛋产品	12 556.9	13 414.8	16 297.4	17 662.4	
乳品	57 882.2	73 749.9	98 416.3	131 616.5	
动物生皮	18 994.5	30 547.1	32 056.4	18 453.1	
动物生毛皮	61 730.5	96 462.4	112 263.9	136 148.6	
羊毛	171.1	610.8	3 054.6	315.2	
水产品	291 737.5	343 688.6	397 852.6	404 904.1	
饮品	175 004.4	230 471.6	288 886.6	288 852.6	
酒	92 764.5	140 108.9	184 075.4	171 491.5	
茶	5 001.7	6 381.2	7 203.1	7 717.2	
咖啡	4 896.4	6 254.4	8 672.1	9 976.3	
烟草	58 824.7	62 423.2	71 387.4	82 839.3	

4-7-3 中国香港主要农产品出口量（一）

单位：吨

项　目	2003年	2004年	2005年	2006年	2007年	2008年
农产品						
谷物	30 088.7	37 208.1	37 814.8	40 108.2	48 046.5	57 079.7
小麦产品	17 607.8	19 442.1	22 173.2	25 445.8	33 873.3	20 592.9
玉米产品	1 632.3	1 627.1	1 982.4	1 768.7	219.9	75.6
稻谷产品	8 755.5	14 257.2	10 691.1	12 175.7	13 327.7	34 740.7
棉花	69 752.6	71 446.2	69 481.1	115 456.2	93 182.1	62 198.3
食用油籽	20 574.4	19 894.1	17 612.6	17 669.7	16 855.2	19 232.0
大豆	14 139.9	13 355.9	12 891.3	12 513.6	10 523.5	8 566.7
花生	1 190.6	1 301.6	1 138.1	1 108.9	1 354.5	1 146.6
油菜籽						
食用植物油	110 179.5	92 429.5	64 260.7	45 941.4	50 340.2	41 374.2
豆油	25 826.9	22 615.4	23 121.2	12 130.0	12 699.2	11 397.1
菜籽油	13 626.2	14 525.1	19 800.8	12 908.7	11 663.6	12 725.7
棕榈油	63 676.9	50 265.5	17 916.7	17 457.3	19 569.2	11 637.0
食糖	34 020.7	40 880.9	34 728.2	30 368.1	31 093.4	26 699.6
蔬菜		41 014.6	41 400.7	56 809.6	39 478.7	36 460.2
水果						
畜产品						
猪产品						
牛产品						
羊产品						
禽产品						
蛋产品						
乳品	15 385.9	17 568.6	19 403.2	23 137.6	18 275.9	19 982.5
动物生皮	169 699.8	200 190.2	164 750.3	131 841.9	125 705.4	166 911.9
动物生毛皮	3 216.9	3 807.7	3 258.9	3 389.2	3 374.0	3 896.1
羊毛	1 496.1	1 468.4	1 807.9	1 391.4	956.3	580.2
水产品						
饮品						
酒						
茶	4 082.7	3 258.0	2 117.1	2 009.8	2 076.6	2 280.3
咖啡	1 199.0	1 391.5	1 592.3	1 355.5	1 386.2	1 439.8
烟草						

中国香港主要农产品出口量（二）

单位：吨

项　目	2009 年	2010 年	2011 年	2012 年	2013 年
农产品					
谷物	38 827.6	38 685.4	32 906.4	36 272.5	
小麦产品	17 546.1	10 844.4	8 918.1	10 653.0	
玉米产品	103.9	117.2	150.9	147.6	
稻谷产品	17 764.0	24 556.9	21 404.1	23 714.5	
棉花	75 994.4	105 100.0	58 606.7	77 385.2	
食用油籽	17 106.2	18 431.0	40 590.6	22 560.2	
大豆	11 029.1	11 608.4	10 819.8	10 669.7	
花生	1 620.3	1 782.5	2 500.1	2 307.5	
油菜籽					
食用植物油	42 636.7	30 605.2	22 106.3	25 910.4	
豆油	9 429.2	4 464.8	3 262.8	7 309.7	
菜籽油	13 845.6	15 003.0	10 503.3	13 103.3	
棕榈油	14 214.8	1 012.7	2 378.0	176.9	
食糖	17 195.5	20 479.8	21 592.3	24 977.1	
蔬菜	35 300.9	39 731.9	36 560.4	32 556.8	
水果					
畜产品					
猪产品					
牛产品					
羊产品					
禽产品					
蛋产品					
乳品	18 235.5	21 325.0	24 292.7	25 363.3	
动物生皮	134 319.8	172 051.9	145 360.5	92 359.2	
动物生毛皮	4 116.1	4 025.2	3 748.1	4 132.3	
羊毛	558.5	934.7	4 346.3	572.6	
水产品					
饮品					
酒					
茶	1 910.9	2 427.0	2 508.1	2 579.6	
咖啡	1 520.8	2 111.3	3 108.6	3 014.1	
烟草					

4-7-4　中国香港主要农产品进口量（一）

单位：吨

项　目	2003年	2004年	2005年	2006年	2007年	2008年
农产品						
谷物	618 620.9	623 544.3	646 261.3	651 753.5	633 660.4	600 612.2
小麦产品	172 085.1	178 227.0	182 056.1	185 889.3	196 541.4	189 795.5
玉米产品	77 729.3	82 376.9	97 982.0	106 625.0	54 629.2	31 137.3
稻谷产品	357 509.9	351 639.7	353 124.2	347 512.4	371 602.9	369 471.0
棉花	141 169.1	113 860.6	127 983.0	197 042.1	185 932.9	107 718.7
食用油籽	56 937.9	54 157.1	56 838.0	57 580.3	58 713.6	59 117.8
大豆	35 446.1	36 199.4	36 551.5	36 621.6	37 034.8	34 565.7
花生	10 484.0	10 957.5	10 355.5	11 087.0	9 163.7	10 328.7
油菜籽						
食用植物油	462 730.7	407 310.4	305 568.9	260 403.6	325 547.7	314 389.4
豆油	95 430.5	97 527.0	86 390.5	65 347.0	66 735.9	57 714.6
菜籽油	29 094.1	31 212.8	39 458.3	27 349.0	29 158.0	29 329.4
棕榈油	295 933.4	234 558.5	140 769.6	128 294.5	191 697.8	197 959.3
食糖	173 291.6	177 921.2	191 307.4	195 351.3	202 058.8	198 269.6
蔬菜		751 843.9	677 688.4	672 174.1	776 532.1	786 333.9
水果						
畜产品						
猪产品						
牛产品						
羊产品						
禽产品						
蛋产品						
乳品	151 634.1	160 011.0	162 329.5	171 174.1	174 226.2	166 551.5
动物生皮	201 262.6	219 494.4	173 814.4	147 523.9	144 204.0	182 988.6
动物生毛皮	3 231.3	3 824.9	4 033.0	3 958.5	3 426.4	3 657.6
羊毛	1 777.8	1 093.1	1 716.1	1 272.5	825.4	786.8
水产品						
饮品						
酒						
茶	12 843.0	12 769.4	12 625.8	14 053.4	13 397.9	13 119.3
咖啡	6 236.2	7 981.8	7 751.9	8 416.4	8 919.7	10 207.1
烟草						

中国香港主要农产品进口量（二）

单位：吨

项　目	2009 年	2010 年	2011 年	2012 年	2013 年
农产品					
谷物	588 685.4	592 710.6	600 614.9	557 387.0	
小麦产品	177 831.7	174 794.3	179 099.0	186 327.5	
玉米产品	30 704.9	35 541.7	33 062.2	21 396.8	
稻谷产品	365 032.4	365 867.9	374 127.2	338 487.3	
棉花	120 927.2	134 347.1	71 375.3	105 576.1	
食用油籽	56 024.8	56 048.2	59 689.3	56 168.4	
大豆	35 479.8	34 192.2	35 627.0	33 234.3	
花生	9 745.0	10 628.7	11 649.1	10 913.8	
油菜籽					
食用植物油	138 067.2	159 555.1	129 741.8	143 245.1	
豆油	60 888.0	57 789.8	48 822.2	53 619.7	
菜籽油	34 646.2	54 139.7	40 378.9	54 200.2	
棕榈油	16 780.9	13 715.8	14 386.7	11 972.8	
食糖	178 776.0	182 996.4	196 323.2	193 642.5	
蔬菜	792 702.1	786 742.6	857 691.9	993 599.5	
水果					
畜产品					
猪产品					
牛产品					
羊产品					
禽产品					
蛋产品					
乳品	171 468.4	184 457.8	203 429.6	229 338.5	
动物生皮	154 644.5	181 127.4	176 454.9	113 495.0	
动物生毛皮	3 996.7	4 548.0	5 870.1	4 912.1	
羊毛	585.0	1 374.9	4 615.5	597.6	
水产品					
饮品					
酒					
茶	13 604.7	13 849.7	13 496.8	13 783.1	
咖啡	10 858.8	12 903.7	15 469.4	18 222.6	
烟草					

4-8 越南主要农产品贸易情况

4-8-1 越南主要农产品出口额（一）

单位：万美元

项　目	2003年	2004年	2005年	2006年	2007年	2008年
农产品	474 914.5	561 899.4	675 465.4	796 047.2	985 476.3	1 282 880.9
谷物	72 666.6	96 693.2	141 849.3	128 673.8	150 246.8	292 158.2
小麦产品	402.7	457.3	722.2	817.8	895.5	1 585.6
玉米产品	159.6	1 015.7	142.7	84.7	123.2	639.7
稻谷产品	72 026.0	95 087.9	140 904.3	127 656.9	149 060.4	289 661.8
棉花	32.9	112.5	421.8	335.9	598.0	1 044.1
食用油籽	7 434.3	5 861.9	5 094.1	7 511.8	8 402.1	6 228.5
大豆	186.5	32.4	95.5	25.9	23.7	89.0
花生	5 716.2	3 966.1	4 527.9	2 325.0	4 159.7	2 640.2
油菜籽						
食用植物油	1 808.8	2 715.8	599.8	706.6	2 477.6	3 402.8
豆油	1.8	4.1	20.8	13.3	809.2	270.0
菜籽油		0.4	6.1		1.4	1.8
棕榈油	1 379.9	2 409.0	124.5	265.1	691.8	1 488.2
食糖	1 066.4	52.8	27.0	236.5	470.3	501.1
蔬菜	17 436.2	22 745.4	24 085.1	28 986.1	38 498.6	45 679.4
水果	9 693.8	11 380.4	17 296.5	17 599.4	22 736.5	33 288.9
畜产品	12 914.3	10 268.2	16 892.8	17 139.8	16 777.3	14 637.6
猪产品	1 435.1	3 594.2	3 148.6	2 127.6	4 297.7	5 411.7
牛产品	41.6	16.1	3.8	25.9	27.6	63.9
羊产品					0.2	0.8
禽产品	1 244.5	296.2	563.0	455.8	574.1	1 000.1
蛋产品	333.9	296.9	253.7	280.9	356.8	469.9
乳品	6 719.6	3 425.2	8 533.7	9 012.3	1 633.5	2 961.6
动物生皮	334.4	198.9	2 260.1	2 423.7	6 593.7	834.5
动物生毛皮				10.5		
羊毛				0.7		
水产品	221 344.8	242 807.4	277 390.8	339 405.3	380 424.1	457 524.3
饮品	58 711.4	76 624.8	88 037.2	137 355.6	211 936.7	235 865.1
酒	1 411.5	1 375.5	1 668.1	1 734.7	3 176.7	3 939.1
茶	5 848.3	9 727.8	10 278.2	11 260.2	13 470.0	14 928.7
咖啡	50 927.0	64 786.1	74 983.8	122 992.1	192 729.4	213 230.9
烟草	12 687.3	13 938.2	12 765.2	11 869.1	11 298.2	12 984.1

越南主要农产品出口额（二）

单位：万美元

项　目	2009 年	2010 年	2011 年	2012 年	2013 年
农产品	1 220 152.8	1 443 477.9	1 881 371.5		
谷物	268 547.3	328 099.6	371 335.6		
小麦产品	1 625.6	2 895.0	4 869.7		
玉米产品	168.3	114.9	313.3		
稻谷产品	266 711.6	325 068.1	366 118.1		
棉花	938.9	1 762.3	2 501.9		
食用油籽	4 704.2	6 036.0	4 840.3		
大豆	49.0	85.3	4.2		
花生	2 722.2	2 960.8	1 534.4		
油菜籽					
食用植物油	2 448.9	3 972.9	12 629.7		
豆油	88.9	201.0	5 707.5		
菜籽油	4.5	2.9	8.0		
棕榈油	241.7	1 879.5	5 206.8		
食糖	150.6	81.2	17 380.3		
蔬菜	50 504.9	61 652.1	98 776.4		
水果	31 335.6	32 716.7	47 937.2		
畜产品	12 363.4	14 418.6	21 649.5		
猪产品	3 974.9	3 289.9	5 155.9		
牛产品	32.5	16.0	19.5		
羊产品	8.4				
禽产品	1 021.9	1 301.2	1 253.0		
蛋产品	528.6	548.6	588.3		
乳品	2 369.2	3 367.0	6 658.3		
动物生皮	397.6	319.5	423.1		
动物生毛皮					
羊毛		0.3	0.6		
水产品	432 485.9	514 446.3	628 852.5		
饮品	203 733.9	223 215.6	328 249.1		
酒	5 094.3	8 209.2	17 149.2		
茶	18 040.6	20 230.3	20 582.2		
咖啡	176 294.9	189 924.2	284 600.6		
烟草	16 735.5	20 935.6	22 502.1		

4-8-2 越南主要农产品进口额（一）

单位：万美元

项 目	2003 年	2004 年	2005 年	2006 年	2007 年	2008 年
农产品	178 919.3	221 393.0	267 590.8	314 730.2	443 065.1	626 708.9
谷物	20 690.8	21 781.5	28 623.5	36 545.4	50 898.8	52 908.1
小麦产品	13 571.7	17 278.4	20 930.8	23 502.9	36 728.4	31 849.5
玉米产品	5 735.2	1 835.4	4 449.6	9 582.7	10 495.2	14 907.7
稻谷产品	1 307.9	2 119.8	2 590.9	2 567.1	2 713.6	4 338.3
棉花	10 535.7	19 156.3	17 005.6	22 184.2	26 805.8	46 654.6
食用油籽	1 116.4	622.3	314.7	1 038.1	2 777.5	7 844.6
大豆	352.1	130.0	153.6	780.5	2 324.8	7 136.9
花生	99.0	78.4	41.5	119.4	121.8	125.6
油菜籽	74.3	3.9	4.5	1.6	6.8	6.9
食用植物油	13 809.6	20 595.7	16 970.4	22 848.4	43 785.4	59 962.0
豆油	3 283.7	5 287.6	4 204.0	5 785.6	10 299.9	14 257.6
菜籽油	1 154.7	747.6	564.3	35.1	130.3	190.3
棕榈油	9 289.8	14 470.5	11 909.0	16 717.4	32 840.3	45 023.7
食糖	2.9		2 193.0	4 865.4	1 034.6	3 591.0
蔬菜	4 449.6	3 973.0	4 384.7	5 637.1	8 301.7	11 187.4
水果	6 056.0	6 836.6	12 140.9	13 687.3	17 530.9	21 401.7
畜产品	23 016.9	27 223.4	37 613.7	41 980.8	56 708.5	90 159.9
猪产品	80.7	82.7	97.0	157.0	308.7	3 079.5
牛产品	881.0	810.5	324.4	571.7	1 196.3	2 899.3
羊产品	37.5	78.9	136.1	95.2	173.9	158.5
禽产品	561.4	474.4	415.6	1 320.1	5 590.8	13 401.4
蛋产品	35.0	74.8	35.6	62.5	72.4	203.3
乳品	17 084.4	20 117.5	27 889.7	27 283.4	36 442.4	42 306.3
动物生皮	1 079.3	1 861.4	4 802.7	7 776.7	5 462.4	13 442.1
动物生毛皮	26.4	78.8		9.1	3.5	123.7
羊毛	19.5	55.0	170.4	5.4	16.6	7.8
水产品	15 409.9	22 215.4	28 223.4	30 717.3	37 962.3	46 508.8
饮品	3 394.9	3 570.2	3 721.4	4 909.3	7 241.0	12 765.5
酒	1 773.6	1 678.0	2 105.1	2 769.0	3 839.5	6 693.8
茶	394.4	360.5	389.7	399.1	410.6	465.1
咖啡	507.5	487.1	362.4	542.8	1 402.5	2 663.2
烟草	13 280.4	14 170.6	15 276.5	11 490.7	14 202.3	18 903.2

越南主要农产品进口额（二）

单位：万美元

项　目	2009 年	2010 年	2011 年	2012 年	2013 年
农产品	618 157.0	837 244.7	1 061 023.6		
谷物	75 009.2	111 698.2	123 558.1		
小麦产品	35 399.4	58 263.3	82 509.3		
玉米产品	32 714.9	45 378.3	32 805.5		
稻谷产品	5 658.2	5 572.6	5 915.4		
棉花	39 475.6	67 353.1	106 146.8		
食用油籽	8 886.9	12 083.7	49 449.5		
大豆	7 952.9	11 266.2	48 105.8		
花生	152.0	200.9	444.3		
油菜籽	5.7	6.1	7.7		
食用植物油	45 024.0	63 579.2	82 850.3		
豆油	9 511.8	14 835.8	15 539.8		
菜籽油	230.5	348.6	799.0		
棕榈油	34 653.5	47 767.7	65 687.5		
食糖	6 173.7	19 394.7	18 257.3		
蔬菜	13 272.1	19 838.0	20 804.4		
水果	29 403.5	31 918.6	37 947.8		
畜产品	69 526.8	92 922.9	112 599.8		
猪产品	802.7	562.8	2 125.6		
牛产品	2 454.4	5 239.5	5 369.1		
羊产品	388.3	464.1	397.8		
禽产品	7 372.0	7 665.7	10 456.5		
蛋产品	156.3	172.5	237.4		
乳品	32 687.2	50 064.4	56 969.2		
动物生皮	4 583.1	6 565.6	8 760.9		
动物生毛皮	1.3	5.4	43.4		
羊毛	12.1	27.0			
水产品	43 498.9	53 718.2	73 499.8		
饮品	15 696.7	13 340.4	17 570.9		
酒	8 300.5	5 071.0	6 755.4		
茶	658.4	670.2	801.5		
咖啡	3 924.1	3 575.9	5 763.9		
烟草	24 768.2	22 603.1	23 986.1		

4-8-3 越南主要农产品出口量（一）

单位：吨

项　目	2003年	2004年	2005年	2006年	2007年	2008年
农产品						
谷物	1 910 660.1	2 153 133.7	3 070 393.5	4 674 136.3	4 607 677.1	4 815 392.1
小麦产品	17 952.5	16 627.2	23 105.4	26 436.6	21 832.1	42 568.6
玉米产品	5 111.3	58 935.3	4 878.6	2 293.3	4 908.4	24 749.0
稻谷产品	1 886 066.2	2 075 145.9	3 041 366.6	4 644 355.5	4 580 687.4	4 746 031.3
棉花	404.9	856.1	3 324.0	3 793.1	6 870.9	12 167.5
食用油籽	92 739.5	52 780.7	54 608.6	40 705.8	51 821.5	32 693.2
大豆	7 020.5	823.8	2 589.6	781.2	742.3	2 535.1
花生	72 788.6	37 255.0	43 767.7	20 307.6	42 824.2	23 712.8
油菜籽						
食用植物油	25 327.6	37 888.9	4 440.7	5 545.6	27 992.6	25 166.9
豆油	24.0	49.9	253.9	162.0	11 506.0	2 768.6
菜籽油		4.3	68.5		14.0	14.8
棕榈油	22 660.0	36 591.9	1 891.6	4 028.8	12 701.2	17 611.9
食糖	40 989.1	1 476.7	802.4	8 336.1	10 590.1	12 571.9
蔬菜						
水果						
畜产品						
猪产品						
牛产品						
羊产品						
禽产品						
蛋产品						
乳品					7 675.6	15 005.4
动物生皮						
动物生毛皮						
羊毛				3.0		
水产品						
饮品						
酒						
茶	25 577.1	32 794.3	33 417.1	105 798.2	115 948.8	104 991.3
咖啡	403 026.5	438 821.7	504 058.0	982 529.3	1 233 321.2	1 062 740.9
烟草						

越南主要农产品出口量（二）

单位：吨

项　目	2009 年	2010 年	2011 年	2012 年	2013 年
农产品					
谷物	6 003 193.8	6 980 120.2	7 252 237.0		
小麦产品	28 630.5	82 016.8	128 309.9		
玉米产品	3 813.3	2 268.4	4 803.4		
稻谷产品	5 970 069.1	6 895 557.8	7 118 672.9		
棉花	8 264.4	15 621.9	20 191.0		
食用油籽	21 829.8	37 791.7	15 680.4		
大豆	946.3	1 934.6	90.4		
花生	17 851.3	30 539.4	10 724.5		
油菜籽					
食用植物油	6 834.9	26 260.3	106 361.0		
豆油	581.6	1 741.4	55 513.0		
菜籽油	27.1	20.9	64.0		
棕榈油	1 859.3	19 761.0	46 375.9		
食糖	3 844.4	1 716.0	275 519.1		
蔬菜					
水果					
畜产品					
猪产品					
牛产品					
羊产品					
禽产品					
蛋产品					
乳品	12 253.5	17 766.5	25 908.3		
动物生皮			617.7		
动物生毛皮					
羊毛		1.4	3.7		
水产品					
饮品					
酒					
茶	134 556.6	136 964.0	134 573.6		
咖啡	1 186 661.7	1 223 040.2	1 268 058.9		
烟草					

4-8-4 越南主要农产品进口量（一）

单位：吨

项 目	2003年	2004年	2005年	2006年	2007年	2008年
农产品						
谷物	1 081 436.3	981 236.5	1 317 469.5	1 862 162.1	1 959 892.9	1 403 708.1
小麦产品	790 086.2	848 597.6	1 041 808.6	1 285 592.7	1 299 344.9	756 960.9
玉米产品	263 095.6	61 585.0	189 135.5	476 125.4	552 698.5	516 103.3
稻谷产品	26 698.9	41 398.2	50 056.6	49 913.1	52 340.9	67 092.7
棉花	79 027.5	122 717.2	109 675.4	183 577.6	211 072.2	299 183.9
食用油籽	19 577.0	7 867.5	5 850.1	24 001.7	67 925.2	182 591.8
大豆	12 107.9	3 668.8	4 292.8	21 535.1	63 572.6	177 401.6
花生	1 239.1	780.8	417.5	1 225.9	2 047.4	1 120.1
油菜籽		116.5	132.0	48.4	25.2	
食用植物油	241 747.3	361 893.8	299 965.3	362 768.3	805 046.1	722 854.2
豆油	56 565.8	82 592.8	65 504.2	90 136.7	172 226.1	171 323.7
菜籽油		10 719.3	7 959.6	403.1	1 581.8	1 996.2
棕榈油	184 359.0	267 738.2	224 990.8	270 061.5	626 849.3	546 410.4
食糖	88.3	0.7	44 986.4	114 692.7	19 746.8	71 725.6
蔬菜						
水果						
畜产品						
猪产品						
牛产品						
羊产品						
禽产品						
蛋产品						
乳品					165 313.6	134 271.5
动物生皮						
动物生毛皮						
羊毛	88.3	257.0	805.5	10.8	93.5	
水产品						
饮品						
酒						
茶	776.6	761.1	842.4	910.5	2 976.5	868.0
咖啡	3 331.9	2 463.7	1 093.1	1 658.3	5 505.5	5 661.8
烟草						

越南主要农产品进口量（二）

单位：吨

项　目	2009 年	2010 年	2011 年	2012 年	2013 年
农产品					
谷物	2 431 179.6	4 292 249.7	3 770 195.9		
小麦产品	1 398 689.6	2 244 080.1	2 452 825.8		
玉米产品	938 694.6	1 873 088.7	1 145 954.3		
稻谷产品	60 463.1	69 043.5	78 810.4		
棉花	305 529.3	357 087.0	331 388.2		
食用油籽	136 232.3	221 127.8	1 000 983.6		
大豆	131 295.5	216 051.3	992 562.0		
花生	977.4	1 687.1	3 363.5		
油菜籽	5.8	26.0			
食用植物油	240 634.8	747 514.8	846 434.9		
豆油	72 052.4	168 374.6	161 422.5		
菜籽油	1 544.0	3 072.9	7 258.6		
棕榈油	164 536.2	572 767.7	673 039.3		
食糖	85 512.6	294 931.3	260 514.0		
蔬菜					
水果					
畜产品					
猪产品					
牛产品					
羊产品					
禽产品					
蛋产品					
乳品	93 760.6	207 341.7	202 990.1		
动物生皮	26 057.1				
动物生毛皮		0.6			
羊毛	62.5	196.8			
水产品					
饮品					
酒					
茶	1 344.2	1 340.7	1 616.8		
咖啡	7 419.5				
烟草					

4-9 哈萨克斯坦主要农产品贸易情况

4-9-1 哈萨克斯坦主要农产品出口额（一）

单位：万美元

项 目	2003年	2004年	2005年	2006年	2007年	2008年
农产品	93 859.3	100 650.4	85 587.2	125 824.4	222 952.6	311 552.8
谷物	62 302.7	53 607.0	38 377.8	74 167.4	163 627.9	248 484.1
小麦产品	58 027.9	48 391.5	36 209.0	69 510.7	150 972.9	230 806.0
玉米产品	311.9	210.1	61.7	179.6	51.3	106.8
稻谷产品	132.6	2 023.2	960.5	494.4	1 228.1	1 331.7
棉花	14 467.3	17 530.5	16 876.6	18 479.6	18 368.6	13 176.2
食用油籽	78.9	356.1	310.6	801.6	1 567.1	2 692.3
大豆	41.9	113.7	114.0	78.8	159.5	287.9
花生	3.1	4.0	3.6	1.7	0.5	
油菜籽			60.0	612.3	1 148.2	2 020.8
食用植物油	708.0	1 081.2	774.8	1 195.4	1 569.2	739.8
豆油		10.9	11.7	94.7	280.2	2.1
菜籽油	8.3	38.2		34.7	14.9	18.5
棕榈油					0.1	
食糖	3 762.1	4 852.9	5 656.5	4 289.3	1 578.9	971.2
蔬菜	1 627.5	5 399.2	3 238.2	5 652.9	5 590.8	7 963.3
水果	1 379.1	3 968.5	2 709.6	4 335.9	5 728.6	6 302.0
畜产品	3 161.2	4 155.9	3 910.4	3 026.0	1 948.7	1 840.8
猪产品	242.6	313.0	639.8	140.8	198.6	148.3
牛产品	5.7	29.5	28.8	41.0	170.1	215.9
羊产品	15.6	7.0		13.3	2.1	1.5
禽产品	205.5	298.1	229.6	134.3	376.1	292.1
蛋产品	10.1	0.7	1.1		0.5	2.6
乳品	839.0	581.9	1 950.6	1 378.7	869.9	802.8
动物生皮	1 478.4	1 618.3	899.0	916.2	132.7	142.2
动物生毛皮	0.6	0.7	1.9	0.8	1.3	
羊毛	448.2	441.4	250.2	359.7	266.8	314.1
水产品	2 177.6	3 328.7	5 396.0	5 065.3	8 147.3	8 409.9
饮品	555.6	643.3	1 126.2	1 066.3	1 612.3	2 417.7
酒	293.8	326.0	315.9	371.0	694.4	592.8
茶	31.0	36.8	66.1	75.1	75.6	218.0
咖啡	3.9	14.9	50.3	25.6	8.8	5.8
烟草	2 000.3	2 557.1	3 656.3	3 952.5	5 038.3	4 761.9

哈萨克斯坦主要农产品出口额（二）

单位：万美元

项　目	2009 年	2010 年	2011 年	2012 年	2013 年
农产品	173 332.2	204 344.9	191 773.0	320 607.0	284 357.6
谷物	125 137.9	153 364.6	131 731.2	230 578.1	189 675.1
小麦产品	120 737.5	144 996.3	116 062.9	220 618.2	181 052.1
玉米产品	102.1	143.1	436.0	254.9	144.3
稻谷产品	357.7	2 807.6	3 670.8	1 746.8	2 253.3
棉花	8 761.4	9 323.7	7 334.9	8 856.3	13 432.8
食用油籽	2 459.6	3 124.4	8 880.5	24 146.2	16 530.2
大豆	177.7	76.5	217.2	908.5	942.7
花生	2.2	2.4	44.4	97.9	39.8
油菜籽	1 338.0	1 053.6	3 260.7	3 378.9	4 266.7
食用植物油	2 501.1	4 020.3	3 127.7	4 790.9	4 392.0
豆油	32.0	107.4	257.2	623.0	608.0
菜籽油			99.5	132.5	124.6
棕榈油	0.6			7.2	
食糖	125.7	998.1	646.0	154.0	998.7
蔬菜	3 353.9	2 101.0	637.2	1 027.2	898.2
水果	4 255.6	1 333.0	2 914.7	4 220.7	4 021.9
畜产品	2 092.5	1 709.6	2 488.0	2 849.9	4 659.3
猪产品	271.9	188.4	230.5	448.9	378.4
牛产品	49.0	146.5	331.2	183.0	438.6
羊产品	26.9	199.5	267.6	10.9	31.1
禽产品	272.8	288.5	299.0	1 144.0	895.0
蛋产品		0.2	3.8	3.0	
乳品	985.3	280.7	403.5	548.6	2 059.6
动物生皮	180.9	336.6	326.1	397.6	441.7
动物生毛皮		10.6	8.1	15.2	23.6
羊毛	441.6	341.7	671.6	380.8	452.5
水产品	8 663.2	9 343.7	8 083.5	7 009.0	8 111.1
饮品	2 907.5	4 206.7	6 836.2	8 534.2	10 407.9
酒	764.5	434.4	466.0	703.6	789.5
茶	168.0	148.4	384.2	612.2	719.6
咖啡	88.2	338.0	544.6	856.9	826.7
烟草	3 911.4	4 117.5	4 919.9	8 165.1	9 330.7

4-9-2 哈萨克斯坦主要农产品进口额（一）

单位：万美元

项　目	2003年	2004年	2005年	2006年	2007年	2008年
农产品	69 167.1	93 898.2	131 033.5	172 821.8	234 364.1	301 703.7
谷物	712.0	584.6	1 336.6	2 285.8	3 389.4	5 778.9
小麦产品	118.8	107.2	129.0	276.5	173.0	774.7
玉米产品	74.9	53.4	57.4	73.9	135.0	165.5
稻谷产品	425.5	167.7	334.9	703.7	800.0	1 648.4
棉花	49.7	6.3	2 682.2	5 055.8	5 224.9	425.7
食用油籽	2 155.1	889.0	1 784.5	2 155.8	3 661.0	2 339.0
大豆	232.7	223.7	569.2	211.4	1 425.0	23.9
花生	23.6	12.4	77.5	112.8	196.5	184.1
油菜籽	3.8	4.2	158.5	331.5	77.3	138.8
食用植物油	3 406.1	2 659.5	4 836.7	4 425.6	7 026.5	18 561.4
豆油	5.6		0.2	0.2		59.2
菜籽油	1.7	4.6	16.1	23.1	19.7	157.9
棕榈油	1 004.1	1 052.0	1 398.4	615.1	987.6	2 157.5
食糖	13 223.7	15 304.6	20 024.4	23 959.8	18 368.3	27 061.2
蔬菜	2 378.7	3 707.9	4 743.7	7 219.3	10 836.3	14 770.5
水果	3 800.3	7 083.1	12 104.6	16 297.6	24 747.3	31 106.7
畜产品	10 535.3	15 573.0	24 165.4	31 960.7	45 080.4	59 712.9
猪产品	116.4	123.4	309.0	563.7	742.1	1 272.3
牛产品	526.2	689.0	1 029.0	1 898.8	3 539.0	3 083.8
羊产品	29.2	29.0	100.2	25.8	17.6	49.5
禽产品	2 519.4	4 264.0	6 399.1	8 449.7	9 235.1	9 339.7
蛋产品	330.9	563.0	595.5	1 049.8	1 963.8	2 117.8
乳品	5 860.7	8 034.6	13 300.8	16 488.4	24 737.3	36 009.2
动物生皮	178.2	658.4	80.0	49.3	25.6	66.4
动物生毛皮	3.2	9.2	5.2	0.5	1.3	1.5
羊毛	7.5	0.4	25.2	26.3	19.6	10.3
水产品	1 497.9	1 674.1	2 441.6	3 444.3	5 669.4	7 856.6
饮品	13 006.4	20 311.3	24 255.1	33 506.4	51 557.3	57 393.9
酒	3 104.7	5 924.6	8 617.3	12 111.6	20 382.1	20 355.7
茶	3 155.7	4 484.2	4 451.7	5 792.6	7 744.2	9 840.7
咖啡	796.1	812.7	970.6	1 470.5	2 138.9	2 331.9
烟草	4 142.9	5 801.1	7 773.5	8 609.7	12 798.1	16 971.8

哈萨克斯坦主要农产品进口额（二）

单位：万美元

项　目	2009 年	2010 年	2011 年	2012 年	2013 年
农产品	247 873.6	235 263.7	402 821.6	427 993.6	460 609.5
谷物	6 332.6	2 119.3	6 766.3	4 965.1	4 090.5
小麦产品	1 428.7	130.4	851.0	547.4	290.2
玉米产品	297.4	192.8	243.4	252.0	290.0
稻谷产品	2 777.4	997.4	1 574.1	1 978.7	1 812.7
棉花	48.5	346.4	417.5	887.3	63.5
食用油籽	4 654.2	3 318.5	5 422.5	9 808.5	9 942.0
大豆	182.7	11.7	46.5	72.2	408.0
花生	333.3	732.9	1 155.5	2 099.4	1 818.4
油菜籽	144.7	235.2	111.4	282.8	434.4
食用植物油	9 458.1	7 567.7	14 350.2	11 405.9	10 983.4
豆油	0.1	0.7	8.7	240.9	1.9
菜籽油	52.0	6.8	3.0	6.3	141.5
棕榈油	956.5	694.8	1 262.0	1 886.5	1 268.8
食糖	20 865.7	28 652.0	34 562.5	26 301.7	24 046.9
蔬菜	12 541.4	18 150.6	34 407.8	30 730.8	39 355.8
水果	28 231.3	33 767.7	65 263.8	73 304.4	84 327.4
畜产品	47 790.9	45 220.4	79 979.7	91 168.6	89 767.4
猪产品	1 289.6	1 677.8	2 291.5	3 611.2	3 271.2
牛产品	2 080.9	3 861.3	10 767.3	14 440.8	13 501.8
羊产品	33.4	19.1	48.9	174.1	103.8
禽产品	8 342.1	12 123.2	19 302.9	22 760.2	20 283.7
蛋产品	1 900.7	969.7	1 976.8	1 273.2	998.6
乳品	27 589.1	22 641.7	35 750.9	37 022.9	40 182.1
动物生皮	52.8	1.4	22.8	0.7	15.5
动物生毛皮		0.2	0.1	0.2	0.3
羊毛	6.2	7.9	14.9	42.3	11.8
水产品	6 814.3	5 811.2	8 973.0	9 171.1	9 185.0
饮品	45 678.3	40 018.1	64 322.7	72 618.0	79 440.4
酒	12 713.8	9 605.5	17 730.4	20 155.1	21 816.9
茶	9 374.0	11 611.3	12 686.2	14 605.6	15 486.6
咖啡	2 473.1	1 941.1	3 261.8	3 925.2	4 078.9
烟草	16 460.0	10 411.6	18 100.0	20 890.1	22 793.3

4-9-3 哈萨克斯坦主要农产品出口量（一）

单位：吨

项　目	2003年	2004年	2005年	2006年	2007年	2008年
农产品						
谷物	4 093 737.2	3 465 359.1	2 971 798.4	5 736 688.4	8 339 269.3	7 451 304.1
小麦产品	3 799 987.8	3 118 230.9	2 831 149.0	5 317 277.4	7 632 738.3	6 751 393.2
玉米产品	16 554.8	13 804.5	4 265.1	13 392.2	3 068.0	2 373.2
稻谷产品	3 566.0	78 361.9	36 931.5	25 556.1	43 520.3	28 505.3
棉花	128 786.0	159 281.1	180 519.9	201 977.0	179 981.3	99 228.8
食用油籽	2 086.4	15 366.7	10 054.8	36 862.0	50 151.5	56 468.7
大豆	1 434.7	4 140.5	2 915.0	2 339.9	4 497.8	6 842.2
花生	45.4	104.8	115.9	45.9	16.9	
油菜籽			3 000.0	30 350.4	34 971.1	43 632.7
食用植物油	10 088.2	14 351.5	9 861.1	17 124.1	18 176.0	4 832.9
豆油		176.9	189.2	1 206.9	3 128.1	26.2
菜籽油		600.1		702.1	195.0	135.1
棕榈油	0.2				0.5	
食糖	147 674.9	134 900.2	142 677.4	84 554.9	33 595.1	17 226.2
蔬菜		193 681.2	152 129.0	163 232.8	157 628.0	141 006.8
水果						
畜产品						
猪产品						
牛产品						
羊产品						
禽产品						
蛋产品						
乳品		6 253.1	16 075.3	7 776.4	6 045.9	3 645.7
动物生皮		28 224.6	18 740.7	14 935.6	3 963.0	4 659.6
动物生毛皮		0.3	2.1	0.6	0.8	
羊毛		6 403.7	3 199.8	5 304.6	4 238.0	4 866.2
水产品						
饮品						
酒						
茶	73.6	135.3	236.9	340.3	259.4	731.9
咖啡	6.9	40.9	126.4	65.8	61.1	43.9
烟草						

哈萨克斯坦主要农产品出口量（二）

单位：吨

项　目	2009 年	2010 年	2011 年	2012 年	2013 年
农产品					
谷物	5 827 550.3	7 803 659.2	5 401 234.5	10 111 739.4	7 198 279.7
小麦产品	5 477 055.1	7 365 608.8	4 793 386.3	9 704 192.4	6 883 350.2
玉米产品	4 575.1	6 482.3	11 014.8	12 475.4	6 944.3
稻谷产品	8 212.8	50 306.8	67 623.5	50 704.7	57 763.4
棉花	79 502.1	66 842.5	32 540.3	56 567.3	82 199.4
食用油籽	75 398.5	81 239.8	174 830.0	448 877.1	337 782.2
大豆	4 568.0	2 461.4	6 449.1	22 320.0	20 416.1
花生	30.4	41.7	916.1	1 660.0	1 060.6
油菜籽	42 402.5	30 654.0	52 167.7	66 371.2	96 054.6
食用植物油	24 949.4	34 597.5	21 076.9	35 924.5	34 049.2
豆油	362.7	1 071.8	1 964.8	5 381.8	5 128.1
菜籽油	0.2		984.3	1 094.0	2 351.7
棕榈油	1.9			86.0	
食糖	2 338.8	13 221.2	6 636.2	2 168.0	14 263.0
蔬菜	119 449.1	122 917.8	29 207.7		38 809.6
水果					
畜产品					
猪产品					
牛产品					
羊产品					
禽产品					
蛋产品					
乳品	4 684.9	1 579.6	2 970.7		23 800.7
动物生皮	6 675.0	13 306.4	11 184.9	17 841.1	23 101.8
动物生毛皮		16.0	12.9	13.8	17.4
羊毛	7 568.6	5 611.7	9 486.6	4 858.8	5 699.3
水产品					
饮品					
酒					
茶	427.6	442.1	763.9	1 382.3	1 527.1
咖啡	202.7	558.0	462.3	807.0	954.8
烟草					

4-9-4 哈萨克斯坦主要农产品进口量（一）

单位：吨

项 目	2003年	2004年	2005年	2006年	2007年	2008年
农产品						
谷物	43 373.2	20 313.8	51 250.8	89 378.8	96 915.0	136 562.7
小麦产品	11 155.0	6 438.4	4 992.7	20 298.6	4 205.1	31 728.9
玉米产品	793.7	799.3	1 063.4	960.0	3 012.0	2 372.1
稻谷产品	16 724.9	4 360.6	7 546.9	15 004.5	16 404.5	27 150.6
棉花	402.6	52.0	27 275.5	50 523.1	47 460.3	3 252.6
食用油籽	76 959.0	27 982.5	50 551.7	69 566.8	113 632.6	31 023.0
大豆	3 298.0	3 136.9	16 091.2	6 967.2	47 277.7	518.7
花生	266.1	110.4	706.1	1 063.7	1 579.1	1 139.7
油菜籽	38.2	42.1	308.0	477.0	246.7	283.5
食用植物油	58 602.7	44 236.3	72 454.2	64 619.3	64 632.9	120 165.7
豆油	179.0		2.8	2.1	0.4	1 181.0
菜籽油	15.2	42.4	176.4	221.5	166.7	960.0
棕榈油	18 128.5	16 872.0	22 025.4	11 075.2	10 998.3	17 451.9
食糖	513 387.7	538 529.3	593 828.7	467 873.7	468 772.0	548 621.5
蔬菜		89 203.9	85 369.7	146 206.9	179 718.0	215 927.3
水果						
畜产品						
猪产品						
牛产品						
羊产品						
禽产品						
蛋产品						
乳品	67 082.5	76 342.4	112 084.0	130 204.0	147 249.8	177 051.6
动物生皮	2 161.7	7 606.2	940.5	593.6	347.4	1 765.7
动物生毛皮	0.6	0.7	0.4		3.0	8.9
羊毛	335.2	9.7	430.7	383.3	138.5	64.0
水产品						
饮品						
酒						
茶	22 498.9	29 719.7	24 174.1	27 839.3	27 666.2	31 501.4
咖啡	3 230.8	2 927.2	4 373.4	5 784.1	7 433.1	6 719.4
烟草						

哈萨克斯坦主要农产品进口量（二）

单位：吨

项　目	2009 年	2010 年	2011 年	2012 年	2013 年
农产品					
谷物	199 208.1	45 416.7	119 712.7	110 123.7	62 504.8
小麦产品	86 356.0	4 193.2	25 636.3	28 217.1	4 439.9
玉米产品	8 916.7	3 310.5	2 556.6	2 417.2	2 450.8
稻谷产品	42 595.4	18 422.9	19 473.7	32 706.2	25 037.3
棉花	549.7	1 381.5	2 344.7	5 627.1	418.2
食用油籽	83 013.6	21 702.2	24 459.2	115 850.6	115 747.0
大豆	4 160.3	132.4	422.3	969.6	63 306.9
花生	2 299.1	5 678.9	8 075.7	14 747.3	15 990.2
油菜籽	237.4	1 705.9	162.4	5 295.0	2 132.3
食用植物油	104 025.2	72 693.1	154 286.6	90 236.9	110 065.5
豆油	0.3	4.4	53.1	2 351.9	8.1
菜籽油	647.3	48.3	20.9	43.2	1 065.6
棕榈油	9 573.6	6 600.5	8 613.1	14 329.0	11 115.7
食糖	361 710.4	411 008.1	409 282.3	405 619.8	470 284.8
蔬菜	241 433.7	402 431.9	559 234.7		731 974.6
水果					
畜产品					
猪产品					
牛产品					
羊产品					
禽产品					
蛋产品					
乳品	174 689.3	125 081.5	163 486.5	181 799.4	171 556.1
动物生皮	1 413.6	34.0	226.7		54.4
动物生毛皮		0.1	0.1		0.2
羊毛	18.7	19.4	68.1	227.0	104.2
水产品					
饮品					
酒					
茶	26 657.2	28 674.0	29 968.3	34 535.6	34 134.9
咖啡	7 631.1	6 194.4	7 121.7	7 540.2	8 003.9
烟草					

4-10 吉尔吉斯斯坦主要农产品贸易情况

4-10-1 吉尔吉斯斯坦主要农产品出口额（一）

单位：万美元

项目	2003年	2004年	2005年	2006年	2007年	2008年
农产品	10 602.2	13 251.6	12 989.3	14 661.4	20 070.9	21 842.4
谷物	119.8	36.4	18.6	35.3	84.9	145.4
小麦产品	118.1	34.7	17.2	30.1	73.2	80.9
玉米产品	0.1			0.8		0.8
稻谷产品	1.2	1.2	0.6	4.4	6.9	63.7
棉花	4 321.6	4 282.8	4 140.1	3 637.0	2 930.8	2 377.1
食用油籽	6.1	84.4	32.6	24.1	42.4	15.6
大豆		0.5	5.2	1.0	3.4	
花生	0.2		0.7	4.7		4.5
油菜籽						
食用植物油	1.3	4.5	10.4	0.2	13.7	10.2
豆油						
菜籽油						
棕榈油						
食糖	668.4	2 197.7	1 120.2	485.3	286.2	57.6
蔬菜	383.5	704.5	553.3	780.8	1 639.3	2 378.4
水果	189.0	227.5	384.3	770.9	2 417.2	4 116.6
畜产品	1 808.8	2 066.5	2 956.1	3 690.4	4 456.2	5 113.0
猪产品	16.1	35.8	54.5	51.3	31.4	34.1
牛产品	0.3	110.8	137.2	138.5	239.0	310.5
羊产品		2.5	32.8	51.4	59.6	79.6
禽产品	32.9	37.1	56.4	51.0	34.3	33.1
蛋产品			8.3	5.5	11.0	9.1
乳品	653.7	795.9	1 391.3	2 016.8	2 535.2	3 012.7
动物生皮	806.2	611.4	867.5	1 087.0	1 150.1	1 248.9
动物生毛皮	8.3	15.2	10.6	5.5	8.5	8.1
羊毛	115.5	131.8	195.1	153.8	178.7	106.3
水产品	0.3	2.5	2.1	2.7	27.2	36.9
饮品	325.7	723.5	823.3	317.8	556.3	715.5
酒	6.9	5.3	6.6	11.3	32.6	58.3
茶	249.5	276.9	108.6	44.4	30.5	30.7
咖啡			15.0	1.3	13.1	2.2
烟草	1 282.8	1 179.3	1 243.8	1 157.6	1 403.8	1 647.0

吉尔吉斯斯坦主要农产品出口额（二）

单位：万美元

项　目	2009 年	2010 年	2011 年	2012 年	2013 年
农产品	18 307.8	22 547.2	26 172.7	26 578.9	
谷物	292.8	167.0	127.5	17.7	
小麦产品	46.6	0.9	19.1	1.2	
玉米产品		20.1	21.0	0.2	
稻谷产品	246.2	146.0	83.9	16.3	
棉花	2 155.7	2 779.3	3 101.9	3 387.8	
食用油籽	53.5	85.1	31.8	34.1	
大豆					
花生	6.4	0.7	0.4	12.8	
油菜籽					
食用植物油	2.2			1.1	
豆油					
菜籽油					
棕榈油					
食糖	0.1	19.2	0.9	0.4	
蔬菜	1 752.3	3 307.0	4 425.8	4 099.8	
水果	3 103.3	3 009.9	3 471.5	5 011.5	
畜产品	3 191.5	4 708.3	4 676.6	4 680.3	
猪产品	10.5	34.6	74.0	78.6	
牛产品	214.0	180.6	423.8	875.1	
羊产品	178.5	612.6	213.4	123.9	
禽产品	34.4	34.7	74.1	79.2	
蛋产品				1.0	
乳品	2 197.0	3 217.5	2 706.9	2 367.0	
动物生皮	155.1	159.0	581.3	642.6	
动物生毛皮	2.7	0.2	1.1		
羊毛	124.1	112.8	89.3	50.4	
水产品	41.2	31.3	55.9	6.9	
饮品	844.1	951.3	1 470.1	873.8	
酒	35.2	87.5	128.8	96.2	
茶	23.8	47.5	107.8	142.1	
咖啡	2.3	8.9	13.9	19.7	
烟草	1 622.1	2 361.0	1 567.9	1 330.0	

4-10-2 吉尔吉斯斯坦主要农产品进口额（一）

单位：万美元

项 目	2003年	2004年	2005年	2006年	2007年	2008年
农产品	9 440.5	13 107.3	17 187.0	25 258.7	38 117.1	54 153.4
谷物	1 061.5	1 452.8	2 836.0	4 268.9	9 546.7	14 815.0
小麦产品	828.0	1 366.8	2 658.4	3 301.4	8 517.4	13 342.1
玉米产品	31.3	26.4	29.3	11.7	49.1	6.0
稻谷产品	188.9	43.4	124.6	895.0	827.9	1 242.1
棉花	11.4	0.7	2.5	38.8	28.3	41.6
食用油籽	9.9	5.7	33.9	7.0	21.8	23.6
大豆	2.2	4.6	6.6	4.2	5.3	4.5
花生	0.3	0.3	0.3	0.3		1.0
油菜籽						
食用植物油	558.9	1 036.7	788.4	1 086.9	1 858.6	3 497.6
豆油	6.8	54.4	47.9	39.1	10.2	23.0
菜籽油	2.1	1.4		0.2	10.5	23.5
棕榈油	39.0	78.7	104.0	140.4	195.6	295.7
食糖	1 154.4	1 914.3	2 332.9	4 604.6	3 454.8	3 744.8
蔬菜	190.8	262.7	346.6	494.5	758.4	1 059.2
水果	375.2	774.2	1 268.2	1 805.7	2 085.7	2 873.6
畜产品	647.6	950.0	1 473.7	2 413.0	4 173.3	6 074.0
猪产品	2.0	2.2	61.1	595.9	744.0	715.6
牛产品	30.7	37.0	17.7	76.0	131.0	150.1
羊产品	0.8					1.4
禽产品	333.9	444.8	610.9	639.1	1 338.2	2 700.0
蛋产品	39.3	11.9	5.5	12.6	32.0	67.5
乳品	91.5	197.3	371.4	802.9	1 541.4	2 008.3
动物生皮	109.5	152.0	264.7	130.6	174.6	166.7
动物生毛皮						0.8
羊毛	26.8	80.5	122.8	120.3	148.0	177.3
水产品	245.2	258.1	269.6	397.1	567.2	724.1
饮品	2 391.9	3 148.2	3 559.4	4 674.1	7 733.8	11 151.4
酒	1 139.5	1 521.1	1 577.0	1 731.6	2 651.8	3 373.0
茶	254.5	273.6	300.2	376.7	356.5	508.8
咖啡	35.7	46.6	54.9	86.2	148.1	204.7
烟草	1 163.8	1 506.0	2 118.5	2 164.6	3 065.1	3 478.6

吉尔吉斯斯坦主要农产品进口额（二）

单位：万美元

项　目	2009 年	2010 年	2011 年	2012 年	2013 年
农产品	50 759.4	54 887.0	71 461.5	79 305.3	
谷物	11 256.9	8 456.2	12 623.4	13 748.6	
小麦产品	8 482.6	7 016.8	11 265.8	11 881.3	
玉米产品	19.1	28.3	118.4	55.0	
稻谷产品	2 438.5	1 259.9	857.2	1 318.1	
棉花	26.2	91.9	26.0	26.8	
食用油籽	193.3	193.7	457.2	504.3	
大豆	18.5	28.6	66.9	142.6	
花生	3.2	7.9	14.7	19.5	
油菜籽			0.1		
食用植物油	3 485.7	4 732.1	5 707.9	5 897.3	
豆油	32.6	197.1	216.3		
菜籽油			9.9	112.9	
棕榈油	193.9	230.8	334.6	364.3	
食糖	4 611.4	4 648.6	7 790.5	6 484.6	
蔬菜	920.1	722.6	1 211.2	1 161.9	
水果	3 333.4	3 678.6	4 449.7	5 002.7	
畜产品	6 414.5	9 637.8	9 303.6	10 287.2	
猪产品	411.1	1 394.8	1 007.5	1 196.3	
牛产品	50.0	290.1	385.1	568.3	
羊产品			2.1	0.3	
禽产品	3 960.9	5 994.2	5 761.2	5 851.9	
蛋产品	227.8	294.4	404.3	213.8	
乳品	1 552.7	1 414.9	1 343.6	1 591.0	
动物生皮	113.6	90.6	197.4	436.7	
动物生毛皮					
羊毛	28.8	29.4	22.6	50.5	
水产品	806.4	929.1	1 194.2	1 516.5	
饮品	10 200.9	10 941.1	14 314.6	16 801.7	
酒	2 706.1	2 629.9	3 412.2	3 416.2	
茶	532.9	559.8	707.2	1 010.3	
咖啡	355.3	479.3	631.6	794.6	
烟草	3 143.6	3 694.4	4 539.5	5 539.2	

4-10-3 吉尔吉斯斯坦主要农产品出口量（一）

单位：吨

项 目	2003年	2004年	2005年	2006年	2007年	2008年
农产品						
谷物	9 979.6	1 516.9	781.4	1 347.7	2 370.1	3 147.0
小麦产品	9 937.9	1 455.7	741.9	1 246.6	2 119.6	1 733.5
玉米产品	6.3			17.6	0.7	12.0
稻谷产品	24.7	40.0	10.4	83.5	127.9	1 401.5
棉花	43 392.7	47 595.3	52 360.7	46 523.1	32 992.8	23 743.2
食用油籽	254.1	3 163.1	1 286.4	715.4	1 060.0	329.2
大豆		14.0	164.2	31.9	123.6	
花生	7.0		13.2	108.2		64.3
油菜籽						
食用植物油	55.1	61.9	122.6	2.8	76.7	168.8
豆油						
菜籽油						
棕榈油						
食糖	19 703.1	60 962.5	30 997.4	11 112.5	5 829.6	1 335.7
蔬菜			32 434.7	50 064.6	66 472.4	81 709.3
水果						
畜产品						
猪产品						
牛产品						
羊产品						
禽产品						
蛋产品						
乳品			22 318.3	38 304.8	34 103.2	29 499.9
动物生皮			19 118.3	24 048.5	29 091.9	6 786.1
动物生毛皮			46.7	0.3	0.4	0.5
羊毛	1 557.4	1 518.1	1 702.6	1 701.4	2 225.6	1 207.8
水产品						
饮品						
酒						
茶	967.7	1 004.7	376.5	683.0	410.5	259.8
咖啡			22.1	18.4	62.6	43.5
烟草						

吉尔吉斯斯坦主要农产品出口量（二）

单位：吨

项　目	2009年	2010年	2011年	2012年	2013年
农产品					
谷物	6 543.2	5 052.3	2 975.1	278.5	
小麦产品	1 268.2	68.0	662.0	5.3	
玉米产品		1 727.9	599.0	0.3	
稻谷产品	5 274.8	3 256.4	1 520.1	272.1	
棉花	22 091.4	19 842.9	21 232.1	26 945.1	
食用油籽	1 075.7	1 970.3	600.9	432.9	
大豆					
花生	104.9	12.0	2.1	143.4	
油菜籽					
食用植物油	4.6			1.7	
豆油					
菜籽油					
棕榈油					
食糖	0.4	201.4	7.3	2.5	
蔬菜	71 217.2	221 373.0	224 250.9	166 984.9	
水果					
畜产品					
猪产品					
牛产品					
羊产品					
禽产品					
蛋产品					
乳品	23 386.3	32 669.3	23 608.1	23 512.1	
动物生皮	928.3	7 885.4	29 371.0	25 079.2	
动物生毛皮		0.1	0.5		
羊毛	1 669.0	1 219.7	2 296.0	820.0	
水产品					
饮品					
酒					
茶	245.5	327.3	401.5	474.7	
咖啡	18.2	39.0	52.7	18.0	
烟草					

4-10-4 吉尔吉斯斯坦主要农产品进口量（一）

单位：吨

项　目	2003年	2004年	2005年	2006年	2007年	2008年
农产品						
谷物	109 812.1	107 953.9	219 385.2	310 824.6	466 318.4	468 006.9
小麦产品	97 315.8	102 937.1	210 801.2	271 201.3	424 080.9	414 982.7
玉米产品	3 477.2	3 231.0	2 965.1	1 427.5	3 086.1	308.5
稻谷产品	7 706.8	1 245.7	4 752.8	35 080.1	32 626.2	44 779.9
棉花	204.6	43.3	89.6	323.1	684.3	410.8
食用油籽	71.1	243.3	814.2	129.5	830.4	524.3
大豆	45.8	213.6	136.2	96.5	300.1	214.0
花生	1.5	4.0	7.7	1.0		3.1
油菜籽	0.1					
食用植物油	8 225.5	13 508.0	11 077.0	14 219.2	19 051.9	24 012.2
豆油	170.5	548.5	553.4	329.5	122.7	309.7
菜籽油	47.7	15.5	0.1	0.6	191.8	185.4
棕榈油	1 082.5	1 987.2	1 703.6	2 278.1	2 373.6	3 294.7
食糖	39 727.4	67 994.0	73 666.8	101 668.3	83 841.5	71 924.4
蔬菜			5 945.7	12 582.2	18 520.6	
水果						
畜产品						
猪产品						
牛产品						
羊产品						
禽产品						
蛋产品						
乳品			2 631.0	4 565.6	7 607.8	9 163.9
动物生皮			9 325.1	4 667.1	5 077.1	629.8
动物生毛皮						
羊毛	260.5	347.2	657.4	518.9	802.1	455.8
水产品						
饮品						
酒						
茶	3 952.6	4 015.1	3 930.1	4 169.3	3 880.7	4 268.7
咖啡			675.0	723.7	747.5	867.7
烟草						

吉尔吉斯斯坦主要农产品进口量（二）

单位：吨

项　目	2009 年	2010 年	2011 年	2012 年	2013 年
农产品					
谷物	499 946.8	404 279.5	454 861.5	606 658.0	
小麦产品	410 449.3	375 041.3	426 475.9	553 038.2	
玉米产品	992.6	310.0	608.2	1 952.5	
稻谷产品	67 611.8	24 186.0	16 297.5	28 015.9	
棉花	366.4	728.7	118.7	472.9	
食用油籽	5 548.8	2 899.4	6 496.4	11 265.0	
大豆	908.6	1 543.0	3 571.5	7 279.2	
花生	13.2	26.9	35.7	47.3	
油菜籽			20.0		
食用植物油	33 559.9	39 799.3	36 737.1	41 932.6	
豆油	204.2	1 363.3	1 336.0	0.1	
菜籽油			98.3	897.8	
棕榈油	1 816.2	2 116.7	2 293.3	2 472.1	
食糖	81 692.5	61 876.1	86 739.1	85 036.6	
蔬菜	14 398.3	10 106.1	12 854.3	9 481.7	
水果					
畜产品					
猪产品					
牛产品					
羊产品					
禽产品					
蛋产品					
乳品	9 385.6	7 944.5	7 607.7	9 672.1	
动物生皮	604.0	4 367.2	8 091.1	21 091.0	
动物生毛皮					
羊毛	326.8	104.5	178.0	100.8	
水产品					
饮品					
酒					
茶	4 109.8	3 900.5	4 030.8	5 181.2	
咖啡	913.2	1 078.3	1 370.3	906.9	
烟草					

4-11 沙特阿拉伯主要农产品贸易情况

4-11-1 沙特阿拉伯主要农产品出口额（一）

单位：万美元

项　目	2003年	2004年	2005年	2006年	2007年	2008年
农产品	91 189.4	109 460.7	130 849.0	154 876.7	217 801.4	68 741.6
谷物	451.5	630.9	1 117.4	1 465.9	2 162.5	
小麦产品	32.7	64.0	59.5	98.7	114.6	
玉米产品	47.1	34.7	52.2	202.9	84.5	
稻谷产品	260.4	411.3	865.6	1 083.5	1 779.8	
棉花	13.0	16.1	10.6	4.7	9.9	
食用油籽	69.0	66.0	100.4	85.2	143.9	
大豆	1.2	0.4	0.2	1.2		
花生	28.7	27.1	52.4	40.0	76.6	
油菜籽	0.3		0.2	0.2		
食用植物油	3 346.8	3 741.1	4 970.8	4 562.5	8 396.7	5 029.3
豆油	2.6	37.6	13.1	19.0	41.6	710.0
菜籽油	4.4	22.1	26.9	9.9	17.9	
棕榈油	224.8	111.1	92.4	143.5	622.2	
食糖	1 736.0	6 265.0	5 705.9	13 408.5	26 049.8	14 828.1
蔬菜	19 944.0	18 173.7	22 747.3	23 595.1	30 216.9	11 197.5
水果	17 069.7	16 749.8	19 543.3	22 525.4	29 678.1	11 003.8
畜产品	36 056.7	45 836.8	54 415.2	62 732.0	82 419.9	29 844.5
猪产品	18.8	63.0	91.2	43.0	48.1	
牛产品	530.7	698.8	1 131.1	1 689.0	2 314.2	
羊产品	1 644.0	3 225.9	4 981.1	4 927.8	6 260.7	800.8
禽产品	4 825.8	5 444.6	6 409.5	7 792.9	8 590.8	645.6
蛋产品	1 021.1	1 304.4	1 554.8	3 375.9	3 505.5	
乳品	24 784.9	30 926.7	35 682.4	40 392.5	54 901.9	28 398.2
动物生皮	1 238.6	1 942.1	1 985.6	1 020.9	1 364.1	
动物生毛皮	31.0	0.5	10.9	5.0		
羊毛	291.5	632.1	828.7	973.7	756.9	
水产品	2 945.3	3 099.8	4 788.8	5 167.5	6 849.8	4 529.1
饮品	7 218.7	10 405.9	12 762.9	14 201.0	21 665.2	3 231.7
酒	41.4	27.5	3.4	0.3		
茶	261.4	301.8	368.9	567.3	586.2	
咖啡	103.4	93.4	173.8	209.7	152.8	
烟草	155.9	233.8	205.5	467.8	187.7	

沙特阿拉伯主要农产品出口额（二）

单位：万美元

项　目	2009 年	2010 年	2011 年	2012 年	2013 年
农产品	101 753.3	312 001.8	355 796.1		354 419.9
谷物		1 847.7	2 266.5		1 942.2
小麦产品		494.1	428.6		350.8
玉米产品		169.4	300.4		213.9
稻谷产品		805.6	1 306.2		1 332.3
棉花			28.2		
食用油籽		92.1	135.2		383.0
大豆					
花生		40.4	46.2		173.0
油菜籽					
食用植物油	5 508.7	16 135.8	29 394.5		24 940.0
豆油	1 066.8	3 229.0	11 263.6		8 506.7
菜籽油					
棕榈油		1 260.5	3 163.8		3 662.5
食糖	11 541.4	26 257.9	27 821.3		19 580.2
蔬菜	15 617.5	40 703.4	47 087.5		45 912.4
水果	14 165.0	44 497.1	46 350.6		58 002.7
畜产品	38 423.8	120 499.1	142 258.1		145 742.9
猪产品		72.6	74.0		32.9
牛产品	20.0	5 636.9	7 006.8		3 746.1
羊产品	734.1	7 913.6	10 146.2		2 357.8
禽产品		7 109.1	8 129.0		12 352.4
蛋产品		6 359.4	6 656.7		7 899.7
乳品	37 669.8	83 536.7	95 580.7		102 855.3
动物生皮		22.5	41.9		26.7
动物生毛皮					
羊毛		569.5	543.9		591.8
水产品	5 134.0	12 572.1	7 591.1		3 506.4
饮品	6 106.6	24 391.4	25 171.1		24 266.0
酒		16.1	14.9		40.8
茶		1 354.8	1 346.8		1 064.6
咖啡		490.5	692.5		811.6
烟草	2 180.4	86.1	108.9		186.0

4-11-2 沙特阿拉伯主要农产品进口额（一）

单位：万美元

项　目	2003年	2004年	2005年	2006年	2007年	2008年
农产品	603 542.3	677 262.5	886 436.4	956 658.5	1 203 342.9	1 257 080.2
谷物	121 369.0	129 646.3	187 523.0	202 815.0	332 419.3	528 657.5
小麦产品	1 293.0	1 754.5	1 682.2	1 713.4	2 454.8	9 385.7
玉米产品	13 303.6	14 904.5	19 451.1	21 619.8	46 888.2	57 853.0
稻谷产品	37 746.6	54 843.4	58 499.9	54 694.5	64 716.4	164 287.4
棉花	238.6	388.8	380.4	538.8	306.3	8.3
食用油籽	3 778.8	5 200.7	6 562.9	5 872.1	7 936.6	9 688.7
大豆	69.6	77.6	69.9	73.9	1 307.1	
花生	936.6	975.3	1 381.1	1 508.1	1 591.9	
油菜籽	9.0	3.0	1.7	8.3	3.5	
食用植物油	16 659.0	22 319.8	30 618.2	34 506.1	45 524.2	41 547.4
豆油	488.8	612.5	482.9	653.9	784.2	
菜籽油	114.0	152.5	232.6	199.8	217.5	
棕榈油	6 850.9	10 628.1	11 488.0	15 597.4	21 912.2	24 798.3
食糖	4 744.3	3 060.0	24 523.1	41 538.0	39 354.2	50 512.7
蔬菜	36 040.9	39 488.2	42 686.0	48 255.6	60 482.3	30 867.5
水果	70 199.4	78 125.4	101 957.0	108 243.3	123 152.3	88 841.2
畜产品	185 070.3	212 904.2	272 972.4	264 370.2	309 548.4	316 199.4
猪产品	12.6	2.0	1.8		4.6	
牛产品	10 253.5	13 103.7	14 870.2	22 984.0	28 229.5	27 547.2
羊产品	49 725.0	60 525.8	81 286.0	68 529.6	67 419.3	57 637.8
禽产品	46 845.9	46 969.2	65 396.4	58 896.9	76 181.7	105 518.5
蛋产品	1 788.4	1 555.4	1 570.8	1 598.1	1 935.3	
乳品	70 166.3	83 141.2	98 937.1	102 037.4	125 314.4	118 782.8
动物生皮	19.2	60.2	93.6	85.2	56.5	
动物生毛皮	3.2	4.8	13.5	0.3	0.7	
羊毛	19.0	50.0	23.8	10.6	22.3	
水产品	14 372.6	18 839.0	21 498.7	25 211.7	25 806.7	21 261.4
饮品	37 018.5	40 558.7	50 104.6	56 890.9	64 756.7	44 091.9
酒	148.1	145.8	188.4	252.2	275.4	
茶	11 874.6	11 358.5	13 564.8	13 714.3	16 191.0	15 456.7
咖啡	6 152.9	7 830.4	9 939.5	11 010.2	14 440.6	12 029.9
烟草	36 769.5	41 683.9	45 081.3	46 131.6	49 308.1	44 248.8

沙特阿拉伯主要农产品进口额（二）

单位：万美元

项 目	2009年	2010年	2011年	2012年	2013年
农产品	1 080 422.5	1 697 079.2	2 013 900.6		2 412 026.0
谷物	351 020.1	419 933.9	446 771.8		620 575.3
小麦产品	40 213.7	45 503.2	71 710.5		82 311.0
玉米产品	37 795.6	47 420.0	61 417.1		68 916.3
稻谷产品	147 101.7	131 223.0	112 748.1		139 005.9
棉花	25.6	346.5	433.7		351.2
食用油籽	14 074.2	27 507.1	47 849.7		52 981.0
大豆	8 793.2	16 752.7	34 333.5		33 314.7
花生		2 346.6	3 013.5		3 871.2
油菜籽		65.2			19.3
食用植物油	38 717.8	60 102.3	90 848.6		77 595.0
豆油		952.9	1 350.1		2 396.0
菜籽油		350.1	327.3		509.1
棕榈油	29 787.0	35 781.7	52 646.8		44 662.6
食糖	51 317.7	89 912.9	87 340.4		90 400.8
蔬菜	43 310.3	91 940.5	105 258.7		114 911.9
水果	90 728.1	183 582.6	210 005.9		246 571.6
畜产品	290 604.8	409 530.8	515 275.6		583 705.5
猪产品		19.6	116.2		95.6
牛产品	29 716.3	38 631.2	42 959.2		50 469.3
羊产品	56 378.2	78 927.0	84 677.2		107 171.7
禽产品	110 264.9	135 336.2	188 673.5		213 232.8
蛋产品		1 370.5	1 782.7		6 488.4
乳品	87 973.8	140 933.4	180 498.8		183 592.4
动物生皮		14.6			
动物生毛皮					
羊毛					
水产品	20 109.0	40 116.2	50 548.8		64 673.3
饮品	49 794.0	93 478.8	111 331.7		137 130.3
酒		1 323.4	1 602.1		1 916.2
茶	15 379.4	22 299.7	24 203.8		23 720.1
咖啡	11 498.6	19 760.2	25 206.4		26 102.8
烟草	51 384.8	69 512.5	80 056.3		101 175.0

4-11-3 沙特阿拉伯主要农产品出口量（一）

单位：吨

项 目	2003年	2004年	2005年	2006年	2007年	2008年
农产品						
谷物	15 443.7	19 844.8	25 618.5	25 793.6	41 723.3	
小麦产品	1 273.4	2 088.7	1 926.9	1 309.7	1 766.0	
玉米产品	1 393.7	547.6	331.1	2 162.3	1 493.3	
稻谷产品	4 339.4	12 424.0	16 529.1	19 127.7	33 611.1	
棉花	53.9	126.2	128.6	53.5	263.5	
食用油籽	558.4	686.6	944.9	597.8	1 411.5	
大豆	25.0	10.0	10.8	24.7		
花生	126.4	177.8	515.5	208.2	619.6	
油菜籽	1.1		0.7	3.3		
食用植物油	30 668.7	33 118.1	53 341.3	35 238.9	58 992.3	28 896.0
豆油	35.0	1 149.3	363.6	600.4	416.0	10 000.0
菜籽油	75.5	399.3	672.3	478.7	486.0	
棕榈油	3 741.1	1 752.6	1 279.4	1 444.4	4 990.3	
食糖	57 107.5	234 107.4	184 731.6	237 624.6	375 324.6	302 744.6
蔬菜	308 761.1	358 743.1	520 757.1	515 963.1	611 034.7	170 777.0
水果						
畜产品						
猪产品						
牛产品						
羊产品						
禽产品						
蛋产品						
乳品	234 250.5	281 132.9	337 411.5	392 229.3	443 241.1	273 748.0
动物生皮	4 029.4	5 590.5	4 058.6	2 426.7	29 720.0	
动物生毛皮	110.6	18.1	7.7	21.0		
羊毛	10 541.1	9 398.5	11 793.1	12 953.5	12 025.3	
水产品						
饮品						
酒						
茶	656.2	991.2	1 005.4	1 200.3	1 480.2	
咖啡	742.5	740.7	970.6	1 262.5	922.2	
烟草						

沙特阿拉伯主要农产品出口量（二）

单位：吨

项　目	2009 年	2010 年	2011 年	2012 年	2013 年
农产品					
谷物		48 506.0	39 985.6		26 995.2
小麦产品		16 337.0	9 368.0		10 111.7
玉米产品		4 077.0	5 746.0		4 941.4
稻谷产品		9 184.0	14 587.6		11 772.9
棉花			263.0		
食用油籽		610.0	577.1		1 393.9
大豆					
花生		117.0	205.0		815.4
油菜籽					
食用植物油	38 165.0	110 446.0	176 051.4		162 519.8
豆油	13 008.0	36 220.0	92 382.0		86 309.5
菜籽油					
棕榈油		9 042.0	14 651.0		16 564.1
食糖	260 192.0	399 430.1	356 021.1		315 945.5
蔬菜	314 782.0	1 078 417.6	1 136 142.5		872 171.7
水果					
畜产品					
猪产品					
牛产品					
羊产品					
禽产品					
蛋产品					
乳品	300 820.0	640 798.0	676 319.0		692 909.8
动物生皮		178.0	310.0		531.2
动物生毛皮					
羊毛		10 499.0	8 664.0		10 185.4
水产品					
饮品					
酒					
茶		2 232.4	2 330.0		1 220.9
咖啡		3 391.7	3 600.1		2 978.8
烟草					

4-11-4 沙特阿拉伯主要农产品进口量（一）

单位：吨

项 目	2003年	2004年	2005年	2006年	2007年	2008年
农产品						
谷物	5 778 414.1	4 862 245.8	8 461 110.3	10 133 217.8	10 134 787.1	11 032 639.0
小麦产品	41 921.1	50 859.2	52 752.9	49 812.9	56 250.9	206 661.0
玉米产品	893 506.9	793 997.8	1 234 321.6	1 347 820.3	1 835 382.0	1 640 590.0
稻谷产品	732 054.8	1 056 915.3	1 117 998.5	1 065 707.4	1 072 943.0	1 618 069.0
棉花	3 945.8	3 549.2	4 771.0	4 774.4	3 480.6	79.0
食用油籽	71 839.8	77 791.5	110 273.3	86 050.8	116 766.5	101 487.0
大豆	1 229.9	1 414.0	1 351.5	1 421.3	27 530.3	
花生	7 716.6	9 661.3	12 980.5	12 552.2	13 500.7	
油菜籽	168.8	31.0	86.3	186.0	46.6	
食用植物油	229 993.6	287 656.0	392 978.5	489 322.2	486 144.7	290 817.0
豆油	6 030.7	7 835.4	6 923.4	10 486.2	10 429.6	
菜籽油	1 605.6	2 185.2	2 849.5	2 287.0	2 421.4	
棕榈油	124 711.3	172 026.1	219 401.4	286 936.4	280 426.4	201 185.0
食糖	228 925.2	111 495.8	946 902.6	1 030 741.8	1 317 345.8	1 485 960.0
蔬菜	869 596.6	909 555.0	990 476.1	1 034 290.0	1 054 678.9	563 534.1
水果						
畜产品						
猪产品						
牛产品						
羊产品						
禽产品						
蛋产品						
乳品	310 742.5	340 035.1	378 853.9	387 657.6	407 923.4	250 871.0
动物生皮	245.3	817.6	776.3	757.5	631.0	
动物生毛皮	13.1	8.8	18.0	1.7	1.0	
羊毛	237.8	657.0	128.0	495.5	341.3	
水产品						
饮品						
酒						
茶	23 591.9	24 948.1	28 452.8	25 525.2	29 810.4	23 788.0
咖啡	26 808.6	32 852.8	34 917.7	37 681.2	41 168.6	33 195.0
烟草						

沙特阿拉伯主要农产品进口量（二）

单位：吨

项　目	2009 年	2010 年	2011 年	2012 年	2013 年
农产品					
谷物	10 661 955.0	12 231 393.0	11 319 195.0		16 288 038.9
小麦产品	1 358 412.0	1 726 886.0	2 118 977.0		2 281 437.3
玉米产品	1 544 640.0	1 931 286.0	1 654 128.0		2 113 325.8
稻谷产品	1 798 390.0	1 305 804.0	1 127 148.0		1 276 385.8
棉花	128.0	2 129.5	2 695.0		1 942.1
食用油籽	242 673.0	476 740.0	747 246.0		712 501.7
大豆	192 179.0	370 032.0	614 121.0		557 835.4
花生		14 883.0	16 877.0		16 997.3
油菜籽		604.0			41.9
食用植物油	378 411.0	542 204.8	614 964.2		655 420.5
豆油		8 052.0	8 531.0		17 684.6
菜籽油		2 832.0	2 278.0		2 686.7
棕榈油	316 570.0	359 810.0	393 343.2		430 467.6
食糖	1 140 547.0	1 543 729.0	1 246 433.0		1 680 400.8
蔬菜	695 719.0	1 322 167.5	1 376 356.3		1 282 646.7
水果					
畜产品					
猪产品					
牛产品					
羊产品					
禽产品					
蛋产品					
乳品	255 542.0	412 074.0	489 570.4		478 422.1
动物生皮		207.0			
动物生毛皮					
羊毛					
水产品					
饮品					
酒					
茶	20 331.0	32 465.0	34 419.0		35 955.4
咖啡	33 276.0	51 855.0	51 697.0		60 813.8
烟草					

4-12 以色列主要农产品贸易情况

4-12-1 以色列主要农产品出口额（一）

单位：万美元

项 目	2003年	2004年	2005年	2006年	2007年	2008年
农产品	125 778.5	72 235.3	170 961.4	177 241.7	222 412.7	221 748.2
谷物	12.5	19.8	46.3	178.0	466.1	1 799.2
小麦产品	4.1	6.6	11.3	0.5	10.3	430.1
玉米产品	0.2	2.1		0.1	32.6	462.2
稻谷产品	4.1	2.3	28.8	110.2	134.3	146.8
棉花	3 140.8	4 085.6	4 279.6	4 278.7	2 843.6	2 845.4
食用油籽	2 958.1	3 438.7	3 174.0	3 389.5	3 795.4	4 904.4
大豆	18.8	199.8	25.8	2.7		14.8
花生	1 429.7	1 442.5	1 665.0	1 644.9	1 957.6	2 356.7
油菜籽						0.4
食用植物油	64.5	90.5	349.8	154.9	217.3	137.7
豆油	0.1	0.9	11.2	1.2	1.3	
菜籽油						0.3
棕榈油		13.2	0.6	6.8	7.9	1.1
食糖	51.9	113.1	77.5	2.0	1.2	43.5
蔬菜	30 868.9	10 644.6	44 409.7	50 929.9	73 263.9	71 335.6
水果	26 497.7	9 345.8	38 866.6	39 923.2	52 703.7	65 342.5
畜产品	4 822.1	3 775.1	5 440.3	3 460.9	4 200.6	10 676.7
猪产品	0.3	4.2	0.7	0.8	0.6	15.5
牛产品				74.9	26.7	10.6
羊产品			0.9	3.0	0.1	
禽产品	2 789.7	3 020.2	3 053.0	1 815.2	2 691.3	7 740.6
蛋产品	462.8		138.3	82.6	99.6	203.7
乳品	570.5		1 549.1	1 260.8	1 125.7	1 495.3
动物生皮	657.1	653.9	115.4	126.8	39.1	514.7
动物生毛皮		0.2	0.2		0.1	
羊毛		16.0	17.6	12.3	22.7	24.9
水产品	1 417.7	526.7	1 609.9	1 835.7	2 185.3	2 953.7
饮品	2 186.6	2 420.9	2 979.8	2 681.7	3 655.0	6 282.8
酒	1 251.1	1 474.6	1 462.4	1 507.2	2 150.2	2 681.8
茶	117.3	26.4	167.0	206.9	210.2	262.6
咖啡	79.8		113.4	110.8	33.2	1 493.6
烟草	38.1	53.3	98.8	77.6	131.0	1 000.8

以色列主要农产品出口额（二）

单位：万美元

项　目	2009 年	2010 年	2011 年	2012 年	2013 年
农产品	210 410.8	229 946.4	247 058.5	249 182.0	263 661.8
谷物	1 116.6	1 538.7	1 661.4	2 622.9	2 527.3
小麦产品	358.7	27.2	32.4	23.8	132.5
玉米产品	465.4	1 109.6	1 592.0	2 544.0	2 173.3
稻谷产品	29.8	23.4	19.9	27.5	14.0
棉花	2 576.0	3 468.0	3 466.8	3 896.1	5 568.0
食用油籽	5 579.5	6 116.1	5 810.2	5 689.4	7 399.5
大豆	0.5		1.3		0.5
花生	2 488.4	2 666.2	2 325.4	2 060.3	2 491.4
油菜籽				1.9	
食用植物油	113.8	124.8	157.2	212.3	215.0
豆油	0.4	0.9	6.1	13.4	0.4
菜籽油	2.8	0.8	1.1	0.9	0.6
棕榈油	9.7	4.1	1.5	4.7	0.1
食糖	4.1	289.9	1 370.6	247.3	1 669.9
蔬菜	69 843.5	76 650.6	81 072.0	74 561.0	79 911.4
水果	64 099.8	76 020.6	87 860.2	92 016.3	98 485.9
畜产品	7 559.5	7 538.5	10 374.6	9 442.3	9 221.4
猪产品		0.1	3.0		
牛产品		1.2	6.9	0.5	36.3
羊产品		1.4		15.5	9.6
禽产品	3 990.7	4 459.5	6 043.8	5 274.4	5 039.3
蛋产品	131.0	130.2	81.4	189.7	63.0
乳品	2 002.2	1 256.4	1 651.6	1 766.0	1 587.7
动物生皮	255.7	506.2	864.4	858.4	919.0
动物生毛皮	0.5		7.0		
羊毛	12.5	40.9	32.8	49.2	51.8
水产品	3 243.2	3 756.8	4 015.1	3 713.2	4 748.3
饮品	5 028.8	6 325.3	6 786.1	7 184.4	7 693.9
酒	1 905.1	2 468.6	2 734.1	2 881.8	3 581.7
茶	208.7	314.2	243.2	181.2	299.6
咖啡	1 230.4	1 240.3	1 671.6	1 765.8	1 773.2
烟草	53.3	108.1	62.9	35.5	98.4

4-12-2 以色列主要农产品进口额（一）

单位：万美元

项　目	2003年	2004年	2005年	2006年	2007年	2008年
农产品	218 527.2	228 303.9	257 339.9	285 798.7	346 339.5	447 279.7
谷物	45 513.3	59 146.7	47 402.6	53 818.3	74 377.1	103 341.5
小麦产品	17 494.6	23 326.7	21 790.7	22 669.7	33 232.8	55 356.1
玉米产品	15 860.0	21 940.4	16 464.0	19 205.8	26 187.4	28 418.9
稻谷产品	3 114.4	4 286.9	3 734.3	4 746.8	5 992.8	8 690.9
棉花	914.1	1 312.2	1 178.6	872.5	997.6	1 184.7
食用油籽	21 028.5	26 823.5	24 087.7	22 466.6	28 155.1	30 709.5
大豆	16 858.4	20 260.5	17 567.3	15 785.8	20 316.9	18 084.2
花生	567.1	983.0	945.6	946.7	878.4	1 468.9
油菜籽	553.4	660.1	735.9	1 310.2	1 603.3	2 454.1
食用植物油	4 758.7	3 826.0	4 909.7	5 281.7	7 136.5	10 229.3
豆油	1 090.5	519.5	999.8	572.2	1 061.2	1 066.4
菜籽油	400.4	411.8	873.6	942.3	1 441.2	2 564.2
棕榈油	1 202.7	1 322.2	1 264.7	1 964.5	1 904.8	3 738.2
食糖	11 694.7	12 904.3	14 114.3	21 589.9	21 339.6	24 246.2
蔬菜	9 484.9	7 308.4	10 351.4	11 423.6	15 140.1	21 368.3
水果	22 739.4	24 463.5	27 515.5	29 204.4	34 858.3	42 195.5
畜产品	17 156.8	469.7	22 910.2	33 175.5	33 237.8	49 265.6
猪产品	70.4	6.0	116.9	108.5	95.4	108.5
牛产品	13 087.6	6.7	17 713.9	27 502.7	24 112.6	37 491.8
羊产品	247.7		107.3	193.4	326.3	578.4
禽产品	611.9		609.7	649.3	1 127.3	1 320.9
蛋产品	160.7		325.0	447.7	812.8	839.4
乳品	2 358.1		3 177.5	3 261.6	5 195.7	5 996.0
动物生皮	149.1	119.2	111.3	144.9	217.9	227.2
动物生毛皮	0.6	0.2	0.9	0.2		
羊毛				0.6	0.3	2.5
水产品	15 182.7	5 480.2	17 664.9	17 718.7	20 804.5	26 324.4
饮品	20 492.5	19 258.8	25 527.2	27 345.5	33 337.7	41 626.1
酒	5 191.5	5 841.9	6 188.1	7 148.7	8 636.2	10 147.9
茶	602.0	3.6	662.5	554.4	645.5	931.3
咖啡	4 803.7	1 889.6	6 387.4	7 302.8	8 864.3	11 495.2
烟草	11 529.5	12 268.6	12 224.4	12 377.5	13 771.2	16 658.1

以色列主要农产品进口额（二）

单位：万美元

项　目	2009年	2010年	2011年	2012年	2013年
农产品	372 978.5	446 291.5	547 935.5	536 709.9	556 158.8
谷物	73 472.2	84 695.5	116 166.2	114 044.1	108 076.8
小麦产品	38 252.6	39 593.4	51 095.0	54 733.9	45 857.0
玉米产品	18 734.7	25 805.4	39 095.4	38 404.9	39 896.1
稻谷产品	8 086.8	8 485.3	8 557.1	9 833.2	8 838.5
棉花	808.0	646.3	567.4	613.3	285.5
食用油籽	25 744.3	35 367.5	37 878.1	37 920.5	39 231.3
大豆	16 202.6	22 786.4	22 809.4	22 496.2	20 533.8
花生	1 192.2	983.6	1 239.5	2 144.7	1 858.9
油菜籽	1 572.0	3 447.2	5 023.4	3 998.2	3 397.9
食用植物油	10 527.7	10 235.9	13 208.7	14 142.2	14 568.6
豆油	723.9	407.0	577.8	1 198.4	1 475.6
菜籽油	3 670.2	2 187.2	4 038.7	5 007.3	5 232.0
棕榈油	2 673.8	2 636.9	3 313.6	2 908.0	2 750.4
食糖	24 552.8	24 233.0	32 924.5	30 365.2	24 622.3
蔬菜	16 738.5	17 622.2	20 426.6	19 878.6	21 552.6
水果	35 264.1	40 929.9	46 748.8	37 742.3	38 646.8
畜产品	41 292.9	57 551.2	73 478.0	68 733.6	78 096.3
猪产品	108.4	128.3	346.7	427.2	92.1
牛产品	31 902.0	44 314.0	57 066.8	53 371.7	62 074.9
羊产品	854.2	1 423.9	1 710.4	2 190.3	1 009.3
禽产品	1 173.1	1 564.9	2 205.7	2 062.0	2 203.6
蛋产品	1 004.3	1 153.2	1 058.8	1 001.1	1 419.0
乳品	3 526.0	5 684.4	7 049.1	5 674.5	6 137.9
动物生皮	137.7	100.7	88.6	126.7	147.9
动物生毛皮				1.6	
羊毛	1.2	2.5	1.4	0.8	0.2
水产品	23 973.1	31 983.8	39 981.0	39 733.7	46 437.0
饮品	38 676.0	45 327.5	52 915.3	52 101.5	56 908.6
酒	10 439.3	11 879.1	13 156.8	13 046.2	15 619.4
茶	826.5	1 008.2	1 000.2	1 119.0	980.1
咖啡	9 627.0	11 548.0	15 381.4	16 823.9	17 025.0
烟草	16 496.7	18 940.6	20 408.5	20 483.4	21 623.7

4-12-3 以色列主要农产品出口量（一）

单位：吨

项　目	2003年	2004年	2005年	2006年	2007年	2008年
农产品						
谷物	384.4	428.7	1 231.0	3 819.3	12 496.4	45 036.0
小麦产品	171.5	199.1	425.4	16.0	281.3	12 003.5
玉米产品	9.8	131.6		2.9	1 538.4	13 506.6
稻谷产品	105.2	47.9	677.8	2 560.3	2 549.4	1 045.9
棉花	78 986.5	23 539.0	30 084.4	30 082.5	13 992.0	22 360.5
食用油籽	34 886.2	31 023.1	42 996.0	49 517.3	29 326.2	17 729.5
大豆	441.6	4 538.4	586.0	61.3		373.8
花生	8 787.4	8 319.3	18 366.1	18 085.6	9 349.2	8 457.2
油菜籽						10.4
食用植物油	357.9	263.0	1 058.0	561.9	391.0	279.3
豆油	1.3	11.0	136.9	14.7	8.9	
菜籽油						0.6
棕榈油		29.2	9.1	103.3	56.4	5.0
食糖	1 202.1	849.2	1 242.4	58.4	12.5	1 066.8
蔬菜						
水果						
畜产品						
猪产品						
牛产品						
羊产品						
禽产品						
蛋产品						
乳品					2 915.3	3 851.5
动物生皮	3 581.4	3 991.5	380.6		156.5	
动物生毛皮						
羊毛		116.7	74.9	57.2	215.6	296.5
水产品						
饮品						
酒						
茶	246.1	47.2	290.8	421.1	474.4	480.3
咖啡	227.7		369.1	456.8	100.4	2 169.4
烟草						

以色列主要农产品出口量（二）

单位：吨

项　目	2009 年	2010 年	2011 年	2012 年	2013 年
农产品					
谷物	37 270.3	58 244.2	61 621.5	145.6	65 902.6
小麦产品	10 942.6	1 196.5	1 098.0	87.2	2 838.3
玉米产品	17 618.3	39 551.2	60 299.9	0.7	56 249.9
稻谷产品	356.0	236.9	99.4	39.9	159.7
棉花	12 013.0	14 015.7	10 086.6	139.0	18 758.1
食用油籽	21 434.5	28 026.0	22 312.9	18 417.6	23 415.2
大豆	2.3		24.2		4.4
花生	8 483.0	8 003.3	5 310.9	4 883.8	6 346.7
油菜籽					
食用植物油	273.4	398.0	434.6	23.0	442.2
豆油	2.6	1.6	49.7		2.6
菜籽油	20.0	5.3	8.7	3.9	3.7
棕榈油	70.6	42.4	10.8	19.1	0.8
食糖	87.5	5 233.7	16 878.9	240.0	28 139.0
蔬菜					
水果					
畜产品					
猪产品					
牛产品					
羊产品					
禽产品					
蛋产品					
乳品	7 966.1	2 963.5	3 138.2		4 107.4
动物生皮		2 692.3	4 402.3		4 591.8
动物生毛皮					
羊毛		433.3	227.6		444.1
水产品					
饮品					
酒					
茶	328.1	242.4	512.6		421.5
咖啡	1 499.4				
烟草					

4-12-4 以色列主要农产品进口量（一）

单位：吨

项 目	2003年	2004年	2005年	2006年	2007年	2008年
农产品						
谷物	3 202 543.2	3 444 903.6	2 281 263.5	2 593 702.2	2 881 966.7	2 998 839.6
小麦产品	1 238 289.2	1 341 361.7	1 100 714.1	1 143 573.7	1 228 767.0	1 620 631.6
玉米产品	1 164 664.4	1 345 561.0	835 601.1	986 715.7	1 186 668.8	949 744.3
稻谷产品	77 961.0	99 204.7	69 937.3	88 805.4	109 291.6	98 174.6
棉花	15 820.4	18 780.7	20 022.2	12 889.1	17 595.2	13 922.9
食用油籽	686 337.2	690 046.1	565 165.7	528 153.5	613 652.6	413 061.2
大豆	617 634.8	608 260.2	501 032.7	450 030.1	516 144.3	320 307.9
花生	4 423.1	5 843.9	5 352.1	5 343.9	6 757.4	8 316.2
油菜籽	17 371.1	19 103.9	21 807.0	38 824.1	38 130.6	37 675.7
食用植物油	64 474.7	45 435.6	55 959.2	61 445.7	71 901.2	75 411.4
豆油	16 439.4	6 125.8	12 228.9	7 104.3	14 513.8	7 821.4
菜籽油	5 135.2	4 502.0	9 764.5	10 538.2	11 388.3	14 854.4
棕榈油	22 885.7	24 268.9	20 237.6	30 059.0	24 563.3	39 715.4
食糖	418 781.5	520 498.7	330 972.5	533 130.6	498 950.2	554 857.5
蔬菜						
水果						
畜产品						
猪产品						
牛产品						
羊产品						
禽产品						
蛋产品						
乳品					12 803.6	13 351.5
动物生皮		859.4				
动物生毛皮			0.1			
羊毛				2.2	1.7	5.7
水产品						
饮品						
酒						
茶	2 082.8	5.8	1 457.6	1 277.4	1 273.7	1 746.1
咖啡	22 649.5	2 714.3	26 323.8	30 914.3	31 055.6	31 324.6
烟草						

以色列主要农产品进口量（二）

单位：吨

项　目	2009 年	2010 年	2011 年	2012 年	2013 年
农产品					
谷物	3 436 727.6	3 500 463.1	3 499 464.8	3 493 674.7	3 469 883.8
小麦产品	1 825 525.4	1 723 590.9	1 575 389.9	1 737 034.3	1 461 486.8
玉米产品	1 004 794.6	1 153 822.5	1 257 473.4	1 280 451.5	1 400 854.9
稻谷产品	110 285.8	96 600.1	92 220.9	130 530.9	196 269.2
棉花	6 356.4	2 158.3	2 400.6	1 660.2	906.2
食用油籽	440 092.5	613 586.2	542 519.3	487 844.5	459 013.8
大豆	352 212.5	485 278.8	423 782.8	363 521.9	332 837.7
花生	7 258.6	5 807.6	6 357.1	8 871.7	8 556.9
油菜籽	38 285.3	71 114.9	55 241.0	61 463.1	54 404.9
食用植物油	100 576.2	73 647.2	76 807.6	148 084.9	106 368.9
豆油	4 971.9	3 280.0	3 437.1	8 604.3	11 308.0
菜籽油	44 614.2	16 370.7	22 658.4	37 593.6	35 890.5
棕榈油	31 804.3	26 810.0	25 232.1	24 046.8	27 472.2
食糖	493 489.2	402 586.0	474 004.2	477 154.4	458 681.5
蔬菜					
水果					
畜产品					
猪产品					
牛产品					
羊产品					
禽产品					
蛋产品					
乳品	9 360.2	12 958.5	14 122.6		12 225.5
动物生皮			383.1		
动物生毛皮					
羊毛	1.0	9.6	0.8	0.2	0.1
水产品					
饮品					
酒					
茶	1 632.2	1 930.9	2 121.4		2 274.7
咖啡	27 026.0				
烟草					

4-13 土耳其主要农产品贸易情况

4-13-1 土耳其主要农产品出口额（一）

单位：万美元

项　目	2003年	2004年	2005年	2006年	2007年	2008年
农产品	505 959.6	620 725.5	798 678.7	824 885.3	937 715.9	1 108 429.5
谷物	18 736.9	23 970.8	57 767.3	51 116.3	56 037.2	76 179.8
小麦产品	12 906.7	21 816.9	50 838.9	40 220.5	48 647.3	70 322.1
玉米产品	1 321.8	1 770.2	2 579.8	4 123.7	2 360.8	4 010.6
稻谷产品	173.2	161.3	174.2	291.1	222.4	1 008.9
棉花	15 767.9	13 597.3	10 467.0	14 807.4	17 716.3	18 601.3
食用油籽	24 418.2	42 278.6	62 238.9	51 596.9	58 231.9	61 134.0
大豆	9.8	87.8	6.6	5.2	10.6	15.4
花生	138.0	129.0	174.5	197.8	219.6	205.6
油菜籽				2.7	48.7	
食用植物油	21 916.8	17 142.6	35 654.4	30 481.0	20 254.7	26 623.7
豆油	1 201.3	315.4	227.0	228.7	971.1	874.9
菜籽油				14.4	291.5	272.0
棕榈油	17.6	42.0	5.3		0.8	9.6
食糖	4 768.3	3 978.7	466.2	5 835.9	1 639.3	336.3
蔬菜	63 705.1	76 552.7	85 224.1	92 475.8	124 206.0	145 242.7
水果	114 016.6	138 203.4	163 665.5	188 044.9	229 100.8	261 643.0
畜产品	19 991.3	19 597.4	20 569.6	21 352.6	30 371.4	41 887.3
猪产品	4 652.4	4 541.3	3 828.7	3 198.8	3 089.3	3 619.2
牛产品	98.1	48.9	58.3	116.0	181.2	270.0
羊产品	326.3	269.1	19.5	384.8	36.9	532.6
禽产品	6 612.8	6 816.8	7 620.1	6 067.1	7 915.8	12 807.2
蛋产品	1 067.6	1 410.5	1 850.6	1 834.4	6 743.1	11 892.6
乳品	2 968.2	3 535.8	5 453.9	7 803.9	9 923.2	11 466.9
动物生皮	3 131.4	2 830.5	2 268.6	1 685.9	1 554.7	965.8
动物生毛皮	0.4	2.5	1.0	25.7	10.2	9.8
羊毛	1 439.4	2 377.6	1 931.3	1 831.7	2 783.9	2 637.2
水产品	17 072.5	22 658.7	25 678.3	27 330.3	32 055.3	45 623.7
饮品	26 003.6	35 422.5	40 200.6	42 908.3	55 245.3	60 307.2
酒	3 760.1	5 092.5	7 207.3	7 906.0	8 867.7	10 066.4
茶	700.1	689.4	705.3	571.0	763.8	1 137.7
咖啡	119.3	187.0	267.3	447.5	595.9	674.9
烟草	41 880.9	47 784.8	59 004.7	68 489.0	64 379.9	70 455.0

土耳其主要农产品出口额（二）

单位：万美元

项　目	2009 年	2010 年	2011 年	2012 年	2013 年
农产品	1 086 506.8	1 224 395.5	1 476 984.2	1 553 480.9	1 726 925.0
谷物	89 456.4	110 222.2	122 865.5	121 063.7	131 023.9
小麦产品	72 045.2	90 292.6	100 641.1	97 487.0	113 980.2
玉米产品	9 325.2	5 513.2	8 635.8	9 630.8	13 753.7
稻谷产品	2 503.4	5 265.7	8 404.9	7 497.1	813.5
棉花	12 172.8	15 678.3	29 673.1	22 083.3	20 015.3
食用油籽	51 177.2	67 119.1	80 139.7	84 513.6	89 311.1
大豆	21.2	13.6	5.5	1 086.1	1 269.0
花生	302.8	454.3	446.5	490.1	665.5
油菜籽			2.5	231.8	9.3
食用植物油	23 588.0	20 139.5	45 612.2	55 404.6	86 612.7
豆油	327.9	394.8	809.2	461.9	1 312.2
菜籽油	148.5	194.7	448.7	172.2	102.7
棕榈油		10.7	197.1	244.3	129.1
食糖	350.2	4 516.5	5 817.1	2 543.3	4 437.5
蔬菜	145 786.8	154 045.9	152 325.6	150 248.6	163 363.2
水果	269 194.1	310 409.0	360 252.5	342 716.1	356 203.4
畜产品	49 061.7	60 307.3	99 228.9	121 533.4	144 900.3
猪产品	2 740.0	2 862.8	4 029.4	5 082.8	5 418.5
牛产品	264.0	268.9	288.2	524.1	937.5
羊产品	1 270.9	3.5	9.7	41.6	47.1
禽产品	19 411.3	24 612.4	44 106.0	59 908.3	69 046.8
蛋产品	12 661.8	15 620.3	28 405.6	35 054.4	40 616.2
乳品	11 871.4	14 147.0	19 477.1	18 903.6	24 331.9
动物生皮	530.8	472.8	352.4	287.2	543.2
动物生毛皮	3.5	23.0	1.4	5.4	26.9
羊毛	1 229.7	2 126.0	3 133.7	3 045.0	4 377.2
水产品	35 720.3	37 017.7	44 860.9	46 654.1	59 995.2
饮品	56 697.3	67 879.6	79 227.6	87 695.4	95 780.5
酒	9 640.7	12 499.5	12 509.1	13 736.2	12 078.7
茶	786.7	998.6	1 117.9	1 276.5	1 839.6
咖啡	668.0	821.0	1 246.6	2 768.5	3 163.2
烟草	75 707.2	69 702.7	67 066.0	84 243.2	90 485.9

4-13-2 土耳其主要农产品进口额（一）

单位：万美元

项 目	2003年	2004年	2005年	2006年	2007年	2008年
农产品	416 354.3	464 745.8	483 787.1	517 858.1	723 266.2	1 024 414.8
谷物	69 743.4	52 081.1	19 035.5	16 832.8	97 459.2	214 031.7
小麦产品	27 757.8	22 188.8	2 506.7	5 273.9	57 051.8	148 402.3
玉米产品	27 627.1	19 053.6	4 755.7	1 273.6	26 961.7	38 201.8
稻谷产品	12 279.0	6 205.1	9 720.3	8 912.6	11 280.7	17 283.8
棉花	67 549.5	84 411.3	91 112.6	97 494.1	128 279.9	100 591.2
食用油籽	42 743.6	47 284.4	63 336.0	53 529.2	91 219.7	132 481.7
大豆	22 655.0	22 686.6	32 854.2	26 483.8	40 968.1	64 797.6
花生	49.2	397.6	2 533.5	268.3	2 081.3	2 252.4
油菜籽	5.6	157.8	1 819.7	5 836.4	10 384.9	14 813.2
食用植物油	36 526.1	35 510.7	54 802.9	71 368.7	54 316.8	129 729.5
豆油	7 267.0	4 759.0	10 548.4	12 414.6	3 737.2	2 573.8
菜籽油	582.4	199.0	601.1	249.0	41.6	1 537.7
棕榈油	15 766.4	18 227.6	20 501.4	25 535.0	26 303.9	46 233.7
食糖	74.6	78.9	276.2	543.6	399.6	440.8
蔬菜	6 468.3	7 786.9	9 608.8	11 474.3	15 607.7	20 214.2
水果	17 053.3	23 896.8	32 697.0	38 036.5	46 474.2	47 684.9
畜产品	64 954.8	62 215.2	52 960.7	57 984.3	64 588.7	61 043.2
猪产品	2 647.8	2 365.2	1 874.3	1 541.1	1 295.9	1 108.0
牛产品	327.9	7.4	385.4	116.6	668.7	1 641.8
羊产品						
禽产品	3 336.8	3 115.8	2 685.1	2 423.2	2 161.1	2 765.2
蛋产品	1 089.2	1 364.2	1 502.4	793.7	1 091.4	995.6
乳品	3 974.0	5 428.7	6 005.4	6 977.1	9 946.8	11 281.4
动物生皮	44 048.1	39 646.7	29 308.0	33 648.5	32 723.2	23 545.5
动物生毛皮	6.5	23.8	16.0	28.5	9.7	74.3
羊毛	4 936.7	5 836.8	4 811.9	5 184.5	5 814.2	4 531.0
水产品	5 546.2	10 494.6	12 071.5	16 696.3	19 911.2	22 594.5
饮品	26 639.0	33 311.1	31 709.1	36 121.6	44 955.8	54 169.2
酒	1 257.4	3 075.4	3 965.5	5 204.7	6 083.2	7 318.1
茶	506.1	663.3	760.2	900.7	990.1	1 382.5
咖啡	4 371.2	5 907.1	7 421.6	9 170.5	11 098.8	13 191.5
烟草	23 487.8	23 927.8	27 550.4	25 626.3	30 212.5	39 169.4

土耳其主要农产品进口额（二）

单位：万美元

项　目	2009 年	2010 年	2011 年	2012 年	2013 年
农产品	768 968.7	989 650.5	1 353 386.5	1 270 940.2	1 356 535.2
谷物	121 301.6	107 783.4	195 883.2	155 226.6	203 786.1
小麦产品	90 359.5	65 559.4	162 321.4	112 617.1	128 947.2
玉米产品	13 571.2	12 511.4	13 687.5	24 629.5	47 185.6
稻谷产品	13 527.2	26 462.0	15 260.6	11 147.8	15 063.8
棉花	100 829.0	172 641.9	186 439.1	127 952.9	168 917.6
食用油籽	88 108.0	141 008.0	154 628.4	147 612.2	146 370.1
大豆	42 944.8	74 254.8	68 755.6	68 490.9	64 298.2
花生	514.6	1 200.4	2 089.0	2 283.2	1 462.7
油菜籽	6 621.5	15 037.9	7 222.2	9 943.9	7 874.3
食用植物油	82 208.3	65 995.8	114 951.1	147 331.2	147 329.7
豆油	1 048.4	733.9	334.9	109.7	705.3
菜籽油	42.3	75.7	327.0	36.9	15.1
棕榈油	26 440.8	31 841.2	45 371.8	43 948.0	49 924.0
食糖	477.0	491.9	552.4	607.5	939.0
蔬菜	17 879.9	19 849.1	24 914.0	24 721.5	24 999.6
水果	40 567.1	46 499.1	60 201.1	58 171.9	65 728.6
畜产品	41 282.4	111 777.8	227 058.0	168 583.3	109 154.2
猪产品	1 232.8	1 851.3	3 013.9	2 228.2	2 612.2
牛产品	1 330.7	52 348.4	136 095.7	87 241.9	32 661.3
羊产品	12.3	2 692.0	14 801.6	4 260.5	1 568.7
禽产品	2 784.2	3 611.3	5 765.3	5 470.1	4 854.9
蛋产品	896.0	1 243.5	1 447.9	1 411.1	2 473.0
乳品	10 756.4	11 541.0	9 025.8	10 223.0	13 496.0
动物生皮	12 219.4	22 523.0	40 594.9	40 243.7	37 531.6
动物生毛皮	41.4	64.0	309.4	446.0	509.6
羊毛	2 290.7	3 163.7	3 550.0	3 291.5	3 052.8
水产品	20 590.1	26 100.3	29 987.6	34 417.4	40 836.3
饮品	55 700.9	69 608.7	90 245.8	87 649.9	98 838.2
酒	9 692.8	10 491.7	16 159.3	16 458.8	19 305.1
茶	1 522.2	2 404.0	2 055.3	1 653.1	2 165.0
咖啡	10 741.7	12 629.7	17 939.0	18 106.8	18 920.5
烟草	39 981.6	36 827.4	40 050.0	48 742.7	50 598.4

4-13-3 土耳其主要农产品出口量（一）

单位：吨

项 目	2003年	2004年	2005年	2006年	2007年	2008年
农产品						
谷物	1 055 954.6	865 947.3	2 835 415.9	2 652 514.3	1 616 873.8	1 386 380.4
小麦产品	637 526.8	840 674.2	2 395 992.2	2 013 833.0	1 353 315.7	1 318 128.9
玉米产品	11 366.0	17 892.4	140 619.5	213 497.1	36 713.4	47 248.6
稻谷产品	4 845.9	1 626.1	2 730.0	6 796.1	2 072.3	10 468.6
棉花	200 129.2	137 594.6	140 253.9	165 381.0	185 399.4	139 124.6
食用油籽	118 515.1	114 430.3	108 429.9	127 228.5	121 619.1	107 704.3
大豆	283.3	1 813.6	97.9	90.3	141.3	192.4
花生	900.0	615.5	651.9	828.2	638.0	502.5
油菜籽		0.2	0.2	10.0	158.0	0.2
食用植物油	145 544.6	89 083.7	147 055.7	180 392.9	98 951.9	132 907.0
豆油	15 005.9	3 645.6	2 828.9	2 833.9	9 959.1	5 545.7
菜籽油				146.6	2 547.5	2 141.4
棕榈油	361.5	550.8	100.5		6.0	54.9
食糖	188 115.6	133 426.1	8 101.4	125 924.8	38 529.4	5 355.3
蔬菜	1 238 361.3	1 243 873.1	1 160 007.2	1 228 822.8	1 569 095.7	1 521 586.6
水果						
畜产品						
猪产品						
牛产品						
羊产品						
禽产品						
蛋产品						
乳品	16 974.4	19 796.0	32 923.6	45 688.8	49 449.5	47 930.7
动物生皮	14 621.0	11 312.9	9 679.1	8 295.5	6 635.0	5 053.9
动物生毛皮		1.1	0.2	950.0	316.8	333.5
羊毛	11 533.3	17 593.1	13 616.4	13 478.2	17 037.9	14 573.2
水产品						
饮品						
酒						
茶	6 743.6	5 938.7	5 786.6	2 688.5	3 384.3	3 206.9
咖啡	217.4	294.6	367.8	675.1	835.1	1 004.0
烟草						

土耳其主要农产品出口量（二）

单位：吨

项　目	2009 年	2010 年	2011 年	2012 年	2013 年
农产品					
谷物	2 968 739.4	3 932 735.1	2 554 870.0	2 735 451.6	2 978 091.1
小麦产品	2 254 448.7	3 235 166.7	2 190 405.1	2 290 633.8	2 608 799.3
玉米产品	354 216.6	90 548.6	143 646.5	166 759.7	314 325.7
稻谷产品	27 108.0	62 512.8	103 095.1	99 587.8	8 862.8
棉花	107 675.6	103 972.0	137 619.7	168 673.7	149 259.1
食用油籽	126 262.8	144 918.9	172 226.6	192 291.5	188 827.8
大豆	209.9	138.2	44.9	13 226.9	16 829.9
花生	983.1	1 284.6	1 083.0	1 248.1	1 970.8
油菜籽			22.4	2 953.8	37.5
食用植物油	153 534.8	121 137.0	256 376.2	330 272.4	484 476.7
豆油	3 042.9	3 447.5	5 216.2	3 347.0	9 827.3
菜籽油	1 270.8	1 532.1	2 427.5	955.7	531.0
棕榈油		80.7	1 340.1	1 648.8	938.9
食糖	5 119.6	77 310.6	74 190.6	33 448.0	63 839.5
蔬菜	1 596 901.5	1 608 990.7	1 581 223.7	1 590 019.2	1 809 551.0
水果					
畜产品					
猪产品					
牛产品					
羊产品					
禽产品					
蛋产品					
乳品	47 369.6	55 947.3	83 349.1	82 920.5	104 651.2
动物生皮	4 204.0	3 749.8	1 829.8	1 637.9	3 343.9
动物生毛皮	84.0	338.9	33.8	99.1	675.4
羊毛	8 886.9	13 763.8	13 013.7	12 300.8	16 768.3
水产品					
饮品					
酒					
茶	2 158.9	2 351.3	2 426.4	3 480.9	5 356.2
咖啡	947.6	1 032.4	2 110.7	5 806.6	7 029.7
烟草					

4-13-4 土耳其主要农产品进口量（一）

单位：吨

项　目	2003年	2004年	2005年	2006年	2007年	2008年
农产品						
谷物	4 274 273.0	2 564 604.3	789 903.8	611 972.9	3 554 667.2	5 379 867.1
小麦产品	1 846 390.4	1 065 478.0	135 716.4	240 130.1	2 147 310.7	3 709 490.0
玉米产品	1 818 516.6	1 050 007.8	218 710.0	30 623.6	1 128 977.1	1 151 467.6
稻谷产品	472 913.1	165 889.0	302 819.5	272 618.3	195 794.1	240 021.7
棉花	572 601.7	596 524.2	781 131.8	761 454.6	955 741.9	618 964.5
食用油籽	1 444 634.2	1 338 746.4	1 956 507.8	1 751 452.8	2 229 502.5	2 030 837.0
大豆	831 510.1	682 036.4	1 154 517.2	1 016 936.3	1 230 935.6	1 239 130.8
花生	436.9	4 179.7	31 054.8	1 924.4	14 773.7	15 573.1
油菜籽	16.9	5 714.3	55 126.1	184 894.9	245 261.7	216 326.7
食用植物油	691 277.5	603 072.6	984 241.7	1 294 672.6	701 946.0	969 505.6
豆油	134 634.5	75 398.7	191 006.2	218 630.7	50 800.0	20 094.8
菜籽油	9 605.4	3 000.9	8 863.2	3 548.3	458.6	10 359.8
棕榈油	351 930.7	349 423.3	458 868.2	533 800.2	365 629.1	439 568.5
食糖	700.5	660.5	3 938.6	7 445.9	4 188.1	4 342.5
蔬菜	30 314.2	31 966.5	51 413.0	54 918.1	62 921.3	66 198.4
水果						
畜产品						
猪产品						
牛产品						
羊产品						
禽产品						
蛋产品						
乳品	21 546.5	22 616.9	21 970.6	28 347.1	25 137.3	28 608.9
动物生皮	205 916.0	187 392.3	168 438.9	169 255.0	160 349.8	126 244.9
动物生毛皮	6.0	43.6	45.7	64.9	68.7	11.4
羊毛	28 869.8	29 661.3	27 283.8	29 460.2	34 201.2	27 498.3
水产品						
饮品						
酒						
茶	2 643.9	3 022.5	3 492.5	4 045.4	3 728.5	4 544.5
咖啡	18 685.0	24 262.3	30 102.9	34 675.8	36 696.1	30 903.6
烟草						

土耳其主要农产品进口量（二）

单位：吨

项　目	2009 年	2010 年	2011 年	2012 年	2013 年
农产品					
谷物	4 236 403.3	3 653 268.7	5 589 541.9	4 942 866.2	6 206 784.8
小麦产品	3 395 744.9	2 554 954.0	4 754 844.0	3 719 387.0	4 053 297.2
玉米产品	489 122.2	457 649.2	384 615.4	808 977.8	1 544 118.7
稻谷产品	226 658.1	535 142.4	349 596.0	263 640.5	283 874.5
棉花	760 168.0	895 507.6	611 940.5	618 293.2	876 652.0
食用油籽	1 702 411.2	2 839 676.7	2 463 496.6	2 331 289.5	2 170 548.8
大豆	973 695.5	1 756 188.5	1 297 833.3	1 195 035.0	1 073 757.0
花生	3 506.0	8 279.1	11 194.2	11 036.0	6 932.4
油菜籽	157 508.1	307 076.9	107 264.3	149 562.2	137 010.5
食用植物油	814 258.3	706 200.1	946 208.9	1 211 838.6	1 268 118.7
豆油	10 178.4	9 696.8	2 456.4	271.4	5 656.9
菜籽油	364.3	650.1	2 209.2	179.9	73.8
棕榈油	386 088.8	409 732.8	429 247.8	436 938.1	592 055.9
食糖	4 343.6	4 213.6	4 677.1	5 513.3	9 043.5
蔬菜	56 018.8	79 237.4	115 425.2	87 608.8	80 215.2
水果					
畜产品					
猪产品					
牛产品					
羊产品					
禽产品					
蛋产品					
乳品	38 595.7	30 134.1	19 746.1	23 612.7	29 168.5
动物生皮	96 337.4	117 064.5	126 725.7	121 060.0	103 713.7
动物生毛皮	65.3	24.0	141.2	85.9	85.8
羊毛	20 316.8	23 471.2	25 015.3	20 150.7	20 699.3
水产品					
饮品					
酒					
茶	5 577.5	8 957.9	8 380.1	5 590.7	6 492.5
咖啡	24 105.8	27 563.0	27 582.2	31 011.1	36 983.5
烟草					

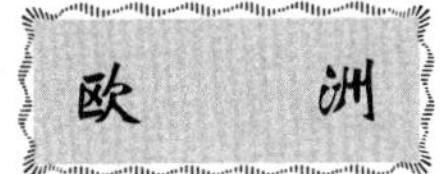

4-14 欧盟主要农产品贸易情况

4-14-1 欧盟农产品贸易综述

一、10年来欧盟农产品贸易总体情况

过去10年，欧盟农产品贸易额由2003年的1 443.9亿美元增至2013年的3 277.1亿美元，年均增长8.5%。其中，出口额由637.5亿美元增至1 661.2亿美元，年均增长10.1%，进口额由806.4亿美元增至1 615.9亿美元，年均增长7.2%。2013年欧盟农产品出口额首次超过进口额，实现贸易顺差45.3亿美元（图1）。

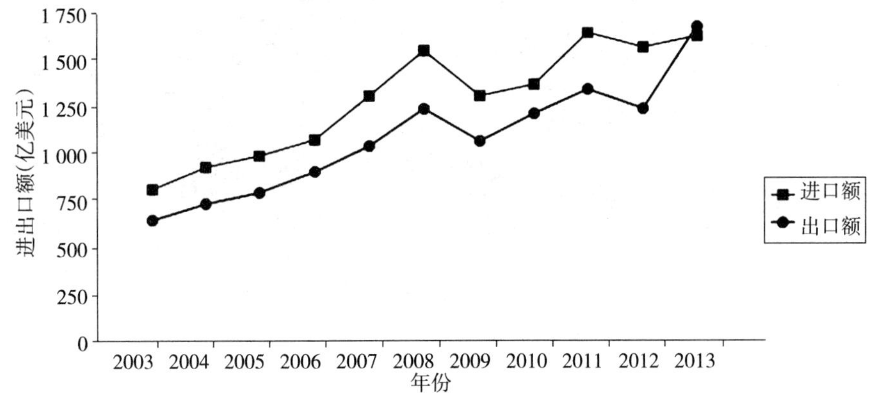

图1 2003—2013年欧盟农产品进出口额

除2009年和2012年外，2004—2013年其余年份进口额和出口额同比均保持正增长。进口额增幅在4%～19.6%。2013年，欧盟农产品出口快速增长，出口额同比增速达35.4%，为10年来最大增幅（图2）。

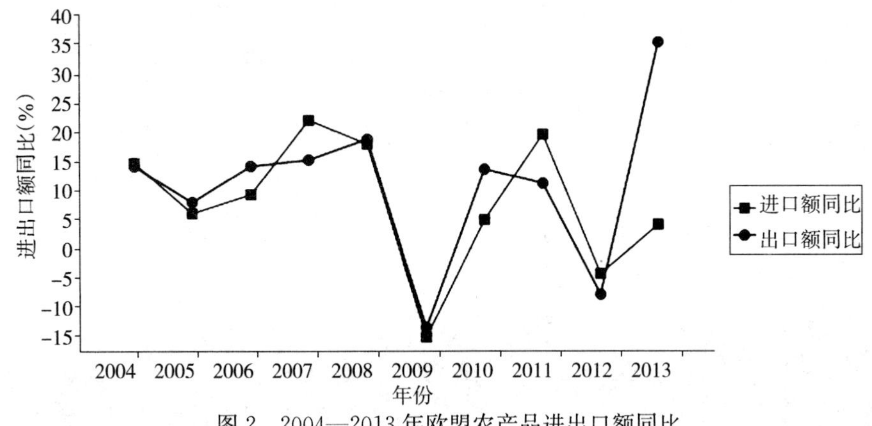

图2 2004—2013年欧盟农产品进出口额同比

二、2013 年欧盟农产品贸易情况

2013 年欧盟农产品贸易额为 3 277.1 亿美元，同比增长 17.9%。其中出口额 1 661.2 亿美元，同比增长 35.4%；进口额 1 615.9 亿美元，同比增长 4%。

（一）进出口产品结构

2013 年，欧盟进口农产品包括水产品、饮品和水果等，进口额分别为 278 亿美元、247.7 亿美元和 212.6 亿美元，占其农产品进口额的比重分别为 17.2%、15.3%和 13.2%。此外，欧盟还进口食用油籽、畜产品和食用植物油等，2013 年分别进口 129.3 亿美元、122.2 亿美元和 85.2 亿美元，分别占其农产品进口额的 8%、7.6%和 5.3%（图 3）。

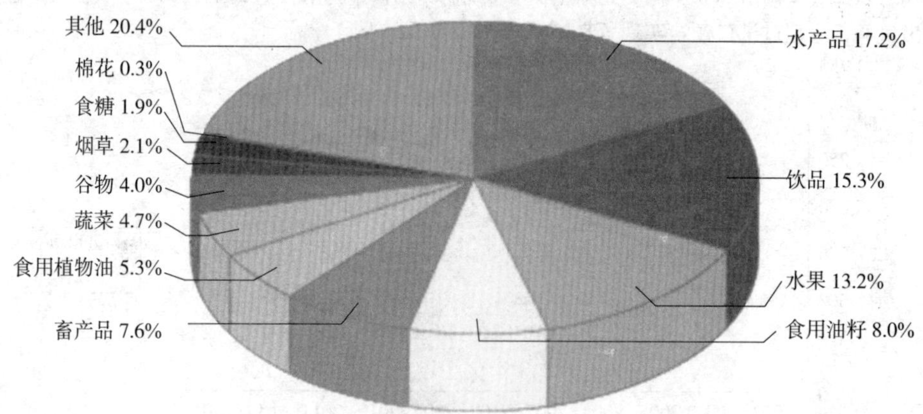

图 3 2013 年欧盟农产品进口结构

2013 年，欧盟进口同比增长较快的农产品主要是食糖、水果和蔬菜，增幅分别为 10.8%、9.9%和 8.7%。此外，食用油籽、水产品和谷物的增幅在 5.3%～7.5%。食用植物油和饮品进口额同比下降 1.1%和 6.1%（表 1）。

表 1 2004—2013 年欧盟主要农产品进口额同比变化情况

单位：%

	2004 年	2005 年	2006 年	2007 年	2008 年	2009 年	2010 年	2011 年	2012 年	2013 年
农产品	14.7	5.8	9.1	21.9	18.0	−15.3	4.7	19.6	−4.5	4.0
谷物	18.1	−23.5	7.8	144.5	32.4	−53.5	−9.2	73.7	−2.0	5.3
棉花	3.9	−28.3	−10.4	3.2	−10.8	−38.0	36.8	77.6	−45.9	2.1
食用油籽	7.1	−5.7	−2.5	32.2	52.5	−22.1	1.0	21.9	6.8	7.5
食用植物油	35.9	13.0	43.7	19.8	44.7	−30.7	11.6	25.1	5.4	−1.1
食糖	16.7	6.5	8.6	0.0	12.0	−15.6	−4.7	94.2	−18.1	10.8

（续）

	2004年	2005年	2006年	2007年	2008年	2009年	2010年	2011年	2012年	2013年
蔬菜	19.1	7.4	10.5	39.3	1.4	−8.8	5.8	9.7	−10.1	8.7
水果	14.0	6.4	7.9	19.8	11.3	−11.6	1.4	11.2	−5.8	9.9
畜产品	11.9	7.2	6.7	10.9	7.2	−15.9	3.1	18.6	−7.8	1.3
水产品	9.3	12.8	16.4	12.0	6.8	−10.4	6.9	12.8	−6.2	6.5
饮品	11.3	12.7	11.0	22.7	17.0	−5.3	7.5	25.7	−10.1	−6.1
烟草	−0.9	−0.8	1.4	11.8	−3.0	10.5	3.0	11.6	−2.9	0.7

2013年，欧盟农产品中出口额靠前的有饮品、畜产品和水果，出口额分别为420.6亿美元、341.4亿美元和130.1亿美元，占其农产品出口额的比重分别为25.3%、20.5%和7.8%。此外，欧盟还出口谷物、蔬菜、水产品和烟草等，出口额分别为119.5亿美元、94亿美元、64.4亿美元和55亿美元，分别占其农产品出口额的7.2%、5.7%、3.9%和3.3%（图4）。

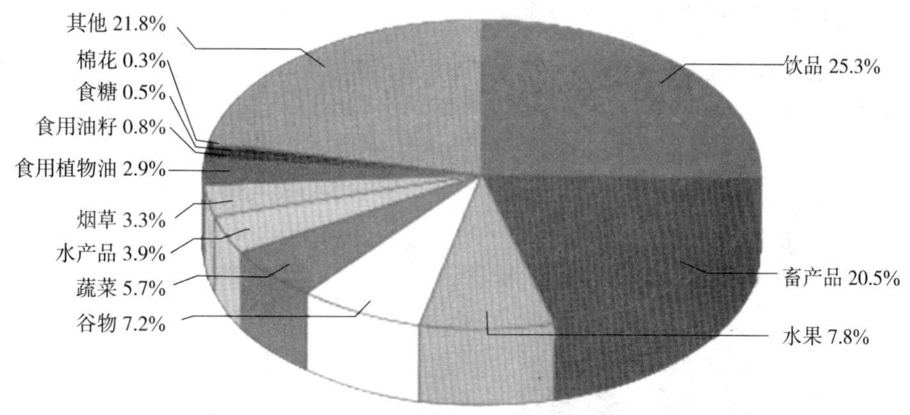

图4 2013年欧盟农产品出口结构

2013年，欧盟出口额同比增长较快的农产品是食用植物油、谷物和食用油籽，增幅分别为416倍、29.2倍和6倍，水果、蔬菜和水产品增幅在31.5%～76.3%。棉花和食糖出口额同比分别下降11.3%和32.1%（表2）。

表2 2004—2013年欧盟主要农产品出口额同比变化情况

单位：%

	2004年	2005年	2006年	2007年	2008年	2009年	2010年	2011年	2012年	2013年
农产品	14.2	7.9	14.2	15.2	18.6	−13.7	13.5	11.0	−8.0	35.4
谷物	−20.8	15.6	11.2	33.0	94.3	−32.8	21.9	12.8	−95.2	2 915.0

（续）

	2004 年	2005 年	2006 年	2007 年	2008 年	2009 年	2010 年	2011 年	2012 年	2013 年
棉花	14.7	−28.0	53.2	−39.6	45.6	16.3	30.3	−28.0	64.5	−11.3
食用油籽	11.3	29.2	9.1	44.5	24.8	−32.7	14.3	35.2	−80.7	604.6
食用植物油	14.7	4.0	3.9	11.4	28.0	−19.4	14.7	19.3	−99.7	41 596.1
食糖	−3.1	77.2	43.4	−71.3	−7.0	20.6	68.2	−29.1	33.3	−32.1
蔬菜	13.4	3.2	15.5	22.9	14.4	−7.7	11.9	4.2	−12.8	40.6
水果	19.1	10.4	19.8	22.0	11.8	−6.4	6.7	9.5	−29.4	76.3
畜产品	25.5	0.0	4.8	17.8	23.8	−15.6	26.9	17.4	6.9	11.4
水产品	13.8	6.7	7.8	16.8	15.7	−12.2	13.5	6.8	−5.1	31.5
饮品	10.8	7.6	17.8	16.5	6.5	−11.0	13.9	11.6	10.8	8.8
烟草	9.6	14.4	2.1	10.0	23.5	1.2	4.5	10.0	17.4	1.6

（二）主要贸易伙伴

2013 年欧盟前五大农产品出口市场分别为美国、俄罗斯、中国、瑞士和日本，出口额分别为 213.2 亿美元、159.5 亿美元、100.8 亿美元、100 亿美元和 71.8 亿美元，占其农产品出口额的比重分别为 12.8%、9.6%、6.1%、6.0%和 4.3%（图 5）。

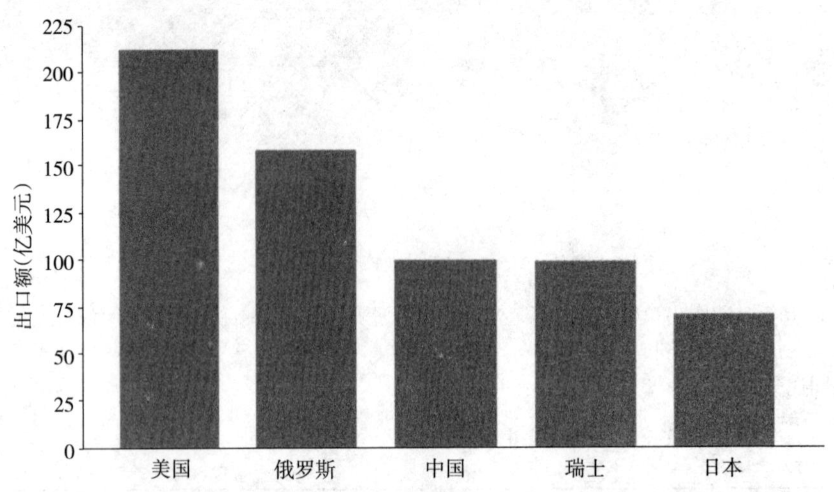

图 5　2013 年欧盟前五大农产品出口市场

2013 年欧盟前五大农产品进口来源地分别为巴西、美国、中国、阿根廷和挪威，进口额分别为 177.8 亿美元、141.7 亿美元、82.3 亿美元、78.3 亿美元和 69 亿美元，占其农产品进口额的比重分别为 11％、8.8％、5.1％、4.8％和 4.3％（图 6）。

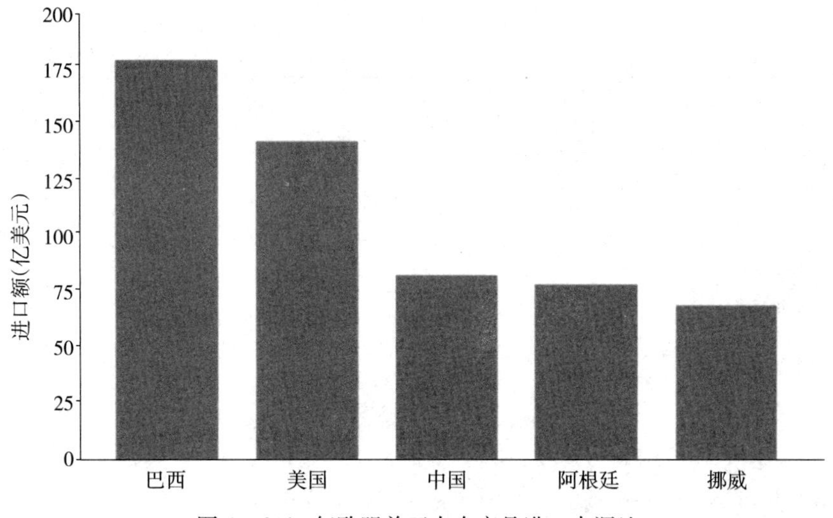

图 6 2013 年欧盟前五大农产品进口来源地

4-14-2 欧盟主要农产品出口额（一）

单位：万美元

项　目	2003年	2004年	2005年	2006年	2007年	2008年
农产品	6 374 594.9	7 277 467.6	7 849 060.8	8 965 192.8	10 328 690.6	12 253 420.4
谷物	341 406.7	270 528.8	312 665.5	347 694.9	462 410.8	898 568.3
小麦产品	213 684.5	204 746.0	198 524.4	265 364.6	269 806.8	685 651.4
玉米产品	21 417.4	23 601.4	19 865.5	18 817.5	35 844.6	59 362.6
稻谷产品	12 132.4	11 769.3	12 572.6	11 169.7	12 852.3	20 206.0
棉花	32 646.7	37 450.0	26 958.1	41 311.8	24 936.3	36 295.2
食用油籽	31 552.7	35 119.5	45 360.4	49 471.5	71 475.0	89 235.3
大豆	1 859.5	1 247.1	2 043.2	2 412.4	1 932.0	3 200.1
花生	2 734.7	3 581.1	3 954.0	4 130.1	4 526.0	5 756.0
油菜籽	7 723.9	6 648.1	7 935.7	5 209.0	18 372.7	14 581.7
食用植物油	185 887.3	213 127.6	221 621.5	230 307.8	256 597.4	328 485.0
豆油	42 176.6	38 854.3	28 991.3	15 127.3	20 575.1	45 144.5
菜籽油	8 540.2	11 217.1	7 749.7	5 627.8	9 123.4	21 998.2
棕榈油	3 621.9	4 790.3	7 177.3	8 844.2	17 171.7	19 495.8
食糖	100 390.8	97 271.3	172 349.2	247 212.0	70 914.4	65 945.8
蔬菜	374 787.0	424 966.4	438 641.1	506 477.3	622 288.7	711 785.6
水果	445 011.4	529 905.3	585 227.0	700 858.2	854 716.9	955 948.0
畜产品	1 188 232.5	1 490 703.3	1 491 255.9	1 562 655.9	1 841 273.1	2 278 727.8
猪产品	237 052.0	336 679.2	335 474.8	384 748.0	428 871.5	598 961.3
牛产品	62 822.1	80 393.0	73 929.9	75 082.9	72 087.8	93 756.4
羊产品	4 807.4	4 807.3	4 554.9	4 837.9	4 568.4	4 804.1
禽产品	127 917.8	152 145.1	154 416.6	141 555.6	178 826.8	240 600.7
蛋产品	15 696.5	19 964.0	21 789.9	22 935.6	26 685.7	33 292.7
乳品	521 690.7	615 760.4	614 689.3	601 266.6	816 794.2	922 793.5
动物生皮	49 419.4	60 136.6	47 038.0	55 888.0	55 522.5	61 407.3
动物生毛皮	61 494.1	80 524.7	88 807.9	123 780.6	89 236.0	121 767.2
羊毛	9 663.9	11 535.7	9 753.8	10 758.4	14 691.6	13 343.8
水产品	274 064.2	311 829.9	332 848.4	358 894.6	419 209.8	484 888.8
饮品	1 772 375.0	1 963 672.2	2 113 621.6	2 489 009.9	2 898 831.1	3 086 727.1
酒	1 327 632.3	1 433 081.8	1 522 298.3	1 774 755.0	2 043 492.8	2 171 676.4
茶	26 388.7	31 628.8	32 805.4	38 982.5	44 673.2	48 877.4
咖啡	73 021.5	86 743.3	117 235.5	127 929.4	155 655.1	165 874.0
烟草	227 481.1	249 422.4	285 440.4	291 499.8	320 733.0	396 034.7

欧盟主要农产品出口额（二）

单位：万美元

项　目	2009 年	2010 年	2011 年	2012 年	2013 年
农产品	10 574 515.6	12 006 488.5	13 331 365.7	12 271 011.6	16 612 448.3
谷物	603 638.1	735 676.3	829 970.8	39 623.1	1 194 633.9
小麦产品	508 195.2	545 694.5	585 569.4	39 590.4	806 453.0
玉米产品	44 422.3	62 574.9	95 029.5		141 129.7
稻谷产品	18 079.5	24 032.5	22 583.6		21 541.9
棉花	42 222.0	55 009.2	39 582.2	65 108.9	57 746.3
食用油籽	60 093.4	68 687.3	92 871.3	17 957.8	126 535.0
大豆	2 541.1	1 997.5	3 417.8		4 048.2
花生	4 441.1	5 958.2	5 976.6	4 756.4	6 957.8
油菜籽	9 003.0	14 679.3	9 231.5		20 772.7
食用植物油	264 672.9	303 610.6	362 211.9	1 175.3	490 046.4
豆油	36 789.3	39 977.0	58 983.9		96 077.9
菜籽油	14 421.7	17 334.0	35 497.0		69 430.4
棕榈油	13 902.8	16 629.2	25 213.7		15 063.4
食糖	79 552.7	133 797.3	94 890.2	126 459.0	85 902.5
蔬菜	657 160.0	735 526.5	766 213.2	668 385.1	940 004.8
水果	894 759.8	954 305.5	1 044 600.0	737 560.0	1 300 633.7
畜产品	1 923 745.8	2 440 389.7	2 865 958.3	3 063 410.9	3 413 601.4
猪产品	514 055.8	562 254.3	714 095.0	831 271.8	862 775.5
牛产品	84 798.7	165 229.3	244 974.8	209 658.6	170 174.8
羊产品	5 591.8	11 609.2	20 801.0	28 488.0	37 695.3
禽产品	230 002.2	264 643.5	293 992.0	313 972.3	347 818.3
蛋产品	34 037.7	37 399.9	38 098.4	44 739.0	57 573.9
乳品	725 164.6	945 678.0	1 025 363.3	1 125 268.2	1 240 900.9
动物生皮	56 615.6	83 302.7	101 972.0	107 307.7	110 888.5
动物生毛皮	104 374.5	188 838.7	209 327.6	270 482.5	347 493.1
羊毛	11 937.5	13 918.4	17 655.1	17 127.6	19 707.3
水产品	425 753.4	483 401.0	516 117.6	489 998.2	644 160.2
饮品	2 747 436.9	3 128 834.1	3 491 372.0	3 866 929.9	4 206 407.3
酒	1 890 233.6	2 147 045.8	2 413 168.0	2 825 075.1	2 933 759.1
茶	44 037.3	52 753.5	51 442.2	24 122.7	61 385.8
咖啡	162 212.6	158 621.5	211 021.6	81 837.1	231 526.8
烟草	400 906.5	418 900.3	460 926.8	541 225.7	549 643.3

4-14-3 欧盟主要农产品进口额（一）

单位：万美元

项 目	2003 年	2004 年	2005 年	2006 年	2007 年	2008 年
农产品	8 063 877.1	9 245 762.2	9 783 185.3	10 669 116.9	13 001 115.4	15 343 581.7
谷物	267 624.0	316 095.4	241 881.6	260 761.8	637 491.4	843 957.3
小麦产品	119 209.3	139 907.5	129 650.6	113 654.5	205 861.7	266 426.8
玉米产品	69 051.2	91 906.2	47 140.3	71 163.0	266 138.8	299 901.4
稻谷产品	49 991.4	56 594.9	53 114.4	59 326.0	77 794.1	142 950.9
棉花	100 937.1	104 907.9	75 181.6	67 398.8	69 534.9	62 041.5
食用油籽	592 058.7	634 037.5	597 856.2	582 860.6	770 405.9	1 174 714.1
大豆	445 697.9	436 045.6	379 398.7	365 161.4	525 004.8	753 651.7
花生	44 278.8	53 395.5	56 886.9	53 407.4	64 526.1	94 154.8
油菜籽	1 384.3	6 456.0	2 749.3	20 159.0	23 598.1	133 612.9
食用植物油	220 839.7	300 053.3	339 070.0	487 310.8	583 619.2	844 266.1
豆油	1 758.0	6 652.8	14 275.6	53 101.8	77 674.9	129 892.9
菜籽油	1 232.4	2 371.2	4 114.9	46 230.8	40 356.8	53 688.6
棕榈油	136 220.7	170 864.0	178 628.9	202 406.2	290 077.9	438 948.4
食糖	139 709.0	163 043.8	173 629.1	188 634.9	188 607.6	211 178.5
蔬菜	365 957.7	435 928.4	468 350.7	517 500.3	720 739.3	731 055.8
水果	1 181 550.5	1 346 680.9	1 433 375.8	1 546 731.0	1 853 619.0	2 062 659.2
畜产品	835 784.2	935 160.9	1 002 775.7	1 070 362.9	1 187 527.8	1 272 970.4
猪产品	56 907.2	81 802.9	94 020.4	95 662.1	88 016.5	130 065.1
牛产品	121 604.1	169 951.4	190 785.6	227 143.5	258 191.2	242 784.4
羊产品	101 671.0	115 209.1	130 762.8	125 290.8	133 033.5	145 780.9
禽产品	162 732.0	212 658.8	248 923.7	239 068.7	273 485.3	365 199.7
蛋产品	5 357.9	7 840.4	7 971.5	6 776.1	8 481.9	6 809.7
乳品	79 236.9	83 563.8	73 615.9	79 688.1	89 968.6	97 560.1
动物生皮	70 867.3	60 298.0	57 906.1	60 470.3	66 387.7	58 082.1
动物生毛皮	11 794.5	13 668.5	13 333.0	20 910.9	19 365.6	20 149.4
羊毛	106 921.3	97 137.0	80 569.9	80 203.3	82 932.3	73 615.3
水产品	1 500 261.8	1 639 892.6	1 849 592.5	2 153 019.1	2 411 116.0	2 575 614.8
饮品	1 147 907.2	1 277 205.6	1 439 274.1	1 597 165.1	1 959 616.5	2 293 703.5
酒	365 880.2	448 456.7	460 482.4	486 345.9	605 713.8	641 625.4
茶	54 856.4	63 227.2	63 452.4	74 064.1	78 228.2	91 385.7
咖啡	320 034.3	371 006.0	491 812.7	580 880.3	708 927.3	873 370.4
烟草	254 447.8	252 269.6	250 254.3	253 733.7	283 700.0	275 300.4

欧盟主要农产品进口额（二）

单位：万美元

项　目	2009年	2010年	2011年	2012年	2013年
农产品	12 990 239.5	13 599 334.0	16 268 425.1	15 530 306.3	16 159 175.1
谷物	392 565.0	356 359.5	619 059.3	606 592.2	638 440.1
小麦产品	175 382.5	126 889.6	215 862.9	212 090.2	145 559.3
玉米产品	88 322.0	104 570.2	231 234.3	252 209.7	340 645.3
稻谷产品	114 418.2	102 976.7	125 255.5	108 268.9	122 354.6
棉花	38 493.3	52 672.9	93 532.0	50 611.9	51 654.8
食用油籽	914 753.2	924 019.4	1 126 765.8	1 202 881.8	1 293 439.6
大豆	567 626.8	595 477.9	659 445.4	689 883.2	743 127.5
花生	71 036.3	73 493.0	97 213.5	112 755.6	111 365.0
油菜籽	117 397.4	88 861.7	177 353.5	217 489.8	229 979.9
食用植物油	584 833.5	652 592.0	816 347.3	860 767.6	851 671.1
豆油	47 296.3	65 517.3	94 668.2	43 897.7	34 528.2
菜籽油	42 417.8	39 014.0	79 675.1	39 304.4	30 695.0
棕榈油	371 620.3	420 583.5	503 428.9	593 968.9	600 977.7
食糖	178 298.3	169 876.5	329 942.0	270 309.1	299 455.5
蔬菜	666 665.3	705 055.3	773 588.2	695 758.3	756 358.6
水果	1 822 452.7	1 847 716.0	2 054 503.1	1 935 030.4	2 126 355.0
畜产品	1 070 946.2	1 104 159.5	1 309 276.0	1 206 879.5	1 222 215.9
猪产品	113 999.5	105 325.4	134 533.3	133 263.5	122 901.8
牛产品	213 406.1	214 514.7	244 461.4	223 090.1	232 529.0
羊产品	137 946.2	132 226.3	166 100.0	128 613.3	122 617.2
禽产品	328 489.5	320 366.8	381 944.3	363 191.5	341 926.5
蛋产品	8 691.9	8 786.0	7 621.9	9 138.5	6 321.1
乳品	76 199.1	76 341.4	85 965.3	83 601.7	86 713.8
动物生皮	38 510.5	56 162.6	72 697.5	67 015.8	77 896.1
动物生毛皮	10 756.9	14 057.6	20 324.7	26 382.6	36 337.1
羊毛	31 151.6	48 144.2	80 664.7	63 579.1	60 505.5
水产品	2 306 604.1	2 466 519.5	2 781 520.6	2 609 530.9	2 779 548.9
饮品	2 171 208.5	2 334 659.7	2 935 367.8	2 638 716.2	2 476 691.8
酒	561 355.4	527 352.8	567 482.1	567 642.8	608 753.2
茶	82 125.7	88 476.5	99 634.3	96 317.7	101 713.7
咖啡	779 664.7	914 029.1	1 359 902.6	1 225 094.1	1 037 644.2
烟草	304 244.1	313 455.3	349 857.4	339 563.1	341 804.2

4-14-4 欧盟主要农产品出口量（一）

单位：吨

项　目	2003 年	2004 年	2005 年	2006 年	2007 年	2008 年
农产品						
谷物	21 685 137.9	13 534 289.3	19 169 120.7	19 618 460.3	16 009 054.7	25 341 152.7
小麦产品	13 572 981.2	10 500 048.1	12 290 499.2	15 633 383.2	9 745 063.0	19 429 544.4
玉米产品	936 765.9	897 333.8	927 863.3	540 519.3	886 452.7	1 408 967.4
稻谷产品	262 652.8	204 753.5	210 498.4	153 138.3	149 446.7	167 845.6
棉花	241 607.2	284 136.0	229 972.8	335 345.2	180 410.8	230 356.7
食用油籽	687 873.9	682 516.5	965 682.9	926 723.2	1 077 347.4	770 211.1
大豆	47 198.7	25 896.3	55 554.6	63 315.8	34 411.9	45 391.8
花生	15 578.6	17 136.1	19 550.8	21 681.1	20 559.7	22 050.8
油菜籽	234 977.3	211 257.2	254 561.5	98 002.4	372 458.6	112 587.0
食用植物油	1 495 104.6	1 406 366.2	1 292 776.4	933 595.1	1 092 065.3	1 217 437.5
豆油	670 618.8	568 686.0	487 719.0	244 494.0	246 647.8	330 920.7
菜籽油	105 378.4	144 902.0	92 308.0	57 845.0	70 417.3	160 763.2
棕榈油	55 494.2	71 791.4	109 840.0	101 417.7	166 631.6	138 375.6
食糖	4 337 324.1	3 838 456.3	6 078 449.2	6 106 321.7	1 501 733.3	1 373 460.2
蔬菜	4 044 660.2	4 090 904.2	4 477 752.3	4 592 994.6	4 693 604.1	5 181 744.6
水果						
畜产品						
猪产品						
牛产品						
羊产品						
禽产品						
蛋产品						
乳品	2 445 904.1	2 574 646.1	2 382 084.1	2 209 882.9	2 342 015.3	2 302 211.9
动物生皮	229 616.1	297 341.1	290 239.5	302 566.5	288 849.6	343 267.2
动物生毛皮	10 488.4	14 683.4	19 217.0	17 709.0	16 098.3	19 222.7
羊毛	60 807.0	64 206.9	54 961.2	59 776.9	79 458.0	63 599.1
水产品						
饮品						
酒						
茶	34 418.1	35 884.9	35 580.8	40 686.0	37 160.1	40 993.9
咖啡	177 326.5	201 498.1	216 232.4	231 886.4	234 093.8	233 859.9
烟草						

欧盟主要农产品出口量（二）

单位：吨

项　目	2009年	2010年	2011年	2012年	2013年
农产品					
谷物	24 595 195.0	29 862 278.7	25 495 592.9	841 547.2	37 435 667.8
小麦产品	21 753 976.9	23 351 686.2	18 514 949.2	841 128.9	25 983 658.4
玉米产品	1 417 892.1	1 915 524.3	2 359 536.3		3 475 812.8
稻谷产品	165 760.8	320 630.3	267 725.2		233 463.5
棉花	313 513.5	258 217.1	177 737.7	355 494.4	303 319.9
食用油籽	921 929.1	794 855.8	983 239.5	32 825.5	1 277 478.2
大豆	42 936.5	32 656.2	58 063.2		51 866.3
花生	17 829.6	24 944.3	22 949.9	13 129.3	25 088.2
油菜籽	134 473.8	248 679.1	81 807.8		265 415.3
食用植物油	1 260 697.9	1 450 612.5	1 729 499.2	7 251.8	2 478 770.3
豆油	410 163.8	423 931.4	466 279.5		885 841.3
菜籽油	122 019.2	152 895.8	263 646.7		539 453.9
棕榈油	132 006.1	151 496.4	207 248.2		139 139.7
食糖	1 487 253.8	2 166 455.0	1 360 569.1	1 911 790.9	1 416 882.0
蔬菜	5 141 072.2	6 042 949.9	6 436 727.5	6 044 655.3	6 647 416.9
水果					
畜产品					
猪产品					
牛产品					
羊产品					
禽产品					
蛋产品					
乳品	2 434 304.4	2 770 003.1	3 006 709.4	3 321 426.0	3 235 460.3
动物生皮	428 896.1	405 149.2	395 412.8	396 572.7	378 164.0
动物生毛皮	17 670.1	21 596.6	22 449.9	24 036.1	21 851.0
羊毛	77 163.3	84 163.9	79 200.9	80 733.4	93 897.4
水产品					
饮品					
酒					
茶	37 962.2	40 321.4	40 045.7	9 268.3	38 460.6
咖啡	236 723.0	236 386.9	263 745.9	64 794.0	295 371.5
烟草					

4-14-5 欧盟主要农产品进口量（一）

单位：吨

项　目	2003年	2004年	2005年	2006年	2007年	2008年
农产品						
谷物	14 228 468.2	14 096 556.0	11 526 856.8	11 413 837.7	22 211 631.3	22 550 974.5
小麦产品	6 817 583.6	7 019 064.7	7 114 778.8	5 631 480.2	6 428 329.0	6 873 315.1
玉米产品	4 126 572.3	4 347 930.9	2 631 536.8	3 743 771.2	10 853 796.1	9 760 053.4
稻谷产品	1 300 856.3	1 318 925.2	1 199 180.4	1 327 663.2	1 467 903.6	1 647 213.3
棉花	852 168.9	731 210.4	650 468.8	531 855.0	528 287.9	398 438.9
食用油籽	19 966 000.2	16 480 153.4	16 691 726.9	16 894 609.6	18 095 372.1	18 547 494.3
大豆	17 397 158.0	13 838 848.1	14 437 138.0	14 080 837.7	15 226 688.1	14 430 906.3
花生	534 286.6	563 876.9	615 959.0	600 485.6	596 730.8	624 614.1
油菜籽	45 673.8	189 033.0	99 023.3	656 084.0	522 262.0	2 201 417.6
食用植物油	3 985 666.8	4 490 820.4	5 627 494.3	7 475 095.6	7 438 525.3	7 340 030.1
豆油	28 193.4	105 394.8	249 179.2	892 123.3	1 002 696.3	1 099 772.6
菜籽油	23 913.0	34 016.0	61 940.3	637 624.5	491 095.5	402 931.4
棕榈油	2 994 345.1	3 407 540.4	4 027 592.2	4 272 187.4	4 408 249.7	4 555 436.6
食糖	2 764 288.9	3 120 570.7	3 174 693.0	3 268 541.5	3 062 059.8	3 305 779.3
蔬菜	3 432 648.6	3 957 845.6	4 054 568.6	4 130 365.8	4 906 040.7	4 744 029.3
水果						
畜产品						
猪产品						
牛产品						
羊产品						
禽产品						
蛋产品						
乳品	355 872.1	304 296.1	254 973.0	287 106.6	291 411.0	260 888.3
动物生皮	272 937.9	225 134.9	203 895.8	203 039.1	180 739.8	142 481.3
动物生毛皮		1 137.7	1 112.9	1 350.4	1 122.9	1 123.4
羊毛	274 710.4	266 649.3	233 482.6	229 776.6	202 124.0	166 631.5
水产品						
饮品						
酒						
茶	301 622.7	351 920.7	375 858.3	387 918.4	402 697.3	413 606.3
咖啡	2 561 190.5	2 690 088.5	2 574 401.4	2 728 154.2	2 804 318.1	2 814 339.4
烟草						

欧盟主要农产品进口量（二）

单位：吨

项 目	2009 年	2010 年	2011 年	2012 年	2013 年
农产品					
谷物	11 055 762.8	10 144 335.1	15 990 149.6	16 820 247.2	17 134 074.6
小麦产品	6 428 363.2	4 353 640.9	6 020 302.0	6 206 325.4	3 942 980.9
玉米产品	2 829 702.5	3 890 582.8	7 177 981.5	8 352 987.0	11 135 503.4
稻谷产品	1 481 171.8	1 320 381.0	1 603 776.2	1 396 691.6	1 459 559.5
棉花	276 899.6	303 336.4	322 082.6	258 832.4	295 891.5
食用油籽	17 823 712.8	17 288 793.6	16 782 482.8	17 301 197.1	18 756 964.9
大豆	12 908 290.0	13 483 257.9	12 159 237.9	12 007 491.3	12 950 148.2
花生	557 991.0	583 507.4	601 669.1	558 431.9	657 699.6
油菜籽	2 887 548.6	1 944 282.8	2 692 699.3	3 540 211.8	3 845 658.3
食用植物油	7 489 583.1	7 669 034.8	6 905 804.8	7 660 866.5	8 652 049.2
豆油	530 675.7	695 203.3	740 428.0	365 856.9	316 717.8
菜籽油	462 478.9	405 547.6	606 266.6	333 592.5	302 758.2
棕榈油	5 351 025.9	5 438 424.9	4 639 200.8	5 647 193.4	6 787 661.6
食糖	3 063 427.1	3 104 659.3	4 413 131.0	3 616 281.5	4 123 302.7
蔬菜	4 556 278.3	4 555 749.3	4 503 414.1	4 091 560.6	4 288 144.7
水果					
畜产品					
猪产品					
牛产品					
羊产品					
禽产品					
蛋产品					
乳品	258 536.7	217 622.5	206 299.8	224 810.5	237 623.8
动物生皮	143 152.5	177 114.7	161 940.0	139 111.5	146 324.3
动物生毛皮	872.1	790.3	960.1	1 004.8	1 279.4
羊毛	96 717.0	124 140.5	135 082.5	109 746.1	108 717.2
水产品					
饮品					
酒					
茶	339 044.9	275 613.3	283 311.4	290 943.4	306 976.8
咖啡	2 763 071.6	2 835 343.6	2 818 828.4	2 873 436.4	2 910 484.9
烟草					

4-14-6 欧盟农产品出口额前15位国家（地区）
（2013年）

单位：万美元，%

序号	国家（地区）	出口额	同比增长
1	美国	2 131 561.3	23.3
2	俄罗斯	1 594 812.1	38.0
3	中国	1 007 846.2	30.4
4	瑞士	1 000 074.4	38.3
5	日本	717 787.6	16.2
6	中国香港	634 336.8	15.4
7	挪威	599 959.4	50.8
8	沙特阿拉伯	517 448.0	73.4
9	阿尔及利亚	427 115.7	138.7
10	加拿大	405 986.9	25.2
11	土耳其	374 039.7	13.0
12	澳大利亚	328 815.4	27.3
13	阿拉伯联合酋长国	316 994.0	45.9
14	乌克兰	301 501.3	52.3
15	新加坡	286 408.1	12.9
	小计	**10 644 686.9**	

4-14-7 欧盟农产品进口额前15位国家（地区）

（2013年）

单位：万美元，%

序号	国家（地区）	进口额	同比增长
1	巴西	1 778 289.9	−2.8
2	美国	1 417 329.0	18.8
3	中国	823 091.9	3.4
4	阿根廷	782 567.9	−7.7
5	挪威	689 505.3	18.7
6	印度尼西亚	588 185.4	13.8
7	瑞士	582 092.6	6.4
8	土耳其	551 443.5	10.1
9	乌克兰	507 476.5	−4.0
10	印度	449 677.5	3.7
11	智利	387 876.6	12.2
12	泰国	380 682.2	−0.7
13	越南	336 372.1	−4.8
14	南非	328 330.3	13.9
15	厄瓜多尔	316 191.3	5.1
	小计	**9 919 112.0**	

4-15 英国主要农产品贸易情况

4-15-1 英国主要农产品出口额（一）

单位：万美元

项 目	2003年	2004年	2005年	2006年	2007年	2008年
农产品	1 937 520.1	2 108 566.5	2 112 540.3	2 202 236.8	2 555 199.3	2 737 636.1
谷物	79 246.7	67 161.6	66 006.7	62 506.0	82 319.5	120 372.8
小麦产品	51 110.2	41 991.9	40 916.0	39 834.2	53 517.2	84 984.9
玉米产品	832.3	1 465.1	1 282.1	1 260.0	935.4	1 161.6
稻谷产品	5 549.2	6 166.0	4 909.5	4 725.1	6 401.0	7 440.4
棉花	460.1	417.4	304.7	953.7	1 167.2	799.3
食用油籽	11 285.9	8 859.1	10 469.9	11 805.2	17 030.8	19 051.7
大豆	470.1	505.6	514.7	1 264.3	1 085.1	682.1
花生	1 520.2	2 076.4	2 152.7	2 307.5	2 443.4	2 285.7
油菜籽	7 495.9	3 434.3	3 519.4	5 640.9	10 444.3	12 646.2
食用植物油	25 366.8	15 878.5	19 950.1	27 626.1	40 492.8	38 312.9
豆油	885.5	1 360.0	1 648.2	1 427.6	1 425.6	1 984.2
菜籽油	18 088.3	6 844.9	11 149.3	18 875.5	30 165.2	24 883.1
棕榈油	2 842.3	3 798.7	2 881.4	2 300.5	2 383.6	3 123.4
食糖	21 033.4	29 578.3	28 226.3	39 354.9	43 789.8	48 888.0
蔬菜	50 551.2	57 908.4	56 984.2	63 599.7	73 431.8	77 984.6
水果	72 273.0	87 923.6	92 349.9	101 708.2	114 643.8	116 546.6
畜产品	326 731.1	378 720.3	373 599.6	378 914.1	450 416.7	491 183.8
猪产品	23 508.9	32 714.7	34 436.8	32 711.9	36 378.1	50 758.6
牛产品	4 283.1	4 809.1	5 839.9	20 041.7	28 319.8	43 743.9
羊产品	31 548.4	34 862.0	38 416.2	42 479.7	36 989.7	48 659.8
禽产品	54 496.1	68 060.4	72 107.7	62 508.5	80 101.9	82 633.3
蛋产品	4 445.8	5 805.3	4 800.4	4 424.1	5 233.4	6 780.5
乳品	111 951.1	127 722.6	117 167.7	118 222.4	146 795.2	145 905.1
动物生皮	23 963.7	25 013.1	19 952.2	21 600.6	22 422.1	20 916.7
动物生毛皮	595.9	613.3	576.3	697.9	617.9	183.9
羊毛	10 185.2	11 969.5	9 546.2	9 760.5	5 898.1	5 440.0
水产品	154 215.9	174 266.0	183 499.3	182 576.3	209 908.2	203 386.9
饮品	682 513.0	736 672.5	763 475.5	818 696.9	979 487.0	1 011 339.5
酒	555 581.7	599 687.9	616 516.0	656 895.5	795 677.5	806 347.9
茶	26 048.1	26 796.8	24 483.0	29 051.4	31 975.1	33 377.2
咖啡	14 413.5	19 724.7	23 469.7	27 068.9	35 612.9	44 138.0
烟草	151 407.4	140 272.8	112 284.3	94 469.2	60 161.9	82 349.2

英国主要农产品出口额（二）

单位：万美元

项　目	2009 年	2010 年	2011 年	2012 年	2013 年
农产品	2 422 473.4	2 705 445.6	3 198 300.8	3 112 573.4	3 245 257.4
谷物	92 074.4	118 339.2	123 820.7	96 833.5	78 093.7
小麦产品	58 403.3	81 288.7	81 610.3	58 754.1	31 123.8
玉米产品	1 136.5	1 685.4	1 687.4	2 733.7	4 339.7
稻谷产品	6 510.0	6 100.9	6 406.9	6 262.4	8 830.6
棉花	352.1	189.1	384.5	175.0	255.9
食用油籽	8 820.8	19 207.3	49 314.5	73 299.6	35 729.2
大豆	825.7	824.1	250.3	1 543.4	216.0
花生	2 018.7	2 314.6	2 791.9	3 186.1	3 434.3
油菜籽	2 109.7	11 450.7	40 208.3	62 936.8	26 479.9
食用植物油	34 797.4	36 944.4	31 926.4	32 703.5	36 263.9
豆油	1 646.3	1 730.3	2 217.5	1 968.8	2 370.3
菜籽油	24 140.6	29 721.5	22 165.7	23 741.4	25 321.6
棕榈油	2 196.1	2 008.8	2 925.5	2 896.1	4 766.5
食糖	40 765.2	38 066.7	26 341.2	22 914.9	19 921.0
蔬菜	71 415.5	75 592.6	85 122.1	77 736.4	86 445.7
水果	109 100.4	121 081.2	132 108.5	120 150.3	139 773.3
畜产品	422 113.1	484 833.2	605 897.1	557 790.1	615 186.0
猪产品	39 464.0	42 540.4	53 955.9	55 177.9	59 194.0
牛产品	46 258.5	59 997.2	81 098.3	70 593.0	68 687.4
羊产品	50 070.4	50 414.7	61 338.9	56 496.7	61 001.7
禽产品	72 630.4	80 471.8	95 681.3	91 864.9	97 366.3
蛋产品	6 960.3	7 163.9	7 697.1	8 978.3	13 997.9
乳品	113 146.0	143 015.4	178 063.4	161 040.8	187 006.6
动物生皮	14 121.7	24 392.9	37 267.6	31 008.1	34 460.4
动物生毛皮	188.1	180.8	52.1	207.4	199.6
羊毛	4 269.4	5 013.6	6 155.4	5 112.9	9 536.1
水产品	193 080.7	224 480.9	257 122.3	229 120.2	249 734.1
饮品	912 081.9	1 029 622.5	1 274 122.1	1 264 619.7	1 285 916.8
酒	727 518.2	822 353.7	1 037 793.0	1 032 244.5	1 034 112.7
茶	28 909.0	33 701.5	27 237.3	20 868.3	21 711.1
咖啡	37 163.7	47 427.3	63 288.7	63 359.9	67 239.2
烟草	62 814.9	53 248.4	47 034.1	44 534.6	41 613.4

4-15-2 英国主要农产品进口额（一）

单位：万美元

项 目	2003年	2004年	2005年	2006年	2007年	2008年
农产品	3 824 787.3	4 473 367.1	4 742 356.6	5 067 080.1	5 900 686.1	6 333 975.5
谷物	81 810.4	85 725.0	95 941.4	93 144.9	140 119.7	178 888.5
小麦产品	22 224.6	20 499.5	28 809.0	28 539.4	47 643.9	65 154.0
玉米产品	27 385.4	29 256.1	30 077.9	26 451.3	42 180.6	36 652.4
稻谷产品	28 759.4	30 906.4	31 571.1	31 914.3	39 605.8	64 497.7
棉花	5 328.4	6 694.5	5 245.2	4 338.5	3 490.3	3 843.3
食用油籽	47 523.6	52 243.2	54 375.1	52 345.2	65 075.3	91 240.1
大豆	26 720.4	24 304.5	23 773.8	22 536.1	31 633.9	44 442.7
花生	9 354.8	10 432.2	14 912.4	11 821.1	16 146.5	18 834.1
油菜籽	4 359.1	6 262.1	1 981.4	4 742.4	2 703.8	7 235.7
食用植物油	70 704.1	78 937.7	82 949.1	103 701.3	123 490.3	172 136.7
豆油	7 450.5	9 095.0	10 346.0	16 903.9	21 913.3	24 449.9
菜籽油	7 363.1	8 313.3	6 131.9	8 151.4	7 745.8	18 375.2
棕榈油	31 986.2	34 260.4	30 938.9	33 512.2	35 978.2	49 175.4
食糖	78 154.5	93 414.2	100 399.6	97 119.8	98 748.2	110 374.2
蔬菜	396 975.1	458 996.0	495 840.3	521 168.0	626 639.2	637 378.1
水果	478 239.3	552 177.8	588 898.4	640 433.6	776 544.9	816 914.0
畜产品	883 809.3	1 049 712.2	1 108 251.4	1 176 929.8	1 308 924.1	1 384 768.8
猪产品	202 816.4	225 672.5	242 403.6	265 476.6	297 232.9	311 786.8
牛产品	119 218.8	148 336.1	145 228.6	152 958.5	166 855.5	185 607.7
羊产品	41 159.4	51 868.5	53 311.6	53 312.2	56 750.2	58 638.0
禽产品	160 712.6	195 098.9	209 354.9	211 249.8	255 815.6	263 882.8
蛋产品	11 372.4	13 517.7	12 083.5	13 501.1	17 874.2	20 484.0
乳品	215 980.9	260 891.8	280 363.4	297 142.1	325 802.3	370 158.8
动物生皮	8 917.8	9 279.7	8 122.6	7 999.1	8 476.2	5 031.9
动物生毛皮	935.4	793.8	648.6	868.1	610.9	958.5
羊毛	11 566.8	12 943.4	11 879.8	10 756.9	2 347.4	2 318.4
水产品	267 338.6	300 954.8	341 545.0	390 550.8	439 301.3	446 018.4
饮品	733 047.5	877 388.7	929 714.1	985 221.5	1 140 567.3	1 165 065.3
酒	480 246.9	577 293.9	593 426.7	621 271.0	712 845.1	709 102.0
茶	28 053.1	30 574.2	28 547.1	34 323.8	32 146.8	38 369.0
咖啡	35 746.5	46 581.4	53 574.1	62 567.4	73 415.3	91 026.4
烟草	64 263.2	61 923.6	62 696.2	67 499.3	69 076.1	70 206.7

英国主要农产品进口额（二）

单位：万美元

项　目	2009 年	2010 年	2011 年	2012 年	2013 年
农产品	5 517 786.7	5 783 278.0	6 508 102.4	6 408 650.7	6 882 191.8
谷物	134 203.6	123 198.5	147 978.1	181 030.2	253 032.2
小麦产品	44 254.0	35 656.2	41 386.3	67 426.9	109 730.5
玉米产品	25 764.1	27 236.9	37 563.6	43 699.7	67 326.0
稻谷产品	56 520.6	53 554.6	58 210.9	54 691.7	57 760.4
棉花	2 830.1	3 346.5	10 566.1	4 191.6	4 005.9
食用油籽	90 772.0	85 172.7	93 785.0	99 193.5	101 056.2
大豆	43 332.0	42 506.1	44 575.1	48 840.2	38 298.7
花生	15 367.4	18 503.7	24 359.7	26 565.2	25 913.2
油菜籽	16 136.6	6 496.2	3 444.3	1 817.6	10 504.2
食用植物油	113 564.8	112 490.2	145 527.9	147 828.6	139 005.5
豆油	10 198.4	11 242.9	17 961.3	20 033.1	15 740.1
菜籽油	10 401.7	10 479.3	14 748.3	9 650.2	14 283.0
棕榈油	32 197.4	35 721.0	47 135.4	48 606.5	39 255.6
食糖	91 425.5	81 759.3	94 077.4	87 265.2	94 444.1
蔬菜	548 261.7	592 171.9	625 857.5	589 939.9	681 302.7
水果	695 855.4	711 960.9	806 022.8	805 669.7	856 218.1
畜产品	1 219 092.5	1 255 732.5	1 418 972.6	1 384 034.9	1 468 896.5
猪产品	274 795.2	269 080.8	302 243.4	307 401.0	304 897.1
牛产品	158 595.4	158 606.5	180 544.0	185 531.3	191 438.6
羊产品	60 391.6	59 927.7	66 499.7	58 244.6	60 128.5
禽产品	238 133.9	261 183.2	309 971.3	282 113.4	298 353.5
蛋产品	19 652.6	18 146.2	17 198.8	24 027.0	25 147.4
乳品	312 973.0	331 064.2	360 067.2	353 683.5	399 401.4
动物生皮	2 075.9	4 347.3	4 940.1	5 197.9	7 085.6
动物生毛皮	542.0	842.8	345.1	489.0	1 261.2
羊毛	1 498.2	3 174.2	4 080.9	3 016.4	3 106.8
水产品	377 654.5	393 344.2	453 400.1	444 087.5	470 749.5
饮品	1 053 785.1	1 118 330.6	1 244 214.4	1 239 750.7	1 286 548.4
酒	596 999.8	642 615.7	702 250.9	728 492.1	767 835.6
茶	37 799.4	43 295.6	47 367.3	45 129.5	43 733.5
咖啡	89 111.9	102 837.3	139 055.9	126 598.9	108 359.1
烟草	70 751.1	147 549.2	155 732.7	129 058.6	73 377.8

4-15-3 英国主要农产品出口量（一）

单位：吨

项 目	2003年	2004年	2005年	2006年	2007年	2008年
农产品						
谷物	5 278 024.3	3 573 860.7	3 648 184.2	3 035 475.9	2 728 439.3	3 736 699.6
小麦产品	3 768 061.1	2 631 786.8	2 611 671.6	2 245 664.4	2 048 335.6	2 901 573.0
玉米产品	22 969.0	29 178.0	20 840.9	31 556.2	23 215.1	20 466.1
稻谷产品	71 553.5	63 443.6	52 380.3	51 854.9	58 875.6	51 581.9
棉花	2 662.9	2 604.6	1 878.6	6 041.8	6 969.1	4 541.4
食用油籽	328 783.3	160 742.8	261 140.8	253 709.2	316 043.7	250 108.6
大豆	15 136.6	9 297.7	10 787.3	24 636.0	19 365.2	6 746.2
花生	13 894.8	7 581.2	8 850.5	6 418.7	5 944.6	5 546.9
油菜籽	271 455.6	103 811.6	172 812.8	193 570.0	264 226.5	218 347.5
食用植物油	348 088.3	167 992.0	218 981.4	294 847.4	434 214.3	334 280.5
豆油	12 282.1	19 534.9	22 917.4	18 788.4	13 772.4	14 046.4
菜籽油	268 229.6	79 103.7	130 915.0	218 816.9	353 328.6	262 462.2
棕榈油	43 867.3	47 188.2	35 309.6	25 927.5	21 719.0	20 886.9
食糖	698 242.2	789 443.7	786 933.1	865 382.3	566 566.4	608 814.1
蔬菜	601 066.3	541 710.8	548 696.5	554 890.7	538 305.1	568 016.0
水果						
畜产品						
猪产品						
牛产品						
羊产品						
禽产品						
蛋产品						
乳品	704 783.7	763 032.4	956 660.3	1 104 246.1	860 462.5	852 436.0
动物生皮	113 503.3	119 100.2	127 256.2	115 094.9	107 581.2	113 861.5
动物生毛皮	38.3	87.0	72.4	54.0	48.8	60.9
羊毛	45 500.4	47 190.9	37 542.7	37 789.3	22 165.3	22 346.6
水产品						
饮品						
酒						
茶	44 483.4	29 736.2	27 619.2	28 424.9	27 027.3	28 519.8
咖啡	23 149.1	25 822.7	31 497.0	35 961.3	35 376.0	39 828.2
烟草						

英国主要农产品出口量（二）

单位：吨

项　目	2009 年	2010 年	2011 年	2012 年	2013 年
农产品					
谷物	3 889 883.8	4 863 271.5	3 607 379.6	2 628 277.8	1 932 426.5
小麦产品	2 736 714.3	3 534 562.9	2 542 285.8	1 805 266.1	746 025.3
玉米产品	17 537.4	37 895.4	39 358.2	63 068.8	144 674.8
稻谷产品	51 826.0	52 369.1	52 125.7	48 629.0	58 517.9
棉花	1 163.3	424.0	1 010.2	1 142.2	710.8
食用油籽	111 660.9	335 796.5	724 120.5	1 131 217.7	486 103.0
大豆	10 321.3	13 031.9	2 386.0	23 495.7	1 851.0
花生	5 314.0	6 690.3	7 378.7	7 849.0	9 378.1
油菜籽	53 588.6	263 900.1	659 172.0	1 042 762.6	431 000.1
食用植物油	308 019.6	402 487.1	243 504.6	267 499.2	273 388.8
豆油	16 066.5	14 955.8	14 577.0	13 597.7	15 339.8
菜籽油	231 096.2	359 430.9	192 599.4	223 956.1	220 017.3
棕榈油	18 751.7	15 557.6	20 242.6	16 873.6	26 841.0
食糖	545 869.4	515 805.3	312 402.4	255 732.0	240 223.8
蔬菜	582 379.6	646 771.7	688 034.8	544 723.3	752 490.6
水果					
畜产品					
猪产品					
牛产品					
羊产品					
禽产品					
蛋产品					
乳品	829 291.1	883 557.7	1 000 587.8	956 694.3	926 295.5
动物生皮	116 087.7	119 699.0	118 411.2	122 348.2	136 274.0
动物生毛皮	26.2	7.0	2.8	4.4	4.4
羊毛	20 685.7	19 495.7	16 451.2	13 517.2	31 873.0
水产品					
饮品					
酒					
茶	31 523.4	33 448.5	27 521.5	21 877.8	23 451.2
咖啡	41 874.1	50 592.8	56 089.7	54 787.3	62 156.0
烟草					

4-15-4 英国主要农产品进口量（一）

单位：吨

项　目	2003 年	2004 年	2005 年	2006 年	2007 年	2008 年
农产品						
谷物	3 233 679.2	2 875 720.2	3 435 855.0	3 021 080.9	3 620 280.0	3 382 275.5
小麦产品	1 047 774.4	858 156.5	1 311 997.8	1 107 790.1	1 346 064.8	1 346 946.9
玉米产品	1 463 937.7	1 304 456.4	1 371 194.5	1 160 709.3	1 428 287.7	1 081 189.7
稻谷产品	562 205.4	544 276.0	542 632.3	531 519.0	552 941.7	635 235.3
棉花	46 673.4	44 274.7	42 582.1	32 477.4	24 970.0	22 693.5
食用油籽	1 341 001.1	1 197 411.9	1 118 713.8	1 089 719.9	1 158 397.8	1 278 570.6
大豆	995 854.4	739 082.0	798 509.0	734 927.9	827 785.3	821 514.8
花生	112 260.0	111 300.2	134 801.8	112 646.3	119 672.2	110 726.5
油菜籽	132 423.2	197 282.5	47 361.7	129 536.9	65 574.3	149 174.2
食用植物油	1 212 253.5	1 096 985.7	1 082 922.4	1 300 074.8	1 226 182.0	1 142 883.0
豆油	144 221.9	132 609.3	144 914.8	245 052.0	258 696.0	185 501.4
菜籽油	101 240.9	101 633.7	77 783.4	92 551.1	92 597.3	124 593.8
棕榈油	783 792.3	695 248.3	652 109.9	684 559.0	490 619.2	456 333.2
食糖	1 213 529.0	1 374 221.7	1 423 078.0	1 419 840.7	1 413 951.8	1 518 934.8
蔬菜	3 869 629.2	4 884 100.4	4 497 390.8	4 411 237.6	4 535 839.3	4 680 759.8
水果						
畜产品						
猪产品						
牛产品						
羊产品						
禽产品						
蛋产品						
乳品	824 403.5	910 700.9	959 800.9	1 036 631.5	1 051 362.9	1 131 814.3
动物生皮	40 680.7	50 001.9	45 424.7	44 871.0	39 256.9	32 110.7
动物生毛皮	56.5	30.9	33.9	45.0	71.5	27.0
羊毛	82 735.8	55 025.3	54 454.4	48 160.8	15 515.1	16 016.1
水产品						
饮品						
酒						
茶	159 350.3	159 462.4	156 274.3	167 345.2	165 263.1	164 899.5
咖啡	154 363.3	171 064.4	166 306.0	189 699.4	179 140.2	196 465.1
烟草						

英国主要农产品进口量（二）

单位：吨

项 目	2009 年	2010 年	2011 年	2012 年	2013 年
农产品					
谷物	3 261 589.7	3 058 168.7	2 943 327.5	4 142 206.2	6 238 877.3
小麦产品	1 480 832.5	1 211 503.6	988 090.5	1 821 637.9	3 096 872.4
玉米产品	922 100.8	984 525.2	1 040 498.1	1 275 650.1	2 106 936.3
稻谷产品	609 825.2	646 567.9	654 025.0	664 199.0	630 446.5
棉花	20 009.4	20 432.9	36 529.7	20 608.9	21 731.8
食用油籽	1 617 648.2	1 354 383.2	1 115 017.7	1 035 146.8	1 063 961.5
大豆	922 416.8	883 556.6	782 506.9	810 823.2	663 706.4
花生	110 546.7	116 541.0	125 163.6	113 717.0	122 531.5
油菜籽	421 438.1	167 234.1	64 489.2	18 528.0	177 379.8
食用植物油	1 031 871.2	984 581.9	978 962.9	1 068 232.7	1 075 553.3
豆油	104 948.9	105 694.6	133 877.6	155 969.4	138 824.3
菜籽油	95 393.4	98 445.5	97 302.1	77 569.2	125 029.8
棕榈油	448 786.1	416 798.0	395 515.8	425 079.5	421 937.4
食糖	1 441 535.8	1 422 765.1	1 313 866.6	1 118 233.5	1 187 023.9
蔬菜	4 161 714.0	4 338 762.7	4 536 079.8	4 556 904.3	5 331 903.0
水果					
畜产品					
猪产品					
牛产品					
羊产品					
禽产品					
蛋产品					
乳品	1 109 596.4	1 179 009.0	1 176 281.0	1 178 966.2	1 304 928.1
动物生皮	14 875.1	20 882.8	17 478.4	20 585.8	30 055.2
动物生毛皮	24.3	33.7	11.2	155.7	12.5
羊毛	13 245.6	22 560.4	17 846.1	11 527.5	14 652.3
水产品					
饮品					
酒					
茶	150 706.1	152 588.4	156 866.4	146 989.9	139 916.8
咖啡	203 124.0	215 062.0	210 471.9	205 069.6	213 279.9
烟草					

4-16 法国主要农产品贸易情况

4-16-1 法国主要农产品出口额（一）

单位：万美元

项 目	2003年	2004年	2005年	2006年	2007年	2008年
农产品	4 521 826.9	4 971 024.4	5 064 003.3	5 449 653.6	6 413 946.6	7 455 653.5
谷物	486 886.2	526 046.7	513 322.7	514 601.4	680 890.4	1 027 389.4
小麦产品	254 451.6	278 134.8	261 242.5	292 521.8	383 764.5	608 042.9
玉米产品	139 361.3	149 807.9	155 492.5	138 246.0	159 634.1	241 509.4
稻谷产品	5 862.1	7 971.8	6 470.2	6 497.6	6 789.5	9 716.6
棉花	3 032.3	3 733.7	2 718.7	2 762.6	2 987.3	2 961.4
食用油籽	66 640.4	75 733.2	65 266.1	79 396.5	97 865.0	163 980.6
大豆	1 303.9	902.4	1 170.8	1 399.7	1 181.6	907.3
花生	565.7	837.9	761.2	800.3	1 273.1	1 771.2
油菜籽	51 253.8	53 141.7	39 072.6	56 013.9	69 754.8	128 715.3
食用植物油	40 684.1	47 279.6	60 149.9	71 088.9	79 758.1	112 854.5
豆油	4 208.6	1 908.2	2 463.8	2 639.5	2 757.8	4 659.0
菜籽油	13 864.5	20 971.6	28 800.5	33 871.1	32 297.6	47 768.5
棕榈油	175.9	289.3	165.1	260.2	858.6	376.9
食糖	123 743.0	127 629.4	138 804.8	159 044.1	150 876.7	156 014.5
蔬菜	241 283.7	265 509.8	279 223.4	310 760.3	375 478.1	381 673.1
水果	280 573.9	295 317.9	303 436.6	326 825.9	378 781.7	416 567.1
畜产品	1 078 184.6	1 176 652.6	1 210 187.6	1 250 347.3	1 449 413.2	1 640 745.8
猪产品	111 261.7	135 397.1	142 969.4	151 646.9	159 763.5	195 341.1
牛产品	246 190.7	253 345.8	267 403.8	290 845.1	296 345.3	319 835.1
羊产品	10 519.4	11 070.0	13 800.6	12 797.1	13 882.3	13 868.5
禽产品	161 100.4	163 422.7	161 275.7	140 897.7	177 626.4	204 389.5
蛋产品	18 028.6	19 273.5	17 670.7	19 576.8	24 098.1	28 589.2
乳品	432 384.3	482 985.8	497 638.7	516 679.6	640 749.8	737 910.7
动物生皮	35 520.0	34 508.8	34 700.9	38 995.8	41 485.6	31 857.3
动物生毛皮	535.4	615.6	818.3	870.2	924.3	951.3
羊毛	5 052.5	5 012.3	3 666.4	3 095.7	2 610.7	1 874.0
水产品	139 652.3	158 031.8	167 005.4	176 789.4	206 883.4	219 609.0
饮品	1 222 744.9	1 318 115.5	1 321 969.6	1 505 998.3	1 752 338.1	1 923 034.1
酒	939 306.9	1 002 269.7	1 025 336.4	1 162 727.7	1 368 840.3	1 492 065.8
茶	4 560.2	4 609.8	4 216.0	4 515.5	5 000.6	5 780.8
咖啡	23 502.1	22 931.1	24 350.4	25 698.7	30 056.8	41 593.0
烟草	57 763.2	71 161.3	69 410.8	67 437.6	67 558.7	84 601.9

法国主要农产品出口额（二）

单位：万美元

项　目	2009 年	2010 年	2011 年	2012 年	2013 年
农产品	6 267 786.8	6 684 992.3	8 063 187.9	7 652 403.0	8 149 682.0
谷物	726 328.2	807 296.4	1 136 238.9	941 168.1	1 136 797.7
小麦产品	408 348.1	493 515.4	711 839.4	539 132.7	653 153.6
玉米产品	193 289.4	191 169.6	264 048.1	248 475.3	273 835.0
稻谷产品	8 124.6	8 242.1	8 087.0	6 382.4	8 775.1
棉花	2 386.9	2 071.1	3 403.1	2 000.9	2 741.8
食用油籽	92 536.7	106 482.4	156 307.0	143 333.8	136 608.0
大豆	1 124.9	1 913.8	3 228.8	2 874.4	1 999.2
花生	2 075.0	1 155.5	1 098.4	912.1	1 197.2
油菜籽	64 933.3	70 914.6	108 201.4	93 624.5	78 366.3
食用植物油	90 050.9	87 757.2	174 383.5	122 449.2	101 103.1
豆油	2 040.9	2 450.0	11 207.4	10 031.3	4 738.7
菜籽油	33 687.9	30 867.5	83 757.7	37 937.0	35 944.2
棕榈油	318.7	320.3	398.1	268.7	216.2
食糖	155 767.1	146 110.9	177 957.0	178 757.4	151 821.3
蔬菜	355 051.7	384 252.9	428 286.8	388 736.8	444 661.0
水果	370 649.8	394 848.5	423 549.6	414 971.5	439 260.5
畜产品	1 441 747.5	1 516 028.8	1 774 289.2	1 667 905.7	1 743 060.8
猪产品	171 107.7	166 088.4	188 051.3	197 233.6	199 051.4
牛产品	308 693.9	307 056.7	369 787.3	333 515.4	310 245.8
羊产品	13 552.9	13 621.6	16 030.5	12 313.5	11 764.0
禽产品	185 039.8	182 664.0	218 426.1	214 710.4	224 688.5
蛋产品	27 123.5	27 435.1	23 367.5	25 973.3	26 052.3
乳品	622 264.4	677 776.3	788 982.8	747 700.0	804 246.8
动物生皮	22 675.0	37 512.8	49 080.9	44 004.3	53 059.8
动物生毛皮	1 079.5	3 405.5	5 427.8	4 293.0	6 069.3
羊毛	1 490.7	2 053.4	2 424.5	1 701.2	2 263.0
水产品	174 564.4	176 981.6	192 720.8	193 761.0	205 204.6
饮品	1 602 833.4	1 766 515.3	2 072 584.3	2 085 263.1	2 164 543.6
酒	1 199 710.5	1 350 739.2	1 589 643.9	1 627 324.7	1 663 305.3
茶	5 554.4	5 466.1	5 509.3	5 932.6	7 087.7
咖啡	47 316.9	53 252.8	69 663.6	67 026.6	90 095.0
烟草	77 738.8	76 747.7	83 030.3	80 706.2	81 199.5

4-16-2 法国主要农产品进口额（一）

单位：万美元

项 目	2003年	2004年	2005年	2006年	2007年	2008年
农产品	3 487 252.1	3 908 989.8	4 070 936.9	4 319 002.6	5 132 331.0	6 032 645.7
谷物	57 658.7	69 189.3	59 351.2	60 161.7	106 939.6	136 932.2
小麦产品	10 977.3	12 170.2	11 237.4	11 316.1	20 441.7	30 834.8
玉米产品	14 734.3	20 211.3	15 346.5	15 055.4	35 398.9	28 402.7
稻谷产品	28 084.5	31 954.3	28 375.5	29 269.0	38 337.8	55 977.0
棉花	11 034.9	11 508.3	8 788.7	7 349.0	8 436.5	8 094.5
食用油籽	53 523.2	48 148.4	46 771.6	47 885.1	65 685.2	108 016.4
大豆	23 481.1	16 302.4	15 242.0	11 027.0	19 436.6	25 985.4
花生	7 697.6	9 153.5	7 829.0	8 350.0	10 138.6	13 089.3
油菜籽	421.1	1 171.3	1 039.7	2 556.8	13 030.2	36 004.3
食用植物油	72 092.7	79 097.6	96 657.4	127 926.8	147 167.1	268 772.8
豆油	3 050.6	3 876.0	6 091.8	10 764.4	19 920.4	65 125.3
菜籽油	6 310.5	9 948.7	11 515.2	15 957.3	20 689.3	56 320.3
棕榈油	15 560.9	16 615.3	16 613.8	20 079.0	25 430.1	43 151.9
食糖	22 439.5	29 630.5	29 346.6	30 525.3	41 013.2	41 621.5
蔬菜	327 136.2	375 648.4	386 468.1	413 081.6	512 393.9	563 635.6
水果	438 974.0	495 697.6	499 325.3	519 075.8	620 036.2	724 324.0
畜产品	638 427.0	744 837.4	766 159.0	824 279.4	978 027.3	1 094 379.4
猪产品	112 170.8	134 075.0	137 776.4	151 489.9	164 777.1	195 851.1
牛产品	101 841.1	136 392.4	156 174.8	178 556.3	197 036.2	217 194.4
羊产品	60 637.0	68 393.2	70 865.0	71 666.8	73 229.4	84 393.3
禽产品	66 469.6	83 757.3	92 645.7	88 448.2	123 916.8	150 177.2
蛋产品	12 120.7	10 463.6	10 204.4	11 984.1	15 315.7	16 406.7
乳品	208 228.4	238 573.0	228 277.2	249 671.3	323 822.6	335 235.8
动物生皮	9 812.6	9 589.8	9 344.5	10 724.3	11 109.1	11 666.9
动物生毛皮	1 699.6	1 828.3	2 587.0	3 255.4	3 183.8	2 486.7
羊毛	19 254.4	12 283.9	6 715.1	2 358.8	1 576.5	1 743.7
水产品	395 079.7	438 947.4	480 787.2	532 406.5	567 199.7	617 208.0
饮品	488 238.7	548 484.0	557 615.2	605 325.2	737 828.8	857 967.5
酒	162 717.0	196 339.4	202 032.7	214 336.3	252 881.7	283 892.8
茶	12 172.9	12 839.1	13 471.6	14 749.5	16 465.2	17 782.1
咖啡	68 577.5	76 534.5	92 910.7	111 030.0	134 075.4	162 681.6
烟草	220 855.4	214 909.1	226 208.5	229 540.4	251 032.1	239 602.5

法国主要农产品进口额（二）

单位：万美元

项　目	2009 年	2010 年	2011 年	2012 年	2013 年
农产品	5 474 015.1	5 590 261.8	6 301 184.3	6 023 465.7	6 484 255.9
谷物	117 666.7	109 516.3	129 069.9	113 125.7	127 925.0
小麦产品	24 142.1	29 451.7	32 573.1	25 293.0	29 421.8
玉米产品	34 441.6	26 629.5	28 789.2	28 649.0	35 170.8
稻谷产品	51 916.2	44 718.8	52 249.8	48 476.7	53 591.3
棉花	7 075.5	7 623.6	13 099.7	7 639.4	7 953.8
食用油籽	110 726.2	116 253.7	148 676.9	129 108.5	177 156.0
大豆	29 040.1	25 366.0	37 688.7	41 277.5	33 017.8
花生	11 848.7	11 672.9	14 896.3	18 191.5	18 448.1
油菜籽	31 720.4	43 640.8	40 721.3	30 092.9	66 132.2
食用植物油	180 670.3	149 482.1	204 677.2	180 198.7	170 000.8
豆油	25 981.9	30 918.1	51 439.6	26 613.9	10 569.9
菜籽油	48 096.7	23 191.3	49 154.3	27 483.1	32 731.2
棕榈油	31 725.5	28 873.1	33 449.6	48 382.5	50 353.1
食糖	34 704.1	31 499.0	39 951.2	32 794.7	35 875.2
蔬菜	526 877.7	543 990.9	573 465.9	556 119.7	609 685.3
水果	643 101.2	646 754.2	699 220.6	702 823.1	769 607.7
畜产品	1 007 379.7	1 028 466.9	1 169 625.5	1 137 536.2	1 239 315.7
猪产品	187 519.1	184 522.8	201 904.1	213 034.8	227 470.4
牛产品	198 777.6	193 566.9	212 421.8	216 209.9	226 674.8
羊产品	80 666.1	75 684.6	81 355.1	72 122.8	71 112.7
禽产品	149 916.3	156 228.2	190 503.3	188 764.7	198 016.9
蛋产品	17 949.3	15 750.6	15 399.0	26 778.3	16 844.0
乳品	299 465.1	325 548.4	386 042.8	344 114.4	405 219.5
动物生皮	7 604.9	10 023.8	14 259.9	15 438.1	18 900.4
动物生毛皮	908.6	1 365.6	1 060.8	1 213.6	1 692.6
羊毛	1 262.6	1 257.2	1 366.4	1 020.3	919.4
水产品	583 884.3	622 080.0	692 155.5	640 981.3	691 664.5
饮品	816 287.7	847 094.7	1 037 807.0	967 632.5	1 012 416.8
酒	266 408.5	265 790.1	326 312.1	299 440.5	315 719.3
茶	16 686.3	18 768.7	21 190.4	21 209.5	23 823.9
咖啡	164 608.8	189 642.3	265 909.5	261 670.3	266 270.8
烟草	230 312.0	223 248.3	252 174.3	254 672.7	256 395.7

4-16-3 法国主要农产品出口量（一）

单位：吨

项目	2003年	2004年	2005年	2006年	2007年	2008年
农产品						
谷物	30 529 836.1	27 229 070.9	30 466 037.1	28 502 266.3	25 597 488.8	28 927 690.9
小麦产品	17 240 037.0	15 596 805.1	16 871 609.1	17 433 092.5	15 148 838.7	17 121 469.4
玉米产品	7 273 468.8	6 221 319.6	7 633 870.0	6 219 296.9	4 922 876.0	6 331 251.0
稻谷产品	90 383.0	131 958.7	113 977.4	110 905.7	87 697.0	97 899.5
棉花	31 346.5	30 639.7	23 946.6	24 697.4	23 385.8	19 567.3
食用油籽	2 064 912.0	2 121 783.2	2 068 219.8	2 279 275.2	2 199 311.8	2 425 070.1
大豆	33 597.1	18 928.6	32 510.1	36 015.2	20 195.7	6 786.2
花生	2 403.7	3 245.6	3 274.1	2 637.3	3 155.0	5 131.8
油菜籽	1 705 248.9	1 618 420.0	1 382 255.1	1 730 136.0	1 719 461.3	2 104 951.6
食用植物油	558 673.4	590 197.1	769 872.9	854 052.3	761 915.6	727 071.7
豆油	69 754.4	26 494.2	42 025.2	39 671.4	33 303.8	40 297.9
菜籽油	223 046.5	301 685.2	424 341.0	443 690.6	337 750.5	361 866.0
棕榈油	2 240.9	4 594.1	1 479.8	2 813.0	11 461.7	2 339.3
食糖	2 546 794.7	2 160 222.3	2 391 958.1	2 441 292.5	1 963 446.2	1 983 565.9
蔬菜	3 305 506.3	3 176 843.3	3 364 387.1	3 733 911.1	3 907 858.7	3 880 436.6
水果						
畜产品						
猪产品						
牛产品						
羊产品						
禽产品						
蛋产品						
乳品	2 466 917.5	2 535 365.0	2 595 205.7	2 591 566.2	2 811 857.1	2 895 858.0
动物生皮	159 828.8	160 658.5	159 804.5	217 216.7		
动物生毛皮	2 222.3		4 201.9			6 971.1
羊毛	20 120.4	18 290.7	12 982.4	12 928.3	12 357.4	8 256.1
水产品						
饮品						
酒						
茶	6 116.4	4 816.8	4 199.4	3 606.8	3 856.5	4 788.6
咖啡	54 923.2	43 523.2	42 604.3	36 592.4	33 007.7	37 054.4
烟草						

法国主要农产品出口量（二）

单位：吨

项　目	2009年	2010年	2011年	2012年	2013年
农产品					
谷物	29 783 213.1	34 778 097.9	32 866 798.1	28 701 364.5	33 669 811.5
小麦产品	17 691 494.0	21 798 198.7	21 042 545.5	17 194 209.0	20 356 120.4
玉米产品	6 926 200.9	6 766 420.9	6 395 874.8	6 457 358.0	6 453 085.0
稻谷产品	82 063.7	100 954.3	96 810.8	75 725.5	89 496.1
棉花	16 511.5	19 699.9	20 575.8	16 972.6	20 983.9
食用油籽	1 858 195.4	2 023 604.8	2 120 165.3	2 021 265.8	1 807 534.2
大豆	19 977.2	25 682.6	35 415.1	39 052.7	20 470.2
花生	5 473.4	3 545.8	3 018.9	2 715.8	3 320.0
油菜籽	1 460 680.6	1 527 357.2	1 664 700.3	1 503 745.7	1 320 523.5
食用植物油	802 729.2	765 447.5	1 187 264.9	851 778.7	717 823.9
豆油	21 015.0	21 039.0	86 579.3	82 753.3	42 333.3
菜籽油	371 602.4	306 572.0	610 300.9	292 352.2	298 970.2
棕榈油	2 423.4	2 595.0	1 873.9	1 185.4	965.4
食糖	2 249 800.4	2 339 178.1	2 334 384.7	2 181 741.2	1 837 212.3
蔬菜	3 935 771.4	4 301 375.2	4 164 676.4	4 088 998.6	4 030 651.8
水果					
畜产品					
猪产品					
牛产品					
羊产品					
禽产品					
蛋产品					
乳品	2 833 371.5	2 982 254.9	3 294 978.7	3 275 208.3	3 132 714.1
动物生皮	124 231.8				144 054.6
动物生毛皮	6 296.9	6 385.2			6 090.0
羊毛	8 677.0	10 723.5	9 658.4	7 684.9	10 320.6
水产品					
饮品					
酒					
茶	4 970.4	5 376.8	4 625.4	4 993.0	4 996.5
咖啡	38 564.4	40 350.8	41 772.1	42 716.2	38 393.2
烟草					

4-16-4 法国主要农产品进口量（一）

单位：吨

项　目	2003 年	2004 年	2005 年	2006 年	2007 年	2008 年
农产品						
谷物	1 268 356.1	1 439 451.6	1 309 320.3	1 259 293.4	2 417 878.6	2 139 351.1
小麦产品	446 827.5	452 296.1	415 770.4	396 815.1	505 900.0	614 048.9
玉米产品	237 140.3	336 441.6	269 844.6	260 847.9	1 022 503.8	429 834.1
稻谷产品	479 463.5	501 815.3	491 885.3	490 330.9	542 065.6	529 605.3
棉花	98 844.3	85 733.6	82 478.6	67 121.9	68 484.3	52 354.8
食用油籽	1 321 879.8	777 327.9	748 582.6	817 603.0	1 036 486.5	1 308 279.9
大豆	862 640.0	491 941.9	529 846.3	384 427.2	531 308.7	474 509.9
花生	54 795.0	58 448.6	56 325.6	59 468.9	63 758.9	64 934.1
油菜籽	11 404.3	34 777.7	32 744.5	80 127.0	297 821.7	593 139.7
食用植物油	752 894.2	737 988.8	972 850.6	1 259 606.3	1 232 652.8	1 789 205.2
豆油	48 128.8	56 652.7	99 312.1	175 427.6	244 795.1	539 906.3
菜籽油	86 065.5	125 750.4	143 457.8	175 734.5	196 342.7	398 380.1
棕榈油	271 215.3	267 998.2	306 335.6	339 039.4	313 449.2	378 345.4
食糖	264 977.8	333 657.7	330 110.1	365 706.4	461 450.1	432 556.5
蔬菜	3 380 746.7	3 739 376.4	3 627 457.2	3 828 891.9	4 468 204.9	4 335 977.9
水果						
畜产品						
猪产品						
牛产品						
羊产品						
禽产品						
蛋产品						
乳品	1 413 833.8	1 391 266.5	1 275 428.8	1 390 924.8	1 522 590.3	1 402 522.3
动物生皮	32 385.1	29 158.3	26 128.5	31 608.5		33 781.8
动物生毛皮	131.5	139.1			816.5	594.7
羊毛	49 060.5	33 370.4	22 010.4	9 085.2	6 656.1	6 656.8
水产品						
饮品						
酒						
茶	45 272.9	22 720.5	21 791.5	27 993.9	33 786.1	29 382.6
咖啡	369 324.6	325 441.4	314 000.0	336 624.3	355 181.4	340 729.4
烟草						

法国主要农产品进口量（二）

单位：吨

项　目	2009年	2010年	2011年	2012年	2013年
农产品					
谷物	1 645 860.6	1 981 257.9	2 108 305.4	1 764 947.1	1 819 741.4
小麦产品	634 355.6	943 885.0	765 881.7	588 983.3	630 325.0
玉米产品	373 017.1	369 833.0	476 090.5	451 925.6	518 169.1
稻谷产品	526 218.0	485 671.8	542 763.9	539 454.5	552 865.5
棉花	48 989.2	45 359.5	48 350.0	42 346.8	44 893.7
食用油籽	1 939 897.3	1 817 234.3	1 908 011.1	1 458 714.7	2 264 913.9
大豆	660 899.9	562 685.4	692 997.7	671 432.4	557 189.9
花生	61 192.8	67 775.2	70 617.2	70 144.0	72 608.3
油菜籽	795 677.0	939 964.5	610 706.0	474 363.0	1 105 211.8
食用植物油	1 434 135.1	1 246 502.1	1 305 203.9	1 241 063.7	1 157 764.7
豆油	268 970.3	348 568.9	404 048.2	222 034.5	98 055.3
菜籽油	423 369.3	231 069.2	349 877.9	210 769.7	268 877.7
棕榈油	337 901.0	318 871.8	269 695.5	421 818.2	488 862.0
食糖	414 375.7	429 164.4	458 190.1	339 630.4	407 953.2
蔬菜	4 222 921.3	4 359 609.3	4 426 931.4	4 558 568.7	4 730 400.8
水果					
畜产品					
猪产品					
牛产品					
羊产品					
禽产品					
蛋产品					
乳品	1 488 385.5	1 521 045.2	1 538 029.0	1 533 559.3	1 602 306.3
动物生皮	28 406.7				20 687.5
动物生毛皮	231.4		71.3		101.1
羊毛	7 255.3	7 510.2	4 607.8	3 752.2	3 453.8
水产品					
饮品					
酒					
茶	24 574.2	22 476.2	21 738.1	21 969.4	22 496.9
咖啡	361 894.9	380 404.4	379 796.1	374 079.8	355 920.1
烟草					

4-17 德国主要农产品贸易情况

4-17-1 德国主要农产品出口额（一）

单位：万美元

项 目	2003年	2004年	2005年	2006年	2007年	2008年
农产品	3 525 099.6	4 113 257.8	4 806 870.1	5 312 879.5	6 186 563.4	7 542 488.9
谷物	163 364.1	158 356.1	185 510.6	206 723.6	256 440.7	395 760.0
小麦产品	83 893.0	89 878.3	92 632.1	122 094.4	138 820.1	283 906.3
玉米产品	17 859.8	24 021.9	19 483.4	21 093.3	23 496.0	27 732.6
稻谷产品	5 058.5	5 171.7	5 923.9	5 657.6	5 865.3	10 087.4
棉花	6 138.4	7 916.7	7 217.3	5 433.6	4 274.4	5 603.6
食用油籽	30 397.9	39 785.5	36 768.0	42 402.5	54 243.7	76 645.2
大豆	998.6	1 316.7	1 108.0	993.5	1 262.4	2 416.7
花生	4 375.3	5 459.5	6 102.0	6 528.7	8 234.1	10 016.8
油菜籽	12 924.7	17 729.7	8 955.0	14 120.7	20 722.4	32 805.1
食用植物油	77 041.2	90 382.7	84 586.4	80 527.6	79 543.7	157 967.3
豆油	23 838.0	28 660.6	25 021.7	20 584.3	17 523.4	39 612.0
菜籽油	34 751.6	38 927.3	35 164.0	38 118.7	30 758.2	72 605.9
棕榈油	8 173.9	11 406.7	14 177.2	11 737.8	15 121.7	24 116.3
食糖	47 009.9	51 355.0	75 011.2	71 312.2	50 589.7	60 452.3
蔬菜	133 451.0	148 437.8	177 812.0	210 490.0	232 639.0	272 421.5
水果	260 109.6	307 524.4	360 241.6	416 215.5	475 872.4	565 762.6
畜产品	1 041 628.4	1 267 380.6	1 487 713.9	1 629 997.0	1 916 479.7	2 295 473.2
猪产品	172 946.0	230 448.9	324 175.3	377 268.8	439 222.5	605 694.9
牛产品	150 064.1	185 649.2	201 964.7	242 318.9	222 954.3	272 110.1
羊产品	4 592.5	3 850.9	6 595.3	6 686.3	6 241.3	8 067.2
禽产品	106 384.3	125 288.9	159 354.2	167 419.2	197 091.6	238 432.6
蛋产品	12 468.2	12 690.1	20 248.2	21 046.3	21 507.7	28 075.0
乳品	506 178.7	601 306.4	646 053.9	669 498.5	870 181.3	947 829.0
动物生皮	23 059.7	21 827.5	25 743.1	29 920.5	27 052.4	25 845.0
动物生毛皮	4 344.8	3 466.4	3 137.9	4 149.1	4 014.4	2 848.6
羊毛	3 768.4	8 296.6	12 404.7	14 470.3	17 381.0	16 074.5
水产品	129 254.8	141 929.1	178 049.2	208 754.5	228 001.8	249 585.8
饮品	567 212.2	655 075.6	764 255.0	893 601.7	1 068 032.0	1 225 916.1
酒	203 131.5	224 111.3	264 923.1	295 480.4	355 196.7	391 167.7
茶	12 587.2	15 978.2	17 591.6	20 686.0	24 580.1	29 020.9
咖啡	99 892.9	118 432.3	165 952.6	191 760.4	233 712.6	262 738.7
烟草	215 706.6	245 609.0	347 376.2	363 098.6	412 745.1	479 554.6

德国主要农产品出口额（二）

单位：万美元

项　目	2009 年	2010 年	2011 年	2012 年	2013 年
农产品	7 173 225.6	7 449 623.2	8 813 057.5	8 591 914.3	9 339 607.4
谷物	317 033.3	302 005.6	360 650.2	366 499.6	474 952.1
小麦产品	244 315.0	220 003.8	227 505.3	251 045.1	311 195.9
玉米产品	21 547.9	21 201.1	31 153.8	39 607.8	39 056.6
稻谷产品	9 800.9	8 600.2	13 186.1	11 693.7	12 842.7
棉花	4 543.7	6 007.6	11 801.6	7 935.5	7 901.9
食用油籽	59 378.3	61 146.3	71 314.6	65 488.6	73 374.7
大豆	1 875.5	1 813.0	2 478.4	1 960.5	1 411.0
花生	10 041.0	8 780.4	10 027.0	11 027.6	11 386.8
油菜籽	16 646.2	19 680.3	24 376.3	18 357.9	17 241.7
食用植物油	106 149.7	115 331.0	170 938.9	211 702.3	235 658.1
豆油	28 894.4	25 923.4	45 053.3	51 286.2	33 083.2
菜籽油	43 894.8	50 677.9	67 262.6	101 234.6	137 149.7
棕榈油	18 120.6	22 359.8	30 243.4	29 717.3	38 567.5
食糖	75 127.9	72 094.6	82 783.7	84 450.6	74 130.4
蔬菜	246 325.9	251 345.7	287 889.1	264 628.3	316 220.8
水果	494 304.8	487 721.8	567 944.5	546 094.1	602 639.7
畜产品	2 076 785.7	2 229 954.9	2 685 766.1	2 573 272.3	2 827 795.8
猪产品	607 943.1	602 550.0	738 949.3	794 382.8	831 280.5
牛产品	254 504.7	256 045.0	301 335.4	256 584.0	253 085.0
羊产品	7 259.3	7 475.7	8 368.7	6 421.3	6 794.8
禽产品	241 911.0	264 786.3	327 135.2	332 031.6	347 403.3
蛋产品	28 795.0	28 721.9	31 120.2	34 586.4	33 835.9
乳品	754 608.5	864 198.6	1 035 756.6	953 901.5	1 121 651.5
动物生皮	16 343.2	32 492.5	40 736.6	36 612.0	36 448.2
动物生毛皮	1 766.1	2 082.8	2 756.5	3 567.8	3 864.2
羊毛	8 062.3	16 827.2	24 685.9	18 515.2	11 379.7
水产品	259 394.0	262 461.9	305 816.6	282 504.9	315 258.4
饮品	1 168 911.2	1 274 868.7	1 559 517.2	1 476 162.6	1 545 064.9
酒	367 265.5	405 866.5	461 322.3	446 309.4	466 363.0
茶	25 115.9	24 740.6	28 628.5	27 962.1	32 490.9
咖啡	249 700.7	275 240.0	392 084.0	366 699.8	341 234.1
烟草	455 683.4	457 827.6	602 975.0	532 472.5	493 394.7

4-17-2 德国主要农产品进口额（一）

单位：万美元

项 目	2003年	2004年	2005年	2006年	2007年	2008年
农产品	4 896 160.2	5 409 641.4	6 057 762.2	6 697 610.8	7 588 729.2	8 892 921.7
谷物	90 578.9	97 906.9	112 010.5	134 493.5	213 444.3	285 239.2
小麦产品	27 772.7	22 752.1	29 578.3	40 380.0	66 283.1	99 969.7
玉米产品	27 628.9	39 072.8	44 496.7	46 541.4	70 738.5	79 225.7
稻谷产品	16 775.3	19 037.8	19 358.7	21 370.6	26 251.2	38 858.1
棉花	17 730.6	19 376.9	14 733.2	12 875.7	13 462.6	15 060.4
食用油籽	209 433.1	237 043.0	240 497.8	243 278.3	300 071.8	473 163.6
大豆	117 657.7	113 296.7	104 630.7	95 422.6	123 946.2	186 597.4
花生	10 486.7	11 209.2	12 652.4	13 203.1	16 079.9	20 143.9
油菜籽	36 109.8	45 888.5	40 474.8	56 922.4	85 461.0	158 149.2
食用植物油	79 005.8	104 918.0	133 006.3	239 768.9	275 295.6	298 577.6
豆油	4 850.5	5 723.4	6 549.0	21 630.7	32 134.8	28 424.8
菜籽油	9 447.6	15 209.9	35 072.2	106 578.3	99 261.5	68 522.3
棕榈油	31 575.6	42 146.2	42 629.6	49 878.6	76 680.0	113 326.1
食糖	30 644.1	37 631.1	46 446.2	45 915.7	46 995.1	63 541.1
蔬菜	550 303.0	571 822.9	637 280.4	708 664.5	776 493.6	854 875.3
水果	751 591.6	791 306.6	846 912.1	931 089.7	1 026 864.2	1 166 386.6
畜产品	1 039 248.9	1 170 938.1	1 324 084.3	1 467 362.9	1 652 303.3	1 919 113.7
猪产品	245 233.1	307 946.3	364 359.9	397 169.6	390 900.4	487 525.9
牛产品	67 895.0	90 361.4	117 529.8	144 521.8	161 637.1	195 395.7
羊产品	20 845.6	23 175.0	31 069.1	29 941.3	30 754.2	35 002.7
禽产品	173 918.0	195 725.9	239 971.1	224 668.3	261 550.0	322 574.9
蛋产品	38 667.0	42 453.3	53 037.1	57 409.9	60 802.2	76 490.5
乳品	392 525.8	434 489.1	437 123.2	510 935.0	623 932.5	678 074.2
动物生皮	16 538.9	13 324.1	14 988.9	18 122.1	19 063.1	16 906.8
动物生毛皮	2 521.9	2 063.5	2 185.3	2 781.1	2 462.0	1 720.3
羊毛	20 719.7	19 060.4	17 441.1	21 025.7	22 965.7	21 293.0
水产品	283 672.5	298 176.5	362 624.5	421 138.6	458 950.0	485 150.9
饮品	725 108.7	785 266.7	928 704.9	1 033 070.8	1 194 346.9	1 399 749.2
酒	330 057.9	352 686.2	405 338.4	445 604.2	491 777.3	575 558.4
茶	15 412.3	15 880.7	16 374.7	20 416.2	22 560.0	25 714.8
咖啡	126 707.2	157 784.0	219 419.6	262 294.8	309 713.1	374 251.3
烟草	168 356.7	175 959.5	168 010.7	181 540.3	194 100.3	201 239.4

德国主要农产品进口额（二）

单位：万美元

项　目	2009 年	2010 年	2011 年	2012 年	2013 年
农产品	8 849 536.8	9 088 881.1	10 630 383.9	10 201 290.9	10 746 161.4
谷物	246 595.9	232 144.7	341 535.8	306 199.8	330 208.4
小麦产品	92 962.5	95 051.6	145 260.1	115 228.3	133 705.4
玉米产品	65 290.9	62 339.9	90 055.6	88 754.2	93 428.8
稻谷产品	37 807.5	30 517.4	39 464.7	36 097.0	39 655.2
棉花	9 904.3	14 280.9	27 639.8	16 205.1	17 216.8
食用油籽	387 751.6	357 816.6	504 719.1	573 573.6	618 942.2
大豆	145 608.8	149 536.0	172 861.2	188 692.8	211 333.1
花生	20 698.1	18 354.2	24 281.4	27 523.9	29 627.2
油菜籽	135 529.8	97 887.2	201 106.2	251 194.7	264 020.9
食用植物油	202 414.0	224 942.9	305 778.1	237 995.7	252 134.4
豆油	7 048.7	6 877.0	9 294.5	8 606.5	12 040.8
菜籽油	27 799.3	39 178.5	73 165.6	28 481.2	24 019.6
棕榈油	99 385.6	116 959.2	135 751.8	132 813.9	140 218.6
食糖	44 471.1	37 811.7	53 308.5	62 789.9	63 598.8
蔬菜	799 875.5	841 012.7	899 374.0	841 804.7	951 575.2
水果	1 040 710.2	1 006 923.3	1 132 483.3	1 054 698.3	1 176 501.1
畜产品	1 766 193.7	1 832 761.2	2 166 149.4	2 036 011.9	2 181 546.7
猪产品	458 889.9	443 128.6	507 579.3	521 254.3	546 259.6
牛产品	191 526.8	198 025.4	267 708.1	235 159.9	243 447.4
羊产品	29 515.1	29 509.8	46 922.9	33 450.5	33 868.9
禽产品	286 447.8	291 236.1	371 112.6	351 263.3	355 637.9
蛋产品	96 423.7	99 851.4	85 748.8	89 623.7	84 185.2
乳品	539 967.7	591 978.0	721 290.7	641 603.8	724 794.5
动物生皮	9 412.7	18 202.9	23 802.9	18 137.3	24 184.3
动物生毛皮	828.6	2 124.8	2 880.2	3 875.9	4 564.5
羊毛	7 677.2	17 700.3	25 208.1	21 687.0	11 805.5
水产品	523 880.0	533 372.3	611 290.4	579 567.8	618 529.0
饮品	1 328 126.3	1 483 170.3	1 881 878.3	1 717 443.6	1 671 544.8
酒	550 961.0	571 016.6	700 056.9	670 172.5	706 576.7
茶	19 745.0	18 949.7	24 541.9	24 990.3	28 410.0
咖啡	326 076.5	396 539.9	570 278.4	508 897.7	401 336.8
烟草	234 594.0	205 838.7	288 932.0	234 960.3	238 553.8

4-17-3 德国主要农产品出口量（一）

单位：吨

项 目	2003年	2004年	2005年	2006年	2007年	2008年
农产品						
谷物	10 455 448.9	8 110 734.6	11 701 385.3	11 924 923.8	9 621 260.5	10 701 098.1
小麦产品	5 060 543.1	4 497 802.8	5 549 361.9	6 962 643.8	5 212 527.7	7 605 984.6
玉米产品	914 266.5	1 004 401.7	1 016 696.3	964 363.7	756 772.6	720 289.6
稻谷产品	65 010.1	63 030.2	75 476.5	67 661.2	60 840.0	80 703.1
棉花	55 381.7	55 602.9	54 998.2	43 574.1	36 341.9	38 341.0
食用油籽	502 840.4	686 683.4	433 169.4	500 904.8	551 731.4	610 583.3
大豆	30 584.8	31 984.2	41 451.7	35 099.4	34 628.7	47 161.3
花生	19 472.5	23 519.4	29 760.7	31 674.0	36 746.2	37 626.6
油菜籽	389 141.1	537 780.7	266 976.4	361 571.3	405 074.7	430 292.9
食用植物油	1 205 953.7	1 284 692.4	1 277 958.3	1 060 257.8	829 505.1	1 134 579.9
豆油	403 382.5	436 217.7	434 118.9	323 229.6	198 358.2	299 189.4
菜籽油	553 383.1	551 554.6	506 521.7	462 270.2	318 562.5	522 995.6
棕榈油	128 142.4	172 117.2	245 149.2	186 477.3	185 087.9	203 411.3
食糖	1 126 238.8	1 057 467.7	1 811 563.6	1 312 380.6	617 946.6	785 444.2
蔬菜	2 347 900.1	2 318 674.1	2 784 442.4	3 072 382.9	2 870 150.5	2 829 666.9
水果						
畜产品						
猪产品						
牛产品						
羊产品						
禽产品						
蛋产品						
乳品	4 416 154.5	5 000 612.8	5 216 528.0	5 109 802.0	4 922 460.8	5 123 802.7
动物生皮	138 360.5	137 299.3	151 156.0	157 076.6	131 596.3	138 781.2
动物生毛皮		313.5	304.4	271.3	310.6	211.5
羊毛	15 617.6	26 787.0	38 177.5	46 431.7	45 947.1	40 102.5
水产品						
饮品						
酒						
茶	22 811.8	29 692.9	33 119.9	46 897.5	53 175.0	56 627.4
咖啡	339 677.1	373 430.3	471 034.8	492 732.8	523 571.0	513 777.0
烟草						

德国主要农产品出口量（二）

单位：吨

项　目	2009年	2010年	2011年	2012年	2013年
农产品					
谷物	13 012 036.4	12 725 881.6	10 500 500.6	10 717 150.5	13 728 294.8
小麦产品	10 283 503.5	9 576 556.6	6 785 708.1	7 594 316.3	9 165 033.7
玉米产品	725 433.9	697 870.8	798 188.2	1 083 161.8	923 033.3
稻谷产品	77 602.2	81 034.3	129 644.9	126 081.6	130 217.0
棉花	32 274.8	38 896.1	45 579.9	43 604.2	43 338.5
食用油籽	391 832.6	503 670.9	442 377.4	328 415.5	297 547.8
大豆	35 624.1	39 936.0	49 852.6	38 721.1	20 389.5
花生	35 479.4	38 389.4	37 372.9	36 572.1	39 623.0
油菜籽	237 116.8	278 747.7	227 860.2	148 254.9	119 003.1
食用植物油	1 033 365.8	1 133 284.5	1 212 689.7	1 650 620.4	1 989 633.4
豆油	328 432.2	270 917.2	339 219.7	428 915.1	322 231.2
菜籽油	426 305.2	518 095.2	476 204.7	792 458.1	1 157 980.2
棕榈油	188 108.8	232 225.4	235 923.7	243 159.5	347 164.3
食糖	1 059 831.4	1 103 454.5	1 003 653.6	978 630.8	871 479.5
蔬菜	3 085 581.6	3 077 607.6	3 055 980.4	3 262 162.2	3 772 327.4
水果					
畜产品					
猪产品					
牛产品					
羊产品					
禽产品					
蛋产品					
乳品	5 203 320.6	5 480 291.8	5 605 262.0	5 525 480.7	5 542 242.0
动物生皮	134 855.2	178 045.8	175 801.6	166 928.9	144 252.6
动物生毛皮	156.1	192.3	185.9	221.6	186.0
羊毛	29 069.5	40 106.2	41 020.8	32 366.1	23 954.8
水产品					
饮品					
酒					
茶	40 898.9	35 923.8	39 091.2	37 048.1	39 665.0
咖啡	537 617.4	575 264.6	605 475.7	625 195.6	622 152.2
烟草					

4-17-4 德国主要农产品进口量（一）

单位：吨

项 目	2003年	2004年	2005年	2006年	2007年	2008年
农产品						
谷物	4 082 184.6	3 630 262.9	5 173 182.8	6 049 866.5	6 864 430.2	7 062 565.0
小麦产品	1 642 400.5	1 066 852.2	1 824 139.3	2 297 590.5	2 181 018.9	2 727 861.2
玉米产品	1 123 839.6	1 397 887.8	1 894 916.5	1 962 665.9	2 528 101.7	1 970 352.8
稻谷产品	286 383.6	293 138.3	327 101.1	350 939.7	366 418.8	385 224.4
棉花	197 743.8	168 581.3	163 337.5	108 292.7	108 941.9	104 745.1
食用油籽	6 438 790.1	5 774 312.1	5 985 890.6	6 001 982.9	6 584 560.2	7 093 855.2
大豆	4 532 846.9	3 734 454.7	3 935 323.7	3 558 767.8	3 707 394.8	3 497 885.5
花生	96 895.6	90 423.5	107 211.3	113 400.2	121 951.1	119 286.1
油菜籽	1 210 584.6	1 410 271.3	1 528 908.9	1 830 966.9	2 199 127.4	2 746 808.4
食用植物油	1 153 807.1	1 394 604.4	1 866 795.9	3 142 317.6	3 031 247.7	2 267 181.3
豆油	78 339.7	85 202.0	108 942.8	344 468.3	413 748.8	229 101.6
菜籽油	135 220.4	187 377.6	484 133.3	1 373 682.3	1 086 488.6	488 691.8
棕榈油	636 565.0	773 991.5	897 805.1	970 573.4	1 076 391.5	1 127 536.8
食糖	384 206.6	440 810.4	550 180.8	550 365.1	524 779.6	678 412.6
蔬菜	5 491 567.9	5 448 448.9	5 810 521.1	6 257 176.2	5 695 247.4	5 786 962.8
水果						
畜产品						
猪产品						
牛产品						
羊产品						
禽产品						
蛋产品						
乳品	2 617 106.2	2 526 691.2	2 632 995.3	3 046 640.0	3 191 016.6	3 461 962.9
动物生皮	94 361.9	77 586.9	91 693.6	98 348.8	98 501.5	92 721.5
动物生毛皮			264.0	290.5	189.3	164.0
羊毛	46 078.7	54 168.8	54 686.6	64 370.7	58 558.3	50 899.5
水产品						
饮品						
酒						
茶	91 305.3	100 910.0	97 394.3	130 238.2	139 505.0	144 717.2
咖啡	927 312.9	1 026 445.7	990 079.2	1 082 464.8	1 118 458.8	1 147 911.2
烟草						

德国主要农产品进口量（二）

单位：吨

项 目	2009 年	2010 年	2011 年	2012 年	2013 年
农产品					
谷物	8 674 566.6	8 529 616.9	9 048 305.3	8 376 154.9	8 839 748.9
小麦产品	4 227 115.7	4 113 906.7	4 486 946.8	3 681 976.1	4 163 994.5
玉米产品	2 043 526.8	1 953 938.1	1 982 147.9	2 155 269.8	2 175 872.8
稻谷产品	387 845.5	363 466.0	430 892.1	412 880.3	420 880.3
棉花	77 064.3	89 056.3	104 968.3	86 853.0	104 598.2
食用油籽	7 318 976.5	6 595 044.8	7 151 601.0	8 262 387.0	9 188 968.0
大豆	3 173 754.5	3 394 230.6	3 198 773.8	3 278 714.8	3 633 152.8
花生	123 199.2	129 726.7	132 776.7	126 087.3	150 366.8
油菜籽	3 293 730.3	2 313 568.6	3 147 450.9	4 048 082.6	4 594 358.6
食用植物油	2 075 867.1	2 278 863.3	2 170 879.9	1 849 502.0	2 128 683.7
豆油	66 979.1	69 220.7	67 852.7	66 099.9	104 733.7
菜籽油	271 303.5	376 401.3	523 799.0	207 424.0	185 945.3
棕榈油	1 339 329.6	1 434 091.3	1 134 335.2	1 223 609.6	1 467 449.5
食糖	515 779.0	513 913.9	587 861.5	656 697.9	619 945.4
蔬菜	5 916 546.1	6 008 011.5	6 306 121.7	6 132 743.8	6 688 732.4
水果					
畜产品					
猪产品					
牛产品					
羊产品					
禽产品					
蛋产品					
乳品	3 382 526.2	3 501 270.9	3 823 598.9	3 774 774.3	3 688 991.7
动物生皮	87 379.8		114 667.8	87 293.8	94 999.5
动物生毛皮		152.4	157.6	212.0	157.2
羊毛	24 865.7	40 821.8	40 809.8	35 750.1	16 240.5
水产品					
饮品					
酒					
茶	97 350.3	57 394.1	63 584.7	86 377.0	98 069.4
咖啡	1 131 987.7	1 195 940.5	1 254 564.6	1 279 533.2	1 166 894.0
烟草					

4-18 荷兰主要农产品贸易情况

4-18-1 荷兰主要农产品出口额（一）

单位：万美元

项 目	2003年	2004年	2005年	2006年	2007年	2008年
农产品	4 573 630.4	5 199 549.3	5 364 514.6	5 913 755.2	7 201 459.6	8 434 814.8
谷物	33 314.6	33 102.7	39 190.2	38 562.0	58 773.9	90 923.3
小麦产品	10 814.1	10 267.4	10 629.9	12 396.4	17 127.6	31 804.9
玉米产品	7 808.9	8 892.7	7 823.5	8 569.3	11 108.8	17 302.8
稻谷产品	7 328.2	4 855.8	8 603.2	9 044.4	12 194.3	21 077.5
棉花	377.4	405.2	313.7	201.6	225.3	440.6
食用油籽	61 111.3	74 102.4	67 949.9	73 850.3	106 165.8	147 293.5
大豆	29 701.5	40 385.6	31 902.4	35 114.7	51 234.4	82 077.2
花生	18 458.6	20 653.9	21 370.8	22 623.3	29 684.6	32 484.6
油菜籽	1 339.6	1 376.3	562.4	574.0	3 119.9	7 350.5
食用植物油	103 090.7	108 374.7	118 880.9	163 303.9	232 791.2	427 388.0
豆油	26 835.1	28 418.6	26 519.7	35 789.3	42 115.9	78 970.0
菜籽油	13 295.7	14 653.9	22 892.6	29 854.6	45 881.9	86 898.3
棕榈油	32 820.7	38 055.4	38 153.1	64 211.7	102 018.2	166 789.2
食糖	13 727.9	15 938.7	22 906.5	28 129.2	24 865.4	23 808.2
蔬菜	660 742.6	703 276.3	689 193.1	795 626.2	1 003 792.5	1 080 740.2
水果	326 986.2	386 951.9	415 754.5	470 784.5	603 744.3	726 673.6
畜产品	1 082 958.1	1 242 857.9	1 284 228.3	1 390 839.5	1 700 865.4	2 006 118.2
猪产品	230 480.8	288 586.6	294 316.4	323 399.3	365 047.4	467 457.0
牛产品	167 532.2	200 177.5	222 113.9	241 899.5	288 842.4	314 354.2
羊产品	5 324.2	6 929.3	8 259.9	9 683.8	11 904.7	11 991.7
禽产品	150 976.0	177 307.4	192 396.1	212 408.9	287 554.1	334 532.9
蛋产品	42 314.5	47 028.6	48 096.2	54 960.9	74 472.9	90 898.5
乳品	429 216.6	463 893.7	457 507.1	478 391.4	583 988.5	690 773.9
动物生皮	17 531.9	17 758.6	17 379.3	19 807.9	20 219.5	20 347.0
动物生毛皮	6 178.6	5 531.9	8 367.3	8 757.0	8 211.7	8 103.7
羊毛	311.6	277.4	288.8	297.6	496.6	340.1
水产品	195 412.2	226 717.8	237 979.1	257 116.6	299 366.2	324 901.2
饮品	494 139.5	527 992.2	567 645.8	632 256.4	768 139.9	919 919.4
酒	196 332.7	197 041.7	209 371.1	241 955.2	269 121.9	348 738.6
茶	4 625.5	6 358.5	7 231.8	9 314.3	9 693.4	19 723.6
咖啡	17 577.9	13 055.2	26 306.3	29 413.8	34 703.1	31 493.5
烟草	361 262.1	389 087.3	393 076.2	401 859.2	447 386.4	429 883.1

荷兰主要农产品出口额（二）

单位：万美元

项　目	2009年	2010年	2011年	2012年	2013年
农产品	7 594 149.8	7 907 062.4	9 908 676.8	9 579 376.3	10 456 458.4
谷物	61 885.0	49 799.4	79 841.2	73 569.6	90 478.9
小麦产品	22 634.1	16 730.3	26 289.2	21 931.9	28 053.8
玉米产品	9 778.8	6 361.4	15 960.5	18 975.3	23 202.8
稻谷产品	17 154.9	14 112.9	19 618.2	19 693.6	21 221.6
棉花	416.2	173.3	595.2	323.7	219.3
食用油籽	131 247.9	136 122.0	143 462.6	238 175.7	220 532.5
大豆	66 443.2	70 225.4	63 882.6	123 113.1	84 929.9
花生	28 772.0	31 268.5	42 213.2	49 143.4	47 416.8
油菜籽	14 868.5	12 553.2	11 520.7	39 837.7	53 730.3
食用植物油	284 161.3	265 877.8	370 724.6	317 158.4	352 620.0
豆油	44 176.9	41 483.1	47 269.1	49 124.4	57 826.7
菜籽油	69 705.2	61 289.8	80 219.7	54 602.8	65 238.6
棕榈油	115 619.9	116 011.1	173 220.3	151 038.6	152 969.3
食糖	21 720.8	18 632.6	24 513.6	25 374.9	35 968.0
蔬菜	1 021 662.1	1 094 801.4	1 244 053.0	1 168 848.4	1 287 991.7
水果	667 169.8	687 754.7	906 817.4	864 921.4	983 784.3
畜产品	1 769 794.3	1 869 461.0	2 407 271.8	2 337 471.8	2 596 855.8
猪产品	418 183.5	400 684.3	488 688.0	513 294.4	533 795.7
牛产品	301 453.7	283 756.1	372 073.1	357 934.9	370 400.0
羊产品	10 723.2	13 268.7	21 007.1	17 401.8	19 889.5
禽产品	308 965.8	323 442.8	442 096.0	442 983.3	469 943.9
蛋产品	102 786.1	106 438.0	113 090.0	127 750.5	135 058.9
乳品	541 668.0	649 451.8	825 390.4	741 706.8	894 206.8
动物生皮	17 285.7	22 960.6	34 134.5	36 942.2	34 602.2
动物生毛皮	9 392.3	6 115.5	13 465.4	15 120.8	21 519.5
羊毛	250.0	417.3	585.6	738.4	655.9
水产品	300 515.9	308 910.6	393 532.6	374 440.1	381 012.5
饮品	870 407.9	956 022.0	1 129 059.4	1 062 198.1	1 122 015.7
酒	303 601.0	316 367.5	379 135.6	372 192.2	382 553.0
茶	23 973.0	27 710.3	24 546.9	26 136.2	29 921.9
咖啡	28 872.0	30 821.4	69 032.6	60 897.0	64 665.9
烟草	412 959.5	412 861.5	527 900.4	469 410.4	475 478.3

4-18-2 荷兰主要农产品进口额（一）

单位：万美元

项 目	2003年	2004年	2005年	2006年	2007年	2008年
农产品	2 600 897.3	2 890 630.0	2 985 247.7	3 307 413.4	4 209 870.6	5 338 117.6
谷物	118 719.5	160 668.6	133 768.9	170 619.5	279 555.0	389 681.5
小麦产品	50 396.1	74 084.5	58 400.8	77 480.2	123 171.6	175 142.0
玉米产品	38 341.8	48 209.5	41 597.6	48 221.3	89 292.9	120 541.4
稻谷产品	9 100.4	10 730.8	9 957.4	11 540.9	14 889.3	28 571.8
棉花	1 109.8	1 241.4	898.6	1 345.1	1 780.3	2 458.2
食用油籽	175 235.5	195 550.0	165 113.7	155 444.1	233 839.7	420 612.5
大豆	123 189.6	134 058.7	106 450.4	104 327.2	135 344.2	194 629.3
花生	19 231.8	23 817.5	25 691.1	22 639.1	27 890.3	46 858.8
油菜籽	4 105.7	3 216.5	1 899.8	3 867.8	39 980.1	134 015.4
食用植物油	106 727.0	121 312.3	143 361.4	162 659.7	212 980.9	342 207.1
豆油	3 775.9	4 508.5	4 638.6	9 996.1	20 127.9	24 785.8
菜籽油	21 809.6	23 174.0	29 480.3	40 760.5	28 604.9	48 525.5
棕榈油	47 700.3	57 822.3	67 150.3	75 969.9	122 013.6	191 369.5
食糖	6 529.2	8 813.3	14 156.2	13 355.5	13 688.2	18 684.4
蔬菜	207 143.4	220 054.3	225 970.3	257 120.2	311 408.3	331 712.7
水果	325 826.7	332 640.8	378 487.1	448 316.7	521 589.9	668 957.2
畜产品	511 433.9	573 743.8	604 225.6	669 268.2	845 670.7	939 833.6
猪产品	56 795.4	67 882.7	76 770.3	88 836.0	99 023.4	125 614.2
牛产品	89 555.8	104 960.7	113 395.6	140 547.0	162 190.7	191 505.7
羊产品	5 853.7	6 441.2	7 852.1	8 530.4	8 790.5	9 478.1
禽产品	88 604.9	94 734.9	106 774.7	113 188.7	158 709.2	200 702.5
蛋产品	15 591.6	11 262.5	11 903.2	12 722.8	15 925.0	22 186.9
乳品	215 123.4	242 689.8	247 998.5	259 476.6	329 439.5	318 948.0
动物生皮	9 366.1	9 598.2	8 837.4	10 643.0	10 942.0	10 018.1
动物生毛皮	756.0	410.6	17.3	15.2		166.1
羊毛	158.5	164.5	65.1	96.6	92.5	53.3
水产品	133 408.0	139 121.7	151 012.7	188 016.2	220 518.0	261 823.7
饮品	384 176.9	399 205.7	425 128.5	461 050.2	603 589.9	707 693.9
酒	114 450.6	136 547.2	144 845.8	162 362.5	227 193.8	272 834.0
茶	6 893.9	7 895.4	7 545.7	7 591.1	9 056.6	12 716.9
咖啡	37 364.9	40 745.0	46 134.4	54 513.3	67 506.4	55 261.6
烟草	94 951.7	117 447.4	111 651.6	113 734.6	100 912.7	137 865.6

荷兰主要农产品进口额（二）

单位：万美元

项　目	2009年	2010年	2011年	2012年	2013年
农产品	4 582 301.7	4 776 738.0	6 464 270.9	6 354 525.2	6 824 491.3
谷物	250 749.4	259 395.4	370 079.9	364 478.0	414 727.0
小麦产品	111 157.7	122 377.2	157 297.2	152 530.9	159 321.7
玉米产品	72 120.5	67 513.7	117 291.8	121 113.2	149 446.9
稻谷产品	21 305.3	18 514.6	24 346.3	23 742.7	26 494.2
棉花	2 027.9	2 293.2	5 429.3	3 746.6	3 106.8
食用油籽	281 278.0	296 636.8	424 934.2	364 007.5	427 948.6
大豆	124 596.5	153 063.5	163 125.9	144 660.6	210 315.4
花生	34 739.5	33 909.3	44 491.0	57 483.2	60 363.2
油菜籽	67 408.4	66 501.0	153 009.2	111 428.3	90 491.9
食用植物油	208 448.2	224 308.6	331 561.4	450 290.9	460 758.7
豆油	4 632.1	4 667.4	9 665.1	15 078.7	15 844.0
菜籽油	35 080.2	33 271.5	73 099.7	75 904.1	80 122.9
棕榈油	131 248.2	144 895.9	183 638.8	274 962.3	257 232.1
食糖	12 849.7	10 894.0	22 753.9	20 966.0	24 983.0
蔬菜	336 207.0	360 629.4	455 950.0	432 099.4	477 351.5
水果	601 143.5	618 021.5	767 700.2	755 308.6	854 472.1
畜产品	830 550.7	884 948.0	1 239 174.3	1 221 306.5	1 298 019.0
猪产品	122 856.1	116 664.7	157 771.4	163 698.2	170 001.4
牛产品	180 172.9	176 856.5	242 987.8	248 382.5	240 905.5
羊产品	8 437.7	10 918.4	20 904.7	17 389.8	15 827.4
禽产品	193 359.4	202 002.5	293 333.9	284 527.8	285 255.6
蛋产品	22 417.0	26 207.8	34 732.7	43 579.0	48 711.6
乳品	248 222.9	283 476.6	386 848.8	373 453.7	420 293.4
动物生皮	7 616.4	12 660.2	20 979.0	14 664.4	19 564.6
动物生毛皮	209.1	34.1	754.1	633.3	1 337.1
羊毛	28.9	48.0	63.8	609.9	575.1
水产品	249 819.2	265 141.3	351 757.5	320 722.8	325 640.2
饮品	714 019.6	710 320.1	945 620.2	849 829.9	885 574.2
酒	245 302.3	233 048.4	322 254.6	315 577.1	324 673.5
茶	11 941.6	14 117.7	17 679.6	18 870.1	25 095.8
咖啡	59 809.5	69 318.5	101 808.6	97 707.1	91 651.1
烟草	140 897.7	143 198.8	202 479.4	187 027.0	158 211.9

4-18-3 荷兰主要农产品出口量（一）

单位：吨

项 目	2003年	2004年	2005年	2006年	2007年	2008年
农产品						
谷物	1 066 656.7	1 055 943.7	1 431 342.9	1 172 779.6	1 700 036.0	2 153 158.8
小麦产品	503 525.1	448 560.0	510 252.3	501 784.8	569 063.6	967 628.0
玉米产品	140 302.8	157 955.7	126 779.2	180 295.1	368 666.5	417 325.9
稻谷产品	109 471.8	62 866.1	123 818.3	133 895.4	155 773.1	165 075.3
棉花	3 427.0	1 764.6	1 663.6	1 625.9	2 469.1	2 956.0
食用油籽	1 444 417.4	1 635 335.1	1 488 610.5	1 596 152.5	1 909 440.0	2 054 644.4
大豆	1 136 138.4	1 314 150.3	1 179 693.5	1 294 051.6	1 527 849.4	1 620 639.1
花生	148 227.4	152 587.7	185 176.6	178 801.1	196 940.7	176 528.5
油菜籽	43 554.8	35 978.7	13 842.0	13 125.5	65 302.1	142 377.2
食用植物油	1 601 187.4	1 573 676.8	1 807 816.2	2 426 148.6	2 664 196.9	3 407 887.1
豆油	436 330.3	431 471.0	444 152.4	559 597.2	501 002.4	632 486.1
菜籽油	209 143.0	203 668.5	318 191.3	371 642.0	458 177.0	668 251.8
棕榈油	553 850.2	599 500.1	657 666.8	1 047 243.3	1 267 430.5	1 542 769.0
食糖	226 757.6	248 482.1	404 784.8	459 187.5	291 303.3	279 084.4
蔬菜	7 641 361.6	7 554 823.8	7 265 693.5	7 525 157.4	7 847 250.9	8 169 065.1
水果						
畜产品						
猪产品						
牛产品						
羊产品						
禽产品						
蛋产品						
乳品	2 138 534.0	2 056 332.8	2 001 619.1	2 009 408.6	2 020 796.7	2 081 679.2
动物生皮	100 854.8	102 339.3	104 473.8	119 609.4	116 879.3	
动物生毛皮	338.8	244.6	387.8		288.1	322.6
羊毛	1 769.0	1 705.6	2 023.6	2 390.9	3 591.7	2 348.5
水产品						
饮品						
酒						
茶	11 608.5	13 745.9	16 525.7	19 199.1	17 048.0	16 228.4
咖啡	27 330.4	23 712.0	37 283.8	47 482.1	52 474.0	49 781.3
烟草						

荷兰主要农产品出口量（二）

单位：吨

项　目	2009 年	2010 年	2011 年	2012 年	2013 年
农产品					
谷物	1 363 487.6	1 385 285.9	1 775 868.8	1 658 580.0	1 988 504.0
小麦产品	650 049.4	640 890.1	748 795.4	653 946.7	803 479.8
玉米产品	211 817.9	154 152.6	349 049.9	468 682.0	538 537.4
稻谷产品	221 246.9	145 099.2	177 927.3	190 249.8	175 958.9
棉花	3 014.3	414.6	655.0	323.5	429.7
食用油籽	1 677 948.8	2 221 274.0	1 732 712.4	2 833 043.1	2 644 256.8
大豆	1 154 111.6	1 609 385.4	1 239 871.9	1 931 571.8	1 383 468.9
花生	146 843.0	181 107.8	197 603.9	199 147.8	204 536.0
油菜籽	262 865.9	272 197.1	165 475.7	567 149.6	890 315.1
食用植物油	2 026 526.6	2 627 275.1	2 673 123.3	2 482 965.4	3 041 061.8
豆油	308 504.2	432 562.3	346 709.1	394 289.7	508 249.3
菜籽油	463 298.4	592 944.1	573 411.9	415 455.2	518 719.0
棕榈油	911 726.3	1 167 837.1	1 295 141.6	1 233 095.5	1 444 996.8
食糖	545 579.6	231 951.2	258 007.7	256 564.1	339 233.6
蔬菜		9 312 057.4	10 720 027.6	10 068 604.9	12 078 689.0
水果					
畜产品					
猪产品					
牛产品					
羊产品					
禽产品					
蛋产品					
乳品	1 564 554.6	2 257 508.9	2 586 986.8	2 485 220.2	2 604 130.2
动物生皮		174 697.1	158 787.6	143 254.2	115 240.5
动物生毛皮	351.1	288.9	420.3	409.7	649.3
羊毛	1 034.1	2 899.2	2 638.7	3 391.1	3 201.1
水产品					
饮品					
酒					
茶	35 699.2	24 440.5	19 839.7	20 645.7	21 681.2
咖啡	41 087.2	53 333.8	82 895.4	74 517.6	112 012.3
烟草					

4-18-4 荷兰主要农产品进口量（一）

单位：吨

项 目	2003年	2004年	2005年	2006年	2007年	2008年
农产品						
谷物	6 967 944.9	8 282 854.4	7 904 652.5	9 425 536.0	11 271 273.3	11 762 739.5
小麦产品	3 206 332.1	4 092 637.5	3 732 100.3	4 520 551.0	5 216 821.6	5 328 720.2
玉米产品	2 138 547.6	2 277 884.5	2 318 581.2	2 559 059.5	3 538 314.9	3 814 518.2
稻谷产品	203 669.8	225 448.0	235 407.7	266 937.8	298 347.7	331 543.4
棉花	11 369.5	8 863.1	7 880.8	10 845.7	13 251.2	15 385.1
食用油籽	5 867 829.3	5 401 676.5	5 296 697.3	5 057 048.6	5 803 153.3	6 885 799.4
大豆	4 840 140.4	4 293 221.0	4 318 555.2	4 221 776.1	4 114 748.3	3 971 328.1
花生	227 036.3	241 984.8	301 808.6	259 982.8	271 821.2	344 627.0
油菜籽	151 726.7	108 848.0	65 642.3	125 953.3	929 317.8	2 108 369.1
食用植物油	1 966 678.2	2 035 948.0	2 549 452.9	2 724 025.8	2 916 908.9	3 262 658.5
豆油	64 895.3	72 354.2	82 683.3	161 867.0	240 690.9	220 449.3
菜籽油	382 530.9	358 284.6	416 715.2	501 517.8	311 156.2	360 676.5
棕榈油	1 079 395.8	1 181 552.0	1 547 750.3	1 643 587.8	1 940 913.6	2 152 003.2
食糖	80 887.7	99 203.9	171 108.8	161 367.7	148 521.2	197 451.0
蔬菜	3 498 271.4	3 287 863.2	3 245 858.4	3 277 934.7	3 301 031.8	3 338 407.3
水果						
畜产品						
猪产品						
牛产品						
羊产品						
禽产品						
蛋产品						
乳品	1 798 926.7	1 881 739.5	1 872 971.8	1 886 129.2	1 845 258.4	1 976 892.2
动物生皮	52 534.3	56 017.4	52 396.5	62 379.6		45 913.5
动物生毛皮	40.0	15.7	0.8	1.0		6.0
羊毛	847.6	973.7	382.4	488.9	404.0	98.5
水产品						
饮品						
酒						
茶	27 374.4	29 971.9	37 413.1	29 503.9	30 434.3	34 895.2
咖啡	174 234.8	176 446.1	168 154.7	185 697.5	196 952.8	124 969.4
烟草						

荷兰主要农产品进口量（二）

单位：吨

项　目	2009年	2010年	2011年	2012年	2013年
农产品					
谷物	5 873 617.3	11 629 386.1	11 595 039.0	11 555 541.9	12 433 793.4
小麦产品	2 588 507.7	5 741 620.4	5 065 840.0	4 911 979.5	4 784 075.5
玉米产品	1 997 084.7	2 929 279.6	3 697 062.9	4 053 148.6	4 695 791.3
稻谷产品	231 788.1	273 493.2	321 815.5	339 264.0	331 771.9
棉花	15 380.1	12 489.9	15 990.5	16 444.0	15 222.2
食用油籽	2 621 056.7	5 923 770.6	6 467 602.8	5 242 193.0	6 391 198.7
大豆	2 064 238.8	3 469 031.5	3 048 269.1	2 563 528.8	3 640 243.4
花生	229 300.8	318 960.9	299 184.7	283 960.1	353 990.6
油菜籽	6 050.2	1 468 071.0	2 326 828.4	1 812 823.0	1 601 443.7
食用植物油	629 442.1	2 714 184.4	2 844 331.1	3 892 368.8	4 541 869.6
豆油	34 007.5	47 931.5	76 458.8	117 649.6	122 078.5
菜籽油	232 599.0	325 007.6	579 631.8	597 199.5	670 023.2
棕榈油	169 286.7	1 974 933.2	1 753 921.2	2 591 828.4	2 962 478.4
食糖	171 347.6	126 020.9	246 752.2	193 851.2	238 078.9
蔬菜		3 511 272.0	4 807 862.9	5 013 842.7	4 602 416.4
水果					
畜产品					
猪产品					
牛产品					
羊产品					
禽产品					
蛋产品					
乳品	1 017 319.2	1 885 470.6	2 457 011.0	2 571 230.8	2 519 894.0
动物生皮			81 297.3	60 592.9	93 797.6
动物生毛皮	6.7	1.5	23.2	37.0	139.0
羊毛	134.3	156.4	144.4	2 694.0	2 978.0
水产品					
饮品					
酒					
茶	22 642.1	34 505.7	35 924.2	31 918.0	70 356.9
咖啡	117 224.4	141 099.6	146 955.6	148 859.4	187 230.3
烟草					

4-19 西班牙主要农产品贸易情况

4-19-1 西班牙主要农产品出口额（一）

单位：万美元

项 目	2003年	2004年	2005年	2006年	2007年	2008年
农产品	2 446 536.8	2 764 491.8	2 840 366.4	3 039 002.0	3 572 793.5	4 129 171.0
谷物	56 336.6	51 684.1	36 693.9	43 116.6	82 029.7	90 249.0
小麦产品	30 161.8	23 343.1	12 287.2	20 047.3	30 259.7	47 880.7
玉米产品	4 913.4	7 301.2	8 873.2	5 628.2	6 845.2	9 338.9
稻谷产品	16 928.9	17 011.1	12 162.9	14 467.3	15 941.0	16 918.3
棉花	4 548.5	10 280.0	6 990.4	9 791.6	5 595.3	5 207.2
食用油籽	7 730.6	7 074.9	8 527.0	8 199.4	13 564.8	22 332.1
大豆	1 864.4	609.1	1 600.9	413.3	1 050.1	1 979.1
花生	424.2	355.6	428.0	415.9	472.1	1 100.9
油菜籽	38.6	54.2	374.2	88.2	509.4	294.7
食用植物油	166 632.2	229 843.5	224 690.1	244 132.2	290 660.9	355 808.3
豆油	13 253.6	14 833.6	11 356.5	5 018.0	16 879.8	42 039.9
菜籽油	620.7	586.4	225.2	2 058.4	1 296.7	2 554.3
棕榈油	2 241.8	2 717.0	3 541.2	3 343.4	4 454.4	5 784.0
食糖	3 633.0	1 831.6	3 227.3	11 626.2	10 076.3	8 995.1
蔬菜	507 712.0	557 963.3	572 601.2	597 925.2	689 890.0	765 936.9
水果	574 636.8	599 637.2	596 276.4	649 034.5	754 508.8	866 117.0
畜产品	329 245.3	400 460.2	445 114.1	474 707.9	552 410.6	686 480.6
猪产品	127 224.3	175 231.7	202 989.5	226 134.0	258 701.4	347 385.4
牛产品	44 319.5	51 507.1	60 138.4	54 015.1	53 930.7	76 535.0
羊产品	10 905.8	10 738.9	10 726.3	14 452.7	14 335.1	13 277.7
禽产品	18 889.7	22 337.2	24 369.0	22 506.3	32 825.6	41 721.2
蛋产品	13 313.6	11 482.6	11 691.2	14 438.3	21 138.0	23 176.9
乳品	63 012.5	73 351.4	76 157.2	73 287.9	98 899.0	98 340.9
动物生皮	20 000.5	19 830.1	20 259.0	24 352.7	23 977.5	20 665.4
动物生毛皮	420.7	712.7	845.0	1 072.5	821.4	688.2
羊毛	2 099.0	1 963.2	1 978.8	1 995.1	2 378.2	1 977.7
水产品	232 372.4	263 277.8	264 358.7	289 373.1	336 584.3	358 039.2
饮品	278 407.4	313 351.2	329 493.0	349 658.9	429 440.2	491 249.5
酒	209 476.4	241 369.7	248 936.7	265 093.6	330 642.1	369 963.2
茶	541.3	922.4	1 632.8	2 181.7	3 581.9	4 793.2
咖啡	17 515.8	19 480.3	22 943.6	27 265.2	34 589.9	39 622.2
烟草	17 902.0	21 722.8	23 762.8	21 794.0	24 846.5	35 417.5

西班牙主要农产品出口额（二）

单位：万美元

项　目	2009年	2010年	2011年	2012年	2013年
农产品	3 719 305.6	3 874 818.9	4 431 411.1	4 568 595.2	4 960 155.4
谷物	50 479.8	58 793.3	72 005.5	60 598.6	72 309.4
小麦产品	25 334.8	16 450.2	34 451.4	21 830.7	33 684.3
玉米产品	7 547.2	8 974.0	8 453.9	9 664.0	10 860.3
稻谷产品	13 468.3	19 297.9	19 883.3	22 697.7	20 416.2
棉花	2 742.5	7 062.2	12 100.5	12 386.3	9 628.5
食用油籽	15 678.6	18 313.2	20 438.2	20 361.8	25 503.2
大豆	1 238.1	1 125.0	787.7	1 199.6	1 833.1
花生	805.4	663.2	764.7	1 033.9	1 408.0
油菜籽	357.6	343.9	375.3	885.4	2 043.3
食用植物油	260 640.2	300 464.7	344 307.0	367 315.1	370 262.3
豆油	17 391.3	24 764.6	48 979.5	72 724.3	66 875.3
菜籽油	1 322.3	1 858.1	2 599.7	2 693.7	2 182.2
棕榈油	4 743.2	3 604.2	4 820.5	8 979.9	5 744.1
食糖	6 468.5	11 899.9	16 458.5	13 173.0	8 917.1
蔬菜	751 940.2	728 250.0	759 978.9	765 371.6	855 545.6
水果	803 307.0	820 674.9	903 274.2	934 540.2	1 065 491.5
畜产品	614 234.4	655 126.9	793 157.0	828 596.4	885 772.7
猪产品	325 079.6	324 237.1	401 402.3	422 908.1	447 579.2
牛产品	56 771.9	60 405.6	71 215.5	86 909.1	84 941.0
羊产品	11 703.4	17 467.8	21 031.2	22 390.8	26 760.2
禽产品	38 417.1	43 000.4	51 720.1	53 715.9	60 506.8
蛋产品	24 091.9	19 490.2	19 992.1	19 457.2	19 849.4
乳品	81 645.9	94 310.3	100 276.9	101 647.6	109 770.3
动物生皮	17 077.0	26 501.9	36 271.6	34 175.5	43 111.1
动物生毛皮	652.1	2 246.6	4 089.1	4 045.2	5 045.3
羊毛	2 426.3	3 109.9	3 749.8	3 780.7	3 566.8
水产品	320 181.3	335 504.8	403 622.8	390 127.9	395 626.5
饮品	460 629.2	475 998.5	566 396.8	592 315.6	626 812.2
酒	347 991.4	337 749.1	409 233.4	435 934.0	466 541.1
茶	4 429.4	7 828.2	4 411.3	6 589.5	8 220.0
咖啡	34 265.7	40 633.0	55 093.3	56 652.6	56 135.2
烟草	29 800.8	32 316.4	38 455.9	41 008.2	39 045.0

4-19-2 西班牙主要农产品进口额（一）

单位：万美元

项 目	2003年	2004年	2005年	2006年	2007年	2008年
农产品	2 197 607.4	2 602 161.6	2 810 518.1	2 918 318.1	3 580 674.1	4 058 068.0
谷物	149 108.7	172 754.8	244 950.3	216 772.2	326 979.9	399 885.3
小麦产品	61 337.0	76 862.0	120 278.0	93 050.0	106 613.2	155 329.3
玉米产品	60 661.0	55 238.6	73 597.3	77 206.3	163 857.8	168 637.3
稻谷产品	4 506.4	6 487.5	4 456.7	5 630.4	10 260.2	11 234.3
棉花	5 772.1	6 536.7	4 834.4	4 347.0	5 087.3	5 581.0
食用油籽	104 361.1	114 518.6	108 255.7	93 106.8	132 323.7	223 361.8
大豆	82 073.0	81 016.2	70 474.4	56 763.5	96 649.6	182 145.1
花生	3 907.6	4 942.3	4 692.1	4 868.3	6 046.7	8 825.7
油菜籽	435.9	886.6	730.0	1 977.9	2 481.3	3 315.7
食用植物油	29 108.8	44 680.8	65 917.6	81 256.5	76 198.2	123 229.1
豆油	874.9	1 807.9	3 228.9	2 830.5	3 388.2	11 368.0
菜籽油	1 323.8	1 498.6	2 768.2	1 358.2	2 054.6	2 005.6
棕榈油	11 106.5	12 758.8	13 303.5	15 306.1	21 936.8	40 056.6
食糖	33 120.0	37 125.7	39 164.9	40 779.2	48 587.8	57 530.0
蔬菜	105 211.4	131 034.8	137 605.8	156 992.1	231 861.2	220 873.1
水果	173 050.7	201 623.2	216 961.8	234 063.8	288 668.5	339 261.2
畜产品	316 982.5	369 352.8	392 755.3	427 663.8	541 862.0	552 895.7
猪产品	34 337.1	35 796.8	37 088.2	46 158.9	52 375.4	51 743.8
牛产品	77 322.6	88 221.7	94 651.1	111 579.2	132 091.8	113 814.0
羊产品	6 244.5	6 959.6	10 236.2	9 967.0	9 496.1	10 091.7
禽产品	32 227.5	39 679.2	49 022.4	44 310.0	58 994.9	66 717.5
蛋产品	3 845.6	4 372.4	3 822.0	4 279.0	5 427.4	6 734.3
乳品	128 574.8	163 894.4	168 361.0	174 200.4	237 187.1	262 741.6
动物生皮	14 250.3	10 138.4	8 284.9	9 398.2	10 524.9	8 531.3
动物生毛皮	830.7	788.0	835.7	1 205.1	720.2	359.1
羊毛	3 232.4	2 806.0	2 240.9	1 801.7	1 713.2	735.9
水产品	509 417.5	547 049.5	587 000.9	661 782.3	733 572.8	744 394.1
饮品	246 217.0	291 557.0	296 784.8	328 451.6	404 940.3	460 908.6
酒	149 402.7	176 930.8	167 935.1	187 194.9	215 694.8	229 646.8
茶	1 690.2	2 056.8	2 601.4	3 316.1	4 223.4	5 119.1
咖啡	30 222.8	34 769.0	46 171.9	54 492.9	70 989.5	93 681.4
烟草	150 396.6	194 211.9	213 033.0	154 614.2	187 063.5	215 138.8

西班牙主要农产品进口额（二）

单位：万美元

项　目	2009 年	2010 年	2011 年	2012 年	2013 年
农产品	3 393 877.9	3 465 187.2	3 993 104.8	3 777 489.7	3 864 303.3
谷物	296 256.6	251 447.0	353 122.0	396 038.2	320 295.4
小麦产品	142 240.7	108 046.8	135 780.8	173 834.4	107 250.9
玉米产品	99 195.9	101 958.9	162 407.2	186 272.7	172 285.6
稻谷产品	11 526.9	9 534.6	12 326.4	12 258.8	13 015.1
棉花	4 223.0	5 390.7	9 529.0	4 554.4	4 373.4
食用油籽	170 053.9	174 679.5	226 810.7	249 331.6	240 957.6
大豆	129 846.2	140 839.1	176 998.1	192 905.6	193 830.5
花生	6 562.4	6 474.3	10 311.7	11 223.3	10 696.8
油菜籽	3 440.4	2 150.2	1 316.8	1 660.4	1 338.3
食用植物油	104 435.4	114 761.7	133 276.3	134 373.0	177 257.3
豆油	12 188.8	14 831.1	12 103.9	2 334.3	4 319.5
菜籽油	958.2	3 499.7	4 717.8	3 645.9	4 070.6
棕榈油	46 810.8	56 407.8	69 907.6	61 570.1	81 235.6
食糖	58 442.4	53 281.5	117 108.9	85 215.7	103 810.7
蔬菜	197 980.1	191 931.5	214 293.5	198 501.9	218 934.6
水果	286 336.3	285 857.2	303 980.3	273 242.7	285 262.8
畜产品	474 060.9	504 174.6	544 923.0	498 363.4	535 805.7
猪产品	39 035.9	39 495.9	46 912.5	48 059.8	54 123.5
牛产品	105 487.3	105 145.3	112 218.8	103 261.2	107 862.5
羊产品	9 812.2	9 829.8	12 189.6	8 328.8	8 474.7
禽产品	59 802.3	62 566.2	72 703.4	69 676.5	73 704.2
蛋产品	7 502.4	6 946.8	8 215.9	9 666.3	8 606.2
乳品	214 295.2	210 928.2	237 159.8	215 839.7	233 822.8
动物生皮	7 816.9	6 509.1	10 839.5	11 178.0	13 086.2
动物生毛皮	99.0	35.2	36.0	105.4	207.5
羊毛	225.6	500.9	897.5	735.6	931.1
水产品	611 103.0	663 974.8	738 231.7	644 448.6	655 724.6
饮品	397 344.4	436 457.6	509 903.6	458 520.2	455 165.9
酒	183 507.7	190 007.9	208 698.2	186 971.9	192 696.5
茶	4 006.8	4 106.0	4 650.0	4 924.5	6 202.8
咖啡	84 164.4	99 169.8	135 300.9	124 553.7	110 313.6
烟草	198 285.7	192 176.1	176 745.9	168 168.9	183 359.6

4-19-3 西班牙主要农产品出口量（一）

单位：吨

项 目	2003年	2004年	2005年	2006年	2007年	2008年
农产品						
谷物	2 108 732.5	1 663 648.8	1 162 059.0	1 480 640.4	2 202 850.6	1 555 010.7
小麦产品	1 312 537.3	900 988.6	490 773.4	883 248.2	838 555.3	767 074.6
玉米产品	168 184.2	227 840.1	214 083.5	147 265.8	166 857.6	173 860.3
稻谷产品	395 456.8	352 312.7	308 196.4	326 007.5	270 329.9	188 725.5
棉花	39 135.1	75 925.1	63 867.1	82 356.3	38 933.8	31 791.5
食用油籽	77 196.7	62 906.2	111 190.2	58 319.3	142 474.4	165 140.0
大豆	32 369.2	22 376.7	50 071.0	13 381.6	29 799.2	39 697.8
花生	2 554.4	2 106.6	2 524.1	2 100.5	2 524.6	5 524.3
油菜籽	667.0	884.7	14 213.4	2 288.3	11 466.3	4 784.5
食用植物油	939 195.9	1 042 212.5	901 401.2	751 865.4	1 025 311.9	1 201 401.9
豆油	238 560.1	242 199.0	212 846.7	85 358.0	206 555.6	323 248.5
菜籽油	14 471.0	11 683.8	3 985.8	27 665.3	11 242.8	14 769.7
棕榈油	36 811.3	43 450.4	61 207.5	53 364.1	49 949.1	46 647.0
食糖	147 211.1	57 684.4	64 442.5	186 103.5	103 695.8	75 008.0
蔬菜	4 980 569.9	5 152 609.1	5 012 726.1	5 379 574.7	5 240 985.7	5 545 027.9
水果						
畜产品						
猪产品						
牛产品						
羊产品						
禽产品						
蛋产品						
乳品	456 252.8	440 652.8	430 648.4	424 095.0	485 392.3	449 538.6
动物生皮	74 018.5	74 227.7	79 183.8	56 275.4		79 696.3
动物生毛皮	1 170.5	1 853.7	3 260.1		2 129.7	3 470.6
羊毛	13 544.1	13 335.4	13 823.2	13 156.5	13 701.2	11 931.0
水产品						
饮品						
酒						
茶	612.4	8 471.6	10 241.6	37 917.5	63 022.3	90 028.5
咖啡	46 784.8	49 501.6	53 103.6	49 160.8	51 717.6	50 330.7
烟草						

西班牙主要农产品出口量（二）

单位：吨

项　目	2009 年	2010 年	2011 年	2012 年	2013 年
农产品					
谷物	1 163 008.9	1 338 574.0	1 446 652.8	1 141 154.6	1 438 155.2
小麦产品	709 720.9	548 262.9	793 664.7	495 625.9	816 634.4
玉米产品	165 678.4	209 574.7	134 822.5	183 614.5	123 388.2
稻谷产品	165 718.0	314 130.9	279 265.1	317 625.6	296 146.2
棉花	18 432.9	35 911.8	47 556.7	62 723.5	53 358.4
食用油籽	124 671.4	148 487.6	128 561.6	98 574.7	118 769.8
大豆	28 883.5	24 497.7	12 596.2	21 700.1	30 807.2
花生	4 464.8	3 134.5	2 998.9	3 071.3	4 257.1
油菜籽	8 024.8	4 777.0	4 472.1	9 164.7	20 016.7
食用植物油	1 065 454.6	1 309 626.1	1 414 655.9	1 766 801.1	1 616 972.3
豆油	198 606.6	255 203.8	348 263.9	588 247.5	653 632.9
菜籽油	7 069.8	15 307.4	16 323.6	18 879.3	16 990.4
棕榈油	52 215.7	37 126.5	32 552.0	67 006.1	47 618.3
食糖	61 931.6	156 747.5	176 426.8	143 970.5	89 723.3
蔬菜	5 546 798.4	5 818 764.7	6 015 898.2	6 035 923.1	6 514 346.0
水果					
畜产品					
猪产品					
牛产品					
羊产品					
禽产品					
蛋产品					
乳品	394 359.8	415 203.3	419 315.7	511 406.1	462 516.4
动物生皮	72 496.7	79 021.0	80 077.5	110 153.0	88 353.9
动物生毛皮	2 360.6	3 654.3	4 383.5	5 853.9	2 958.0
羊毛	16 648.6	18 120.0	14 999.3	16 117.4	14 772.7
水产品					
饮品					
酒					
茶	90 288.6	173 032.7	60 631.0	115 554.7	122 957.0
咖啡	53 893.7	64 614.9	57 473.6	58 753.9	60 722.0
烟草					

4-19-4 西班牙主要农产品进口量（一）

单位：吨

项　目	2003年	2004年	2005年	2006年	2007年	2008年
农产品						
谷物	9 668 239.6	9 448 953.8	15 387 274.2	12 889 654.3	12 915 903.6	12 785 202.8
小麦产品	3 917 060.6	4 464 227.4	7 780 985.9	5 718 297.6	3 818 217.0	4 875 728.4
玉米产品	3 994 099.6	2 844 665.1	4 512 463.1	4 467 779.1	6 875 094.0	5 606 666.3
稻谷产品	135 909.4	171 357.7	107 885.4	136 101.7	220 130.0	147 318.5
棉花	70 714.4	66 191.1	62 158.8	59 665.5	60 748.8	52 546.8
食用油籽	3 806 607.0	3 333 322.9	3 531 595.9	3 023 945.9	3 390 563.9	3 790 266.6
大豆	3 220 989.6	2 559 765.8	2 618 173.4	2 199 361.1	2 776 382.1	3 339 078.1
花生	41 933.0	45 872.7	47 884.8	48 056.9	49 805.4	51 390.2
油菜籽	27 307.8	43 931.3	33 473.8	66 345.4	61 515.2	79 322.6
食用植物油	449 017.7	535 136.9	744 460.8	806 538.0	757 707.4	862 683.1
豆油	13 226.3	30 004.1	57 501.1	43 585.5	41 864.8	91 545.1
菜籽油	20 677.5	20 457.9	40 129.0	16 407.3	21 603.2	14 123.0
棕榈油	250 414.4	265 854.8	299 558.4	314 403.0	318 399.8	388 449.5
食糖	434 810.2	457 484.1	520 698.5	574 537.3	633 140.1	689 445.8
蔬菜	1 557 552.4	1 775 173.3	1 875 160.7	1 856 482.1	2 064 308.4	2 185 162.9
水果						
畜产品						
猪产品						
牛产品						
羊产品						
禽产品						
蛋产品						
乳品	895 793.1	1 061 452.5	1 148 615.3	1 196 817.3	1 456 665.0	1 434 440.3
动物生皮	59 940.3	40 567.1	40 591.8	52 875.3		29 174.7
动物生毛皮	579.0	342.7	221.6		58.5	39.3
羊毛	11 816.4	10 059.0	7 938.7	6 816.3	6 120.5	3 016.3
水产品						
饮品						
酒						
茶	5 927.6	6 352.5	10 064.9	17 708.3	19 627.2	25 375.6
咖啡	242 764.9	244 563.1	258 287.7	262 788.6	280 489.2	282 186.4
烟草						

西班牙主要农产品进口量（二）

单位：吨

项　目	2009年	2010年	2011年	2012年	2013年
农产品					
谷物	13 519 912.6	10 492 254.4	11 003 686.7	12 651 414.3	10 126 076.8
小麦产品	6 832 807.5	4 675 906.9	4 383 004.0	5 580 706.9	3 477 112.5
玉米产品	4 249 015.1	4 106 973.0	4 895 776.2	6 211 434.7	5 632 321.2
稻谷产品	169 238.6	161 508.1	191 986.2	172 366.2	182 990.2
棉花	40 655.8	43 032.2	49 322.0	38 320.9	41 140.3
食用油籽	3 643 092.8	3 637 083.7	3 681 723.0	3 986 277.1	3 933 713.2
大豆	2 962 915.2	3 176 300.7	3 199 683.6	3 348 655.0	3 425 656.1
花生	49 689.8	43 496.4	49 911.6	50 733.6	64 190.7
油菜籽	117 618.7	91 298.0	38 175.0	44 178.3	28 489.8
食用植物油	1 183 970.1	1 217 656.4	1 024 921.7	1 121 675.9	1 510 958.6
豆油	140 873.1	155 714.3	95 663.3	18 467.8	37 660.6
菜籽油	9 629.6	41 702.0	35 558.3	32 272.5	39 854.9
棕榈油	643 087.0	678 690.6	588 959.1	579 731.9	902 787.8
食糖	791 600.9	926 479.0	1 370 782.8	1 085 320.5	1 316 208.5
蔬菜	2 104 206.4	2 103 699.8	1 990 712.4	2 004 642.2	1 988 997.9
水果					
畜产品					
猪产品					
牛产品					
羊产品					
禽产品					
蛋产品					
乳品	1 352 185.8	1 199 301.1	1 188 107.2	1 180 825.4	1 114 886.0
动物生皮	61 383.6	275 599.8	41 239.7	45 979.9	45 859.6
动物生毛皮	27.0	11.1	11.2	10.3	168.9
羊毛	1 323.6	2 160.6	3 382.5	3 214.1	3 290.5
水产品					
饮品					
酒					
茶	9 294.8	9 294.4	9 524.2	13 678.8	17 839.4
咖啡	280 205.0	303 927.3	281 469.7	299 112.0	295 133.4
烟草					

4-20　俄罗斯主要农产品贸易情况

4-20-1　俄罗斯农产品贸易综述

一、10 年来俄罗斯农产品贸易总体情况

过去 10 年，俄罗斯农产品贸易额快速增长，由 2003 年 145 亿美元增至 2013 年的 603.2 亿美元，年均增长 15.3%。其中，出口额由 28.1 亿美元增至 164.8 亿美元，年均增长 19.4%；进口额由 116.9 亿美元增至 438.4 亿美元，年均增长 14.1%。俄罗斯农产品贸易一直处于贸易逆差，由 2003 年的 88.8 亿美元增至 2013 年的 273.6 亿美元，年均增长 11.9%（图 1）。

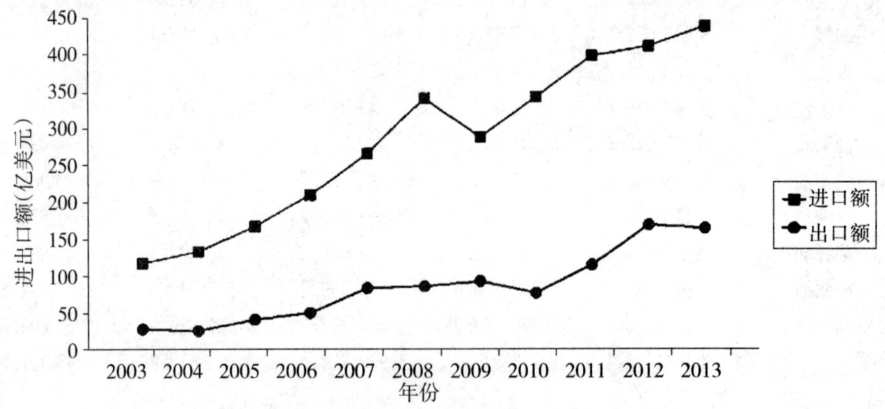

图 1　2003—2013 年俄罗斯农产品进出口额

2004 年以来，俄罗斯农产品进口大多年份保持正增长，进口额增幅在 3.1%～27.7% 之间，仅 2009 年出现下降。出口变化年度间波动较大，2007 年出口额同比增长达 67.7%，但 2010 年同比下降 18.2%，2013 年同比下降 2.4%（图 2）。

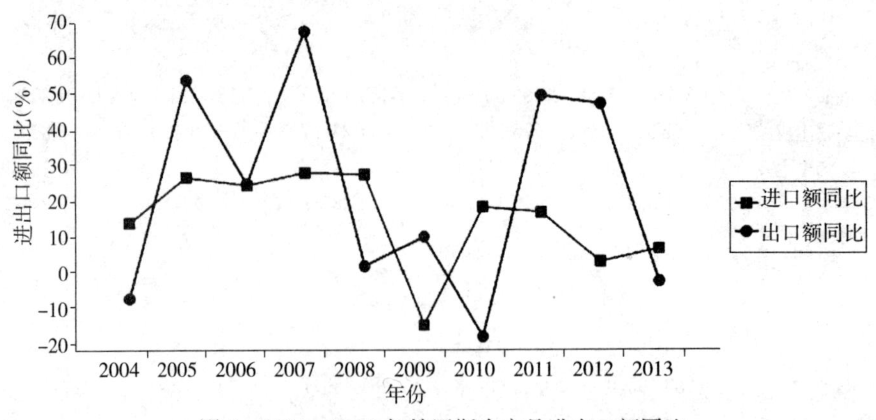

图 2　2004—2013 年俄罗斯农产品进出口额同比

二、2013 年俄罗斯农产品贸易情况

2013 年俄罗斯农产品贸易额为 603.2 亿美元，同比增长 3.9%，在全球各大农产品贸易国中排名第 14 位。其中出口额为 164.8 亿美元，同比下降 2.4%，全球排名第25位；进口额为 438.4 亿美元，同比增长 6.5%，全球排名第 10 位。

(一) 进出口产品结构

2013 年，俄罗斯进口农产品以畜产品、水果和饮品为主，进口额分别为 121.5 亿美元、78.1 亿美元和 64.4 亿美元，占其农产品进口额的比重分别为 27.7%、17.8% 和 14.7%。此外，俄罗斯还进口蔬菜和水产品等，2013 年进口额分别为 39 亿美元和 33.4 亿美元，分别占其农产品进口额的 8.9%和 7.6%（图 3)。

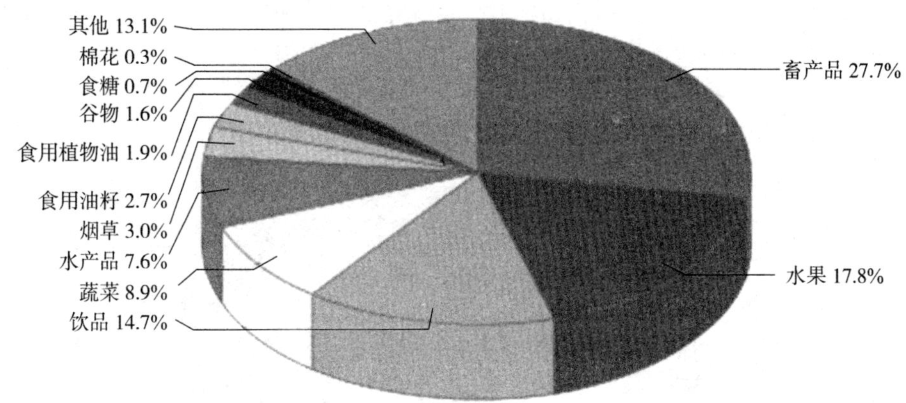

图 3　2013 年俄罗斯农产品进口结构

2013 年，俄罗斯进口额同比增长较快的农产品主要是谷物、食用油籽、水产品和蔬菜，增幅分别为 34.3%、32.2%、18.9%和 13.1%。食用植物油、食糖和棉花进口额同比下降 5.7%、10.5%和 16.8%（表 1)。

表 1　2004—2013 年俄罗斯主要农产品进口额同比变化情况

单位:%

	2004 年	2005 年	2006 年	2007 年	2008 年	2009 年	2010 年	2011 年	2012 年	2013 年
农产品	13.5	26.4	24.4	27.7	27.4	−15.0	18.4	16.9	3.1	6.5
谷物	109.7	−46.6	48.6	−17.3	52.7	−50.8	0.7	80.0	15.7	34.3
棉花	19.3	0.5	0.0	−5.8	4.8	−33.3	−22.5	60.0	−34.2	−16.8
食用油籽	41.4	38.9	31.0	45.4	142.9	13.0	14.2	11.8	−2.6	32.2
食用植物油	−8.6	23.5	−12.9	57.8	73.3	−49.1	51.8	16.3	−15.5	−5.7
食糖	−32.5	30.6	40.4	3.9	−16.2	−42.5	120.2	42.9	−80.5	−10.5

（续）

	2004年	2005年	2006年	2007年	2008年	2009年	2010年	2011年	2012年	2013年
蔬菜	12.9	45.4	28.6	37.6	27.0	－8.0	26.6	28.9	－14.4	13.1
水果	29.6	31.2	34.9	24.7	18.7	－6.5	24.5	12.8	2.1	4.2
畜产品	6.7	33.0	38.2	17.9	37.2	－12.5	3.5	9.1	26.7	2.2
水产品	38.8	48.7	20.6	40.7	20.2	－17.4	18.8	14.0	6.5	18.9
饮品	19.7	25.0	2.5	42.8	19.6	－19.2	27.5	19.8	4.3	5.2
烟草	1.4	17.6	1.1	15.6	15.2	1.3	－0.7	7.7	－0.4	2.7

2013年，俄罗斯农产品中出口额靠前的有谷物、水产品和食用植物油，出口额分别为48.8亿美元、30亿美元和19.8亿美元，占其农产品出口额的比重分别为29.6%、18.2%和12%。此外，俄罗斯还出口饮品、畜产品和烟草等，出口额分别为15.3亿美元、8.5亿美元和7.4亿美元，分别占其农产品出口额的9.3%、5.1%和4.5%（图4）。

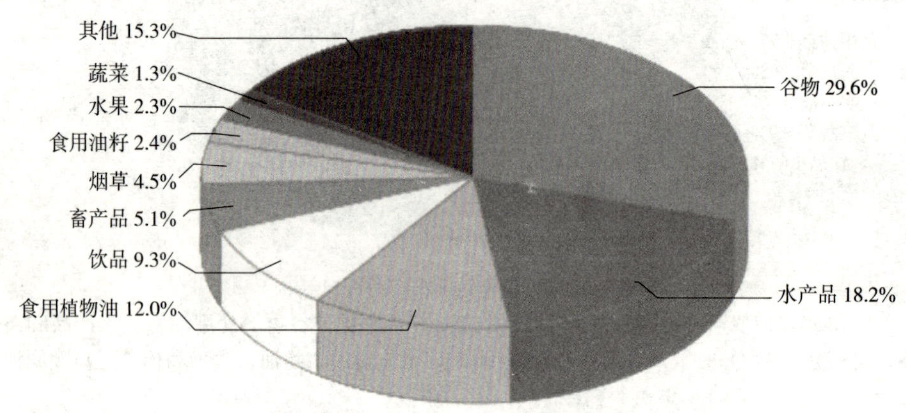

图4 2013年俄罗斯农产品出口结构

2013年，俄罗斯出口额同比增长较快的农产品是蔬菜和畜产品，增幅分别为57.3%和29%，饮品、水果、水产品和烟草增幅在9.7%～16.9%之间。棉花和食糖出口额同比分别下降53.8%和89.9%（表2）。

表2 2004—2013年俄罗斯主要农产品出口额同比变化情况

单位：%

	2004年	2005年	2006年	2007年	2008年	2009年	2010年	2011年	2012年	2013年
农产品	－7.4	53.8	24.7	67.6	1.6	10.0	－18.2	49.7	47.4	－2.4
谷物	－41.3	104.3	15.0	160.7	－16.9	2.8	－31.7	92.6	34.8	－23.4

（续）

	2004年	2005年	2006年	2007年	2008年	2009年	2010年	2011年	2012年	2013年
棉花	−11.5	120.5	−60.3	−84.5	−68.0	928.0	816.0	230.9	−71.7	−53.8
食用油籽	−36.0	64.8	6.0	−10.6	22.8	32.3	−25.8	121.6	100.2	−9.8
食用植物油	98.3	97.4	114.0	17.8	61.9	−3.5	−25.0	62.5	118.0	−3.6
食糖	97.8	6.3	110.5	66.2	−79.5	123.9	−81.5	468.2	−18.5	−89.9
蔬菜	27.5	40.4	24.4	14.9	10.1	−27.1	−51.6	58.4	82.3	57.3
水果	34.0	22.3	25.3	10.9	10.7	−18.3	−41.1	34.0	61.5	13.1
畜产品	12.9	26.4	30.1	13.6	24.4	−23.3	−40.0	19.8	124.5	29.0
水产品	−16.2	42.1	13.6	0.6	−4.6	217.3	25.6	9.9	6.4	12.6
饮品	23.9	38.7	31.5	32.3	20.5	−20.2	−13.6	23.4	64.0	16.9
烟草	9.8	83.8	9.7	25.7	40.4	8.6	−28.9	25.9	60.3	9.7

（二）主要贸易伙伴

2013年俄罗斯前五大农产品出口市场分别为土耳其、哈萨克斯坦、韩国、中国和埃及，出口额分别为17.2亿美元、15.8亿美元、12.4亿美元、11.6亿美元和8.8亿美元，占其农产品出口额的比重分别为10.4%、9.6%、7.5%、7%和5.3%（图5）。

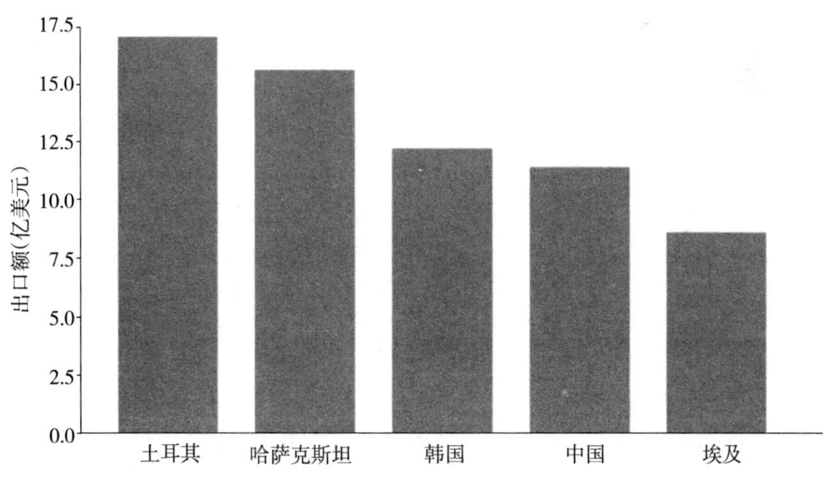

图5　2013年俄罗斯前五大农产品出口市场

2013年俄罗斯前五大农产品进口来源地分别为白俄罗斯、巴西、德国、乌克兰和荷兰，进口额分别为29.5亿美元、29.4亿美元、20.5亿美元、20.2亿美元和20.1亿美元，占其农产品进口额的比重分别为6.7%、6.7%、4.7%、4.6%和4.6%（图6）。

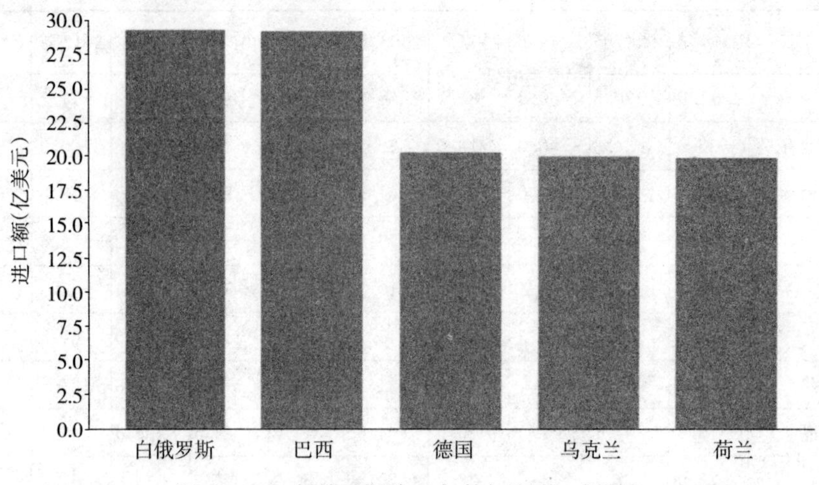

图 6　2013 年俄罗斯前五大农产品进口来源地

4-20-2 俄罗斯主要农产品出口额（一）

单位：万美元

项 目	2003年	2004年	2005年	2006年	2007年	2008年
农产品	281 180.5	260 279.4	400 239.9	499 186.8	836 536.0	850 315.4
谷物	117 022.0	68 689.6	140 338.2	161 321.2	420 624.8	349 745.1
小麦产品	82 926.4	57 080.7	117 773.9	141 321.0	370 305.7	306 554.8
玉米产品	137.5	253.2	693.1	930.1	1 176.8	3 122.4
稻谷产品	602.5	394.5	816.8	1 389.5	1 631.0	3 710.1
棉花	51.3	45.4	100.1	39.8	6.1	2.0
食用油籽	8 276.6	5 301.1	8 735.7	9 259.6	8 281.0	10 166.9
大豆	30.2	147.6	219.1	122.3	519.5	168.5
花生	52.7	83.2	104.3	101.9	70.7	41.3
油菜籽	605.6	1 382.0	1 474.8	1 776.8	2 734.9	2 443.5
食用植物油	5 019.3	9 951.9	19 647.7	42 044.6	49 518.5	80 178.1
豆油	73.5	50.9	2.5	98.3	416.5	3 673.2
菜籽油	2.8	510.6	333.1	3 268.4	2 274.5	8 215.1
棕榈油	42.7	34.4	26.7	71.0	82.4	149.1
食糖	1 675.7	3 314.4	3 524.0	7 419.0	12 327.6	2 532.7
蔬菜	4 709.8	6 004.2	8 429.3	10 488.3	12 046.4	13 266.6
水果	12 728.5	17 056.5	20 860.3	26 143.7	28 999.7	32 093.8
畜产品	20 182.0	22 788.7	28 808.2	37 491.0	42 591.5	52 976.5
猪产品	64.8	113.2	167.2	310.3	345.1	362.2
牛产品	1 232.1	1 051.7	1 034.5	851.5	1 075.1	1 663.9
羊产品	229.8	294.9	133.9	76.2	28.2	38.7
禽产品	272.3	310.0	992.1	583.4	864.8	1 614.6
蛋产品	605.6	729.9	626.7	1 336.6	1 571.9	1 511.4
乳品	6 795.0	9 149.0	12 477.2	16 314.3	22 828.7	27 910.9
动物生皮	2 732.9	2 032.5	607.4	289.0	94.5	88.9
动物生毛皮	4 567.6	5 617.2	7 358.7	10 489.7	6 141.1	7 682.1
羊毛	1 327.8	654.7	645.2	1 005.8	2 026.2	1 462.0
水产品	43 973.8	36 847.3	52 358.0	59 468.6	59 848.8	57 125.5
饮品	26 090.1	32 315.8	44 806.9	58 941.9	77 953.2	93 931.1
酒	11 646.9	11 042.7	16 003.7	22 382.4	29 827.7	36 577.7
茶	877.4	2 302.6	3 467.3	4 541.6	6 058.8	7 759.4
咖啡	1 010.1	1 353.9	1 805.4	2 541.6	4 031.6	5 560.6
烟草	11 019.0	12 097.3	22 231.1	24 381.4	30 646.7	43 037.0

俄罗斯主要农产品出口额（二）

单位：万美元

项　目	2009 年	2010 年	2011 年	2012 年	2013 年
农产品	935 355.6	765 042.1	1 145 224.8	1 688 295.5	1 648 127.8
谷物	359 684.6	245 697.6	473 147.7	637 898.8	488 380.0
小麦产品	287 779.1	210 686.3	388 825.2	458 922.6	354 514.5
玉米产品	18 884.6	4 401.1	16 031.4	57 405.9	59 111.3
稻谷产品	7 287.6	9 005.7	9 223.4	18 278.3	10 236.1
棉花	20.2	185.2	612.6	173.1	80.0
食用油籽	13 450.9	9 976.9	22 105.8	44 266.4	39 947.7
大豆	79.9	34.9	126.3	3 637.5	2 861.6
花生	12.7	28.4	49.0	229.9	264.8
油菜籽	4 384.8	2 550.8	1 999.8	2 168.7	4 873.3
食用植物油	77 342.0	57 977.1	94 212.2	205 335.8	198 013.9
豆油	12 342.7	14 465.3	15 897.4	17 350.9	19 149.0
菜籽油	7 188.4	9 026.6	17 214.1	22 133.9	30 829.9
棕榈油	20.5	15.1	58.8	246.0	298.6
食糖	5 671.0	1 048.0	5 954.8	4 855.0	491.6
蔬菜	9 668.6	4 681.1	7 414.8	13 515.4	21 253.0
水果	26 228.6	15 460.0	20 717.6	33 464.3	37 864.3
畜产品	40 628.5	24 373.0	29 208.0	65 563.5	84 577.6
猪产品	328.0	108.2	290.5	911.4	2 184.9
牛产品	1 307.4	943.1	1 364.2	1 782.3	2 590.1
羊产品	211.4	22.1	43.9	72.1	82.6
禽产品	1 411.0	1 952.8	2 052.5	4 266.1	8 401.7
蛋产品	1 738.3	985.6	1 429.8	2 359.3	2 541.6
乳品	20 738.4	9 641.8	10 503.9	26 315.7	29 805.2
动物生皮	28.0	28.8	1.0	83.2	47.9
动物生毛皮	5 073.2	5 378.9	7 906.0	14 531.6	21 125.2
羊毛	669.5	1 302.5	1 292.0	1 232.2	1 959.2
水产品	181 253.2	227 620.9	250 059.3	266 091.4	299 542.8
饮品	74 911.2	64 711.3	79 847.7	130 990.0	153 182.4
酒	26 207.0	23 539.4	29 130.0	42 254.3	47 448.3
茶	6 315.0	4 930.3	5 086.7	8 319.0	9 877.2
咖啡	5 375.2	5 433.4	7 360.8	13 695.1	17 929.9
烟草	46 751.2	33 221.2	41 820.2	67 039.3	73 515.9

4-20-3 俄罗斯主要农产品进口额（一）

单位：万美元

项 目	2003年	2004年	2005年	2006年	2007年	2008年
农产品	1 169 351.6	1 326 888.6	1 676 866.5	2 086 090.9	2 664 772.8	3 393 818.1
谷物	24 026.4	50 383.4	26 921.8	39 997.2	33 097.0	50 534.5
小麦产品	7 892.4	23 464.9	7 569.0	16 438.6	8 248.3	7 169.6
玉米产品	3 485.7	8 166.9	4 342.1	7 640.0	7 603.1	19 751.0
稻谷产品	6 603.8	9 063.8	9 526.3	11 400.4	9 188.8	16 959.6
棉花	23 158.9	27 626.4	27 765.1	27 775.2	26 161.1	27 423.2
食用油籽	6 931.3	9 801.1	13 614.2	17 831.7	25 927.1	62 986.8
大豆	674.6	453.1	1 372.7	387.4	5 507.4	33 055.5
花生	3 150.4	5 343.3	5 945.6	7 343.9	8 606.1	11 914.4
油菜籽	44.5	88.0	165.7	384.0	725.2	1 216.4
食用植物油	43 882.7	40 121.0	49 530.8	43 148.2	68 093.2	118 002.4
豆油	8 777.7	3 833.0	5 334.1	1 496.8	2 782.6	12 771.1
菜籽油	413.9	96.3	74.8	26.0	235.1	477.2
棕榈油	18 062.2	20 981.0	30 038.6	29 067.9	45 540.1	79 387.6
食糖	90 413.1	60 998.9	79 656.7	111 869.8	116 199.1	97 404.0
蔬菜	72 687.2	82 047.0	119 293.4	153 390.5	211 120.6	268 222.6
水果	164 642.1	213 352.6	279 837.2	377 514.5	470 649.7	558 733.1
畜产品	298 975.9	319 118.4	424 552.3	586 852.9	692 180.0	949 835.7
猪产品	74 665.7	77 016.3	104 129.0	173 129.6	201 327.5	273 513.3
牛产品	69 434.1	72 818.5	102 544.5	181 884.9	210 013.6	303 411.1
羊产品	448.6	532.3	953.8	2 783.9	2 575.9	5 543.2
禽产品	74 257.1	71 932.3	91 937.3	101 681.2	117 881.1	149 720.0
蛋产品	1 309.0	1 884.6	3 470.6	4 589.0	6 683.5	7 442.5
乳品	61 018.8	73 791.0	95 327.9	87 227.0	116 911.5	148 572.3
动物生皮	647.3	935.0	1 223.7	1 817.9	1 289.2	1 435.6
动物生毛皮	73.1	54.6	216.6	83.0	211.2	735.2
羊毛	826.6	880.3	783.2	806.0	924.3	767.6
水产品	55 924.0	77 598.5	115 410.3	139 239.2	195 852.5	235 453.5
饮品	181 271.6	216 996.5	271 256.8	277 980.8	397 042.6	474 936.0
酒	77 805.4	100 708.2	134 219.7	125 537.4	189 712.7	219 496.1
茶	24 750.5	29 781.2	32 587.7	37 954.1	46 689.0	56 156.5
咖啡	28 247.6	29 570.6	37 580.6	42 715.8	60 371.5	68 617.1
烟草	74 639.5	75 720.4	89 039.1	90 003.4	104 085.3	119 933.4

俄罗斯主要农产品进口额（二）

单位：万美元

项　目	2009年	2010年	2011年	2012年	2013年
农产品	2 885 096.9	3 416 131.4	3 991 935.2	4 116 896.2	4 384 106.0
谷物	24 870.5	25 035.2	45 075.7	52 130.4	70 030.3
小麦产品	2 458.6	424.3	740.0	7 565.1	26 272.1
玉米产品	6 921.2	7 154.4	11 779.4	10 952.2	16 945.7
稻谷产品	14 255.9	12 722.4	11 954.6	13 212.4	15 348.3
棉花	18 289.2	14 170.2	22 676.7	14 910.5	12 401.4
食用油籽	71 146.0	81 280.2	90 852.1	88 457.9	116 951.6
大豆	44 526.6	48 905.1	49 690.4	44 208.7	67 675.1
花生	12 868.6	13 233.2	17 135.0	17 057.1	15 128.0
油菜籽	457.2	569.7	1 071.8	1 428.1	1 984.1
食用植物油	60 010.0	91 076.3	105 902.5	89 519.1	84 380.6
豆油	1 769.0	2 225.1	2 346.8	776.5	450.2
菜籽油	48.9	111.4	225.5	162.3	178.4
棕榈油	48 179.0	66 599.0	80 652.5	75 611.8	69 384.6
食糖	56 039.2	123 372.8	176 314.5	34 428.1	30 825.0
蔬菜	246 811.8	312 514.9	402 840.8	345 032.2	390 101.5
水果	522 295.7	650 207.3	733 515.8	749 252.1	780 910.3
畜产品	831 138.3	860 000.3	938 644.6	1 188 800.4	1 215 177.0
猪产品	252 622.8	243 886.9	272 846.7	348 181.2	292 282.3
牛产品	268 402.4	248 793.9	296 935.5	372 028.1	339 808.1
羊产品	4 210.1	4 314.5	4 711.9	5 198.0	5 735.2
禽产品	128 752.6	107 316.8	82 225.3	104 759.5	100 263.3
蛋产品	7 407.1	10 619.9	13 528.0	19 195.6	23 326.6
乳品	117 925.3	195 033.7	202 117.7	306 740.6	416 979.8
动物生皮	674.0	958.5	1 157.5	973.1	1 183.0
动物生毛皮	437.8	2 028.8	2 551.1	1 890.8	1 473.0
羊毛	495.1	611.4	729.9	1 280.1	1 162.0
水产品	194 507.6	231 085.3	263 335.7	280 539.9	333 632.5
饮品	383 919.1	489 555.3	586 520.3	611 927.9	643 986.1
酒	158 364.5	209 089.9	253 969.6	287 484.2	309 931.8
茶	53 339.5	60 710.7	66 431.9	67 487.6	68 552.2
咖啡	59 789.0	77 072.0	102 611.7	95 868.9	94 599.8
烟草	121 517.1	120 720.7	130 029.7	129 520.2	133 014.2

4-20-4 俄罗斯主要农产品出口量（一）

单位：吨

项　目	2003年	2004年	2005年	2006年	2007年	2008年
农产品						
谷物	11 465 100.0	5 814 992.5	12 447 213.0	11 316 322.7	16 887 281.6	14 013 491.1
小麦产品	7 879 192.7	4 807 555.6	10 553 020.0	9 896 010.5	14 721 686.6	12 173 641.8
玉米产品	13 132.5	20 300.5	70 622.9	56 522.9	54 202.7	199 135.4
稻谷产品	22 101.0	12 085.9	24 464.4	34 495.7	30 881.9	51 370.9
棉花	713.5	533.9	1 099.0	318.4	18.1	20.0
食用油籽	371 600.6	225 203.3	388 862.5	397 104.9	250 267.4	203 236.9
大豆	1 193.5	4 461.0	6 846.1	4 382.2	17 443.5	5 165.3
花生	388.9	476.6	696.7	612.8	580.5	145.0
油菜籽	25 960.8	60 401.0	64 130.6	63 235.3	75 522.5	48 056.7
食用植物油	85 604.4	155 937.3	320 253.2	737 741.6	648 411.4	603 103.5
豆油	798.4	507.4	25.7	1 192.2	5 215.3	40 422.9
菜籽油	28.0	9 264.6	5 692.6	50 305.1	28 111.2	70 406.9
棕榈油	604.2	462.3	430.9	900.6	749.9	1 122.0
食糖	62 650.7	121 254.8	135 444.3	167 536.9	301 332.5	53 546.3
蔬菜	68 672.6	80 065.1	101 704.0	134 766.4	178 292.6	126 045.9
水果						
畜产品						
猪产品						
牛产品						
羊产品						
禽产品						
蛋产品						
乳品	77 604.5	87 173.7	108 334.0	123 876.0	145 738.3	147 302.1
动物生皮	11 384.9	12 192.7	2 752.0	1 488.6	713.2	499.1
动物生毛皮	235.0	200.9	234.0	234.5	127.4	129.0
羊毛	6 924.0	2 971.5	2 942.6	4 879.9	8 478.2	4 914.6
水产品						
饮品						
酒						
茶	3 010.7	5 872.6	9 637.5	9 581.7	10 827.9	11 792.9
咖啡	4 604.5	6 738.9	8 396.0	10 169.5	11 568.2	11 706.5
烟草						

俄罗斯主要农产品出口量（二）

单位：吨

项 目	2009 年	2010 年	2011 年	2012 年	2013 年
农产品					
谷物	22 232 966.1	14 016 461.7	19 113 547.0	22 665 998.4	19 267 810.6
小麦产品	17 213 768.4	11 994 362.0	15 790 744.0	16 202 671.3	13 919 155.4
玉米产品	1 358 882.2	232 512.8	723 992.0	2 197 417.1	2 600 371.4
稻谷产品	122 845.3	199 638.3	160 055.2	386 613.2	188 974.2
棉花	195.0	916.2	1 897.8	488.6	365.8
食用油籽	344 254.1	175 953.3	447 585.3	887 043.1	717 168.2
大豆	2 056.3	885.3	4 640.4	121 047.9	86 269.9
花生	47.1	197.0	237.1	708.1	897.7
油菜籽	130 906.9	64 284.9	39 672.3	49 247.6	124 182.1
食用植物油	984 208.0	633 556.2	764 284.4	1 804 331.9	1 852 555.4
豆油	161 932.3	173 467.3	129 407.9	150 388.8	185 734.6
菜籽油	96 755.4	98 926.5	140 924.4	190 539.9	304 787.6
棕榈油	184.5	35.0	383.0	1 530.1	2 075.3
食糖	133 724.4	15 473.1	77 965.1	67 862.4	5 062.3
蔬菜	166 328.2	68 953.9	80 276.6	94 944.9	135 954.9
水果					
畜产品					
猪产品					
牛产品					
羊产品					
禽产品					
蛋产品					
乳品	133 602.1	53 485.5	53 085.1	140 754.1	151 809.7
动物生皮	820.4	204.6	47.6	504.2	941.3
动物生毛皮	165.9	121.2	84.0	138.4	221.7
羊毛	3 610.3	5 813.9	3 746.9	3 593.4	6 319.7
水产品					
饮品					
酒					
茶	9 742.9	7 731.6	7 344.8	12 585.6	13 709.1
咖啡	11 000.9	9 890.2	11 579.1	17 587.3	23 957.3
烟草					

4-20-5 俄罗斯主要农产品进口量（一）

单位：吨

项　目	2003年	2004年	2005年	2006年	2007年	2008年
农产品						
谷物	1 787 611.4	3 070 059.1	1 526 043.2	2 396 298.4	1 149 762.6	1 026 386.2
小麦产品	677 633.8	1 458 452.8	609 196.0	1 430 350.5	492 675.1	193 860.8
玉米产品	227 807.4	471 130.1	227 167.9	327 760.7	126 125.0	396 845.6
稻谷产品	472 235.6	471 020.8	370 072.6	357 925.6	234 393.7	272 703.5
棉花	303 754.0	328 149.3	325 728.8	312 745.4	274 049.6	239 507.2
食用油籽	152 267.1	149 940.2	194 116.7	156 900.4	285 056.1	717 525.6
大豆	21 181.4	9 760.6	46 295.7	8 174.5	128 788.4	567 763.5
花生	90 582.1	99 265.1	104 872.0	104 692.4	107 074.2	101 074.4
油菜籽	114.5	977.2	590.5	585.3	4 770.4	7 183.4
食用植物油	792 929.1	703 732.2	843 241.4	684 800.9	767 718.2	938 137.1
豆油	166 151.8	71 672.6	93 574.5	24 580.5	36 555.8	108 187.4
菜籽油	5 872.4	1 322.3	1 034.5	274.9	1 590.7	2 897.9
棕榈油	388 887.2	435 110.7	599 853.2	543 030.6	575 604.8	692 221.7
食糖	4 263 546.1	2 783 167.2	3 038 219.6	2 743 434.2	3 529 586.2	2 484 997.3
蔬菜	2 503 847.8	2 328 905.4	2 863 942.7	3 096 660.4	3 296 045.0	3 764 945.9
水果						
畜产品						
猪产品						
牛产品						
羊产品						
禽产品						
蛋产品						
乳品	400 647.9	433 632.1	472 031.5	409 948.6	415 446.3	444 395.9
动物生皮	10 481.1	14 087.7	20 507.5	27 745.2	18 808.6	20 959.3
动物生毛皮	75.8	123.7	336.2	73.8	21.3	69.2
羊毛	13 546.7	7 657.4	13 917.3	14 741.5	7 850.4	12 225.7
水产品						
饮品						
酒						
茶	170 902.2	175 227.3	183 985.4	177 912.9	186 150.8	186 886.0
咖啡	145 034.1	138 513.8	140 833.0	135 651.3	146 998.9	149 164.4
烟草						

俄罗斯主要农产品进口量（二）

单位：吨

项　目	2009 年	2010 年	2011 年	2012 年	2013 年
农产品					
谷物	469 407.6	418 120.4	786 713.8	1 125 114.9	1 666 007.2
小麦产品	100 592.7	7 761.1	9 977.1	297 788.0	984 505.2
玉米产品	66 856.5	66 556.9	136 637.9	65 139.9	74 254.9
稻谷产品	259 073.5	220 191.7	184 561.4	230 444.4	292 226.6
棉花	158 782.4	88 678.3	92 517.2	97 691.9	79 687.5
食用油籽	1 083 820.4	1 225 361.9	1 067 461.5	845 368.1	1 311 632.7
大豆	962 871.1	1 068 352.4	892 418.6	695 037.3	1 146 028.1
花生	88 261.0	100 472.8	111 411.1	91 311.1	96 184.1
油菜籽	468.6	575.3	1 062.9	1 419.9	2 003.2
食用植物油	607 928.4	823 542.6	776 441.9	720 096.4	805 759.7
豆油	18 280.4	19 966.3	18 321.0	6 639.3	3 981.1
菜籽油	356.1	748.8	1 252.1	911.7	1 391.1
棕榈油	525 491.8	655 881.9	630 920.5	659 159.1	746 578.9
食糖	1 352 007.2	2 184 770.3	2 387 897.1	583 786.0	612 045.0
蔬菜	3 265 191.0	3 909 065.6	4 920 402.2	3 542 539.4	3 832 859.9
水果					
畜产品					
猪产品					
牛产品					
羊产品					
禽产品					
蛋产品					
乳品	386 998.2	543 749.5	476 831.4	1 035 528.7	1 294 010.8
动物生皮	10 746.8	14 973.4	19 742.9	15 827.0	18 059.1
动物生毛皮	38.4	158.3	187.4	170.7	126.6
羊毛	7 132.3	8 222.8	9 423.1	12 730.5	9 748.6
水产品					
饮品					
酒					
茶	185 317.5	185 232.9	191 468.0	183 321.3	175 583.2
咖啡	141 474.5	167 355.0	177 030.1	182 108.0	198 735.8
烟草					

4-20-6 俄罗斯农产品出口额前 15 位国家（地区）
（2013 年）

单位：万美元，%

序号	国家（地区）	出口额	同比增长
1	土耳其	172 195.4	−11.2
2	哈萨克斯坦	158 319.3	18.8
3	韩国	123 824.8	16.0
4	中国	116 241.6	11.7
5	埃及	87 523.3	−51.5
6	白俄罗斯	81 673.9	35.8
7	乌克兰	81 314.9	11.6
8	阿塞拜疆	65 081.8	10.7
9	荷兰	42 039.1	55.1
10	伊朗	36 081.7	−32.7
11	沙特阿拉伯	34 372.8	−39.1
12	格鲁吉亚	34 349.7	11.8
13	意大利	33 749.2	−14.2
14	乌兹别克斯坦	25 326.7	13.7
15	日本	22 320.8	−16.4
	小计	**1 114 415.0**	

4-20-7 俄罗斯农产品进口额前15位国家（地区）
（2013年）

单位：万美元，%

序号	国家（地区）	进口额	同比增长
1	白俄罗斯	294 976.3	65.1
2	巴西	293 940.6	4.4
3	德国	204 878.6	−8.1
4	乌克兰	201 929.7	−4.0
5	荷兰	200 812.3	11.8
6	中国	181 780.8	6.5
7	土耳其	176 647.6	15.7
8	美国	174 338.6	−18.3
9	法国	165 017.2	4.1
10	波兰	162 878.7	21.7
11	意大利	146 634.0	12.5
12	西班牙	129 523.2	−13.2
13	厄瓜多尔	128 820.9	8.5
14	挪威	119 923.6	5.5
15	巴拉圭	111 771.7	31.7
	小计	**2 693 873.8**	

4-21 白俄罗斯主要农产品贸易情况

4-21-1 白俄罗斯主要农产品出口额（一）

单位：万美元

项　目	2003年	2004年	2005年	2006年	2007年	2008年
农产品	90 631.9	125 971.2	143 090.9	157 113.0	192 780.3	234 898.3
谷物	2 027.3	953.8	292.7	406.6	1 077.2	2 034.2
小麦产品	105.1	48.4	10.3	9.3	41.8	412.6
玉米产品	3.6	0.3	2.6		0.1	31.5
稻谷产品	46.6	10.3	4.8	1.3	16.4	78.1
棉花	16.1	21.6	16.9	9.8	6.0	2.1
食用油籽	35.5	131.1	699.6	77.6	79.9	43.4
大豆		0.7	0.6	10.2		
花生	4.9	4.9	2.0	2.9	2.6	0.1
油菜籽		46.9	533.8	7.3	14.1	6.2
食用植物油	568.4	994.6	1 153.6	2 071.8	1 897.1	1 876.2
豆油	3.9	0.4				2.7
菜籽油	422.3	806.5	1 071.8	2 015.8	1 890.2	1 868.0
棕榈油		0.1				
食糖	13 235.6	18 992.3	21 633.1	12 672.5	12 700.8	16 379.0
蔬菜	3 657.8	4 107.1	2 715.8	3 096.9	5 139.7	7 779.2
水果	2 234.8	2 338.0	2 096.9	4 677.3	5 486.2	3 809.9
畜产品	42 879.4	63 706.4	82 447.6	103 137.6	130 803.9	166 107.7
猪产品	2 580.1	4 091.4	6 814.3	10 638.0	4 916.8	15 219.5
牛产品	6 331.8	11 069.6	13 182.3	19 462.5	18 186.8	25 730.1
羊产品						
禽产品	2 483.0	2 325.8	2 471.4	1 507.6	1 833.9	1 567.1
蛋产品	2 321.5	2 751.9	1 838.3	2 141.5	2 626.1	3 542.4
乳品	22 860.4	36 650.4	48 218.0	60 415.9	90 708.2	109 011.2
动物生皮	1 795.4	723.7	667.3	468.7	290.5	27.3
动物生毛皮	1 472.5	1 175.8	1 557.2	2 004.9	1 914.4	2 220.6
羊毛	421.6	92.9	76.7	95.5	196.7	95.6
水产品	4 038.9	5 226.5	6 100.4	8 419.3	10 800.1	13 974.3
饮品	7 893.9	10 429.7	9 123.4	6 639.2	6 002.7	3 947.5
酒	4 767.2	5 928.3	4 906.0	4 270.2	3 465.8	896.6
茶	78.2	49.1	27.6	35.6	30.2	7.0
咖啡	162.0	59.0	19.8	40.0	35.8	23.8
烟草	1 766.8	2 208.5	2 754.1	3 311.0	2 442.0	37.9

白俄罗斯主要农产品出口额（二）

单位：万美元

项　目	2009 年	2010 年	2011 年	2012 年	2013 年
农产品	239 971.1	338 784.6	412 352.4	508 380.8	575 307.7
谷物	588.9	2 520.0	3 212.6	2 534.4	3 118.7
小麦产品	42.8	399.2	622.6	493.7	421.1
玉米产品		63.0	12.3	10.3	40.8
稻谷产品	7.8	196.4	134.6	1 424.7	2 218.6
棉花	10.5	9.1	45.7	38.6	41.9
食用油籽	5 564.9	1 058.1	247.8	330.8	336.5
大豆		22.2	3.7	12.4	8.7
花生	0.8	14.4	60.4	50.3	65.4
油菜籽	5 390.7	806.3	25.5	20.6	33.2
食用植物油	5 309.4	4 183.1	1 080.1	10 299.7	13 227.4
豆油	6.7		5.1		
菜籽油	5 299.0	4 174.0	928.0	9 840.5	13 153.6
棕榈油					
食糖	23 677.0	35 815.1	31 871.5	29 193.0	31 203.3
蔬菜	7 168.3	10 037.0	13 136.4	14 219.4	21 637.1
水果	3 987.4	4 097.8	12 083.8	14 202.0	17 529.5
畜产品	164 377.9	242 992.2	286 777.8	339 497.1	380 566.9
猪产品	7 977.0	16 991.5	27 626.0	34 531.5	21 979.8
牛产品	38 890.2	48 615.3	52 969.0	55 840.9	67 756.0
羊产品	1.1				3.0
禽产品	4 461.0	7 948.2	16 111.1	24 980.4	22 395.4
蛋产品	2 896.7	3 312.1	3 894.1	4 255.4	6 588.2
乳品	100 635.2	147 621.3	162 000.0	178 923.4	225 202.1
动物生皮	802.5	1 753.7	1 122.9	442.6	999.6
动物生毛皮	1 896.7	2 639.7	3 379.6	4 602.2	4 934.6
羊毛	271.7	459.3	879.3	977.9	1 228.0
水产品	9 853.8	11 438.5	15 158.2	18 974.9	26 950.0
饮品	4 947.4	8 395.8	12 079.4	16 174.2	19 709.6
酒	1 805.1	4 402.7	6 854.0	8 985.6	11 594.2
茶	2.7	11.8	47.2	205.8	270.1
咖啡	12.3	16.3	100.2	265.5	246.3
烟草	134.2	209.8	556.6	1 234.9	5 102.2

4-21-2 白俄罗斯主要农产品进口额（一）

单位：万美元

项　目	2003年	2004年	2005年	2006年	2007年	2008年
农产品	147 736.6	181 511.3	184 029.5	214 736.4	233 609.3	310 725.8
谷物	9 759.5	19 593.9	10 344.5	12 976.9	17 012.8	21 868.0
小麦产品	4 446.6	9 241.1	4 653.3	5 666.1	6 589.0	7 181.9
玉米产品	1 799.6	4 070.0	3 710.0	3 835.5	5 567.4	7 407.6
稻谷产品	1 115.9	1 342.8	1 308.9	1 707.4	1 996.4	3 571.9
棉花	1 821.4	2 003.4	1 548.8	1 698.6	1 851.9	2 232.8
食用油籽	1 159.6	1 388.9	1 182.9	1 988.3	2 719.3	3 968.9
大豆	117.4	112.4	138.9	241.3	442.6	414.1
花生	235.2	298.4	376.8	587.7	647.5	1 055.8
油菜籽	26.3	144.5	6.4	280.0	93.9	241.3
食用植物油	5 601.4	6 851.1	7 233.0	9 079.7	12 715.4	16 364.8
豆油	643.2	558.9	702.4	612.6	1 063.3	3 784.3
菜籽油	14.1	12.3	37.3	1.0	8.6	50.3
棕榈油	129.1	257.7	287.9	263.5	128.3	385.2
食糖	10 350.2	10 906.6	11 337.1	9 182.1	62.5	8 566.4
蔬菜	6 018.5	6 325.9	7 472.1	10 257.9	11 885.3	16 553.8
水果	13 684.9	17 157.5	18 857.5	23 696.3	29 289.9	39 688.0
畜产品	17 018.5	20 396.3	20 128.3	23 706.3	13 675.9	29 501.3
猪产品	4 197.4	6 257.9	6 912.3	8 852.7	2 827.9	15 360.2
牛产品	342.7	1 123.5	2 397.5	4 403.1	882.3	1 323.6
羊产品	1.8	2.3	5.3	17.3	5.7	6.8
禽产品	3 111.0	3 820.9	4 084.2	3 337.8	3 085.0	4 114.0
蛋产品	239.8	171.7	57.5	40.8	22.5	183.0
乳品	1 746.0	2 261.3	1 760.7	2 946.6	3 710.9	4 380.7
动物生皮	2 804.3	1 842.4	1 508.9	1 186.3	628.5	803.7
动物生毛皮	802.4	247.1	186.8	129.2	445.9	303.2
羊毛	1 922.2	1 974.5	1 184.8	1 321.7	1 591.2	1 687.8
水产品	14 528.2	19 562.9	25 931.2	30 741.7	34 536.0	34 388.6
饮品	15 218.1	19 011.1	24 016.0	30 834.2	37 026.0	44 668.0
酒	6 313.2	8 055.3	10 114.4	12 496.9	13 891.6	15 069.3
茶	596.7	892.5	1 693.0	2 563.6	3 607.2	4 717.0
咖啡	909.8	1 590.4	2 846.9	3 977.9	5 679.0	7 535.9
烟草	12 272.2	11 610.9	9 889.7	9 421.2	10 913.4	11 438.2

白俄罗斯主要农产品进口额（二）

单位：万美元

项　目	2009 年	2010 年	2011 年	2012 年	2013 年
农产品	238 981.2	291 936.2	331 843.1	369 422.0	416 501.9
谷物	9 803.9	8 431.9	11 374.0	16 707.1	12 371.8
小麦产品	2 511.7	1 279.8	944.8	4 932.1	1 926.5
玉米产品	4 107.6	3 893.4	5 405.4	5 621.5	6 630.9
稻谷产品	2 282.1	2 401.4	3 071.3	2 236.2	2 388.6
棉花	2 032.5	2 695.9	5 176.1	2 884.4	2 899.5
食用油籽	2 714.5	4 293.5	5 569.2	5 580.3	5 450.1
大豆	246.0	472.3	677.2	563.4	635.2
花生	663.9	860.9	1 030.1	1 151.5	1 106.6
油菜籽	114.0	180.3	251.2	656.6	381.8
食用植物油	10 387.1	13 796.9	15 363.4	14 560.7	14 175.9
豆油	1 339.1	1 624.7	2 048.6	764.3	1 569.3
菜籽油	10.1	38.0	194.3	204.3	181.4
棕榈油	266.2	438.4	446.1	368.2	288.9
食糖	7 649.2	22 200.9	34 070.3	15 980.4	10 822.4
蔬菜	12 955.1	16 947.1	18 397.8	18 477.3	27 844.8
水果	32 741.6	38 035.0	40 616.8	47 580.4	63 004.3
畜产品	17 300.1	27 624.1	40 679.9	54 952.1	46 809.2
猪产品	7 447.7	15 866.5	26 498.5	39 179.4	28 689.9
牛产品	496.3	650.6	1 520.5	2 042.6	2 439.8
羊产品	0.2	0.2	8.9	17.6	31.5
禽产品	3 273.1	2 714.4	3 574.5	5 214.3	5 019.3
蛋产品	431.1	450.2	491.5	604.9	481.6
乳品	3 652.4	4 539.0	3 091.4	4 046.5	7 051.9
动物生皮	113.1	98.5	240.9	201.1	78.5
动物生毛皮	380.3	381.1	530.1	439.1	488.7
羊毛	1 194.0	1 634.5	3 090.9	2 839.8	2 246.0
水产品	30 076.1	28 049.1	29 976.4	36 544.3	48 796.4
饮品	41 658.6	44 404.9	39 253.7	47 289.6	59 993.5
酒	16 095.7	15 634.4	14 624.8	17 307.7	22 599.0
茶	4 195.9	4 569.2	4 003.4	4 429.7	5 119.3
咖啡	7 277.2	7 316.4	6 353.5	7 291.0	7 817.2
烟草	10 667.4	12 633.7	14 660.5	15 294.4	14 598.5

4-21-3 白俄罗斯主要农产品出口量（一）

单位：吨

项 目	2003年	2004年	2005年	2006年	2007年	2008年
农产品						
谷物	253 531.5	54 991.7	19 035.2	30 242.5	53 348.1	67 733.1
小麦产品	7 723.1	1 154.2	382.3	318.4	1 326.3	10 755.3
玉米产品	150.0	3.5	249.2		1.2	206.8
稻谷产品	2 223.9	261.2	134.2	42.6	382.8	1 574.3
棉花	398.1	707.8	434.6	302.9	200.7	67.2
食用油籽	811.9	4 955.9	28 643.6	1 770.5	1 254.9	240.9
大豆		12.4	12.2	185.5		
花生	41.9	31.1	12.4	22.5	56.3	0.3
油菜籽		2 008.0	23 038.3	100.0	153.6	19.4
食用植物油	10 575.9	18 386.5	20 663.0	35 273.8	27 932.1	21 722.9
豆油	37.4	3.6		0.1		21.9
菜籽油	8 484.5	16 003.7	19 689.7	34 534.3	27 838.7	21 664.2
棕榈油		1.2				
食糖	311 817.8	436 872.4	481 574.9	250 533.3	272 065.2	323 466.2
蔬菜	95 395.5	96 712.1	44 307.1	37 936.3	70 770.2	101 339.6
水果						
畜产品						
猪产品						
牛产品						
羊产品						
禽产品						
蛋产品						
乳品	220 661.3	318 424.1	400 298.3	449 913.0	434 182.7	423 888.1
动物生皮	1 355.7	6 234.2	5 780.0	3 082.4	1 645.9	170.9
动物生毛皮	669.1	66.4	76.3	86.2	78.1	92.7
羊毛	2 210.7	740.3	488.8	581.7	982.9	494.6
水产品						
饮品						
酒						
茶	164.5	111.8	89.6	60.6	39.8	59.6
咖啡	216.3	98.2	67.9	245.7	189.5	101.5
烟草						

白俄罗斯主要农产品出口量（二）

单位：吨

项 目	2009 年	2010 年	2011 年	2012 年	2013 年
农产品					
谷物	37 648.6	124 701.2	122 404.4	96 427.9	106 570.3
小麦产品	1 727.9	15 832.3	22 554.0	16 202.7	11 226.3
玉米产品		188.9	29.5	44.1	138.2
稻谷产品	221.2	3 881.6	3 249.5	59 978.0	85 929.6
棉花	213.7	186.4	475.9	490.1	557.5
食用油籽	177 529.7	27 071.0	1 583.4	2 734.9	3 369.9
大豆		177.2	40.0	61.3	43.1
花生	1.6	73.9	407.3	339.1	1 453.0
油菜籽	173 719.6	23 310.1	103.2	109.2	246.6
食用植物油	81 463.6	53 652.2	9 692.9	96 770.0	144 419.3
豆油	85.3		44.4		
菜籽油	81 346.9	53 589.9	8 561.9	92 284.7	144 022.8
棕榈油					0.1
食糖	439 762.5	493 403.6	396 218.1	451 240.9	503 564.8
蔬菜	106 304.4	131 792.5	151 847.7	186 754.4	301 445.0
水果					
畜产品					
猪产品					
牛产品					
羊产品					
禽产品					
蛋产品					
乳品	525 332.6	591 677.6	628 967.0	845 253.0	917 016.4
动物生皮	10 132.4	11 201.5	5 523.7	2 154.5	4 200.6
动物生毛皮	99.3	95.1	97.5	105.4	
羊毛	1 212.0	1 549.5	1 872.2	1 935.3	2 438.0
水产品					
饮品					
酒					
茶	0.9	19.0	176.8		389.0
咖啡	60.9	34.8	171.7	353.7	317.6
烟草					

4-21-4 白俄罗斯主要农产品进口量（一）

单位：吨

项目	2003年	2004年	2005年	2006年	2007年	2008年
农产品						
谷物	602 994.7	929 582.0	625 710.8	668 907.8	663 062.5	547 617.4
小麦产品	354 168.6	401 882.4	285 043.4	313 875.7	316 334.8	224 850.1
玉米产品	71 104.7	215 597.8	283 674.3	235 539.0	208 533.4	181 739.1
稻谷产品	33 480.3	39 771.2	35 142.0	39 762.4	42 482.9	46 154.5
棉花	12 747.5	13 320.0	11 952.7	12 746.4	13 333.3	13 233.1
食用油籽	25 631.1	20 341.7	13 750.3	27 528.8	25 430.3	21 826.1
大豆	2 664.3	1 670.5	2 129.5	3 932.5	6 723.5	4 535.9
花生	2 224.9	2 337.7	3 232.4	5 339.6	5 111.7	5 288.0
油菜籽	1 227.0	5 174.3	9.4	9 205.8	2 208.3	160.1
食用植物油	71 564.0	81 069.4	92 044.2	123 107.7	121 363.2	105 100.8
豆油	8 679.8	6 943.4	9 525.0	7 780.7	9 965.3	25 806.3
菜籽油	182.5	164.8	619.9	6.7	55.0	276.6
棕榈油	1 630.9	3 091.3	5 108.2	4 465.6	1 400.5	3 113.6
食糖	450 626.1	503 087.3	444 589.0	220 489.7	911.8	220 977.3
蔬菜	136 885.8	97 099.8	122 000.8	145 279.5	139 051.5	144 682.9
水果						
畜产品						
猪产品						
牛产品						
羊产品						
禽产品						
蛋产品						
乳品	11 712.0	13 212.8	12 806.8	17 649.2	18 737.6	20 483.7
动物生皮	2 784.5	21 791.2	17 684.5	12 960.7	6 677.0	7 932.5
动物生毛皮	275.3	34.9	9.7	12.8	38.2	25.6
羊毛	8 717.9	5 288.0	4 096.2	4 455.6	6 144.1	4 182.8
水产品						
饮品						
酒						
茶	1 729.3	2 175.6	3 419.1	5 037.9	6 386.2	5 737.7
咖啡	1 793.2	3 194.7	5 494.6	7 078.1	8 915.0	9 928.9
烟草						

白俄罗斯主要农产品进口量（二）

单位：吨

项　目	2009 年	2010 年	2011 年	2012 年	2013 年
农产品					
谷物	288 327.3	166 602.0	187 111.6	471 521.2	249 335.0
小麦产品	93 870.4	43 875.5	27 427.4	192 162.8	56 239.4
玉米产品	128 944.2	70 113.9	96 067.6	114 578.4	115 156.1
稻谷产品	41 369.5	38 062.1	36 893.2	37 247.0	40 740.9
棉花	13 721.5	10 345.1	13 766.2	13 831.3	13 898.0
食用油籽	20 094.0	35 541.5	58 512.5	54 279.9	30 972.1
大豆	3 141.4	8 468.8	12 267.7	8 020.1	7 255.6
花生	4 539.8	5 398.6	4 903.3	5 008.4	6 381.2
油菜籽	410.0	193.6	3 026.9	9 212.6	1 571.1
食用植物油	112 998.8	120 712.8	105 880.6	112 461.9	114 944.2
豆油	15 009.8	15 958.2	15 662.0	6 479.6	14 197.8
菜籽油	92.5	359.8	1 436.3	1 690.8	1 721.4
棕榈油	2 723.0	3 866.5	2 938.1	2 483.1	2 183.2
食糖	213 186.2	407 035.1	463 228.8	286 600.8	234 309.9
蔬菜	111 871.9	155 830.9	197 385.6	167 277.3	261 839.8
水果					
畜产品					
猪产品					
牛产品					
羊产品					
禽产品					
蛋产品					
乳品	18 470.1	26 295.6	15 086.8	19 069.1	30 743.8
动物生皮	2 069.8	1 014.0	1 551.1	1 599.8	761.9
动物生毛皮	28.0	27.0	49.7	29.5	23.4
羊毛	3 823.0	6 098.0	7 422.6	7 412.9	6 696.5
水产品					
饮品					
酒					
茶	4 497.5	5 077.8	4 543.8	4 761.3	4 594.4
咖啡	6 781.8	7 137.9	6 453.0	7 629.1	8 075.5
烟草					

4－22 乌克兰主要农产品贸易情况

4－22－1 乌克兰主要农产品出口额（一）

单位：万美元

项 目	2003 年	2004 年	2005 年	2006 年	2007 年	2008 年
农产品	285 694.5	363 809.6	446 827.2	480 225.9	637 721.8	1 090 833.4
谷物	41 608.1	86 565.8	140 275.4	137 627.4	81 605.1	385 595.8
小麦产品	8 149.6	29 032.9	65 563.5	59 826.3	22 195.0	172 971.5
玉米产品	10 558.5	17 150.2	27 132.0	18 039.2	18 416.8	68 490.4
稻谷产品	470.2	778.4	573.8	723.4	680.6	686.4
棉花	14.4		12.3	33.7	58.6	6.4
食用油籽	24 166.6	14 957.0	11 769.9	28 315.7	63 221.3	139 771.7
大豆	1 033.4	961.6	3 837.3	6 232.0	9 874.5	7 298.1
花生	3.6	15.8	17.0	29.6	17.6	65.9
油菜籽	647.4	1 899.3	4 431.1	14 021.5	37 814.7	125 759.0
食用植物油	55 126.6	53 400.4	56 438.5	93 758.4	168 359.4	187 713.4
豆油	195.5	145.8	451.8	382.7	693.7	1 210.7
菜籽油	6.2	290.7	1 220.8	627.3	1 611.0	3 931.7
棕榈油	4.6		26.2	213.4	13 088.4	19 888.3
食糖	10 464.4	3 933.5	1 357.7	883.1	222.0	573.8
蔬菜	5 064.5	7 766.2	9 638.3	14 361.3	19 335.0	19 589.9
水果	13 971.6	16 888.9	14 795.0	16 931.5	26 523.6	19 799.0
畜产品	58 386.3	71 996.9	79 119.8	41 708.9	76 166.0	78 985.0
猪产品	2 002.8	1 392.6	1 277.2	509.5	637.2	224.4
牛产品	23 391.9	17 185.0	14 748.3	3 787.7	10 124.6	6 955.7
羊产品	75.1	26.8	9.7		0.1	0.8
禽产品	597.4	841.6	772.3	301.3	853.7	1 347.3
蛋产品	35.3	40.4	338.7	284.0	2 339.1	2 926.4
乳品	24 447.4	43 841.8	54 505.7	32 827.9	59 363.4	65 272.3
动物生皮	5 677.9	6 254.0	5 423.9	1 272.8	829.8	95.7
动物生毛皮	98.6	89.9	44.1	506.8	391.6	535.9
羊毛	38.4	55.5	13.4	25.5	11.2	3.2
水产品	2 024.5	1 891.5	2 667.6	2 566.0	3 833.9	4 335.0
饮品	32 199.9	47 034.1	66 175.1	68 637.8	90 375.7	108 351.6
酒	15 619.7	25 172.1	38 880.7	37 493.4	45 601.2	46 469.0
茶	29.6	43.8	85.3	98.6	123.1	181.8
咖啡	79.3	162.9	330.2	867.5	1 296.2	1 911.9
烟草	5 399.5	6 924.2	8 937.3	11 029.2	18 307.4	22 261.5

乌克兰主要农产品出口额（二）

单位：万美元

项　目	2009年	2010年	2011年	2012年	2013年
农产品	955 766.4	999 667.4	1 288 194.6	1 789 010.1	1 711 157.5
谷物	362 523.0	252 425.2	370 594.9	705 540.0	648 436.5
小麦产品	181 898.1	93 060.3	111 378.8	238 289.8	196 585.6
玉米产品	102 120.9	79 664.1	200 102.4	391 076.3	385 455.1
稻谷产品	664.4	789.5	835.3	1 607.9	1 779.8
棉花	12.3	6.7	12.7	3.2	25.2
食用油籽	100 387.6	105 256.0	141 407.3	173 490.6	203 991.2
大豆	8 332.2	17 424.9	46 873.2	70 201.7	74 252.8
花生	101.2	146.2	216.4	340.1	370.3
油菜籽	67 198.0	63 140.9	63 054.3	79 091.0	119 715.2
食用植物油	173 990.2	252 541.1	326 457.9	406 454.2	341 327.9
豆油	2 722.1	3 962.9	4 430.2	5 916.7	7 436.3
菜籽油	354.3	24.4	1 509.0	650.2	4 272.3
棕榈油	8 378.1	10 783.6	4 153.1	5 059.3	326.1
食糖	1 176.5	21.9	436.4	11 388.9	6 717.0
蔬菜	22 519.9	24 092.6	24 167.4	23 956.1	24 511.6
水果	17 103.0	24 159.9	23 249.0	33 663.6	44 808.9
畜产品	57 752.3	75 973.0	92 986.8	96 790.2	108 879.6
猪产品	78.1	478.2	6 288.5	10 371.6	2 859.3
牛产品	6 904.6	4 804.5	6 809.8	8 213.2	10 660.3
羊产品	0.4	5.3	2.4	2.4	40.0
禽产品	2 082.3	4 537.9	8 256.8	14 841.2	23 628.9
蛋产品	6 324.6	8 554.4	8 265.9	8 439.3	12 375.7
乳品	39 602.7	54 328.7	59 327.1	49 667.9	51 501.0
动物生皮	138.0	171.9	109.0	91.1	184.4
动物生毛皮	253.9	316.5	315.5	674.1	945.4
羊毛	15.3	22.6	30.1	2.4	5.9
水产品	6 215.8	6 740.1	6 446.7	6 881.0	6 915.1
饮品	92 009.1	105 656.8	108 939.9	107 771.4	100 490.2
酒	39 360.8	37 789.3	31 825.4	31 543.1	32 387.8
茶	114.5	148.4	218.0	220.6	367.3
咖啡	1 497.2	2 224.3	2 845.3	2 817.5	3 310.0
烟草	21 396.6	21 389.7	23 201.2	26 627.8	29 236.7

4-22-2 乌克兰主要农产品进口额（一）

单位：万美元

项 目	2003年	2004年	2005年	2006年	2007年	2008年
农产品	222 187.6	197 644.5	276 934.6	324 179.4	419 497.1	656 165.4
谷物	55 374.3	17 751.7	5 965.8	6 340.6	10 517.6	16 208.2
小麦产品	49 310.7	11 483.1	243.5	157.6	545.5	379.4
玉米产品	1 216.0	2 399.1	2 693.8	3 178.9	5 402.6	10 378.2
稻谷产品	2 007.9	2 593.5	2 895.4	2 293.8	2 558.6	3 557.4
棉花	1 078.5	2 234.0	1 696.2	1 570.2	2 029.2	2 255.4
食用油籽	2 648.6	3 282.2	5 396.6	7 874.1	12 849.6	20 708.0
大豆	40.5	19.1	17.0	81.8	55.3	108.9
花生	1 451.5	1 791.4	2 302.6	1 879.0	2 079.2	3 719.9
油菜籽	143.7	166.2	418.4	1 331.1	2 971.8	6 375.0
食用植物油	4 772.6	7 293.8	10 647.7	9 882.2	24 852.5	42 729.8
豆油	26.5	1.0	2.6	3.4	11.1	16.4
菜籽油						12.7
棕榈油	4 666.3	7 222.6	10 469.0	9 675.2	24 465.7	41 888.9
食糖	31 479.7	9 056.3	6 248.9	1 520.3	715.5	3 312.0
蔬菜	4 598.7	5 722.8	9 882.2	13 850.2	16 106.1	29 100.9
水果	16 023.9	18 864.3	36 309.2	49 071.0	60 934.3	96 348.5
畜产品	12 385.6	23 762.0	33 962.3	34 174.1	37 265.7	115 850.5
猪产品	787.1	3 210.9	7 322.5	8 587.8	10 882.3	48 059.4
牛产品	563.8	556.8	2 984.2	2 037.3	2 151.6	3 351.7
羊产品	0.4	1.2	2.4	3.6	21.3	18.8
禽产品	5 436.8	13 712.4	10 075.0	10 541.2	10 840.8	41 592.0
蛋产品	1 024.7	1 226.4	2 005.4	1 461.0	1 110.9	3 380.0
乳品	2 369.5	2 557.8	4 123.0	6 118.4	8 832.5	10 725.3
动物生皮	340.0	488.5	1 225.9	992.2	549.8	372.3
动物生毛皮	869.5	536.4	767.0	669.2	543.4	1 023.8
羊毛	240.0	553.8	777.6	565.6	689.7	672.2
水产品	11 424.0	13 929.7	29 726.2	45 935.0	54 841.2	74 942.8
饮品	32 369.4	34 054.5	52 859.7	63 292.7	83 676.5	110 540.0
酒	10 588.9	5 133.1	9 118.8	14 001.6	22 247.8	26 364.0
茶	3 933.8	4 744.3	6 419.8	7 758.8	9 501.2	12 273.7
咖啡	5 786.3	8 393.0	12 770.7	14 358.1	19 409.1	28 808.7
烟草	23 338.8	27 478.3	35 700.3	33 275.6	41 720.0	45 763.6

乌克兰主要农产品进口额（二）

单位：万美元

项　目	2009 年	2010 年	2011 年	2012 年	2013 年
农产品	500 712.3	584 382.1	644 504.4	762 155.1	830 298.7
谷物	10 278.5	15 495.1	23 795.0	26 408.5	31 947.9
小麦产品	246.1	353.7	646.2	524.6	630.5
玉米产品	6 289.9	10 960.7	16 731.4	20 441.4	25 528.0
稻谷产品	3 441.1	3 341.3	3 170.3	2 660.0	3 925.7
棉花	1 603.8	1 326.8	1 664.6	1 310.0	970.6
食用油籽	11 946.6	16 624.5	25 580.8	33 327.4	38 400.4
大豆	98.9	162.0	218.9	156.5	395.4
花生	2 335.6	3 817.4	4 711.4	4 729.9	5 647.3
油菜籽	2 172.4	2 306.1	3 228.0	3 168.1	3 406.4
食用植物油	22 764.2	28 395.2	24 803.0	19 932.7	22 994.8
豆油	10.3	4.7	7.2	53.3	12.3
菜籽油	10.0	25.3	24.9	107.7	168.7
棕榈油	21 954.7	27 395.4	23 615.5	18 266.7	21 049.6
食糖	6 154.3	18 315.8	16 148.3	163.2	192.5
蔬菜	22 097.9	27 275.8	31 558.6	32 863.4	40 150.4
水果	84 916.9	98 951.5	99 277.5	145 949.6	163 041.6
畜产品	82 270.2	70 240.0	57 473.1	108 251.2	108 546.0
猪产品	31 962.6	25 589.6	21 683.5	52 889.9	47 311.8
牛产品	2 660.5	2 130.1	3 109.0	3 542.5	4 987.1
羊产品	22.7	17.4	54.5	94.7	94.6
禽产品	27 293.2	23 857.0	12 375.0	23 381.3	19 440.5
蛋产品	2 999.7	2 408.0	1 686.3	1 770.6	2 092.1
乳品	11 034.2	11 083.6	13 335.7	17 830.6	24 172.4
动物生皮	44.4	62.6	78.4	49.8	216.0
动物生毛皮	353.5	249.2	464.3	461.5	822.7
羊毛	232.8	141.9	146.0	288.6	420.5
水产品	54 650.6	66 131.7	61 805.4	81 808.9	101 082.8
饮品	86 354.5	109 413.2	146 454.0	146 890.1	160 090.0
酒	15 287.9	23 336.1	37 366.8	43 324.3	53 948.1
茶	10 933.8	13 187.3	15 465.5	16 381.2	16 630.7
咖啡	26 282.1	28 443.8	39 719.1	36 287.6	36 901.1
烟草	45 556.7	47 144.5	47 759.8	50 762.4	45 426.8

4-22-3 乌克兰主要农产品出口量（一）

单位：吨

项 目	2003年	2004年	2005年	2006年	2007年	2008年
农产品						
谷物	3 898 593.1	7 686 943.1	12 561 517.9	11 084 565.0	4 356 148.2	16 475 468.6
小麦产品	904 791.9	2 559 397.6	6 028 277.3	4 682 487.8	1 150 170.0	7 785 139.2
玉米产品	945 558.9	1 244 895.9	2 807 745.2	1 697 823.5	985 445.2	2 849 931.6
稻谷产品	12 726.2	20 344.7	15 021.5	14 946.2	12 406.5	9 488.9
棉花	83.0	0.1	25.0	169.9	314.3	28.3
食用油籽	980 944.6	558 279.0	480 155.3	1 027 435.4	1 642 377.5	2 713 731.8
大豆	42 620.7	38 522.8	174 643.9	270 781.9	320 040.7	201 541.0
花生	24.7	109.5	88.2	188.1	79.4	258.8
油菜籽	25 523.7	81 099.4	183 374.7	470 698.3	909 960.5	2 387 062.5
食用植物油	930 105.2	879 438.7	884 552.1	1 652 957.6	2 121 383.0	1 564 969.0
豆油	3 986.7	2 626.5	7 528.4	6 609.0	9 324.0	9 645.8
菜籽油	120.3	5 742.7	22 216.4	9 090.1	19 666.7	35 262.1
棕榈油	41.1		376.2	3 326.4	159 742.9	173 944.0
食糖	416 975.0	157 730.1	41 732.0	22 454.1	5 196.7	11 620.1
蔬菜	76 652.7	124 211.2	143 388.6	187 030.0	275 493.5	192 781.1
水果						
畜产品						
猪产品						
牛产品						
羊产品						
禽产品						
蛋产品						
乳品	155 444.9	249 775.4	253 000.8	165 935.5	177 982.8	192 766.0
动物生皮	26 802.5	21 476.2	13 837.2	3 014.4	1 264.1	565.9
动物生毛皮	280.5	143.6	101.3	300.1	330.8	223.2
羊毛	182.5	224.9	67.4	160.8	67.0	9.5
水产品						
饮品						
酒						
茶	105.8	103.4	165.6	177.5	230.8	361.8
咖啡	124.3	196.6	297.5	703.5	871.0	2 533.8
烟草						

乌克兰主要农产品出口量（二）

单位：吨

项　目	2009 年	2010 年	2011 年	2012 年	2013 年
农产品					
谷物	26 002 043.8	14 070 832.3	14 359 349.5	27 245 515.4	27 416 561.7
小麦产品	13 056 729.9	4 949 039.1	4 221 566.7	8 749 347.4	7 984 212.0
玉米产品	7 209 672.8	4 087 698.4	7 860 059.5	15 682 701.9	16 791 909.7
稻谷产品	13 644.7	10 701.6	8 268.6	36 347.7	37 498.0
棉花	67.6	57.3	62.0	33.1	119.3
食用油籽	2 921 343.2	2 452 276.7	2 588 184.0	3 148 141.1	3 950 202.7
大豆	263 340.3	449 469.2	1 096 302.9	1 481 062.8	1 492 745.4
花生	334.0	412.4	664.5	1 155.9	1 231.0
油菜籽	1 856 103.0	1 508 837.3	1 010 737.6	1 297 611.5	2 346 698.7
食用植物油	2 475 310.7	2 853 857.9	2 774 422.9	3 697 348.2	3 351 317.3
豆油	38 024.6	46 362.7	38 045.0	57 756.5	82 090.0
菜籽油	4 747.6	263.5	12 158.4	5 227.2	48 270.9
棕榈油	89 710.4	98 049.0	28 166.5	47 447.8	2 708.9
食糖	25 857.2	324.2	6 247.0	174 456.9	123 030.7
蔬菜	324 675.4	258 157.9	254 394.6	315 301.7	318 865.1
水果					
畜产品					
猪产品					
牛产品					
羊产品					
禽产品					
蛋产品					
乳品	156 574.8	153 655.2	163 061.2	146 861.5	138 464.0
动物生皮	878.8	1 192.0	793.2	652.0	1 432.5
动物生毛皮	253.3	243.4	204.7	411.7	517.5
羊毛	64.1	151.6	104.9	7.2	27.9
水产品					
饮品					
酒					
茶	243.2	347.6	398.9	338.6	652.3
咖啡	2 085.9	3 319.2	2 730.1	2 446.9	4 245.0
烟草					

4-22-4 乌克兰主要农产品进口量（一）

单位：吨

项目	2003年	2004年	2005年	2006年	2007年	2008年
农产品						
谷物	3 667 845.1	793 603.1	157 379.7	158 664.3	227 143.7	144 430.2
小麦产品	3 219 785.3	610 510.0	14 367.2	4 066.4	20 211.5	5 176.8
玉米产品	21 760.3	14 520.3	13 664.4	15 955.6	24 202.1	33 468.0
稻谷产品	87 384.1	102 419.0	127 399.0	111 500.7	124 002.6	76 163.7
棉花	9 890.2	17 451.9	15 445.7	13 230.3	14 936.6	13 944.4
食用油籽	35 840.4	39 863.1	50 307.0	46 905.9	52 749.3	60 812.1
大豆	671.7	249.9	280.9	1 767.5	474.7	645.6
花生	30 088.8	33 758.4	41 561.8	34 407.9	36 962.6	37 771.0
油菜籽	315.0	263.0	587.4	1 534.6	2 702.1	4 594.4
食用植物油	95 764.5	131 649.4	205 496.2	186 460.1	343 477.1	417 430.1
豆油	291.5	11.5	29.7	33.8	81.3	80.9
菜籽油						41.3
棕榈油	94 140.5	130 278.2	203 827.1	185 460.3	341 634.4	413 300.0
食糖	1 481 288.8	402 005.6	219 992.4	28 286.1	18 162.0	80 039.1
蔬菜	43 811.5	54 042.3	115 253.8	172 411.8	150 908.8	341 315.1
水果						
畜产品						
猪产品						
牛产品						
羊产品						
禽产品						
蛋产品						
乳品	24 252.3	23 602.4	33 113.5	41 396.6	50 581.9	43 793.8
动物生皮	5 412.3	6 424.8	21 268.1	12 547.8	6 681.4	5 593.2
动物生毛皮	95.5	74.1	95.1	112.4	97.0	95.3
羊毛	1 946.7	3 630.4	3 987.9	3 436.0	3 207.0	3 008.2
水产品						
饮品						
酒						
茶	18 313.6	18 346.6	22 609.9	23 758.9	25 111.7	29 079.0
咖啡	23 282.3	26 929.1	42 668.2	47 962.3	51 274.1	70 476.4
烟草						

乌克兰主要农产品进口量（二）

单位：吨

项　目	2009 年	2010 年	2011 年	2012 年	2013 年
农产品					
谷物	101 784.8	123 816.3	177 334.4	155 603.2	160 890.4
小麦产品	3 849.9	5 422.0	9 182.7	6 595.6	7 182.8
玉米产品	18 240.0	30 850.5	46 312.7	49 329.7	49 656.0
稻谷产品	76 951.3	63 798.4	61 404.5	42 242.5	68 208.2
棉花	10 985.0	7 189.5	5 716.3	5 702.6	4 564.2
食用油籽	37 717.8	50 421.3	69 554.2	69 317.6	77 095.2
大豆	854.0	932.6	2 170.5	987.1	2 108.6
花生	22 459.8	29 869.8	35 896.2	30 572.9	33 797.5
油菜籽	1 834.7	1 957.3	3 130.5	2 830.0	2 622.8
食用植物油	269 050.3	284 727.7	195 248.7	179 206.7	245 028.1
豆油	99.9	23.5	66.6	547.1	76.5
菜籽油	34.4	123.4	92.9	537.2	936.8
棕榈油	265 430.5	279 880.5	189 820.6	171 861.7	237 544.3
食糖	116 924.7	315 878.0	269 254.7	1 049.6	1 437.9
蔬菜	226 703.7	311 228.5	298 201.9	212 946.8	240 259.2
水果					
畜产品					
猪产品					
牛产品					
羊产品					
禽产品					
蛋产品					
乳品	45 628.2	33 007.8	35 685.5	47 864.6	63 062.6
动物生皮	730.7	1 000.1	2 874.9	1 541.5	3 800.3
动物生毛皮	178.5	75.7	119.3	98.3	105.5
羊毛	1 012.8	854.1	1 010.8	1 469.4	2 258.2
水产品					
饮品					
酒					
茶	27 337.7	29 483.1	26 167.3	26 339.9	26 501.5
咖啡	55 011.3	55 895.7	52 827.3	44 970.0	48 275.2
烟草					

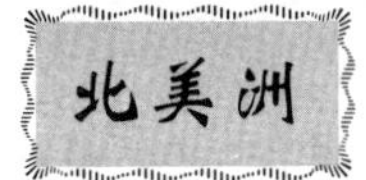

4-23 美国主要农产品贸易情况

4-23-1 美国农产品贸易综述

一、10年来美国农产品贸易总体情况

过去10年，美国农产品贸易额由2003年的1 334.5亿美元增至2013年的2 936.1亿美元，年均增长8.2%。其中，出口额由672.5亿美元增至1 582.8亿美元，年均增长8.9%；进口额由662亿美元增至1 353.3亿美元，年均增长7.4%；贸易顺差由10.5亿美元增至229.5亿美元，年均增长3.6%（图1）。

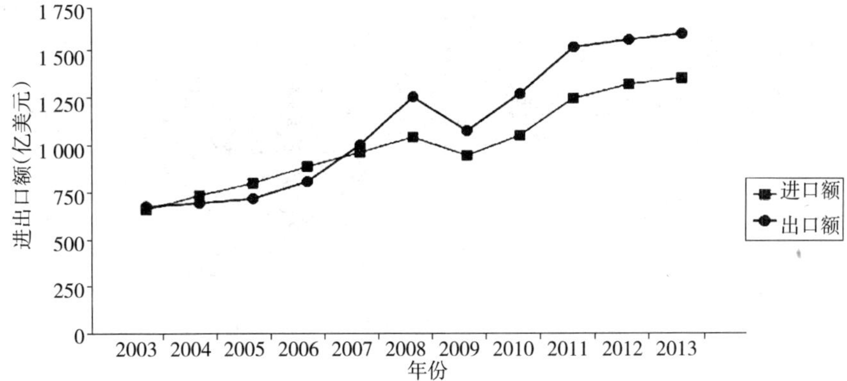

图1 2003—2013年美国农产品进出口额

2004年以来，除2009年进出口额同比下降外，其余年份均保持正增长。其中，2008年出口增速最快，达25%以上，2011年进口增幅最大，接近20%。2012年以来，进出口额增速有放缓趋势。2013年进口额同比增长3.1%，较2012年下降2.6个百分点；出口额同比增长2%，较2012年下降0.5个百分点（图2）。

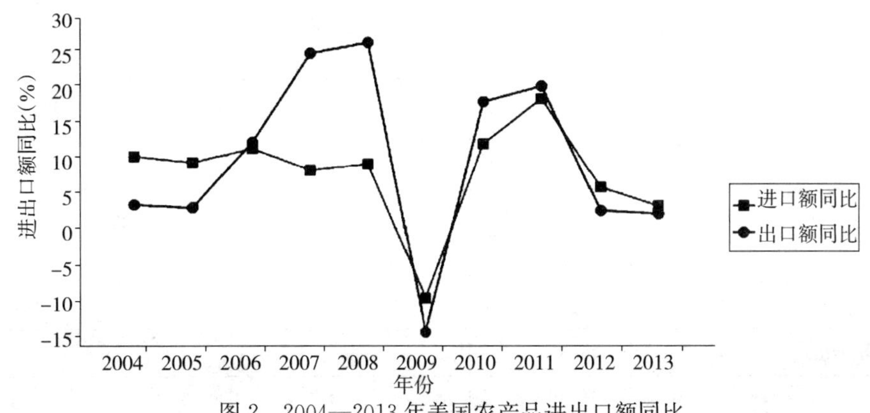

图2 2004—2013年美国农产品进出口额同比

二、2013 年美国农产品贸易情况

2013 年美国农产品贸易额为 2 936.1 亿美元，同比增长 2.5%，在全球各大农产品贸易国中排名第 1 位。其中出口额为 1 582.8 亿美元，同比增长 2.0%，全球排名第 1 位；进口额为 1 353.3 亿美元，同比增长 3.1%，全球排名第 1 位。

(一) 进出口产品结构

2013 年，美国进口农产品以饮品、水产品和水果为主，进口额分别为 321.4 亿美元、206.5 亿美元和 173.2 亿美元，占其农产品进口额的比重分别为 23.7%、15.3%和 12.8%。此外，美国还进口蔬菜和畜产品等，2013 年进口额分别为 135.3 亿美元和 131.5 亿美元，分别占其农产品进口额的 10%和 9.7%（图 3）。

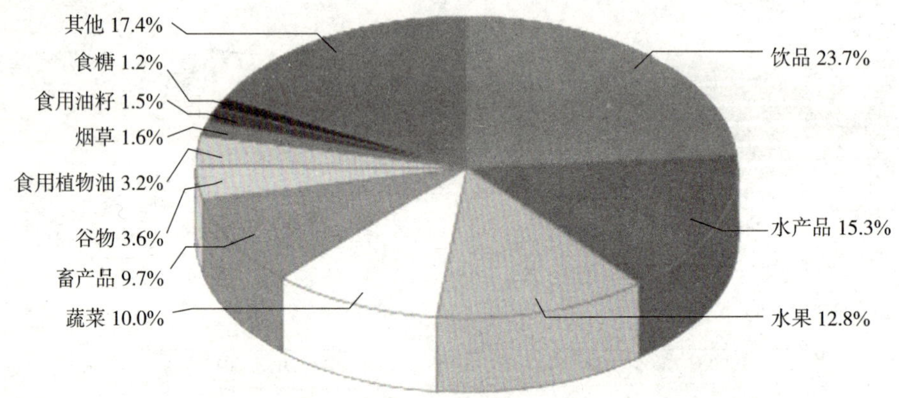

图 3　2013 年美国农产品进口结构

2013 年，美国进口同比增长较快的农产品主要是食用油籽、谷物和烟草，增幅分别为 34.8%、30.4%和 18.6%。此外，蔬菜、水产品、水果和畜产品的增幅在 4.7%～8.4%。食糖和棉花进口额同比下降 29.5%和 29.6%（表 1）。

表 1　2004—2013 年美国主要农产品进口额同比变化情况

单位:%

	2004 年	2005 年	2006 年	2007 年	2008 年	2009 年	2010 年	2011 年	2012 年	2013 年
农产品	10.1	9.1	11.2	8.2	8.9	−9.6	11.8	18.0	5.7	3.1
谷物	5.3	−1.7	39.6	39.6	60.2	−25.2	−7.8	17.4	36.5	30.4
棉花	−1.5	−11.0	−20.0	48.1	2.6	−58.5	95.0	65.8	−39.7	−29.6
食用油籽	37.9	11.9	7.0	38.4	61.9	−27.2	−0.6	30.1	17.5	34.8
食用植物油	47.3	3.5	26.3	24.1	54.4	−26.3	8.8	50.8	−5.8	0.1
食糖	−2.0	52.4	56.8	−36.8	33.4	4.2	63.5	39.7	−18.3	−29.5

（续）

	2004年	2005年	2006年	2007年	2008年	2009年	2010年	2011年	2012年	2013年
蔬菜	14.1	5.8	10.4	10.3	6.9	−4.0	15.6	11.9	2.3	8.4
水果	8.0	14.4	12.3	16.5	5.8	−2.2	10.4	11.4	4.7	7.3
畜产品	16.9	8.1	0.3	7.6	−4.2	−14.6	10.7	9.8	9.8	4.7
水产品	3.8	6.8	10.0	2.8	4.1	−7.7	12.2	13.0	1.0	7.7
饮品	8.3	13.6	17.8	5.3	5.7	−10.4	11.9	22.0	1.4	−2.1
烟草	−0.9	1.8	0.0	8.6	1.5	7.0	−9.8	7.8	19.3	18.6

2013年，美国农产品中出口额靠前的是畜产品、食用油籽和谷物，出口额分别为296.3亿美元、248.6亿美元和207.7亿美元，占其农产品出口额的比重分别为18.7%、15.7%和13.1%。此外，美国还出口水果、饮品、蔬菜和水产品等，出口额分别为140.9亿美元、103.2亿美元、72.7亿美元和64亿美元，分别占其农产品出口额的8.9%、6.5%、4.6%和4%（图4）。

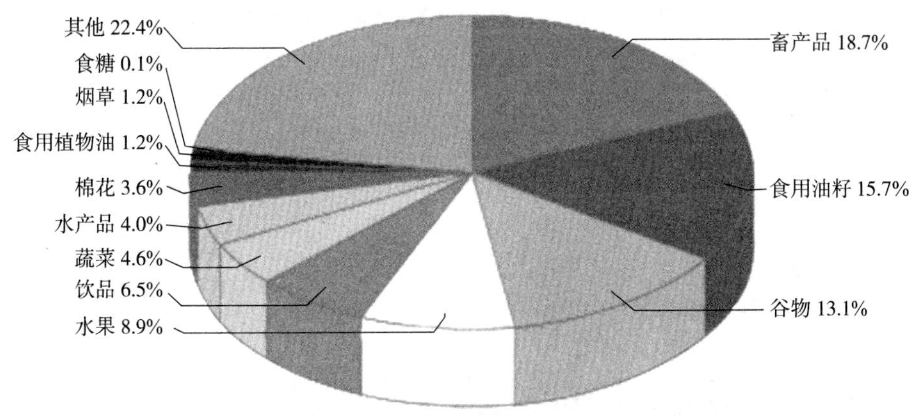

图4 2013年美国农产品出口结构

2013年，美国出口额同比增长较快的农产品是烟草、畜产品和蔬菜，增幅分别为13.1%、7.5%和7.1%。水果、水产品和饮品增幅为1%～5.1%。其他农产品出口额同比下降，其中棉花、食用油籽和食用植物油分别下降9.8%、10%和25.2%（表2）。

表2 2004—2013年美国主要农产品出口额同比变化情况

单位：%

	2004年	2005年	2006年	2007年	2008年	2009年	2010年	2011年	2012年	2013年
农产品	3.3	3.0	12.0	24.4	25.9	−14.4	17.7	19.7	2.5	2.0
谷物	21.8	−12.8	19.8	55.0	33.4	−39.3	14.6	40.4	−26.7	−1.6

（续）

	2004年	2005年	2006年	2007年	2008年	2009年	2010年	2011年	2012年	2013年
棉花	26.2	−7.6	15.6	1.7	4.7	−28.8	69.6	43.4	−26.0	−9.8
食用油籽	−11.5	−3.4	9.5	41.5	51.6	3.8	12.0	−4.5	43.0	−10.0
食用植物油	−16.5	−5.8	23.9	47.8	61.8	−20.7	34.1	−4.4	4.0	−25.2
食糖	68.5	31.1	73.6	23.1	−28.0	−24.9	72.7	16.9	−8.2	−1.4
蔬菜	6.7	10.0	9.5	10.6	14.0	−0.7	11.0	9.8	0.3	7.1
水果	7.4	10.9	12.4	6.6	14.6	−2.9	12.3	14.6	7.5	5.1
畜产品	−17.8	18.0	10.8	26.6	29.3	−17.9	23.3	24.4	3.6	7.5
水产品	13.1	10.2	4.4	1.7	0.8	−6.1	13.2	23.2	−2.6	3.6
饮品	11.0	3.4	17.0	21.5	13.0	−3.8	26.8	50.5	−6.0	1.0
烟草	−9.2	−12.5	7.9	−5.5	−11.5	−19.1	−1.6	1.5	−2.4	13.1

（二）主要贸易伙伴

2013 年美国前五大农产品出口市场分别为中国、加拿大、墨西哥、日本和韩国，出口额分别为 271.0 亿美元、267.8 亿美元、188.3 亿美元、135.1 亿美元和 56.7 亿美元，占其农产品出口额的比重分别为 17.1%、16.9%、11.9%、8.5%和 3.6%（图 5）。

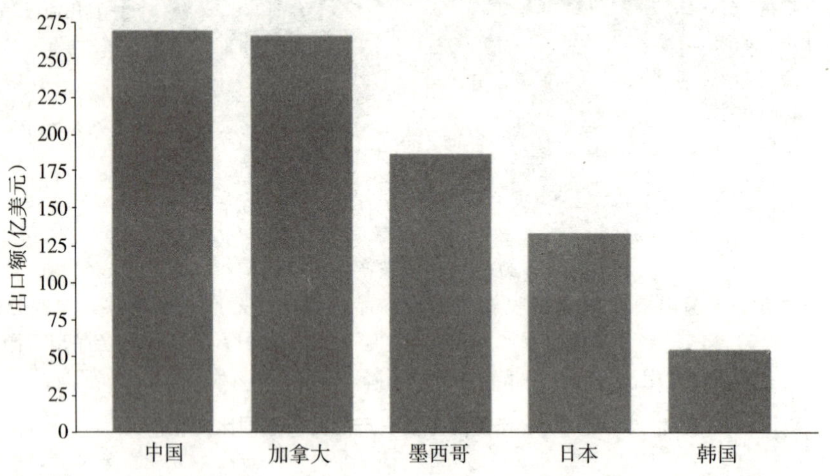

图 5　2013 年美国前五大农产品出口市场

2013 年美国前五大农产品进口来源地分别为加拿大、墨西哥、中国、智利和印度，进口额分别为 253.9 亿美元、199.5 亿美元、76.9 亿美元、51.9 亿美元和 49.0 亿美元，占其农产品进口额的比重分别为 18.8%、14.7%、5.7%、3.8%和 3.6%（图 6）。

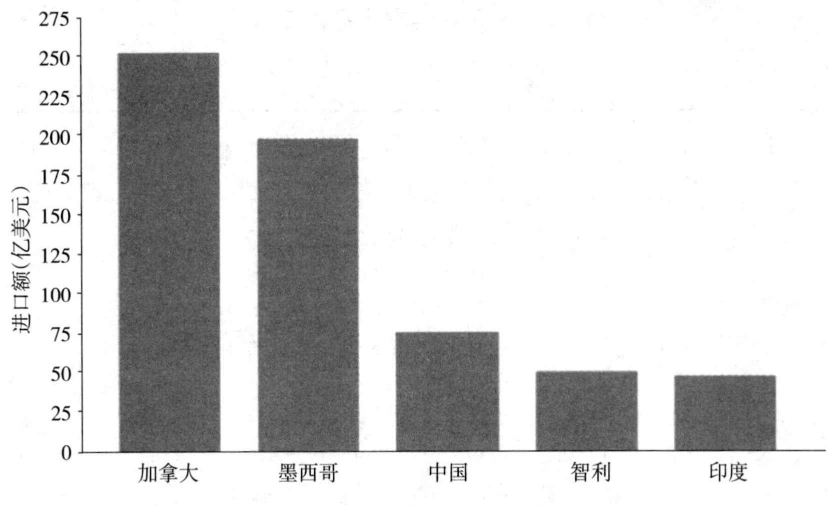

图 6　2013 年美国前五大农产品进口来源地

4-23-2 美国主要农产品出口额（一）

单位：万美元

项 目	2003年	2004年	2005年	2006年	2007年	2008年
农产品	6 724 737.6	6 943 745.9	7 151 859.6	8 013 011.5	9 965 109.4	12 550 273.9
谷物	1 121 243.5	1 365 362.4	1 190 038.4	1 425 223.0	2 208 679.4	2 946 799.5
小麦产品	407 275.7	528 726.7	446 775.2	434 098.3	854 494.6	1 152 303.7
玉米产品	533 868.6	649 475.2	543 840.9	785 838.1	1 080 471.6	1 411 279.5
稻谷产品	105 136.5	118 678.4	130 966.0	130 783.4	142 432.6	224 552.4
棉花	345 368.6	435 726.6	402 651.4	465 346.8	473 382.3	495 743.0
食用油籽	865 458.9	766 239.6	740 057.7	810 437.5	1 147 158.1	1 739 384.1
大豆	802 242.0	691 990.4	667 642.1	728 916.8	1 046 562.2	1 613 585.2
花生	16 978.9	22 706.7	21 345.8	22 670.5	25 538.0	34 011.7
油菜籽	7 986.8	11 623.0	4 741.0	4 899.5	11 412.7	16 500.7
食用植物油	102 563.8	85 619.7	80 654.8	99 908.2	147 652.6	238 862.6
豆油	54 860.9	29 080.2	29 483.0	36 026.7	72 681.3	136 877.3
菜籽油	4 761.2	10 330.8	8 245.5	19 076.2	19 372.4	21 066.6
棕榈油	578.1	1 264.1	1 284.6	2 872.4	4 342.5	4 353.3
食糖	4 103.6	6 912.7	9 059.9	15 727.5	19 353.7	13 935.9
蔬菜	345 411.3	368 391.6	405 047.1	443 458.7	490 503.9	559 290.3
水果	608 997.7	654 144.6	725 497.1	815 766.5	869 664.8	996 847.9
畜产品	1 200 107.4	986 647.4	1 164 427.6	1 290 618.9	1 633 651.3	2 111 701.9
猪产品	199 175.2	250 811.3	299 075.1	322 912.4	358 958.5	543 414.5
牛产品	368 323.9	67 540.9	113 837.6	178 554.6	231 480.6	328 790.6
羊产品	1 974.5	1 910.5	3 051.7	3 460.8	2 101.7	3 639.3
禽产品	246 609.4	265 027.6	323 079.3	309 040.2	425 403.8	539 133.9
蛋产品	15 507.6	18 877.0	21 574.9	22 476.4	28 006.9	29 059.5
乳品	59 711.0	98 306.4	110 454.8	129 154.5	221 698.6	299 445.8
动物生皮	166 133.1	159 228.8	161 238.2	183 214.4	192 074.0	179 952.8
动物生毛皮	14 250.0	16 829.7	17 393.7	22 277.3	26 110.5	26 731.7
羊毛	1 830.2	2 014.9	2 403.5	2 924.6	3 349.0	2 316.1
水产品	362 751.5	410 242.4	451 980.1	471 758.1	479 949.8	483 873.5
饮品	321 163.2	356 482.7	368 614.1	431 437.3	524 190.2	592 213.6
酒	160 320.1	183 129.6	179 251.5	212 487.7	274 558.4	294 866.7
茶	7 424.7	7 882.5	8 288.8	11 852.3	15 615.7	19 268.1
咖啡	40 136.6	43 879.8	49 494.2	60 477.4	66 240.2	75 060.7
烟草	292 362.3	265 486.5	232 371.1	250 753.9	236 955.8	209 755.7

美国主要农产品出口额（二）

单位：万美元

项　目	2009年	2010年	2011年	2012年	2013年
农产品	10 748 141.1	12 652 377.8	15 142 615.4	15 518 450.7	15 828 128.2
谷物	1 789 435.3	2 051 412.5	2 879 907.4	2 111 471.2	2 077 478.3
小麦产品	556 423.6	692 559.0	1 131 891.4	836 196.9	1 070 736.5
玉米产品	930 145.0	1 028 985.5	1 419 955.4	992 368.9	707 521.9
稻谷产品	221 258.5	238 663.5	211 727.3	210 666.1	221 315.5
棉花	352 866.6	598 519.3	858 343.8	635 387.5	573 342.8
食用油籽	1 805 744.4	2 022 062.0	1 931 471.5	2 762 089.4	2 486 046.0
大豆	1 695 921.6	1 899 443.9	1 806 401.3	2 612 692.7	2 291 442.4
花生	31 981.4	34 176.5	36 191.7	47 680.3	83 561.0
油菜籽	9 560.2	12 182.7	12 448.0	16 471.1	10 162.3
食用植物油	189 405.4	254 045.1	242 757.3	252 519.8	188 916.0
豆油	103 602.5	156 888.2	126 753.2	115 291.8	90 924.7
菜籽油	20 891.3	30 818.2	26 247.6	37 282.3	15 078.9
棕榈油	7 154.1	7 931.0	10 749.1	10 166.7	10 427.6
食糖	10 460.9	18 068.7	21 125.6	19 400.2	19 129.3
蔬菜	555 411.8	616 777.1	677 242.5	679 121.6	727 350.3
水果	968 306.3	1 087 762.8	1 246 960.8	1 340 404.7	1 408 679.4
畜产品	1 734 395.7	2 138 529.8	2 660 043.1	2 756 282.7	2 963 062.4
猪产品	456 218.4	498 004.5	636 961.5	674 684.6	649 094.9
牛产品	298 296.8	414 083.8	571 508.6	583 890.2	634 090.9
羊产品	3 587.8	3 066.7	2 714.5	2 622.0	2 738.6
禽产品	476 653.8	466 892.3	541 697.1	599 300.0	610 789.5
蛋产品	33 242.0	34 485.2	39 995.8	48 193.2	60 383.2
乳品	160 028.5	285 496.0	368 709.0	374 730.1	514 460.0
动物生皮	129 977.9	204 024.5	230 189.5	224 969.8	251 943.1
动物生毛皮	16 929.5	24 638.7	35 967.6	52 929.9	61 346.6
羊毛	2 034.1	2 312.6	2 307.8	1 686.3	2 167.5
水产品	454 115.4	513 983.5	633 461.1	617 305.6	639 779.0
饮品	569 633.1	722 155.2	1 087 040.4	1 021 816.0	1 031 763.8
酒	268 639.5	380 417.7	674 613.1	572 313.2	562 201.4
茶	19 415.5	23 486.1	27 646.6	30 272.2	33 606.2
咖啡	74 191.9	88 244.4	120 254.4	127 375.7	114 766.1
烟草	169 712.6	167 000.0	169 464.2	165 401.1	187 062.7

4-23-3 美国主要农产品进口额（一）

单位：万美元

项 目	2003 年	2004 年	2005 年	2006 年	2007 年	2008 年
农产品	6 619 673.6	7 288 205.4	7 950 579.9	8 837 519.3	9 565 571.3	10 420 767.4
谷物	105 243.6	110 872.7	108 978.4	152 089.9	212 293.1	340 127.7
小麦产品	22 127.5	24 824.8	25 789.9	42 216.3	61 884.3	126 428.4
玉米产品	18 762.2	17 526.5	17 263.4	23 704.9	37 641.2	47 386.9
稻谷产品	27 951.0	32 406.3	30 812.0	42 022.0	50 184.8	68 768.8
棉花	3 633.1	3 579.6	3 186.8	2 550.3	3 778.2	3 877.8
食用油籽	37 817.0	52 150.2	58 332.8	62 397.5	86 347.4	139 776.4
大豆	5 400.6	6 867.0	8 889.1	6 915.7	11 182.5	20 981.0
花生	5 020.0	3 873.2	4 480.0	4 837.8	6 520.8	9 344.7
油菜籽	3 409.5	13 103.4	11 747.6	19 779.8	24 598.0	50 658.9
食用植物油	102 819.0	151 418.1	156 771.8	197 954.7	245 753.2	379 417.8
豆油	1 941.1	8 911.0	752.8	854.3	1 591.5	3 557.5
菜籽油	24 823.1	33 025.2	31 180.4	44 478.7	67 623.7	134 413.8
棕榈油	8 922.2	14 213.4	19 035.2	30 924.1	56 061.2	103 236.6
食糖	61 976.1	60 764.0	92 578.9	145 193.3	91 714.3	122 362.4
蔬菜	626 419.9	714 611.5	755 903.9	834 154.9	919 928.7	983 183.7
水果	748 407.5	808 650.2	925 323.2	1 039 067.6	1 210 587.7	1 281 294.5
畜产品	843 940.9	986 521.3	1 066 766.5	1 069 500.1	1 150 556.1	1 101 825.0
猪产品	173 016.5	204 695.3	200 968.1	191 108.4	195 873.8	174 140.1
牛产品	368 626.5	438 858.6	494 960.5	501 859.7	544 746.3	508 450.2
羊产品	38 333.7	45 247.9	52 386.1	49 296.5	51 773.9	50 380.3
禽产品	26 081.3	29 653.2	28 910.4	33 445.0	41 212.0	47 321.1
蛋产品	2 105.7	2 003.6	2 051.2	2 955.2	2 887.3	3 368.2
乳品	120 038.8	140 890.1	152 492.5	149 508.3	161 155.3	167 954.9
动物生皮	7 395.9	8 026.7	8 149.1	6 372.5	5 695.6	5 349.6
动物生毛皮	5 904.6	7 537.1	6 701.6	8 752.2	9 641.2	10 637.0
羊毛	3 740.5	4 545.2	4 026.5	3 825.7	3 334.4	3 382.4
水产品	1 243 144.6	1 289 934.8	1 378 045.8	1 515 627.0	1 558 378.1	1 622 373.1
饮品	1 641 279.4	1 777 916.2	2 019 294.3	2 379 167.3	2 506 240.0	2 649 414.3
酒	1 040 520.9	1 110 370.7	1 225 241.9	1 509 758.5	1 563 186.8	1 586 934.1
茶	28 358.0	31 365.0	35 273.0	40 267.4	42 444.9	46 437.9
咖啡	207 174.9	239 155.1	312 142.7	345 859.8	390 947.3	455 604.0
烟草	135 547.9	134 391.5	136 870.1	136 877.3	148 654.4	150 907.9

美国主要农产品进口额（二）

单位：万美元

项　目	2009年	2010年	2011年	2012年	2013年
农产品	9 416 939.4	10 524 240.8	12 417 996.7	13 130 041.2	13 533 432.5
谷物	254 329.0	234 613.3	275 375.6	375 798.2	490 228.2
小麦产品	84 145.1	70 520.7	80 916.3	99 786.5	124 551.2
玉米产品	36 305.6	38 722.4	47 891.7	108 116.6	177 174.6
稻谷产品	72 273.8	71 352.6	78 844.3	82 306.5	91 694.6
棉花	1 611.1	3 142.5	5 211.4	3 143.1	2 213.9
食用油籽	101 787.7	101 179.7	131 662.9	154 743.6	208 549.6
大豆	22 759.5	24 004.8	23 396.2	36 533.4	80 997.7
花生	6 666.8	6 802.0	10 352.7	26 242.7	13 673.0
油菜籽	22 998.6	24 251.7	38 783.3	26 861.3	29 727.4
食用植物油	279 626.8	304 283.4	458 902.8	432 241.3	432 739.9
豆油	3 619.8	5 079.2	9 269.8	8 046.1	9 968.6
菜籽油	92 363.6	104 710.5	195 046.8	184 076.4	158 556.1
棕榈油	71 440.1	82 716.8	128 184.0	109 702.9	123 110.5
食糖	127 480.5	208 420.2	291 196.8	238 036.2	167 718.6
蔬菜	943 569.3	1 090 826.2	1 220 195.2	1 248 149.6	1 352 711.2
水果	1 253 709.2	1 383 803.1	1 542 152.8	1 613 867.3	1 732 039.6
畜产品	941 306.1	1 042 113.4	1 143 947.6	1 255 849.5	1 315 437.5
猪产品	147 494.2	173 749.8	185 065.3	186 192.3	203 319.7
牛产品	426 370.8	463 252.1	487 962.4	578 643.1	587 843.2
羊产品	48 913.3	59 130.0	76 268.0	65 045.9	66 326.6
禽产品	48 249.1	50 027.2	51 785.5	59 583.5	65 307.7
蛋产品	2 449.9	3 379.5	3 571.8	3 952.6	3 897.1
乳品	143 166.0	141 654.7	157 925.0	168 514.8	173 806.0
动物生皮	3 055.3	5 528.1	5 382.3	5 134.8	5 461.0
动物生毛皮	8 581.0	11 988.4	13 660.5	17 789.0	23 292.1
羊毛	1 966.3	2 134.3	3 602.1	3 356.0	2 579.2
水产品	1 497 811.2	1 680 397.0	1 898 351.3	1 917 068.9	2 064 797.0
饮品	2 373 669.5	2 655 281.3	3 239 430.3	3 283 339.6	3 213 789.4
酒	1 362 156.2	1 444 972.4	1 636 397.9	1 800 612.1	1 816 136.9
茶	46 310.7	54 677.1	59 996.2	61 595.8	65 317.1
咖啡	420 458.7	509 641.6	830 587.8	726 051.0	596 843.0
烟草	161 408.9	145 556.1	156 853.8	187 204.4	221 943.7

4-23-4 美国主要农产品出口量（一）

单位：吨

项 目	2003 年	2004 年	2005 年	2006 年	2007 年	2008 年
农产品						
谷物	82 181 755.9	91 639 814.8	86 012 706.5	94 527 797.6	104 070 750.1	95 422 579.1
小麦产品	25 851 953.0	31 976 724.5	27 500 270.6	23 761 858.2	33 496 435.0	30 523 285.4
玉米产品	45 898 751.5	51 001 025.8	48 409 848.7	61 580 533.5	60 426 918.4	54 735 930.2
稻谷产品	4 559 016.0	3 584 769.8	4 486 507.7	3 898 751.8	3 545 349.5	3 988 800.5
棉花	2 783 447.2	3 012 186.6	3 482 394.5	3 631 907.2	3 360 849.7	3 078 618.7
食用油籽	32 377 779.7	27 590 561.7	28 000 739.9	30 865 849.6	32 797 341.2	36 875 003.7
大豆	31 335 753.0	26 400 491.6	26 970 932.1	29 644 735.8	31 318 384.4	35 347 874.7
花生	164 498.3	213 632.4	191 896.5	219 454.7	229 328.5	303 340.3
油菜籽	282 854.5	373 003.0	177 211.6	183 707.2	375 830.2	466 652.4
食用植物油	1 622 454.4	1 201 106.0	1 183 491.9	1 500 544.4	1 726 637.7	1 979 297.8
豆油	960 130.9	455 024.8	503 563.5	601 324.8	881 140.0	1 177 152.8
菜籽油	79 551.1	139 146.6	134 983.3	289 957.7	237 037.2	173 525.7
棕榈油	7 804.5	16 159.2	17 701.5	38 047.1	51 553.4	42 761.5
食糖	101 586.2	166 497.8	182 323.8	263 432.6	330 839.8	243 330.3
蔬菜	3 968 072.1	4 030 363.6	4 143 256.7	4 130 401.9	4 221 563.4	4 650 774.7
水果						
畜产品						
猪产品						
牛产品						
羊产品						
禽产品						
蛋产品						
乳品					957 553.5	1 104 988.8
动物生皮						
动物生毛皮						
羊毛	9 115.5	8 604.1	9 060.2	12 543.6	11 077.3	7 238.4
水产品						
饮品						
酒						
茶	18 886.8	17 677.5	17 455.8	18 280.8	21 398.3	26 933.4
咖啡	118 847.8	138 192.5	123 162.3	146 045.5	146 110.2	147 297.7
烟草						

美国主要农产品出口量（二）

单位：吨

项　目	2009年	2010年	2011年	2012年	2013年
农产品					
谷物	78 383 047.3	88 234 080.3	87 048 715.0	64 008 519.1	64 272 951.7
小麦产品	22 370 346.1	28 048 498.6	33 148 505.9	26 127 654.7	33 506 975.8
玉米产品	48 449 908.9	51 398 906.6	46 449 965.9	31 955 533.5	24 531 093.5
稻谷产品	3 493 994.8	4 541 686.3	3 717 587.1	3 846 073.3	3 784 342.9
棉花	2 674 290.1	3 115 703.2	2 877 856.6	2 834 725.1	2 891 519.3
食用油籽	42 630 922.5	44 465 726.1	36 372 902.7	47 389 678.9	42 968 583.3
大豆	41 637 551.3	43 332 270.1	35 448 568.1	46 461 640.4	41 791 373.5
花生	257 808.7	246 001.0	237 004.4	269 143.8	515 795.9
油菜籽	208 430.6	263 610.3	187 217.5	196 691.7	126 351.3
食用植物油	2 195 531.3	2 624 710.5	1 917 485.3	2 065 695.3	1 686 523.7
豆油	1 253 649.3	1 656 733.7	1 000 168.4	950 973.8	813 184.9
菜籽油	249 242.8	328 426.5	224 753.7	321 683.3	138 493.0
棕榈油	78 086.1	79 694.7	94 906.2	88 865.8	98 216.1
食糖	159 369.4	294 906.8	353 325.3	216 526.7	253 568.4
蔬菜	4 369 718.4	4 723 041.3	5 129 989.1		
水果					
畜产品					
猪产品					
牛产品					
羊产品					
禽产品					
蛋产品					
乳品	853 834.9	1 260 590.4	1 373 250.3		
动物生皮					
动物生毛皮					
羊毛	8 127.4	7 954.5	6 894.5	5 386.9	6 937.4
水产品					
饮品					
酒					
茶	27 912.4	32 930.4	34 877.0	38 057.8	39 932.4
咖啡	144 408.3	167 561.0	199 422.6	186 302.7	181 465.7
烟草					

4-23-5 美国主要农产品进口量（一）

单位：吨

项 目	2003年	2004年	2005年	2006年	2007年	2008年
农产品						
谷物	4 371 735.8	4 623 705.3	4 565 312.4	5 683 797.6	6 526 305.8	756 932 492.4
小麦产品	1 272 265.9	1 338 762.1	1 498 717.6	2 259 179.7	2 546 266.5	2 718 598.0
玉米产品	410 538.3	436 190.4	382 625.5	283 881.1	434 385.6	635 950.5
稻谷产品	536 500.7	594 179.8	541 637.3	753 219.4	825 328.2	792 480.4
棉花	28 909.9	27 519.2	33 974.4	21 947.6	39 116.2	35 635.4
食用油籽	719 844.5	990 126.0	1 089 121.7	1 305 775.2	1 506 809.2	1 797 050.8
大豆	187 016.8	144 410.1	218 387.6	157 248.1	287 239.7	341 212.1
花生	45 674.3	30 461.0	34 773.7	35 173.8	44 725.5	49 060.8
油菜籽	113 407.3	453 460.4	443 986.1	733 963.3	636 287.2	967 026.4
食用植物油	972 965.5	1 310 186.1	1 305 324.7	1 712 828.8	1 978 965.9	2 485 164.8
豆油	30 753.2	150 036.4	11 761.8	13 818.8	20 138.1	32 497.1
菜籽油	390 175.1	477 603.0	500 120.8	682 736.3	746 336.0	1 035 835.7
棕榈油	211 172.4	273 685.7	415 889.1	629 454.8	787 825.0	996 966.5
食糖	1 521 653.9	1 521 218.3	2 088 006.2	2 919 387.5	1 947 577.8	2 629 271.7
蔬菜	6 368 824.7	6 723 799.3	6 980 381.9	7 361 194.5	8 019 376.0	8 083 403.4
水果						
畜产品						
猪产品						
牛产品						
羊产品						
禽产品						
蛋产品						
乳品	366 846.5	384 979.0	420 263.4	383 863.7	384 397.3	319 160.4
动物生皮	48 494.5	60 548.3	56 985.9	43 244.4	32 191.1	23 364.9
动物生毛皮						
羊毛	12 153.1	13 150.6	11 274.0	10 914.9	8 668.4	6 973.5
水产品						
饮品						
酒						
茶	164 103.5	184 287.0	174 140.8	185 551.7	185 662.3	197 495.8
咖啡	1 301 769.6	1 322 949.6	1 307 529.2	1 359 063.3	1 393 256.4	1 393 164.5
烟草						

美国主要农产品进口量（二）

单位：吨

项　目	2009 年	2010 年	2011 年	2012 年	2013 年
农产品					
谷物	6 478 680.9	6 105 240.4	5 949 572.2	7 997 782.1	10 514 814.5
小麦产品	2 796 570.3	2 699 927.1	2 204 150.4	2 677 358.9	3 611 013.9
玉米产品	375 235.6	468 225.5	731 214.7	1 916 981.7	3 447 344.3
稻谷产品	831 171.6	720 042.7	792 638.4	807 827.1	851 528.6
棉花	14 965.3	24 420.7	20 569.4	19 413.5	14 710.1
食用油籽	1 447 841.0	1 459 753.5	1 599 214.2	1 605 187.9	2 510 974.7
大豆	421 149.3	468 958.8	373 573.9	529 611.5	1 261 962.0
花生	36 298.7	35 732.3	49 373.1	99 865.4	45 662.9
油菜籽	569 926.1	553 174.0	670 291.5	421 965.5	589 579.3
食用植物油	2 403 856.3	2 472 961.7	3 103 698.8	2 961 714.9	3 151 301.1
豆油	44 456.3	53 784.2	71 715.4	64 702.3	84 586.5
菜籽油	998 803.2	1 086 406.0	1 514 799.0	1 427 635.6	1 271 678.2
棕榈油	979 009.0	948 111.6	1 087 625.7	991 281.9	1 373 179.0
食糖	2 511 299.6	2 916 697.4	3 461 408.2	3 034 335.6	2 918 881.2
蔬菜	8 027 131.9	8 885 501.8	9 204 789.2		9 365 841.7
水果					
畜产品					
猪产品					
牛产品					
羊产品					
禽产品					
蛋产品					
乳品	302 366.2	258 488.6	115 670.2	288 986.9	193 882.8
动物生皮	32 573.6	29 279.7	25 052.9	22 488.9	22 767.1
动物生毛皮					
羊毛	5 651.1	5 268.4	5 829.8	5 592.4	4 551.4
水产品					
饮品					
酒					
茶	189 384.6	203 187.2	202 273.5	201 547.2	206 329.2
咖啡	1 347 802.2	1 389 807.6	1 494 465.3	1 490 949.9	1 541 016.9
烟草					

4-23-6 美国农产品出口额前15位国家（地区）
（2013年）

单位：万美元，%

序号	国家（地区）	出口额	同比增长
1	中国	2 709 928.4	−0.3
2	加拿大	2 677 724.6	4.4
3	墨西哥	1 883 156.2	−3.6
4	日本	1 350 885.6	−9.5
5	韩国	567 182.4	−13.1
6	中国香港	414 130.5	12.4
7	印度尼西亚	283 328.5	12.9
8	德国	270 330.1	7.3
9	菲律宾	261 193.6	12.5
10	荷兰	243 849.1	5.4
11	越南	220 061.7	27.4
12	土耳其	219 390.7	8.1
13	巴西	203 300.0	158.7
14	英国	194 800.3	−2.0
15	西班牙	182 387.9	22.8
	小计	**11 681 649.6**	

4-23-7 美国农产品进口额前15位国家（地区）
（2013年）

单位：万美元，%

序号	国家（地区）	进口额	同比增长
1	加拿大	2 539 473.2	7.2
2	墨西哥	1 995 420.9	8.9
3	中国	769 279.4	−0.3
4	智利	518 862.4	20.9
5	印度	489 752.2	−20.9
6	巴西	488 930.6	−8.5
7	法国	486 440.1	6.5
8	意大利	439 369.0	9.4
9	泰国	377 243.0	−7.2
10	印度尼西亚	303 763.9	11.2
11	澳大利亚	297 534.7	2.7
12	越南	288 737.2	13.9
13	英国	268 207.3	6.9
14	荷兰	254 353.2	−1.9
15	哥伦比亚	249 940.1	0.4
	小计	**9 767 307.2**	

4-24 加拿大主要农产品贸易情况

4-24-1 加拿大农产品贸易综述

一、10 年来加拿大农产品贸易总体情况

过去 10 年，加拿大农产品贸易额由 2003 年 371.6 亿美元增至 2013 年的 869.7 亿美元，年均增长 8.9%。其中，出口额由 211.6 亿美元增至 496.7 亿美元，年均增长 8.9%；进口额由 160.0 亿美元增至 373.0 亿美元，年均增长 8.8%；贸易顺差由 51.6 亿美元增至 123.7 亿美元，年均增长 9.1%（图 1）。

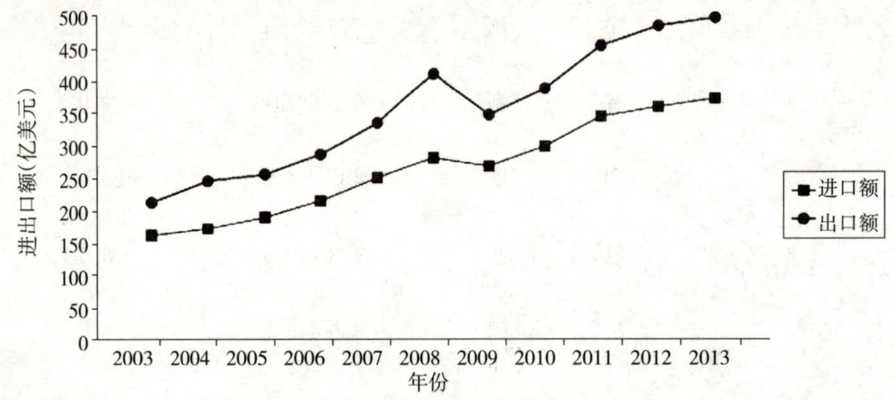

图 1 2003—2013 年加拿大农产品进出口额

除 2009 年外，2004—2013 年进出口额同比均保持正增长（图 2）。2010—2012 年加拿大农产品出口额增速均高于进口额增速，2013 年进出口额增速均回落，出口额增速略低于进口额增速。

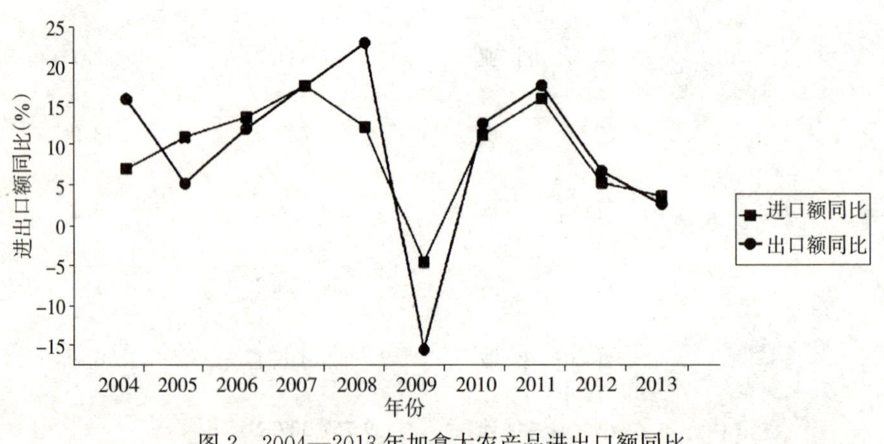

图 2 2004—2013 年加拿大农产品进出口额同比

二、2013年加拿大农产品贸易情况

2013年加拿大农产品贸易额为869.7亿美元，同比增长2.9%，在全球各大农产品贸易国中排名第11位。其中出口额为496.7亿美元，同比增长2.4%，全球排名第8位；进口额为373.0亿美元，同比增长3.5%，全球排名第12位。

（一）进出口产品结构

2013年，加拿大进口农产品以饮品、水果、畜产品和蔬菜为主，进口额分别为80.8亿美元、64.3亿美元、46亿美元和40.2亿美元，占其农产品进口额的比重分别为21.7%、17.2%、12.3%和10.8%。此外，加拿大还进口水产品、谷物和食用油籽等，2013年进口额分别为30.7亿美元、8.7亿美元和8.2亿美元，分别占其农产品进口额的8.2%、2.3%和2.2%（图3）。

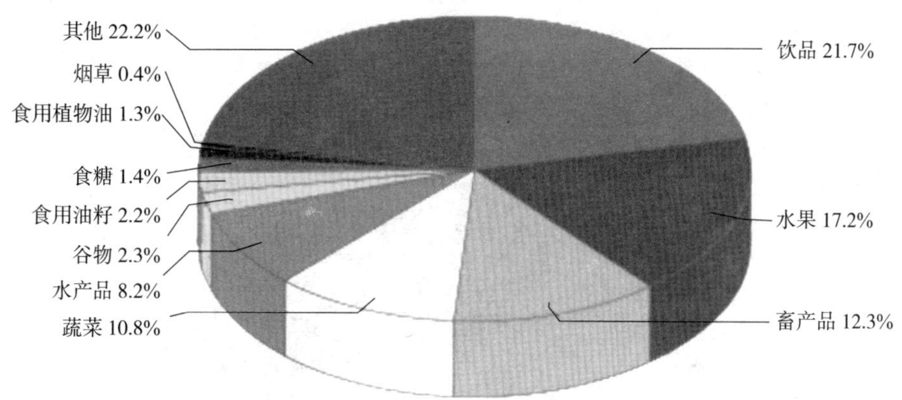

图3　2013年加拿大农产品进口结构

2013年，加拿大进口同比增长较快的农产品主要是蔬菜、畜产品、水产品和烟草等，增幅分别为9.4%、6.5%、5.4%和4.5%。此外，水果、谷物和饮品的增幅在0.3%～3.9%之间。食糖和棉花进口额同比下降18.3%和22.4%（表1）。

表1　2004—2013年加拿大主要农产品进口额同比变化情况

单位：%

	2004年	2005年	2006年	2007年	2008年	2009年	2010年	2011年	2012年	2013年
农产品	6.9	10.7	13.2	17.1	11.9	−4.7	11.0	15.4	5.0	3.5
谷物	−19.8	−4.5	7.7	58.2	39.7	−23.8	−5.4	5.4	−0.1	3.6
棉花	−3.7	−41.0	−23.3	−26.6	−62.6	−37.4	27.9	8.1	−7.5	−22.4
食用油籽	4.6	−10.3	−3.0	14.2	57.9	−7.6	−5.9	25.8	19.3	−0.6
食用植物油	23.5	2.9	26.1	23.8	15.4	2.4	10.9	−14.4	13.7	−11.7

（续）

	2004年	2005年	2006年	2007年	2008年	2009年	2010年	2011年	2012年	2013年
食糖	−3.4	21.2	38.8	−18.0	24.6	−0.3	35.5	42.5	−23.8	−18.3
蔬菜	7.7	11.2	12.4	13.1	7.4	−0.1	11.5	9.9	−2.2	9.4
水果	10.8	17.1	14.3	13.2	11.2	−3.1	9.4	10.4	7.5	3.9
畜产品	−5.1	14.0	13.5	24.6	5.6	−6.5	12.7	21.1	12.8	6.5
水产品	9.1	7.6	9.9	9.9	3.4	−1.4	12.0	17.0	0.8	5.4
饮品	13.1	13.7	16.6	19.8	12.8	−5.7	16.3	22.2	1.2	0.3
烟草	0.4	19.3	129.8	60.1	−67.4	−4.3	40.9	−5.9	1.3	4.5

2013年，加拿大农产品中出口额靠前的有畜产品、谷物和食用油籽，出口额分别为87.3亿美元、85.5亿美元和68.1亿美元，占其农产品出口额的比重分别为17.6%、17.2%和13.7%。此外，加拿大还出口水产品、食用植物油、蔬菜和饮品等，出口额分别为45.1亿美元、29.1亿美元、27.9亿美元和27.1亿美元，分别占其农产品出口额的9.1%、5.9%、5.6%和5.5%（图4）。

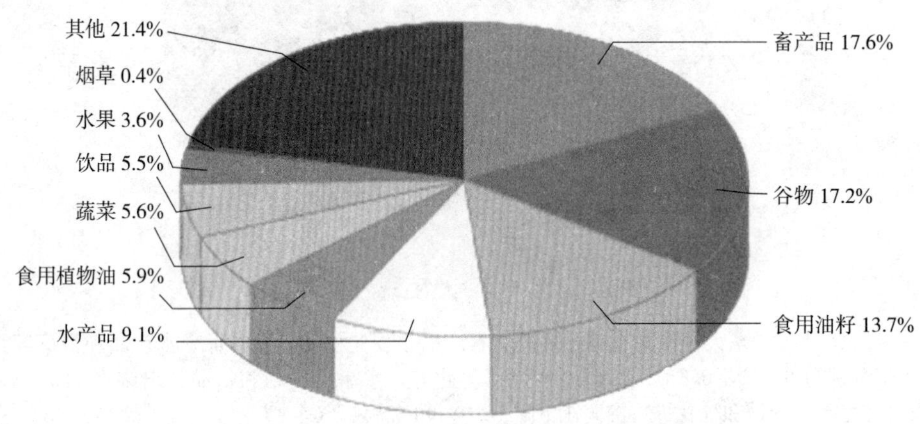

图4　2013年加拿大农产品出口结构

2013年，加拿大出口额同比增长较快的农产品是蔬菜、谷物和烟草，增幅分别为13.2%、8.3%和7.1%，畜产品、水产品和饮品增幅在2.3%～6.4%。食糖和棉花出口额同比分别下降53.5%和56.2%（表2）。

表2　2004—2013年加拿大主要农产品出口额同比变化情况

单位：%

	2004年	2005年	2006年	2007年	2008年	2009年	2010年	2011年	2012年	2013年
农产品	15.4	4.9	11.7	17.0	22.4	−15.5	12.3	17.0	6.5	2.4
谷物	31.4	−11.1	35.4	40.5	49.5	−24.6	−10.0	26.0	6.4	8.3

（续）

	2004年	2005年	2006年	2007年	2008年	2009年	2010年	2011年	2012年	2013年
棉花	1 361.4	−79.0	−11.8	426.4	−52.6	−88.0	−10.5	127.4	−60.0	−56.2
食用油籽	12.9	3.3	31.7	42.2	62.3	−14.6	15.2	26.0	21.4	−14.3
食用植物油	63.6	−22.5	38.7	38.0	69.1	−24.7	54.3	51.0	5.8	−17.0
食糖	−26.6	184.4	194.9	−54.1	217.1	−78.3	278.9	10.5	−27.1	−53.5
蔬菜	15.6	2.2	9.8	9.5	8.2	−5.2	8.1	5.9	−5.3	13.2
水果	40.1	16.0	14.8	5.2	3.4	−12.8	11.7	21.9	9.4	−0.1
畜产品	13.9	20.0	3.1	9.2	7.6	−20.9	21.0	6.7	3.5	6.4
水产品	5.9	3.9	1.6	1.5	0.9	−11.9	18.0	9.1	0.0	3.0
饮品	4.8	−2.6	3.9	−0.7	1.5	−11.0	25.1	14.4	2.6	2.3
烟草	7.0	1.5	55.6	29.9	−43.2	−13.0	30.5	−5.4	16.4	7.1

（二）主要贸易伙伴

2013年加拿大前五大农产品出口市场分别为美国、中国、日本、墨西哥和中国香港，出口额分别为258.6亿美元、54.9亿美元、40.3亿美元、15.6亿美元和9.1亿美元，占其农产品出口额的比重分别为52.1%、11.1%、8.1%、3.1%和1.8%（图5）。

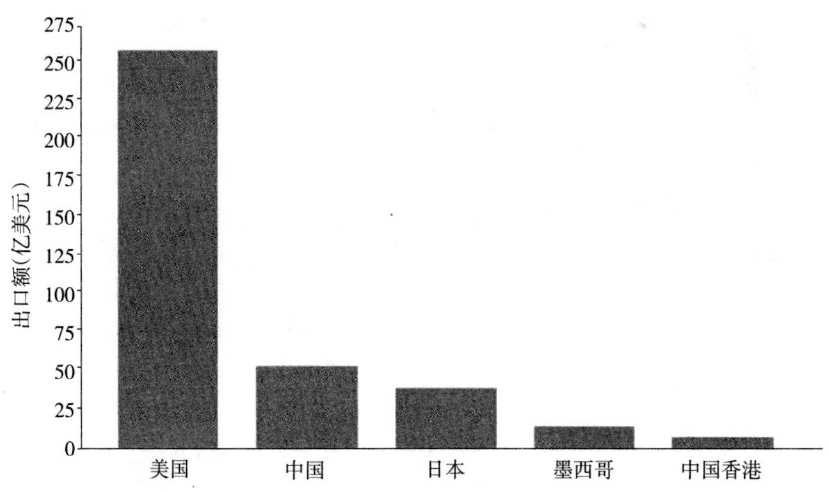

图5　2013年加拿大前五大农产品出口市场

2013年加拿大前五大农产品进口来源地分别为美国、墨西哥、中国、意大利和法国，进口额分别为222.2亿美元、15.1亿美元、11.4亿美元、9.3亿美元和8.9亿美元，占其农产品进口额的比重分别为59.6%、4.0%、3.1%、2.5%和2.4%（图6)。

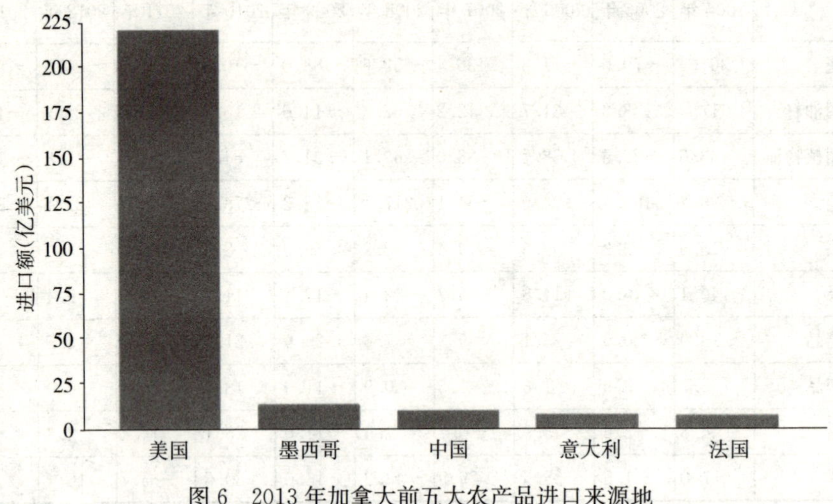

图6　2013年加拿大前五大农产品进口来源地

4-24-2 加拿大主要农产品出口额（一）

单位：万美元

项 目	2003年	2004年	2005年	2006年	2007年	2008年
农产品	2 115 956.2	2 442 144.1	2 562 549.4	2 862 737.7	3 349 791.1	4 099 287.7
谷物	261 145.0	343 106.1	304 925.2	412 748.2	579 881.4	867 050.4
小麦产品	209 992.8	277 578.9	232 436.5	331 690.7	448 888.8	675 388.2
玉米产品	5 203.5	6 781.6	5 575.6	5 335.5	13 864.2	27 484.3
稻谷产品	3 762.7	3 773.6	4 675.6	5 138.2	6 694.4	10 208.5
棉花	37.9	553.7	116.3	102.6	539.9	255.7
食用油籽	149 115.0	168 342.9	173 815.1	228 922.4	325 604.1	528 338.3
大豆	23 781.4	29 577.2	34 334.6	41 787.8	64 010.2	86 625.1
花生	2 233.7	2 289.7	2 429.5	2 825.5	3 046.6	4 337.7
油菜籽	92 827.6	109 047.4	107 488.1	154 898.0	213 143.5	366 531.9
食用植物油	46 090.5	75 413.7	58 482.1	81 121.9	111 968.1	189 335.5
豆油	1 245.2	1 019.2	1 101.5	1 326.8	2 676.8	6 237.9
菜籽油	42 551.7	71 003.2	52 934.7	75 564.8	105 001.8	176 558.8
棕榈油	20.3	34.2	58.4	57.3	59.5	62.6
食糖	844.2	619.5	1 762.0	5 195.7	2 382.9	7 556.9
蔬菜	155 930.6	180 238.9	184 124.2	202 242.0	221 388.7	239 468.0
水果	67 396.7	94 398.4	109 481.2	125 666.9	132 160.9	136 659.6
畜产品	468 422.4	533 766.1	640 377.9	659 916.2	720 413.5	775 387.3
猪产品	203 185.0	252 117.4	288 768.3	275 344.6	283 880.7	299 298.9
牛产品	147 378.7	149 200.9	206 250.2	223 542.2	261 079.4	284 107.2
羊产品	877.0	47.6	138.9	125.8	166.8	150.6
禽产品	17 890.7	21 915.6	25 033.5	26 321.2	35 847.6	40 267.1
蛋产品	3 987.5	3 992.2	4 038.4	4 478.9	4 170.8	4 156.6
乳品	21 033.4	18 896.3	16 874.6	19 689.7	21 574.8	19 716.2
动物生皮	20 647.6	24 866.7	30 240.0	28 195.7	29 505.5	26 815.6
动物生毛皮	15 101.0	17 910.2	21 180.2	30 993.7	28 920.8	35 168.0
羊毛	221.7	305.9	210.4	206.1	219.2	156.5
水产品	337 053.7	357 017.0	371 041.7	376 949.8	382 559.9	385 843.6
饮品	189 954.4	199 064.5	193 915.0	201 478.5	200 033.3	202 940.1
酒	65 106.1	71 243.0	66 322.5	75 198.9	77 028.0	74 763.0
茶	6 118.6	7 044.2	7 558.6	8 145.9	7 754.9	8 247.7
咖啡	14 871.8	15 378.6	17 708.1	18 384.3	17 598.4	19 218.7
烟草	12 645.7	13 524.8	13 733.1	21 370.7	27 767.8	15 758.4

加拿大主要农产品出口额（二）

单位：万美元

项 目	2009 年	2010 年	2011 年	2012 年	2013 年
农产品	3 463 741.9	3 890 461.8	4 551 743.7	4 849 755.4	4 967 012.0
谷物	653 735.7	588 167.8	741 287.9	789 007.0	854 553.2
小麦产品	540 392.5	464 860.0	586 223.7	626 430.9	666 724.0
玉米产品	10 419.2	25 504.6	36 591.7	30 647.7	59 166.8
稻谷产品	9 379.0	8 227.7	10 309.0	10 154.2	11 701.8
棉花	30.6	27.4	62.2	24.9	10.9
食用油籽	451 309.2	519 779.0	654 692.7	795 102.6	681 319.4
大豆	97 240.7	138 252.5	145 954.4	222 246.4	194 008.4
花生	3 477.1	3 056.6	3 467.1	6 576.6	7 070.1
油菜籽	305 560.1	330 204.0	463 922.4	521 565.5	419 823.6
食用植物油	142 575.3	219 997.6	332 196.4	351 332.9	291 489.2
豆油	3 691.0	5 014.5	8 893.6	8 826.5	11 942.5
菜籽油	135 615.4	212 547.8	319 038.5	338 632.1	275 391.2
棕榈油	20.7	32.1	137.2	85.5	152.2
食糖	1 636.5	6 201.6	6 850.5	4 996.4	2 323.0
蔬菜	227 105.0	245 564.4	260 011.4	246 296.1	278 749.0
水果	119 101.2	132 976.7	162 126.1	177 381.4	177 258.4
畜产品	613 554.8	742 705.5	792 726.6	820 590.8	873 382.7
猪产品	252 154.9	300 452.4	352 272.2	353 910.9	344 397.1
牛产品	210 305.8	248 805.0	224 977.0	232 709.2	262 215.7
羊产品	189.5	208.3	211.7	126.4	235.0
禽产品	38 218.6	41 141.1	42 554.1	46 730.6	49 282.5
蛋产品	3 974.6	5 466.6	5 223.8	5 260.1	4 908.3
乳品	15 056.0	16 593.2	19 372.8	19 831.2	25 403.4
动物生皮	15 975.0	28 390.8	31 737.7	29 504.4	32 641.6
动物生毛皮	25 739.8	39 947.2	48 645.9	66 883.7	91 805.6
羊毛	182.0	226.2	348.6	326.1	234.6
水产品	339 989.9	401 283.1	437 996.3	438 032.0	451 134.2
饮品	180 558.5	225 827.8	258 370.8	265 216.3	271 274.0
酒	63 864.2	71 837.9	76 601.1	76 532.0	83 497.1
茶	9 868.7	10 980.7	11 290.8	11 117.7	10 672.8
咖啡	22 332.0	33 078.5	50 445.8	49 460.3	45 969.7
烟草	13 708.6	17 883.8	16 920.2	19 688.5	21 082.7

4-24-3 加拿大主要农产品进口额（一）

单位：万美元

项 目	2003年	2004年	2005年	2006年	2007年	2008年
农产品	1 599 642.3	1 710 451.9	1 893 621.0	2 144 462.0	2 512 168.6	2 811 843.8
谷物	60 338.5	48 403.7	46 234.5	49 810.9	78 794.6	110 091.1
小麦产品	1 628.8	1 671.3	2 257.6	2 747.5	5 446.2	9 182.5
玉米产品	41 454.5	28 166.5	26 203.1	26 750.2	49 005.7	65 052.3
稻谷产品	13 001.4	16 192.8	15 352.2	17 864.7	21 142.5	31 668.9
棉花	11 342.1	10 923.2	6 447.6	4 942.7	3 625.6	1 357.6
食用油籽	38 669.4	40 447.9	36 296.0	35 193.7	40 185.8	63 459.2
大豆	16 115.1	15 666.0	9 765.4	8 267.5	7 801.2	18 862.6
花生	7 850.1	9 922.0	10 061.7	9 626.5	10 995.4	15 883.8
油菜籽	6 866.8	5 107.3	2 992.8	4 451.9	7 588.7	9 811.5
食用植物油	22 237.7	27 468.5	28 256.5	35 637.5	44 130.1	50 911.0
豆油	6 984.9	6 072.9	4 466.4	4 830.4	6 042.8	9 011.7
菜籽油	1 833.5	3 468.8	3 209.2	5 105.4	9 305.1	6 876.7
棕榈油	442.3	964.1	1 019.7	2 518.6	2 797.5	4 262.7
食糖	25 518.6	24 656.6	29 877.8	41 462.7	34 014.5	42 369.4
蔬菜	187 765.3	202 216.3	224 859.1	252 765.0	285 941.4	307 009.7
水果	263 390.6	291 906.0	341 944.0	390 759.9	442 194.1	491 767.3
畜产品	186 081.9	176 578.7	201 292.9	228 417.3	284 520.2	300 457.4
猪产品	23 827.7	31 577.0	43 209.9	46 518.2	50 882.4	58 983.4
牛产品	62 449.5	28 255.7	39 256.6	58 131.8	80 650.2	84 485.5
羊产品	7 033.3	7 664.6	9 578.8	10 435.8	11 475.0	11 655.5
禽产品	31 192.9	41 518.6	38 553.9	41 037.5	52 175.1	54 775.5
蛋产品	3 923.5	6 507.1	4 863.5	4 255.5	5 353.2	6 489.1
乳品	28 140.9	34 009.6	37 515.4	34 447.8	43 337.3	43 935.6
动物生皮	3 375.6	2 457.6	1 256.8	484.0	545.8	677.9
动物生毛皮	6 665.6	6 871.5	7 519.8	10 863.6	14 432.2	10 696.3
羊毛	547.6	630.1	437.3	670.2	483.4	549.1
水产品	152 772.8	166 612.1	179 254.3	197 080.8	216 560.8	223 933.3
饮品	293 287.2	331 687.5	376 994.0	439 515.0	526 332.6	593 904.6
酒	148 957.9	169 507.6	197 239.9	231 676.6	296 102.4	311 808.9
茶	10 960.0	11 877.4	13 227.6	14 835.2	17 215.9	18 951.3
咖啡	40 042.9	44 651.9	59 993.2	71 141.4	77 665.8	90 795.5
烟草	8 358.7	8 393.5	10 017.1	23 022.0	36 853.5	12 003.7

加拿大主要农产品进口额（二）

单位：万美元

项　目	2009 年	2010 年	2011 年	2012 年	2013 年
农产品	2 679 301.8	2 974 832.2	3 432 852.3	3 605 746.9	3 730 182.5
谷物	83 913.9	79 380.6	83 667.7	83 622.5	86 592.3
小麦产品	5 929.2	5 216.9	7 704.0	9 631.4	7 899.4
玉米产品	42 561.8	37 132.3	38 036.8	36 421.2	35 490.8
稻谷产品	32 167.0	33 551.8	32 731.9	32 552.1	35 334.4
棉花	849.7	1 086.8	1 175.2	1 086.6	842.9
食用油籽	58 628.4	55 169.3	69 382.5	82 767.9	82 254.0
大豆	17 499.4	11 474.1	15 959.7	17 339.3	16 072.7
花生	12 729.8	13 180.3	17 461.7	22 158.3	20 865.0
油菜籽	10 921.5	10 823.9	10 933.7	14 109.7	11 094.8
食用植物油	52 114.7	57 796.5	49 451.0	56 235.1	49 666.6
豆油	4 567.1	4 454.6	4 476.9	3 811.4	4 154.5
菜籽油	12 979.7	21 770.2	10 055.1	18 053.6	10 517.5
棕榈油	6 458.3	7 834.9	9 597.8	9 653.6	8 885.9
食糖	42 232.9	57 246.3	81 562.1	62 132.3	50 753.8
蔬菜	306 615.9	341 753.0	375 645.4	367 196.7	401 681.3
水果	476 497.7	521 498.9	575 808.5	618 832.2	642 814.0
畜产品	280 894.4	316 446.7	383 203.4	432 126.8	460 117.6
猪产品	54 491.8	63 793.1	76 971.7	90 584.0	89 658.2
牛产品	80 800.4	89 453.0	122 387.4	140 306.4	137 953.4
羊产品	12 377.7	12 391.1	16 848.0	14 151.7	14 507.6
禽产品	54 490.5	59 402.8	59 043.3	73 448.7	76 386.2
蛋产品	6 437.6	6 788.0	7 086.2	7 738.0	9 780.1
乳品	33 590.7	38 736.2	43 580.7	41 876.6	44 873.5
动物生皮	1 036.0	978.2	1 168.8	809.5	590.4
动物生毛皮	8 947.3	8 844.2	14 124.4	18 709.4	37 129.5
羊毛	282.6	443.7	495.7	450.5	426.7
水产品	220 691.7	247 194.5	289 169.1	291 438.7	307 280.5
饮品	560 046.8	651 311.8	795 980.6	805 854.3	807 900.6
酒	276 325.5	330 799.2	395 413.6	412 851.4	426 877.8
茶	19 182.3	20 859.1	22 409.0	23 329.6	22 220.9
咖啡	90 968.1	111 123.2	161 466.1	157 301.5	133 982.4
烟草	11 483.9	16 177.3	15 220.0	15 413.4	16 109.7

4-24-4 加拿大主要农产品出口量（一）

单位：吨

项 目	2003年	2004年	2005年	2006年	2007年	2008年
农产品						
谷物	14 635 251.8	19 249 047.4	18 481 600.8	23 095 751.6	23 137 196.6	34 232 737.0
小麦产品	11 931 901.6	15 364 908.1	14 146 583.5	18 746 022.8	17 808 122.2	27 651 565.0
玉米产品	318 338.0	393 028.8	313 106.4	249 819.5	523 690.8	1 048 496.5
稻谷产品	106 012.6	116 481.1	132 911.5	136 681.4	151 099.5	165 966.2
棉花	659.3	2 565.7	1 958.2	1 240.9	2 725.8	2 155.2
食用油籽	5 055 380.2	5 327 387.4	5 933 261.3	7 930 277.1	8 390 836.7	4 116 303.5
大豆	876 108.6	986 453.3	1 185 652.2	1 475 277.4	1 889 123.4	2 857 475.9
花生	15 493.6	15 290.3	14 995.8	16 605.7	15 865.3	31 675.5
油菜籽	3 243 461.3	3 587 372.1	4 001 211.5	5 551 807.3	5 401 629.2	8 727.4
食用植物油	749 356.4	1 157 979.1	928 002.4	1 234 686.8	1 305 220.6	1 784 618.1
豆油	20 165.1	13 643.1	15 103.7	17 774.8	29 480.2	68 322.8
菜籽油	700 986.5	1 108 437.3	872 475.0	1 179 633.4	1 231 376.8	1 658 234.6
棕榈油	320.4	442.6	676.8	505.9	881.5	745.4
食糖	16 633.1	12 558.6	31 050.0	74 716.2	35 654.1	168 421.6
蔬菜	2 193 632.7	2 406 290.8	2 263 441.1	2 311 864.6	2 532 694.8	
水果						
畜产品						
猪产品						
牛产品						
羊产品						
禽产品						
蛋产品						
乳品	166 398.0	102 272.5	102 152.3	109 839.0	94 726.5	64 641.5
动物生皮						
动物生毛皮						
羊毛	1 300.3	1 585.1	1 138.5	1 072.5	1 022.1	
水产品						
饮品						
酒						
茶	50 912.0	51 901.4	45 354.0	52 883.6	47 505.6	9 965.9
咖啡	41 149.8	38 053.5	39 408.5	37 281.0	34 194.2	34 261.6
烟草						

加拿大主要农产品出口量（二）

单位：吨

项　目	2009 年	2010 年	2011 年	2012 年	2013 年
农产品					
谷物	23 612 824.8	23 134 118.3	21 145 570.3	22 690 290.0	25 323 914.7
小麦产品	19 457 520.0	18 591 886.0	16 521 668.3	18 034 382.5	19 978 860.9
玉米产品	265 544.2	883 156.1	1 090 670.8	734 205.6	1 805 597.3
稻谷产品	186 683.3	188 348.0	205 817.3	194 614.8	205 904.4
棉花	309.8	340.4	461.8	698.7	178.8
食用油籽	10 736 051.3	11 185 178.2	11 147 361.6	12 639 602.8	11 118 119.0
大豆	2 300 180.0	2 815 446.8	2 693 695.5	3 706 821.3	3 378 707.7
花生	13 307.1	12 037.4	12 683.6	16 694.7	18 297.7
油菜籽	7 679 124.7	7 470 640.3	7 890 773.7	8 339 352.7	6 980 372.7
食用植物油	1 606 336.8	2 303 514.5	2 623 804.4	2 789 419.4	2 423 133.6
豆油	44 756.7	53 094.4	69 436.9	72 930.9	104 114.0
菜籽油	1 533 182.0	2 232 582.3	2 527 575.4	2 692 327.2	2 287 282.9
棕榈油	203.1	179.2	768.9	637.6	1 510.8
食糖	22 260.1	86 380.3	72 200.0	57 309.7	31 667.0
蔬菜	2 313 007.6	2 340 802.2	2 482 811.0		
水果					
畜产品					
猪产品					
牛产品					
羊产品					
禽产品					
蛋产品					
乳品	67 877.9	69 880.4	72 723.3	69 821.0	85 649.7
动物生皮					
动物生毛皮					
羊毛	795.6	749.5	803.8	777.7	684.0
水产品					
饮品					
酒					
茶	59 083.4	60 926.3	59 469.9	56 636.8	60 549.9
咖啡	31 671.2	39 930.3	50 049.5	48 776.6	52 275.6
烟草					

4-24-5 加拿大主要农产品进口量（一）

单位：吨

项　目	2003年	2004年	2005年	2006年	2007年	2008年
农产品						
谷物	4 445 889.8	2 743 916.2	2 790 183.0	2 532 004.0	3 272 542.5	3 454 641.9
小麦产品	82 259.5	59 735.5	73 979.6	91 977.2	143 313.2	149 060.4
玉米产品	3 858 233.1	2 217 559.9	2 245 241.6	1 978 771.4	2 654 477.9	2 804 105.3
稻谷产品	285 823.7	356 287.8	351 537.1	366 856.0	375 627.6	397 699.2
棉花	79 127.6	77 798.8	53 986.5	38 427.4	28 297.3	11 161.3
食用油籽	1 086 261.3	898 446.0	737 886.3	688 692.5	629 265.2	732 462.8
大豆	666 382.0	523 829.5	410 434.5	346 686.0	257 859.8	413 931.6
花生	87 669.1	101 523.7	103 970.7	105 935.2	106 024.6	108 968.3
油菜籽	251 032.6	174 644.2	102 341.9	162 798.7	202 050.6	138 825.9
食用植物油	259 826.7	267 219.2	258 429.2	311 754.7	354 322.5	273 717.4
豆油	120 961.7	86 628.1	74 539.3	80 509.8	77 594.8	70 869.1
菜籽油	28 101.3	48 885.5	49 091.2	75 234.0	112 003.3	41 286.6
棕榈油	7 539.1	14 344.9	14 494.5	35 043.1	28 898.4	33 617.7
食糖	1 443 269.7	1 313 450.5	1 222 946.5	1 216 853.1	1 276 550.8	1 319 323.2
蔬菜	2 119 173.3	2 262 405.2	2 254 507.9	2 421 661.9	2 458 410.7	2 457 401.5
水果						
畜产品						
猪产品						
牛产品						
羊产品						
禽产品						
蛋产品						
乳品		161 594.9		172 009.7	192 121.5	198 999.3
动物生皮						
动物生毛皮						
羊毛	2 647.3	2 511.8	1 622.0	2 492.4	1 614.7	1 924.9
水产品						
饮品						
酒						
茶	27 077.5	23 735.9	26 660.0	21 710.5	26 081.9	25 582.8
咖啡	173 673.1	200 798.4	262 183.7	213 344.3	219 076.6	211 997.6
烟草						

加拿大主要农产品进口量（二）

单位：吨

项　目	2009 年	2010 年	2011 年	2012 年	2013 年
农产品					
谷物	2 723 214.1	2 287 358.8	1 824 035.2	1 397 168.1	1 806 096.9
小麦产品	206 780.5	143 028.4	168 121.1	221 580.4	155 270.5
玉米产品	2 026 408.8	1 660 562.8	1 153 699.7	728 532.1	809 300.9
稻谷产品	401 631.2	389 736.1	390 823.0	379 246.0	751 029.0
棉花	8 816.6	10 325.3	11 224.5	10 886.5	12 615.4
食用油籽	760 727.9	636 000.3	658 250.0	635 534.5	561 418.2
大豆	439 522.2	263 015.3	312 875.2	303 311.5	260 328.8
花生	102 918.4	106 926.0	107 214.0	98 821.1	120 696.9
油菜籽	141 746.0	186 339.9	146 339.3	127 147.8	75 303.5
食用植物油	378 271.3	466 673.3	283 489.9	343 529.1	287 736.9
豆油	41 325.3	40 388.6	30 275.5	26 051.8	30 607.2
菜籽油	148 828.4	248 596.2	78 032.9	141 586.9	81 440.2
棕榈油	65 462.7	72 858.1	71 260.3	77 046.3	78 198.7
食糖	1 057 136.5	1 149 447.2	1 177 215.0	1 144 866.1	1 123 400.1
蔬菜	2 483 790.6	2 630 474.1	2 791 308.9		2 980 833.9
水果					
畜产品					
猪产品					
牛产品					
羊产品					
禽产品					
蛋产品					
乳品	284 347.6	246 657.1	116 182.7	111 968.6	138 116.9
动物生皮					
动物生毛皮					
羊毛	917.7	1 325.2	1 095.4	958.3	1 063.4
水产品					
饮品					
酒					
茶	23 641.2	28 832.0	27 925.2	25 827.0	26 543.2
咖啡	216 205.0	243 790.3	253 548.3	251 609.2	259 631.4
烟草					

4-24-6 加拿大农产品出口额前15位国家（地区）

（2013年）

单位：万美元，%

序号	国家（地区）	出口额	同比增长
1	美国	2 585 948.9	7.3
2	中国	548 826.4	0.6
3	日本	402 970.0	−4.9
4	墨西哥	156 119.9	−12.7
5	中国香港	91 122.7	19.4
6	印度	71 932.6	34.7
7	印度尼西亚	54 728.3	39.9
8	孟加拉国	51 428.7	49.3
9	委内瑞拉	46 968.5	20.2
10	英国	42 999.3	9.3
11	俄罗斯	41 883.8	−37.9
12	意大利	41 561.2	4.0
13	韩国	40 394.8	−30.0
14	阿拉伯联合酋长国	38 173.7	−26.9
15	荷兰	37 509.5	−35.6
	小计	**4 252 568.3**	

4-24-7 加拿大农产品进口额前 15 位国家（地区）

（2013 年）

单位：万美元，%

序号	国家（地区）	进口额	同比增长
1	美国	2 222 375.7	3.8
2	墨西哥	151 261.5	13.4
3	中国	114 094.1	−1.1
4	意大利	92 669.7	4.0
5	法国	89 177.7	3.7
6	巴西	76 157.9	−16.2
7	智利	75 100.4	8.2
8	泰国	65 852.2	−5.7
9	英国	47 886.6	2.1
10	澳大利亚	43 426.0	−0.5
11	德国	41 758.0	8.3
12	印度	40 937.1	2.3
13	新西兰	34 515.4	−10.7
14	荷兰	33 546.7	3.3
15	哥伦比亚	33 172.3	−5.1
	小计	**3 161 931.3**	

4-25 墨西哥主要农产品贸易情况

4-25-1 墨西哥主要农产品出口额（一）

单位：万美元

项目	2003年	2004年	2005年	2006年	2007年	2008年
农产品	928 035.7	1 045 527.0	1 180 802.3	1 384 497.2	1 488 670.9	1 647 533.8
谷物	12 605.1	8 787.6	12 095.7	15 797.7	28 681.8	71 585.6
小麦产品	11 393.7	6 348.8	8 287.4	9 931.4	18 136.7	65 004.6
玉米产品	1 120.6	2 272.6	3 620.6	5 618.9	9 942.8	5 902.3
稻谷产品	52.3	146.1	161.2	186.3	542.7	671.9
棉花	2 793.9	5 786.0	6 500.6	6 299.6	7 560.3	9 151.4
食用油籽	3 645.7	3 225.2	3 255.0	3 249.8	3 982.0	6 370.0
大豆	99.7	170.1	112.4	20.0	32.0	18.2
花生	953.6	596.6	1 087.9	1 242.7	1 886.8	2 963.8
油菜籽			2.3			37.2
食用植物油	4 606.6	4 788.6	5 137.5	5 298.9	7 557.4	8 885.0
豆油	602.3	156.5	112.8	25.9	55.8	323.1
菜籽油	0.2		1.5	1.6	32.8	225.0
棕榈油	5.9	27.2	14.0	51.1	65.8	36.1
食糖	976.1	1 333.0	12 966.2	38 992.1	9 412.7	40 318.0
蔬菜	281 403.3	328 037.8	344 913.2	377 082.7	386 227.9	414 408.8
水果	124 848.8	147 688.3	189 336.0	208 696.3	261 819.8	272 804.1
畜产品	80 513.5	94 166.5	100 831.5	121 013.3	113 835.8	112 434.1
猪产品	14 379.7	17 356.9	19 498.2	21 035.1	24 923.4	34 384.7
牛产品	51 555.7	61 824.3	64 770.5	81 304.6	65 305.1	48 965.9
羊产品	2.1	15.8	36.8	49.2	14.9	42.2
禽产品	357.2	679.9	519.8	673.6	1 261.0	2 272.7
蛋产品	160.8	263.4	129.5	53.0	37.1	170.3
乳品	4 687.8	4 907.5	7 415.2	6 840.9	7 353.0	9 102.1
动物生皮	596.5	628.2	266.9	322.8	471.5	335.6
动物生毛皮	11.9	4.5	1.3		8.0	4.5
羊毛	49.2	20.6	140.4	62.1	24.3	24.8
水产品	65 408.9	66 301.3	66 152.2	74 229.3	82 766.3	88 796.5
饮品	232 646.6	251 008.0	291 077.2	340 525.7	358 488.7	364 316.0
酒	181 116.3	192 744.2	219 763.5	256 983.7	261 066.2	260 625.7
茶	1 711.4	3 762.6	3 904.9	1 422.7	1 937.4	522.7
咖啡	23 442.6	24 841.8	30 095.1	38 332.5	46 122.7	46 627.2
烟草	5 116.0	4 191.0	2 481.8	17 649.0	33 182.1	32 679.6

墨西哥主要农产品出口额（二）

单位：万美元

项　目	2009年	2010年	2011年	2012年	2013年
农产品	1 616 884.1	1 819 286.5	2 225 005.9	2 285 127.3	2 447 218.6
谷物	44 949.8	32 646.3	44 356.7	48 792.2	63 192.1
小麦产品	32 262.8	13 542.2	36 393.9	21 269.2	32 286.0
玉米产品	12 226.0	18 670.5	7 684.5	27 151.3	30 459.2
稻谷产品	442.8	389.1	229.4	214.1	236.7
棉花	5 896.8	7 133.2	14 934.0	18 126.0	12 967.7
食用油籽	5 895.7	6 262.4	7 388.1	8 829.8	10 585.0
大豆	15.8	20.9	32.1	37.3	38.5
花生	2 636.4	2 695.6	3 427.5	4 817.4	4 376.8
油菜籽	3.1				
食用植物油	5 673.7	6 788.2	8 872.9	9 995.4	10 547.2
豆油	269.3	548.8	470.9	708.5	677.5
菜籽油	333.6	290.3	317.8	352.1	346.5
棕榈油	172.2		53.4	265.9	178.7
食糖	50 786.6	68 253.9	121 176.2	73 652.6	130 439.2
蔬菜	399 197.1	468 569.1	539 227.8	502 476.9	596 540.9
水果	276 597.9	301 320.1	353 456.1	362 363.1	425 045.5
畜产品	110 477.6	144 692.8	209 828.0	224 687.1	206 861.3
猪产品	24 501.9	28 690.3	34 131.4	39 971.4	46 978.6
牛产品	59 439.5	85 653.3	139 789.0	147 951.7	120 962.1
羊产品	72.5	84.3	93.2	75.3	51.1
禽产品	2 386.1	3 311.8	4 040.0	3 073.9	3 509.8
蛋产品	193.3	347.5	1 067.9	540.8	169.6
乳品	7 976.7	10 038.5	11 937.6	11 210.3	14 106.6
动物生皮	368.5	529.3	963.8	721.3	886.7
动物生毛皮		12.8	45.7	43.9	67.0
羊毛	36.4	43.6	177.3	128.2	88.6
水产品	85 922.6	86 061.8	122 222.6	117 243.8	120 705.6
饮品	369 145.9	408 435.9	478 803.1	500 804.8	500 161.8
酒	251 207.0	275 831.9	300 625.9	315 483.3	336 915.5
茶	767.0	546.1	539.2	621.3	825.6
咖啡	47 822.3	50 738.9	85 660.3	94 898.4	69 852.1
烟草	27 071.6	29 139.4	30 004.9	30 853.0	31 018.3

4-25-2 墨西哥主要农产品进口额（一）

单位：万美元

项 目	2003年	2004年	2005年	2006年	2007年	2008年
农产品	1 271 913.0	1 405 268.1	1 498 559.5	1 675 145.3	2 008 943.3	2 390 792.9
谷物	224 483.5	236 784.8	224 050.6	290 093.2	369 168.7	466 600.2
小麦产品	57 873.0	63 263.2	62 816.4	70 946.1	88 149.1	128 254.4
玉米产品	107 485.6	107 271.8	105 512.7	157 004.9	211 042.9	246 028.2
稻谷产品	13 693.8	18 655.3	16 643.4	20 591.9	25 102.8	37 416.4
棉花	54 358.5	57 798.5	46 729.6	49 738.3	46 953.9	54 576.7
食用油籽	154 579.2	177 787.8	155 306.6	165 114.7	211 716.9	326 390.1
大豆	108 264.7	112 308.7	100 639.3	103 015.2	131 694.4	199 979.2
花生	6 555.7	8 745.2	8 378.0	8 329.3	11 632.2	15 403.1
油菜籽	21 932.2	36 248.6	28 906.3	34 514.1	47 987.8	88 856.6
食用植物油	30 708.8	38 979.6	39 825.1	38 174.9	52 532.2	82 438.7
豆油	7 143.7	5 498.4	8 894.2	6 116.4	13 338.7	27 944.3
菜籽油	4 909.3	7 688.3	4 395.9	3 820.5	3 011.1	6 681.4
棕榈油	9 309.0	12 654.3	12 991.6	16 837.9	22 105.8	34 851.2
食糖	5 446.6	11 289.1	5 157.8	22 750.4	13 326.4	9 207.3
蔬菜	51 578.0	58 006.8	65 473.6	74 570.2	81 235.5	91 163.2
水果	83 438.9	85 221.1	104 416.0	128 092.1	141 637.2	150 154.5
畜产品	330 632.0	365 043.0	431 257.2	443 590.1	547 311.5	587 814.1
猪产品	60 378.5	87 244.5	85 125.6	88 169.7	88 850.8	110 172.8
牛产品	102 758.4	83 630.8	110 982.4	121 997.5	137 502.8	152 677.5
羊产品	8 352.1	7 244.4	8 003.1	7 327.1	8 292.4	7 626.7
禽产品	44 859.9	50 687.8	67 879.3	77 161.6	86 361.8	98 325.4
蛋产品	2 959.3	2 103.0	2 737.4	3 969.6	3 496.0	2 966.6
乳品	70 188.3	87 622.4	112 015.2	99 037.7	163 414.4	146 984.2
动物生皮	14 844.5	13 609.0	15 538.9	15 957.5	15 308.7	14 087.2
动物生毛皮	2.7	1.3	2.1	2.3	2.0	0.7
羊毛	673.0	929.2	1 191.7	1 091.6	916.6	1 087.1
水产品	25 255.9	34 213.9	40 689.9	48 432.6	58 878.3	64 120.9
饮品	64 957.3	70 380.8	77 604.0	87 367.8	101 246.4	121 244.0
酒	32 249.1	35 104.1	40 328.4	45 133.8	50 914.8	60 003.1
茶	1 019.8	1 460.9	1 479.9	1 307.4	1 666.4	3 407.9
咖啡	3 253.6	3 576.1	3 462.5	3 590.4	4 332.0	4 363.4
烟草	6 953.4	7 918.3	6 809.3	14 944.3	21 343.8	17 971.3

墨西哥主要农产品进口额（二）

单位：万美元

项　目	2009 年	2010 年	2011 年	2012 年	2013 年
农产品	1 893 448.6	2 159 037.6	2 702 535.4	2 774 432.8	2 733 284.7
谷物	315 122.5	336 888.4	565 899.6	474 239.6	448 465.2
小麦产品	75 667.6	87 938.7	137 067.4	78 987.5	140 422.2
玉米产品	150 227.6	165 717.5	309 198.0	309 606.5	215 052.8
稻谷产品	34 823.8	32 321.1	38 096.9	37 426.0	43 982.9
棉花	41 813.3	64 149.4	84 763.2	46 025.6	46 322.2
食用油籽	236 349.3	273 083.4	323 239.0	221 621.0	331 139.8
大豆	159 400.6	177 333.5	189 775.7	102 836.9	207 196.9
花生	12 386.4	14 063.1	19 468.4	10 230.5	17 348.0
油菜籽	49 349.3	66 711.9	97 345.0	93 418.6	87 965.5
食用植物油	54 643.4	60 701.9	84 779.3	90 668.1	86 090.9
豆油	16 637.4	18 004.4	19 545.4	21 659.8	22 632.3
菜籽油	1 990.8	1 611.7	7 606.3	7 377.4	5 677.8
棕榈油	26 597.7	31 430.3	43 586.8	47 625.3	42 054.3
食糖	32 453.4	32 727.3	28 320.8	27 114.7	13 431.5
蔬菜	79 839.0	88 017.6	92 500.6	85 867.0	96 030.4
水果	113 952.5	124 820.6	140 403.1	148 931.1	168 774.8
畜产品	468 814.1	556 607.1	630 644.7	618 504.1	714 471.6
猪产品	110 050.1	143 281.8	139 644.1	159 368.8	186 224.1
牛产品	103 050.0	110 530.3	117 534.5	104 987.5	116 169.2
羊产品	5 122.0	4 955.4	4 590.5	3 008.5	4 495.2
禽产品	89 927.0	104 082.5	120 418.5	134 619.5	151 504.9
蛋产品	3 289.1	3 547.3	5 395.7	7 500.3	22 626.3
乳品	103 232.9	123 396.8	161 344.6	154 325.2	171 943.5
动物生皮	10 623.3	15 169.7	13 616.0	16 871.7	14 898.0
动物生毛皮	0.7	2.2	0.5		0.2
羊毛	747.6	942.4	1 018.7	977.7	639.2
水产品	42 829.1	57 947.3	69 807.2	70 316.0	85 124.9
饮品	111 667.9	135 873.6	158 807.7	166 217.0	179 438.3
酒	56 987.7	64 995.9	73 307.3	79 046.0	86 389.6
茶	3 963.8	5 065.5	3 817.3	7 183.5	7 946.6
咖啡	4 097.7	7 969.1	10 487.2	9 315.4	11 554.9
烟草	16 463.7	18 135.5	17 058.3	13 451.2	12 927.9

4-25-3 墨西哥主要农产品出口量（一）

单位：吨

项　目	2003年	2004年	2005年	2006年	2007年	2008年
农产品						
谷物	622 488.5	461 481.3	698 090.8	824 211.0	984 520.5	1 637 748.6
小麦产品	601 051.8	395 441.1	445 160.9	586 121.0	645 074.1	1 499 599.0
玉米产品	20 448.5	58 689.1	249 909.4	234 088.9	324 299.8	126 877.4
稻谷产品	721.7	6 491.3	2 870.5	3 698.5	14 659.4	11 145.9
棉花	35 523.3	90 675.4	72 493.1	63 261.7	68 238.0	66 347.4
食用油籽	34 586.0	60 674.4	700 588.7	24 292.9	27 541.4	28 253.0
大豆	2 091.3	3 786.9	1 069.4	229.1	383.4	216.4
花生	7 636.6	9 502.4	7 669.9	8 187.4	10 922.2	13 624.5
油菜籽			11.2	0.2		560.4
食用植物油	58 483.9	61 376.6	48 472.5	44 880.4	59 246.4	49 008.1
豆油	12 334.1	1 984.9	1 432.0	343.7	463.9	2 036.6
菜籽油	1.7		6.8	1.9	309.9	2 599.6
棕榈油	75.1	269.1	178.8	667.1	636.0	342.7
食糖	26 620.8	146 132.0	291 685.2	833 934.4	195 447.7	983 605.8
蔬菜	3 383 663.3	68 025 912.4	3 709 956.6	3 903 813.5	4 027 681.4	4 659 073.3
水果						
畜产品						
猪产品						
牛产品						
羊产品						
禽产品						
蛋产品						
乳品	22 167.8	34 669.1	32 111.9	31 237.4	32 198.8	34 686.4
动物生皮	3 424.8	4 857.0	1 301.0	1 036.8	1 585.1	978.0
动物生毛皮	1.8	0.2	0.1		26.1	15.5
羊毛	590.4	525.9	591.5	567.5	474.3	373.9
水产品						
饮品						
酒						
茶	20 676.7	71 708.7	31 393.0	17 350.8	22 007.2	4 273.4
咖啡	138 425.9	160 752.0	104 695.2	137 408.5	150 803.6	125 589.9
烟草						

墨西哥主要农产品出口量（二）

单位：吨

项　目	2009 年	2010 年	2011 年	2012 年	2013 年
农产品					
谷物	1 583 880.1	1 157 261.3	1 055 232.9	1 404 513.2	1 511 996.7
小麦产品	1 224 210.6	536 099.9	951 209.7	565 734.9	859 853.6
玉米产品	351 592.5	614 753.0	101 297.5	834 827.8	648 394.6
稻谷产品	7 793.7	5 948.9	2 435.8	2 137.8	2 091.3
棉花	47 863.4	46 430.0	67 543.9	97 712.1	77 229.6
食用油籽	26 832.9	26 807.8	31 088.8	29 571.7	35 473.3
大豆	208.2	156.9	153.5	260.7	300.0
花生	10 767.8	11 819.3	14 790.2	15 034.3	16 942.5
油菜籽	11.0	0.3			0.1
食用植物油	36 004.2	42 459.5	44 815.5	53 802.0	53 263.4
豆油	1 836.4	4 426.0	3 039.6	4 487.6	3 934.7
菜籽油	3 660.7	1 575.9	1 706.8	1 871.0	1 899.5
棕榈油	1 906.7		358.5	1 773.6	1 227.9
食糖	992 615.5	875 690.1	1 409 988.2	889 571.2	2 617 236.6
蔬菜	4 524 396.5	5 159 620.8	5 228 697.5		5 625 317.8
水果					
畜产品					
猪产品					
牛产品					
羊产品					
禽产品					
蛋产品					
乳品	38 657.9	64 124.6	52 654.7		73 103.6
动物生皮	3 020.6	3 634.8	4 052.5		
动物生毛皮		50.1	60.3	42.7	36.1
羊毛	417.3	512.4	1 398.9	1 101.5	844.6
水产品					
饮品					
酒					
茶	4 481.5	3 143.3	3 489.2	4 207.4	5 455.8
咖啡	146 212.8	119 923.0	130 664.3		163 126.1
烟草					

4-25-4 墨西哥主要农产品进口量（一）

单位：吨

项 目	2003年	2004年	2005年	2006年	2007年	2008年
农产品						
谷物	16 362 868.3	15 992 441.3	16 281 255.2	18 098 662.6	17 144 138.8	15 410 866.2
小麦产品	3 544 000.0	3 687 336.1	3 767 532.8	3 502 288.2	3 313 562.9	3 276 756.6
玉米产品	8 490 512.9	8 149 095.9	8 543 054.2	10 863 842.3	10 822 330.1	9 359 102.0
稻谷产品	753 892.4	685 547.2	727 886.4	807 140.6	828 378.7	802 953.6
棉花	459 334.7	448 630.6	404 661.3	401 864.1	357 809.9	353 992.7
食用油籽	5 513 299.4	5 525 579.5	5 557 440.8	6 024 019.0	5 768 321.3	5 766 377.5
大豆	4 236 594.1	3 588 220.8	3 963 985.0	4 235 841.0	4 109 773.5	4 015 130.1
花生	78 645.1	146 030.4	103 406.5	105 349.2	116 284.3	107 696.3
油菜籽	780 199.0	1 105 563.5	1 059 322.8	1 207 040.7	1 128 545.0	1 337 182.3
食用植物油	533 998.7	669 137.5	667 627.0	597 158.1	615 997.4	645 603.6
豆油	127 845.1	102 855.1	161 304.5	108 331.9	159 221.7	214 042.5
菜籽油	85 213.5	127 215.0	77 589.7	61 413.2	37 077.6	47 304.1
棕榈油	200 785.6	252 794.9	280 702.5	335 663.1	302 411.4	326 571.5
食糖	178 504.5	750 258.5	127 964.5	467 221.7	266 913.3	181 279.8
蔬菜	532 984.1	1 946 739.4	635 019.8	710 072.3	659 792.1	682 795.7
水果						
畜产品						
猪产品						
牛产品						
羊产品						
禽产品						
蛋产品						
乳品	465 345.9	1 109 656.1	549 025.6	469 540.1	574 343.5	467 529.5
动物生皮	104 071.0	104 476.2	106 258.5	113 597.9	102 289.7	95 104.1
动物生毛皮	10.2	10.6	6.9	1.4	0.6	0.2
羊毛	2 112.9	2 949.7	2 914.0	2 862.6	2 450.1	2 579.5
水产品						
饮品						
酒						
茶	2 324.5	52 248.5	2 950.7	2 357.3	2 888.7	3 478.4
咖啡	18 391.1	48 172.4	7 083.0	5 780.9	7 669.6	4 806.8
烟草						

墨西哥主要农产品进口量（二）

单位：吨

项 目	2009 年	2010 年	2011 年	2012 年	2013 年
农产品					
谷物	13 853 899.8	14 980 730.7	17 456 016.4	14 345 459.3	14 004 558.7
小麦产品	2 832 745.7	3 571 756.8	4 140 909.2	2 197 793.1	4 256 804.1
玉米产品	7 458 863.4	8 091 735.1	9 711 526.8	9 713 713.4	7 331 389.5
稻谷产品	826 254.5	847 416.9	952 193.2	854 179.0	937 163.6
棉花	308 621.1	335 106.2	277 022.5	230 150.3	245 547.2
食用油籽	5 304 873.8	6 046 929.1	5 546 006.7	3 322 149.4	5 298 394.9
大豆	3 852 038.1	4 257 001.0	3 668 616.4	1 671 911.9	3 620 513.3
花生	112 218.8	117 925.8	133 806.0	54 412.1	118 289.1
油菜籽	1 155 936.2	1 442 636.3	1 591 575.8	1 460 074.1	1 386 125.1
食用植物油	610 244.9	633 953.5	838 669.9	749 590.7	792 729.4
豆油	174 723.0	195 849.0	330 279.9	173 068.1	197 023.6
菜籽油	17 846.2	14 344.9	57 371.3	56 629.2	47 738.1
棕榈油	359 556.6	370 312.1	373 442.6	440 246.5	461 562.5
食糖	580 691.9	9 729 297.6	335 600.1	343 386.4	172 929.4
蔬菜	585 303.1	616 664.6	610 805.3		637 540.7
水果					
畜产品					
猪产品					
牛产品					
羊产品					
禽产品					
蛋产品					
乳品	480 102.5	439 126.2	480 669.8		490 205.4
动物生皮	112 739.4	109 947.4	100 978.5		96 820.1
动物生毛皮	0.3	3.5	0.1		
羊毛	2 023.0	2 098.7	1 876.4	1 776.5	973.2
水产品					
饮品					
酒					
茶	2 610.8	2 690.2	8 425.1	5 094.8	5 421.6
咖啡	4 414.4	14 741.1	18 067.0		17 451.0
烟草					

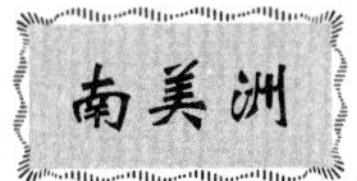

4-26 巴西主要农产品贸易情况

4-26-1 巴西农产品贸易综述

一、10年来巴西农产品贸易总体情况

过去10年，巴西农产品贸易额总体不断增长，由2003年的255.4亿美元增至2013年的994.3亿美元，年均增长14.6%。其中，出口额由217.4亿美元增至867.0亿美元，年均增长14.8%；进口额由38.0亿美元增至127.3亿美元，年均增长12.9%；贸易顺差由179.4亿美元增至739.7亿美元，年均增长15.2%。

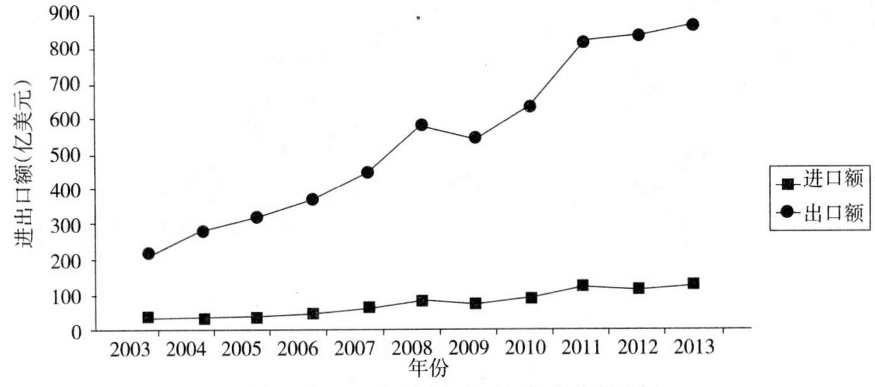

图1 2003—2013年巴西农产品进出口额

2004—2013年，巴西农产品出口额年度波动较大，除2009年出口小幅下降外，其余年份保持增长，2004、2008和2011年增幅均达三成左右。从巴西农产品进口情况看，年度间波动更大，同比下降的年份有2004、2009和2012年，其余年份保持增长，其中2007、2008和2011年进口同比增幅均达三成以上（图2）。

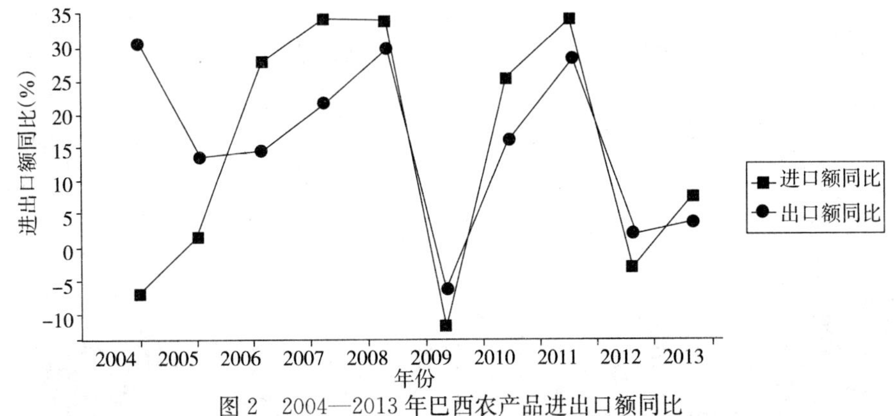

图2 2004—2013年巴西农产品进出口额同比

二、2013 年巴西农产品贸易情况

2013 年，巴西农产品贸易额为 994.3 亿美元，同比增长 4.3%，在全球各大农产品贸易国中排名第 8 位。其中出口额为 867.0 亿美元，同比增长 3.9%，全球排名第 4 位；进口额为 127.3 亿美元，同比增长 7.5%，全球排名第 29 位。

（一）进出口产品结构

2013 年，巴西农产品中进口额靠前的有谷物、水产品和畜产品，分别为 32.3 亿美元、15.6 亿美元和 11.7 亿美元，占其农产品进口额的比重分别为 25.4%、12.3%和 9.2%。此外，蔬菜、水果、饮品和食用植物油的进口也占有一定比重，2013 年的进口额分别为 11.3 亿美元、10.5 亿美元、9.6 亿美元和 6.4 亿美元，占其农产品进口额的比重分别为 8.9%、8.2%、7.5%和 5.0%（图 3）。

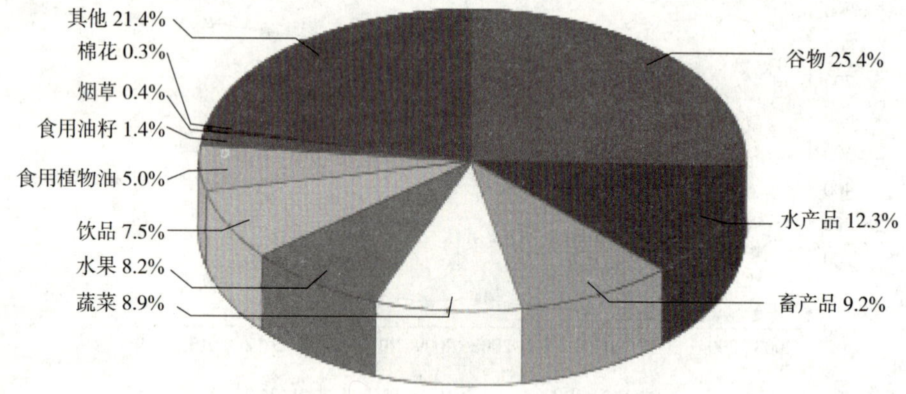

图 3 2013 年巴西农产品进口结构

2013 年，巴西进口额同比增长较快的农产品主要是棉花和食糖，增幅分别达到了 170.7%和 73.7%。饮品、食用油籽和畜产品进口额同比下降了 32.6%、14.1%和 3.4%（表 1）。

表 1 2004—2013 年巴西主要农产品进口额同比变化情况

单位：%

	2004 年	2005 年	2006 年	2007 年	2008 年	2009 年	2010 年	2011 年	2012 年	2013 年
农产品	−7.1	1.8	27.6	34.1	33.8	−11.7	25.1	34.4	−3.1	7.5
谷物	−26.8	−15.7	48.5	51.9	33.2	−26.2	16.1	17.3	−3.2	24.3
棉花	20.8	−73.9	138.8	25.2	−55.6	−63.9	244.0	464.9	−95.9	170.7
食用油籽	−65.0	0.2	−71.1	100.6	43.6	−3.0	26.3	−26.9	221.0	−14.1
食用植物油	10.3	9.1	47.2	51.7	56.3	−27.0	16.8	45.4	0.0	4.1

（续）

	2004 年	2005 年	2006 年	2007 年	2008 年	2009 年	2010 年	2011 年	2012 年	2013 年
食糖	357.5	−63.7	93.7	67.2	54.3	−5.1	72.6	2.2	85.2	73.7
蔬菜	27.8	23.1	13.2	29.4	27.9	1.9	68.3	−1.8	−8.2	32.9
水果	21.2	34.1	35.9	18.9	22.6	8.1	24.4	32.8	3.5	8.3
畜产品	−1.2	24.9	7.1	21.2	45.7	3.2	17.5	54.7	5.0	−3.4
水产品	20.8	16.9	45.3	25.3	20.2	3.6	39.0	25.6	1.4	16.3
饮品	−9.3	22.4	28.0	36.4	6.2	15.6	23.4	118.4	−18.1	−32.6
烟草	−19.9	12.1	35.6	40.9	16.1	36.4	9.6	−48.0	8.2	25.1

2013 年，巴西出口农产品以食用油籽、畜产品和食糖为主，出口额分别为 229.4 亿美元、180.4 亿美元和 118.4 亿美元，占其农产品出口额的比重分别为 26.5%、20.8%和 13.7%。此外，巴西还出口饮品、谷物、水果和烟草等，出口额分别为 77.1 亿美元、71.2 亿美元、36.0 亿美元和 32.7 亿美元，分别占其农产品出口额的 8.9%、8.2%、4.1%和 3.8%（图 4）。

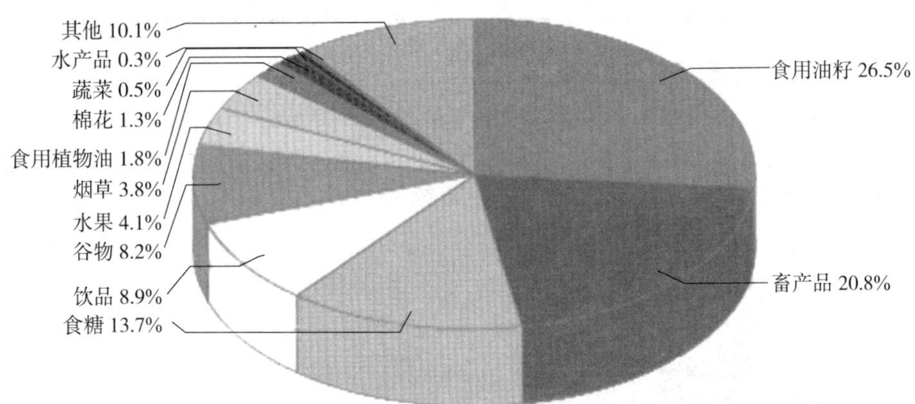

图 4　2013 年巴西农产品出口结构

2013 年，巴西出口额同比增长较快的农产品主要是食用油籽和谷物，增幅分别为 32%和 8.3%。棉花、食用植物油和饮品出口同比降幅较大，分别为 47.6%、31.4%和 16.6%（表 2）。

表 2　2004—2013 年巴西主要农产品出口额同比变化情况

单位：%

	2004 年	2005 年	2006 年	2007 年	2008 年	2009 年	2010 年	2011 年	2012 年	2013 年
农产品	30.6	13.6	14.7	21.5	30.0	−6.1	16.1	28.5	2.0	3.8

（续）

	2004 年	2005 年	2006 年	2007 年	2008 年	2009 年	2010 年	2011 年	2012 年	2013 年
谷物	96.5	−75.0	198.8	231.6	−4.7	−15.0	56.9	55.2	60.8	8.3
棉花	111.7	11.0	−23.2	45.7	38.3	−1.6	19.8	92.5	32.1	−47.6
食用油籽	26.4	−0.9	5.7	18.5	63.3	4.3	−3.4	48.0	5.7	32.0
食用植物油	14.1	−6.2	−5.3	38.0	57.3	−52.8	7.8	59.9	−0.4	−31.4
食糖	23.4	48.4	57.4	−17.3	7.5	52.8	52.3	17.1	−15.3	−6.4
蔬菜	19.4	−2.0	34.7	35.9	1.8	−7.1	0.5	44.2	−2.7	2.4
水果	−2.6	7.9	23.9	46.3	−3.3	−18.8	9.1	25.1	−2.0	3.7
畜产品	49.7	30.5	6.0	33.6	30.6	−19.5	16.7	13.0	0.8	7.2
水产品	2.4	−3.3	−5.3	−9.5	6.8	−31.6	3.2	6.6	−5.8	−2.0
饮品	40.9	41.7	30.2	7.6	31.6	−20.6	20.1	47.3	−14.7	−16.6
烟草	30.8	19.7	2.6	29.1	21.6	10.7	−9.3	6.3	11.0	0.5

（二）主要贸易伙伴

2013 年巴西前五大农产品出口市场分别为中国、荷兰、美国、日本和俄罗斯，出口额分别为 205.0 亿美元、58.9 亿美元、45.5 亿美元、31.9 亿美元和 27.2 亿美元，占其农产品出口额的比重分别为 23.6%、6.8%、5.2%、3.7%和 3.1%（图 5）。

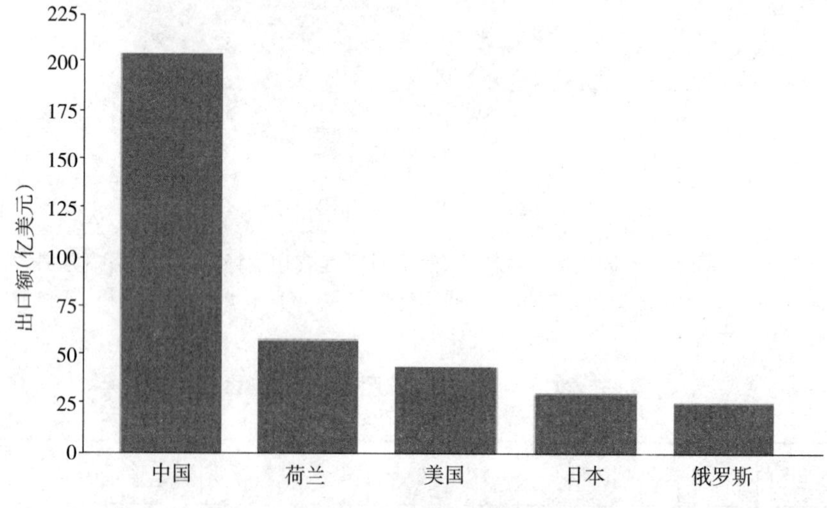

图 5　2013 年巴西前五大农产品出口市场

2013 年巴西前五大农产品进口来源地分别为阿根廷、美国、智利、中国和乌拉圭，进口额分别为 32.9 亿美元、18.2 亿美元、10.3 亿美元、9.1 亿美元和 9.0 亿美元，占其农产品进口额的比重分别为 25.8%、14.3%、8.1%、7.1%和 7.1%（图 6）。

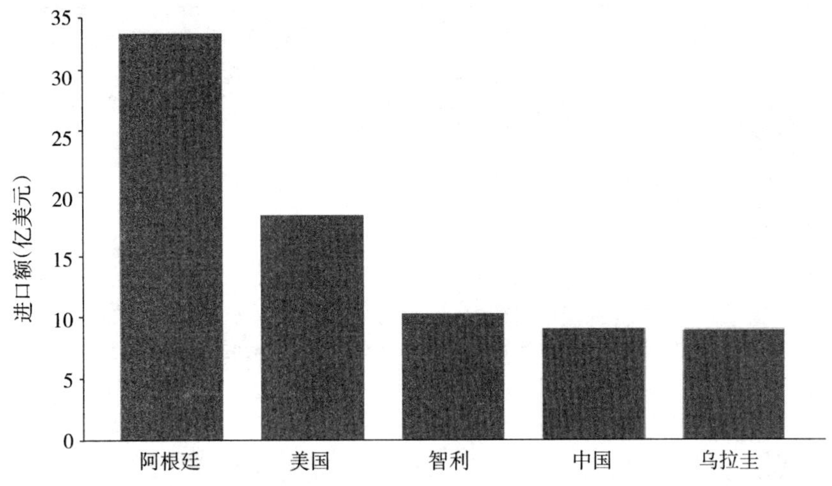

图 6　2013 年巴西前五大农产品进口来源地

4-26-2 巴西主要农产品出口额（一）

单位：万美元

项　目	2003 年	2004 年	2005 年	2006 年	2007 年	2008 年
农产品	2 174 244.6	2 839 250.6	3 225 640.3	3 698 209.7	4 494 815.4	5 841 884.7
谷物	42 557.6	83 642.4	20 928.8	62 526.5	207 367.2	197 628.9
小麦产品	826.7	20 840.4	1 518.8	6 509.7	3 090.8	20 580.3
玉米产品	38 172.5	60 502.7	13 348.1	49 811.3	194 769.4	144 654.9
稻谷产品	505.7	780.0	5 694.0	5 998.1	5 364.2	31 294.3
棉花	19 481.9	41 250.0	45 779.3	35 153.6	51 222.0	70 856.1
食用油籽	430 572.7	544 246.4	539 359.9	570 068.0	675 506.2	1 102 764.4
大豆	429 058.9	539 497.9	534 566.2	566 404.9	671 114.3	1 095 282.3
花生	1 017.6	2 892.6	3 685.6	3 110.0	2 955.5	5 619.7
油菜籽		24.0	57.2		0.6	
食用植物油	127 196.3	145 122.4	136 193.3	128 914.7	177 897.0	279 791.0
豆油	123 255.0	138 209.4	126 663.8	122 863.8	171 971.0	267 068.9
菜籽油	70.4	52.9	273.2	41.8	84.9	551.1
棕榈油	52.1	677.8	1 740.6	1 099.3	225.9	725.7
食糖	214 002.2	264 022.9	391 885.0	616 701.5	510 053.0	548 303.7
蔬菜	13 354.7	15 939.2	15 625.4	21 046.1	28 604.6	29 123.7
水果	173 723.9	169 167.9	182 556.2	226 148.4	330 781.3	319 829.8
畜产品	435 437.4	651 682.5	850 574.2	901 217.8	1 203 652.7	1 572 335.4
猪产品	64 120.5	87 950.2	127 699.8	115 596.7	141 903.7	175 750.3
牛产品	154 666.5	249 485.5	304 592.3	396 334.2	461 874.8	547 124.1
羊产品	5.5	0.3	11.4	3.5	19.8	112.5
禽产品	206 035.8	293 667.4	390 394.6	361 821.8	524 625.0	725 330.6
蛋产品	1 102.4	1 943.3	2 981.0	2 762.7	4 945.4	9 164.9
乳品	4 853.2	9 542.6	13 012.7	13 853.5	27 328.7	50 926.8
动物生皮	274.7	239.4	526.3	300.2	165.3	251.2
动物生毛皮	0.7	6.2	18.8	34.9	46.6	96.4
羊毛	767.5	646.5	647.1	850.1	1 002.3	986.8
水产品	43 745.1	44 799.5	43 321.8	41 028.4	37 133.7	39 654.9
饮品	209 462.5	295 097.3	418 108.0	544 415.0	585 893.4	771 199.1
酒	18 982.8	53 367.6	82 068.4	166 461.7	154 035.2	246 963.5
茶	2 214.6	2 374.7	3 167.0	3 833.2	4 477.1	5 524.7
咖啡	154 645.8	205 800.1	292 868.4	336 415.4	389 153.4	476 306.9
烟草	109 031.8	142 582.7	170 656.4	175 178.4	226 237.4	275 203.2

巴西主要农产品出口额（二）

单位：万美元

项　目	2009 年	2010 年	2011 年	2012 年	2013 年
农产品	5 487 859.9	6 373 418.7	8 187 362.5	8 348 499.7	8 669 587.7
谷物	167 953.2	263 509.9	408 997.0	657 825.9	712 105.7
小麦产品	6 339.8	22 701.1	69 986.9	59 771.6	35 012.1
玉米产品	134 459.0	224 807.3	277 178.7	543 040.7	635 775.6
稻谷产品	26 826.4	15 800.9	61 300.1	54 623.4	40 090.9
棉花	69 734.3	83 508.2	160 722.8	212 354.9	111 338.7
食用油籽	1 150 278.2	1 110 651.1	1 644 138.7	1 738 439.3	2 294 106.7
大豆	1 142 441.9	1 104 303.1	1 632 734.5	1 724 834.5	2 281 010.4
花生	5 248.7	5 339.9	8 749.2	12 015.4	12 229.4
油菜籽		0.8		3.9	
食用植物油	132 116.8	142 437.8	227 720.6	226 888.2	155 611.7
豆油	123 392.5	134 766.3	212 927.0	207 133.7	136 592.8
菜籽油	247.6	241.6	148.7	126.1	99.4
棕榈油	1 600.4	1 485.0	5 302.7	6 489.2	6 182.1
食糖	837 782.8	1 276 140.5	1 494 166.3	1 265 080.6	1 184 245.8
蔬菜	27 047.9	27 183.7	39 185.8	38 115.6	39 037.7
水果	259 567.1	283 146.5	354 075.0	346 869.0	359 608.2
畜产品	1 265 963.5	1 477 990.5	1 669 929.4	1 682 466.6	1 804 349.6
猪产品	151 971.6	165 528.5	181 291.3	195 701.3	188 295.9
牛产品	433 325.6	522 257.7	552 179.0	603 172.3	706 647.0
羊产品	44.1	12.8	153.9	6.5	0.8
禽产品	604 042.0	706 415.0	851 344.0	822 923.2	851 200.6
蛋产品	8 209.8	10 992.9	10 532.7	9 934.7	6 351.9
乳品	14 779.4	13 022.6	9 730.9	9 210.0	9 383.3
动物生皮	172.0	592.8	111.1	435.7	1 421.0
动物生毛皮	48.3	84.1	73.3	90.2	36.3
羊毛	1 649.1	1 984.0	2 264.0	2 670.9	3 413.4
水产品	27 120.8	27 975.2	29 820.6	28 080.2	27 519.7
饮品	612 027.1	735 177.3	1 083 235.6	923 869.5	770 654.7
酒	142 004.1	109 233.2	159 157.5	230 168.0	199 952.8
茶	5 189.5	6 209.4	7 256.2	7 961.1	10 911.7
咖啡	427 894.0	576 280.1	873 283.7	646 265.7	527 571.9
烟草	304 603.2	276 212.4	293 518.7	325 698.6	327 213.8

4-26-3 巴西主要农产品进口额（一）

单位：万美元

项 目	2003年	2004年	2005年	2006年	2007年	2008年
农产品	380 363.4	353 394.3	359 662.0	458 828.2	615 383.7	823 082.5
谷物	144 328.6	105 618.3	89 048.7	132 203.8	200 838.4	267 480.0
小麦产品	101 931.4	74 208.5	65 981.6	102 373.6	157 413.9	217 849.0
玉米产品	7 061.6	3 448.5	5 878.5	8 090.1	13 338.0	14 996.5
稻谷产品	29 978.5	23 577.9	12 949.9	17 468.8	23 677.6	22 687.2
棉花	13 509.8	16 321.6	4 261.1	10 177.4	12 740.6	5 651.0
食用油籽	24 167.1	8 468.4	8 485.2	2 456.0	4 927.6	7 075.8
大豆	23 134.9	7 307.9	6 881.6	978.2	2 951.3	4 010.9
花生	94.1	122.3	80.4	205.4	171.8	62.2
油菜籽	75.7	202.5	393.9	557.0	512.7	857.0
食用植物油	11 770.1	12 984.6	14 165.9	20 846.7	31 622.2	49 420.3
豆油	1 822.2	1 594.4	215.6	1 165.3	4 314.8	2 918.0
菜籽油	584.8	707.8	524.0	466.7	980.0	2 257.7
棕榈油	1 012.6	1 063.7	1 514.9	3 753.9	6 555.9	17 193.9
食糖	2.6	11.8	4.3	8.3	13.8	21.4
蔬菜	18 709.6	23 910.7	29 424.2	33 306.8	43 101.2	55 136.7
水果	16 247.9	19 696.1	26 409.6	35 898.2	42 696.1	52 324.1
畜产品	26 253.1	25 951.0	32 404.1	34 713.5	42 077.1	61 288.7
猪产品	2 592.7	3 578.8	3 821.3	4 678.4	6 592.3	11 312.2
牛产品	6 609.5	7 628.7	8 579.6	6 800.9	10 386.3	14 806.7
羊产品	618.4	622.9	1 115.0	1 503.7	1 851.6	2 412.5
禽产品	3 205.3	3 865.9	4 190.9	4 598.4	6 512.7	11 717.4
蛋产品	735.9	1 194.6	1 635.9	1 608.1	2 156.0	1 996.0
乳品	11 229.2	8 392.3	12 119.3	15 468.9	15 083.4	21 159.4
动物生皮	1 183.0	859.8	1 038.8	688.6	737.5	742.9
动物生毛皮	0.4	1.6	1.7		2.0	2.5
羊毛	55.2	85.1	88.7	104.4	122.9	105.2
水产品	23 702.0	28 623.6	33 463.5	48 621.2	60 916.8	73 194.9
饮品	27 002.8	24 500.5	29 994.2	38 383.9	52 367.0	55 599.7
酒	11 802.7	14 390.4	16 674.2	22 921.6	27 778.3	28 692.2
茶	223.5	299.0	410.1	589.6	906.9	953.7
咖啡	130.1	152.1	152.5	188.0	272.4	838.0
烟草	2 475.8	1 982.5	2 222.7	3 013.0	4 245.6	4 930.0

巴西主要农产品进口额（二）

单位：万美元

项 目	2009 年	2010 年	2011 年	2012 年	2013 年
农产品	727 098.6	909 512.7	1 221 997.0	1 184 269.7	1 273 099.5
谷物	197 279.8	229 043.0	268 668.0	259 949.5	323 123.1
小麦产品	141 125.6	175 457.3	214 477.6	198 081.4	252 996.2
玉米产品	16 282.7	7 630.5	14 154.2	17 147.2	16 008.2
稻谷产品	27 272.8	37 685.9	27 326.5	34 190.8	37 353.5
棉花	2 038.6	7 012.2	39 609.0	1 632.0	4 417.1
食用油籽	6 860.7	8 666.8	6 334.7	20 332.3	17 456.5
大豆	3 809.7	4 355.9	1 627.0	15 271.9	12 721.0
花生	17.9	31.1	95.3	91.6	88.7
油菜籽	426.1	1 168.2	1 319.6	1 564.3	1 172.7
食用植物油	36 093.0	42 142.3	61 258.7	61 271.7	63 774.4
豆油	2 135.6	1 393.7	26.2	119.0	530.2
菜籽油	948.1	762.7	1 404.0	978.8	1 268.0
棕榈油	9 188.3	12 481.6	24 618.0	23 053.1	20 163.8
食糖	20.3	35.0	35.8	66.2	115.0
蔬菜	56 178.7	94 562.3	92 879.9	85 248.1	113 310.7
水果	56 553.5	70 330.3	93 404.6	96 671.2	104 720.5
畜产品	63 224.3	74 309.1	114 939.5	120 679.0	116 592.3
猪产品	11 702.6	10 493.4	12 622.9	11 519.4	10 052.8
牛产品	13 653.8	17 393.6	24 752.9	29 708.3	28 031.2
羊产品	2 249.6	3 501.6	3 402.3	3 630.5	4 602.4
禽产品	12 499.7	10 362.7	12 587.4	11 146.8	9 900.7
蛋产品	1 117.8	2 059.4	1 807.5	1 976.3	2 000.9
乳品	26 194.3	32 697.9	60 490.5	62 789.5	58 573.9
动物生皮	469.6	554.0	890.9	811.7	500.3
动物生毛皮	0.1	0.9	0.8	0.1	
羊毛	98.1	115.9	209.0	198.3	149.1
水产品	75 855.5	105 424.6	132 375.0	134 174.2	156 015.5
饮品	64 279.7	79 342.2	173 301.2	141 981.4	95 633.6
酒	30 430.7	42 859.6	133 029.3	89 887.0	60 078.9
茶	814.8	1 033.7	972.1	852.0	1 159.8
咖啡	1 638.3	2 424.2	4 525.1	4 178.9	4 013.3
烟草	6 722.4	7 368.6	3 829.6	4 145.1	5 187.3

4-26-4 巴西主要农产品出口量（一）

单位：吨

项　目	2003年	2004年	2005年	2006年	2007年	2008年
农产品						
谷物	3 977 169.9	6 567 119.6	1 587 406.2	4 956 913.6	11 577 227.2	7 750 270.7
小麦产品	52 314.1	1 324 956.2	157 513.4	652 997.6	105 383.6	645 825.1
玉米产品	3 601 143.9	5 069 136.8	1 130 958.9	4 010 704.0	11 040 919.4	6 543 220.1
稻谷产品	20 000.5	37 003.0	272 665.1	290 607.1	202 213.7	520 295.7
棉花	197 138.5	348 343.7	410 300.8	341 704.7	435 933.8	559 420.9
食用油籽	19 910 222.1	19 397 538.9	22 518 983.5	25 013 294.3	23 783 779.2	24 563 623.1
大豆	19 890 855.9	19 247 860.7	22 436 508.0	24 959 300.8	23 736 795.3	24 500 302.3
花生	14 222.1	41 139.1	61 697.1	52 115.0	34 531.9	46 455.1
油菜籽		26.0	62.5		2.0	
食用植物油	2 554 085.6	2 630 289.7	2 872 419.3	2 524 375.9	2 411 993.3	2 398 627.6
豆油	2 485 986.8	2 517 243.8	2 697 054.3	2 419 377.9	2 342 541.3	2 315 837.4
菜籽油	557.4	418.6	3 868.3	331.2	521.7	2 202.5
棕榈油	639.5	13 669.0	44 869.4	24 741.5	2 402.8	8 951.7
食糖	12 914 409.8	15 763 929.3	18 147 063.1	18 870 166.8	19 359 021.2	19 472 520.4
蔬菜	146 169.3	156 020.9	146 778.3	141 612.0	226 769.2	155 541.6
水果						
畜产品						
猪产品						
牛产品						
羊产品						
禽产品						
蛋产品						
乳品	44 459.3	68 254.6	78 375.7	89 058.2	96 578.5	142 347.3
动物生皮	4 673.3	3 787.0	6 785.3	5 209.6	1 226.9	1 932.0
动物生毛皮		0.9	0.8	1.0	1.3	1.4
羊毛	3 751.0	2 855.8	3 026.7	5 422.6	4 862.4	4 589.9
水产品						
饮品						
酒						
茶	30 036.7	32 211.8	34 878.0	34 905.5	34 496.7	34 798.1
咖啡	1 444 832.0	1 493 849.2	1 444 297.2	1 556 778.8	1 574 230.6	1 657 116.5
烟草						

巴西主要农产品出口量（二）

单位：吨

项 目	2009年	2010年	2011年	2012年	2013年
农产品					
谷物	8 901 862.7	12 664 552.0	13 313 462.2	23 395 055.8	28 897 080.7
小麦产品	385 612.3	1 324 584.8	2 351 876.1	2 324 257.0	1 190 374.6
玉米产品	7 902 095.6	10 911 834.7	9 599 321.5	19 907 984.8	26 748 996.6
稻谷产品	603 352.6	422 927.3	1 351 217.8	1 152 927.9	918 288.0
棉花	541 631.7	529 944.6	773 497.4	1 076 248.5	583 572.6
食用油籽	28 694 448.0	29 132 675.2	33 084 884.6	32 540 315.1	42 879 148.6
大豆	28 562 884.2	29 073 192.5	32 985 622.1	32 468 048.9	42 791 905.4
花生	54 964.6	53 956.5	58 629.0	65 645.8	85 623.7
油菜籽		14.0		3.5	
食用植物油	1 695 743.2	1 634 109.8	1 855 718.0	1 898 075.1	1 525 105.0
豆油	1 593 649.0	1 559 776.3	1 746 413.3	1 757 143.9	1 362 466.9
菜籽油	1 060.5	1 169.4	607.8	534.7	390.6
棕榈油	24 595.4	16 523.6	46 534.2	65 227.4	72 427.8
食糖	24 294 097.8	27 999 490.7	25 359 149.9	24 017 441.2	27 154 304.1
蔬菜	147 257.0	129 546.2	149 150.5		136 738.8
水果					
畜产品					
猪产品					
牛产品					
羊产品					
禽产品					
蛋产品					
乳品	64 419.1	53 015.5	37 551.5	38 303.7	38 383.7
动物生皮	2 408.1	6 519.5	706.3	2 734.4	8 904.2
动物生毛皮	1.0	1.8	1.3	1.4	0.6
羊毛	8 731.0	7 651.7	5 757.9	7 189.2	9 722.8
水产品					
饮品					
酒					
茶	33 509.1	35 780.7	37 553.5	38 104.2	38 912.1
咖啡	1 715 209.2	1 877 209.9	1 879 843.9	1 589 703.2	1 785 419.8
烟草					

4-26-5 巴西主要农产品进口量（一）

单位：吨

项 目	2003年	2004年	2005年	2006年	2007年	2008年
农产品						
谷物	9 032 745.8	6 373 540.8	6 431 861.1	8 526 663.2	9 377 335.7	8 258 675.2
小麦产品	6 649 106.7	4 895 028.3	5 031 702.0	6 679 166.3	7 278 759.0	6 728 571.4
玉米产品	797 692.9	330 510.5	596 098.9	956 612.0	1 096 142.1	770 462.2
稻谷产品	1 293 770.2	926 799.3	532 537.1	652 957.9	721 064.2	447 192.9
棉花	121 096.9	108 191.7	41 059.3	83 755.9	100 396.4	34 987.5
食用油籽	1 220 408.5	367 637.5	394 637.5	83 719.5	128 133.8	128 408.4
大豆	1 189 327.4	348 398.0	367 784.8	48 865.9	97 936.0	96 286.5
花生	1 256.7	1 368.8	875.3	2 395.0	1 609.8	452.5
油菜籽	2 503.6	7 113.2	18 439.1	26 975.1	17 668.3	18 283.8
食用植物油	123 398.2	97 840.0	92 322.4	160 951.3	215 130.8	267 516.5
豆油	36 434.7	26 906.9	3 185.4	25 364.6	44 049.7	27 421.6
菜籽油	9 976.0	10 330.7	9 136.7	7 275.2	11 658.9	17 057.3
棕榈油	24 375.1	21 093.7	39 293.4	86 743.5	98 607.5	158 368.7
食糖	5.5	255.7	8.0	28.2	63.5	94.6
蔬菜	429 166.4	488 989.0	519 516.6	545 313.6	529 110.0	628 224.6
水果						
畜产品						
猪产品						
牛产品						
羊产品						
禽产品						
蛋产品						
乳品	83 556.7	55 886.1	72 821.1	94 043.0	63 621.3	77 481.5
动物生皮	7 347.5	7 335.4	6 898.8	6 919.9	6 569.6	4 694.3
动物生毛皮	0.1	1.9	1.9		1.7	2.1
羊毛	309.2	497.1	484.6	541.4	576.3	474.5
水产品						
饮品						
酒						
茶	8 004.8	3 325.1	2 803.2	4 691.4	6 952.2	5 985.9
咖啡	157.9	146.7	148.5	163.1	213.8	307.1
烟草						

巴西主要农产品进口量（二）

单位：吨

项　目	2009 年	2010 年	2011 年	2012 年	2013 年
农产品					
谷物	8 392 198.7	8 553 355.4	8 096 046.1	8 935 531.0	9 557 644.1
小麦产品	6 096 472.3	6 976 550.3	6 460 491.5	7 097 989.1	7 483 623.1
玉米产品	1 138 297.2	463 144.8	656 644.4	830 766.0	911 654.9
稻谷产品	674 474.4	783 639.2	621 923.0	740 544.1	757 440.6
棉花	15 085.5	40 844.5	147 910.7	8 292.9	23 739.5
食用油籽	130 811.9	172 871.6	85 932.9	319 796.2	327 037.1
大豆	99 416.3	117 840.1	40 981.0	266 463.5	282 814.5
花生	110.3	219.7	442.2	312.6	421.4
油菜籽	12 343.8	31 451.2	28 984.0	34 411.0	24 068.0
食用植物油	234 457.5	271 652.9	333 768.5	354 095.0	367 602.2
豆油	27 409.1	16 255.3	126.5	1 030.2	5 041.7
菜籽油	10 412.7	8 883.4	11 484.5	8 124.2	11 299.8
棕榈油	128 293.1	155 812.8	214 418.7	227 445.2	250 081.5
食糖	51.4	35.7	38.4	191.0	805.5
蔬菜	637 548.4	864 486.6	793 918.3	789 769.3	1 006 827.8
水果					
畜产品					
猪产品					
牛产品					
羊产品					
禽产品					
蛋产品					
乳品	131 984.6	112 021.1	165 394.8	179 401.9	157 339.2
动物生皮	3 150.0	3 752.9	1 900.2	2 271.2	2 936.1
动物生毛皮	0.5	2.7			
羊毛	380.6	363.6	555.4	474.5	416.2
水产品					
饮品					
酒					
茶	4 463.8	6 781.8	4 242.2	1 524.9	3 780.8
咖啡	640.4	807.4	1 187.7	1 670.1	2 360.1
烟草					

4-26-6 巴西农产品出口额前 15 位国家（地区）
（2013 年）

单位：万美元，%

序号	国家（地区）	出口额	同比增长
1	中国	2 049 868.0	27.2
2	荷兰	588 893.0	17.2
3	美国	454 951.7	−5.2
4	日本	319 490.8	−1.9
5	俄罗斯	272 032.9	−5.3
6	委内瑞拉	249 863.0	29.6
7	中国香港	247 270.2	34.2
8	韩国	246 065.1	21.8
9	沙特阿拉伯	243 355.4	2.0
10	德国	238 303.8	−16.6
11	比利时	196 275.1	−5.3
12	西班牙	192 711.4	−4.4
13	阿拉伯联合酋长国	181 664.6	13.4
14	埃及	163 649.1	−23.0
15	伊朗	159 773.8	−26.1
	小计	**5 804 167.9**	

4-26-7 巴西农产品进口额前15位国家（地区）

（2013年）

单位：万美元，%

序号	国家（地区）	进口额	同比增长
1	阿根廷	328 846.6	−11.8
2	美国	182 486.6	110.4
3	智利	102 869.7	24.1
4	中国	90 628.4	25.1
5	乌拉圭	90 220.4	−14.2
6	巴拉圭	77 441.6	3.3
7	葡萄牙	42 108.9	6.6
8	印度尼西亚	31 517.0	−19.2
9	西班牙	27 707.4	11.4
10	法国	25 053.9	1.9
11	荷兰	25 033.8	10.2
12	意大利	22 220.2	16.3
13	德国	21 531.7	5.0
14	英国	18 676.2	4.2
15	加拿大	17 487.6	237.6
	小计	**1 103 830.0**	

4-27　阿根廷主要农产品贸易情况

4-27-1　阿根廷农产品贸易综述

一、10 年来阿根廷农产品贸易总体情况

过去 10 年，阿根廷农产品贸易额由 2003 年 156.8 亿美元增至 2013 年的 440.2 亿美元，年均增长 10.9%。其中，出口额由 149.0 亿美元增至 419.5 亿美元，年均增长 10.9%；进口额由 7.8 亿美元增至 20.7 亿美元，年均增长 10.2%；贸易顺差由 141.2 亿美元增至 398.8 亿美元，年均增长 10.9%（图 1）。

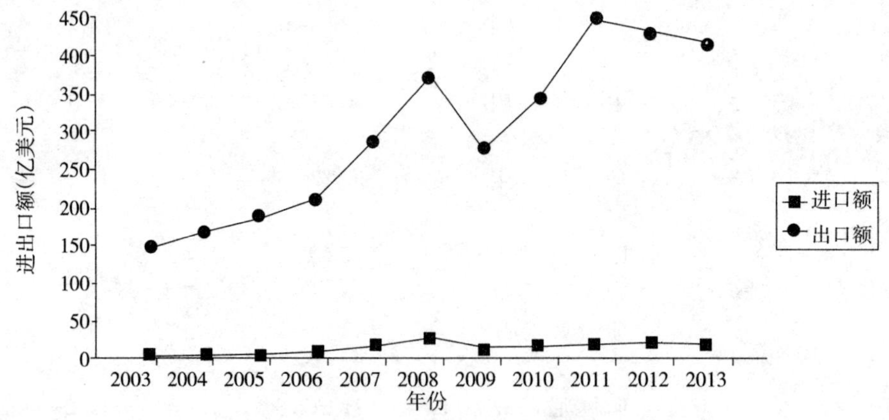

图 1　2003—2013 年阿根廷农产品进出口额

2004—2012 年，阿根廷农产品出口额和进口额年度同比变化波动较大。除 2009 年、2012 年和 2013 年同比下降外，其余年份进出口额均同比增长。其中，出口额同比涨幅较大的年份有 2007 年、2008 年和 2011 年，分别为 35.5%、30.6%和 30.9%。进口额同比涨幅较大的年份为 2007 年和 2008 年，分别为 69.4%和 51.9%（图 2）。

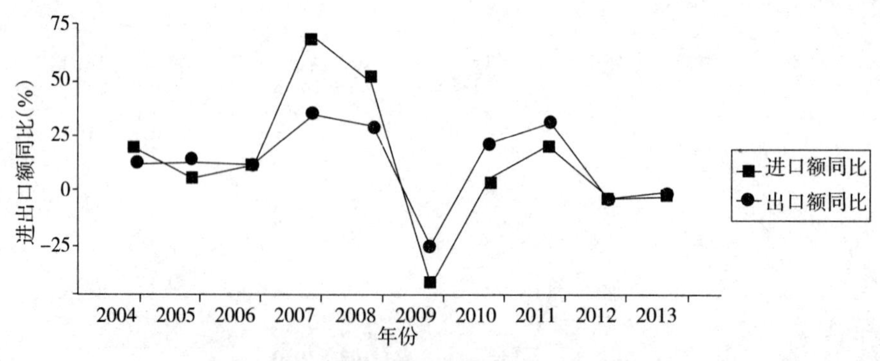

图 2　2004—2013 年阿根廷农产品进出口额同比

二、2013 年阿根廷农产品贸易情况

2013 年，阿根廷农产品贸易额为 440.2 亿美元，同比下降 2.5%，在全球各大农产品贸易国中排名第 20 位。其中出口额为 419.5 亿美元，同比下降 2.6%，全球排名第 12 位；进口额为 20.7 亿美元，同比下降 0.4%，全球排名第 66 位。

（一）进出口产品结构

2013 年，阿根廷进口农产品以饮品、水果和水产品为主，进口额分别为 4.2 亿美元、4.0 亿美元和 2.0 亿美元，占其农产品进口额的比重分别为 20.1%、19.4%和 9.6%。此外，阿根廷还进口少量畜产品、蔬菜、食用植物油和烟草等，2013 年的进口额分别为 1.7 亿美元、1.2 亿美元、0.87 亿美元和 0.69 亿美元，分别占其农产品进口额的 8.2%、5.8%、4.2%和 3.4%（图 3）。

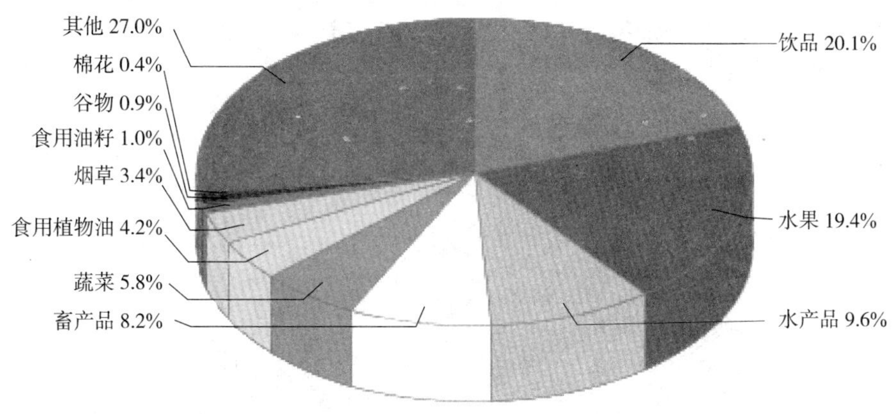

图 3 2013 年阿根廷农产品进口结构

2013 年，阿根廷进口额同比增长较快的农产品主要是食用植物油和蔬菜，增幅分别为 337.9%和 19.5%。谷物、棉花、烟草和畜产品等降幅较大，同比分别下降了 57.9%、51.0%、33.3%和 25.1%（表 1）。

表 1 2004—2013 年阿根廷主要农产品进口额同比变化情况

单位：%

	2004 年	2005 年	2006 年	2007 年	2008 年	2009 年	2010 年	2011 年	2012 年	2013 年
农产品	20.2	7.3	12.2	69.4	51.9	−41.7	4.6	20.7	−3.2	−0.4
谷物	−4.8	−22.3	7.2	127.2	34.5	−31.1	44.1	0.4	31.5	−57.9
棉花	−40.7	−39.9	124.4	−20.5	37.3	−62.4	11.6	−31.2	4.5	−51.0
食用油籽	106.2	1.1	2.8	296.1	106.3	−72.6	−92.8	−18.8	−20.7	13.4
食用植物油	214.7	−35.9	−24.3	102.3	11.7	−29.8	46.3	3.8	143.5	337.9

（续）

	2004年	2005年	2006年	2007年	2008年	2009年	2010年	2011年	2012年	2013年
食糖	43.7	−60.2	−91.6	692.1	1 885.9	−88.0	1 604.6	109.6	−98.7	2.8
蔬菜	−5.4	0.8	29.8	101.4	12.2	−27.8	27.2	30.2	−12.2	19.5
水果	21.7	6.3	15.2	36.8	26.6	−3.6	18.8	20.9	2.9	15.1
畜产品	−9.8	4.1	2.3	33.2	24.4	−18.3	66.1	15.6	−28.4	−25.1
水产品	54.1	31.5	23.6	30.3	1.4	−4.9	26.9	28.0	10.2	8.2
饮品	10.0	25.3	9.2	31.0	27.2	−6.5	34.1	18.3	0.1	−10.7
烟草	32.0	23.4	24.5	−13.2	62.3	−16.2	28.3	42.8	28.6	−33.3

2013年，阿根廷主要出口农产品为谷物、食用油籽、食用植物油和畜产品，出口额分别为84.0亿美元、49.8亿美元、48.0亿美元和38.9亿美元，占其农产品出口额的比重分别为20.0%、11.9%、11.4%和9.3%，其中谷物和食用植物油出口同比分别下降了15.7%和12.2%。此外，阿根廷还少量出口水果、水产品、饮品和蔬菜，2013年出口额分别为18.4亿美元、15.2亿美元、13.4亿美元和6.6亿美元，分别占其农产品出口额的4.4%、3.6%、3.2%和1.6%（图4）。

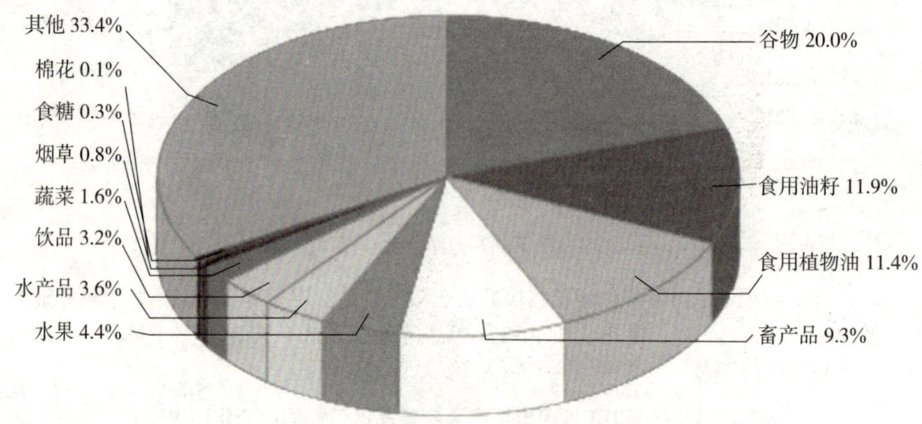

图4 2013年阿根廷农产品出口结构

2013年，阿根廷出口额同比增长较快的农产品主要是蔬菜、食用油籽和水产品，增幅分别为22.3%、16.5%和12.8%，而棉花、谷物、食用植物油、烟草、食糖和饮品出口下降，同比分别下降54.9%、15.7%、12.2%、11.9%、10.6%和3.7%（表2）。

表2 2004—2013年阿根廷主要农产品出口额同比变化情况

单位：%

	2004年	2005年	2006年	2007年	2008年	2009年	2010年	2011年	2012年	2013年
农产品	12.6	13.1	11.2	35.6	30.6	−24.8	22.4	31.0	−4.4	−2.5

（续）

	2004年	2005年	2006年	2007年	2008年	2009年	2010年	2011年	2012年	2013年
谷物	16.6	4.4	6.3	64.2	47.0	−51.0	39.7	79.5	11.9	−15.7
棉花	191.8	98.0	−80.5	125.2	−71.4	428.2	345.3	189.6	−52.2	−54.9
食用油籽	−7.1	32.7	−17.1	85.4	32.8	−57.5	154.1	14.1	−33.1	16.5
食用植物油	9.9	4.4	16.9	42.7	27.0	−36.4	15.6	35.6	−16.9	−12.2
食糖	22.3	157.3	94.6	−54.6	22.5	125.1	−47.4	−45.8	71.2	−10.6
蔬菜	29.7	13.8	21.8	25.4	14.1	−11.0	42.4	5.5	−22.3	22.3
水果	15.8	24.9	11.3	23.4	31.3	−23.3	8.0	23.8	−11.4	2.0
畜产品	58.0	25.7	6.6	5.3	21.4	−3.1	−5.3	27.3	−9.1	6.2
水产品	−7.7	−0.5	52.9	−11.2	18.4	−13.6	19.0	10.1	−9.6	12.8
饮品	22.4	26.3	22.2	26.6	24.4	1.0	12.6	14.1	8.5	−3.7
烟草	17.6	15.3	14.9	8.6	28.6	6.9	−18.5	29.3	0.2	−11.9

（二）主要贸易伙伴

2013 年阿根廷前五大农产品出口市场分别为中国、巴西、美国、荷兰和阿尔及利亚，出口额分别为 44.7 亿美元、29.2 亿美元、18.0 亿美元、16.4 亿美元和 15.6 亿美元，占其农产品出口额比重分别为 10.7%、7.0%、4.3%、3.9%和 3.7%（图 5）。

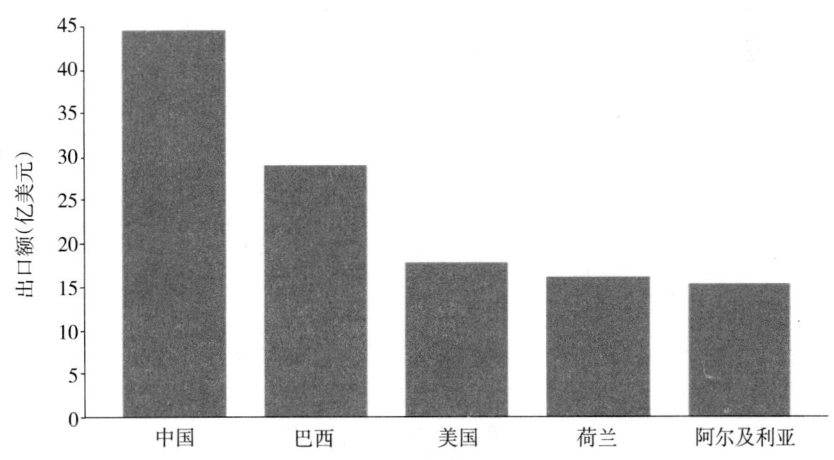

图 5　2013 年阿根廷前五大农产品出口市场

2013 年阿根廷前五大农产品进口来源地分别为巴西、厄瓜多尔、智利、美国和巴拉圭，进口额分别为 5.8 亿美元、2.7 亿美元、2.1 亿美元、1.6 亿美元和 1.0 亿美元，占其农产品进口额比重分别为 28.0%、13.0%、10.1%、7.7%和 4.8%（图 6）。

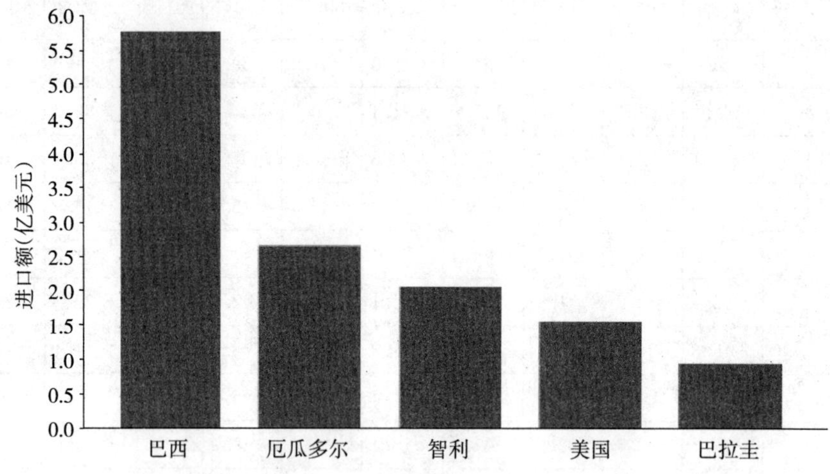

图 6　2013 年阿根廷前五大农产品进口来源地

4-27-2 阿根廷主要农产品出口额（一）

单位：万美元

项 目	2003年	2004年	2005年	2006年	2007年	2008年
农产品	1 490 050.7	1 677 153.4	1 896 463.8	2 109 559.1	2 859 672.3	3 733 596.3
谷物	231 964.4	270 426.6	282 321.2	300 126.0	492 724.8	724 156.8
小麦产品	94 632.1	137 460.2	128 650.8	151 090.1	227 068.1	299 174.1
玉米产品	124 177.7	119 999.4	137 555.1	127 070.8	226 304.9	355 079.5
稻谷产品	5 658.9	7 394.7	9 011.9	13 605.1	14 858.1	23 710.5
棉花	490.1	1 430.1	2 831.7	551.7	1 242.5	354.7
食用油籽	206 112.1	191 531.4	254 250.1	210 866.1	390 847.5	518 974.6
大豆	184 034.0	174 014.3	229 569.0	177 917.9	343 530.5	458 326.6
花生	14 919.4	14 419.1	18 396.0	28 578.1	40 732.0	50 833.3
油菜籽	8.4	3.2	15.0	21.6	352.8	209.5
食用植物油	271 601.0	298 433.6	311 632.5	364 200.2	519 563.6	659 976.6
豆油	208 340.0	233 574.9	224 701.0	278 959.8	441 905.0	489 592.9
菜籽油	111.7	402.1	401.5	252.3	0.9	841.1
棕榈油						
食糖	3 957.6	4 839.7	12 451.7	24 236.9	11 012.5	13 493.0
蔬菜	20 125.2	26 107.3	29 701.3	36 175.7	45 379.1	51 769.2
水果	75 895.1	87 895.8	109 795.8	122 155.1	150 724.0	197 948.6
畜产品	127 334.5	201 185.3	252 921.8	269 571.6	283 959.7	344 823.3
猪产品	1 654.4	2 068.3	2 653.9	3 402.0	5 415.8	7 081.7
牛产品	62 084.8	106 008.5	140 314.5	135 812.0	149 215.0	173 438.5
羊产品	1 115.5	1 965.2	2 760.4	2 333.6	1 779.1	2 247.0
禽产品	5 645.0	8 632.3	14 788.2	16 006.5	25 378.7	36 588.4
蛋产品	250.1	940.1	949.4	1 059.6	1 470.0	2 064.8
乳品	27 083.5	52 139.5	59 766.7	76 743.0	63 600.6	81 304.1
动物生皮	413.8	494.4	324.3	311.3	575.6	281.2
动物生毛皮	61.7	67.3	141.6	157.2	241.7	355.0
羊毛	5 780.8	6 339.9	5 516.2	5 464.8	9 467.3	7 052.7
水产品	89 287.3	82 390.1	82 017.6	125 375.1	111 338.7	131 866.0
饮品	33 117.9	40 546.0	51 197.1	62 543.5	79 178.6	98 501.1
酒	19 977.6	25 344.9	34 713.2	43 482.8	56 524.8	72 294.9
茶	5 298.2	5 941.0	6 664.9	7 685.3	8 694.8	9 899.5
咖啡	58.9	107.7	119.8	303.0	201.8	225.9
烟草	16 260.6	19 121.1	22 049.4	25 342.1	27 520.2	35 395.8

阿根廷主要农产品出口额（二）

单位：万美元

项 目	2009 年	2010 年	2011 年	2012 年	2013 年
农产品	2 809 398.6	3 439 803.8	4 504 424.6	4 304 828.9	4 195 227.1
谷物	354 871.3	495 646.9	889 502.1	995 414.8	839 560.1
小麦产品	130 364.3	119 269.4	290 660.5	330 679.1	79 712.9
玉米产品	164 140.4	318 657.0	463 071.0	490 497.9	586 579.1
稻谷产品	27 254.9	23 372.1	36 181.4	30 246.8	29 103.6
棉花	1 873.8	8 343.9	24 163.3	11 558.5	5 210.9
食用油籽	220 441.3	560 051.3	638 922.7	427 569.9	498 165.6
大豆	167 551.1	498 711.6	545 813.5	319 423.8	409 291.8
花生	41 254.3	49 576.8	78 987.2	90 759.1	66 607.4
油菜籽	680.8	991.4	2 382.1	3 771.3	7 283.1
食用植物油	419 638.9	485 176.5	658 101.2	546 688.2	479 919.3
豆油	326 121.0	413 592.4	519 708.3	431 983.0	408 934.5
菜籽油	1 478.8	722.5	1 241.0	1 169.5	956.7
棕榈油	0.6		0.3		0.1
食糖	30 368.1	15 960.5	8 644.3	14 799.7	13 225.3
蔬菜	46 056.7	65 573.0	69 208.8	53 772.9	65 771.4
水果	151 895.8	164 088.2	203 120.6	179 992.6	183 650.0
畜产品	334 165.0	316 531.0	402 980.9	366 179.5	389 062.7
猪产品	6 806.6	5 986.2	6 154.4	6 057.7	5 435.6
牛产品	188 696.1	135 518.0	150 058.5	128 226.0	126 343.7
羊产品	2 722.6	3 223.3	3 302.6	1 536.5	683.5
禽产品	34 104.7	45 419.0	50 700.9	60 172.0	70 830.8
蛋产品	1 222.3	1 365.8	2 125.0	2 091.2	1 632.4
乳品	63 723.1	87 116.8	147 147.1	129 436.3	144 939.1
动物生皮	1 099.8	1 017.7	893.4	566.4	1 122.4
动物生毛皮	131.4	229.9	364.0	302.3	346.7
羊毛	4 578.5	8 005.7	7 658.8	5 778.5	6 298.1
水产品	113 905.2	135 497.9	149 122.3	134 817.6	152 094.7
饮品	99 459.8	112 016.5	127 829.8	138 717.3	133 590.5
酒	70 958.6	80 136.7	91 196.3	98 621.2	94 666.3
茶	11 159.2	13 826.2	15 510.0	17 729.7	20 207.4
咖啡	157.0	203.6	308.2	239.8	257.1
烟草	37 854.5	30 844.8	39 896.1	39 995.5	35 237.5

4-27-3 阿根廷主要农产品进口额（一）

单位：万美元

项 目	2003年	2004年	2005年	2006年	2007年	2008年
农产品	78 348.4	94 200.6	101 080.3	113 395.8	192 097.0	291 788.1
谷物	1 383.4	1 317.7	1 023.3	1 096.5	2 491.3	3 351.8
小麦产品	173.8	69.4	11.4	3.9	36.6	31.1
玉米产品	488.1	459.1	569.9	756.0	1 743.2	2 463.6
稻谷产品	514.2	347.1	252.1	203.9	440.9	591.9
棉花	6 925.0	4 108.2	2 470.1	5 542.3	4 408.5	6 051.4
食用油籽	7 845.0	16 174.0	16 356.9	16 810.5	66 592.4	137 399.3
大豆	7 070.1	14 851.3	15 634.3	15 597.2	64 675.8	134 344.2
花生	40.0	20.8	15.4	13.7	18.3	26.0
油菜籽	1.9	4.8	2.4	7.0	35.1	49.9
食用植物油	222.8	701.1	449.7	340.7	689.2	769.6
豆油	0.7		8.1	0.2	0.2	9.7
菜籽油	26.7	40.4	50.3	139.3	156.4	354.5
棕榈油	2.0	23.5	74.7	78.6	133.2	281.8
食糖	113.3	162.9	64.9	5.4	43.0	853.1
蔬菜	3 447.5	3 262.0	3 286.9	4 267.2	8 593.6	9 640.4
水果	9 460.9	11 512.3	12 235.6	14 096.1	19 288.2	24 418.9
畜产品	12 676.2	11 428.6	11 896.4	12 169.1	16 213.2	20 176.4
猪产品	4 789.8	5 038.9	4 405.5	4 455.4	6 318.0	7 877.7
牛产品	724.4	357.1	465.2	609.7	623.9	680.2
羊产品	33.7	45.4	114.5	63.0	38.9	16.0
禽产品	1 391.4	1 033.5	1 511.1	1 516.9	2 246.4	2 667.7
蛋产品	47.6	70.9	14.0	2.4	3.8	44.8
乳品	1 930.1	1 429.2	1 825.6	1 130.6	1 756.0	1 998.9
动物生皮	115.7	350.5	347.2	804.8	413.3	450.0
动物生毛皮	4.0	4.3	58.6	67.1	55.3	62.3
羊毛	152.1	285.2	163.8	333.6	584.4	286.1
水产品	3 267.6	5 035.5	6 624.1	8 189.1	10 674.4	10 827.8
饮品	12 497.6	13 743.6	17 214.5	18 790.9	24 616.5	31 301.9
酒	1 539.0	1 669.4	2 125.5	2 309.2	3 077.7	3 882.2
茶	100.6	103.1	137.5	154.1	231.1	266.2
咖啡	3 723.3	4 798.1	6 165.7	6 949.6	9 499.3	10 654.3
烟草	1 844.9	2 434.8	3 004.8	3 740.7	3 246.2	5 269.4

阿根廷主要农产品进口额（二）

单位：万美元

项　目	2009 年	2010 年	2011 年	2012 年	2013 年
农产品	170 037.9	177 933.1	214 723.1	207 845.0	206 967.9
谷物	2 309.9	3 329.2	3 343.6	4 396.9	1 850.9
小麦产品	54.1	11.7	53.9	20.7	13.3
玉米产品	1 438.8	2 531.3	2 417.5	3 645.5	1 264.4
稻谷产品	479.7	538.6	590.6	455.0	439.5
棉花	2 273.9	2 538.7	1 747.5	1 825.6	894.8
食用油籽	37 646.8	2 708.2	2 199.1	1 743.2	1 976.3
大豆	30 675.2	55.4	556.8	306.5	231.5
花生	12.0	47.8	12.2	13.9	20.6
油菜籽	6.9	5.6	6.9	12.7	81.9
食用植物油	540.0	790.2	819.9	1 996.7	8 744.1
豆油	0.2	0.5	3.9	1 141.2	7 888.3
菜籽油	220.1	295.8	293.8	371.8	432.5
棕榈油	204.2	421.9	382.1	418.8	330.9
食糖	102.0	1 738.4	3 643.6	47.6	49.0
蔬菜	6 960.4	8 856.1	11 527.5	10 119.8	12 091.9
水果	23 536.4	27 960.9	33 815.5	34 780.2	40 048.8
畜产品	16 476.9	27 368.6	31 649.3	22 668.3	16 988.1
猪产品	7 445.8	13 098.8	16 412.4	10 095.9	6 238.0
牛产品	562.6	564.2	1 020.9	793.8	237.9
羊产品	22.4	9.5	28.0	40.5	11.5
禽产品	2 594.1	3 783.2	4 711.6	2 895.6	3 064.5
蛋产品	27.1	43.3	60.9	92.9	61.7
乳品	1 711.7	2 857.4	2 444.4	3 452.7	2 697.7
动物生皮	326.2	440.4	282.3	494.0	442.8
动物生毛皮	13.2	15.2	28.5	38.9	15.4
羊毛	196.2	188.9	199.6	65.3	129.9
水产品	10 298.2	13 064.6	16 727.6	18 435.8	19 943.7
饮品	29 269.3	39 261.8	46 449.7	46 503.4	41 530.4
酒	4 701.6	7 331.4	8 679.8	6 770.1	5 679.8
茶	136.7	269.9	335.0	326.7	375.9
咖啡	9 180.7	11 433.0	15 397.8	16 081.6	14 509.5
烟草	4 417.0	5 666.8	8 089.3	10 406.1	6 937.8

4-27-4 阿根廷主要农产品出口量（一）

单位：吨

项　目	2003年	2004年	2005年	2006年	2007年	2008年
农产品						
谷物	19 058 015.4	21 410 600.4	26 163 109.0	21 426 108.6	27 631 375.6	27 806 130.1
小麦产品	6 191 099.7	10 011 276.2	10 451 807.2	9 861 301.4	10 532 815.7	9 768 024.7
玉米产品	11 945 396.4	10 721 846.6	14 682 888.6	10 431 487.8	15 026 034.6	15 454 203.5
稻谷产品	192 340.7	274 377.3	363 607.4	507 795.2	452 470.0	425 743.2
棉花	6 230.0	12 444.5	32 842.0	6 188.1	12 385.2	3 024.5
食用油籽	9 158 183.2	6 761 437.7	10 352 323.1	8 360 922.2	12 397 988.7	12 267 058.3
大豆	8 709 600.0	6 519 849.5	9 962 127.9	7 872 958.8	11 842 805.2	11 733 589.9
花生	207 815.6	176 315.9	262 999.1	404 937.1	432 625.1	407 719.9
油菜籽	312.2	56.5	148.4	31.3	11 849.7	3 998.4
食用植物油	5 284 811.4	5 347 117.3	6 184 257.8	7 106 950.3	7 356 059.4	6 192 537.1
豆油	4 188 075.5	4 340 966.1	4 850 818.7	5 741 989.2	6 403 549.8	4 944 193.6
菜籽油	1 562.5	5 304.0	7 191.7	4 442.9	3.7	6 749.2
棕榈油						
食糖	168 744.3	213 841.5	520 564.1	695 408.0	344 871.4	395 099.2
蔬菜	485 214.0	548 832.7	551 377.8	642 243.2	634 338.7	594 753.0
水果						
畜产品						
猪产品						
牛产品						
羊产品						
禽产品						
蛋产品						
乳品	154 741.3	262 432.5	274 037.7	362 040.9	228 657.1	246 830.7
动物生皮	3 345.3	3 918.5	2 591.5	2 228.1	3 584.6	2 308.6
动物生毛皮	143.0	175.1	556.6	439.6	290.3	310.8
羊毛	23 650.0	24 597.3	21 290.2	19 810.9	29 460.6	22 913.4
水产品						
饮品						
酒						
茶	98 331.6	98 204.6	97 073.6	103 290.0	111 404.5	115 466.5
咖啡	155.4	219.4	285.4	489.0	312.5	292.8
烟草						

阿根廷主要农产品出口量（二）

单位：吨

项　目	2009 年	2010 年	2011 年	2012 年	2013 年
农产品					
谷物	17 508 240.8	25 409 932.8	30 489 849.4	37 464 032.0	28 873 403.2
小麦产品	6 079 827.5	4 889 904.0	9 350 146.1	12 415 663.9	2 520 993.4
玉米产品	8 694 437.2	17 786 126.9	16 292 604.2	18 168 631.2	20 141 468.1
稻谷产品	636 814.1	504 975.0	790 503.4	640 381.0	541 830.6
棉花	17 754.0	52 199.3	96 925.6	84 997.2	39 212.6
食用油籽	4 855 240.1	14 245 971.0	11 526 397.2	6 861 537.7	8 498 739.5
大豆	4 292 347.7	13 617 341.9	10 821 539.7	6 161 832.0	7 789 908.3
花生	449 267.3	504 150.1	545 629.6	507 871.1	477 589.9
油菜籽	20 882.1	20 578.7	37 713.4	67 824.9	128 105.0
食用植物油	5 549 397.9	5 600 589.0	5 441 253.9	4 680 375.6	4 808 029.8
豆油	4 439 404.4	4 899 823.2	4 416 831.8	3 777 573.6	4 264 223.7
菜籽油	17 983.2	7 567.0	9 165.8	9 674.9	7 676.5
棕榈油	1.8		1.0		0.4
食糖	780 065.4	330 967.7	119 783.0	230 671.4	272 152.2
蔬菜	591 303.1	686 168.8	662 269.7	522 980.9	662 702.0
水果					
畜产品					
猪产品					
牛产品					
羊产品					
禽产品					
蛋产品					
乳品	294 764.0	281 690.2	401 738.1	372 016.0	373 756.6
动物生皮	10 879.7	7 934.1	3 692.5	1 763.2	5 347.6
动物生毛皮	198.6	195.5	188.8	163.7	142.1
羊毛	19 288.3	24 786.6	16 962.1	13 380.9	14 843.7
水产品					
饮品					
酒					
茶	108 154.1	125 112.9	123 687.4	112 261.9	112 744.4
咖啡	221.8	269.8	380.5	247.0	255.5
烟草					

4-27-5 阿根廷主要农产品进口量（一）

单位：吨

项 目	2003年	2004年	2005年	2006年	2007年	2008年
农产品						
谷物	31 804.9	26 262.3	12 466.4	9 801.7	20 299.8	18 638.9
小麦产品	4 456.3	1 740.5	251.1	61.5	1 298.1	730.1
玉米产品	3 140.9	2 026.7	2 463.0	1 585.0	5 506.1	6 134.4
稻谷产品	19 271.4	8 755.2	6 545.0	5 730.1	9 930.5	8 913.2
棉花	61 473.7	33 416.1	22 692.9	47 289.0	35 765.6	39 859.2
食用油籽	344 311.6	589 717.7	750 812.2	734 743.5	2 283 225.0	2 922 856.0
大豆	338 076.8	559 438.0	747 732.5	712 442.3	2 245 408.9	2 891 772.1
花生	427.3	177.6	136.9	110.0	141.7	158.8
油菜籽	0.8	1.7	3.2	21.6	106.0	63.5
食用植物油	1 030.8	3 685.0	3 340.6	2 480.8	4 920.3	3 681.2
豆油	0.3	0.2	99.2	0.2	0.3	101.1
菜籽油	240.2	355.0	405.9	1 198.1	1 152.0	1 402.1
棕榈油	13.6	240.4	1 103.6	990.4	1 267.1	1 943.8
食糖	5 326.5	7 385.7	2 642.1	50.8	1 542.5	28 186.6
蔬菜	57 733.1	49 674.9	42 577.3	39 532.9	119 642.6	
水果						
畜产品						
猪产品						
牛产品						
羊产品						
禽产品						
蛋产品						
乳品	41 643.5	41 841.0	15 915.0	10 632.1	7 933.0	12 275.1
动物生皮	604.4	1 347.0	1 519.6	3 911.5	1 729.7	2 021.9
动物生毛皮	2.2	20.7	38.1	13.9	10.9	18.6
羊毛	730.7	1 142.3	406.9	911.7	880.7	475.4
水产品						
饮品						
酒						
茶	303.4	444.4	640.3	612.5	916.8	959.3
咖啡	33 133.1	34 617.5	34 707.1	33 553.5	36 902.1	33 879.1
烟草						

阿根廷主要农产品进口量（二）

单位：吨

项　目	2009 年	2010 年	2011 年	2012 年	2013 年
农产品					
谷物	18 088.8	19 422.8	23 392.5	15 723.7	9 848.8
小麦产品	1 634.9	287.3	1 067.5	468.9	157.4
玉米产品	4 166.0	7 112.6	5 286.1	7 637.2	2 867.7
稻谷产品	7 221.9	8 720.3	9 601.1	5 759.6	5 952.5
棉花	16 911.2	14 983.4	6 870.1	7 652.3	4 501.5
食用油籽	1 029 971.2	42 021.3	25 464.7	9 168.6	13 677.4
大豆	823 924.2	189.5	12 862.7	1 429.8	1 618.0
花生	114.9	392.8	93.0	84.7	113.2
油菜籽	15.1	20.3	8.0	8.7	103.1
食用植物油	3 722.3	6 289.9	4 470.7	15 525.0	88 315.5
豆油	0.5	1.3	24.8	10 777.1	83 319.8
菜籽油	1 241.3	1 846.6	1 580.1	1 809.8	2 144.5
棕榈油	2 133.9	4 236.8	2 563.3	2 813.9	2 606.6
食糖	2 813.0	29 074.8	43 292.0	444.3	244.7
蔬菜	112 581.7	187 825.9	77 287.9	51 585.1	57 732.9
水果					
畜产品					
猪产品					
牛产品					
羊产品					
禽产品					
蛋产品					
乳品	7 000.2	9 663.9	14 254.9	21 722.0	10 872.6
动物生皮	2 616.3	2 309.1	1 219.0	1 769.3	1 760.5
动物生毛皮	14.1	11.9	6.1	9.6	3.2
羊毛	317.6	239.9	182.2	106.4	178.5
水产品					
饮品					
酒					
茶	374.6	592.7	581.6	536.3	436.1
咖啡	33 936.1	37 523.3	35 746.3	38 296.1	40 054.1
烟草					

4-27-6 阿根廷农产品出口额前15位国家（地区）
（2013年）

单位：万美元，%

序号	国家（地区）	出口额	同比增长
1	中　　国	447 442.9	8.5
2	巴　　西	291 573.1	−22.5
3	美　　国	179 838.1	8.5
4	荷　　兰	163 684.3	−0.8
5	阿尔及利亚	155 553.6	4.7
6	智　　利	150 778.3	−24.2
7	委内瑞拉	148 731.6	14.6
8	印度尼西亚	142 924.5	−7.2
9	埃　　及	122 810.4	26.5
10	越　　南	112 448.6	37.4
11	伊　　朗	109 465.5	11.7
12	日　　本	107 567.3	74.2
13	西班牙	106 362.2	−15.7
14	沙特阿拉伯	105 199.2	42.7
15	哥伦比亚	105 144.1	−30.8
	小　　计	**2 449 523.7**	

4-27-7 阿根廷农产品进口额前 15 位国家（地区）

（2013 年）

单位：万美元，%

序号	国家（地区）	进口额	同比增长
1	巴西	58 216.4	−16.2
2	厄瓜多尔	27 145.6	15.4
3	智利	20 705.4	4.4
4	美国	16 060.1	−5.0
5	巴拉圭	10 042.5	269.8
6	中国	6 600.3	−3.0
7	乌拉圭	5 239.9	−4.9
8	玻利维亚	4 416.6	13.5
9	荷兰	4 140.0	27.2
10	墨西哥	4 107.3	−8.4
11	法国	3 991.0	9.3
12	德国	3 787.7	40.2
13	泰国	3 704.8	−3.7
14	西班牙	3 441.7	−12.3
15	印度	3 231.1	70.2
	小计	**174 830.4**	

4-28 智利主要农产品贸易情况

4-28-1 智利主要农产品出口额（一）

单位：万美元

项目	2003年	2004年	2005年	2006年	2007年	2008年
农产品	637 997.4	755 037.2	863 280.3	979 711.9	1 114 753.5	1 306 526.1
谷物	9 489.3	10 244.3	10 593.0	12 750.3	13 450.3	19 635.9
小麦产品	9.2	6.6	4.3	4.4	7.3	3.9
玉米产品	6 875.7	7 594.4	8 074.2	10 259.4	11 750.0	17 817.7
稻谷产品	41.2	34.1	40.2	97.7	87.1	194.4
棉花				0.7	5.3	2.7
食用油籽	1 051.3	1 254.2	1 891.1	2 087.7	2 520.7	3 149.6
大豆	134.8	59.9	94.1	205.3	247.8	481.7
花生	10.2	11.2	7.4	19.6	29.2	41.4
油菜籽	8.6	62.4	434.7	258.3	168.3	377.4
食用植物油	39.1	78.1	139.1	271.3	484.7	911.1
豆油	3.7	7.1				
菜籽油	6.6	26.7	23.3	79.3	161.5	354.0
棕榈油					0.8	
食糖	0.9	23.1	22.6	10.0	9.5	21.0
蔬菜	23 242.5	26 862.6	29 016.4	32 449.5	37 590.4	43 774.5
水果	224 070.9	259 330.9	275 486.1	309 855.3	365 098.8	457 190.0
畜产品	40 182.9	60 238.5	80 169.6	82 221.9	93 864.1	112 805.0
猪产品	16 181.7	25 424.7	32 293.8	34 013.3	39 575.9	38 526.6
牛产品	3 390.1	5 224.4	10 207.9	7 523.1	8 381.2	9 762.4
羊产品	1 638.7	2 019.4	2 434.7	2 349.3	2 078.9	2 404.8
禽产品	7 904.8	14 617.6	19 549.4	20 976.4	20 541.9	29 768.5
蛋产品	17.8	39.3	154.7	125.4	239.8	170.4
乳品	5 142.9	8 067.2	11 125.6	11 748.4	16 890.6	22 038.2
动物生皮	608.7	949.7	592.2	850.7	1 432.3	855.8
动物生毛皮	5.0	15.6	12.1	11.6	10.0	3.0
羊毛	536.4	609.8	1 322.6	1 420.1	857.2	911.6
水产品	236 187.6	273 622.1	330 141.5	392 004.9	409 620.5	443 966.2
饮品	73 225.3	90 966.3	96 310.5	104 968.6	135 564.4	149 233.5
酒	68 558.8	85 117.1	89 689.7	97 952.5	127 917.1	139 653.3
茶	1 288.2	1 701.3	1 515.9	1 525.4	2 145.1	2 517.8
咖啡	525.6	628.3	852.4	873.1	884.5	2 490.4
烟草	3 773.4	2 406.4	2 871.7	3 309.6	3 649.9	4 856.6

智利主要农产品出口额（二）

单位：万美元

项 目	2009 年	2010 年	2011 年	2012 年	2013 年
农产品	1 190 187.8	1 275 029.6	1 562 275.4	1 601 207.0	1 749 292.1
谷物	21 685.1	18 823.1	21 883.3	28 097.4	36 901.0
小麦产品	42.9	535.4	636.9	4.9	3.4
玉米产品	19 644.8	16 666.2	16 774.0	25 699.1	34 385.9
稻谷产品	220.2	219.3	159.8	216.3	224.5
棉花		0.2	54.1		0.2
食用油籽	7 213.7	5 752.3	6 416.4	6 728.3	8 722.1
大豆	2 811.6	2 591.6	2 110.7	1 364.8	1 386.7
花生	41.7	218.5	15.1	11.4	13.1
油菜籽	2 062.9	969.5	1 766.7	2 183.2	3 259.5
食用植物油	1 708.5	1 758.1	3 009.1	4 499.4	5 423.1
豆油					
菜籽油	394.8	475.3	560.0	867.7	964.1
棕榈油					2.0
食糖	4.3	7.6	11.9	8.9	30.5
蔬菜	40 836.3	44 294.5	51 277.6	48 176.0	45 597.7
水果	399 254.2	465 327.2	548 863.0	557 951.9	616 633.4
畜产品	98 821.5	103 563.0	127 850.1	128 707.6	122 521.9
猪产品	39 280.8	38 133.2	47 235.1	56 340.7	51 842.4
牛产品	6 911.4	8 122.4	8 809.3	6 660.6	6 070.2
羊产品	2 662.1	3 278.4	4 479.9	2 940.9	2 948.1
禽产品	28 835.8	28 217.9	33 117.2	33 455.3	33 089.9
蛋产品	46.0	24.6	7.7	3.7	4.4
乳品	12 398.2	15 264.4	19 391.5	19 053.0	21 034.6
动物生皮	560.2	1 054.4	1 295.5	793.6	1 176.9
动物生毛皮			1.1	16.2	4.3
羊毛	855.9	1 166.1	1 605.7	1 413.6	1 676.0
水产品	409 174.6	392 282.3	528 123.9	538 081.3	599 180.9
饮品	147 453.2	166 697.0	181 455.2	191 199.4	199 731.8
酒	140 026.4	157 453.4	171 803.5	182 816.9	191 560.5
茶	1 775.3	2 237.0	2 725.5	2 956.2	2 925.8
咖啡	2 015.9	2 620.5	2 495.0	1 539.5	1 954.1
烟草	3 453.6	5 706.6	7 314.8	8 684.5	7 334.5

4-28-2 智利主要农产品进口额（一）

单位：万美元

项 目	2003年	2004年	2005年	2006年	2007年	2008年
农产品	160 211.3	184 415.7	206 594.7	258 315.1	338 413.3	450 126.9
谷物	27 134.0	24 223.6	24 286.4	48 855.5	75 820.6	97 006.1
小麦产品	8 352.8	4 922.9	4 028.7	18 121.2	29 778.2	32 089.9
玉米产品	12 888.9	14 507.0	15 025.6	25 779.5	37 451.4	43 697.1
稻谷产品	3 418.1	2 652.7	3 344.5	3 482.2	4 240.0	9 318.1
棉花	1 919.5	1 812.0	1 969.8	1 700.8	1 932.5	2 144.4
食用油籽	4 451.8	6 244.5	6 556.6	6 001.5	8 000.9	8 990.5
大豆	3 749.8	5 259.2	5 573.5	4 771.1	6 400.6	6 622.5
花生	552.7	726.4	683.9	771.4	1 089.8	1 472.7
油菜籽	0.4	10.0	9.0	26.9	37.6	60.0
食用植物油	2 935.3	1 565.9	2 094.8	3 794.9	2 379.9	3 938.7
豆油	2 350.8	751.9	904.5	1 222.9	342.9	451.9
菜籽油		3.5	0.5	908.0	11.9	1 462.0
棕榈油	1.5	33.0	241.7	586.9	488.6	364.5
食糖	4 871.2	6 489.3	7 465.7	10 004.5	15 552.9	22 579.2
蔬菜	2 722.2	2 990.8	4 256.4	4 839.0	6 798.1	9 929.3
水果	8 629.9	8 923.5	10 221.3	12 709.0	15 653.8	18 701.5
畜产品	32 896.9	37 149.5	50 935.8	49 402.4	55 023.0	68 821.2
猪产品	323.0	740.1	875.6	1 242.7	1 663.7	1 754.1
牛产品	23 118.1	27 381.4	36 694.4	33 268.5	38 227.0	47 314.4
羊产品	22.1			5.0	39.9	10.0
禽产品	607.7	1 641.8	2 325.3	3 287.6	4 483.0	5 971.0
蛋产品	155.9	136.3	142.2	170.4	173.5	171.2
乳品	6 766.1	4 566.1	7 751.6	7 591.0	5 795.5	8 393.3
动物生皮	5.4		5.1	0.2	38.8	1.2
动物生毛皮		0.1				0.1
羊毛	12.0	21.8	20.6	16.0	11.4	11.2
水产品	8 844.3	13 152.7	10 326.1	18 010.2	20 923.1	29 403.1
饮品	14 303.0	15 895.8	18 658.4	20 964.3	26 939.6	33 853.0
酒	5 177.7	6 242.4	7 272.9	7 940.7	10 988.1	12 972.4
茶	2 140.0	2 474.8	2 961.9	3 463.5	3 602.1	4 843.9
咖啡	1 715.6	2 070.5	2 961.9	3 461.9	4 688.1	6 472.4
烟草	669.9	1 316.4	1 802.0	860.9	1 319.1	1 792.7

智利主要农产品进口额（二）

单位：万美元

项　目	2009 年	2010 年	2011 年	2012 年	2013 年
农产品	332 643.2	442 203.6	577 473.0	617 883.5	665 359.8
谷物	51 109.8	54 336.2	78 078.2	88 818.4	79 779.4
小麦产品	17 406.9	16 063.7	22 814.4	28 645.4	33 148.4
玉米产品	17 399.9	18 612.7	31 548.0	34 833.2	31 693.7
稻谷产品	6 208.4	6 814.4	6 146.8	7 452.8	6 571.0
棉花	1 697.6	1 169.9	365.3	231.4	330.8
食用油籽	2 883.9	5 041.6	11 288.1	7 504.2	8 475.9
大豆	995.1	2 844.1	7 605.1	2 894.3	1 892.2
花生	1 217.2	1 435.5	2 222.5	2 544.9	3 254.8
油菜籽	31.9	30.3	119.1	156.0	124.1
食用植物油	2 207.3	3 001.9	9 796.0	13 607.4	19 677.9
豆油	211.9	358.1	578.2	2 559.0	7 017.0
菜籽油	6.8	232.0	5 410.8	5 947.5	5 569.6
棕榈油	97.5	153.5	239.7	186.5	683.6
食糖	26 429.2	26 347.6	38 201.8	32 660.8	25 290.3
蔬菜	8 660.6	11 082.4	13 386.8	17 004.2	23 441.0
水果	15 924.1	22 175.2	27 558.7	28 701.7	39 248.1
畜产品	64 604.0	102 830.5	124 278.8	136 303.7	144 190.9
猪产品	2 035.4	4 470.3	5 675.4	7 153.3	12 020.8
牛产品	47 414.8	74 555.6	83 859.7	86 425.9	80 417.0
羊产品	1.4	18.5	2.6	2.1	
禽产品	6 950.4	13 265.2	16 662.3	16 587.6	17 824.9
蛋产品	193.7	215.6	278.5	281.1	430.2
乳品	6 026.3	6 948.7	10 996.2	16 446.9	19 218.5
动物生皮	1.0	1.6	5.8	19.9	25.5
动物生毛皮	0.4				0.1
羊毛	28.8	5.8	2.0	1.8	8.0
水产品	13 894.9	28 159.7	39 890.9	40 559.3	46 168.7
饮品	29 829.7	44 215.0	51 771.5	56 780.7	96 066.4
酒	12 440.4	18 634.3	22 484.0	26 857.6	47 149.9
茶	4 191.7	5 306.0	6 007.7	6 364.0	7 739.2
咖啡	4 196.7	7 610.1	8 044.9	6 552.1	7 731.7
烟草	1 674.5	2 095.4	2 718.6	3 173.5	5 116.7

4-28-3 智利主要农产品出口量（一）

单位：吨

项 目	2003年	2004年	2005年	2006年	2007年	2008年
农产品						
谷物	145 512.1	184 790.5	164 002.9	171 614.1	129 562.5	108 575.9
小麦产品	119.3	86.8	30.9	32.3	60.2	27.1
玉米产品	56 255.4	61 836.1	60 993.8	79 184.0	77 253.5	75 884.3
稻谷产品	1 091.4	1 031.9	1 253.4	2 701.1	1 915.0	2 429.8
棉花	0.3			0.9	253.9	187.1
食用油籽	5 035.4	4 602.2	6 574.7	6 914.8	7 094.1	10 005.1
大豆	994.9	434.7	701.3	1 491.5	1 448.5	3 285.9
花生	25.6	35.7	13.4	119.9	52.5	74.0
油菜籽	1.7	148.8	2 541.4	785.6	652.9	1 943.9
食用植物油	268.3	439.0	489.4	1 089.7	1 843.6	2 956.0
豆油	32.7	69.2	0.3			
菜籽油	69.4	247.1	214.5	704.3	1 260.8	2 059.7
棕榈油					3.7	
食糖	8.3	177.0	138.4	251.0	117.2	417.5
蔬菜	216 389.7	242 029.8	227 178.0	230 308.7	249 747.0	239 217.6
水果						
畜产品						
猪产品						
牛产品						
羊产品						
禽产品						
蛋产品						
乳品	41 406.5	54 916.5	65 287.3	69 084.5	76 849.6	76 553.9
动物生皮	3 811.5	6 438.0	4 103.9	6 905.4	9 260.2	6 398.3
动物生毛皮	12.8	66.5	23.2	1.8	1.1	0.8
羊毛	2 792.0	3 060.9	6 970.0	7 999.5	4 383.0	3 662.3
水产品						
饮品						
酒						
茶	2 639.7	3 345.4	2 896.9	2 747.0	4 007.9	4 076.1
咖啡	1 484.6	1 537.4	1 946.0	1 594.8	1 491.4	4 218.6
烟草						

智利主要农产品出口量（二）

单位：吨

项　目	2009年	2010年	2011年	2012年	2013年
农产品					
谷物	122 897.9	134 484.0	215 865.2	157 295.7	160 276.6
小麦产品	92.9	10 348.4	11 095.5	60.4	11.2
玉米产品	77 618.2	57 621.4	49 398.6	81 680.7	101 036.3
稻谷产品	3 815.7	3 648.4	2 764.8	3 434.7	3 020.0
棉花	0.1	14.8	464.4		
食用油籽	23 915.1	20 567.8	21 715.0	19 545.9	21 239.9
大豆	12 668.1	12 799.8	10 759.5	6 039.5	4 668.1
花生	66.5	791.2	39.8	20.5	40.7
油菜籽	7 170.9	3 386.4	6 392.1	7 405.6	10 271.4
食用植物油	6 781.4	8 507.5	11 041.0	17 045.3	18 059.2
豆油					
菜籽油	4 586.4	5 148.2	4 232.7	6 754.5	7 978.5
棕榈油					11.0
食糖	45.8	80.4	120.5	94.3	270.9
蔬菜	178 071.2	255 307.6	264 128.4	212 120.9	182 553.6
水果					
畜产品					
猪产品					
牛产品					
羊产品					
禽产品					
蛋产品					
乳品	61 453.3	63 098.7	69 315.6	70 233.4	72 668.4
动物生皮	7 359.9	7 925.0	4 932.9	3 660.9	5 835.3
动物生毛皮			4.6	9.1	5.0
羊毛	4 494.0	4 404.5	4 311.9	3 521.4	4 129.4
水产品					
饮品					
酒					
茶	2 726.5	3 671.0	4 554.6	4 969.9	4 520.0
咖啡	4 288.9	4 913.6	4 631.7	2 811.1	4 180.2
烟草					

4-28-4 智利主要农产品进口量（一）

单位：吨

项目	2003年	2004年	2005年	2006年	2007年	2008年
农产品						
谷物	1 935 388.2	1 570 431.3	1 683 303.3	3 124 052.6	3 311 922.9	2 967 323.8
小麦产品	486 981.0	258 554.7	218 568.9	1 059 099.0	1 125 395.8	817 950.6
玉米产品	1 011 588.3	985 029.6	1 134 907.0	1 752 084.3	1 768 739.2	1 488 437.6
稻谷产品	273 439.7	191 024.0	202 855.5	217 542.1	213 493.1	259 833.5
棉花	17 299.7	14 282.3	18 745.2	14 641.9	15 016.3	13 030.6
食用油籽	175 119.7	204 000.5	231 578.7	198 974.7	219 992.7	165 992.8
大豆	154 862.5	179 034.0	207 388.5	168 355.4	188 612.0	133 054.1
花生	13 681.1	16 138.1	16 881.4	18 703.0	19 970.2	18 952.8
油菜籽	0.1	10.6	15.7	35.6	45.2	71.0
食用植物油	47 426.5	19 465.6	29 955.3	56 850.3	27 479.6	28 866.8
豆油	42 405.5	11 791.5	16 754.6	22 307.1	3 391.8	3 046.0
菜籽油		27.7	3.7	12 738.1	136.9	9 417.5
棕榈油	21.6	633.6	4 886.1	10 940.8	7 875.7	5 061.9
食糖	331 873.6	436 267.1	452 250.4	456 748.8	800 625.5	1 110 092.4
蔬菜	70 180.1	63 037.8	116 854.2	122 480.6	134 876.1	164 213.0
水果						
畜产品						
猪产品						
牛产品						
羊产品						
禽产品						
蛋产品						
乳品	73 324.6	47 999.0	71 431.9	70 142.1	38 516.6	53 037.5
动物生皮	24.6	0.1	24.1		166.8	3.2
动物生毛皮						
羊毛	46.8	73.1	94.8	52.2	44.1	33.6
水产品						
饮品						
酒						
茶	28 114.7	32 834.9	30 742.5	31 177.3	31 969.0	34 452.3
咖啡	15 608.4	15 739.7	16 765.3	17 079.2	18 368.3	17 549.9
烟草						

智利主要农产品进口量（二）

单位：吨

项　目	2009年	2010年	2011年	2012年	2013年
农产品					
谷物	2 418 103.7	2 387 206.7	2 538 222.9	2 846 607.2	2 448 638.4
小麦产品	710 718.6	641 611.2	661 693.8	913 262.7	943 756.0
玉米产品	836 190.7	793 011.0	973 542.2	1 100 976.0	1 147 411.5
稻谷产品	249 611.1	261 269.7	227 841.5	123 015.0	106 812.5
棉花	12 636.3	6 487.3	1 480.5	1 029.9	1 660.1
食用油籽	50 227.9	95 236.8	179 580.0	74 971.3	86 147.3
大豆	21 802.7	59 376.7	138 784.3	46 411.0	30 991.2
花生	19 636.8	22 324.9	24 873.5	11 674.6	35 545.9
油菜籽	119.6	31.5	93.8	178.5	207.8
食用植物油	26 193.1	31 165.9	81 197.7	93 345.5	152 856.2
豆油	1 930.7	3 160.1	3 695.7	16 242.1	53 818.9
菜籽油	32.2	2 346.6	41 173.1	44 466.9	44 983.6
棕榈油	2 035.1	2 550.7	3 152.8	1 430.0	7 031.4
食糖	1 133 741.5	848 519.1	955 739.8	495 843.5	470 363.9
蔬菜	168 779.8	177 855.2	180 273.5	133 882.8	206 551.9
水果					
畜产品					
猪产品					
牛产品					
羊产品					
禽产品					
蛋产品					
乳品	46 915.4	44 391.7	54 637.1	45 632.4	50 743.5
动物生皮	0.2	0.3	16.6	33.2	93.8
动物生毛皮					
羊毛	102.5	17.5	5.9	6.4	25.1
水产品					
饮品					
酒					
茶	29 921.8	34 591.4	35 550.3	29 306.5	40 279.8
咖啡	15 039.1	21 134.4	16 580.6	13 990.4	19 573.7
烟草					

4-29 秘鲁主要农产品贸易情况

4-29-1 秘鲁主要农产品出口额（一）

单位：万美元

项　目	2003年	2004年	2005年	2006年	2007年	2008年
农产品	188 585.8	252 199.0	297 936.3	357 591.2	395 661.9	505 204.7
谷物	972.5	1 090.8	1 222.9	1 536.6	1 682.2	4 519.9
小麦产品	259.9	185.7	111.6	336.0	172.2	1 047.1
玉米产品	492.2	713.5	879.8	851.0	1 025.4	1 234.4
稻谷产品	7.2	4.2	20.5	22.8	12.4	1 433.9
棉花	580.0	629.9	329.2	699.8	325.4	231.5
食用油籽	82.7	77.2	120.2	91.3	132.8	189.3
大豆	1.2	0.6	5.6	1.7	6.7	3.0
花生	4.3	7.4	7.9	3.6	14.8	39.0
油菜籽						
食用植物油	4.7	15.6	206.7	58.6	96.9	146.3
豆油				0.6	0.5	0.2
菜籽油				0.4		
棕榈油	0.5		15.1	20.9	66.3	48.9
食糖	1 921.0	1 489.8	1 311.3	4 346.4	1 940.5	2 542.2
蔬菜	32 754.1	42 897.5	54 929.3	63 083.3	80 943.8	93 310.2
水果	10 581.0	13 100.4	16 163.6	24 686.2	29 301.3	39 879.0
畜产品	4 558.9	6 507.5	6 814.1	7 858.2	9 610.6	13 529.0
猪产品	24.4	97.5	79.6	74.2	66.7	95.7
牛产品	1.6	1.8	7.5	3.2	14.9	21.7
羊产品	0.5	0.1	0.1	5.6	2.1	1.6
禽产品	273.1	465.4	591.9	809.1	867.3	1 317.3
蛋产品	189.6	385.4	543.8	570.3	700.7	1 227.0
乳品	1 849.5	3 525.1	4 067.8	5 159.7	6 550.4	9 068.9
动物生皮	745.5	634.0	348.6	351.8	376.8	190.2
动物生毛皮			10.2			
羊毛	765.0	574.7	307.8	368.2	535.7	889.2
水产品	103 632.5	139 476.0	164 177.1	178 256.1	197 674.8	245 033.0
饮品	21 210.4	33 056.7	34 905.4	56 759.5	49 841.0	74 973.4
酒	484.0	491.0	408.1	681.3	1 428.2	2 019.6
茶	2.8	7.5	2.6	10.0	2.3	1.6
咖啡	18 119.7	28 994.0	30 616.1	51 504.1	42 695.8	64 513.4
烟草	627.4	472.2	1 019.3	326.3	362.9	541.9

秘鲁主要农产品出口额（二）

单位：万美元

项 目	2009 年	2010 年	2011 年	2012 年	2013 年
农产品	471 091.1	574 989.4	769 196.5	759 844.4	706 776.2
谷物	5 451.2	3 666.1	4 398.9	8 003.2	13 673.9
小麦产品	338.7	216.6	194.1	247.1	676.3
玉米产品	1 546.7	1 665.9	1 416.7	1 829.1	2 250.1
稻谷产品	2 568.6	141.0	78.7	2 265.7	2 287.7
棉花	269.6	116.0	882.8	511.1	223.4
食用油籽	119.3	192.8	247.0	469.5	1 237.3
大豆	3.8	15.0	10.1	12.9	1.8
花生	16.0	29.2	45.1	21.1	44.5
油菜籽					
食用植物油	147.6	150.8	83.9	89.0	1 751.5
豆油	2.3	14.1	6.0	3.1	
菜籽油	0.1				
棕榈油	4.0	2.2			1 519.5
食糖	3 788.4	6 572.0	4 859.6	4 094.2	5 355.1
蔬菜	86 159.3	99 262.6	114 663.8	118 939.4	123 418.6
水果	45 110.1	58 242.1	87 372.7	95 966.0	117 370.9
畜产品	10 089.9	13 713.6	17 378.8	18 787.4	19 539.3
猪产品	162.0	276.5	362.9	330.5	144.1
牛产品	4.8	7.9	18.0	31.5	20.2
羊产品	4.6	2.8	1.0		3.9
禽产品	1 149.5	1 412.8	1 671.4	2 057.7	1 774.7
蛋产品	1 236.2	1 638.7	1 576.9	2 018.1	2 791.4
乳品	6 158.2	8 290.9	10 219.6	11 738.0	11 085.1
动物生皮	144.7	310.6	660.3	726.8	818.1
动物生毛皮				0.2	
羊毛	669.9	1 083.0	2 307.7	1 197.1	1 960.2
水产品	223 098.9	255 870.4	318 031.1	336 872.9	279 319.7
饮品	71 146.1	103 531.0	176 264.7	126 310.7	97 384.3
酒	3 885.6	4 502.8	4 606.1	11 086.1	11 859.5
茶	12.0	72.8	5.9	6.8	11.1
咖啡	58 535.5	88 912.0	158 588.3	102 353.8	69 595.0
烟草	681.4	868.0	897.3	719.1	987.7

4-29-2 秘鲁主要农产品进口额（一）

单位：万美元

项　目	2003年	2004年	2005年	2006年	2007年	2008年
农产品	115 959.3	139 461.5	155 510.6	167 871.8	229 271.2	320 642.6
谷物	36 897.9	47 364.6	50 175.2	53 038.9	81 574.2	116 004.7
小麦产品	21 179.5	25 741.5	25 418.0	26 551.9	41 138.1	58 887.9
玉米产品	12 257.8	15 979.0	17 160.5	22 051.9	33 435.2	41 020.9
稻谷产品	538.2	3 123.5	4 915.3	1 657.8	3 585.8	10 116.2
棉花	5 840.4	6 135.5	6 498.5	5 113.3	8 858.7	9 628.4
食用油籽	4 241.0	2 576.8	3 164.9	3 797.2	5 191.9	10 266.3
大豆	3 939.1	2 104.3	2 476.4	3 062.7	4 110.6	8 526.3
花生	139.2	224.8	317.9	269.8	503.3	1 116.9
油菜籽					11.1	0.7
食用植物油	14 282.3	16 462.3	16 176.2	18 154.1	25 750.2	40 882.0
豆油	12 518.8	14 618.1	14 242.6	16 705.1	22 899.2	35 446.7
菜籽油	6.5	29.2	54.7	66.3	55.7	84.9
棕榈油	1 120.0	1 197.2	1 047.7	579.7	1 685.9	4 106.8
食糖	297.0	5 005.7	7 435.4	10 667.9	9 072.1	7 963.5
蔬菜	967.9	1 327.1	1 384.5	1 696.0	2 155.2	2 736.7
水果	7 975.7	8 921.1	9 910.8	10 719.6	12 879.5	17 226.3
畜产品	9 109.3	11 240.5	12 730.1	13 533.7	18 249.8	23 534.7
猪产品	676.4	851.7	771.4	875.7	1 155.6	1 671.6
牛产品	1 977.9	1 916.4	2 357.1	2 081.2	2 571.2	3 848.3
羊产品	4.7	8.1	4.9	8.5	6.7	8.9
禽产品	1 457.6	1 645.2	1 790.5	1 883.9	2 558.2	3 169.4
蛋产品	154.8	79.5	193.9	89.5	141.5	196.2
乳品	4 124.3	6 140.8	6 552.7	7 572.9	10 277.3	12 697.0
动物生皮	0.4	0.1	0.4	0.6	4.4	1.4
动物生毛皮						0.5
羊毛	19.9	28.7	111.5	58.2	57.5	31.9
水产品	2 594.7	2 803.1	4 852.0	3 152.4	3 753.3	7 456.2
饮品	4 957.1	5 565.3	6 769.8	7 201.4	8 516.7	10 198.7
酒	2 523.8	2 790.5	3 257.9	3 579.7	4 020.1	5 030.5
茶	143.8	147.1	144.4	177.2	347.7	720.6
咖啡	316.4	330.7	663.2	593.3	838.6	950.6
烟草	437.8	420.2	1 055.1	1 979.9	2 138.1	2 647.2

秘鲁主要农产品进口额（二）

单位：万美元

项 目	2009 年	2010 年	2011 年	2012 年	2013 年
农产品	257 617.4	336 612.4	421 430.5	459 639.1	463 567.7
谷物	80 804.1	98 632.8	141 552.0	137 216.2	138 617.9
小麦产品	38 871.8	43 493.6	60 070.8	57 403.5	62 696.3
玉米产品	32 412.7	44 965.1	62 782.4	56 910.6	58 117.1
稻谷产品	5 575.1	6 197.0	13 094.7	16 618.9	12 156.1
棉花	6 940.4	13 982.8	21 994.7	14 391.6	12 814.4
食用油籽	9 395.4	9 855.2	9 103.5	10 295.5	14 624.4
大豆	8 128.6	8 359.3	7 180.9	8 194.0	12 387.4
花生	705.6	918.0	1 219.4	1 132.1	1 002.6
油菜籽	3.1				
食用植物油	26 425.0	36 768.4	47 410.1	47 860.1	44 550.3
豆油	23 033.0	32 570.7	40 447.1	42 536.2	39 157.2
菜籽油	25.5	40.7	52.9	33.9	45.7
棕榈油	2 460.3	2 810.8	4 772.8	2 958.6	3 334.6
食糖	6 270.1	13 030.5	14 398.0	19 966.8	8 292.2
蔬菜	2 542.7	3 450.6	3 918.9	4 671.8	5 553.7
水果	17 062.0	22 021.5	23 854.5	28 316.4	30 861.3
畜产品	16 365.2	27 262.7	30 635.5	41 390.9	39 031.9
猪产品	1 422.9	2 430.6	2 118.6	3 146.9	3 307.1
牛产品	2 826.6	4 000.9	4 974.6	5 378.5	5 706.6
羊产品	8.7	13.1	22.2	5.3	19.3
禽产品	3 421.0	5 330.1	4 759.8	6 654.4	7 790.2
蛋产品	447.3	191.5	132.7	154.6	201.8
乳品	6 740.8	13 420.9	15 690.0	24 414.2	20 819.4
动物生皮	3.4	4.7	1.6	1.3	8.0
动物生毛皮					
羊毛	10.1	9.6	11.4		10.8
水产品	8 063.2	16 545.4	14 885.6	14 867.0	22 232.8
饮品	8 392.0	11 301.5	16 500.7	25 436.6	27 214.3
酒	4 363.6	5 819.8	9 329.6	16 519.0	17 549.3
茶	210.7	505.5	527.2	772.7	752.7
咖啡	946.1	1 204.3	2 072.7	2 578.8	2 644.2
烟草	2 772.4	2 757.2	2 558.8	3 046.7	3 122.3

4-29-3 秘鲁主要农产品出口量（一）

单位：吨

项 目	2003年	2004年	2005年	2006年	2007年	2008年
农产品						
谷物	18 446.6	16 852.1	15 879.9	24 540.7	17 773.4	52 480.9
小麦产品	9 515.3	6 135.3	4 561.1	13 678.5	4 920.6	22 031.5
玉米产品	5 777.6	8 419.6	8 973.9	7 592.3	8 965.1	8 516.8
稻谷产品	231.5	31.7	261.6	290.0	162.3	17 589.7
棉花	3 580.3	3 339.9	2 007.0	3 816.1	1 576.5	961.9
食用油籽	583.6	680.1	1 127.0	826.0	847.0	628.4
大豆	4.6	3.9	24.1	13.9	78.8	25.3
花生	208.9	116.3	175.1	62.0	65.4	142.6
油菜籽						
食用植物油	25.2	68.8	3 335.4	419.9	872.2	852.4
豆油		0.1	0.1	4.1	2.5	1.7
菜籽油			0.1	0.8		
棕榈油	3.9		222.8	300.0	745.4	354.1
食糖	61 146.7	41 724.6	32 640.0	109 126.6	48 893.6	71 060.5
蔬菜	234 778.2	283 245.0	347 840.3	381 970.0	447 989.4	492 163.8
水果						
畜产品						
猪产品						
牛产品						
羊产品						
禽产品						
蛋产品						
乳品	20 130.0	36 329.1	39 529.4	50 410.4	51 596.3	62 926.5
动物生皮	5 524.1	4 333.7	3 664.8	3 056.1	2 335.5	1 098.3
动物生毛皮		0.1	2.5			
羊毛	5 508.4	3 543.2	2 198.7	2 706.8	3 242.9	4 261.4
水产品						
饮品						
酒						
茶	8.7	14.0	7.6	14.7	4.2	3.6
咖啡	150 554.2	191 149.9	142 166.0	238 085.0	173 624.5	225 094.0
烟草						

秘鲁主要农产品出口量（二）

单位：吨

项 目	2009 年	2010 年	2011 年	2012 年	2013 年
农产品					
谷物	70 428.0	25 392.5	22 580.9	77 324.1	73 930.9
小麦产品	8 486.0	5 111.9	3 518.5	4 604.9	12 500.7
玉米产品	9 362.9	11 065.0	8 907.1	9 693.2	10 690.2
稻谷产品	47 974.2	2 075.8	693.8	49 616.3	29 981.2
棉花	1 581.2	535.2	2 399.6	2 252.6	1 238.3
食用油籽	547.7	707.2	799.3	894.4	1 636.6
大豆	34.0	131.7	82.3	90.4	10.2
花生	74.0	109.2	136.6	90.3	159.6
油菜籽					
食用植物油	784.7	531.7	317.6	277.8	18 830.3
豆油	16.3	10.6	27.6	13.7	
菜籽油	0.1				
棕榈油	40.0	27.9			18 203.8
食糖	86 179.3	112 810.1	63 380.8	61 424.5	100 992.2
蔬菜	512 251.2	601 364.5	644 593.2	613 067.8	625 518.3
水果					
畜产品					
猪产品					
牛产品					
羊产品					
禽产品					
蛋产品					
乳品	50 593.0	67 299.9	70 466.5	77 641.0	75 151.6
动物生皮	929.0	2 353.0	2 457.6	2 701.5	4 103.6
动物生毛皮				0.1	
羊毛	4 963.8	6 159.1	8 265.3	4 522.2	7 796.8
水产品					
饮品					
酒					
茶	5.4	95.6	8.2	11.9	26.0
咖啡	197 787.3	229 936.1	294 154.9	265 825.0	237 703.8
烟草					

4-29-4 秘鲁主要农产品进口量（一）

单位：吨

项　目	2003年	2004年	2005年	2006年	2007年	2008年
农产品						
谷物	2 382 220.8	2 680 231.3	3 027 490.5	3 147 543.7	3 306 432.8	3 192 557.9
小麦产品	1 302 086.7	1 386 492.7	1 464 943.4	1 473 370.7	1 531 201.3	1 494 620.2
玉米产品	938 112.7	1 097 070.9	1 314 342.3	1 503 461.7	1 566 787.7	1 404 598.7
稻谷产品	16 557.0	80 222.8	125 618.4	44 699.8	80 011.3	146 585.7
棉花	40 305.5	36 335.9	46 870.2	38 111.5	60 477.9	53 519.0
食用油籽	158 669.7	74 936.2	99 755.4	117 212.6	132 133.9	168 019.4
大豆	155 859.6	70 885.4	93 651.6	110 751.4	125 328.5	160 426.8
花生	1 773.7	2 509.6	3 965.8	3 900.4	4 199.3	5 654.6
油菜籽		0.1			23.0	1.0
食用植物油	251 864.9	259 877.0	296 514.3	325 188.1	337 462.2	338 019.4
豆油	220 872.6	230 399.6	263 056.2	303 305.0	299 558.0	291 855.4
菜籽油	33.4	278.3	413.0	482.0	361.1	356.3
棕榈油	21 662.8	21 097.9	21 638.7	10 389.9	24 030.5	37 251.3
食糖	10 946.6	180 281.0	251 548.9	243 259.2	245 627.1	207 506.2
蔬菜	6 887.1	7 183.1	8 152.0	9 110.3	10 795.7	14 803.6
水果						
畜产品						
猪产品						
牛产品						
羊产品						
禽产品						
蛋产品						
乳品	26 536.4	33 115.9	31 880.8	37 546.5	36 159.2	37 888.1
动物生皮	0.7	0.1	0.2	1.8	9.2	11.7
动物生毛皮						0.1
羊毛	42.2	56.7	233.9	247.2	124.5	55.1
水产品						
饮品						
酒						
茶	406.2	469.5	472.0	293.1	426.1	430.4
咖啡	473.5	478.0	2 018.0	772.8	970.4	973.0
烟草						

秘鲁主要农产品进口量（二）

单位：吨

项　目	2009 年	2010 年	2011 年	2012 年	2013 年
农产品					
谷物	3 257 528.0	3 868 088.6	3 992 491.0	4 010 891.4	4 160 887.1
小麦产品	1 513 342.0	1 697 718.8	1 699 074.9	1 702 674.4	1 806 549.5
玉米产品	1 510 558.1	1 917 825.3	1 908 034.3	1 847 245.7	2 021 064.7
稻谷产品	91 369.6	95 233.0	205 384.0	253 202.3	175 800.4
棉花	47 031.7	70 012.0	67 774.2	48 963.7	57 730.3
食用油籽	185 575.7	198 221.8	142 019.3	160 031.6	250 275.1
大豆	178 733.2	189 258.9	131 424.0	149 692.8	238 894.7
花生	3 722.2	5 317.0	7 292.7	6 702.4	7 277.4
油菜籽	5.0				
食用植物油	316 688.0	395 561.7	368 817.4	387 722.7	413 899.5
豆油	272 087.7	351 929.6	314 947.3	343 591.4	362 795.4
菜籽油	116.1	198.5	213.1	141.4	185.2
棕榈油	34 540.8	31 041.1	37 787.8	25 081.7	34 950.7
食糖	145 719.0	209 902.2	189 413.1	301 080.7	147 652.6
蔬菜	12 659.7	17 662.5	20 091.1	24 517.2	29 019.9
水果					
畜产品					
猪产品					
牛产品					
羊产品					
禽产品					
蛋产品					
乳品	34 707.6	49 855.3	45 593.0	78 539.1	63 352.5
动物生皮	84.3	36.0	19.5	9.9	69.4
动物生毛皮					
羊毛	36.8	14.2	13.4		21.1
水产品					
饮品					
酒					
茶	399.8	689.9	770.1	796.3	1 018.6
咖啡	1 069.2	1 313.6	2 093.6	3 237.6	2 433.1
烟草					

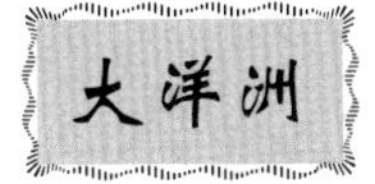

4-30 澳大利亚主要农产品贸易情况

4-30-1 澳大利亚农产品贸易综述

一、10年来澳大利亚农产品贸易总体情况

过去10年，澳大利亚农产品贸易额由2003年205.6亿美元增至2013年的518.7亿美元，年均增长9.7%。其中，出口额由158.5亿美元增至378.5亿美元，年均增长9.1%；进口额由47.1亿美元增至140.2亿美元，年均增长11.5%。澳大利亚农产品贸易保持顺差，由111.4亿美元增至238.3亿美元，年均增长7.9%（图1）。

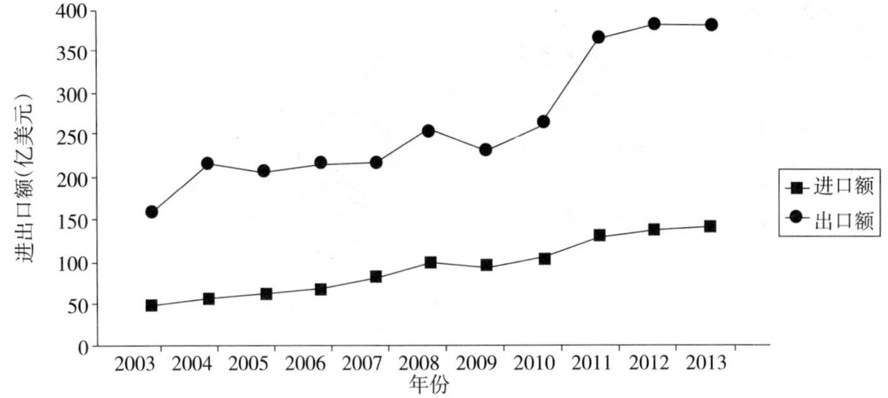

图1　2003—2013年澳大利亚农产品进出口额

2004—2013年，澳大利亚农产品出口在2005年、2007年和2009年为负增长，2013年接近零增长，增长最快的为2011年，达到39.2%。进口额除2009年下降外，其余年份均保持正增长，2012年和2013年增速放缓，分别为4.6%和4.0%（图2）。

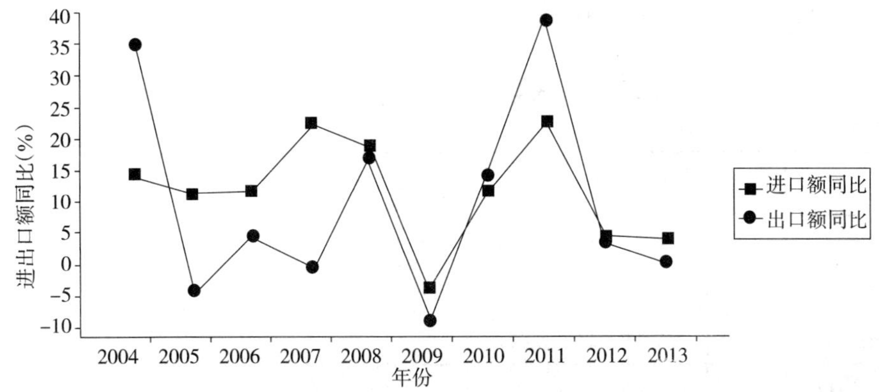

图2　2004—2013年澳大利亚农产品进出口额同比

二、2013年澳大利亚农产品贸易情况

2013年，澳大利亚农产品贸易额为518.7亿美元，同比增长1.2%，在全球各大农产品贸易国中排名第15位。其中出口额为378.5亿美元，同比增长0.2%，全球排名第13位；进口额为140.2亿美元，同比增长4.0%，全球排名第25位。

（一）进出口产品结构

2013年，澳大利亚进口农产品以饮品、水果和水产品为主，进口额分别为32.0亿美元、21.1亿美元和18.3亿美元，占其农产品进口总额的22.8%、15.1%和13.1%，同比分别增长2.8%、2.4%和3.3%。此外，澳大利亚还少量进口畜产品、蔬菜、烟草和食用植物油，2013年进口额分别为14.7亿美元、9.2亿美元、4.8亿美元和3.5亿美元，分别占其农产品进口总额的10.5%、6.6%、3.5%和2.5%（图3）。

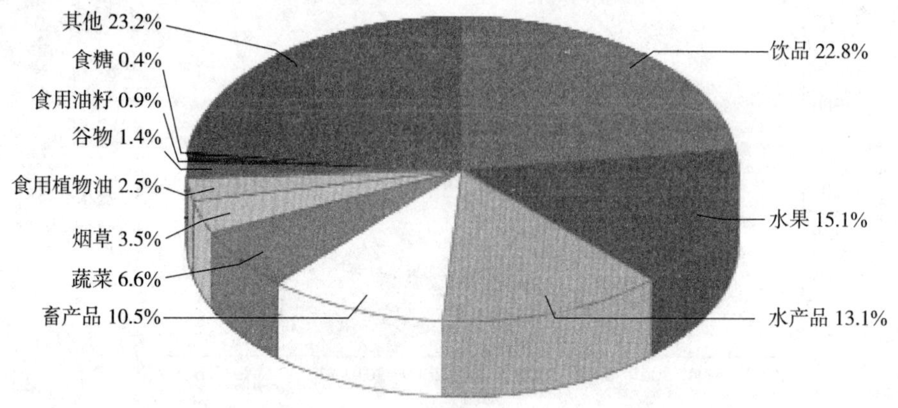

图3 2013年澳大利亚农产品进口结构

2013年，澳大利亚进口额同比增长较快的农产品主要是烟草和谷物，增幅分别为51.2%和11.2%。此外，食用油籽、蔬菜、水果、水产品和畜产品增幅保持在0.2%～5.6%之间。棉花、食糖和食用植物油进口额同比下降，降幅分别为34.5%、30.4%和1.5%（表1）。

表1 2004—2013年澳大利亚主要农产品进口额同比变化情况

单位：%

	2004年	2005年	2006年	2007年	2008年	2009年	2010年	2011年	2012年	2013年
农产品	14.3	11.4	11.8	22.7	18.9	−3.7	11.7	22.5	4.6	4.0
谷物	−39.0	18.0	1.3	49.0	95.7	10.5	−7.0	−0.3	−7.8	11.2
棉花	−24.5	−71.6	−48.0	27.6	176.1	−78.8	305.1	335.7	−51.0	−34.5
食用油籽	10.7	9.1	28.4	−6.1	−8.6	−15.8	26.9	20.9	27.8	5.6

（续）

	2004年	2005年	2006年	2007年	2008年	2009年	2010年	2011年	2012年	2013年
食用植物油	26.2	−3.2	37.7	23.2	7.6	−12.3	3.9	9.5	−5.3	−1.5
食糖	13.1	−38.5	47.8	40.6	29.0	253.9	93.2	131.1	−28.8	−30.4
蔬菜	18.9	8.9	8.1	27.9	24.3	−7.4	6.9	33.3	−2.3	1.2
水果	23.7	8.7	4.8	25.8	8.7	0.1	11.4	29.1	3.1	2.4
畜产品	14.9	21.6	6.6	22.8	27.5	−13.7	25.3	13.6	2.8	0.2
水产品	11.7	9.3	15.4	9.2	15.7	−4.3	7.9	17.4	5.6	3.3
饮品	19.5	14.0	14.3	26.9	24.8	−3.1	12.0	26.2	4.6	2.8
烟草	−27.5	14.9	26.0	4.6	−13.1	38.6	3.7	25.3	12.1	51.2

2013年，澳大利亚出口农产品以畜产品和谷物为主，出口额分别为148.9亿美元和81.6亿美元，占其农产品出口额的比重分别为39.3%和21.6%。此外，澳大利亚还出口少量的棉花、食用油籽、饮品和水产品，出口额分别为25.1亿美元、24.7亿美元、22.3亿美元和10.9亿美元，分别占其农产品出口额的6.6%、6.5%、5.9%和2.9%（图4）。

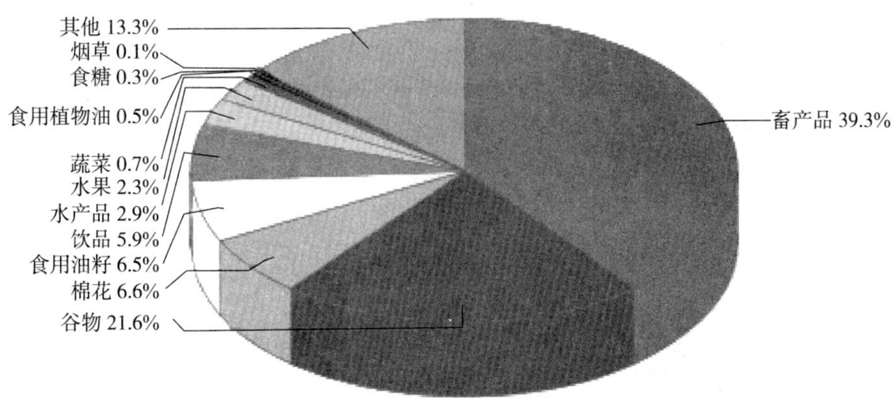

图4 2013年澳大利亚农产品出口结构

2013年，澳大利亚出口额同比增长较快的农产品主要是食用油籽和食用植物油，增幅分别为32.2%和28.6%，而烟草和食糖出口降幅较大，分别为36.0%和21.2%。（表2）。

表2 2004—2013年澳大利亚主要农产品出口额同比变化情况

单位：%

	2004年	2005年	2006年	2007年	2008年	2009年	2010年	2011年	2012年	2013年
农产品	35.3	−3.8	4.7	−0.1	17.3	−8.9	14.1	39.3	3.2	0.2

（续）

	2004年	2005年	2006年	2007年	2008年	2009年	2010年	2011年	2012年	2013年
谷物	102.8	−28.7	18.7	−34.3	94.6	−0.8	4.0	73.7	6.9	−6.7
棉花	19.9	7.9	−0.6	−39.7	−18.1	11.6	121.8	180.2	3.7	−7.6
食用油籽	92.8	−34.3	−10.6	−52.7	155.4	82.6	−12.9	155.7	37.3	32.2
食用植物油	89.0	−4.9	18.2	12.3	155.4	−10.4	11.4	30.4	−9.8	28.6
食糖	8.2	54.1	94.7	−21.4	−2.1	18.1	82.5	8.6	−17.8	−21.2
蔬菜	5.8	−2.2	−0.6	5.5	10.4	−6.2	10.0	15.7	−9.8	−8.2
水果	1.5	7.5	2.4	4.0	0.8	5.4	−11.9	12.2	12.3	10.2
畜产品	28.7	4.3	1.8	10.8	6.6	−18.0	20.6	25.5	−1.8	−0.2
水产品	1.5	2.8	2.2	−3.8	4.9	−10.0	5.5	19.7	−13.5	−8.9
饮品	25.6	3.8	−1.8	18.2	−11.8	−11.6	6.5	6.2	−1.5	−7.5
烟草	20.8	−22.2	47.8	38.0	−14.0	−3.2	11.8	11.1	−33.4	−36.0

（二）主要贸易伙伴

2013年，澳大利亚前五大农产品出口市场分别为中国、日本、美国、印度尼西亚和韩国，出口额分别为80.9亿美元、37.7亿美元、25.3亿美元、22.8亿美元和17.9亿美元，占其农产品出口额比重分别为21.4%、10.0%、6.7%、6.0%和4.7%（图5）。

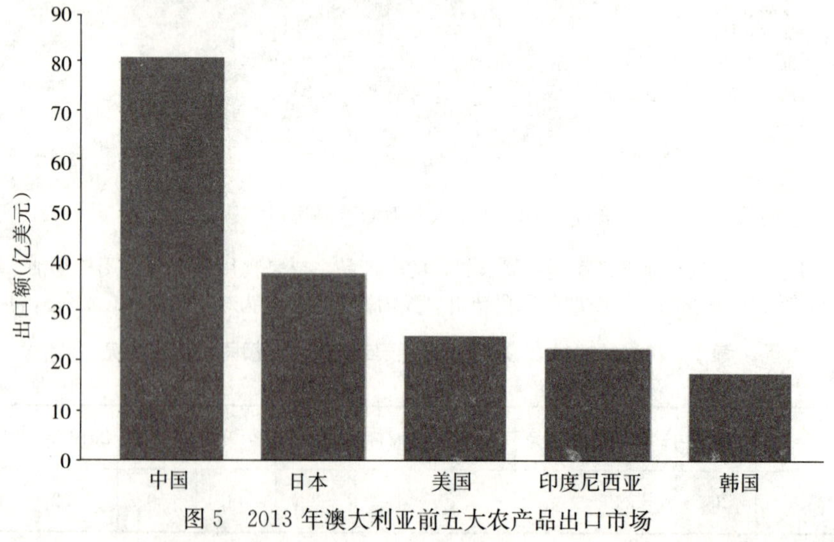

图5　2013年澳大利亚前五大农产品出口市场

2013年澳大利亚前五大农产品进口来源地分别为新西兰、美国、中国、泰国和新加坡，进口额分别为25.4亿美元、15.1亿美元、10.5亿美元、8.9亿美元和8.1亿美元，占其农产品进口额比重分别为18.1%、10.8%、7.5%、6.3%和5.8%（图6）。

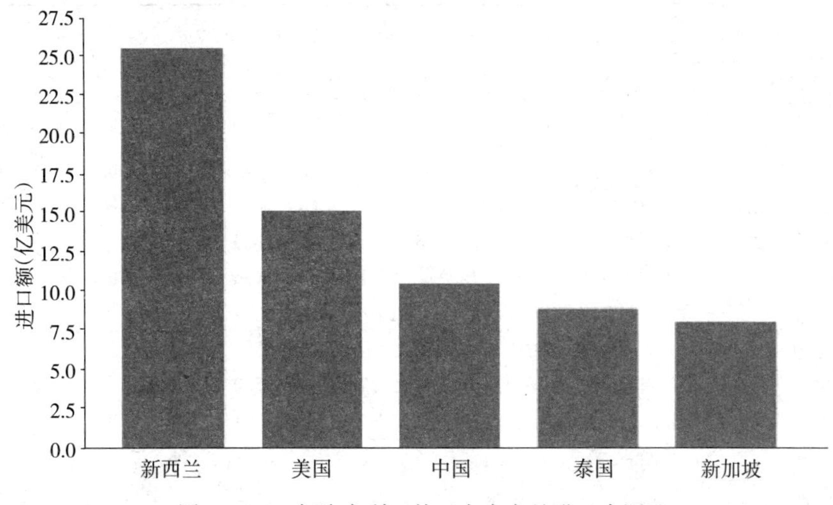

图6　2013年澳大利亚前五大农产品进口来源地

4-30-2 澳大利亚主要农产品出口额（一）

单位：万美元

项　目	2003年	2004年	2005年	2006年	2007年	2008年
农产品	1 585 359.2	2 145 630.8	2 063 064.8	2 160 638.0	2 157 810.9	2 530 177.7
谷物	208 284.9	422 371.8	301 165.1	357 376.2	234 765.1	456 742.1
小麦产品	162 040.7	315 892.4	234 216.2	261 224.7	171 116.6	331 121.1
玉米产品	578.0	634.8	553.5	750.2	865.8	2 268.3
稻谷产品	6 557.4	3 764.3	3 803.3	16 928.4	12 269.5	5 557.2
棉花	59 524.4	71 392.6	77 024.1	76 534.6	46 159.0	37 795.7
食用油籽	24 479.9	47 196.6	31 028.6	27 742.4	13 121.4	33 514.0
大豆	283.5	797.3	461.2	337.0	411.8	415.9
花生	468.5	1 931.1	521.1	497.9	845.0	1 188.0
油菜籽	18 592.3	38 459.2	23 687.2	21 555.4	8 517.8	29 045.4
食用植物油	2 233.9	4 221.4	4 015.5	4 744.3	5 327.6	13 605.7
豆油	116.4	131.7	49.8	63.2	166.8	258.3
菜籽油	1 629.5	3 602.0	2 511.9	2 315.1	3 435.4	9 935.1
棕榈油	2.8	3.7	1.5	0.9	12.1	545.2
食糖	2 561.6	2 772.4	4 273.0	8 318.5	6 538.4	6 398.4
蔬菜	22 891.0	24 228.2	23 694.4	23 547.0	24 840.7	27 423.8
水果	57 079.9	57 928.4	62 264.9	63 766.2	66 321.9	66 881.1
畜产品	758 826.2	976 315.8	1 018 449.7	1 037 140.9	1 148 725.1	1 224 423.0
猪产品	19 570.5	20 236.5	18 492.0	17 011.5	15 365.7	15 030.2
牛产品	285 589.4	408 167.2	432 394.0	440 769.1	454 061.3	516 081.4
羊产品	89 699.8	100 027.6	119 852.3	126 526.7	131 703.3	144 169.7
禽产品	8 872.0	11 364.3	12 404.6	10 259.3	10 781.9	11 223.2
蛋产品	149.8	361.1	171.0	142.2	119.7	172.2
乳品	132 295.2	171 279.0	182 402.6	179 330.5	199 155.0	220 770.9
动物生皮	41 368.8	50 413.8	47 479.9	49 962.3	60 760.3	60 403.8
动物生毛皮	74.7	47.1	35.6	4.7	39.4	18.5
羊毛	147 362.8	175 699.7	168 584.4	173 178.2	221 042.8	186 050.5
水产品	112 747.2	114 486.1	117 675.4	120 250.8	115 713.9	121 328.8
饮品	183 735.5	230 724.7	239 522.1	235 199.0	278 079.5	245 254.0
酒	164 095.0	208 571.7	219 066.3	216 754.7	254 898.2	220 640.2
茶	385.6	312.7	405.9	371.5	476.1	480.2
咖啡	2 478.9	2 814.7	3 132.7	3 574.2	4 119.3	4 157.9
烟草	6 377.6	7 704.2	5 997.5	8 861.6	12 227.4	10 515.2

澳大利亚主要农产品出口额（二）

单位：万美元

项　目	2009 年	2010 年	2011 年	2012 年	2013 年
农产品	2 304 913.8	2 629 824.0	3 662 296.5	3 778 951.2	3 784 795.4
谷物	453 272.0	471 253.9	818 559.4	874 896.6	816 083.3
小麦产品	378 234.2	380 264.1	631 894.1	680 394.1	590 931.6
玉米产品	1 781.4	1 356.8	2 770.4	4 973.0	5 332.9
稻谷产品	2 728.6	5 680.7	27 396.3	35 744.2	37 229.1
棉花	42 170.6	93 530.6	262 113.2	271 894.1	251 241.2
食用油籽	61 189.9	53 302.1	136 306.9	187 157.7	247 424.5
大豆	607.3	506.2	1 055.8	722.7	1 005.8
花生	747.2	883.8	766.5	758.6	744.3
油菜籽	53 157.8	45 863.3	114 237.8	160 018.3	225 451.3
食用植物油	12 189.1	13 575.8	17 699.7	15 964.4	20 522.7
豆油	416.7	237.0	48.5	130.0	283.4
菜籽油	6 947.7	9 382.6	13 714.9	13 206.4	17 138.4
棕榈油	9.7	6.3	14.5		11.0
食糖	7 557.9	13 792.6	14 984.2	12 310.6	9 698.6
蔬菜	25 737.2	28 320.5	32 771.3	29 555.4	27 120.3
水果	70 520.6	62 118.2	69 667.3	78 262.5	86 207.8
畜产品	1 004 565.2	1 211 533.8	1 519 879.0	1 492 234.0	1 488 997.0
猪产品	14 900.6	15 605.5	18 707.3	21 361.9	17 104.9
牛产品	425 968.9	494 245.1	597 673.4	603 890.7	615 644.9
羊产品	147 183.6	172 511.0	204 745.5	199 285.0	202 672.7
禽产品	10 782.8	10 574.0	13 821.0	17 930.5	14 379.5
蛋产品	195.9	85.1	285.4	500.0	306.1
乳品	164 793.8	191 432.1	221 199.5	221 527.6	203 458.1
动物生皮	40 953.0	64 727.0	87 790.2	84 720.9	99 025.3
动物生毛皮	0.6	4.7	3.9	5.0	27.8
羊毛	142 126.8	197 522.6	292 557.4	261 103.7	251 592.4
水产品	109 178.0	115 204.6	137 888.3	119 218.6	108 592.1
饮品	216 852.3	230 947.7	245 163.8	241 524.1	223 325.5
酒	190 598.5	201 692.4	210 637.9	210 153.4	195 143.2
茶	703.9	959.7	1 150.3	717.1	922.1
咖啡	4 158.8	4 547.7	7 034.7	5 873.3	4 846.7
烟草	10 173.5	11 374.2	12 635.2	8 417.8	5 385.5

4-30-3 澳大利亚主要农产品进口额（一）

单位：万美元

项　目	2003年	2004年	2005年	2006年	2007年	2008年
农产品	470 912.9	538 323.1	599 799.9	670 593.9	822 857.8	978 602.3
谷物	8 937.2	5 448.1	6 431.3	6 513.3	9 707.6	19 000.9
小麦产品	3 475.8	135.5	265.0	166.3	338.4	490.0
玉米产品	1 259.7	589.9	404.0	364.5	401.5	349.8
稻谷产品	3 769.8	4 610.7	5 579.3	5 831.9	8 645.5	17 805.0
棉花	74.9	56.6	16.0	8.3	10.7	29.4
食用油籽	5 177.0	5 729.2	6 248.4	8 023.8	7 534.6	6 883.8
大豆	2 147.5	2 594.4	3 199.5	2 346.1	559.4	425.2
花生	1 670.5	950.5	825.8	1 374.7	3 236.7	2 523.0
油菜籽	38.2	21.0	21.6	1 820.9	58.8	54.8
食用植物油	16 723.3	21 098.7	20 431.6	28 140.7	34 678.3	37 328.3
豆油	793.8	920.5	664.8	2 017.6	1 821.5	3 038.6
菜籽油	523.5	893.3	839.5	1 269.8	1 240.6	2 044.8
棕榈油	4 494.5	5 317.9	4 665.0	5 769.3	8 111.8	12 974.4
食糖	397.7	450.0	276.6	408.8	574.6	741.2
蔬菜	31 716.4	37 710.5	41 083.0	44 421.7	56 805.7	70 620.6
水果	72 224.0	89 337.1	97 086.1	101 747.9	127 974.1	139 072.0
畜产品	49 936.4	57 375.3	69 794.2	74 433.7	91 438.0	116 563.6
猪产品	14 670.1	19 114.2	24 682.0	25 454.9	36 493.1	38 510.7
牛产品	1 192.5	1 831.6	2 661.0	2 656.1	2 226.6	2 402.4
羊产品	139.1	138.7	86.3	203.1	143.2	278.4
禽产品	1 447.3	1 605.9	1 779.3	1 563.9	1 791.5	2 303.8
蛋产品	241.7	274.4	282.6	432.3	458.9	697.4
乳品	18 761.5	23 548.4	27 380.5	29 915.4	36 055.4	53 807.3
动物生皮	135.6	159.8	91.9	108.1	163.7	126.1
动物生毛皮	39.0	29.6	45.0	78.4	69.0	78.9
羊毛	4 100.5	3 261.5	2 778.4	2 078.2	1 953.0	1 892.7
水产品	77 865.0	86 955.7	95 011.6	109 602.5	119 690.6	138 485.6
饮品	88 062.2	105 253.8	119 941.3	137 123.9	173 955.0	217 080.4
酒	39 826.2	49 655.2	55 238.0	67 498.6	83 564.7	108 096.9
茶	6 409.7	7 048.7	7 466.1	7 619.6	8 882.1	10 036.3
咖啡	13 570.5	14 157.4	19 131.5	21 724.7	27 499.8	32 965.2
烟草	16 641.1	12 058.9	13 858.3	17 464.5	18 267.7	15 868.8

澳大利亚主要农产品进口额（二）

单位：万美元

项　目	2009年	2010年	2011年	2012年	2013年
农产品	942 039.2	1 051 867.3	1 288 891.2	1 348 753.0	1 402 109.2
谷物	21 000.9	19 520.3	19 465.4	17 943.2	19 944.2
小麦产品	898.5	647.3	762.5	843.4	1 063.6
玉米产品	480.4	438.6	618.4	669.7	751.7
稻谷产品	19 333.3	18 041.4	17 409.0	15 652.2	16 806.7
棉花	6.2	25.3	110.1	54.0	35.4
食用油籽	5 793.2	7 349.9	8 882.5	11 349.0	11 978.9
大豆	322.5	316.8	358.2	338.3	373.3
花生	1 837.8	2 490.0	3 299.4	4 557.7	3 825.6
油菜籽	123.2	72.6	191.5	297.2	176.8
食用植物油	32 748.0	34 036.4	37 257.6	35 280.1	34 740.4
豆油	2 033.8	2 876.6	2 864.7	2 792.6	2 856.7
菜籽油	1 332.7	1 711.7	2 191.1	2 571.9	2 920.8
棕榈油	11 191.7	9 382.2	12 196.9	10 509.3	8 554.2
食糖	2 623.4	5 067.5	11 712.8	8 344.6	5 808.9
蔬菜	65 376.2	69 857.4	93 144.1	91 042.9	92 090.8
水果	139 158.6	154 988.4	200 126.6	206 377.6	211 310.8
畜产品	100 602.1	126 059.4	143 246.7	147 196.5	147 478.6
猪产品	41 313.1	44 323.9	47 887.9	54 082.9	51 445.6
牛产品	2 597.5	3 520.0	5 156.4	4 813.5	3 987.4
羊产品	420.1	1 106.4	967.1	818.0	648.0
禽产品	3 233.9	4 948.8	6 140.5	7 963.8	8 434.6
蛋产品	514.0	732.3	700.1	517.4	691.3
乳品	39 042.3	55 095.5	63 783.9	60 718.2	65 213.5
动物生皮	49.7	63.7	112.6	185.5	238.9
动物生毛皮	34.5	51.8	107.3	81.8	113.2
羊毛	1 356.6	1 520.9	1 457.6	705.3	824.2
水产品	132 495.0	142 999.2	167 846.9	177 208.9	183 048.2
饮品	210 351.4	235 557.1	297 228.6	310 913.0	319 707.3
酒	99 933.0	113 829.5	135 880.1	149 269.5	159 009.7
茶	9 797.0	10 966.5	11 898.2	12 908.0	13 119.0
咖啡	34 131.7	37 909.5	59 286.4	61 314.4	55 757.0
烟草	21 996.9	22 805.8	28 580.5	32 045.7	48 444.8

4-30-4 澳大利亚主要农产品出口量（一）

单位：吨

项 目	2003年	2004年	2005年	2006年	2007年	2008年
农产品						
谷物	13 552 115.5	26 098 717.2	19 784 073.2	21 015 498.6	13 334 454.4	12 282 287.5
小麦产品	11 028 615.0	18 957 453.4	15 487 294.9	15 569 026.8	11 184 163.8	8 330 552.3
玉米产品	23 799.8	12 568.5	17 707.0	14 244.6	12 372.1	87 231.6
稻谷产品	156 618.7	73 649.2	64 697.2	334 988.8	200 402.5	57 221.1
棉花	459 818.2	447 498.5	599 948.5	580 290.7	328 541.2	225 710.0
食用油籽	802 358.4	1 415 998.6	1 113 157.1	955 516.8	268 945.1	563 172.7
大豆	6 496.7	16 984.8	10 102.5	6 816.1	5 877.7	3 747.5
花生	4 340.8	16 497.1	3 989.0	3 574.8	4 703.8	6 213.0
油菜籽	625 152.9	1 197 679.5	842 181.5	763 600.5	209 546.1	530 237.1
食用植物油	31 432.2	61 365.7	48 264.4	46 906.8	43 624.9	92 718.9
豆油	1 736.3	1 846.2	614.8	806.0	1 700.6	1 697.4
菜籽油	25 994.8	56 409.5	39 401.7	32 981.4	36 633.6	74 521.1
棕榈油	21.6	43.0	14.3	2.8	87.4	7 403.8
食糖	127 849.3	116 661.9	155 336.3	187 235.6	222 388.0	196 825.6
蔬菜	374 182.5	297 980.8	265 026.6	240 397.7	227 092.3	207 774.2
水果						
畜产品						
猪产品						
牛产品						
羊产品						
禽产品						
蛋产品						
乳品	788 917.5	847 500.3	807 605.5	833 952.4	718 507.1	626 857.3
动物生皮			283 093.6			
动物生毛皮		4.2				
羊毛	324 917.6	420 235.5	423 048.8	433 885.1	414 065.2	358 634.9
水产品						
饮品						
酒						
茶	817.8	672.4	684.1	495.2	693.0	1 507.2
咖啡	4 301.8	4 686.8	5 113.6	5 886.6	5 509.5	4 760.6
烟草						

澳大利亚主要农产品出口量（二）

单位：吨

项　目	2009年	2010年	2011年	2012年	2013年
农产品					
谷物	24 439 519.5	20 382 802.5	25 667 909.1	29 814 936.5	24 743 034.2
小麦产品	20 802 502.4	15 996 741.0	19 819 015.1	23 626 321.3	18 073 523.6
玉米产品	40 549.1	29 632.1	60 499.8	126 350.3	122 221.6
稻谷产品	19 647.2	58 321.4	316 348.6	454 792.7	468 939.3
棉花	317 552.7	474 805.9	852 703.0	1 220 976.4	1 174 846.1
食用油籽	1 342 083.5	1 239 841.5	2 455 590.1	3 470 552.0	4 344 234.5
大豆	8 138.4	5 081.8	8 961.2	4 657.5	11 703.6
花生	4 643.0	4 205.5	3 163.4	2 851.7	2 889.8
油菜籽	1 222 344.0	1 081 497.5	1 853 482.4	2 677 048.6	3 795 676.6
食用植物油	91 938.3	121 507.9	135 999.9	117 770.8	154 785.9
豆油	3 262.0	1 851.8	368.7	1 114.5	1 565.9
菜籽油	67 907.2	98 942.2	117 671.4	108 266.7	142 901.1
棕榈油	45.8	40.8	66.8		93.8
食糖	192 697.5	273 851.7	222 935.1	207 643.0	200 467.6
蔬菜	237 987.3	237 284.0	249 985.1	248 896.2	222 407.0
水果					
畜产品					
猪产品					
牛产品					
羊产品					
禽产品					
蛋产品					
乳品	717 388.6	610 683.7	628 969.4	683 160.8	570 237.0
动物生皮			332 630.7	375 835.3	414 149.7
动物生毛皮			0.6	0.9	5.0
羊毛	339 202.6	350 998.3	347 969.9	337 958.3	345 575.2
水产品					
饮品					
酒					
茶	1 904.6	1 959.9	1 979.7	998.4	1 339.9
咖啡	4 806.6	5 027.7	6 615.1	5 512.4	4 922.3
烟草					

4-30-5 澳大利亚主要农产品进口量（一）

单位：吨

项 目	2003年	2004年	2005年	2006年	2007年	2008年
农产品						
谷物	460 231.4	109 680.6	126 600.5	116 692.1	161 257.4	218 328.4
小麦产品	301 124.7	2 851.5	4 130.1	3 389.3	6 026.4	5 095.9
玉米产品	60 870.3	11 394.7	7 032.3	4 946.0	5 169.0	5 197.8
稻谷产品	79 438.7	93 010.0	112 139.1	106 049.4	143 626.4	203 642.0
棉花	479.0	302.0	96.6	111.0	361.1	510.6
食用油籽	118 515.4	119 881.5	163 338.5	192 654.2	88 187.2	41 646.3
大豆	84 766.6	94 159.4	141 370.7	105 749.8	16 375.0	6 795.5
花生	21 377.6	10 699.8	8 514.2	14 732.5	29 304.0	16 621.4
油菜籽	260.4	101.4	126.4	57 269.3	265.2	284.1
食用植物油	197 012.3	207 588.1	199 215.2	261 195.0	261 971.0	247 682.4
豆油	12 826.3	13 396.8	10 491.6	32 179.0	22 134.2	22 889.0
菜籽油	6 084.2	10 208.6	9 380.9	16 200.8	10 765.5	11 266.8
棕榈油	104 898.6	111 819.7	112 104.8	136 528.4	128 230.1	133 976.4
食糖	11 636.0	12 362.6	6 126.3	8 010.7	10 467.8	12 442.3
蔬菜	274 978.0	300 394.1	318 405.8	351 400.5	464 362.8	518 839.1
水果						
畜产品						
猪产品						
牛产品						
羊产品						
禽产品						
蛋产品						
乳品	76 886.9	84 138.9	85 600.5	96 002.1	102 254.4	121 430.2
动物生皮			473.4			
动物生毛皮	5.6	2.4	70.7	6.5		
羊毛	13 371.9	9 925.2	8 973.7	7 308.6	6 457.0	6 259.4
水产品						
饮品						
酒						
茶	14 337.4	15 141.7	15 061.4	14 151.3	14 953.4	15 427.1
咖啡	52 724.4	53 157.7	64 275.3	65 641.9	68 680.8	70 382.3
烟草						

澳大利亚主要农产品进口量（二）

单位：吨

项　目	2009年	2010年	2011年	2012年	2013年
农产品					
谷物	239 806.9	221 347.8	198 276.4	177 479.6	191 555.2
小麦产品	14 988.3	10 099.6	10 858.6	12 741.5	16 162.2
玉米产品	7 005.9	6 195.4	8 798.1	9 344.5	8 625.4
稻谷产品	214 904.1	202 460.5	175 111.4	151 345.9	161 520.0
棉花	83.6	289.5	461.5	589.6	236.1
食用油籽	32 313.7	38 981.3	40 414.2	45 442.2	47 749.2
大豆	4 186.7	4 370.7	3 979.8	3 428.4	3 850.7
花生	12 176.5	18 102.9	18 433.2	21 282.1	20 880.9
油菜籽	483.2	315.1	643.7	843.5	775.0
食用植物油	249 279.2	252 318.5	239 847.5	225 530.8	258 040.2
豆油	21 391.7	26 547.0	20 205.0	19 212.4	24 582.0
菜籽油	10 064.7	12 526.5	17 132.0	17 856.2	23 435.5
棕榈油	135 144.8	123 348.1	110 256.4	97 915.9	104 283.4
食糖	54 156.9	76 040.3	155 226.3	133 424.4	102 057.9
蔬菜	439 648.7	461 465.7	708 194.9	716 541.9	741 837.5
水果					
畜产品					
猪产品					
牛产品					
羊产品					
禽产品					
蛋产品					
乳品	120 028.3	137 438.7	148 271.3	142 945.9	150 306.9
动物生皮		410.2	1 041.9		
动物生毛皮			74.7	47.0	58.1
羊毛	5 083.8	5 140.1	2 807.6	1 416.8	1 896.2
水产品					
饮品					
酒					
茶	14 167.9	15 100.4	21 945.1	24 148.5	25 394.4
咖啡	75 443.4	79 347.8	93 665.2	103 942.3	105 347.8
烟草					

4-30-6 澳大利亚农产品出口额前 15 位国家（地区）
（2013 年）

单位：万美元，%

序号	国家（地区）	出口额	同比增长
1	中国	809 165.3	16.1
2	日本	377 247.9	－13.2
3	美国	253 393.8	2.0
4	印度尼西亚	228 113.6	－4.1
5	韩国	178 847.6	－8.8
6	新西兰	137 024.7	－1.4
7	越南	119 407.7	28.4
8	中国香港	100 438.3	－10.8
9	新加坡	99 715.8	1.7
10	马来西亚	89 141.1	0.6
11	阿拉伯联合酋长国	83 931.3	26.0
12	泰国	80 361.8	－17.3
13	沙特阿拉伯	75 306.9	19.6
14	英国	63 354.6	－1.7
15	伊拉克	56 835.6	242.2
	小计	**2 752 286.0**	

4-30-7 澳大利亚农产品进口额前15位国家（地区）
（2013年）

单位：万美元，%

序号	国家（地区）	进口额	同比增长
1	新西兰	254 312.3	10.6
2	美国	151 083.0	4.3
3	中国	105 275.0	5.7
4	泰国	88 641.2	1.4
5	新加坡	80 615.9	−4.5
6	意大利	53 470.5	11.0
7	法国	49 826.4	14.0
8	马来西亚	49 726.1	−1.6
9	英国	49 171.3	14.6
10	荷兰	40 728.6	1.3
11	阿根廷	39 380.1	−3.5
12	越南	35 109.9	−0.5
13	德国	30 408.1	−1.7
14	丹麦	27 958.5	13.8
15	印度尼西亚	24 441.5	7.4
	小计	**1 080 148.4**	

4-31 新西兰主要农产品贸易情况

4-31-1 新西兰农产品贸易综述

一、10年来新西兰农产品贸易总体情况

过去10年，新西兰农产品贸易额由2003年108.7亿美元增至2013年的289.2亿美元，年均增长10.3%。其中，出口额由92.5亿美元增至245.2亿美元，年均增长10.2%；进口额由16.2亿美元增至44.0亿美元，年均增长10.5%。新西兰农产品贸易保持顺差，由76.3亿美元增至201.2亿美元，年均增长10.2%（图1）。

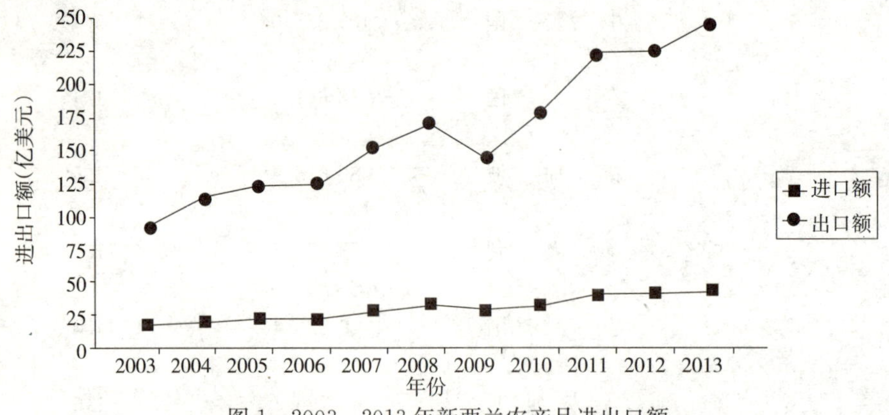

图1 2003—2013年新西兰农产品进出口额

2004—2013年，新西兰农产品进出口额仅2009年出现负增长。进口额在2006年、2012年和2013年为个位数增长，其余年份基本维持在12%～23%之间。出口额增幅较大的年份有2004年、2007年、2010年和2011年（图2）。

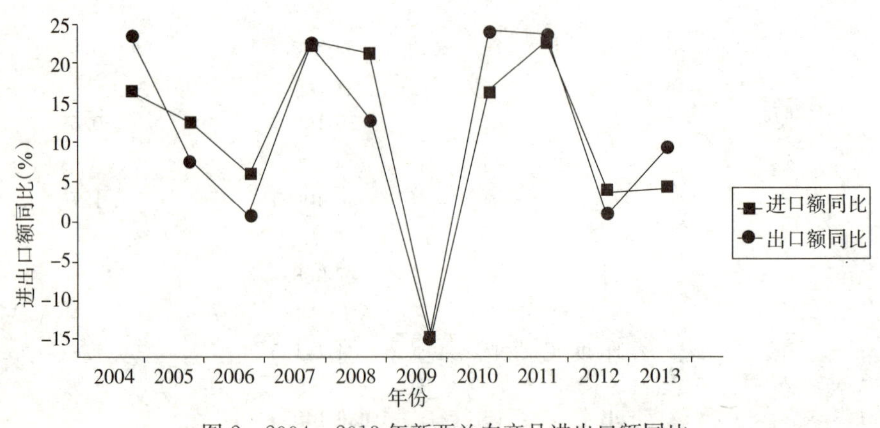

图2 2004—2013年新西兰农产品进出口额同比

二、2013 年新西兰农产品贸易情况

2013 年，新西兰农产品贸易额为 289.2 亿美元，同比增长 8.5%，在全球各大农产品贸易国中排名第 25 位。其中，出口额为 245.2 亿美元，同比增长 9.3%，全球排名第 20 位；进口额为 44.0 亿美元，同比增长 4.3%，全球排名第 50 位。

（一）进出口产品结构

2013 年，新西兰进口农产品以饮品、水果和畜产品为主，进口额分别为 7.2 亿美元、6.5 亿美元和 4.5 亿美元，占其农产品进口总额的 16.5%、14.8%和 10.2%，同比分别增长 1.7%、4.0%和 14.6%。此外，新西兰还少量进口谷物、蔬菜、水产品和食用植物油，2013 年分别进口了 2.6 亿美元、1.9 亿美元、1.8 亿美元和 1.3 亿美元，分别占其农产品进口总额的 5.8%、4.4%、4.1%和 3.1%（图 3）。

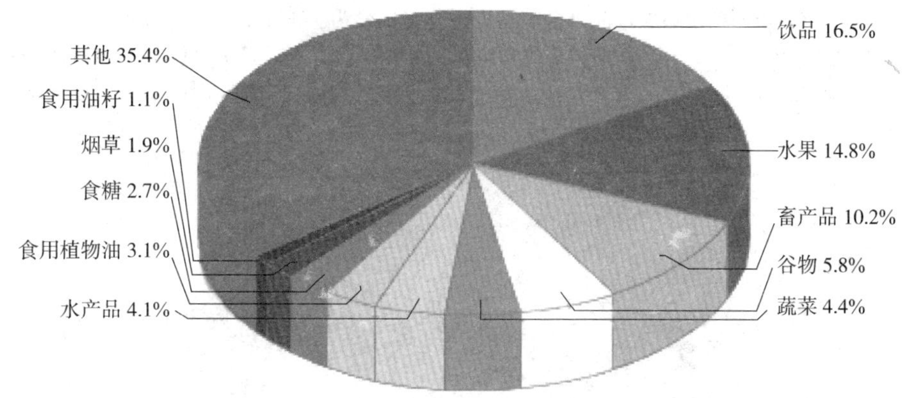

图 3　2013 年新西兰农产品进口结构

2013 年，新西兰进口额同比增长明显的农产品是棉花，增幅为 185.5%。此外，畜产品增幅较大，为 14.6%。食糖、食用油籽、食用植物油和蔬菜进口额同比下降，降幅分别为 6.5%、3.1%、2.9%和 0.1%（表 1）。

表 1　2004—2013 年新西兰主要农产品进口额同比变化情况

单位：%

	2004 年	2005 年	2006 年	2007 年	2008 年	2009 年	2010 年	2011 年	2012 年	2013 年
农产品	16.5	12.5	6.1	22.6	21.3	−15.0	16.3	22.5	4.0	4.3
谷物	34.2	−1.1	2.3	33.5	65.9	−36.4	−0.4	61.7	−4.9	1.2
棉花	−60.5	−85.7	186.9	82.8	70.1	−57.1	50.9	−68.5	173.9	185.5
食用油籽	39.5	−17.4	24.4	18.7	−10.9	−7.4	26.5	2.0	11.6	−3.1
食用植物油	32.5	4.6	−0.2	29.6	40.3	−30.7	5.0	37.3	3.3	−2.9

（续）

	2004年	2005年	2006年	2007年	2008年	2009年	2010年	2011年	2012年	2013年
食糖	9.0	8.0	45.9	−21.1	3.5	38.2	22.7	53.6	−30.1	−6.5
蔬菜	20.8	9.4	7.4	19.9	12.5	−2.8	1.6	13.7	−10.7	−0.1
水果	14.4	19.4	1.8	20.0	6.6	−9.1	10.1	13.6	6.8	4.0
畜产品	14.2	23.8	−2.3	25.6	−1.3	5.1	5.0	7.5	18.5	14.6
水产品	18.4	16.0	7.5	4.5	15.6	−15.0	17.3	26.7	−0.2	0.9
饮品	15.6	11.8	2.6	18.1	10.6	−9.5	13.6	16.4	3.0	1.7
烟草	−7.8	−10.9	70.8	44.1	−4.4	2.1	18.6	19.5	4.0	1.3

2013年，新西兰出口农产品以畜产品为主，出口额为171.2亿美元，占其农产品出口额的比重为69.8%。此外，新西兰还出口少量的水果、饮品、水产品和蔬菜，出口额分别为17.5亿美元、13.2亿美元、12.6亿美元和6.0亿美元，分别占其农产品出口额的7.1%、5.4%、5.1%和2.4%（图4）。

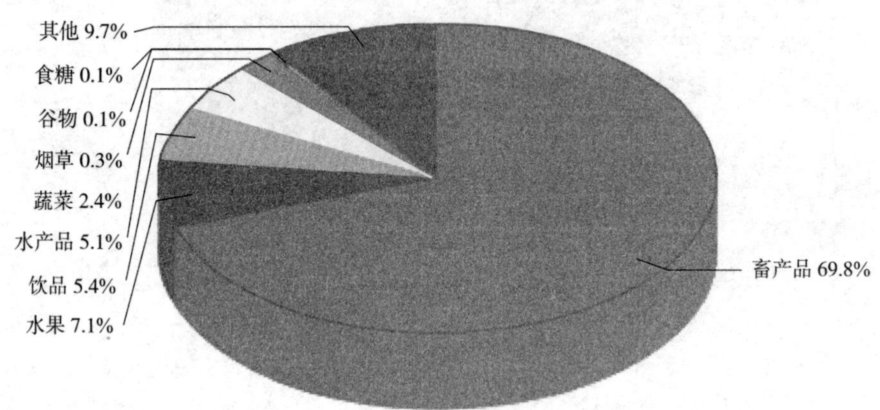

图4　2013年新西兰农产品出口结构

2013年，新西兰出口额同比增长较快的农产品主要是谷物、食用植物油、食用油籽和烟草，增幅分别为145%、89%、52.7%和43.9%，而棉花和食糖出口降幅较大，分别为74.3%和19.6%。（表2）。

表2　2004—2013年新西兰主要农产品出口额同比变化情况

单位：%

	2004年	2005年	2006年	2007年	2008年	2009年	2010年	2011年	2012年	2013年
农产品	23.5	7.7	1.0	22.2	12.7	−15.1	23.9	23.7	0.7	9.3

（续）

	2004年	2005年	2006年	2007年	2008年	2009年	2010年	2011年	2012年	2013年
谷物	8.7	3.4	23.2	45.5	126.7	−32.0	17.9	18.6	−22.3	145.0
棉花	−31.3	23.0	909.5	364.9	−98.2	88.2	41.0	−1.7	123.9	−74.3
食用油籽	84.8	36.8	−25.1	35.1	−39.0	−2.0	83.4	9.7	17.6	52.7
食用植物油	20.7	14.1	−40.2	44.4	39.7	−22.1	47.0	1.4	−28.5	89.0
食糖	19.3	−22.9	23.6	29.9	−3.6	0.3	73.6	6.3	22.5	−19.6
蔬菜	5.4	1.8	1.7	22.1	−0.2	−11.2	18.3	24.8	−4.3	8.5
水果	54.3	0.3	−0.2	18.1	1.8	−2.7	4.5	23.2	3.4	−2.4
畜产品	21.9	7.4	0.7	22.4	16.2	−18.9	31.3	26.6	−1.8	12.2
水产品	18.5	5.0	−1.7	6.3	4.9	−7.5	18.0	15.0	4.0	−2.7
饮品	39.8	26.6	11.0	38.9	9.8	−5.2	24.4	15.1	9.7	3.6
烟草	124.5	−12.6	−22.6	−9.6	8.7	9.6	62.9	27.3	47.7	43.9

（二）主要贸易伙伴

2013年，新西兰前五大农产品出口市场分别为中国、澳大利亚、美国、日本和英国，出口额分别为60.1亿美元、24.3亿美元、22.6亿美元、13.6亿美元和9.0亿美元，占其农产品出口额的比重分别为24.5%、9.9%、9.2%、5.5%和3.7%（图5）。

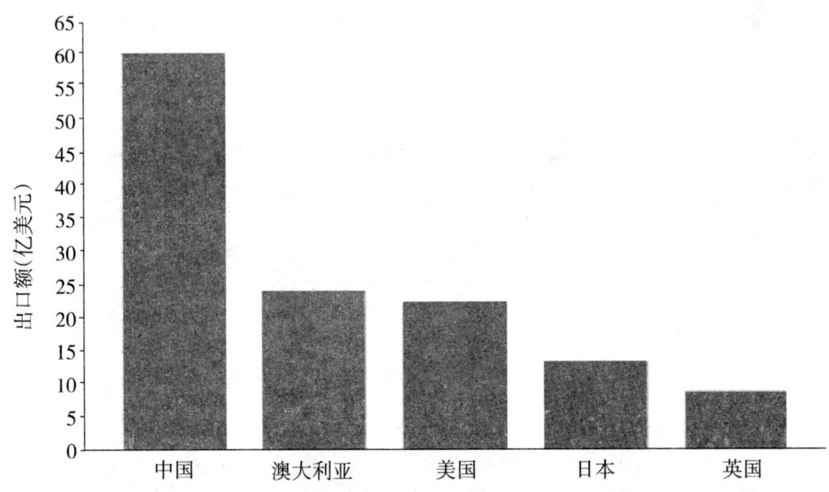

图5 2013年新西兰前五大农产品出口市场

2013 年新西兰前五大农产品进口来源地分别为澳大利亚、美国、马来西亚、印度尼西亚和中国，进口额分别为 15.1 亿美元、5.0 亿美元、2.6 亿美元、2.1 亿美元和 1.7 亿美元，占其农产品进口额的比重分别为 34.3%、11.4%、5.9%、4.8%和 3.9%（图 6）。

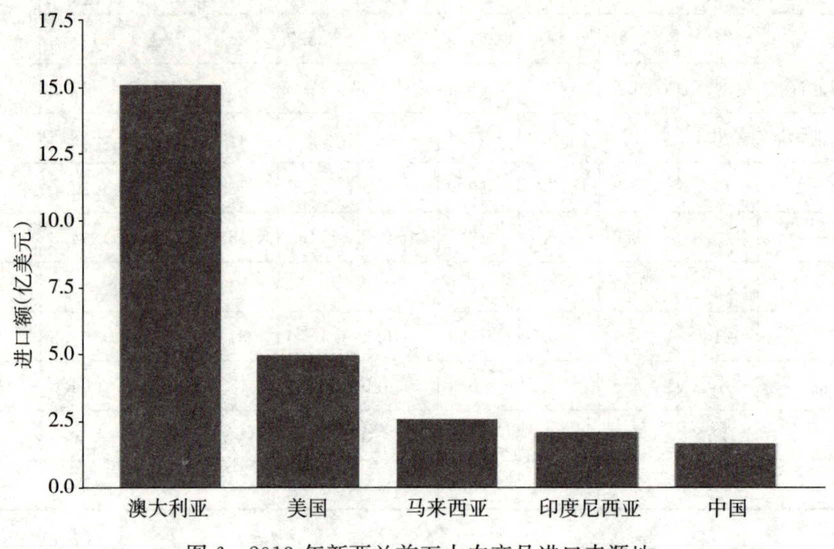

图 6　2013 年新西兰前五大农产品进口来源地

4-31-2 新西兰主要农产品出口额（一）

单位：万美元

项　目	2003年	2004年	2005年	2006年	2007年	2008年
农产品	925 257.9	1 142 661.2	1 230 721.7	1 243 333.1	1 519 544.8	1 713 271.6
谷物	370.0	402.1	416.0	512.6	745.7	1 690.8
小麦产品	20.5	32.7	35.7	61.0	72.6	73.4
玉米产品	175.6	178.5	214.7	256.6	410.6	460.4
稻谷产品	107.3	86.7	27.9	41.9	38.7	41.5
棉花	0.2	0.2	0.2	1.9	8.9	0.2
食用油籽	200.0	369.5	505.5	378.4	511.4	311.8
大豆	24.7	1.3	1.0	0.6	0.8	0.7
花生	8.0	28.0	18.3	15.7	16.3	16.5
油菜籽	65.8	164.5	299.2	209.5	122.5	104.3
食用植物油	133.7	161.3	184.1	110.1	158.9	222.0
豆油	10.5	9.8	18.4	41.4	45.9	65.2
菜籽油	2.2		0.8	0.1	2.0	3.6
棕榈油	1.0	0.2	2.0	1.1	1.0	1.2
食糖	794.4	947.7	730.5	903.1	1 173.3	1 131.6
蔬菜	33 143.7	34 943.8	35 569.4	36 179.3	44 174.1	44 106.4
水果	74 290.8	114 644.1	115 012.4	114 736.9	135 522.7	137 960.8
畜产品	614 857.5	749 622.6	805 214.4	811 182.9	992 644.1	1 153 790.7
猪产品	9 330.0	11 636.7	12 436.4	11 706.8	11 662.2	13 653.3
牛产品	103 642.4	147 572.0	150 371.4	132 887.8	131 867.7	152 778.3
羊产品	129 304.7	148 948.1	167 766.1	155 604.9	175 094.3	194 770.4
禽产品	20 003.3	25 412.9	29 182.8	29 607.8	29 615.9	38 118.2
蛋产品	380.3	376.0	400.8	463.2	415.8	398.7
乳品	274 986.9	329 214.9	363 471.2	401 990.9	552 213.2	656 297.4
动物生皮	16 640.3	17 400.4	14 667.4	12 746.6	15 750.4	17 543.8
动物生毛皮	4.8	3.1	32.7	13.3	103.8	113.7
羊毛	43 814.2	47 055.5	46 065.1	44 904.3	46 855.5	41 444.3
水产品	72 832.2	86 285.1	90 602.5	89 063.5	94 646.8	99 252.5
饮品	28 698.0	40 115.3	50 784.0	56 368.8	78 307.9	85 954.0
酒	19 887.6	29 224.1	37 610.0	43 743.2	61 280.1	69 716.6
茶	62.1	67.6	114.7	114.2	136.0	119.0
咖啡	62.5	123.0	138.3	97.6	125.2	233.6
烟草	959.0	2 152.6	1 881.2	1 456.9	1 316.7	1 431.1

新西兰主要农产品出口额（二）

单位：万美元

项　目	2009 年	2010 年	2011 年	2012 年	2013 年
农产品	1 453 793.8	1 801 012.6	2 228 288.6	2 242 884.0	2 452 289.0
谷物	1 149.6	1 355.4	1 607.5	1 248.5	3 058.7
小麦产品	157.0	225.9	111.3	95.9	139.9
玉米产品	786.5	923.2	1 083.3	771.5	2 453.5
稻谷产品	46.2	45.1	80.2	50.9	118.6
棉花	0.3	0.4	0.4	0.9	0.2
食用油籽	305.7	560.8	615.1	723.2	1 104.5
大豆	1.3	1.9	30.2	16.1	2.6
花生	17.4	35.6	32.3	39.0	63.7
油菜籽	158.8	315.1	234.3	308.4	630.6
食用植物油	172.8	254.0	257.7	184.2	348.2
豆油	61.9	53.3	94.5	30.8	14.6
菜籽油	3.0	4.5	9.2	9.2	14.4
棕榈油	0.8	6.8	23.0	1.2	7.0
食糖	1 135.6	1 971.2	2 095.0	2 565.7	2 063.6
蔬菜	39 174.2	46 337.3	57 834.0	55 356.7	60 064.2
水果	134 209.7	140 305.8	172 843.6	178 770.1	174 505.0
畜产品	935 807.6	1 228 276.1	1 554 837.8	1 526 479.4	1 712 428.2
猪产品	12 428.3	13 213.8	18 946.1	24 448.8	21 959.6
牛产品	127 440.8	157 852.1	188 727.2	196 896.8	197 546.3
羊产品	182 077.5	194 253.8	237 020.2	212 614.8	222 688.4
禽产品	31 153.3	31 042.3	40 384.6	45 117.7	43 876.2
蛋产品	401.4	697.9	704.1	685.0	979.1
乳品	503 770.5	732 713.6	940 411.1	920 933.8	1 092 186.2
动物生皮	10 405.0	13 759.0	23 921.0	28 290.2	28 533.0
动物生毛皮	22.6	0.7	4.4	2.4	
羊毛	33 354.7	44 447.5	62 754.9	57 761.6	57 292.3
水产品	91 838.7	108 403.2	124 638.6	129 582.2	126 045.5
饮品	81 457.3	101 297.1	116 552.5	127 894.0	132 462.9
酒	69 208.7	85 719.2	98 029.0	108 343.5	110 164.6
茶	83.3	136.2	138.7	179.1	133.0
咖啡	700.4	567.0	433.3	442.7	1 236.6
烟草	1 569.2	2 555.5	3 252.7	4 804.7	6 912.1

4-31-3 新西兰主要农产品进口额（一）

单位：万美元

项　目	2003年	2004年	2005年	2006年	2007年	2008年
农产品	161 928.5	188 615.9	212 193.6	225 237.4	276 233.9	334 939.6
谷物	8 601.0	11 544.4	11 417.2	11 674.9	15 591.6	25 859.8
小麦产品	5 306.1	7 358.6	7 669.4	7 575.5	10 138.1	14 386.4
玉米产品	556.0	371.1	321.2	363.0	666.8	626.5
稻谷产品	2 264.9	2 536.0	2 594.6	2 739.3	3 360.0	4 828.8
棉花	11.1	4.4	0.6	1.8	3.3	5.6
食用油籽	2 375.4	3 312.8	2 735.2	3 401.3	4 036.1	3 595.9
大豆	752.6	1 152.7	420.4	1 035.1	1 365.7	223.8
花生	1 038.5	1 197.0	1 159.4	1 344.8	1 533.5	1 905.9
油菜籽	3.6	35.9	3.7	69.6	12.2	38.8
食用植物油	5 343.2	7 078.9	7 407.2	7 395.8	9 581.8	13 443.1
豆油	1 112.6	1 609.6	1 698.1	1 309.9	1 867.2	3 021.3
菜籽油	1 226.2	1 599.6	1 682.6	1 654.1	2 692.9	3 795.9
棕榈油	933.9	1 118.3	1 038.8	1 281.9	1 597.7	2 784.4
食糖	4 920.8	5 365.1	5 795.4	8 456.6	6 670.9	6 904.9
蔬菜	10 131.5	12 241.7	13 393.6	14 383.6	17 241.2	19 389.8
水果	29 078.5	33 264.3	39 719.1	40 444.8	48 524.4	51 703.2
畜产品	16 322.2	18 641.4	23 071.3	22 544.1	28 320.5	27 939.4
猪产品	4 730.1	5 613.1	7 902.5	7 701.3	10 051.8	9 586.9
牛产品	2 751.0	2 761.2	2 365.7	2 541.9	3 709.0	3 764.1
羊产品	409.5	475.4	779.3	803.3	883.6	1 289.3
禽产品	314.9	330.4	413.0	337.2	439.2	887.1
蛋产品	71.6	99.8	109.9	106.9	179.6	254.0
乳品	2 239.2	2 894.5	4 776.2	4 892.1	7 330.4	7 526.0
动物生皮	1 738.3	2 374.1	1 132.7	419.0	294.3	261.3
动物生毛皮						
羊毛	283.0	199.8	200.6	156.7	286.1	338.8
水产品	8 024.2	9 502.9	11 021.7	11 844.1	12 371.6	14 305.4
饮品	33 352.6	38 564.5	43 129.9	44 249.9	52 272.5	57 795.9
酒	17 772.4	20 475.5	22 416.0	22 429.7	26 049.5	27 743.9
茶	1 644.2	1 903.9	1 987.9	2 110.8	2 225.4	2 490.2
咖啡	3 165.6	3 695.3	4 583.3	5 190.8	6 350.1	7 175.2
烟草	2 793.2	2 574.2	2 293.0	3 915.5	5 642.2	5 392.4

新西兰主要农产品进口额（二）

单位：万美元

项 目	2009 年	2010 年	2011 年	2012 年	2013 年
农产品	284 608.1	330 989.0	405 452.1	421 524.2	439 613.2
谷物	16 448.7	16 389.6	26 500.6	25 213.8	25 527.2
小麦产品	9 279.8	8 809.0	17 665.3	15 808.6	15 966.5
玉米产品	513.8	509.4	884.1	688.3	687.8
稻谷产品	4 989.2	5 018.4	5 098.3	5 081.3	5 318.1
棉花	2.4	3.6	1.1	3.1	8.9
食用油籽	3 331.5	4 213.1	4 297.9	4 795.1	4 645.0
大豆	245.6	529.5	233.2	239.1	306.0
花生	1 778.1	1 977.2	2 356.0	2 643.7	2 191.9
油菜籽	4.3	1.5	1.6	13.2	37.8
食用植物油	9 309.9	9 772.1	13 413.0	13 862.2	13 457.7
豆油	1 438.1	1 755.3	1 704.7	1 965.6	1 693.4
菜籽油	3 231.5	3 497.8	5 301.0	5 723.8	5 286.1
棕榈油	1 812.2	1 480.6	2 492.3	2 427.5	2 211.4
食糖	9 539.1	11 699.9	17 970.8	12 559.9	11 745.3
蔬菜	18 839.6	19 143.7	21 757.5	19 420.8	19 400.6
水果	46 976.2	51 705.2	58 744.4	62 754.2	65 278.4
畜产品	29 359.0	30 818.6	33 114.7	39 255.5	44 981.8
猪产品	9 766.3	9 775.2	10 953.0	11 661.6	13 015.8
牛产品	2 787.9	3 439.5	4 321.8	3 886.6	5 301.9
羊产品	1 385.3	725.7	727.5	807.6	1 024.0
禽产品	769.7	771.0	776.0	950.1	908.0
蛋产品	154.7	165.4	170.6	232.1	248.6
乳品	7 849.8	8 413.9	9 935.6	14 238.6	15 605.2
动物生皮	291.7	246.8	142.2	279.2	513.4
动物生毛皮		0.1	0.1	1.9	0.1
羊毛	266.5	193.3	526.1	416.8	223.1
水产品	12 155.6	14 256.5	18 062.6	18 022.7	18 192.5
饮品	52 306.2	59 401.2	69 146.3	71 191.4	72 402.3
酒	21 302.7	24 496.8	27 832.4	29 545.2	31 762.6
茶	2 107.9	2 174.3	2 252.0	2 309.8	2 345.1
咖啡	7 633.8	7 972.2	10 887.8	10 855.3	10 550.6
烟草	5 507.3	6 533.6	7 805.9	8 119.3	8 224.2

4-31-4 新西兰主要农产品出口量（一）

单位：吨

项 目	2003年	2004年	2005年	2006年	2007年	2008年
农产品						
谷物	5 941.6	6 654.7	6 839.5	8 357.6	8 426.1	32 528.0
小麦产品	483.6	784.1	814.4	1 700.5	1 282.9	1 023.5
玉米产品	3 336.2	3 200.3	3 716.4	4 010.5	5 532.2	8 468.5
稻谷产品	977.7	1 077.8	439.1	365.3	216.8	429.3
棉花	2.3	0.3	0.4	5.5	24.1	0.2
食用油籽	2 140.3	2 056.7	2 171.7	2 078.9	2 099.6	1 326.4
大豆	761.6	16.4	12.6	8.1	8.7	6.8
花生	37.8	272.2	132.6	121.9	111.4	79.9
油菜籽	471.9	854.0	1 419.8	993.0	697.1	653.4
食用植物油	1 200.9	1 670.4	1 465.8	998.4	864.6	1 052.1
豆油	114.3	116.1	178.2	733.4	251.9	404.2
菜籽油	27.1	0.4	4.0	0.7	14.9	23.6
棕榈油	9.5	2.1	32.8	16.9	15.4	19.9
食糖	21 647.6	25 738.9	18 754.8	19 115.5	25 643.8	21 622.4
蔬菜	566 871.5	546 895.1	551 175.2	528 776.4	603 500.3	560 009.3
水果						
畜产品						
猪产品						
牛产品						
羊产品						
禽产品						
蛋产品						
乳品	1 737 621.7	1 693 109.5	1 626 395.5	1 907 058.4	1 925 805.7	1 704 166.3
动物生皮	44 571.3	54 261.6	50 069.2	56 150.8	72 720.0	65 891.2
动物生毛皮	1.8	3.1	29.3	24.6	16.8	18.4
羊毛	150 109.7	153 021.5	154 798.2	159 821.5	154 022.4	135 650.3
水产品						
饮品						
酒						
茶	98.7	139.3	265.4	298.2	382.6	203.6
咖啡	115.6	185.2	273.6	163.6	175.5	403.0
烟草						

新西兰主要农产品出口量（二）

单位：吨

项　目	2009年	2010年	2011年	2012年	2013年
农产品					
谷物	25 995.1	21 231.1	18 482.5	11 622.0	14 532.9
小麦产品	7 036.4	7 901.4	1 676.1	1 325.7	1 846.9
玉米产品	18 098.7	11 950.7	13 458.7	7 820.2	9 734.2
稻谷产品	526.7	354.2	668.4	403.3	839.3
棉花	0.5	0.3	2.9	5.3	0.7
食用油籽	1 180.3	1 902.4	3 019.0	56 730.1	3 705.6
大豆	8.0	8.1	525.9	249.1	20.9
花生	91.9	162.8	103.6	121.7	152.3
油菜籽	639.2	1 114.2	740.8	1 095.3	1 809.0
食用植物油	821.5	1 722.7	731.4	393.8	1 545.0
豆油	455.8	461.8	258.6	128.3	116.3
菜籽油	23.4	34.3	46.0	42.2	81.4
棕榈油	13.5	71.0	104.2	14.0	62.9
食糖	19 616.8	26 121.3	21 113.2	22 924.8	26 335.8
蔬菜	489 842.9	500 957.9	541 364.6	564 157.2	597 033.1
水果					
畜产品					
猪产品					
牛产品					
羊产品					
禽产品					
蛋产品					
乳品	2 272 524.0	2 193 429.0	2 460 304.9	2 768 132.7	2 750 100.8
动物生皮	57 664.7		65 130.8	73 948.0	76 275.7
动物生毛皮	9.4		9.5	3.9	
羊毛	129 631.9	134 530.2	120 737.7	127 803.2	135 132.0
水产品					
饮品					
酒					
茶	144.9	115.8	187.7	223.9	229.0
咖啡	1 477.3	770.3	801.0	634.6	1 744.2
烟草					

4-31-5 新西兰主要农产品进口量（一）

单位：吨

项　目	2003年	2004年	2005年	2006年	2007年	2008年
农产品						
谷物	358 638.4	470 123.5	486 828.4	455 586.5	452 818.8	547 540.0
小麦产品	281 629.1	359 049.4	405 302.1	366 574.8	357 165.8	319 100.6
玉米产品	19 665.4	5 646.1	3 378.5	3 987.8	11 248.1	4 904.5
稻谷产品	39 893.0	39 805.9	38 255.2	41 293.4	43 089.4	45 685.5
棉花	73.0	23.0	1.0	9.0	13.8	13.5
食用油籽	40 605.2	46 898.5	24 410.0	48 126.6	51 488.6	17 433.5
大豆	29 822.3	33 877.9	12 231.6	32 036.6	38 314.9	2 579.9
花生	8 036.1	8 261.5	7 881.4	8 762.5	9 133.5	9 464.2
油菜籽	14.2	1 030.9	12.3	3 111.1	12.5	43.4
食用植物油	67 344.1	81 175.2	86 935.6	83 964.3	82 485.8	85 631.0
豆油	16 725.4	21 564.1	25 151.6	18 497.9	18 639.1	20 503.8
菜籽油	17 231.2	20 807.6	22 362.1	23 669.5	26 286.7	24 535.2
棕榈油	18 883.7	21 027.1	21 029.4	25 460.5	20 395.7	25 875.5
食糖	246 289.3	264 615.1	225 059.3	234 756.8	231 833.5	238 650.4
蔬菜	81 999.1	95 092.4	99 183.7	102 857.8	111 025.5	123 643.5
水果						
畜产品						
猪产品						
牛产品						
羊产品						
禽产品						
蛋产品						
乳品	14 223.9	17 489.9	23 771.1	21 174.8	24 956.4	22 751.4
动物生皮	3 081.0	5 163.9	3 282.0	1 764.0	1 228.6	889.5
动物生毛皮						
羊毛	1 038.2	666.6	738.9	597.3	971.6	1 082.9
水产品						
饮品						
酒						
茶	4 553.9	5 508.2	5 003.4	4 871.3	4 742.9	4 949.7
咖啡	11 033.8	11 688.6	12 087.4	13 243.2	13 675.8	14 110.9
烟草						

新西兰主要农产品进口量（二）

单位：吨

项 目	2009 年	2010 年	2011 年	2012 年	2013 年
农产品					
谷物	373 094.0	417 648.2	615 588.0	623 168.7	581 922.2
小麦产品	275 991.2	302 242.2	480 062.1	468 897.8	430 735.3
玉米产品	3 935.8	3 664.8	10 526.5	4 957.6	3 906.5
稻谷产品	46 568.4	45 493.7	47 122.9	45 728.4	49 471.9
棉花	10.0	8.8	2.0	11.5	24.7
食用油籽	16 227.8	23 098.9	18 350.3	18 639.7	19 097.2
大豆	2 474.8	9 419.7	2 248.5	2 150.1	2 690.7
花生	9 468.3	9 031.9	10 109.1	11 221.4	10 372.5
油菜籽	1.3	0.7	0.6	5.8	250.6
食用植物油	75 129.4	73 380.7	80 917.6	88 814.7	90 514.0
豆油	14 651.2	14 971.8	11 289.4	13 717.3	13 365.3
菜籽油	27 859.3	28 440.7	35 935.2	38 370.2	36 272.1
棕榈油	19 485.0	15 816.7	18 776.9	19 823.5	21 516.5
食糖	248 746.4	214 567.5	253 999.6	246 557.4	244 391.4
蔬菜	119 144.7	99 182.5	125 830.2	110 602.0	112 467.8
水果					
畜产品					
猪产品					
牛产品					
羊产品					
禽产品					
蛋产品					
乳品	30 425.1	26 140.3	32 979.8	46 420.0	53 878.5
动物生皮	1 477.9		280.0	805.4	1 762.6
动物生毛皮				0.2	
羊毛	922.2	626.6	1 384.7	1 044.6	619.1
水产品					
饮品					
酒					
茶	4 528.1	2 161.9	3 441.6	3 265.0	3 108.9
咖啡	15 905.5	13 751.4	15 612.0	16 873.2	17 995.2
烟草					

4-31-6 新西兰农产品出口额前15位国家（地区）
（2013年）

单位：万美元，%

序号	国家（地区）	出口额	同比增长
1	中国	600 726.4	54.0
2	澳大利亚	243 028.4	4.4
3	美国	226 457.3	−4.4
4	日本	136 160.6	−6.1
5	英国	89 554.0	0.9
6	马来西亚	59 684.7	5.7
7	新加坡	55 257.2	22.7
8	印度尼西亚	53 881.4	12.4
9	菲律宾	51 747.5	16.0
10	德国	49 214.4	−0.6
11	中国香港	48 681.0	−9.3
12	阿拉伯联合酋长国	46 799.6	7.2
13	韩国	46 563.9	−11.3
14	泰国	42 734.6	13.2
15	沙特阿拉伯	40 901.6	−20.5
	小计	**1 791 392.6**	

4-31-7 新西兰农产品进口额前 15 位国家（地区）

（2013 年）

单位：万美元，%

序号	国家（地区）	进口额	同比增长
1	澳大利亚	151 405.6	−3.7
2	美国	49 769.0	8.2
3	马来西亚	26 329.5	9.1
4	印度尼西亚	20 839.7	41.3
5	中国	17 371.9	2.6
6	泰国	15 834.3	−6.0
7	新加坡	14 024.2	0.2
8	荷兰	10 860.8	3.4
9	阿根廷	10 130.4	−7.7
10	法国	8 271.4	9.3
11	英国	8 054.8	14.7
12	加拿大	7 584.3	−6.8
13	菲律宾	6 704.5	−4.7
14	德国	6 282.8	−10.7
15	意大利	5 572.8	6.5
	小计	**359 036.0**	

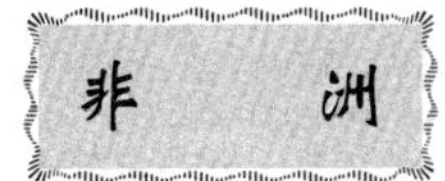

4-32 南非主要农产品贸易情况

4-32-1 南非农产品贸易综述

一、10年来南非农产品贸易总体情况

过去10年，南非农产品贸易额由2003年54.7亿美元增至2013年的175.1亿美元，年均增长12.3%。其中，出口额由35.1亿美元增至102.6亿美元，年均增长11.3%；进口额由19.6亿美元增至72.5亿美元，年均增长14.0%。南非农产品贸易过去10年来始终保持顺差，顺差额由15.5亿美元增加到30.1亿美元，年均增长6.9%（图1）。

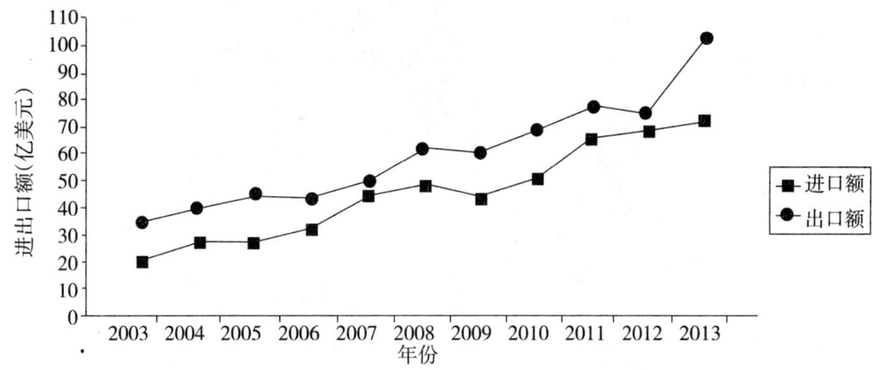

图1 2003—2013年南非农产品进出口额

2004—2013年，南非农产品进口额同比年度间变化较大，除2009年下降，2005年、2012年和2013年为个位数增长外，其余年份保持10%以上的增幅。出口在2009年和2012年为负增长，2013年增幅最大，达37.5%（图2）。

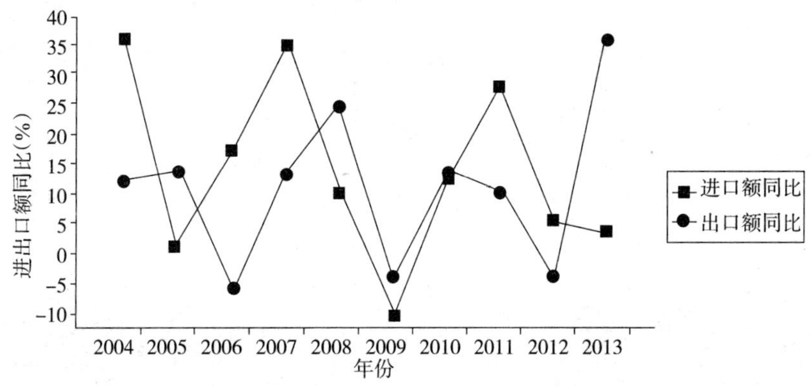

图2 2004—2013年南非农产品进出口额同比

二、2013年南非农产品贸易情况

2013年南非农产品贸易额为175.1亿美元，同比增长21.6%，在全球各大农产品贸易国中排名第38位。其中出口额为102.6亿美元，同比增长37.5%，全球排名第31位；进口额为72.5亿美元，同比增长4.5%，全球排名第37位。

（一）进出口产品结构

2013年，南非进口农产品以谷物、畜产品和饮品为主，进口额分别为11.5亿美元、10.8亿美元和10.1亿美元，占其农产品进口总额的15.9%、14.8%和14%，谷物同比下降了11.8%，而畜产品和饮品同比分别增长12.4%和19.7%。此外，南非还少量进口食用植物油、水产品、水果和食糖，2013年分别进口了7.1亿美元、5.0亿美元、3.9亿美元和3.7亿美元，分别占其农产品进口总额的9.8%、6.9%、5.3%和5.1%（图3）。

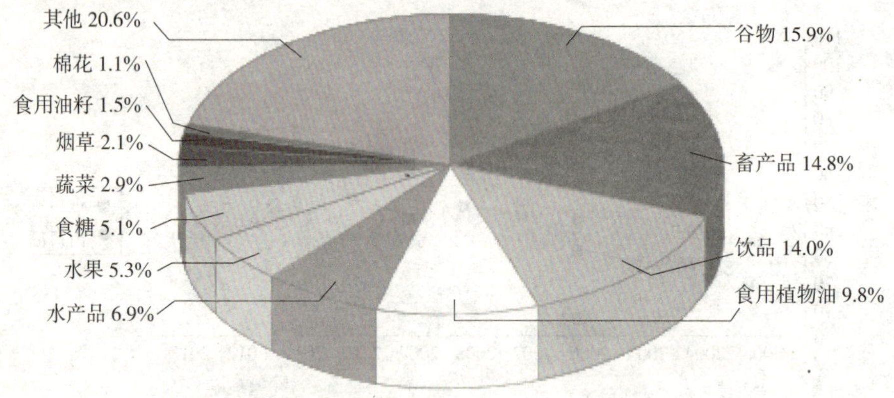

图3 2013年南非农产品进口结构

2013年，南非进口额同比增长较快的农产品主要是食糖、食用油籽和水产品，增幅分别为195.5%、54.7%和32.3%。食用植物油和烟草进口额同比下降，降幅分别为25.9%和21.5%（表1）。

表1 2004—2013年南非主要农产品进口额同比变化情况

单位：%

	2004年	2005年	2006年	2007年	2008年	2009年	2010年	2011年	2012年	2013年
农产品	36.7	1.7	18.5	36.8	11.3	−9.8	13.6	29.5	6.4	4.5
谷物	36.7	−8.9	18.0	47.8	20.5	−20.6	−4.1	64.0	8.8	−11.8
棉花	53.3	−42.1	−21.6	4.3	−8.2	−7.9	6.4	109.5	−33.9	15.6
食用油籽	17.3	−19.6	30.1	119.3	−51.4	78.3	−38.1	42.6	15.2	54.7
食用植物油	47.2	−12.3	28.8	67.5	16.4	−31.7	60.1	31.9	0.4	−25.9

（续）

	2004年	2005年	2006年	2007年	2008年	2009年	2010年	2011年	2012年	2013年
食糖	9.7	−12.8	4.4	191.6	54.4	−9.2	10.7	75.8	24.7	195.5
蔬菜	26.3	6.7	35.4	26.6	−3.1	−5.1	40.7	15.6	6.0	−4.7
水果	23.1	38.7	22.2	38.8	−1.0	−11.2	10.4	35.8	5.0	10.3
畜产品	34.2	28.5	10.7	23.8	−10.3	−12.6	30.6	35.4	11.6	12.4
水产品	33.7	18.6	20.8	27.9	20.2	9.1	−4.7	12.3	32.5	32.3
饮品	23.2	25.9	24.3	30.3	9.0	−1.6	6.5	17.3	4.1	19.7
烟草	60.8	−25.9	3.1	5.0	21.2	75.9	−7.0	−2.8	−7.6	−21.5

2013年，南非出口农产品以水果和饮品为主，出口额分别为31.3亿美元和15.6亿美元，占其农产品出口额的比重分别为30.6%和15.2%。此外，南非还出口少量的谷物、畜产品、水产品和蔬菜，出口额分别为11.7亿美元、11.4亿美元、5.8亿美元和5.1亿美元，分别占其农产品出口额的11.4%、11.1%、5.6%和4.9%（图4）。

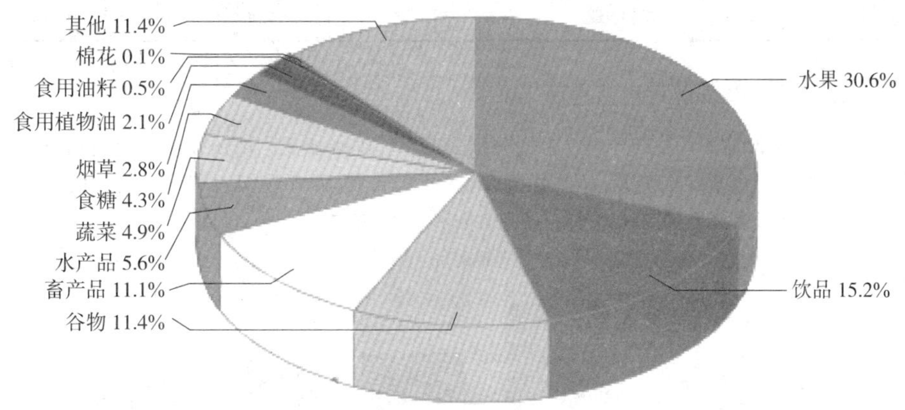

图4　2013年南非农产品出口结构

2013年，南非出口额同比增长较快的农产品主要是食糖、谷物、畜产品和蔬菜，增幅分别为127.5%、108.4%、75.4%和74.9%，而食用油籽和棉花出口降幅较大，分别为59.6%和51.2%。（表2）。

表2　2004—2013年南非主要农产品出口额同比变化情况

单位：%

	2004年	2005年	2006年	2007年	2008年	2009年	2010年	2011年	2012年	2013年
农产品	13.0	15.0	−5.1	13.9	26.0	−3.4	14.8	11.5	−3.1	37.5

（续）

	2004年	2005年	2006年	2007年	2008年	2009年	2010年	2011年	2012年	2013年
谷物	−19.9	167.7	−55.5	−59.9	962.6	−21.3	−27.4	121.6	−41.4	108.4
棉花	72.7	145.7	−73.0	−10.6	−12.3	289.6	−10.1	−30.7	83.3	−51.2
食用油籽	−7.4	4.9	−46.5	1.4	543.9	−3.8	−3.0	−37.4	121.0	−59.6
食用植物油	−0.8	34.5	−25.7	−19.7	637.8	−23.1	84.8	36.4	13.9	1.4
食糖	−0.8	24.1	35.7	−24.8	−21.5	67.4	−32.7	−20.8	−0.3	127.5
蔬菜	0.6	13.2	−4.6	19.4	11.7	1.7	16.7	17.5	−0.4	74.9
水果	24.3	4.6	−3.6	23.1	7.9	2.1	27.8	4.9	0.9	15.8
畜产品	4.6	−13.2	12.3	26.9	3.6	5.7	19.2	16.1	−0.5	75.4
水产品	6.4	4.9	−8.4	29.7	4.9	−18.5	27.4	5.1	−4.4	−2.8
饮品	12.9	12.3	−10.3	21.1	15.6	−0.9	12.5	−3.7	−0.5	33.5
烟草	37.5	37.3	12.7	−9.8	−13.1	51.4	9.4	−26.0	13.6	40.3

（二）主要贸易伙伴

2013 年南非前五大农产品出口市场分别为荷兰、纳米比亚、博茨瓦纳、英国和津巴布韦，出口额分别为 8.0 亿美元、7.8 亿美元、6.8 亿美元、6.6 亿美元和 6.1 亿美元，占其农产品出口额的比重分别为 7.8%、7.6%、6.6%、6.4%和 5.9%。(图 5)。

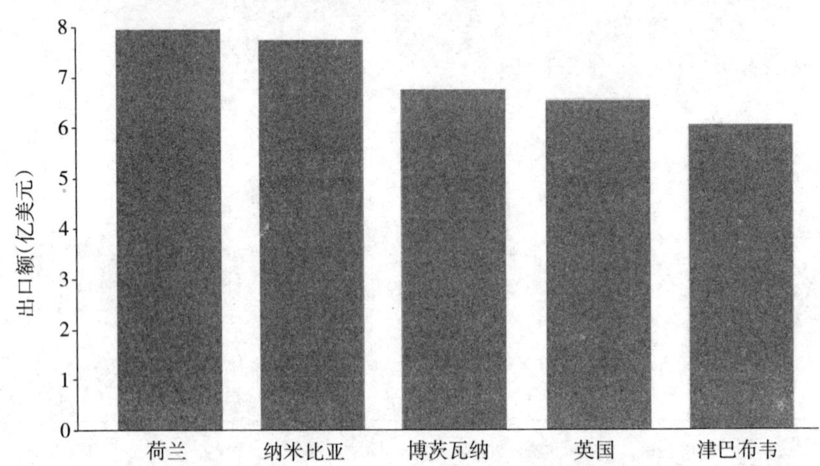

图 5　2013 年南非前五大农产品出口市场

2013 年南非前五大农产品进口来源地分别为阿根廷、中国、巴西、纳米比亚和泰国，进口额分别为 5.8 亿美元、5.0 亿美元、4.9 亿美元、4.6 亿美元和 4.5 亿美元，占其农产品进口额的比重分别为 8.0%、6.9%、6.8%、6.3%和 6.2%（图 6）。

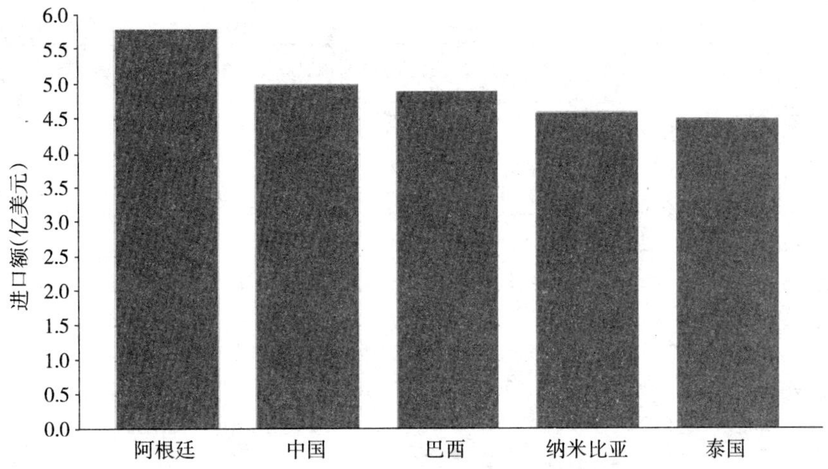

图 6　2013 年南非前五大农产品进口来源地

4-32-2　南非主要农产品出口额（一）

单位：万美元

项　目	2003年	2004年	2005年	2006年	2007年	2008年
农产品	351 429.0	396 948.2	456 359.3	433 286.4	493 639.9	622 129.4
谷物	18 573.8	14 880.7	39 838.1	17 715.3	7 109.3	75 541.8
小麦产品	2 626.9	2 223.5	1 160.2	942.6	1 702.8	14 060.0
玉米产品	15 321.0	12 072.9	37 696.4	15 390.4	4 657.0	59 310.3
稻谷产品	386.0	449.4	698.5	1 150.2	426.0	1 730.2
棉花	625.1	1 079.2	2 652.2	717.3	641.5	562.6
食用油籽	2 815.6	2 606.0	2 732.5	1 463.2	1 483.1	9 549.9
大豆	347.2	125.1	257.0	64.5	56.9	938.5
花生	2 078.8	2 217.7	2 094.2	1 127.2	1 115.4	2 456.8
油菜籽	0.4	1.9	0.1			6.0
食用植物油	1 611.9	1 599.0	2 151.3	1 598.0	1 282.6	9 462.5
豆油	97.0	86.8	54.4	330.0	55.2	328.7
菜籽油	2.0	1.7	2.0	2.0	0.4	6.9
棕榈油	146.3	90.7	47.9	62.0	93.2	305.6
食糖	22 347.7	22 177.7	27 516.4	37 326.2	28 077.5	22 032.9
蔬菜	14 402.2	14 490.0	16 401.1	15 645.4	18 688.4	20 866.1
水果	117 669.1	146 281.8	153 020.1	147 521.1	181 603.6	195 866.7
畜产品	33 400.8	34 952.0	30 338.9	34 085.3	43 261.3	44 814.3
猪产品	625.0	711.6	777.4	818.1	654.5	978.3
牛产品	2 401.2	3 238.9	2 594.8	1 999.1	2 658.3	2 924.7
羊产品	145.0	113.8	214.2	115.5	411.0	426.4
禽产品	5 368.9	4 892.1	2 750.4	5 603.4	7 030.7	7 724.9
蛋产品	772.2	402.3	137.6	80.8	151.3	314.5
乳品	3 674.0	3 733.2	2 481.9	3 121.9	3 420.8	5 166.8
动物生皮	8 780.4	9 855.0	8 626.6	7 723.4	9 316.1	8 061.7
动物生毛皮	6.0	19.9	12.1	10.6	4.5	3.3
羊毛	8 923.6	9 292.5	9 370.2	11 378.9	16 337.0	15 367.0
水产品	40 978.6	43 593.8	45 743.4	41 885.6	54 316.7	56 979.4
饮品	68 722.7	77 555.6	87 083.0	78 081.8	94 577.8	109 366.9
酒	56 552.2	67 554.8	78 905.2	69 289.5	84 837.7	97 227.5
茶	1 354.4	1 303.9	700.5	1 035.5	1 029.5	1 193.0
咖啡	632.6	618.0	772.7	883.4	925.7	1 013.0
烟草	8 792.5	12 087.1	16 599.6	18 710.8	16 870.9	14 664.8

南非主要农产品出口额（二）

单位：万美元

项　目	2009 年	2010 年	2011 年	2012 年	2013 年
农产品	600 948.4	689 853.6	769 506.2	746 008.1	1 025 694.9
谷物	59 426.5	43 118.3	95 567.2	55 967.6	116 661.1
小麦产品	5 266.0	4 561.0	5 584.2	6 556.3	15 457.5
玉米产品	51 893.1	36 290.8	87 261.2	45 863.6	90 019.2
稻谷产品	1 560.7	1 683.9	2 158.7	3 001.3	8 245.1
棉花	2 191.7	1 971.4	1 366.3	2 504.5	1 222.2
食用油籽	9 189.7	8 914.1	5 576.9	12 326.7	4 986.0
大豆	6 829.8	5 305.7	2 404.5	9 277.5	1 392.6
花生	1 609.8	3 380.8	2 834.5	2 638.7	2 586.0
油菜籽	4.9	19.0	6.0	0.9	2.0
食用植物油	7 279.8	13 455.9	18 349.6	20 896.1	21 191.8
豆油	894.9	2 890.3	8 609.6	12 456.0	8 258.7
菜籽油	4.8	13.3	29.5	33.0	26.4
棕榈油	477.2	262.0	271.8	352.5	750.2
食糖	36 884.9	24 818.6	19 652.3	19 586.0	44 551.5
蔬菜	21 213.4	24 763.2	29 092.5	28 973.7	50 666.9
水果	199 914.4	255 547.3	268 096.9	270 632.7	313 367.4
畜产品	47 352.7	56 427.3	65 513.9	65 212.1	114 354.1
猪产品	1 313.2	1 188.7	1 084.1	1 147.6	3 576.9
牛产品	3 229.1	3 505.0	3 604.9	4 369.8	8 571.5
羊产品	334.5	321.1	359.0	299.7	654.4
禽产品	9 552.4	11 395.3	5 581.2	3 665.7	12 294.2
蛋产品	801.0	1 685.8	954.5	1 419.8	3 237.2
乳品	6 652.9	6 531.6	8 118.9	9 549.5	25 459.5
动物生皮	6 495.5	9 715.3	11 835.1	11 132.3	23 925.6
动物生毛皮	12.0	1.2		0.8	1.9
羊毛	15 618.1	18 361.2	30 189.4	29 449.9	30 648.2
水产品	46 453.1	59 158.5	62 154.9	59 424.3	57 768.4
饮品	108 414.7	121 929.6	117 359.6	116 791.6	155 972.6
酒	94 184.9	105 656.8	105 553.1	105 171.5	133 588.8
茶	1 562.5	1 509.3	1 279.2	1 406.4	3 337.4
咖啡	955.0	1 013.9	1 114.3	1 014.7	2 890.4
烟草	22 209.4	24 307.1	17 979.7	20 418.8	28 647.0

4-32-3　南非主要农产品进口额（一）

单位：万美元

项　目	2003年	2004年	2005年	2006年	2007年	2008年
农产品	195 983.2	267 865.8	272 474.3	322 844.3	441 783.8	491 879.9
谷物	36 793.7	50 293.0	45 807.6	54 050.7	79 888.0	96 304.9
小麦产品	11 386.2	19 963.6	18 367.7	15 275.5	26 624.9	43 817.5
玉米产品	6 740.8	7 502.2	1 022.3	11 394.9	21 034.2	2 702.4
稻谷产品	15 792.3	20 761.4	23 302.3	24 699.6	29 924.5	46 499.0
棉花	7 686.3	11 784.0	6 818.0	5 348.6	5 577.7	5 119.7
食用油籽	2 895.9	3 397.0	2 731.5	3 552.9	7 792.8	3 784.1
大豆	582.0	491.6	330.9	252.9	3 440.0	496.8
花生	1 387.5	1 060.1	346.1	1 843.8	2 030.6	1 569.3
油菜籽	4.6	3.5	1.4	18.7	51.0	1.7
食用植物油	20 349.1	29 944.3	26 275.6	33 836.3	56 687.5	65 966.5
豆油	6 567.0	10 020.9	10 929.1	12 878.8	20 921.8	28 341.4
菜籽油	42.0	9.8	7.1	12.5	500.7	630.9
棕榈油	9 802.4	12 266.6	10 436.6	11 656.3	19 611.5	29 187.5
食糖	1 260.5	1 383.3	1 206.0	1 258.9	3 671.4	5 668.0
蔬菜	6 017.8	7 599.2	8 108.7	10 980.4	13 901.9	13 471.0
水果	8 764.1	10 792.9	14 966.6	18 291.5	25 395.3	25 137.2
畜产品	26 170.0	35 131.4	45 130.0	49 944.4	61 810.3	55 432.6
猪产品	4 125.7	6 898.2	9 507.8	8 752.7	10 356.3	11 493.7
牛产品	1 439.7	2 676.8	4 046.6	3 971.8	3 927.2	2 665.5
羊产品	870.0	1 371.5	2 079.7	3 420.7	3 319.4	3 109.6
禽产品	9 632.1	14 619.4	19 030.4	23 079.9	29 217.1	27 488.2
蛋产品	36.8	58.8	96.4	73.8	86.7	25.9
乳品	4 067.4	3 766.7	6 753.9	6 500.0	11 786.8	9 589.0
动物生皮	2 869.7	2 533.7	1 140.2	378.2	496.9	464.6
动物生毛皮	1.2	0.6		1.9	0.4	1.1
羊毛	614.2	517.7	591.1	639.8	690.0	518.8
水产品	8 343.8	11 157.7	13 231.0	15 983.8	20 437.7	24 574.1
饮品	24 145.8	29 741.4	37 456.6	46 574.4	60 693.4	66 155.5
酒	12 990.8	17 232.0	20 383.4	24 916.5	37 076.0	37 997.5
茶	1 641.8	2 044.5	2 503.6	3 260.1	2 750.0	3 078.4
咖啡	2 913.6	3 389.4	4 734.3	6 261.4	6 723.3	9 454.9
烟草	8 420.2	13 540.0	10 038.4	10 353.6	10 867.2	13 165.7

南非主要农产品进口额（二）

单位：万美元

项　目	2009年	2010年	2011年	2012年	2013年
农产品	443 623.8	504 078.0	652 600.2	694 227.6	725 148.3
谷物	76 506.3	73 359.6	120 282.3	130 880.1	115 407.6
小麦产品	27 869.4	27 911.1	60 235.4	48 905.4	43 384.7
玉米产品	2 211.5	1 215.2	3 311.4	7 533.9	1 510.8
稻谷产品	44 479.3	41 458.4	50 757.7	68 664.5	66 879.5
棉花	4 717.1	5 018.4	10 511.8	6 943.3	8 027.6
食用油籽	6 748.5	4 174.9	5 951.9	6 856.5	10 608.0
大豆	118.1	110.9	107.5	140.5	493.3
花生	1 354.1	755.2	2 495.2	3 677.6	5 028.7
油菜籽	25.7	74.2	27.0	17.9	66.0
食用植物油	45 052.2	72 117.2	95 131.8	95 514.0	70 751.7
豆油	11 020.7	27 547.6	37 332.7	26 548.2	21 516.5
菜籽油	137.3	1 561.9	1 551.2	758.6	539.3
棕榈油	22 728.7	29 885.3	40 953.5	40 756.8	30 855.5
食糖	5 148.4	5 700.3	10 023.7	12 495.8	36 929.3
蔬菜	12 778.0	17 978.3	20 785.9	22 031.3	20 988.7
水果	22 314.3	24 629.3	33 443.2	35 128.3	38 743.2
畜产品	48 458.9	63 299.5	85 690.7	95 644.5	107 515.8
猪产品	10 981.2	13 559.1	16 853.1	17 231.1	13 746.7
牛产品	3 318.4	3 110.7	5 225.6	5 033.5	19 883.6
羊产品	1 426.2	1 649.5	1 847.9	1 124.7	6 285.3
禽产品	25 317.7	32 281.8	46 924.1	51 900.6	48 195.7
蛋产品	32.3	28.2	67.5	85.5	97.1
乳品	7 243.7	10 018.8	12 345.1	17 230.4	12 684.7
动物生皮	93.1	145.5	264.3	624.6	1 761.5
动物生毛皮	0.8	0.6	0.5	1.3	1.3
羊毛	360.1	318.1	245.1	319.3	895.5
水产品	26 800.6	25 528.7	28 658.7	37 960.6	50 203.8
饮品	65 096.2	69 303.6	81 281.3	84 637.6	101 337.2
酒	39 848.2	36 843.8	43 165.3	42 501.6	57 949.1
茶	4 313.8	5 055.5	4 957.6	5 468.8	6 322.9
咖啡	6 682.2	9 637.3	13 811.7	13 905.5	13 318.4
烟草	23 164.8	21 553.6	20 944.5	19 356.8	15 194.8

4-32-4 南非主要农产品出口量（一）

单位：吨

项目	2003年	2004年	2005年	2006年	2007年	2008年
农产品						
谷物	971 662.1	577 076.8	2 563 564.7	737 084.7	176 202.7	1 453 138.2
小麦产品	103 022.3	82 230.3	54 602.0	35 576.9	65 699.9	171 858.4
玉米产品	852 136.9	479 303.5	2 474 494.5	678 945.7	98 375.7	1 252 754.1
稻谷产品	12 963.3	13 930.0	28 986.0	20 719.5	8 763.4	24 922.5
棉花	7 272.1	10 501.6	25 288.6	7 374.4	5 917.6	4 507.2
食用油籽	36 411.5	21 222.6	92 307.0	14 622.7	10 500.7	111 791.6
大豆	8 864.2	2 178.4	68 662.3	561.9	417.3	14 551.0
花生	24 678.1	17 571.1	21 201.5	12 967.6	9 184.5	15 777.3
油菜籽	0.6	1.2				6.8
食用植物油	17 826.2	14 840.8	23 377.3	27 384.8	12 709.4	62 474.4
豆油	2 049.1	1 378.5	685.6	7 695.0	726.3	1 940.7
菜籽油	14.6	5.9	24.3	4.0	0.5	17.1
棕榈油	1 579.6	781.2	510.4	804.7	1 001.1	2 165.3
食糖	979 292.2	962 510.4	1 072 790.2	2 155 244.8	1 032 489.2	684 935.7
蔬菜		168 952.4	150 082.3	182 209.9	199 345.1	212 929.0
水果						
畜产品						
猪产品						
牛产品						
羊产品						
禽产品						
蛋产品						
乳品		23 676.6	17 647.5	27 222.8	19 013.0	42 387.6
动物生皮	38 118.4	43 393.1	45 374.6	40 615.1	45 807.0	35 461.8
动物生毛皮	4.0	16.5	69.7	24.1	11.7	6.5
羊毛	24 748.0	27 867.5	42 689.9	34 668.4	36 058.0	36 559.9
水产品						
饮品						
酒						
茶	67 816.8	5 765.1	2 309.2	3 795.6	5 186.8	9 487.3
咖啡	1 923.9	2 028.4	2 587.7	5 234.3	8 390.1	3 253.4
烟草						

南非主要农产品出口量（二）

单位：吨

项　目	2009年	2010年	2011年	2012年	2013年
农产品					
谷物	1 998 494.8	1 518 041.6	2 835 380.0	1 332 316.4	4 073 149.4
小麦产品	122 118.1	83 223.0	93 487.8	131 125.1	373 932.6
玉米产品	1 832 605.1	1 397 299.8	2 705 247.1	1 152 336.9	3 504 898.8
稻谷产品	33 794.6	31 660.2	32 377.0	43 443.2	128 479.8
棉花	19 648.4	13 708.2	13 381.7	14 231.9	6 460.3
食用油籽	177 340.2	149 983.4	61 776.0	196 743.3	37 535.1
大豆	162 412.4	123 050.5	45 640.8	184 382.9	20 773.2
花生	12 787.8	26 190.2	14 938.1	11 511.4	13 432.7
油菜籽	8.6	41.4	4.8	0.3	69.0
食用植物油	73 571.0	103 425.0	113 193.8	128 288.7	160 928.7
豆油	8 001.3	22 386.6	53 898.2	76 687.0	64 496.3
菜籽油	21.3	60.5	177.4	174.1	106.0
棕榈油	5 685.1	2 428.8	1 624.5	2 233.3	5 806.6
食糖	905 229.7	421 178.4	262 924.8	306 890.6	851 242.3
蔬菜	256 994.2	692 529.6	263 375.0		580 198.3
水果					
畜产品					
猪产品					
牛产品					
羊产品					
禽产品					
蛋产品					
乳品	42 195.0	35 036.2	42 751.4	53 929.6	211 632.1
动物生皮	47 890.6	45 398.6	33 261.1	34 296.5	46 693.0
动物生毛皮	67.6	0.6		0.9	4.4
羊毛	43 581.8	37 462.1	43 271.4	43 081.9	46 436.5
水产品					
饮品					
酒					
茶	5 486.1	7 036.1	2 652.7	2 870.9	8 361.4
咖啡	2 195.3	3 327.9	2 518.9	2 247.1	6 133.3
烟草					

4-32-5 南非主要农产品进口量（一）

单位：吨

项 目	2003年	2004年	2005年	2006年	2007年	2008年
农产品						
谷物	2 208 054.3	2 669 274.8	2 311 004.4	2 971 556.0	3 397 591.2	2 313 669.7
小麦产品	725 708.9	1 197 810.5	1 277 260.3	982 271.4	1 110 491.0	1 438 098.8
玉米产品	505 028.9	600 310.2	91 165.3	1 055 759.3	1 243 227.8	103 843.9
稻谷产品	794 377.4	748 631.0	772 932.7	816 611.3	962 694.2	654 146.5
棉花	73 735.4	91 547.9	62 046.3	47 789.8	46 153.7	35 467.1
食用油籽	98 023.5	118 783.6	140 071.1	116 463.4	243 374.1	71 751.9
大豆	23 736.9	18 603.4	14 980.7	10 590.6	118 046.4	18 421.3
花生	24 185.1	17 594.9	4 693.4	27 518.4	27 364.9	12 425.9
油菜籽	40.1	53.1	26.2	118.8	195.8	16.3
食用植物油	424 723.8	541 758.2	543 457.5	686 366.3	758 416.2	625 173.7
豆油	127 499.6	175 322.9	218 510.9	261 203.2	272 707.2	247 887.6
菜籽油	498.9	64.6	40.6	49.1	4 115.7	5 527.2
棕榈油	241 764.0	266 361.9	273 583.5	292 370.2	299 092.2	314 198.5
食糖	38 546.1	38 727.3	38 495.8	31 199.9	102 544.4	158 090.5
蔬菜		73 984.0	81 847.7	112 608.8	122 099.3	99 782.0
水果						
畜产品						
猪产品						
牛产品						
羊产品						
禽产品						
蛋产品						
乳品		18 299.2	30 770.2	30 824.7	44 309.3	34 223.1
动物生皮	13 253.0	10 181.9	4 180.1	1 418.6	2 384.6	2 257.6
动物生毛皮	0.6	0.3		0.4	1.0	1.3
羊毛	2 494.2	1 890.0	2 078.5	2 341.0	2 597.4	1 967.7
水产品						
饮品						
酒						
茶	16 645.7	17 959.4	19 702.3	22 282.1	20 740.8	21 279.2
咖啡	22 786.0	24 568.9	26 902.0	30 866.8	24 208.2	30 395.3
烟草						

南非主要农产品进口量（二）

单位：吨

项　目	2009年	2010年	2011年	2012年	2013年
农产品					
谷物	2 168 536.8	2 091 380.8	2 996 721.3	3 451 980.6	2 829 146.0
小麦产品	1 323 013.8	1 265 661.4	1 860 208.4	1 711 806.7	1 432 752.9
玉米产品	31 564.3	5 679.4	88 555.7	250 649.4	12 174.1
稻谷产品	747 806.6	733 960.7	885 402.8	1 297 867.8	1 269 952.0
棉花	36 925.5	30 099.7	33 807.3	39 328.1	45 723.7
食用油籽	175 075.0	81 433.8	78 185.6	92 558.2	167 586.8
大豆	3 139.2	2 523.7	1 652.9	1 167.7	5 719.7
花生	11 774.0	4 451.2	15 524.8	22 067.5	38 465.0
油菜籽	73.3	116.5	47.6	20.9	80.3
食用植物油	593 669.4	760 057.5	757 656.6	820 470.1	737 809.9
豆油	137 801.1	272 962.7	277 728.5	197 938.3	205 591.0
菜籽油	1 281.1	14 587.2	10 300.8	4 952.4	4 031.8
棕榈油	324 949.5	350 928.4	364 483.0	401 464.0	379 106.7
食糖	120 311.2	103 569.6	143 810.4	207 095.3	660 751.2
蔬菜	94 379.5	137 277.3	130 973.5	143 405.8	128 208.4
水果					
畜产品					
猪产品					
牛产品					
羊产品					
禽产品					
蛋产品					
乳品	32 351.3	35 187.5	37 879.9	59 102.8	37 086.2
动物生皮	1 079.6	2 159.8	3 696.1	3 880.8	13 639.0
动物生毛皮	0.6				20.2
羊毛	1 832.4	1 227.2	775.2	954.7	9 903.2
水产品					
饮品					
酒					
茶	27 432.4	27 674.1	24 284.6	24 323.7	25 794.2
咖啡	22 384.8	29 952.7	29 242.7	26 713.0	26 197.5
烟草					

4-32-6 南非农产品出口额前15位国家（地区）

（2013年）

单位：万美元，%

序号	国家（地区）	出口额	同比增长
1	荷　　兰	80 347.3	12.7
2	纳米比亚	77 664.5	8681.5
3	博茨瓦纳	68 082.2	12054.4
4	英　　国	65 766.6	8.8
5	津巴布韦	60 837.2	0.0
6	莫桑比克	46 586.1	29.5
7	莱 索 托	38 940.7	214171.9
8	日　　本	37 647.9	86.7
9	中　　国	35 237.3	13.7
10	安 哥 拉	32 160.1	9.7
11	美　　国	30 385.6	−1.7
12	斯威士兰	29 115.4	57728.4
13	德　　国	27 008.4	13.2
14	中国香港	24 482.6	−7.3
15	意 大 利	23 283.0	41.3
	小　　计	**677 544.9**	

4-32-7 南非农产品进口额前15位国家（地区）
（2013年）

单位：万美元，%

序号	国家（地区）	进口额	同比增长
1	阿根廷	58 026.2	−30.4
2	中国	50 463.7	−14.5
3	巴西	49 245.1	−7.4
4	纳米比亚	46 014.1	
5	泰国	44 847.8	−7.5
6	英国	40 212.2	4.5
7	印度	37 304.3	20.0
8	荷兰	34 720.7	−1.6
9	美国	29 863.2	5.8
10	印度尼西亚	28 160.5	0.8
11	斯威士兰	26 934.4	
12	德国	23 060.5	−12.9
13	法国	18 318.2	−1.1
14	西班牙	17 419.3	−14.9
15	意大利	17 200.2	22.4
	小计	**521 790.4**	

4-33　埃及主要农产品贸易情况

4-33-1　埃及农产品贸易综述

一、过去 10 年来埃及农产品贸易总体情况

过去 10 年，埃及农产品贸易额由 2003 年的 37.3 亿美元增至 2013 年的 199.5 亿美元，年均增长 18.3%。其中，出口额由 9.5 亿美元增至 51.4 亿美元，年均增长 18.4%；进口额由 27.8 亿美元增至 148.1 亿美元，年均增长 18.2%。埃及农产品贸易在过去 10 年始终呈现逆差，逆差额由 18.3 亿美元增至 96.7 亿美元，年均递增 18.1%（图 1）。

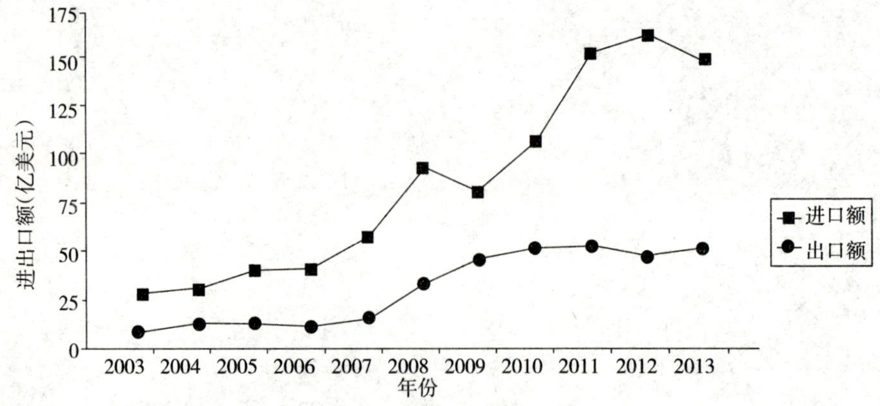

图 1　2003—2013 年埃及农产品进出口额

2004—2013 年，埃及农产品进口额同比年度间变化较大，2006 年、2009 年和 2013 年出现下降，而 2008 年同比增长高达 63.8%。出口额除 2005 年、2006 年和 2012 年同比下降外，其余年份保持增长，其中 2008 年增幅达在 110.5%（图 2）。

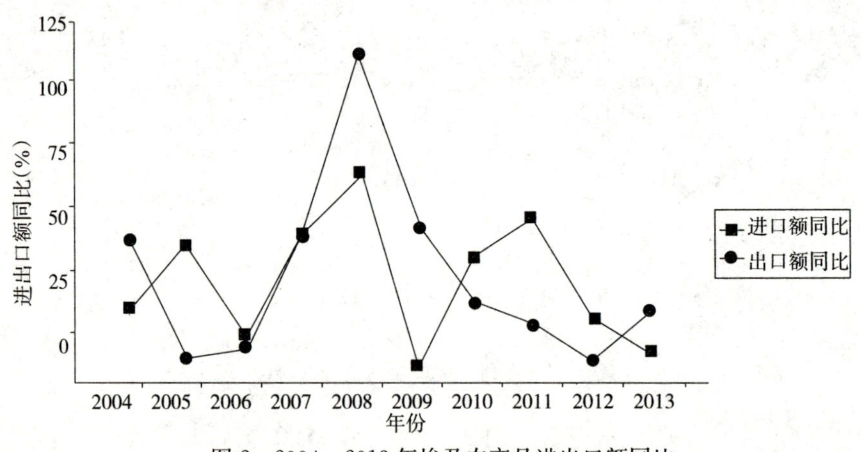

图 2　2004—2013 年埃及农产品进出口额同比

二、2013 年埃及农产品贸易情况

2013 年，埃及农产品贸易额 199.5 亿美元，同比下降 3.7%，在全球各大农产品贸易国中排名第 35 位。其中出口额为 51.4 亿美元，同比增长 9.1%，全球排名第 51 位；进口额为 148.1 亿美元，同比下降 7.5%，全球排名第 22 位。

（一）进出口产品结构

2013 年，埃及农产品出口中水果和蔬菜比重较大。水果出口额为 12.5 亿美元，占其农产品出口额的比重为 25.9%，蔬菜出口额为 12.1 亿美元，占 20.7%（图 3）。

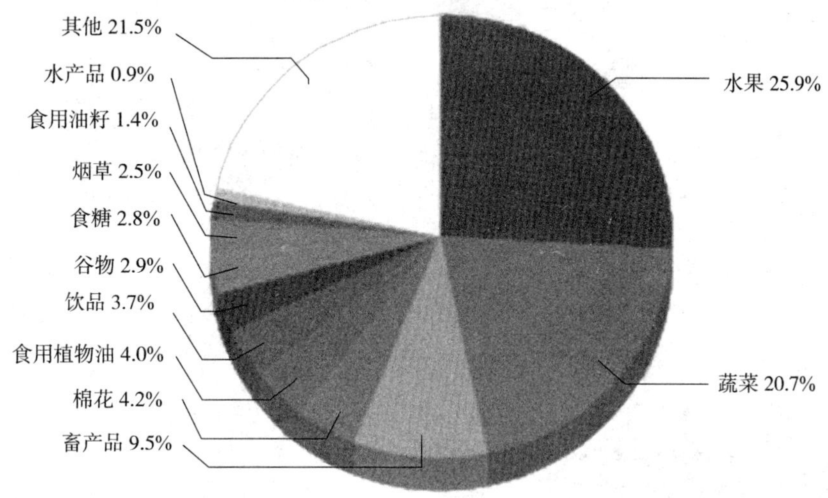

图 3　2013 年埃及农产品出口结构

2013 年，埃及出口的农产品中谷物、食糖和水产品增长较快，增幅分别为 82%、38.9%和 26.2%。降幅较大的为食用植物油和棉花，同比分别下降 39.3%和 30.8%（表 1）。

表 1　2004—2013 年埃及主要农产品出口额同比变化情况

单位:%

	2004 年	2005 年	2006 年	2007 年	2008 年	2009 年	2010 年	2011 年	2012 年	2013 年
农产品	37.4	−9.3	−6.6	37.9	111.0	42.0	13.0	2.8	−11.3	9.3
谷物	48.7	38.7	−3.5	33.7	−52.1	165.0	−17.6	−81.1	64.1	82.0
棉花	31.7	−62.5	−26.6	15.5	28.6	−53.0	189.3	−0.3	−26.0	−30.8
食用油籽	98.8	−9.6	−20.2	−4.2	196.0	167.0	−33.4	9.6	−5.8	8.4
食用植物油	−10.5	175.1	−20.7	−25.3	1263.8	−2.8	−24.0	175.1	−30.8	−39.3

（续）

	2004 年	2005 年	2006 年	2007 年	2008 年	2009 年	2010 年	2011 年	2012 年	2013 年
食糖	10.3	39.7	9.0	99.7	−72.6	709.0	143.5	−16.5	−49.7	38.9
蔬菜	38.3	14.8	−4.4	43.9	103.9	32.0	10.7	18.0	−16.0	24.1
水果	70.0	27.5	−0.5	72.3	227.2	40.4	1.0	7.0	−0.8	2.4
畜产品	14.1	33.0	−20.9	18.3	696.2	32.8	7.5	−1.7	−20.1	5.2
水产品	12.0	24.6	−6.9	15.4	356.4	27.3	20.5	24.9	2.5	26.2
饮品	−13.8	42.9	21.4	9.8	203.1	42.3	42.7	7.6	−7.5	−3.0
烟草	−84.5	105.3	1011.2	−90.7	7428.4	211.6	19.5	47.1	−17.1	8.3

埃及进口农产品以谷物和畜产品为主。2013 年，进口额分别为 27.7 亿美元和 21.4 亿美元，占其农产品进口额的比重分别为 18.7%和 14.5%（图 4）。

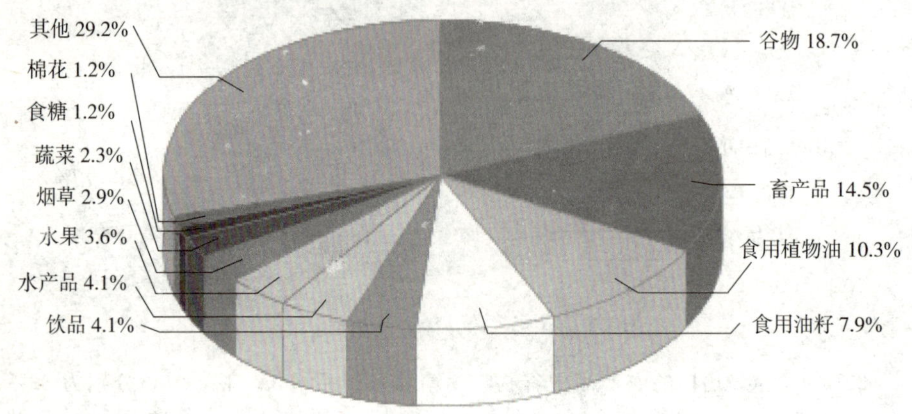

图 4 2013 年埃及农产品进口结构

2013 年，埃及进口增长较快的农产品是棉花，增幅为 280.9%。而食糖、谷物、水产品和烟草进口同比明显下降，降幅分别为 77.2%、48.6%、23%和 18.3%（表 2）。

表 2 2004—2013 年埃及主要农产品进口额同比变化情况

单位：%

	2004 年	2005 年	2006 年	2007 年	2008 年	2009 年	2010 年	2011 年	2012 年	2013 年
农产品	9.4	34.9	−1.2	39.8	63.8	−12.9	30.1	44.5	5.3	−7.5
谷物	−4.5	49.3	−7.4	67.5	22.6	−21.3	42.5	56.6	−1.8	−48.6
棉花	422.3	−38.4	36.6	−1.1	120.2	−15.1	20.3	−8.5	−70.0	280.9

（续）

	2004 年	2005 年	2006 年	2007 年	2008 年	2009 年	2010 年	2011 年	2012 年	2013 年
食用油籽	38.3	126.6	−13.4	139.0	33.3	24.5	8.8	36.1	18.2	−8.2
食用植物油	138.8	22.5	8.2	−26.9	327.0	−41.9	14.7	106.4	−20.5	−1.1
食糖	−14.8	132.2	2.0	−8.9	308.4	−48.9	67.1	86.9	−10.5	−77.2
蔬菜	−30.0	58.5	−19.5	65.1	55.7	44.9	−2.6	49.9	−11.2	7.3
水果	2.4	67.7	−7.0	1.9	109.8	26.3	25.5	44.7	44.3	−6.7
畜产品	−6.2	55.5	18.8	22.3	48.2	−7.1	52.0	0.3	33.5	−8.1
水产品	35.2	12.2	12.1	33.1	69.1	25.8	5.8	6.0	46.5	−23.0
饮品	−54.7	17.3	−17.0	91.4	435.8	1.6	9.5	27.1	18.9	−2.5
烟草	0.8	−5.2	16.8	9.5	21.3	−13.4	50.0	23.0	16.6	−18.3

（二）主要贸易伙伴

2013 年埃及前五大农产品出口市场分别为沙特阿拉伯、利比亚、伊拉克、阿拉伯联合酋长国和俄罗斯，出口额分别为 6.1 亿美元、3.7 亿美元、3.0 亿美元、2.5 亿美元和 2.3 亿美元，占其农产品出口额的比重分别为 11.9%、7.2%、5.8%、4.9%和 4.5%（图 5）。

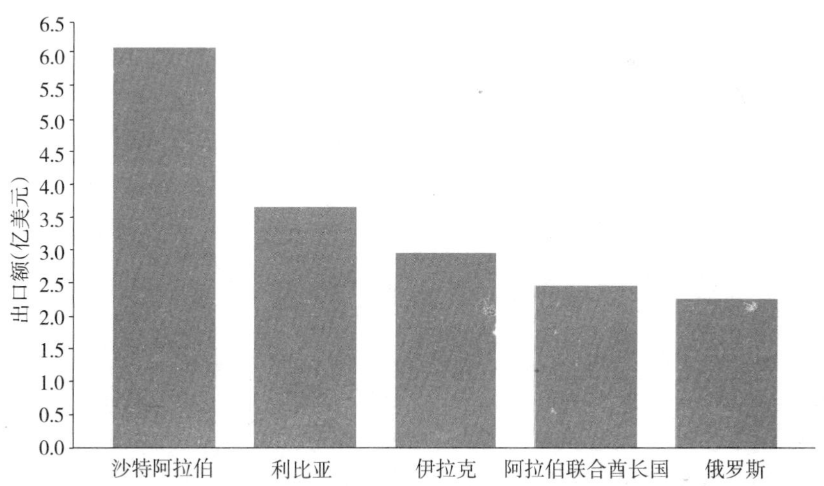

图 5　2013 年埃及前五大农产品出口市场

2013 年埃及前五大农产品进口来源地分别为美国、乌克兰、巴西、阿根廷和俄罗斯，进口额分别为 17.6 亿美元、17.0 亿美元、16.3 亿美元、15.4 亿美元和 9.1 亿美元，占其农产品进口额的比重分别为 11.9%、11.5%、11.0%、10.4%和 6.1%。(图 6)。

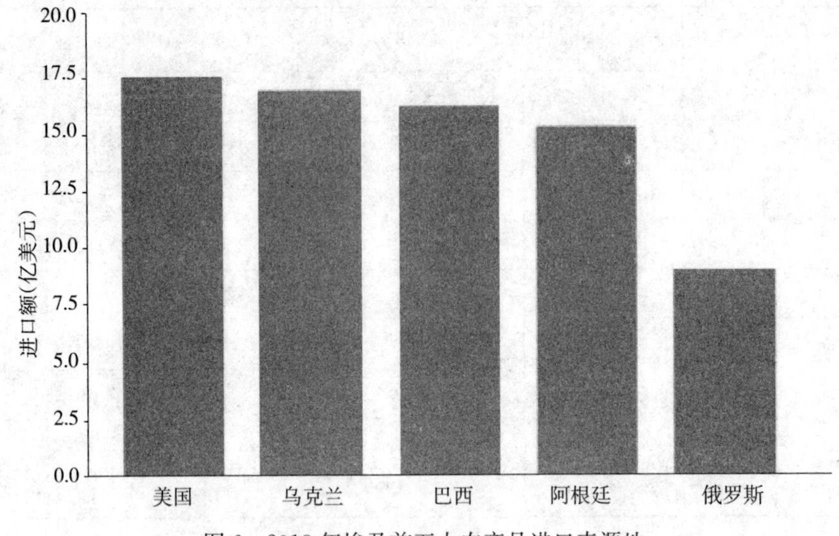

图 6　2013 年埃及前五大农产品进口来源地

4-33-2 埃及主要农产品出口额（一）

单位：万美元

项　目	2003年	2004年	2005年	2006年	2007年	2008年
农产品	95 098.5	130 641.6	118 470.3	110 623.4	152 507.3	321 806.0
谷物	15 612.5	23 216.2	32 202.6	31 078.1	41 540.0	19 916.3
小麦产品	502.6	53.1	667.0	435.0	503.8	1 217.3
玉米产品	49.4	47.4	118.4	236.9	148.4	250.4
稻谷产品	15 025.2	23 074.7	31 319.8	30 146.1	40 566.2	17 939.9
棉花	36 589.9	48 203.7	18 064.6	13 251.7	15 300.5	19 671.1
食用油籽	873.8	1 736.8	1 570.2	1 253.2	1 200.8	3 554.0
大豆	0.3	3.2	1.0	1.0	0.3	97.6
花生	502.5	1 149.1	1 025.7	631.4	612.2	1 659.9
油菜籽			3.0			
食用植物油	667.7	597.6	1 644.1	1 303.4	973.3	13 273.8
豆油	254.0	111.6	310.0	293.7	173.7	2 783.5
菜籽油						
棕榈油	10.3	18.1	313.9	65.3	29.4	401.0
食糖	1 734.2	1 913.2	2 672.8	2 913.8	5 817.5	1 594.6
蔬菜	15 103.3	20 886.9	23 978.9	22 932.0	33 010.5	67 322.7
水果	6 653.0	11 310.5	14 422.9	14 346.0	24 720.0	80 882.2
畜产品	3 540.5	4 038.3	5 369.2	4 246.1	5 022.3	39 989.7
猪产品	1.9		4.2	24.2	19.2	1 966.6
牛产品	66.2	68.9	86.9	70.6	76.6	103.8
羊产品	46.5	7.8	33.1	8.3	0.3	15.2
禽产品	885.2	1 112.8	874.0	407.2	494.0	2 147.7
蛋产品	818.7	694.2	709.2	154.2	5.8	63.9
乳品	1 470.0	1 852.5	3 452.3	3 331.4	4 110.4	35 788.2
动物生皮	3.8	24.3	2.0	22.9	92.9	277.8
动物生毛皮			8.1			1.7
羊毛	33.4	65.5	54.6	41.8	64.9	101.0
水产品	308.7	345.7	430.8	401.0	462.8	2 112.6
饮品	1 736.3	1 497.5	2 140.5	2 598.7	2 853.0	8 646.9
酒	216.7	319.4	599.2	880.8	1 046.1	2 004.5
茶	953.3	756.2	977.6	1 290.7	1 391.1	2 176.5
咖啡	40.1	13.1	3.8	21.2	12.6	1 717.3
烟草	105.4	16.4	33.6	373.8	34.7	2 613.2

埃及主要农产品出口额（二）

单位：万美元

项 目	2009年	2010年	2011年	2012年	2013年
农产品	457 066.2	516 581.7	530 834.5	470 738.4	514 403.5
谷物	52 781.5	43 484.4	8 230.2	13 503.5	24 579.8
小麦产品	2 675.2	3 845.1	5 189.7	4 031.0	3 704.4
玉米产品	880.1	662.7	110.8	263.0	102.0
稻谷产品	47 732.3	36 783.9	1 911.5	8 504.8	19 987.4
棉花	9 255.1	26 772.9	26 693.7	19 764.3	13 685.1
食用油籽	9 488.0	6 320.3	6 924.1	6 524.0	7 070.6
大豆	183.3	49.7	15.5	56.6	15.2
花生	6 621.1	4 047.1	5 031.5	4 544.5	3 646.1
油菜籽		1.1		2.4	0.1
食用植物油	12 908.3	9 814.2	26 997.0	18 680.0	11 331.3
豆油	2 613.2	2 930.8	6 009.9	6 347.8	4 016.8
菜籽油	2.6	3.7			0.2
棕榈油	1 603.7	2 408.5	4 552.7	1 626.5	920.0
食糖	12 901.4	31 411.4	26 238.1	13 194.8	18 329.4
蔬菜	88 860.7	98 387.0	116 083.3	97 452.3	120 904.3
水果	113 571.5	114 709.6	122 739.1	121 743.4	124 664.8
畜产品	53 118.8	57 117.0	56 170.1	44 892.4	47 220.5
猪产品	2 532.0	2 630.1	1 369.3	975.0	1 318.2
牛产品	119.6	46.1	138.8	155.0	104.8
羊产品	123.7	16.9	30.5	203.2	10.8
禽产品	2 506.8	2 036.7	1 393.4	1 480.4	1 870.2
蛋产品	74.6	81.3	188.5	268.1	251.0
乳品	47 252.2	51 223.9	51 099.3	39 557.5	40 896.3
动物生皮	252.1	453.8	778.7	1 084.4	1 557.5
动物生毛皮		3.6	6.1	0.4	19.6
羊毛	101.9	359.6	422.4	334.2	325.4
水产品	2 689.3	3 242.0	4 050.6	4 153.8	5 241.7
饮品	12 301.7	17 560.1	18 897.1	17 474.9	16 944.9
酒	2 375.0	6 234.1	4 774.6	3 938.6	2 600.7
茶	2 653.1	2 794.6	2 310.9	2 446.6	2 336.5
咖啡	3 159.5	3 409.7	4 612.9	2 817.3	2 176.7
烟草	8 141.7	9 726.7	14 308.4	11 861.3	12 849.4

4-33-3 埃及主要农产品进口额（一）

单位：万美元

项 目	2003年	2004年	2005年	2006年	2007年	2008年
农产品	278 006.5	304 056.9	410 245.7	405 167.3	566 534.3	928 130.2
谷物	115 014.6	109 802.9	163 971.9	151 798.3	254 289.1	311 827.5
小麦产品	60 739.7	72 714.6	93 613.3	96 510.7	156 400.6	211 369.3
玉米产品	54 086.0	36 784.2	69 980.4	54 796.4	94 364.4	98 682.4
稻谷产品	91.4	148.0	239.9	351.7	3 319.7	795.5
棉花	1 675.8	8 752.6	5 390.8	7 365.8	7 284.9	16 039.1
食用油籽	6 764.0	9 357.6	21 200.6	18 362.0	43 886.6	58 496.7
大豆	3 531.9	6 438.6	19 395.4	16 298.8	42 713.3	51 748.3
花生	7.7	4.1	14.9	10.7	29.8	618.0
油菜籽			0.3			2.4
食用植物油	14 312.9	34 180.2	41 858.9	45 297.9	33 111.8	141 377.5
豆油	5 689.8	5 551.6	4 997.6	2 441.3	6 973.1	44 620.4
菜籽油						5.4
棕榈油	610.4	20 179.6	26 739.3	33 266.7	13 141.8	65 336.1
食糖	7 337.4	6 249.0	14 507.5	14 800.9	13 490.0	55 096.2
蔬菜	7 376.3	5 164.1	8 185.9	6 592.8	10 886.8	16 953.0
水果	5 000.4	5 119.1	8 586.5	7 982.3	8 132.4	17 065.4
畜产品	39 202.5	36 777.3	57 183.9	67 916.5	83 082.1	123 114.1
猪产品	36.4	11.8	42.0	103.1	275.3	4 052.1
牛产品	19 646.3	19 836.0	33 961.3	48 653.8	57 598.1	59 468.2
羊产品	517.4	37.6	191.1	308.0	551.8	1 316.8
禽产品	1 564.1	841.4	1 108.4	2 842.9	3 689.0	7 001.4
蛋产品	10.0	3.0	114.5	24.2	28.7	166.0
乳品	12 379.9	11 461.1	16 892.8	12 367.6	17 425.1	48 136.7
动物生皮	22.7	33.2	70.8	28.6	301.1	1 366.0
动物生毛皮	1.9			0.8		
羊毛	220.3	292.5	222.9	187.5	117.5	480.9
水产品	9 927.1	13 418.6	15 056.1	16 875.8	22 469.6	37 986.7
饮品	8 277.9	3 749.9	4 397.6	3 652.0	6 989.8	37 452.7
酒	33.7	46.1	6.1	16.2	221.6	2 992.5
茶	6 218.2	436.6	1 030.4	978.1	2 677.3	22 950.5
咖啡	680.4	860.3	1 050.8	1 100.2	1 871.6	6 695.2
烟草	18 862.3	19 020.5	18 036.4	21 067.5	23 074.4	27 989.5

埃及主要农产品进口额（二）

单位：万美元

项 目	2009年	2010年	2011年	2012年	2013年
农产品	808 325.2	1 051 983.9	1 519 885.4	1 601 004.2	1 480 970.6
谷物	245 560.7	349 929.7	547 973.1	538 252.5	276 727.1
小麦产品	157 771.2	218 422.8	320 175.1	320 053.9	72 592.0
玉米产品	84 901.3	128 301.7	220 403.0	198 710.0	201 151.7
稻谷产品	934.2	912.5	5 296.3	17 354.1	1 629.0
棉花	13 622.4	16 384.3	14 990.6	4 497.8	17 133.0
食用油籽	72 836.8	79 263.8	107 874.3	127 485.3	117 019.9
大豆	66 068.4	69 513.0	93 672.1	108 883.7	99 441.0
花生	505.6	726.8	590.8	1 130.3	511.7
油菜籽		9.1	8.5		12.3
食用植物油	82 119.0	94 225.9	194 455.0	154 586.0	152 897.7
豆油	6 970.5	12 694.5	53 329.0	3 756.2	21 606.2
菜籽油	207.0	4.2		0.5	46.9
棕榈油	45 270.3	52 619.2	86 042.0	44 584.5	62 478.6
食糖	28 171.9	47 071.7	87 987.2	78 751.0	17 965.5
蔬菜	24 563.9	23 929.9	35 861.6	31 846.6	34 172.4
水果	21 559.0	27 049.5	39 137.5	56 465.1	52 682.3
畜产品	114 426.0	173 946.6	174 425.9	232 843.4	214 005.7
猪产品	2 885.6	2 595.4	2 205.7	2 049.6	2 581.7
牛产品	54 575.2	98 829.4	93 435.7	121 305.3	111 684.3
羊产品	734.4	1 384.3	356.7	1 518.6	894.9
禽产品	9 889.8	19 136.8	11 426.2	25 185.6	17 491.6
蛋产品	377.4	221.7	233.4	345.4	513.5
乳品	42 919.5	46 218.7	62 829.1	75 638.0	76 830.9
动物生皮	1 759.9	2 231.2	1 189.2	448.7	80.0
动物生毛皮	1.5				
羊毛	53.4	62.8	246.1	3 303.2	4 518.6
水产品	47 790.2	50 569.9	53 616.4	78 533.6	60 444.4
饮品	38 062.4	41 667.3	52 968.7	63 001.2	61 439.6
酒	2 069.1	4 929.7	3 898.9	3 890.9	5 399.4
茶	22 796.5	22 163.5	31 220.6	33 082.3	30 755.5
咖啡	6 639.8	5 029.7	6 963.2	10 395.2	10 499.0
烟草	24 239.8	36 365.8	44 730.0	52 144.1	42 624.1

4-33-4 埃及主要农产品出口量（一）

单位：吨

项 目	2003年	2004年	2005年	2006年	2007年	2008年
农产品						
谷物	613 566.4	852 203.9	1 153 168.3	1 019 952.4	1 259 852.6	399 221.2
小麦产品	22 970.7	6 812.7	24 608.1	16 941.9	13 229.9	24 150.1
玉米产品	1 318.8	2 122.0	4 523.6	5 326.6	5 588.6	7 996.1
稻谷产品	587 572.4	841 891.4	1 119 798.1	983 885.9	1 232 529.8	360 543.7
棉花	15.1	183 685.8	96 799.8	55 241.1	68 854.1	93 118.3
食用油籽	17 952.9	26 356.3	28 074.5	20 901.5	16 589.8	28 255.3
大豆	11.0	85.1	27.9	20.0	50.0	1 008.2
花生	9 327.8	16 310.1	18 278.6	9 617.2	8 026.4	11 268.1
油菜籽			15.1			
食用植物油	9 009.6	7 483.1	20 078.9	15 728.2	11 663.2	86 825.6
豆油	3 281.2	1 997.6	4 333.1	4 558.3	2 903.0	18 927.0
菜籽油						
棕榈油	169.7	273.1	7 476.5	1 370.4	443.6	3 378.5
食糖	72 059.2	70 852.7	113 560.0	101 110.6	252 433.1	33 655.9
蔬菜	729 278.4	855 004.1	898 478.0	813 809.3	838 766.9	1 079 585.4
水果						
畜产品						
猪产品						
牛产品						
羊产品						
禽产品						
蛋产品						
乳品	13 350.1	14 319.4	23 215.7	19 551.7	28 037.7	158 143.5
动物生皮				122.1		
动物生毛皮			467.4			25.0
羊毛	1 169.5	1 279.0	550.2	297.9	595.6	1 643.8
水产品						
饮品						
酒						
茶	2 146.4	1 349.0	1 433.1	1 878.7	2 125.4	4 231.1
咖啡	64.9	26.3	8.9	195.8	48.6	2 833.3
烟草						

埃及主要农产品出口量（二）

单位：吨

项　目	2009 年	2010 年	2011 年	2012 年	2013 年
农产品					
谷物	759 393.5	741 853.5	182 874.7	221 599.7	453 554.0
小麦产品	61 602.7	105 827.2	116 911.5	81 534.4	83 152.5
玉米产品	21 274.7	27 197.2	2 541.2	4 510.2	2 633.0
稻谷产品	654 753.4	575 838.6	46 102.0	125 396.9	337 634.7
棉花	2 068.4	79 030.7	62 339.5	73 619.0	42 495.9
食用油籽	62 724.7	44 649.6	43 324.2	41 891.2	37 455.3
大豆	1 433.1	1 796.4	91.5	1 101.6	67.0
花生	39 183.9	25 643.5	31 028.3	31 184.6	16 599.4
油菜籽	0.1	2.3	0.2	37.5	0.1
食用植物油	95 114.3	84 005.1	132 620.5	123 337.1	80 015.8
豆油	20 311.6	27 428.5	40 716.4	42 275.7	30 760.8
菜籽油	19.5	25.3			2.7
棕榈油	11 882.3	19 773.4	28 879.8	11 389.3	7 245.0
食糖	200 097.1	493 539.0	281 927.2	178 102.9	248 292.2
蔬菜	901 604.0	1 466 755.2	1 722 842.7		2 221 038.8
水果					
畜产品					
猪产品					
牛产品					
羊产品					
禽产品					
蛋产品					
乳品	149 971.6	199 904.4	197 959.3	98 214.2	123 629.2
动物生皮		4 519.8	4 874.3		2 042.0
动物生毛皮		15.3	6.3		34.6
羊毛	1 438.8	3 078.8	1 560.1		25 521.7
水产品					
饮品					
酒					
茶	4 758.4	3 348.6	4 762.1	5 132.6	2 196.0
咖啡	6 115.9	7 011.8	10 725.2	2 161.8	3 146.7
烟草					

4-33-5 埃及主要农产品进口量（一）

单位：吨

项 目	2003年	2004年	2005年	2006年	2007年	2008年
农产品						
谷物	8 198 677.3	6 823 385.8	10 873 027.8	9 617 278.3	10 524 387.8	6 688 440.6
小麦产品	4 060 960.9	4 367 585.6	5 755 196.8	5 819 307.2	5 911 194.3	4 080 828.2
玉米产品	4 133 038.6	2 442 332.6	5 109 173.5	3 786 760.1	4 488 654.2	2 572 111.6
稻谷产品	2 710.3	3 139.6	4 760.3	5 819.0	118 025.1	11 606.3
棉花	150 405.2	227 105.1	109 275.6	71 214.8	5 087.1	67 363.2
食用油籽	192 053.6	256 370.7	599 111.4	606 182.6	1 150 149.3	457 965.4
大豆	132 214.5	214 892.8	574 040.7	573 170.9	1 136 646.9	419 267.1
花生	40.5	44.8	155.6	197.4	178.8	3 582.8
油菜籽			1.5			40.1
食用植物油	260 756.4	842 141.5	1 011 753.7	1 155 736.5	527 513.2	660 043.2
豆油	107 262.6	91 702.7	88 212.0	45 173.3	95 884.6	224 639.2
菜籽油						5.6
棕榈油	14 696.7	617 731.2	754 516.5	957 304.2	260 667.1	269 216.0
食糖	361 820.1	292 326.9	577 994.5	394 215.9	432 438.3	1 321 474.9
蔬菜	152 539.2	98 545.9	120 903.6	105 106.6	121 346.6	177 222.0
水果						
畜产品						
猪产品						
牛产品						
羊产品						
禽产品						
蛋产品						
乳品	93 232.8	70 537.5	93 192.3	70 180.8	88 212.8	144 449.4
动物生皮						
动物生毛皮	4.0	0.1		6.4		
羊毛	553.3	1 057.8	759.4	758.9	478.4	912.6
水产品						
饮品						
酒						
茶	38 358.3	2 623.6	9 243.9	8 685.4	22 337.6	59 374.1
咖啡	5 291.2	6 692.7	7 002.6	6 474.7	7 808.2	20 484.9
烟草						

埃及主要农产品进口量（二）

单位：吨

项　目	2009 年	2010 年	2011 年	2012 年	2013 年
农产品					
谷物	6 079 398.4	15 395 862.0	17 061 621.6	14 613 896.0	23 755 140.8
小麦产品	4 062 058.6	9 930 500.5	9 805 138.7	8 252 761.1	136 001.1
玉米产品	1 963 519.3	5 298 902.9	7 110 910.5	6 114 695.5	21 325 895.7
稻谷产品	16 302.6	17 703.3	94 352.1	186 494.5	1 824 040.8
棉花	46 011.2	55 450.2	45 484.4	14 287.8	4 833 833.4
食用油籽	585 914.5	555 595.2	1 215 139.8	2 020 942.3	1 180 988.9
大豆	549 118.4	496 714.9	1 116 296.8	1 923 497.0	1 080 124.1
花生	3 518.5	5 291.0	3 931.8	7 096.6	3 398.2
油菜籽		16.9	26.1		131.5
食用植物油	440 654.4	455 067.5	1 162 529.3	1 081 598.0	1 315 723.2
豆油	38 083.5	34 067.8	350 101.4	28 965.0	130 469.9
菜籽油	79.9	22.0		3.0	277.4
棕榈油	256 149.5	253 342.9	509 060.0	326 766.7	707 123.6
食糖	416 750.3	868 839.8	1 248 471.0	891 671.9	825 964.1
蔬菜	119 890.2	416 283.4	272 355.0		29 425 717.9
水果					
畜产品					
猪产品					
牛产品					
羊产品					
禽产品					
蛋产品					
乳品	106 851.8	274 663.1	332 875.7		201 563.0
动物生皮				2 162.5	603.6
动物生毛皮	0.9				
羊毛	534.1	596.5	391.9		5 416.8
水产品					
饮品					
酒					
茶	80 327.8	141 243.1	100 449.1	109 405.9	104 809.0
咖啡	18 034.4	23 612.8	22 697.4		35 323.6
烟草					

4-33-6 埃及农产品出口额前15位国家（地区）
（2013年）

单位：万美元，%

序号	国家（地区）	出口额	同比增长
1	沙特阿拉伯	61 482.4	6.0
2	利比亚	36 775.2	−3.8
3	伊拉克	29 580.8	20.9
4	阿拉伯联合酋长国	24 847.9	20.4
5	俄罗斯	23 467.4	31.8
6	英国	23 167.3	16.6
7	意大利	23 023.8	14.3
8	约旦	21 213.7	13.3
9	黎巴嫩	21 077.7	57.8
10	叙利亚	20 093.9	52.5
11	荷兰	15 204.3	10.9
12	科威特	12 829.8	14.6
13	摩洛哥	11 601.9	16.8
14	德国	11 012.0	−11.0
	小计	**335 378.1**	

4-33-7 埃及农产品进口额前 15 位国家（地区）

（2013 年）

单位：万美元，%

序号	国家（地区）	进口额	同比增长
1	美国	176 285.1	−6.7
2	乌克兰	170 213.7	−25.8
3	巴西	162 789.9	−23.4
4	阿根廷	154 338.3	43.9
5	俄罗斯	90 978.6	−55.0
6	印度	53 316.7	−15.2
7	法国	52 478.3	17.1
8	罗马尼亚	52 111.2	256.7
9	印度尼西亚	51 038.1	37.5
10	澳大利亚	34 697.6	−4.5
11	荷兰	34 421.9	−8.5
12	英国	33 294.4	74.5
13	新西兰	30 489.2	−2.9
14	肯尼亚	26 930.3	−15.5
15	马来西亚	26 472.5	17.6
	小计	**1 149 855.8**	

4-34 津巴布韦主要农产品贸易情况

4-34-1 津巴布韦主要农产品出口额（一）

单位：万美元

项 目	2003年	2004年	2005年	2006年	2007年	2008年
农产品		85 736.3	45 324.8	179 398.7	86 956.7	57 236.2
谷物		11.6	32.6	47.5	28.8	2.9
小麦产品			16.1		10.4	
玉米产品		7.1	8.7	41.3	1.4	2.4
稻谷产品		0.6	0.2	0.3	1.1	
棉花		23 931.6	5 029.5	8 978.5	9 493.8	9 035.9
食用油籽		184.1	67.4	61.6	72.3	163.7
大豆		2.3	3.3	4.0	7.1	86.2
花生		18.4	13.2	27.5	24.0	43.0
油菜籽		0.2	0.5	0.4		
食用植物油		45.8	2.5	9.2	35.6	4.2
豆油						0.1
菜籽油						
棕榈油				0.1		
食糖		3 711.0	5 847.6	5 527.4	3 518.6	3 932.7
蔬菜		2 394.2	524.9	45 863.0	14 653.4	3 915.6
水果		853.9	3 666.4	5 158.0	1 125.6	4 486.2
畜产品		2 713.6	1 682.6	2 247.3	3 431.4	1 700.9
猪产品		388.0	334.1	389.8	461.1	217.8
牛产品		60.2	1.8	22.0	43.8	7.9
羊产品						
禽产品		467.1	301.3	353.6	523.6	74.5
蛋产品		706.4	369.3	472.0	1 574.0	347.1
乳品		494.7	280.3	488.6	500.6	174.2
动物生皮		569.1	391.1	305.1	318.3	861.6
动物生毛皮		5.3				
羊毛		0.9	0.6	0.3		
水产品		281.4	195.2	1 270.0	1 150.8	152.5
饮品		2 076.8	881.2	2 040.8	1 453.6	622.9
酒		47.9	392.4	438.2	434.8	196.0
茶		1 341.2	283.3	1 354.9	838.4	315.9
咖啡		666.1	188.7	227.9	166.0	80.0
烟草		44 330.5	21 957.8	29 328.3	27 832.4	12 738.1

津巴布韦主要农产品出口额（二）

单位：万美元

项 目	2009 年	2010 年	2011 年	2012 年	2013 年
农产品	85 663.1	78 012.0	115 609.5		124 592.5
谷物	50.1	51.5	148.8		217.9
小麦产品		5.9	3.7		11.3
玉米产品	32.5	35.9	137.5		151.5
稻谷产品	17.6	8.5	7.6		27.7
棉花	10 281.3	15 821.3	27 562.6		10 613.0
食用油籽	695.1	401.5	981.1		434.5
大豆	80.1	1.1	1.2		55.7
花生	17.1	24.3	110.2		47.3
油菜籽					
食用植物油	5.8	136.5	117.3		219.0
豆油		1.4			
菜籽油					
棕榈油			0.1		0.3
食糖	7 352.3	4 851.5	4 995.5		9 063.3
蔬菜	656.1	475.5	567.2		927.4
水果	433.7	514.3	601.2		866.1
畜产品	1 558.1	2 280.3	3 028.3		3 660.5
猪产品	6.4	0.7	0.4		18.0
牛产品	10.3	129.7	11.5		0.2
羊产品					
禽产品	172.3	175.8	183.5		214.1
蛋产品	181.1	117.4	258.4		93.5
乳品	233.6	78.8	1.7		94.5
动物生皮	944.1	1 761.2	2 564.4		3 197.7
动物生毛皮	0.1				
羊毛					
水产品	228.7	327.6	809.9		926.7
饮品	1 449.5	2 171.0	2 428.1		3 452.6
酒	477.7	741.7	667.9		1 081.5
茶	815.6	1 290.2	1 584.2		2 142.2
咖啡	137.8	89.6	126.3		41.4
烟草	27 619.1	47 805.5	71 804.4		90 409.9

4-34-2 津巴布韦主要农产品进口额（一）

单位：万美元

项　目	2003年	2004年	2005年	2006年	2007年	2008年
农产品		43 128.7	24 795.9	46 091.1	38 600.9	49 623.4
谷物		22 452.7	5 095.2	14 848.1	22 126.5	28 443.6
小麦产品		9 316.5	792.8	2 411.2	3 864.7	5 525.0
玉米产品		11 610.8	3 100.3	10 183.7	16 401.0	19 566.6
稻谷产品		793.6	1 082.9	690.5	1 110.3	1 216.1
棉花		1 096.2	3 984.0	19.0	52.4	7.0
食用油籽		801.4	715.8	616.2	379.2	211.1
大豆		437.5	120.7	153.3	234.7	86.4
花生		312.8	49.5	73.8	93.8	98.9
油菜籽		3.4	2.3	6.8	1.1	
食用植物油		4 297.7	1 200.6	19 324.5	1 859.6	3 788.9
豆油		1 580.5	326.6	227.6	73.4	234.3
菜籽油			6.0			4.1
棕榈油		1 931.3	658.6	565.1	482.8	124.7
食糖		104.2	1 841.7	1.3	7.9	325.4
蔬菜		496.4	657.4	336.7	430.1	732.8
水果		1 535.0	188.6	1 172.1	1 492.8	817.2
畜产品		1 064.0	627.3	610.4	932.7	2 438.6
猪产品		146.8	33.8	69.0	143.0	42.5
牛产品		40.4	84.4	67.2	48.6	29.0
羊产品			1.5	0.6	1.8	1.3
禽产品		228.4	104.6	118.7	233.6	252.2
蛋产品		0.2	3.1	4.5	0.7	4.2
乳品		508.4	279.3	207.9	300.5	1 922.3
动物生皮		29.7	85.6	18.0	32.6	14.6
动物生毛皮		4.1				
羊毛		0.3			0.1	0.2
水产品		349.5	266.4	542.1	384.6	548.9
饮品		757.1	1 169.4	506.1	708.2	2 562.3
酒		333.3	274.9	391.7	460.8	1 603.5
茶		8.7	1.0	13.9	14.9	46.3
咖啡		166.1	739.6	6.6	36.9	36.9
烟草		6 075.9	7 142.6	4 878.2	6 253.3	3 435.7

津巴布韦主要农产品进口额（二）

单位：万美元

项　目	2009 年	2010 年	2011 年	2012 年	2013 年
农产品	79 633.0	107 311.9	130 639.8		114 143.2
谷物	36 573.5	40 027.7	48 562.1		35 051.2
小麦产品	15 627.7	24 492.6	24 783.4		10 665.1
玉米产品	15 753.6	8 721.1	14 293.1		12 590.4
稻谷产品	2 694.0	5 710.3	8 592.8		10 659.3
棉花	21.3	66.4	238.1		534.6
食用油籽	986.1	1 389.3	401.6		1 488.5
大豆	579.1	1 255.1	316.6		1 134.7
花生	341.3	78.5	19.8		307.4
油菜籽		2.0			10.5
食用植物油	9 974.3	13 217.4	19 429.3		9 209.5
豆油	153.0	2 981.3	5 345.7		3 851.2
菜籽油	0.9	1.5			0.1
棕榈油	195.2	699.2	1 629.8		757.9
食糖	2 667.2	5 973.2	4 395.8		9 339.8
蔬菜	1 602.0	3 219.0	3 912.4		2 998.6
水果	2 364.7	4 579.6	5 798.3		4 224.9
畜产品	7 031.9	6 779.1	9 335.5		8 880.3
猪产品	364.4	194.7	357.3		385.0
牛产品	113.5	114.4	1 142.4		546.7
羊产品	1.3	1.9	7.0		7.2
禽产品	3 105.5	2 439.3	1 608.1		917.0
蛋产品	638.3	623.5	137.8		473.7
乳品	2 114.8	2 944.0	4 870.0		5 065.2
动物生皮	2.6	0.3	2.7		1.3
动物生毛皮					
羊毛	0.3	1.2	3.2		
水产品	630.1	1 881.7	3 127.1		3 199.2
饮品	4 044.9	4 688.1	5 391.9		5 395.1
酒	2 389.3	2 070.2	2 609.8		2 015.6
茶	78.2	96.7	130.3		244.6
咖啡	63.5	211.6	136.5		190.0
烟草	3 303.8	12 132.9	9 973.9		7 419.1

4-34-3 津巴布韦主要农产品出口量（一）

单位：吨

项目	2003年	2004年	2005年	2006年	2007年	2008年
农产品						
谷物		1 019.8	789.9	1 590.0	879.7	21.1
小麦产品		0.2	623.0		768.6	
玉米产品		32.4	92.3	1 559.8	40.9	12.8
稻谷产品		485.5	0.5	2.8	38.9	
棉花		173 788.6	71 475.9	83 538.8	92 057.7	78 736.3
食用油籽		11 882.5	7 416.0	5 419.9	407.0	9 352.7
大豆		408.6	95.3	204.0	170.3	6 441.9
花生		136.1	157.6	362.5	236.6	455.3
油菜籽		1.9	5.2	0.9		
食用植物油		274.8	55.2	113.6	367.9	242.5
豆油						0.5
菜籽油						
棕榈油				0.1		
食糖		102 603.8	180 838.8	173 309.4	57 814.2	79 389.1
蔬菜			7 302.3	211 883.6		5 507.9
水果						
畜产品						
猪产品						
牛产品						
羊产品						
禽产品						
蛋产品						
乳品			2 649.9	5 153.0	4 899.3	3 099.2
动物生皮		1 024.0	835.3	434.4		214.8
动物生毛皮		1.8				
羊毛		18.4	4.6	1.3		
水产品						
饮品						
酒						
茶		14 969.2	5 027.4	11 602.4	3 575.8	7 153.3
咖啡		6 467.2	1 852.1	1 791.0	774.2	812.8
烟草						

津巴布韦主要农产品出口量（二）

单位：吨

项　目	2009 年	2010 年	2011 年	2012 年	2013 年
农产品					
谷物	409.2	376.6	1 721.4		2 323.3
小麦产品		97.3	63.7		110.9
玉米产品	89.1	152.3	1 435.3		1 122.1
稻谷产品	320.0	120.0	222.0		818.0
棉花	91 255.8	92 352.9	98 249.4		63 921.6
食用油籽	40 543.3	13 609.9	15 709.9		10 225.1
大豆	1 732.7	26.2	86.0		314.0
花生	182.2	178.4	1 078.9		195.0
油菜籽					
食用植物油	35.7	1 643.8	1 426.7		1 580.3
豆油		13.0			
菜籽油					
棕榈油			0.2		1.0
食糖	138 173.0	112 000.0	102 000.0		151 600.1
蔬菜	4 049.6	3 783.7	3 633.6		2 954.7
水果					
畜产品					
猪产品					
牛产品					
羊产品					
禽产品					
蛋产品					
乳品	550.3	118.3	1.9		271.3
动物生皮	327.2	3 085.5	4 662.8		6 095.8
动物生毛皮	0.7				
羊毛					
水产品					
饮品					
酒					
茶	7 873.6	10 022.7	11 221.5		11 863.0
咖啡	709.2	315.3	251.5		109.5
烟草					

4-34-4 津巴布韦主要农产品进口量（一）

单位：吨

项　目	2003年	2004年	2005年	2006年	2007年	2008年
农产品						
谷物		673 866.2	228 813.7	516 681.7	951 232.6	1 973 637.3
小麦产品		257 336.2	51 712.4	55 211.7	126 827.7	90 101.4
玉米产品		347 412.0	137 823.5	378 401.3	787 800.9	558 036.4
稻谷产品		34 404.4	31 071.6	19 302.8	36 469.8	1 287 129.0
棉花		11 751.2	37 594.9	2 174.4	406.1	62.4
食用油籽		19 010.4	52 100.4	28 605.8	6 758.6	3 496.3
大豆		13 175.4	5 775.3	4 555.2	5 571.3	2 224.7
花生		2 866.1	319.1	1 094.3	1 130.0	889.6
油菜籽		4.0	36.0	35.1	37.3	
食用植物油		57 734.0	38 665.1	28 926.5	23 035.8	24 175.0
豆油		21 962.8	12 779.7	2 828.7	1 035.3	1 335.1
菜籽油			79.4		0.2	5.9
棕榈油		28 231.4	22 596.2	11 437.4	8 745.1	1 142.6
食糖		1 995.7	30 746.4	11.6	123.9	3 624.0
蔬菜			7 290.5	5 664.5		6 735.7
水果						
畜产品						
猪产品						
牛产品						
羊产品						
禽产品						
蛋产品						
乳品			1 681.1	880.2	1 359.9	1 384.0
动物生皮		226.8	554.3	33.6		37.2
动物生毛皮		29.3				
羊毛		6.5		0.1	0.7	1.4
水产品						
饮品						
酒						
茶		83.9	8.9	39.5	44.0	154.1
咖啡		779.8	2 353.6	13.6	76.6	80.5
烟草						

津巴布韦主要农产品进口量（二）

单位：吨

项　目	2009 年	2010 年	2011 年	2012 年	2013 年
农产品					
谷物	1 328 891.1	667 616.2	1 027 996.8		733 005.8
小麦产品	297 670.4	285 339.6	364 589.5		202 359.0
玉米产品	949 756.1	259 171.0	511 889.3		348 361.5
稻谷产品	37 761.3	100 295.6	129 311.4		160 015.9
棉花	177.8	459.0	659.8		8 348.4
食用油籽	9 807.1	30 657.3	6 246.6		20 200.1
大豆	7 805.1	27 223.4	5 761.4		16 209.5
花生	1 678.8	1 048.4	300.4		3 547.6
油菜籽		31.2			41.0
食用植物油	62 590.8	97 267.1	113 719.5		322 457.4
豆油	1 286.9	21 924.3	30 977.0		27 331.3
菜籽油	5.5	6.0			
棕榈油	1 790.0	6 150.6	10 290.2		260 205.7
食糖	38 838.9	93 629.7	51 918.3		126 920.4
蔬菜	18 179.4	31 232.1	30 975.6		26 967.1
水果					
畜产品					
猪产品					
牛产品					
羊产品					
禽产品					
蛋产品					
乳品	13 632.5	15 614.8	24 855.9		26 020.6
动物生皮	6.4	0.5	22.2		10.0
动物生毛皮					
羊毛	1.0	2.1	28.8		0.1
水产品					
饮品					
酒					
茶	227.3	284.0	222.1		549.6
咖啡	142.5	342.1	238.9		348.5
烟草					

4-35 尼日利亚主要农产品贸易情况

4-35-1 尼日利亚主要农产品出口额（一）

单位：万美元

项 目	2003年	2004年	2005年	2006年	2007年	2008年
农产品	762.4			22 228.3	99 996.3	121 124.7
谷物	50.7			0.8	402.1	295.2
小麦产品	4.2			0.8	394.4	266.4
玉米产品					4.6	
稻谷产品	46.5					
棉花	27.6			43.7	4 732.6	7 262.6
食用油籽	46.7			281.2	12 230.2	15 361.0
大豆					6.7	12.1
花生						0.7
油菜籽					94.8	
食用植物油					2.8	54.9
豆油						
菜籽油						
棕榈油					2.8	54.9
食糖	207.1				151.5	
蔬菜	9.3			20.7	1 783.3	2 082.4
水果	11.2			1.0	1 219.6	1 299.4
畜产品	121.9			23.7	642.6	1 160.6
猪产品	9.3				23.0	
牛产品				0.2	12.5	0.8
羊产品				5.6	5.4	
禽产品	8.6					
蛋产品						7.7
乳品	111.3			0.4	476.9	869.0
动物生皮					25.1	75.1
动物生毛皮					30.9	1.5
羊毛						34.7
水产品	13.7			44.3	5 713.1	7 326.0
饮品	43.2			1 793.9	48 915.2	62 409.5
酒	1.1			22.5	1 165.1	2 009.5
茶				0.2	0.1	4.6
咖啡					212.8	16.6
烟草				95.8	3 504.5	5 580.1

尼日利亚主要农产品出口额（二）

单位：万美元

项　目	2009年	2010年	2011年	2012年	2013年
农产品	256 266.9	350 996.9	246 009.2	796 122.5	
谷物	69.9	90.9	364.9	4.9	
小麦产品	30.7	29.7	95.5	3.1	
玉米产品	34.4	22.0	12.7	0.9	
稻谷产品	4.7		256.0		
棉花	6 245.8	33 657.0	8 161.3	17 922.0	
食用油籽	19 496.5	64 265.0	39 101.0	50 427.6	
大豆		94.3		16.5	
花生	1.2	6.2	32.3	595.4	
油菜籽			23.8	16.8	
食用植物油	58.4	108.7	69.2	63.2	
豆油		45.8		0.1	
菜籽油			0.1	34.2	
棕榈油	30.2	14.9		3.4	
食糖	42.9	55.4	49.3	338.9	
蔬菜	2 596.8	6 521.5	4 989.4	10 609.9	
水果	700.0	501.5	454.1	1 095.8	
畜产品	1 118.6	3 756.2	5 832.9	123 331.5	
猪产品					
牛产品	0.3			0.3	
羊产品					
禽产品					
蛋产品					
乳品	1 072.5	3 588.1	5 487.1	116 028.8	
动物生皮	1.3	61.1		80.1	
动物生毛皮	22.4	84.7			
羊毛					
水产品	33 708.6	32 408.8	10 406.2	35 367.8	
饮品	145 205.2	133 283.7	115 897.1	382 068.6	
酒	2 064.8	2 472.9	2 024.5	1 311.1	
茶	0.3		12.0	72.0	
咖啡			8.4	49.1	
烟草	9 865.0	17 032.3	17 379.4	27 789.5	

4-35-2 尼日利亚主要农产品进口额（一）

单位：万美元

项　目	2003年	2004年	2005年	2006年	2007年	2008年
农产品	240 860.5			424 495.8	683 551.1	291 468.4
谷物	63 131.9			179 338.5	266 441.2	77 584.3
小麦产品	39 469.7			136 580.1	217 907.3	67 123.1
玉米产品	199.4			61.3	97.4	39.5
稻谷产品	23 253.1			42 356.9	48 095.8	9 598.1
棉花	1 443.9			1.0	27.9	1.9
食用油籽	907.8			354.0	229.2	570.5
大豆	647.5			157.6	13.9	23.3
花生	9.4			0.1	52.2	424.7
油菜籽						
食用植物油	2 493.8			6.2	960.3	166.2
豆油	1 526.7				0.4	
菜籽油						1.3
棕榈油	915.6				754.9	0.4
食糖	16 233.9			9 562.8	27 865.4	5 438.8
蔬菜	401.8			10 707.7	10 682.4	6 871.5
水果	5 659.3			6 956.8	11 632.3	8 820.7
畜产品	34 293.2			71 927.2	112 074.8	49 361.1
猪产品	496.0			96.3	6.2	
牛产品	54.9			184.7	0.3	293.5
羊产品	40.3			0.6	0.1	5.2
禽产品	4 329.6			24.6		1.6
蛋产品	5.2			24.6		0.5
乳品	23 746.3			66 274.2	101 647.4	38 746.4
动物生皮	219.3			38.7	5.6	903.2
动物生毛皮	5.8				9.5	0.9
羊毛	3.7					1.9
水产品	48 981.7			82 034.9	128 057.1	69 553.6
饮品	35 908.4			11 105.7	37 766.2	16 808.0
酒	3 487.6			6 296.1	27 723.5	11 632.2
茶	930.5			1 938.3	3 174.9	1 152.2
咖啡	30 932.2			420.0	1 695.0	767.1
烟草	10 131.3			6 695.3	10 757.2	6 832.2

尼日利亚主要农产品进口额（二）

单位：万美元

项　目	2009 年	2010 年	2011 年	2012 年	2013 年
农产品	420 631.2	477 363.2	2 092 986.2	835 769.1	
谷物	158 600.4	134 787.7	513 857.0	344 274.7	
小麦产品	110 779.9	84 706.6	347 642.7	149 185.0	
玉米产品	246.0	419.4	622.1	2 843.8	
稻谷产品	47 189.5	49 485.0	165 303.2	192 058.1	
棉花	5.6	81.3	1 070.0	46.7	
食用油籽	335.0	13 828.9	81 137.6	3 646.8	
大豆	201.3	12 534.8	1 000.1	3 066.2	
花生	61.0	1 218.8	425.6	464.2	
油菜籽					
食用植物油	1 342.3	1 057.8	4 662.0	9 440.3	
豆油	107.7	6.4	13.6	0.8	
菜籽油	12.8	0.3	4.9	2.0	
棕榈油	1 002.7	938.4	3 986.0	9 150.0	
食糖	30 472.8	37 279.5	147 869.3	94 837.4	
蔬菜	8 512.0	14 168.2	19 289.4	17 118.1	
水果	14 395.9	13 660.9	12 941.7	12 117.9	
畜产品	34 329.3	41 729.3	199 380.8	55 527.9	
猪产品	5.0	1 794.2	13 639.4	1 925.3	
牛产品	9.0	45.7	53.4	107.6	
羊产品	11.4	163.0	234.9	0.2	
禽产品	6.4	9.2	7.4	453.1	
蛋产品	30.2	83.3	61.7	103.2	
乳品	30 038.3	34 317.2	171 580.3	47 776.8	
动物生皮	45.0	119.1	23.1	121.5	
动物生毛皮	0.5	1.5	0.2	1.8	
羊毛	9.7		0.1	23.6	
水产品	82 035.4	100 424.7	206 952.1	148 231.9	
饮品	17 310.7	24 546.1	212 261.6	59 152.6	
酒	9 898.3	15 487.0	17 114.8	20 983.5	
茶	1 806.7	2 490.4	3 246.0	3 303.0	
咖啡	1 759.4	1 244.2	954.5	1 500.6	
烟草	7 614.2	10 167.7	19 273.7	9 633.9	

4-35-3 尼日利亚主要农产品出口量（一）

单位：吨

项　目	2003年	2004年	2005年	2006年	2007年	2008年
农产品						
谷物	232.3			22.0	11 756.5	6 031.4
小麦产品	158.1			22.0	11 627.0	5 093.5
玉米产品					115.9	
稻谷产品	74.2					
棉花	441.8			225.9	39 799.5	57 359.4
食用油籽	3 671.0			18 500.2	149 620.7	130 797.9
大豆					280.9	306.9
花生					0.4	6.1
油菜籽					79.8	
食用植物油					64.0	772.6
豆油						
菜籽油						
棕榈油					64.0	772.6
食糖	7 294.8				3 183.3	
蔬菜				51.2		
水果						
畜产品						
猪产品						
牛产品						
羊产品						
禽产品						
蛋产品						
乳品				87.0	2 301.7	2 351.4
动物生皮				46.5	227.6	
动物生毛皮						
羊毛						122.9
水产品						
饮品						
酒						
茶	87.8			4.2	0.1	9.0
咖啡				59.6	718.9	67.3
烟草						

尼日利亚主要农产品出口量（二）

单位：吨

项 目	2009 年	2010 年	2011 年	2012 年	2013 年
农产品					
谷物	16 479.5	190.4	1 380.2	4 333.8	
小麦产品	16 411.6	57.6	906.8	11.1	
玉米产品	52.1	118.8	74.2	4 300.1	
稻谷产品	13.4		239.1	2.0	
棉花	40 462.8	45 146.1	21 067.1	62 951.7	
食用油籽	112 042.4	234 041.1	170 615.6	246 455.1	
大豆		879.5		20.0	
花生	1.5	26.4	76.5	3 418.5	
油菜籽			190.0	129.5	
食用植物油	137.0	1 397.6	572.3	215.7	
豆油		1 000.5		0.2	
菜籽油			7.3	3.3	
棕榈油	44.0	34.2		32.2	
食糖	214.7	158.1	147.5	3 556.3	
蔬菜	14 794.0	29 580.9	14 652.2	19 135.0	
水果					
畜产品					
猪产品					
牛产品					
羊产品					
禽产品					
蛋产品					
乳品	5 011.4	11 992.2	14 320.1	50 993.2	
动物生皮	39.5	53.0		37.2	
动物生毛皮	0.2	314.5			
羊毛					
水产品					
饮品					
酒					
茶	1.5		29.4	6.3	
咖啡			1.5	292.4	
烟草					

4-35-4 尼日利亚主要农产品进口量（一）

单位：吨

项 目	2003年	2004年	2005年	2006年	2007年	2008年
农产品						
谷物	3 835 462.5			15 929 828.3	12 429 754.2	2 610 331.6
小麦产品	1 358 986.3			13 341 249.5	11 408 423.4	2 428 477.9
玉米产品	8 564.0			1 994.8	1 586.9	522.1
稻谷产品	2 460 088.0			2 551 812.1	1 014 420.5	160 394.2
棉花	9 767.3			2.0	216.1	19.3
食用油籽	25 192.8			11 580.2	882.5	2 787.6
大豆	21 355.9			4 624.4	281.0	507.9
花生	211.3			0.7	173.0	1 842.2
油菜籽						
食用植物油	11 533.8			43.1	14 498.5	431.5
豆油	1 007.7				4.6	
菜籽油						10.5
棕榈油	9 984.5				13 632.5	5.1
食糖	1 059 581.1			188 427.4	533 607.7	113 396.8
蔬菜				337 360.0		
水果						
畜产品						
猪产品						
牛产品						
羊产品						
禽产品						
蛋产品						
乳品				1 060 859.6	440 167.4	125 820.0
动物生皮	530.0			104.0		
动物生毛皮	46.6					
羊毛	49.1					7.3
水产品						
饮品						
酒						
茶	10 278.7			8 357.5	9 797.3	4 419.3
咖啡	4 384.5			10 586.8	2 781.5	1 008.8
烟草						

尼日利亚主要农产品进口量（二）

单位：吨

项 目	2009 年	2010 年	2011 年	2012 年	2013 年
农产品					
谷物	1 734 031.4	2 299 121.4	2 229 351.9	2 471 419.3	
小麦产品	1 323 283.3	1 438 648.8	1 778 416.2	1 975 101.9	
玉米产品	1 735.8	143 966.5	7 487.9	15 830.5	
稻谷产品	398 092.9	711 364.4	441 576.2	479 013.5	
棉花	11.2	655.1	2 631.0	378.2	
食用油籽	1 327.9	6 183.0	34 820.8	64 739.1	
大豆	715.5	3 013.4	15 903.1	58 710.6	
花生	261.5	2 113.4	3 510.5	4 070.8	
油菜籽					
食用植物油	11 345.7	2 990.5	25 262.8	7 879.6	
豆油	1 802.6	500.0	5.0	2.0	
菜籽油	132.4	12.0	64.5	10.7	
棕榈油	6 091.0	2 035.3	21 233.4	3 504.2	
食糖	544 687.4	440 097.5	1 477 766.3	1 127 087.1	
蔬菜	102 273.7	126 767.0	181 726.3	200 261.0	
水果					
畜产品					
猪产品					
牛产品					
羊产品					
禽产品					
蛋产品					
乳品	510 223.4	1 763 229.1	176 165.6	155 929.8	
动物生皮	657.2	4 370.8	130.5	1 524.5	
动物生毛皮	2.2	16.6	1.0	6.6	
羊毛	35.8		2.0	11.2	
水产品					
饮品					
酒					
茶	11 387.1	6 388.6	7 928.2	8 834.5	
咖啡	6 550.6	6 070.7	4 201.4	5 337.5	
烟草					

4-36 阿尔及利亚主要农产品贸易情况

4-36-1 阿尔及利亚主要农产品出口额（一）

单位：万美元

项目	2003年	2004年	2005年	2006年	2007年	2008年
农产品	5 667.2	6 385.7	7 104.1	9 053.5	10 036.9	13 042.5
谷物	0.2	171.8	301.2	144.8	244.7	660.0
小麦产品	0.1	171.8	301.1	144.5	242.1	660.0
玉米产品						
稻谷产品				0.2	1.8	
棉花		0.3	2.2	5.8		
食用油籽			0.6	6.6		
大豆						
花生				0.1		
油菜籽						
食用植物油	251.6	698.5	428.6	1 478.0	64.4	896.0
豆油					33.9	830.9
菜籽油				1 049.8	0.4	0.8
棕榈油						
食糖				273.7	171.2	11.2
蔬菜	83.2	117.0	113.1	126.6	1 310.1	1 263.0
水果	1 682.6	1 480.5	1 963.6	2 074.1	2 353.8	2 071.4
畜产品	1 021.6	780.3	596.3	671.8	451.3	496.7
猪产品						0.1
牛产品	2.1	8.2		11.2	14.0	0.1
羊产品	0.8			3.3	47.8	
禽产品	0.4			13.8	18.8	0.2
蛋产品	0.1			0.4	0.4	
乳品	539.6	554.4	538.5	394.8	201.0	296.3
动物生皮	478.4	215.8	51.7	243.8	168.9	194.3
动物生毛皮						
羊毛						
水产品	695.0	950.8	1 192.8	1 298.5	1 431.9	1 511.1
饮品	1 184.1	1 253.8	1 254.5	1 355.1	2 401.0	3 750.8
酒	341.4	454.7	296.1	218.8	228.8	188.2
茶				0.1		
咖啡	4.8	0.7	0.2	0.2	0.1	0.6
烟草	20.2	27.2	2.6	21.4	32.4	245.9

阿尔及利亚主要农产品出口额（二）

单位：万美元

项　目	2009 年	2010 年	2011 年	2012 年	2013 年
农产品	11 696.1	32 363.9	35 886.4	32 005.5	40 525.5
谷物	180.9	157.6	3.8	30.0	26.0
小麦产品	173.3	0.1		27.6	18.7
玉米产品		0.1			
稻谷产品	2.5	0.5	0.5		6.5
棉花	2.8	0.3			
食用油籽	0.1				
大豆					
花生					
油菜籽					
食用植物油	174.4	723.0	927.5	729.6	156.1
豆油	92.2	39.9	104.0	49.4	0.1
菜籽油	0.1				0.6
棕榈油					
食糖	658.6	23 135.2	26 504.5	20 797.5	27 248.7
蔬菜	2 314.7	1 082.6	1 103.6	1 367.3	2 360.5
水果	1 477.5	2 325.0	2 706.2	2 693.9	3 096.5
畜产品	280.6	481.2	138.6	244.9	494.1
猪产品					
牛产品					
羊产品		0.4		8.1	
禽产品	0.7	2.7	32.0	3.3	3.9
蛋产品		0.6			
乳品	227.5	109.8	102.5	225.1	486.2
动物生皮	46.5	364.4			
动物生毛皮					
羊毛				1.2	
水产品	975.1	684.4	673.2	657.3	635.3
饮品	2 937.0	3 157.7	2 962.6	3 516.1	4 031.5
酒	135.8	175.5	112.3	122.5	65.7
茶			0.1		1.6
咖啡	0.1	0.8	1.7	3.5	0.2
烟草	7.9	41.1	6.3	5.8	23.3

4-36-2 阿尔及利亚主要农产品进口额（一）

单位：万美元

项　目	2003年	2004年	2005年	2006年	2007年	2008年
农产品	308 864.7	406 167.5	398 730.9	417 757.4	555 344.6	855 591.2
谷物	112 701.8	137 681.4	142 872.6	138 731.0	196 050.6	401 871.7
小麦产品	88 059.4	104 263.1	102 498.7	99 724.5	139 447.1	317 444.3
玉米产品	21 313.4	29 928.9	35 568.1	33 892.0	51 921.8	67 370.7
稻谷产品	2 019.3	2 870.1	2 267.9	2 488.3	3 058.1	6 287.8
棉花	1 495.7	1 481.2	1 389.6	1 261.2	918.8	1 474.2
食用油籽	2 656.3	3 951.9	3 277.8	2 370.1	2 930.5	3 674.0
大豆	364.1	1 497.0	65.2	53.3	171.4	113.2
花生	1 685.8	1 872.7	2 472.2	1 906.1	2 175.5	2 676.5
油菜籽	8.0	4.2	3.1	5.9	4.5	6.5
食用植物油	28 173.2	30 922.0	24 500.2	30 816.1	43 197.6	64 052.9
豆油	5 302.3	5 422.9	14 926.1	18 464.9	25 840.4	40 665.4
菜籽油	2 302.1	2 968.2	813.6	0.7	1.8	8.3
棕榈油	6 743.1	7 365.0	2 830.6	7 672.9	4 988.1	16 783.2
食糖	22 230.0	25 603.8	28 107.1	42 747.6	41 298.2	41 051.1
蔬菜	6 767.9	9 526.5	7 231.4	11 118.9	18 017.1	16 138.9
水果	13 619.9	16 706.0	15 673.4	15 203.8	20 209.0	24 737.8
畜产品	64 315.3	108 667.2	101 990.5	92 487.7	123 116.2	148 207.5
猪产品	301.6	133.8	162.2	10.7	130.6	11.4
牛产品	9 667.4	21 731.3	21 425.0	16 478.8	12 652.6	16 664.1
羊产品	656.6	2 909.3	4 097.3	1 890.8	1 909.0	1 129.6
禽产品	1 313.1	1 473.8	1 789.8	2 916.1	1 743.5	2 060.7
蛋产品	691.2	489.0	178.3	179.9	87.8	117.2
乳品	51 384.7	81 659.2	74 150.3	70 686.6	106 253.3	127 379.8
动物生皮	129.4	105.6	10.7	3.2	1.3	14.3
动物生毛皮						
羊毛	17.3	28.1	19.5	9.0	24.2	28.2
水产品	1 727.2	2 429.0	2 709.1	3 389.5	2 909.0	3 241.6
饮品	14 390.3	15 181.0	17 612.1	21 530.3	29 148.4	39 865.2
酒	1 531.1	428.8	1 353.3	1 987.4	2 241.2	2 558.7
茶	857.7	923.4	1 199.9	1 179.3	1 182.5	1 364.2
咖啡	9 870.1	11 544.3	13 001.7	15 656.5	22 758.4	30 937.9
烟草	2 644.8	3 044.5	4 797.4	8 366.0	12 911.3	19 779.2

阿尔及利亚主要农产品进口额（二）

单位：万美元

项　目	2009 年	2010 年	2011 年	2012 年	2013 年
农产品	650 928.2	679 809.2	1 089 284.0	1 014 115.1	1 061 908.9
谷物	231 737.5	195 380.9	402 355.5	326 380.1	327 907.4
小麦产品	183 048.7	125 191.0	284 745.3	212 992.1	212 486.0
玉米产品	41 092.1	64 029.5	100 162.9	94 522.1	89 679.7
稻谷产品	4 498.3	5 808.5	5 360.6	6 841.7	9 791.8
棉花	1 305.3	1 133.0	1 226.8	1 693.8	952.9
食用油籽	3 952.3	3 730.5	5 338.5	7 429.8	10 560.7
大豆	135.8	120.7	171.1	218.2	148.5
花生	2 913.4	2 461.0	3 535.4	5 395.5	7 867.2
油菜籽	1.1	9.3	13.2	18.9	29.1
食用植物油	48 346.3	57 531.9	83 172.2	85 894.1	84 346.8
豆油	31 549.2	39 846.6	61 484.9	57 185.1	66 359.5
菜籽油	6.4	751.7	1 824.3		3.6
棕榈油	3 895.1	5 102.3	8 886.6	6 028.3	11 175.5
食糖	54 053.7	64 642.2	111 809.2	96 090.2	88 183.6
蔬菜	19 659.9	18 507.7	21 658.4	30 373.0	30 447.4
水果	29 943.3	35 289.5	48 821.5	58 749.0	64 712.5
畜产品	110 668.5	126 844.0	185 823.1	166 266.7	171 081.9
猪产品	133.8	12.4	11.9	14.7	37.1
牛产品	21 713.3	24 455.1	28 064.8	34 298.4	39 389.9
羊产品	5.1	232.4		1 469.7	1 542.3
禽产品	2 303.2	2 583.4	2 958.7	3 432.3	3 506.2
蛋产品	343.2	62.7	110.1	152.9	157.3
乳品	85 812.8	99 236.4	154 180.0	126 560.7	126 027.1
动物生皮	18.1		0.6	1.4	14.8
动物生毛皮					
羊毛	19.2	11.6	7.3		
水产品	5 511.0	7 599.2	6 108.2	7 015.1	9 685.7
饮品	32 660.6	32 965.4	50 209.0	56 358.7	57 294.6
酒	1 720.3	2 097.9	4 315.4	6 122.6	8 341.8
茶	1 405.1	1 537.8	2 128.4	2 790.5	2 601.3
咖啡	24 080.9	22 460.2	32 911.1	34 796.7	32 597.3
烟草	20 107.4	24 341.0	29 354.5	36 278.1	34 562.3

4-36-3 阿尔及利亚主要农产品出口量（一）

单位：吨

项 目	2003年	2004年	2005年	2006年	2007年	2008年
农产品						
谷物	2.5	4 763.9	10 059.7	5 130.0	5 208.0	8 718.6
小麦产品	2.2	4 763.9	10 058.7	5 126.6	5 109.3	8 718.0
玉米产品						
稻谷产品	0.3		1.0	2.3	91.4	
棉花		1.4	7.0	25.6		
食用油籽			0.1	100.2		
大豆						
花生				0.2		
油菜籽						
食用植物油	3 582.9	5 387.6	3 557.3	17 004.3	483.7	5 167.2
豆油					370.7	4 850.0
菜籽油				13 847.5	2.4	1.4
棕榈油						
食糖	0.4			6 323.2	4 601.4	204.9
蔬菜	2 564.4	2 808.8	2 278.0	1 350.2	11 084.5	7 600.9
水果						
畜产品						
猪产品						
牛产品						
羊产品						
禽产品						
蛋产品						
乳品	8 203.8	7 798.0	8 545.4	5 008.3	2 254.4	2 651.5
动物生皮	2 249.8	1 027.2	531.8	2 670.1	1 104.7	1 107.8
动物生毛皮						
羊毛						
水产品						
饮品						
酒						
茶				0.5	0.2	
咖啡	54.1	2.0	0.6	0.5	0.2	2.4
烟草						

阿尔及利亚主要农产品出口量（二）

单位：吨

项　目	2009 年	2010 年	2011 年	2012 年	2013 年
农产品					
谷物	4 343.9	10 991.5	28.8	810.3	353.8
小麦产品	4 289.6	0.5		784.2	288.0
玉米产品	1.1	0.1			0.2
稻谷产品	24.8	5.0	5.1	0.1	61.6
棉花	5.1	0.7			
食用油籽	1.5				
大豆					
花生					
油菜籽					
食用植物油	1 281.4	5 323.4	7 154.7	4 549.3	936.0
豆油	763.9	281.3	768.2	420.0	0.5
菜籽油	0.4			0.1	1.4
棕榈油					
食糖	13 820.2	366 783.7	333 373.5	313 384.2	474 610.1
蔬菜	16 507.3	11 751.5	11 311.6	7 286.0	7 902.6
水果					
畜产品					
猪产品					
牛产品					
羊产品					
禽产品					
蛋产品					
乳品	2 164.7	1 067.7	714.3	1 840.3	4 292.9
动物生皮	331.3	3 727.2			
动物生毛皮					
羊毛				10.0	
水产品					
饮品					
酒					
茶			0.1		1.2
咖啡	0.4	3.2	3.8	10.2	0.6
烟草					

4-36-4 阿尔及利亚主要农产品进口量（一）

单位：吨

项 目	2003年	2004年	2005年	2006年	2007年	2008年
农产品						
谷物	6 905 673.7	6 953 613.5	8 343 732.3	10 227 590.3	7 283 142.3	9 117 285.2
小麦产品	5 189 559.3	5 047 834.8	5 685 906.6	7 804 616.9	4 856 163.4	6 486 751.5
玉米产品	1 547 209.4	1 793 090.0	2 455 245.7	2 198 167.7	2 287 529.8	2 203 735.8
稻谷产品	65 306.9	71 297.7	54 439.7	67 379.4	73 745.9	97 650.6
棉花	20 737.3	9 234.6	11 377.1	7 455.6	6 457.4	7 818.1
食用油籽	62 699.5	93 137.0	60 331.9	47 329.6	60 273.0	63 728.4
大豆	12 747.2	44 646.1	354.0	517.2	3 134.9	878.6
花生	41 411.2	41 213.2	51 597.6	40 872.3	47 226.9	53 290.8
油菜籽	102.7	67.5	59.1	85.3	71.6	66.7
食用植物油	504 376.4	506 730.0	442 174.2	559 861.9	546 139.3	515 695.1
豆油	92 402.2	92 924.6	278 328.5	328 177.1	309 327.0	330 991.3
菜籽油	37 920.1	44 560.0	12 161.4	0.2	3.9	40.1
棕榈油	132 940.1	135 385.2	58 240.1	151 009.3	66 538.1	135 140.9
食糖	946 833.4	1 075 353.6	993 375.9	1 052 440.4	1 189 303.3	1 096 650.7
蔬菜	127 923.9	174 269.8	124 636.2	197 392.2	297 110.6	1 394 607.3
水果						
畜产品						
猪产品						
牛产品						
羊产品						
禽产品						
蛋产品						
乳品	236 742.9	293 297.4	287 517.3	288 099.8	293 223.5	293 630.3
动物生皮	555.5	542.7	58.8	29.7	2.1	16.8
动物生毛皮		0.1				
羊毛	116.5	136.5	112.6	70.6	90.5	120.7
水产品						
饮品						
酒						
茶	8 273.5	8 230.0	10 631.9	11 189.1	10 822.5	11 257.5
咖啡	105 218.6	129 177.0	113 648.3	110 597.3	118 145.1	126 859.3
烟草						

阿尔及利亚主要农产品进口量（二）

单位：吨

项　目	2009 年	2010 年	2011 年	2012 年	2013 年
农产品					
谷物	7 906 855.4	8 126 320.7	11 097 310.1	9 918 068.8	10 178 811.1
小麦产品	5 719 898.9	5 232 704.6	7 454 909.7	6 347 734.8	6 305 682.2
玉米产品	2 001 489.9	2 788 377.3	3 158 323.1	3 046 498.3	3 226 132.8
稻谷产品	75 948.9	95 017.6	86 963.8	108 752.4	119 216.1
棉花	9 610.3	6 096.4	3 758.4	6 471.6	4 280.1
食用油籽	65 340.7	58 395.1	64 008.1	52 050.4	68 214.6
大豆	1 095.3	1 036.9	1 342.1	1 624.8	1 138.8
花生	57 084.5	46 846.7	52 060.7	39 053.3	52 881.4
油菜籽	16.9	132.5	141.9	209.2	288.0
食用植物油	597 955.1	621 792.9	655 444.4	711 057.1	806 115.5
豆油	391 095.5	426 777.7	484 490.6	464 720.9	622 640.5
菜籽油	26.3	7 003.2	14 003.1		20.4
棕榈油	51 214.3	56 004.9	71 344.2	53 261.5	119 037.6
食糖	1 214 719.4	1 225 837.4	1 551 354.8	1 672 489.2	1 790 472.2
蔬菜	242 132.4	239 836.6	237 666.5	325 440.9	289 495.2
水果					
畜产品					
猪产品					
牛产品					
羊产品					
禽产品					
蛋产品					
乳品	324 601.8	298 898.2	375 949.1	344 379.1	307 420.0
动物生皮	102.4	0.1	1.2	1.2	75.6
动物生毛皮					
羊毛	132.9	60.7	19.1		
水产品					
饮品					
酒					
茶	11 813.4	12 671.5	15 775.9	16 010.0	12 993.6
咖啡	123 791.6	121 999.4	117 260.5	127 571.8	127 990.7
烟草					

4－37 肯尼亚主要农产品贸易情况

4－37－1 肯尼亚主要农产品出口额（一）

单位：万美元

项 目	2003年	2004年	2005年	2006年	2007年	2008年
农产品	135 508.5	139 185.4	163 102.7	191 271.3	223 379.8	274 972.6
谷物	1 074.0	440.4	771.1	634.9	1 592.8	1 384.2
小麦产品	76.7	26.3	13.8	68.2	45.4	231.0
玉米产品	797.6	323.2	424.4	439.6	1 314.0	890.5
稻谷产品	47.0	8.0	52.8	47.6	66.5	103.8
棉花	126.7	87.4	40.8	10.4	14.8	0.4
食用油籽	275.6	349.3	382.6	724.4	789.4	619.4
大豆	62.6	44.0	35.5	335.1	222.3	166.9
花生	13.6	3.8	8.9	4.5	3.0	16.5
油菜籽			0.2	4.8		
食用植物油	3 269.3	3 082.1	2 755.2	2 794.3	4 211.4	5 777.4
豆油	954.9	465.1	336.3	192.5	389.4	375.4
菜籽油					0.4	1.5
棕榈油	2 211.3	2 566.2	2 270.1	2 527.2	3 716.1	5 221.3
食糖	2 039.3	32.4	744.4	802.0	1 416.3	2 905.9
蔬菜	16 123.7	18 753.8	21 853.5	24 210.2	27 816.1	30 307.1
水果	8 035.9	7 956.4	7 962.1	7 977.5	10 379.9	12 906.1
畜产品	1 750.8	2 443.0	2 567.2	2 739.0	3 204.8	3 297.8
猪产品	172.1	282.7	355.7	398.9	477.0	582.3
牛产品	46.4	65.9	107.3	130.4	130.6	216.7
羊产品	2.9	11.9	31.3	39.1	47.4	49.9
禽产品	69.5	122.3	83.7	41.0	91.1	134.3
蛋产品	19.9	12.3	17.5	9.4	8.3	5.7
乳品	177.1	260.3	436.4	860.7	1 662.1	1 599.0
动物生皮	879.0	1 356.3	1 146.2	862.3	212.8	57.7
动物生毛皮			0.1			
羊毛	198.6	163.7	188.9	193.0	343.5	222.8
水产品	5 773.2	5 307.2	6 191.9	5 613.0	6 241.6	7 631.2
饮品	58 965.1	57 586.6	71 030.3	83 097.6	91 503.3	114 578.7
酒	623.8	605.5	856.4	2 592.7	4 213.6	5 045.7
茶	48 789.9	46 842.2	56 832.8	66 142.9	69 862.2	93 176.5
咖啡	9 139.1	9 484.2	12 821.0	13 839.1	16 622.5	15 402.5
烟草	4 863.4	3 948.8	6 971.8	11 270.3	12 781.6	13 768.7

肯尼亚主要农产品出口额（二）

单位：万美元

项　目	2009 年	2010 年	2011 年	2012 年	2013 年
农产品	255 588.9	299 557.7			
谷物	1 108.5	2 786.7			
小麦产品	318.7	310.3			
玉米产品	442.4	668.0			
稻谷产品	155.2	138.8			
棉花	11.2	32.5			
食用油籽	684.9	926.3			
大豆	2.7	224.1			
花生	65.5	100.6			
油菜籽					
食用植物油	5 183.8	8 681.9			
豆油	167.7	130.3			
菜籽油		0.2			
棕榈油	4 726.7	8 350.3			
食糖	150.0	194.3			
蔬菜	25 907.2	28 651.9			
水果	10 087.9	12 351.5			
畜产品	3 283.2	4 507.2			
猪产品	600.1	747.4			
牛产品	306.3	539.0			
羊产品	99.0	434.3			
禽产品	125.1	374.2			
蛋产品	12.4	56.8			
乳品	1 366.6	1 697.7			
动物生皮	38.2	14.5			
动物生毛皮					
羊毛	260.6	290.3			
水产品	5 904.8	6 478.2			
饮品	116 933.2	145 147.2			
酒	6 279.0	6 564.8			
茶	89 410.8	116 376.6			
咖啡	20 228.2	20 886.6			
烟草	13 616.0	13 582.8			

4-37-2 肯尼亚主要农产品进口额（一）

单位：万美元

项 目	2003年	2004年	2005年	2006年	2007年	2008年
农产品	44 169.0	49 896.3	58 772.3	71 259.5	103 739.2	134 380.5
谷物	13 671.1	19 273.3	18 603.5	20 780.6	28 507.0	40 909.5
小麦产品	8 114.6	8 627.2	10 626.9	11 186.3	17 394.3	21 189.1
玉米产品	1 791.4	6 224.5	2 339.3	2 582.7	2 975.5	10 272.8
稻谷产品	3 728.7	4 376.6	5 257.3	6 392.4	7 124.8	8 655.8
棉花	198.4	256.0	331.2	589.8	465.5	448.2
食用油籽	80.0	400.4	505.5	472.4	2 209.2	1 987.4
大豆	31.2	247.6	430.7	355.5	1 718.5	733.3
花生	8.2	33.3	19.9	19.9	387.0	349.6
油菜籽		0.4	0.3			0.2
食用植物油	15 735.7	10 529.9	17 247.4	22 509.9	32 542.7	48 231.8
豆油	1 289.4	265.5	113.5	463.0	661.1	1 386.5
菜籽油	0.3	0.4	0.6	0.8	0.1	2.5
棕榈油	14 332.4	10 211.2	16 819.2	21 622.5	31 390.4	45 876.0
食糖	4 801.0	4 585.6	4 851.0	6 722.2	10 843.8	9 955.2
蔬菜	815.0	918.3	1 212.6	1 819.3	1 954.5	2 345.2
水果	978.8	1 235.7	1 375.3	1 789.0	2 552.6	3 336.9
畜产品	472.6	693.0	568.3	954.7	1 277.9	1 332.8
猪产品	7.6	16.2	65.2	107.4	167.9	146.1
牛产品	27.7	41.8	6.8	19.1	17.2	6.6
羊产品	4.6	5.1	0.4	8.6	14.1	0.2
禽产品	29.4	41.5	31.3	16.8	24.4	42.9
蛋产品	8.9	107.1	49.6	21.8	70.7	19.6
乳品	162.7	330.0	226.3	411.6	466.0	623.1
动物生皮	31.7	35.9	131.8	293.2	427.7	362.7
动物生毛皮			0.1			
羊毛			3.5			
水产品	356.1	606.1	743.8	834.9	1 152.7	1 048.8
饮品	2 562.2	3 747.8	3 222.8	4 035.8	4 350.2	4 780.3
酒	1 065.3	1 535.5	1 697.7	1 895.9	2 240.7	2 651.3
茶	782.0	1 513.4	810.9	1 121.3	838.5	514.7
咖啡	104.4	125.3	103.6	131.2	201.0	155.8
烟草	449.6	2 705.5	2 992.1	2 455.2	4 410.8	5 868.2

肯尼亚主要农产品进口额（二）

单位：万美元

项　目	2009 年	2010 年	2011 年	2012 年	2013 年
农产品	161 266.4	149 716.5			
谷物	79 320.7	42 636.7			
小麦产品	19 899.7	23 307.8			
玉米产品	45 959.4	8 433.7			
稻谷产品	9 959.6	10 034.7			
棉花	502.2	513.6			
食用油籽	3 027.4	2 307.5			
大豆	1 666.3	833.6			
花生	548.2	786.1			
油菜籽					
食用植物油	34 124.2	46 213.2			
豆油	3.7	54.8			
菜籽油	0.6	4.4			
棕榈油	33 261.9	45 196.0			
食糖	9 377.6	16 839.1			
蔬菜	2 074.5	2 226.1			
水果	3 624.8	4 287.9			
畜产品	1 716.6	2 599.5			
猪产品	77.6	69.5			
牛产品	15.9	14.3			
羊产品	0.2	2.9			
禽产品	38.8	84.5			
蛋产品	8.8	2.5			
乳品	1 121.1	1 479.9			
动物生皮	327.9	733.7			
动物生毛皮					
羊毛		0.1			
水产品	1 078.2	1 453.7			
饮品	4 694.4	7 480.7			
酒	2 555.3	3 515.6			
茶	469.7	1 787.4			
咖啡	225.3	342.0			
烟草	3 935.1	6 496.3			

4-37-3 肯尼亚主要农产品出口量（一）

单位：吨

项 目	2003 年	2004 年	2005 年	2006 年	2007 年	2008 年
农产品						
谷物	37 280.6	28 811.6	17 266.4	23 237.4	56 781.9	33 764.1
小麦产品	3 049.0	974.3	488.9	3 211.6	2 944.9	4 364.2
玉米产品	27 657.0	24 497.9	11 751.9	17 800.6	50 027.7	24 858.4
稻谷产品	2 410.3	142.3	783.5	1 043.2	697.9	1 540.8
棉花	895.9	679.2	426.5	83.2	122.0	3.0
食用油籽	5 312.8	8 210.2	7 499.6	12 038.2	7 765.7	8 086.2
大豆	1 883.4	808.0	919.7	6 325.8	4 374.5	1 933.7
花生	233.1	35.4	112.4	60.8	23.4	83.0
油菜籽			2.1			
食用植物油	41 952.2	39 734.5	36 642.8	36 562.1	38 837.0	38 840.4
豆油	7 608.9	5 321.2	3 798.2	2 134.7	3 339.4	2 202.8
菜籽油	0.1				0.7	9.6
棕榈油	33 152.1	33 865.3	31 510.7	33 731.8	34 564.7	35 542.2
食糖	38 197.2	2 901.9	11 978.3	14 518.9	22 267.0	45 095.2
蔬菜			88 336.4	94 252.5	124 735.7	105 391.2
水果						
畜产品						
猪产品						
牛产品						
羊产品						
禽产品						
蛋产品						
乳品			6 479.5	7 522.8	11 812.7	10 721.4
动物生皮	17 210.1	20 839.2	15 683.0	11 875.4	2 415.6	841.3
动物生毛皮			0.2			
羊毛	1 864.5	1 274.6	1 456.7	1 372.8	1 973.5	1 326.6
水产品						
饮品						
酒						
茶	295 328.9	284 382.7	348 215.2	325 145.6	374 416.8	390 294.5
咖啡	64 473.4	52 769.4	50 562.8	50 266.5	59 384.6	44 178.3
烟草						

肯尼亚主要农产品出口量（二）

单位：吨

项　目	2009 年	2010 年	2011 年	2012 年	2013 年
农产品					
谷物	18 201.1	83 157.5			
小麦产品	5 413.1	7 465.8			
玉米产品	5 940.3	11 144.3			
稻谷产品	2 510.2	2 242.5			
棉花	27.3	130.4			
食用油籽	6 496.5	11 024.3			
大豆	75.9	5 290.2			
花生	243.7	381.8			
油菜籽					
食用植物油	47 890.1	72 030.0			
豆油	1 222.3	903.6			
菜籽油		0.1			
棕榈油	44 624.7	69 790.3			
食糖	2 135.9	2 750.4			
蔬菜	95 900.4	111 124.7			
水果					
畜产品					
猪产品					
牛产品					
羊产品					
禽产品					
蛋产品					
乳品	9 177.9	12 091.5			
动物生皮	716.9	322.4			
动物生毛皮					
羊毛	1 842.4	1 851.8			
水产品					
饮品					
酒					
茶	331 607.4	417 704.3			
咖啡	62 110.1	44 363.5			
烟草					

4-37-4 肯尼亚主要农产品进口量（一）

单位：吨

项目	2003年	2004年	2005年	2006年	2007年	2008年
农产品						
谷物	790 232.4	842 684.3	952 305.3	1 014 987.5	1 068 061.1	1 112 332.0
小麦产品	485 521.4	381 356.2	624 566.2	652 678.7	619 752.2	563 181.8
玉米产品	105 875.7	250 607.6	82 809.1	82 351.8	137 739.9	258 846.8
稻谷产品	196 029.9	207 836.1	228 979.2	260 935.9	261 711.4	266 220.8
棉花	2 343.7	3 148.9	3 742.8	4 732.2	3 782.4	2 701.6
食用油籽	5 188.0	84 215.0	14 343.5	14 362.3	89 646.7	29 446.6
大豆	2 670.0	76 123.4	8 588.1	10 236.7	59 904.8	14 876.0
花生	164.4	1 148.5	965.1	861.5	21 865.5	5 865.5
油菜籽		0.8	20.1			1.1
食用植物油	313 751.9	194 665.2	379 617.3	462 125.8	427 276.0	431 204.5
豆油	22 971.0	4 928.8	3 522.7	6 648.4	7 257.9	10 201.7
菜籽油	1.4	3.1	7.4	4.6	0.4	12.1
棕榈油	289 575.5	189 513.9	372 310.1	450 788.5	415 970.5	415 757.1
食糖	163 644.9	157 662.6	149 663.4	166 325.2	230 013.0	220 526.4
蔬菜			9 764.9	22 830.3	35 365.2	58 907.9
水果						
畜产品						
猪产品						
牛产品						
羊产品						
禽产品						
蛋产品						
乳品			1 151.8	2 221.2	2 899.7	3 394.4
动物生皮	1 062.8	733.9	1 448.0	2 834.5	3 505.7	2 804.6
动物生毛皮			1.0			
羊毛			14.8			
水产品						
饮品						
酒						
茶	10 275.4	19 064.6	11 181.7	12 102.7	8 682.9	4 935.8
咖啡	354.9	668.5	666.7	341.6	329.1	349.2
烟草						

肯尼亚主要农产品进口量（二）

单位：吨

项　目	2009年	2010年	2011年	2012年	2013年
农产品					
谷物	2 748 229.0	1 453 932.4			
小麦产品	802 913.3	873 837.0			
玉米产品	1 545 338.0	263 835.5			
稻谷产品	302 802.7	283 059.7			
棉花	4 243.4	2 995.5			
食用油籽	50 530.2	40 753.9			
大豆	34 797.6	21 465.1			
花生	7 658.7	12 161.2			
油菜籽					
食用植物油	495 715.4	545 002.4			
豆油	13.9	482.1			
菜籽油	7.7	17.9			
棕榈油	487 061.8	536 571.7			
食糖	184 537.4	257 724.2			
蔬菜	26 009.9	22 787.1			
水果					
畜产品					
猪产品					
牛产品					
羊产品					
禽产品					
蛋产品					
乳品	5 164.5	8 679.9			
动物生皮	2 370.1	4 360.6			
动物生毛皮					
羊毛		0.1			
水产品					
饮品					
酒					
茶	4 334.6	13 735.5			
咖啡	446.1	674.4			
烟草					